KB148461

논어고의

논어고의

초판 1쇄 인쇄 _ 2016년 4월 1일
초판 1쇄 발행 _ 2016년 4월 10일

지은이 _ 이토 진사이 | 옮긴이 _ 최경열

펴낸곳 _ (주)그린비출판사 | 등록번호 _ 제25100-2015-000097호
주소 _ 서울시 은평구 증산로 1길 6, 2층 | 전화 _ 702-2717 | 팩스 _ 703-0272

ISBN   978-89-7682-425-7   93150
이 도서의 국립중앙도서관 출판예정도서목록(CIP)은 서지정보유통지원시스템 홈페이지(http://
seoji.nl.go.kr)와 국가자료공동목록시스템(http://www.nl.go.kr/kolisnet)에서 이용하실 수 있습니
다.(CIP제어번호: CIP2016007961)
이 책의 번역저작권은 옮긴이에게 있으며, 그린비와의 독점 계약에 의해 출간되었으므로 무단전재와
무단복제를 금합니다. 책값은 뒤표지에 있습니다. 잘못 만들어진 책은 서점에서 바꿔 드립니다.

그린비출판사 나를 바꾸는 책, 세상을 바꾸는 책
홈페이지 _ www.greenbee.co.kr | 전자우편 _ editor@greenbee.co.kr

이토 진사이 선집 2

논어고의

論語古義

이토 진사이 지음 · 최경열 옮김

ﾂB
그린비

| 차례 |

|일러두기|

1 이 책은 이토 진사이(伊藤仁齋)의 『논어고의』(論語古義, 1713년 편찬, 저본은 1829년 재간본임)를 완역한 것이다. 번역의 이해를 돕기 위해 원문을 본문 뒤에 수록했다.

2 본문 중에 옮긴이가 첨가한 말은 괄호와 각주를 사용해 구분했다.

3 서명, 전집명 등에는 겹낫표(『 』)를 사용했고 편명, 기사 등에는 낫표(「 」)를 사용했다.

4 외국 인명이나 지명, 작품명은 2002년 〈국립국어원〉에서 펴낸 '외래어 표기법'에 따라 표기했다.

『논어고의』간행 서문

옛날에 공자께서 쇠약한 주나라 말기에 태어나 하늘이 부여한 자질을 몸소 실천해, 인간을 위한 기준을 세우고 이전 성인들을 본받아 계승하고 옛 서적들을 연구하였다. 그의 위대한 도와 훌륭한 덕은 옛날부터 오늘에까지 비할 것이 없다. 그가 후세에 전한 말과 은미한 뜻을 문하의 제자들이 신중한 태도로 두루 기록해 『논어』論語라 하였다. 참으로 옛 경전 가운데 왕자王者이며 백가百家의 표준이라 하겠다. 이 책 이전의 성인들이 『논어』의 평가를 거치지 않았다면 [후인들은] 영원토록 그들이 성인임을 인식하지 못했을 것이며, 이 책 이후의 현인들이 『논어』의 판단을 겪지 않았다면 [후인들은] 영원토록 그들의 언행과 사실 가운데 득과 실이 무엇인지 구분하지 못했을 것이다. 그 위대함을 말하자면 만상을 다 품어 온갖 것이 그 안에 망라되어 있는 천지와 같으며, 그 친근함을 말하자면 이 인간생활에 절실해 하루라도 바탕이 되지 않으면 인간생활을 할 수 없는 의복·음식과 같다. 우리 도의 깊이와 학문의 단계가 확실히 이 안에 갖춰져 있으니 이 책 밖에서 또 구할 필요가 없다. 한나라 이후로 주석과 해설은 대단히 번다해 [『논어』에 대한 풀이가] 정밀하고 상세하지 않은 것이 아니다. 하지만 [『논어』를] 평이하고 실질적인 격언으로만 보고 심오한 이치를 탐구해 찾은 지극한 논의[至論]는 아니라고 하거나 일상적인 말을 주고받은 것이지 근본과 기준을 통합해 묶은 긴요한 말씀[要語]이 아니라고 보았으니, 수많은 해설을 따라 경전으로 거슬러 올라가지 않을 수 없다 하더라도 역시 경전을 근본에 두고 먼저 탐구하면서 주석을 살펴보지 않으면 안 된다.

성인의 도는 실질[實]에 힘쓴다. 그러므로 사람을 가르칠 때 늘 일상의 실질에서 시작해 시비득실을 보여 주되 어떤 생각이 싹트기도 전에 마음에서 찾도록 한 적이 없다. 지금 그 큰 것을 들어 보면, 『논어』 20편 안에는 큰 것에서 세밀한 것까지 모두 거론되었지만 그 요체는 인仁이다. 후세에 인을 말하기를, '조용히 동요하지 않으며 깨달음과 사랑을 이해하는 이치'를 인의 본체[體]라 하였고, '측은하게 여기는 마음이 생겨나는 것'을 인의 작용[用]이라 하였으며, '일마다 드러나 만물에 혜택을 베풀고 사람에게 이롭게 하는 실제 자취를 볼 수 있는 것'을 인의 베풂[施]이라 하였다. 여기서 인은 본체와 작용과 베풂 세 토막으로 나뉘었는데 그 공부는 완전히 욕망을 가리고 사악함을 막는 데 있다. 맑고 빛나는, 아직 때 묻기 이전의 신령스런 본래 모습을 회복하면 만물에 혜택을 베풀고 사람을 이롭게 하는 효과는 바로 발현이 되므로 혜택과 이로움은 인의 겉보기[粗]일 뿐이라는 말이다. 하지만 옛날 성인의 말을 따져 보면 소위 인은 오직 하나이고 그 핵심은 실질이다. 그러므로 만물에 이로움과 혜택, 은혜와 사랑이 미치는 일은 서툴거나 능숙하고 크거나 작은 차이는 있을지언정 모두 인이라 할 수 있다. 인을 편안히 여기면 인자仁者이고 이롭게 여기면 지혜로운 사람[智者]이고 빌려 쓰면 패자覇者가 된다. 인에 의지하면 사람이요 벗어나면 사람이 아니다. 인이 활용되는 방법은 의義와 짝을 짓고 예禮로 절도 있게 하며 지혜[智]로 밝히는 것이다. 혹 충忠이며 경敬이며 서恕라는 것도 두텁게 쌓으면 뒤에 인이라 할 수 있다. 인의 근본을 말해 보면, 효도하고 우애하는 마음이 바로 맹자가 말한 '양지양능'良知良能과 같은 것으로 인에 이르는 기초가 된다. '동요하기 전'이라든가 '싹트지 않은 때'와 같은 문제는 성인이 분명 그런 말을 한 바 없다. 온갖 행동에 미루어 생각해 보아도 모두 그렇지 않은 것이 없다.

　　예전에 나의 아버님께서 일찍이 성인되는 학문에 뜻을 두시어 옷깃을 여미고 경전을 공부하셔서 성인의 가르침을 마음에 익히셨다. 공자만이 고금에 없는 성인이며 이 책만이 고금에 없는 최상의 경전이라 믿고 밤낮으로 외우고 풀이하며 여러 주석을 면밀히 연구하여 명확하게 터득하셔서 비로소 후세의 학문은 옛사람의 학문과 다르다는 사실을 깨달으셨다. 춘추가 40세* 되기 전에 이미 이 주석서의 초안을 작성하시고는 문을 닫고 손님을 사양하며 날마다 생도를 가르칠 뿐, 세상에 선망하는 명리名利와 영화가 있는 줄 다시는 알지 못하셨다. 고치기도 하고 보충하기도 하면서 50세에 이르기까지 원고를 모두 다섯 번 바꾸느라 흰머리가 많아지셨다. 성인의 가르침이 후세에 전해지길 바라셔서 저술 완성에 소박한 뜻을 두셨다. 때때로 지엽적인 풀이와 설명에 약간의 차이가 보이기도 하는데, 아마 교정할 겨를이 없어서였을 것이다. 내가 못났지만 일

---

* 원문은 '强仕'. 『예기』(禮記) 「곡례 상」(曲禮上)에, "나이 사십을 강(强)이라 한다. 벼슬에 나아간다"(四十曰强, 而仕)라는 말에서 왔다.

찍부터 아버님의 법도를 배워 받들어 익히며 감히 가르침을 잊어버리지는 않았다. 아버님의 책을 읽을 줄 알 뿐이나 이 책이 동지들에게 전해지기를 바라 이에 출판에 부쳐 영원히 전하고자 한다.

쇼토쿠正德 2년(1712) 임진년 9월 교토에서

이토 나가타네伊藤長胤 삼가 쓰다

『논어고의』총론

유래를 서술함

○ 송宋나라 형병邢昺은 말했다: "『한서』漢書 「예문지」藝文志를 살펴보니, '『논어』는 공자가 제자나 당시 사람들과 응답한 이야기, 제자들이 서로 주고 받은 말, 그리고 선생님에게서 들은 말들[語]이다. 당시에는 제자들이 각자 기록한 것을 가지고 있었는데, 선생님이 돌아가신 후 문하 사람들이 함께 모으고 의논해[論] 편찬하였다. 때문에 『논어』論語라고 하였다.'

한漢나라가 일어나고 『논어』를 전한 것에 세 학파가 있었다. 『노논어』魯論語는 노나라에서 전승된 것으로 지금 유통되는 각 편編의 차례는 바로 이것을 따른 것이다. 『제논어』齊論語는 제나라에서 전승된 것으로 「문왕」問王·「지도」知道 두 편이 별도로 있어 모두 22편이다. 그 20편 가운데에도 장구章句가 『노론』魯論보다 제법 많다. 『고논어』古論語는 공자 옛집의 벽에서 나온 것으로 모두 21편인데 「자장」子張이 2편(「자장」과 「자장문」子張問)이고 편編의 차례도 『노론』·『제론』과 같지 않다. 공안국孔安國이 주석을 붙였고 후한後漢의 마융馬融도 주를 달았다. 전한시대의 장우張禹

가 하후건夏侯建에게서 『노론』을 전수받고 또 용생庸生(용담庸譚)과 왕길王吉에게서도 『제론』을 전수받아 양쪽의 좋은 것을 선택했는데 이를 『장후론』張侯論이라 하였다. 후한의 포함包咸과 주씨周氏가 함께 이 『장후론』의 장구를 나누고 학교 교과과정에 집어넣었다. 정현鄭玄은 『노론』의 장후·포함·주씨 판본의 편차編次와 장구를 가져오고 『제론』과 『고론』을 참고해 주석을 붙였다. 삼국시대 위魏나라의 이부상서吏部尚書 하안何晏이 이전 여러 유학자들의 학설을 모으고 아울러 자신의 의견을 덧붙여 『논어집해』*라 하고 정시正始 연간(240~248)에 위魏의 제왕齊王에게 올리니 세상에 널리 전하게 되었다."

---

* 『논어』(論語)에는 시대별로 여러 가지 주석이 있다. 한나라에서부터 육조시대 학자들의 주를 구주(舊注) 혹은 고주(古注)라 하고 주자(주희)를 중심으로 한 송나라 시대의 주를 신주(新注)라 한다. 고주 가운데 3세기 위(魏)나라 하안의 『논어집해』(論語集解) 10권이 있다. 한나라 때의 주석을 집성한 것으로 한나라 포함(包咸)의 설을 많이 채택했다. 이 간략한 『논어집해』의 주석서로 6세기 양(梁)나라 황간(皇侃)의 『논어의소』(論語義疏: 보통 황소皇疏라고 한다)와 10세기 송(宋)나라 형병(邢昺)의 『논어정의』(論語正義)가 있다. 형병의 『논어정의』는 청대에 편찬된 『십삼경주소』(十三經注疏)에 수록되어 흔히 읽히는 고주가 되었다. 황간의 『논어의소』는 중국에서는 망실되었는데 일본에서 오규 소라이의 제자 네모토 부이(根本武夷)가 아시카가학교문고에서 발견, 간엔(寛延) 3년(1750)에 목판본으로 발행해 청나라에 역수출되었다. 청나라의 복각본 가운데 하나가 포정박(鮑廷博)의 '지부족재총서'(知不足齋叢書)의 책이고, 건륭 52년(1787)에 청조 궁정의 칙판(勅版)으로도 발행되었다. 조선의 정약용도 그의 『논어고금주』(論語古今注)에 황간의 『논어의소』를 인용하였다. 20세기에 들어서는 비록 부분이긴 하지만 새로운 주석을 볼 수 있게 되었다. 바로 고주를 대표하는 한나라의 대유, 정현(鄭玄)의 『논어주』다. 1900년 프랑스의 펠리오(Paul Pelliot)가 둔황석굴에서 발견한 사본 가운데 약 네 편의 정현주 당사본(唐寫本)이 있었고, 1969년 신장 위구르자치구 투루판의 아스타나 묘지에서 약 네 편의 정현주가 발견되었다. 이밖에 영국의 스타인(A. Stein), 일본의 오타니 고즈이가 둔황문서에서 발견한 단편 등을 모두 모아 도호쿠대학의 가나야 오사무(金谷治)가 집록(集錄)해 『당초본 정씨주 논어집성』(唐抄本 鄭氏注 論語集成)을 1978년에 발행했다. 신주 가운데에는 송나라의 주희가 지은 『논어집주』(論語集注)가 가장 영향력이 컸고, 청대 고증학 가운데 『논어』 주석의 집대성으로 권위 있는 것은 유보남(劉寶楠)의 『논어정의』(論語正義)인데, 이 유보남의 책은 송유(宋儒)의 설보다 한위(漢魏)의 고의(古義)를 더 존중했다. 이상 요시카와 고지로, 『독서의 학』, 조영렬 옮김, 글항아리, 2014 참고.

○ 진사이는 살펴본다: "정현鄭玄이 말했다. '『논어』는 공자의 제자 중궁仲弓·자유子游·자하子夏 등이 편찬한 것이다.' 정자程子가 말했다. '『논어』란 책은 유자有子·증자曾子의 제자들이 만든 것이다. 때문에 『논어』에서는 이 두 사람만을 선생님[子]이라고 부른다.' 내 생각은 이렇다. 이런 의견은 공자의 말을 편찬한 것에 대해서 말한 것일 뿐이다. 제자들의 말을 기록한 것에 대해서는 꼭 다 그런 게 아니다. 『논어』라는 책은 한 사람이 기록한 것도 아니고 한 시기에 이루어진 것도 아니다. 어째서 그런가? 유자·증자를 제외하고도 민자閔子·염자冉子 또한 선생님[子]이라 호칭하고 있으며 여러 제자의 말 가운데 증자의 말이 가장 많고 자공子貢·자하子夏가 그 다음이다. 「학이」學而 한 편에는 유자의 말이 세 번 실려 있고 「자장」편에는 자장의 말이 많이 기록되어 있다. 그렇다면 공자의 말을 기록한 것은 모두 자유·자하 등이 편찬한 자료에서 이루어진 것이며 제자의 말은 각기 그 문인들이 기록한 자료에서 나왔음을 알 수 있다. 하지만 요약하면 『논어』의 편찬자는 역시 자유·자하 등의 무리인 것이다. 송나라의 문장가 증공曾鞏이, '『상서』尚書의 「요전」堯典·「순전」舜典을 기록한 이는 고요와 기** 같은 사람들이다'라고 말했는데 바로 이런 뜻이었다. 하지만 송나라가 일어난 이래 『논어』를 설명한 이들이 수백 명은 되겠지만 대부분 자기의 의견을 말하면서 불교와 노장의 설을 뒤섞어 놓아 믿을 수가 없다. 오직 한나라 유학자들의 설이 그나마 고대와 가까워 이전부터 전수받은 뜻을 잃지 않았다. 때문에 이 『논어고의』는 이 주소注疏에서 참고한 것이 많고 여러 학자들의 설 가운데 좋은 점을 받아들이고 아울

** 고요(皋陶)와 기(夔)는 모두 순임금의 신하다. 고요는 사법을, 기는 음악을 관장했다.

러 가다듬었다. 『논어』의 의미와 혈맥*이 되는 곳에는 보잘것없는 의견을 덧붙였다."

○ 또 살펴본다: "『논어』 20편은 상하로 나뉘어 전해지는데 이는 후세에 소위 문집文集의 정집正集·속집續集과 같은 종류인 것인가? 『논어』를 편찬한 사람은 먼저 10편을 기록해 전하고 익히다가 또 그 다음 후편 10편을 기록해 이전에 빠뜨린 부분을 보충했을 것이다. 그래서 지금 합쳐 20편이 됐다고 할 수 있다. 어떻게 이렇게 말할 수 있는가. 「향당」鄉黨 한 편을 보면 당연히 마지막 20편이 되어야 하는데 지금 중간에 끼어 있으니 전10편만으로도 이미 한 권의 책이 된 것임을 알 수 있다. 또 『논어』를 자세히 살펴보면, 예컨대 증점曾點이 자기 뜻을 말한 장(「선진」先進 제25장), 자로子路가 정명正名에 대해 물은 장(「자로」 제3장), 계씨季氏가 전유顓臾를 토벌했던(「계씨」 제1장) 여러 장들은 단락이 아주 길고, 또 육언육폐六言六蔽**며, 군자에게는 구사삼계九思三戒가 있다***는 부분, 익자삼우益者三友와 손자삼우損者三友(「계씨」 제4장) 등의 말은 모두 전10장에는 없는 형태이다. 그 의론방식과 문체만으로도 자연히 앞부분과 비슷하지 않다. 그러므로 후10편은 앞의 빠진 부분을 보충한 것임을 알 수 있다."

---

* 의미(意味)와 혈맥(血脈)은 진사이의 학문 방법론을 말하는 개념이다. 거칠게 말하자면 '혈맥'은 공자에서 맹자로 이어지는 사상의 연속적 흐름, 일관성을 말하고, '의미'는 『논어』와 『맹자』 책 안의 의미를 말한다. 이 둘은 상호 보완적이기도 하고 전체와 디테일의 관계이기도 하며 유기적인 관련을 맺는다. 『어맹자의』(語孟字義) 「하권」 '학'(學) 제4에 언급이 보인다.
** 제17편 「양화」(陽貨)의 제8장에 보이는 말이다. 공자가 자로에게 해준 여섯 가지 구절과 배우지 않아서 생기는 여섯 가지 폐단을 가리킨다.
*** 구사(九思)는 군자는 아홉 가지를 생각한다는 말로 제16편 「계씨」의 제10장을 말하고, 삼계(三戒)는 세 가지 경계해야 할 것을 말한 「계씨」의 제7장을 말한다.

강령

○ 정자가 말했다: "『논어』를 읽을 때, 다 읽고 나서 아무 일도 없는 사람이 있고, 다 읽고 난 후 그 가운데 한두 구절에 의미를 알고 기뻐하는 사람이 있으며, 다 읽고 난 후 바로 자기도 모르게 덩실덩실 손발이 움직이며 춤추는 사람이 있다."

○ 정자가 또 말했다: "배우는 사람들은 마땅히 『논어』·『맹자』를 근본으로 삼아 공부해야 한다. 『논어』·『맹자』를 제대로 공부하고 나면 육경****은 공부하지 않아도 저절로 알게 된다. 책을 읽는 이들은 성인이 경전을 지은 의도와 성인이 마음을 쓴 이유, 성인이 성인의 경지에 이른 연유 그리고 우리가 아직 그 경지에 이르지 못한 이유, 깨치지 못하는 곳을 당연히 잘 보고 구절구절 탐구해야 한다. 낮에는 외워 음미하고 밤에는 깊이 생각해, 마음을 가라앉히고 기운을 편안하게 해 의심나는 곳은 의문으로 남겨 두면 성인의 뜻을 알 수 있을 것이다."

○ 정자가 또 말했다: "배우는 사람들은 모름지기 『논어』 가운데 여러 제자들이 물은 곳을 바로 자신의 질문이라 생각하고 성인이 대답한 곳을 오늘 바로 귀로 들은 것이라 생각해야 한다. 자연히 터득하는 바가 있을 것이다. 공자와 맹자가 다시 태어난다 해도 이러한 문답으로 사람을 가르칠 수밖에 없을 것이다. 『논어』·『맹자』 가운데 그 뜻을 깊이 탐구하고 자세히 맛봐 깊이 파고들어 자신을 잘 기르고 수양한다면 전혀 새로운 기질을 성취할 것이다."

**** 육경(六經)은 유가의 기본 경전으로, 『역경』(易經)·『시경』(詩經)·『서경』(書經)·『예기』(禮記)·『춘추』(春秋)·『악경』(樂經)을 말한다. 『악경』은 현재 전하지 않는다.

○ 정자가 또 말했다: "『논어』·『맹자』를 읽을 때 숙독하고 음미해야 한다. 성인의 말씀을 자신에게 절실한 말로 받아들여야지 단지 한바탕의 이야기로 여겨서는 안 된다. 사람들이 이 두 책을 읽고 자신에게 절실한 것으로 받아들인다면 평생 쓸 만큼 충분하다."

○ 진사이는 살펴본다: "『논어』라는 한 권의 책은 도학*의 영원한 규범이자 기준이다. 그 언어가 지극히 바르고 지극히 합당하며 철두철미해 한 글자라도 더하면 남게 되고 한 글자라도 빼면 부족하게 된다. 도는 이 책에서 완전해졌고 배움은 이 책에서 극치에 이르렀다. (『논어』는) 사람이 천지 안에 살고 있으면서도 그 거대함을 알지 못하는 광대한 천지와 같은 것이다. 영원히 통용되면서도 변치 않을 것이며 온 세상 어디에 놓아도 잘못이 없으니 참으로 위대한 책이다. 『논어』는 도를 말할 때는 인仁을 근본으로 삼고 지혜[智]를 요체로 하였으며 의義를 바탕으로 삼고 예禮로 보충하였다. 사람을 가르칠 때는, '널리 글을 배우되 예로 요약해야 한다'(「옹야」雍也 제25장) 하였고, '문文·행行·충忠·신信 하라'(「술이」述而 제24장) 하였다. 이를 총괄해 말하길, '내 도는 하나로 꿸 수 있다'(「이인」里仁 제15장)고 하였으니 이것이 바로 책의 목표였다. 뒤에 어떤 성인이 출현하더라도 이를 바꿀 수 없었다. 송나라 유학자들은 『논어』를 말하면서 인의仁義를 오로지 리理로 보기만 해서 이것이 덕성의 명칭인 줄 알지 못했으며, 충신忠信을 용用으로 보아 긴요한 공부라고 생각하지 않았다. 심한 경우에는 『논어』를 부족하다고 보아 널리 다른 책을 찾기도 하고 어떤 경우에는 석가와 도가道家의 말을 빌려 자기의 말을 증명하는

---

* 여기서 말하는 도학(道學)은 유학 일반을 가리킨다. 송대 성리학을 말하는 게 아니다.

바탕으로 삼기까지 했으니 이는 공자를 배우는 사람들에게 죄인이 되지 않는 자가 드물 것이다."

○ 나는 또 말한다: "공자 이전에는 교화와 법도가 어느 정도 갖추어지긴 했지만 학문은 아직 발달되지 않았고 도덕은 아직 분명하지 않았다. 바로 공자에 이르러서야 도덕과 학문이 처음으로 온전히 발전할 수 있었다. 후세의 학자들이 오직 인의를 통해 행동해야 하고 각종 귀신과 점술 따위의 여러 이야기는 모두 의와 리로 판단해 도덕과 서로 섞이지 않게 해야 함을 알게 하였다. 그러므로 학문은 비로소 공자로부터 새롭게 열렸다고 해야 옳다. 맹자는 재아宰我·자공子貢·유약有若 세 사람의 말을 인용해, '(공자는) 요순임금보다 훨씬 뛰어나다'(『맹자』「공손추公孫丑 상上」제2장)고 말했고, 또 '인간이 생긴 이래 공자보다 훌륭한 사람은 없다'(같은 곳)고 하였다. 대개 이 제자들은 공자에게 직접 배웠으므로 공자가 실로 여러 성인들보다 탁월했음을 알았기에 이처럼 말했던 것이다. 내가 『논어』를 '최상의 지극한, 우주 제일의 책'이라고 단언하는 것은 이 때문이다. 하지만 한나라와 당나라 이래로 사람들은 육경이 존귀한 줄은 알았지만 『논어』가 가장 귀중해 육경보다 훨씬 뛰어난 책인 줄은 알지 못했다. 어떤 이는 『역경』의 「홍범」洪範을 시조로 여기고 어떤 사람은 『대학』大學과 『중용』中庸이 우선이라 하지만 『논어』라는 책이 도를 밝히고 가르침을 세운 일에 있어 처음부터 끝까지 일관되고 조금도 남김이 없어 다른 경전과는 비교할 수 없음을 알지 못하는 것이다. 공자의 도가 끝내 세상 사람에게 온전하게 이해되지 못한 이유는 전적으로 이런 이유 때문이다. 하늘의 신령스러움에 힘입어 나는 천 년이나 전해지지 못했던 학문을 『논어』와 『맹자』 두 책을 통해 밝힐 수 있었다. 그러므

로 내 보잘것없는 의견을 감히 펼치며 조금도 감추거나 피하려 하지 않았다. 억지견해가 아닌 것이다."

○ 나는 또 말한다: "도란 완벽하게 바르고 명백해서 알기 쉽고 따르기 쉬우며, 천하와 만세萬世에 두루 통용되며 잠시라도 떨어질 수 없는 것이다. 그러므로 알기 어려운 것이 아니라 지키기 어려운 것이며, 지키기 어려운 것이 아니라 즐기기 어려운 것이다. 고원해서 도달할 수 없는 것은 도가 아니며, 은미하고 까다로워 알 수 없는 것은 도가 아니다. 어째서인가? 천하와 만세에 두루 통용되며 잠시라도 떨어질 수 없는, 그런 도가 아니기 때문이다. 한 사람만 알고 열 사람은 알 수 없는 것은 도가 아니며, 한 사람만 실천하고 열 사람은 실천할 수 없는 것은 도가 아니다. 어째서인가? 천하와 만세에 두루 통용되며 잠시라도 떨어질 수 없는, 그런 도가 아니기 때문이다. 이를 안다면 우리 공자의 덕이 실로 여러 성인들보다 탁월하며 우리 공자의 도가 모든 시대를 높이 초월한다는 사실을 알 것이다. 『중용』에, '하夏·은殷·주周 삼대의 왕에게 상고해 보아도 잘못이 없을 것이며, 온 세상에 기준으로 세워도 어그러지지 않을 것이며, 귀신에게 물어보아도 의심이 없을 것이며, 백대 이후 성인을 기다린다 해도 의혹을 받지 않을 것이다'(제29장)라고 하였다. 공자의 덕성과 학문의 공을 찬양한 말이다. 고원해 다다를 수 없으며 은미하고 까다로워 알 수 없다는 따위의 말은 삼대의 왕의 사적을 고찰해 보면 잘못이 있을 것이며, 온 세상에 기준으로 세워 보면 어그러질 것이며, 인간의 감정과 사물의 원리에 미루어 생각해 보면 모두 부합하지 않을 것이다. 우주라는 시공간에 본래 이런 식의 이치가 없으니 도를 심하게 곡해하는 것임을 알 수 있다. 높은 곳[高]을 끝까지 올라가면 반드시 낮은 곳[卑]으

로 돌아오며 먼 곳[遠]을 극단까지 나아가면 반드시 가까운 곳[近]으로 돌아온다. 비근卑近으로 돌아오고 난 뒤에야 견해가 비로소 실질[實]을 갖게된다. 왜냐하면 비근한 곳은 항상 살 수 있지만 고원한 곳은 제대로 머무는 곳이 아닌 줄 알기 때문이다. 이른바 비근은 본래 비근이 아니요 평상平常을 말하는 것이다. 이는 실로 예로부터 지금까지 온 세상이 공통으로 따르던 것이었으며 인간 윤리와 일상생활에서 당연히 있어야 한다고 여기는 바였다. 어찌 여기에 고원한 것이 있겠는가. 비근을 싫어하고 고원을 기뻐하는 자들과 어떻게 천하와 만세에 두루 통용되며 잠시라도 떨어질 수 없는 도를 함께 얘기할 수 있겠는가. 배우는 사람들은 반드시 이를 알아야 한다. 그런 뒤에 『논어』를 읽을 수 있다."

○ 나는 또 말한다: "공자와 맹자의 도를 공부하려는 사람은 『논어』와 『맹자』의 같은 점을 알아야 하고 또 다른 점을 알아야 한다. 그렇게 하면 공자와 맹자의 근본 취지가 자연스레 명료해질 것이다. 세상이 높이는 것이 둘 있다. 도道와 교敎다. 도란 무엇인가. 인의仁義가 그것이다. 교란 무엇인가. 학문이 그것이다. 『논어』는 교만을 말했지만 도가 그 안에 있다. 『맹자』는 도만을 말했지만 교가 그 안에 있다. 그 이유는 무엇인가. 도는 우주에 충만하고 고금을 통해 어느 곳이건 있지 않은 곳이 없고 언제라도 그렇지 않은 때가 없으므로 완전하다. 하지만 사람들이 스스로 선善으로 가도록 할 수는 없다. 그래서 이 때문에 성인이 인간이 항상 지켜야 할 도리[彝倫]를 분명히 하고 인의를 외치며 『시경』·『서경』·『예기』·『악경』을 가르쳐 사람들이 성인이 되고 현인이 될 수 있도록 하여 만세토록 태평한 세상을 열 수 있게 하였으니 모두 교의 효과이다. 그러므로 공자가 교만을 말했지만 도가 자연히 그 안에 있는 것이다.

맹자의 시대에 이르러 성인으로부터 멀어지고 도가 막혀 이단이 벌 떼처럼 일어나 각자 자기의 도를 말해서 통일을 할 수 없었다. 그러므로 이 때문에 맹자가 인의仁義 두 가지를 명백히 제시해 후세에 알려 주어 마치 밤낮이 번갈아 가고 추위와 더위가 서로 교대하는 것처럼 치우치거나 기울어지지 않고 해와 별처럼 빛나 사람들이 홀리지 않도록 하였다. 『맹자』 7편은 종횡으로 논의를 벌여서 그 말이 서로 달라 보이지만 어느 하나도 인의를 본지로 하지 않은 게 없다. 이른바 '존양·확충'과 '인에 머물고 의를 따른다'는 말은 모두 교를 가지고 말한 것이다. 그러므로 맹자는 도만을 말했지만 교가 그 안에 있다. 『논어』와 『맹자』 두 책의 말이 다른 점이 있는 것 같지만 실상은 서로 보완이 되는 관계이다. 이것이 두 책의 공통점이다. 이것이 두 책의 핵심이며 학문의 목표다. 만약 이에 대한 이해가 부족하면 끝내 공자와 맹자의 문하에 들어가지 못할 것이다. 배우는 이들은 이 점을 깊이 주의해야 한다."

○ 나는 또 말한다: "맹자가 성선설性善說을 처음 주장해 이 말이 영원히 도학의 종지宗旨가 되었는데 공자가 이에 대해 말하지 않은 것은 어째서인가? 사람이 가르침을 잘 따른다면 자기가 뜻을 두고 부지런히 공부하는 바에 따라 모두 성인과 현인이 될 수 있을 것이므로, 본성이 좋으냐 나쁘냐 하는 문제는 논할 겨를이 없다. 그러므로 성선설이 없어도 된다. 때문에 "본성은 서로 비슷하지만 습관에 따라 차이가 생긴다"(『논어』 「양화」 제2장)고 한 것이다. 평범한 사람에서 요순임금까지 그 사이의 거리가 어찌 천 리 만 리뿐이겠는가. 하지만 공자가 서로 비슷하다고 한 것은 맹자가 말한, '사람은 모두 요순임금처럼 될 수 있다'(「고자告子 하」 제2장)는 뜻이다. 그런 까닭에 성선을 말하지 않았어도 성선은 자연히 그 안

에 있는 것이다. 그러므로 공자가 성선을 말하지 않았다고 하는 것은 틀린 말이다. 맹자가 본래 인의를 종지로 삼았는데도 성선설을 말한 까닭은 자포자기*하는 이들을 위해 목표를 세워 근본이 되는 곳을 알도록 했던 것이다. 도가 가장 존귀하고 교는 그 다음이다. 도를 완전히 이해하고 교를 받아들이는 것이 본성의 덕이다. 만약 사람의 본성이 닭이나 개처럼 지혜가 없다면 좋은 길이 있어도 들어갈 수 없을 것이며 좋은 가르침이 있더라도 따를 수 없을 것이다. 본성이 선하기 때문에 도를 완전히 이해하고 교를 받아들여 선으로 가는 발걸음이 가벼운 것이다. 이것이 맹자가 자포자기하는 이들을 위해 성선설을 말한 이유이다. 그렇다고 또한 교를 요체로 삼지 않은 것은 아니다. 어째서인가? 만약 본성에만 맡기고 배움으로 본성을 확충하지 않으면 평범한 사람이 될 뿐이요, 어리석은 사람이 될 뿐이다. 끝내는 어쩌면 걸주桀紂 같은 인간이 되어 버릴 수도 있다. 그렇기에 '만약 확충하지 않으면 부모를 섬기기에도 부족하다' (『맹자』「고자 하」제8장)고 한 것이고, 또 '잘 기르지 않으면 어떤 것도 사라지지 않을 수 없다'(같은 곳)고 한 것이다. 이 말은 모두 본성은 믿을 수 없음을 말한 것이다. '맹자가 성선설을 주장해 도학의 종지가 되었다'고만 말하는 것은 후세의 학문이 허무하고 고원한 곳으로 치달아 본성을 매우 높은 것으로 본 결과이지 맹자의 본래 뜻이 아니다."

---

* 자포자기(自暴自棄)란 말은 스스로에게 난폭하게 굴고 스스로를 포기한다는 의미로, 『맹자』「이루 상」(離婁上) 제10장에 보인다.

논어고의 권1

論語古義 卷之一

학이(學而)

모두 16장이다.

1. 子曰: "學而時習之, 不亦說乎. 有朋自遠方來, 不亦樂乎. 人不知而
不慍, 不亦君子乎."

선생님께서 말씀하셨다. "배우고 항상 익히면 참으로 기쁘지 아니한가.

학學은 본받다, 깨닫는다는 말이다. 옛날의 여러 주석을 참고하고, 보고
듣고 체험해서 본받아 깨닫는 게 있는 것이다. 습習은 거듭 익힌다는 말
이다. 열說은 '悅'(열)과 같은 말로 기쁘다는 뜻이다. 배우고 난 뒤에 항
상 복습해 익히면 지혜가 넓어지고 도가 분명해져, 깊은 잠에서 갑자
기 깨고 앉은뱅이가 홀연 일어나는 것과 같이 감당하지 못하는 기쁨
이 생긴다는 말이다. 도는 넓고 넓어서 오직 배워야만 다 알 수 있고
배운 것을 반복해 익히지 않으면 또한 그 극치에 이를 수 없다. 그러

므로 성인(공자)*은 배움을 귀하게 여기고 반복해 익힘을 요체로 본 것
이다.

벗이 먼 곳에서 오니 참으로 즐겁지 아니한가.

> 붕朋은 같은 부류의 사람이다. 그 학문이 멀리까지 미치게 되면 군자는
> 사람들과 선善을 행하겠다는 뜻을 이룰 수 있고, 자신의 덕이 고립되지
> 않았음을 볼 수 있다. 얼마나 즐거운 일인가.

남들이 알아주지 않아도 성내지 않으니, 참으로 군자가 아니겠는가."

> 온慍은 성낸다는 말이다. 군자는 덕을 완성한 사람을 말한다. 자신에게
> 덕이 갖춰지면 부귀와 작록, 중상·명예와 이해득실 그 어떤 것에도 마
> 음이 움직이지 않는다. 그러므로 남들이 알아주지 않고 가벼이 여기고
> 천시하더라도 털끝만큼도 화내지 않는다. 배움의 지극한 경지인 것이
> 다. 도가 크면 클수록 알아보는 이가 더 적다. 이것이 군자가 성내지 않
> 는 이유이다.

○ 이 장은 공자가 의중을 직접 말해서 사람들에게 권하고 힘쓰도록 한
것이다. 마음에 들어맞으면 기뻐하고 소원을 이루면 즐거워하는 것은 모
든 사람이 똑같이 느끼는 감정이지만 사람들이 참된 기쁨과 즐거움을
아는 것은 아니다. 군자는 사람들이 우러러 사모하는 존재이지만 사람들
이 참된 군자를 아는 것은 아니다. 그러므로 배우고 항상 익히면 이해한

---

* 이토 진사이는 공자를 '성인'(聖人)으로 여겼기 때문에 본문에서 공자를 '성인'이라고 불렀다.

것이 날마다 숙성한다. 이것이 바로 참된 기쁨이다. 같은 부류의 사람이
먼 곳에서 오면 선善을 사람들과 함께 행하게 된다. 이것이 바로 참된 즐
거움이다. 위로는 하늘을 원망하지 않고 아래로는 사람을 탓하지 않으며
마음으로 무엇이 들어오든 스스로 터득하지 않는 것이 없는 지경에 이
르면 촌사람이 되는 것을 면할 뿐만이 아니다. 이것이 참된 군자다. 같은
부류의 사람이 오는 즐거움이며 성내지 않는 군자가 되는 일은 모두 배
움을 통해 가질 수 있으니 배움의 효과가 크지 않은가. 공자가 온 세상을
위해 도를 세우고 사람들을 위해 기준을 만들고 만세토록 태평한 세상
을 열 수 있었던 것도 또한 배움의 효과다. 그러므로 『논어』는 학學이라
는 한 글자를 한 편의 첫머리로 삼았고 문인門人들은 이 장을 한 책의 처
음에 두었으니 이 장은 한 편의 소논어小論語라 하겠다.

2. 有子曰: "其爲人也孝弟, 而好犯上者鮮矣. 不好犯上, 而好作亂者,
未之有也. 君子務本, 本立而道生. 孝弟也者, 其爲仁之本與."

유자가 말하였다. "그 사람됨이 효성스럽고 어른에게 공손하면서 윗사
람 거스르기 좋아하는 사람은 드물다. 윗사람 거스르기를 좋아하지 않는
데 난을 일으키길 좋아하는 사람은 없다.

> 유자는 공자의 제자로 이름은 약若이다. 윗사람을 범한다[犯上]는 것은
> 윗자리에 있는 사람들 사이에 끼어들고 방해한다는 말이다. 선鮮은 적
> 다는 말이다. 난亂은 윤리를 거스르고 상도常道를 어지럽히는 일을 말한
> 다. 효성스럽고 어른에게 공손한 사람은 학문을 하지 않아도 자연히 좋

지 않은 일은 하지 않는다는 말이다. 효성과 공손이 본연本然의 선善임을 밝힌 것이다.

군자는 근본에 힘쓴다. 근본이 서야 도가 생긴다. 효도와 공손이야말로 인仁의 근본일 것이다."

| 힘쓴다는 말은 전력을 다하는 것이다. 근본은 뿌리와 같은 말이다. 군자는 모든 일을 할 때 오로지 근본에 전력을 다한다. 근본이 이미 확립됐다면 도가 "끊임없이 생겨나 그치지 않는다"(『역경』 '건괘'乾卦). 효도와 공손이 바로 인仁의 근본에 이르는 길인 것이다. 그러므로 인을 실천하려는 사람이 효도와 공손을 근본으로 삼으면 인의 도가 확충되고 커져서 온 세상을 보전할 수 있다.

○ 이 장은 효도와 공손이 최상의 덕임을 총괄해 찬양한 것이다. 사람됨이 효성스럽고 공손한 사람은 그 성격이 가장 아름답고 도에 가까운 사람이라, 윗사람을 거스르면서 난을 일으키는 일이 결코 없을 것임을 알 수 있다. 이는 덕을 증진시켜 성인이 되는 기본이며, 인仁에 도달할 수 있는 것이다. 인은 도이며 효도와 공손은 그 근본이다. 이 근본에서부터 확충해 나가면 이른바 도가 끊임없이 생겨나 그치지 않을 것이니, 이는 근원이 있는 물을 잘 이끌어 바다에 도달할 수 있도록 하고, 뿌리 있는 나무를 키워 하늘로 뻗을 수 있도록 하는 일과 같다. 그러므로 "효도와 공손이야말로 인의 근본!"이라고 한 것이다. 도라는 것이 바로 인을 가리키며, 효도와 공손은 그 근본임을 알 수가 있다. 편찬자가 이 말을 첫 장 다음에 놓았으니 효도와 공손이 학문의 근본임을 밝히려 했던 것이다.

참으로 의미 있는 말이다.

○ 진사이는 논한다: 인은 온 세상에 모두 통하는 도이며 사람은 이를 따라 행동하지 않을 수 없다. 그 근본을 따르면 인간의 선한 본성은 이 사단*을 갖추고 있다. 사단을 확충할 줄 알면 인에 도달할 수 있다. 그러므로 맹자는, "사람은 모두 차마 남을 해치지 못하는 마음을 가졌는데, 이런 마음을 미루어 남을 해치려는 마음에까지 도달하도록 하는 것이 인이다"(「진심盡心 하」 제31장)라고 하였고, 또 "측은하게 여기는 마음이 인의 근본[端]이다"(「공손추 상」 제6장)라고 했으며, 또 "어버이를 사랑하는 것이 인이다. 이는 다른 게 아니라 온 세상에 모두 적용되는 것이다"(「진심 상」 제15장)라고 말했는데, 유자가 효도와 공손을 인의 근본으로 본 것과 그 말이 서로 부합하니 맹자는 유자의 말을 이어받아 말했을 것이다. 이전 시대에 한 유학자(정자程子)는, "인의仁義는 인간의 본성에 갖춰진 리理다. 본성 안에는 다만 인의예지仁義禮智 네 가지가 있을 뿐이다. 어디에 효도와 공손이 있겠는가"라고 하였다. 이런 설명과 같다면 인은 본체[體]이고 근본이며, 효도와 공손은 작용[用]이고 말단이 된다. 이는 유자의 말과 서로 모순이 되는 것 같다. 그런 까닭에 그 유학자는, 인을 실행할 때는 효도와 공손을 근본으로 보았고, 본성을 논할 때는 인을 효도와 공손의 근본으로 보았던 것이다. 하지만 유자가 이미 "그 사람됨이 효성스럽고 공손하다"고 하였고 또 "근본이 서야 도가 생겨난다"고 말했으

---

* 사단(四端)은 인간의 본성이라고 본 측은(惻隱)·수오(羞惡)·사양(辭讓)·시비(是非)의 네 마음을 말한다. 맹자는 이를 인(仁)·의(義)·예(禮)·지(智)의 단(端; 이토 진사이는 단端을 근본本이라는 의미로 보았다)으로 보고, 단(端)에 불과하므로 끊임없이 확충해 나가야 한다고 했다. 『맹자』 「공손추 상」 제6장에 보인다.

니, 효도와 공손을 인의 근본으로 보았음을 알 수 있다. 그렇다면 맹자가, "인의는 본래 가지고 있는 것"이라고 한 말은 어떻게 된 것인가. 이는 인간의 본성은 선하다고 말했기 때문에 인의를 인간의 본성으로 본 것이다. 이는 인의를 가지고 본성에 구체적인 명칭을 부여한 것이지, 인의가 곧바로 인간의 본성이라는 말은 아니다. 처음 털끝만큼의 착오가 나중에는 천 리나 떨어진 잘못이 되어 버리는 일이 바로 여기에 있으니 명확히 분별하지 않을 수 없다.

3. 子曰: "巧言令色, 鮮矣仁."

선생님께서 말씀하셨다. "말을 교묘하게 하고 안색을 잘 꾸미는 일에 인은 드물다."

교巧는 능숙하게 한다, 영令은 잘한다는 말이다. 선鮮은 적다는 말이다. 언어를 잘 구사하고 낯빛을 능숙하게 꾸며 겉모습을 잘 치장하는 일은 거짓일 뿐인데 어떻게 이런 데에 인이 있겠는가.

○ 공자 문하의 교육은 인仁을 학문의 종지로 삼고 이를 평소에 받아들여 생활하기에 누구도 인에 따라 행동하지 않는 경우가 없다. 그러므로 도道라고도 덕德이라고도 하지 않고 인이라 했는데, 이 장 같은 경우가 그렇다. 대개 덕은 인을 중심으로 하고 인은 성誠을 근본으로 한다. "강하고 굳세고 질박하고 어눌한 사람"*(「자로」 제27장)은 겉모습은 질박해도 속은 참되다. 그러므로 인에 가깝다고 말한 것이다. 말을 교묘하게 하고 안

색을 잘 꾸미는 것은 겉모습은 그럴듯해도 속은 거짓이다. 그러므로 드물다고 말한 것이다. 아주 사소한 조짐에서도 참과 거짓을 구별했으니 참으로 엄격하기 그지없다.

4. 曾子曰: "吾日三省吾身. 爲人謀而不忠乎, 與朋友交而不信乎, 傳不習乎."

증자가 말했다. "나는 날마다 여러 번 내 자신을 반성한다.

> 증자는 공자의 제자로 이름은 삼參, 자字는 자여子輿다. 삼성三省은 삼복三復·삼령三令**과 같은 종류의 말로 진실하게 반복해서 자신을 반성한다는 말이다. 보통 삼三이라는 글자가 구절 앞에 있는 경우 '여러 번'이라는 뜻이다. 예컨대 "여러 번 '백규'白圭(희고 맑은 옥)의 시구를 반복해 외웠다"(「선진」 제5장)라든가, "여러 번 천하를 양보하였다"(「태백」 제1장)가 이것이다. 구절 끝에 있는 경우, 구체적인 숫자를 말하는 글자가 된다. 예컨대 "군자가 도에서 귀하게 여기는 것이 셋이다"(「태백」 제5장)라든가, "군자의 도는 세 가지다"(「헌문」 제30장)가 이것이다.

---

* 원문 '강의목눌'(剛毅木訥)은 "剛毅木訥, 近仁"에서 가져왔다. 이 장의 '교언영색'과 상반되는 내용을 담고 있다. '교언'(巧言)은 '눌'(訥)과 반대되며, '영색'(令色)은 '목'(木)과 반대가 된다. '목'은 얼굴에 감정표현을 그때그때 드러내지 않고 변화가 없는 듯한 모습을 말한다. '목눌'한 인간을 공자는 좋아했다.
** 삼복(三復)은 「선진」 제6장의 "南容三復白圭"라는 말에서 가져온 것이다. "남용은 백규라는 시구를 여러 번 반복해 외웠다"는 말로 "三復白圭"는 원래 『시경』 「대아(大雅)·억(抑)」에 나오는 말이다. 삼령(三令)은 "三令五申"에서 온 말로 사마천의 『사기』(史記) 「손오열전」(孫吳列傳)에 보인다. "여러 번 명을 내리고 거듭 알려 주어"라는 뜻이다.

남을 위해 도모하는 일에 마음을 다하지 않았는가. 친구들과의 교유에서 참되지 않았는가. 배운 것을 익히지 않았는가."

| 공씨(공안국孔安國)가 말했다: "충은 마음을 다 쏟는 것이다. 신信은 진실됨이다." 하씨(하안何晏)가 말했다: "'배운 것을 익히지 않았는가'라는 말은 수업에서 가르쳐 준 것을 평소에 익히지 않고 함부로 전달하지 않았는가라는 말이다."

○ 이 장은 증자가 이 세 가지에 대해서 항상 마음에 두고 잊지 않았으며, 또 매일 몇 번씩 두려운 마음으로 분발하면서 자기를 스스로 반성하는 모습이 이와 같았다는 말이다. 이 세 가지는 모두 다른 사람을 위해 구차하게 해서는 안 되는 일이라 할 것이다. 증자는 이러한 일로 자신 스스로를 반성했는데 그렇다면 옛사람들의 수신修身 방법은 오로지 남을 사랑하는 것을 근본으로 한 것이었다. 그러므로 스스로를 반성하는 것 또한 남을 위하는 데 있었던 것이다. 바깥의 유혹을 끊고 타인에 대한 생각을 막는 것을 자기반성의 요체로 삼는 후세의 학문과는 달랐음을 이를 통해 알 수 있다.

○ 진사이는 논한다: 옛날에는 도덕이 융성했고 의론은 평이했다. 그러므로 자기를 수양하고 남을 다스리는 데 오로지 효제충신孝弟忠信만을 말했지 고원高遠하고 미묘한 설명은 존재한 적이 없었다. 성인이 세상을 떠난 뒤 도덕이 쇠퇴하기 시작했고 도덕이 쇠퇴하면서 의론이 고원해지기 시작했다. 도덕이 더욱 쇠퇴하게 되자 의론이 더욱 높아지면서 도덕과 거리가 더욱 벌어졌다. 사람들은 고상해진 의론을 기뻐할 줄만 알았지 실제로는 도덕과 거리가 더욱 멀어진 것은 몰랐다. 불교와 도가의 설,

후대 유가의 학문이 바로 이렇다. 천지天地의 도道는 사람들 사이에 존재한다고 하겠다. 사람의 도는 효제충신보다 절실한 것이 없다. 그리므로 효제충신으로 인간의 도를 다할 수 있는 것이다. 증자의 말 같은 경우 후세의 학자 가운데 누가 그의 말이 더 이상 덧붙일 게 없는 최고의 경지에 이른 것인 줄 알 수 있었을까. 뒤편 「태백」 제5장에서 중병에 걸린 증자가 문병 온 맹경자孟敬子에게 죽음의 자리에서 답한 말을 보면, 두 바퀴 자국이 짝이 맞듯 이 장과 뜻이 같아서, 이 장은 그의 만년에 한 말이지 초년의 말이 아님을 알 수 있다. 그렇다면 증자가 평생 도달한 학문이 이 장에 다 담겨 있다고 해도 되겠다. 예전 유학자 가운데 증자의 좋은 말과 훌륭한 행동이 후세에 모두 전해지지 않은 것을 아쉬워한 사람도 있었는데 참으로 『논어』를 깊이 안 사람이 아니다.

5. 子曰 : "道千乘之國, 敬事而信, 節用而愛人, 使民以時."

선생님께서 말씀하셨다. "천 대의 전차를 가진 나라를 다스리는 법은, 공경으로 일을 하고 믿음이 있게 하며, 절약해 쓰고 사람을 사랑하며, 백성을 때에 맞게 부리는 것이다."

> 포씨(포함)*가 말했다. "'도'道는 다스린다는 말이다." '천 대의 전차戰車를 가진 나라'는 제후의 나라로 그 땅 규모가 전투용 수레 천 대를 출동

---

* 포함(包咸)은 후한(後漢) 때 사람으로 자는 자량(子良). 박사(博士)인 우사(右師) 세군(細君)에게서 『노시』(魯詩)와 『논어』를 배웠다.

할 수 있을 정도를 말한다. 경사이신敬事而信은 백성의 일을 경건하게 대하고 신중하게 처리하며 신의로 아랫사람을 대한다는 뜻이다. 인人은 신하와 백성을 통틀어 한 말이다. 시時는 농사를 쉬는 때이다. 나라를 다스리는 요체는 본래 이런 태도를 마음속에 간직하는 데 있지 오로지 정사政事만을 말아 하는 것이 아니다라는 말이다.

○ 천 대의 전차를 가진 나라를 다스리는 일은 참으로 어렵지만 그 성과는 정말 크다. 하지만 위에서 말한 것을 근본으로 삼는다면 또한 다스리기 어려운 일은 없을 것이다. 바로 『맹자』에서 말한, "일은 쉬운 곳에 있다"(「이루離婁 상」 제11장)는 뜻이다.

○ 양씨(양시)**가 말했다: "윗사람이 공경으로 행동하지 않으면 아랫사람이 함부로 행동하고, 믿음을 주지 않으면 아랫사람은 의심한다. 아랫사람이 함부로 행동하고 의심하면 일이 제대로 되지 않는다. '공경으로 일을 하고 믿음이 있게 한다'는 말은 자신이 솔선하는 것이다. 『역경』에, '절약의 도리를 써서 제도를 만드는 데 적용한다면 재산에 피해를 주지 않고 백성을 해치치 않을 것이다'('절節 괘'의 단사彖辭[괘사를 부연설명하고 판단한 글])라고 하였다. 사치스럽게 쓰면 재산에 피해가 가고, 재산에 피해가 있으면 반드시 백성을 해치는 데까지 이르게 된다. 그러므로 백성을

** 양시(楊時)는 송나라 사람으로 정호·정이 형제의 고제(高弟) 가운데 한 명이다. 흔히 구산(龜山)선생이라고 부른다. 그의 제자 가운데 한 사람이 예장선생(豫章先生)으로 불린 나종언(羅從彦)이며 이 문하에서 동문수학(同門修學)한 사람 가운데 연평선생(延平先生) 이동(李侗)과 위재선생(韋齋先生) 주송(朱松)이 있다. 주송이 바로 주회의 아버지이며 동학이기에 그는 이동에게 주회를 보내 글을 배우게 하였다. 이정(二程)의 학문은 그렇게 주회에게 이어졌다.

사랑하는 일은 반드시 절약해 쓰는 일이 우선이다. 하지만 백성을 때에 맞지 않게 부리면 농사일에 힘쓰는 사람은 지기 힘을 다 쓸 수 없다. 백성을 사랑하는 마음이 있다 한들 사람들은 그 은택을 입을 수 없다. 하지만 이러한 방법은 다만 정치하는 사람들이 마음에 간직해야 하는 법을 논했을 뿐 정치행위까지 언급한 것은 아니다. 이런 마음이 없다면 정사를 펼친다 한들 제대로 이루어지지 않는다.”

6. 子曰：“弟子入則孝, 出則弟, 謹而信, 汎愛衆而親仁. 行有餘力, 則以學文.”

선생님께서 말씀하셨다. “젊은이들은 집에 들어오면 효도하고, 밖에 나가면 공손하며, 신중하고 미덥게 행동하며, 널리 많은 사람들을 사랑하고 어진 사람을 가까이해야 한다. 이런 것을 실천하고 남는 시간이 있거든 이때를 이용해 글을 배워야 한다.”

> 범汎은 '널리'라는 말이다. 중衆은 많은 사람이다. 많은 사람을 널리 사랑해 미워하고 질시하는 않는 것을 말한다. 인仁은 어진 사람을 말하는 것으로, 덕이 있는 사람을 사랑하고 가까이한다는 말이다. 여력餘力은 '한가한 때'와 같은 말이다. 이以는 이용한다는 말로 한가한 때를 이용한다는 말이다. 문文은 선왕先王이 남긴 글이다. 효도하고 공손하며 삼가고 믿음을 가지며 널리 사람을 사랑하고 어진 사람을 가까이한다면 자신을 수양하는 근본이 설 것이다. 그렇게 하고서도 여력이 있으면 또한 선왕이 남긴 글을 참고해서 자기 실천의 잘잘못을 따져 보라는 말이다.

○ 이 장은 학문을 할 때는 그 첫발을 신중하게 내디뎌야 한다는 말이다. 효도와 공손은 인륜의 근본이며, 신중과 미더움은 힘써 행동하는 일의 요체이다. 널리 사랑하고 어진 사람을 친애하는 일은 덕을 이루는 토대이며, 여력이 있으면 글을 배우는 일은 또한 "도가 있는 사람에게 가서 자신을 바르게 한다"(『논어』「학이」제14장)는 뜻이다. 배우는 시기에 이와 같이 행동할 수 있다면 학문이 자연스럽게 방향을 잡고 덕이 자연스럽게 수양이 되어 종신토록 할 일을 깨우치게 됨을 말한 것이다.

○ 진사이는 논한다: 학문할 때는 모름지기 첫발을 신중하게 내디뎌야 한다. 첫걸음을 조금이라도 잘못 떼면 반드시 일생 동안 해를 입게 된다. 후세의 학자들은 덕행을 중심에 두어야 하는 것을 모르고 글을 배우는 데에만 주력했다. 그랬기에 결국에는 이단과 속된 유학자의 무리가 될 수밖에 없었다. 대개 옛날에는 덕행을 학문이라고 여겼다. 그러므로 학문이 완성되면 도덕은 자연스럽게 확립됐으며, 견문은 더욱 넓어지고 실천은 더욱 독실해졌다. 후대에는 덕행은 덕행으로만, 학문은 학문으로만 보고 말았다. 그러므로 학문을 한 뒤에 또 덕행을 수양해서 그 학문하는 의미에 부합하려고 하였다. 해서 늘 글 배우기가 우세하고 덕행은 이에 미치지 못하는 폐해가 있게 되었다. 혹은 덕행을 제대로 수양하지 못했는데도 글을 기억하고 외우는 일에 빠져 거기서 그치고 마는 자들도 있다. 이처럼 학문은 첫발을 신중하게 내딛지 않을 수 없는 것이다.

7. 子夏曰: "賢賢易色, 事父母能竭其力, 事君能致其身, 與朋友交言而有信, 雖曰未學, 吾必謂之學矣."

자하가 말했다. "현자를 현자로 대하면서 안색을 고치고, 부모를 섬기면서 자기 힘을 다할 수 있고, 임금을 섬기면서 자기 몸을 다 바치며, 친구와 사귀면서 말에 믿음이 있으면, 비록 못 배웠다 하더라도 나는 그 사람을 두고 반드시 배웠다고 말하겠다."

┃ 자하는 공자의 제자로 성은 복ʰ씨이고 이름은 상商이다. 남의 현명함을 현명함으로 대하고 그를 대할 때 안색을 고치는 것은 진심으로 선善을 좋아하는 것을 말한다. 치致는 맡긴다(바친다)는 말이다. 자기 몸을 바친다는 것은 자기 몸을 자기 것으로 생각하지 않는다는 말이다. 자하는, 배우는 사람은 이와 같은 것을 구할 뿐이다, 이와 같은 사람이 있다면 배운 적이 없다 하더라도 나는 반드시 그 사람에 대해서 이미 도를 배운 사람이라고 할 것이다, 라는 뜻이다.

○ 유씨(유작)*는 말했다: "하夏·은殷·주周 세 왕조의 학문은 모두 인륜을 밝히는 것이었다. 이 장에서 말한 네 가지를 잘하는 사람은 인륜에 대해 충실히 실행한 사람이다. 학문하는 길에 여기에다 무엇을 덧붙일 수 있겠는가. 자하는 '예악을 중심으로 한 인문학술[文學]'로 유명한 제자이지만 그의 말이 이와 같았으니 옛사람들이 말하는 학문이 무엇이었는지 알 수 있을 것이다."

○ 진사이는 생각한다: 자하는 성인(공자)에게서 직접 배운 사람으로 배운 것을 독실하게 믿고 마음 깊이 간직하였으니 분명 성인의 뜻을 진정

---

* 유작(游酢)은 이정(二程)의 유명한 제자 가운데 한 사람으로, 양시·여대림(呂大臨)·사량좌(謝良佐)와 함께 정문사선생(程門四先生)으로 불렸다.

으로 잘 파악했을 것이다. 그런데 지금 그의 말이 이와 같으니 성인의 문하에서 말하는 학문이란 어떤 것인지 알 수 있다. 그러므로 배우는 사람은 자하의 뜻을 잘 이해한 뒤에 글을 읽어야 할 것이다. 그렇지 않다면 (예약에 대한) 학문이 볼만하다 하더라도 배우지 않은 사람과 같을 뿐이니 자하의 말을 잘 살펴보지 않아서야 되겠는가.

8. 子曰: "君子不重則不威, 學則不固, 主忠信, 無友不如己者, 過則勿憚改."

선생님께서 말씀하셨다. "군자가 중후하지 않으면 위엄이 없고,

> 중重은 중후함이다. 위威는 위엄이다. 군자가 중후하지 않으면 위엄이 없어 백성이 존경하지 않는다는 것을 말한다. 공자는 대부분 당시의 훌륭한 사대부를 위해 말씀하셨다. 그러므로 군자라고 지칭한 말은 대체로 관직에 있는 사람을 가리킨다.

배워도 통하지 않고,

> 공씨(공안국)가 말했다. "고固는 가린다는 말이다. 군자 역시 학문을 해서 도를 완성해야 한다. 그렇지 않으면 앞이 가려지고 완고해 융통성 없는 병이 생기게 된다고 말한 것이다."

충忠과 신信을 주로 하며,

> 주主는 객客과 상대되는 말이다. 충신忠信은 학문의 근본이다. 그러므로

배움은 반드시 충신을 중심으로 해야 한다.

자기보다 못한 사람을 친구로 사귀지 말며,

> 주씨(주희朱熹)가 말했다: "무無는 '하지 말라'[毋]와 통하는 금지의 말이다. 친구는 인仁의 실행을 도와주는 존재이다. 친구가 자기만 못하면 이익은 없고 손해가 있을 것이다."

잘못이 있으면 고치기를 꺼리지 말라."

> 물勿 또한 금지의 말이다. 탄憚은 꺼려하고 어려워하는 것이다. 자기 잘못을 과감하게 고치지 않으면 매일 악이 커지기 때문에 잘못이 있으면 빨리 고쳐야지, 꺼리거나 어려워하면서 구차하게 편안하려 해서는 안 된다.

○ 이 장은 한 구절이 각각 독립된 문장으로, 모두 절실하고 긴요한 말이다. 『논어』의 모든 장은 한 번에 한 말을 그대로 기록한 것이 있는가 하면, 서로 다른 시기에 말한 것을 한꺼번에 기록한 경우도 있고, 몇 가지 종류의 말을 엮어 한 장으로 만든 것도 있다. 이 장은 마지막에 속한다. 공자 문하의 제자들이 공자가 평소에 해준 격언을 한데 묶어 한 장으로 만들어 자기들 사이에 전수한 것으로 보인다. 훗날의 학자들 또한 자신의 마음에 담아 두어야 한다.

○ 진사이는 논한다: "충과 신을 주로 한다"는 말은 공문孔門에서 학문하는 기본 법도다. 충과 신을 위주로 하지 않으면 겉은 그럴듯해 보이지만 안은 실상 거짓이고, 말로는 긍정하면서 마음으로는 반대로 부정하여서

함께 인仁을 실행하기 어려운 일이 있기도 하고, 겉모습은 어진 사람인
척하면서 실제 행동은 반대되는 경우도 있게 된다. 후세의 유학자들은
그저 '공경하는 태도를 지키는 것'[持敬]만 알았지 '주충신'主忠信을 요체로
보지 않았으니, 대체 어찌된 일인가.

9. 曾子曰 : "愼終追遠, 民德歸厚矣."

증자가 말하였다. "부모님 상을 신중하게 모시고 먼 조상까지 추모하면
백성의 덕이 두터워질 것이다."

> 부모님의 상례를 신중하게 치르고 소홀히 하지 않는 것은 무엇 하나 빠
> 뜨리지 않고 마음을 쓰는 것이다. 먼 조상을 추모하며 잊지 않고 모시
> 는 일은 선을 좋아하는 마음이 깊은 것이다. 윗사람이 이처럼 선을 좋
> 아한다면 아래 백성들은 교화되어 모든 일이 다 후하게 되지 않는 것이
> 없을 것이다.

○ 이 세상에서 도를 모르는 자들은 눈앞에서 금방 효과를 보는 일은 서
두르고, 돌아가신 분의 상을 신중하게 모시는 일에는 소홀하며, 거칠어
진 말세의 풍습에 익숙해 먼 조상까지 추모하는 일은 빠트리기 일쑤다.
이런 자들은 자기수양이 이미 경박한데 어떻게 백성을 교화시켜 풍속을
후하게 만들 수 있겠는가. 그렇다면 나라를 다스리는 일도 알 만하다.

10. 子禽問於子貢曰: "夫子至於是邦也, 必聞其政, 求之與, 抑與之與?" 子貢曰: "夫子溫良恭儉讓以得之. 夫子之求之也, 其諸異乎人之求之與."

자금子禽이 자공子貢에게 물었다. "선생님께서는 이 나라에 오시면 반드시 정사를 들으십니다. 선생님께서 구하시는 것입니까? 아니면 상대편이 참여시키는 것입니까?"

│ 자금은 성이 진陳이고 이름은 항亢이다. 자공은 성이 단목端木이고 이름은 사賜다. 모두 공자의 제자이다. 어떤 이는 항은 자공의 제자라고 한다. 지금 이 장과 뒤에 나오는, 자금이 자공에게 묻는 장(「자장」 제24장)에 근거해 보면 자금이 자공의 제자라고 한 말이 옳다. 억抑은 (문장의 전환을 표시하는) 어조사다. 자금이 선생님(공자)께서 도착한 나라에서는 꼭 그 나라의 정치에 참여해 정사를 듣는 것을 보았는데 사람들이 공자에게 빠르게 감응하는 것을 이상하다고 생각했다. 해서 이처럼 물은 것이다.

자공이 말했다. "선생님께서는 온화하고 솔직하고 공손하고 소박하고 겸손한 태도로 구하신 것이다. 선생님께서 구하신 태도는 남들이 구하는 것과는 다르다."

│ 온溫은 온화하고 후한 것이다. 량良은 편안하고 솔직한 것이다. 공恭은 공경을 다하는 것이다. 검儉은 꾸밈이 없는 것이다. 양讓은 겸손이다. 모두 자기를 높이지 않는 뜻이다. 기저其諸는 어조사다.* 온화·솔직·공손·소박·겸손은 엄정한 태도로 겉모습을 잘 꾸며 사람을 상대하는 것

과 모두 반대된다. 공자는 사람들의 신뢰를 얻는 일에 마음을 쓰지 않았지만 매우 훌륭한 덕을 가졌기에, 당시 임금들이 공경하고 신뢰해서 스스로 자신들의 정치문제를 가지고 공자에게 와서 물었다. 이것이 공자가 구한 방법으로, 다른 사람들이 구하고 난 뒤에야 얻을 수 있던 것과 같지 않았다.

○ 스스로 고상하다고 여기는 자들에 대해서 남들은 그 도가 높다고 흠모하면서도, 자랑하고 꾸미는 일에 힘쓰는 자들에 대해서 남들은 그 덕이 훌륭할까 의심한다. 이런 현상은 세상 어디서나 볼 수 있는 병폐이다. 온화·솔직·공손·소박·겸손과 같은 다섯 가지 덕성은 모두 남과 조화를 이루어 온순, 편안하고 정직하며 자신을 겸손하게 하고 스스로를 낮추기에 남들이 우러러보도록 할 수는 없다. 공자는 이런 태도로 마음을 유지했지만 훌륭한 덕이 가장 높은 경지에 이르렀기에 억제하면 억제할수록 더 드러나고 겸손하면 겸손할수록 더 빛이 나서, 사람들의 마음을 얻으려 하지 않아도 남들이 자연스레 감화되고 말았다. 이를 두고 '구하지 않으려고 해도 구해졌다'[不求之求]고 한 것이다. 공자는 자장에게, "바탕이 곧고 의를 좋아하며, 깊이 생각해서 남에게 자신을 낮춘다. 이럴 때 나라 안에도 반드시 명성이 도달하고 집안에서도 반드시 명성이 도달한다"(「안연」 제21장)라고 말한 적이 있다. 공자는 또 자공에게, "나는 제값을 쳐주는 사람을 기다리고 있다"(「자한」 제12장)라고 말하였다. 자공은 이런 것을 알고 있었기에 "온화·솔직·공손·소박·겸손으로 구하셨다"

---

* 기저(其諸)는 확실하지 않은 것을 나타내는 말로 '아마' 정도의 뉘앙스를 가진 말투다.

고 말한 것이다. 자공 같은 사람은 성인을 잘 관찰한 사람이라고 할 수 있다. 이는 배우는 사람들은 의당 마음에 깊이 담아 힘써 공부해야 할 사항이다.

11. 子曰: "父在觀其志, 父沒觀其行. 三年無改於父之道, 可謂孝矣."

선생님께서 말씀하셨다. "아버지가 살아 있을 때에는 자식의 뜻을 살피고, 아버지가 돌아가신 뒤에는 자식의 행적을 살핀다. 3년 동안 아버지가 하던 방식을 고치지 않는다면 효라고 할 수 있을 것이다."

> 뜻이라 하고 행적이라 한 말은 모두 좋은 일을 가지고 말한 것이다. 도道는 좋은 방식을 가리켜 말한 것이다. 아버지가 살아 있으면 자식이 선행에 뜻을 두었는지 볼 뿐이지만 아버지가 돌아가신 뒤에는 행실이 선한지 살펴볼 수 있다. 뜻을 둔 일이나 행실이 이미 선했다면 효라고 할 수 있다. 그러나 아버지가 돌아가시고 3년의 시간은 고치고 새로 할 수 있는 시기이기도 한데 이때 아버지의 방식을 잘 받들어 영원히 바꾸지 않는다면 자신의 효도를 온전하게 잘 실행했다고 하겠다.

○ 효도는 자신을 바로 세워 도를 실천해 훌륭한 명성을 실추시키지 않는 일을 근본으로 해서, 아버지의 뜻을 계승하고 사업을 잘 실행해 선대의 유업을 실패하지 않는 것을 궁극적인 완성으로 한다. 그러므로 자식의 뜻과 행실이 선하지 않으면 날마다 소·양·돼지로 음식을 마련해 봉양했다 하더라도 오히려 불효가 된다. 하물며 아버지가 돌아가신 뒤에

자기 뜻대로 아버지의 좋은 방식을 바꿨다면 실상 심한 불효가 된다. 공자가 맹장자孟莊子의 효도를 두고, "아버지의 정사와 아버지 때부터 있던 신하를 바꾸지 않은 것은 하기 어려운 일이다"(「자장」 제17장)라고 한 말은 바로 이 장을 말한 것이다.

어떤 이가 물었다. "아버지의 방식이 좋은 것이라면 종신토록 지키는 게 옳을 텐데 3년을 고치지 않는다고 한 것은 어째서입니까? 또 아버지인 사람들이 모두 꼭 선하다고 보장하기 어려운데 그때는 어떻게 합니까?" 나는 대답하였다. "아버지란 존재 가운데에는 확실히 좋은 이도 있고 좋지 않은 이도 있다. 좋지 않은 사람인 경우에는 보통 버려두고 말하지 않는다. 공자는 다만 좋은 사람을 두고 말한 것이다. 보통 사람 이상의 아버지는 각자 자신의 됨됨이에 따라 좋은 방식이 없을 수는 없다. 그러므로 그 자식된 사람은 작은 선행이라도 받들어 실행하지 않을 수 없는 것이다. 3년 동안 고치지 않는다는 말은 영원히 지킨다는 말이지, 3년이 지나면 바로 고쳐도 된다는 말이 아니다. 3년이라 한 것도 대개 3년이 지나고 나면 자신의 방도가 되어 버리므로 아버지의 방식이라고 말할 수 없는 것이다."

12. 有子曰 : "禮之用和爲貴. 先王之道斯爲美, 小大由之. 有所不行. 知和而和, 不以禮節之, 亦不可行也."

유자가 말했다. "예는 조화를 귀하게 여긴다.

용用은 '…을 가지고'[以]라는 말이다. 『예기』禮記에, "예는 조화를 귀하게 여긴다"(「유행」儒行)라고 한 말이 그것이다. 화和는 틀어지고 어긋남이 없는 것을 말한다. 대개 예가 우세하면 사람 사이가 멀어진다. 그리므로 예를 실행할 때는 반드시 조화를 귀하게 여기는 것이다.

옛날 왕들의 도는 이것을 아름다운 것으로 여겨 크고 작은 일들을 이에 따랐다. 그런데 실행되지 않는 일이 있었다.

> 유자는 먼저 옛날 훌륭한 왕의 도를 가져와서 예는 오로지 조화로만 해서는 안 되는 것임을 밝혔다. 옛날 훌륭한 왕의 도가 확실히 아름답기는 하지만 세상과 시대에는 번영과 쇠퇴, 망하고 흥하는 변화가 있는데 모조리 선왕의 도를 그대로 따르고 개혁하지 않는다면 어긋나는 문제가 생겨 실행되지 않을 것이라는 말이다.

조화를 알아서 조화를 이루려고만 하고 예로써 이를 조절하지 않으면 또한 실행할 수 없다."

> 이 말은 앞 문장을 받아 예는 조화만 써서는 실행할 수 없음을 말한 것이다. 오로지 조화를 귀하게 여길 줄만 알고 예로써 조절하지 않으면 활기 없이 마비되고 무너져 역시 실행할 수 없을 것이라는 말이다. 옛날 훌륭한 왕들의 도라 하더라도 크고 작은 일 모두 따르기만 하고 취사선택하지 않는다면 실행되지 않는 것과 같다.

○ 조화는 미덕이어서 예에서 귀하다고 하는 것이다. 그러므로 사람들은 모두 조화를 귀하게 여길 줄은 안다. 하지만 폐단이 생기는 곳도 조화와 관련이 있는 줄은 모른다. 대개 도가 무너지는 일은 꼭 폐단이 생기는 데

에서 발생한다. 폐단이 생기는 것은 꼭 조화를 귀하게 여기는 데에서 발생한다. 폐단이 생기는 것을 보고 빨리 돌이키는 일은 어렵다. 그러므로 "예를 써서 조절하지 않으면 역시 실행할 수가 없다"고 한 것이다. 명확하고도 완전한 말이라고 하겠다.

○ 진사이는 논한다: 옛 주석에는, "예는 그 본체[體]가 엄격하더라도 그 적용[用]은 조용하고 각박하지 않아야 한다"*고 하였다. 체용體用의 논리로 설명하는 방식은 송나라 유학자들이 시작한 것이지 성인의 학문에는 본디 그런 설명법이 없다. 어째서인가? 성인의 도는 윤리와 인간의 일상 규범의 범주를 벗어나지 않기 때문이다. 각자 실제 일에 따라 힘쓰는 것이었지, 마음을 깨끗이 하고 생각을 살펴 마음이 움직이기 이전(미발未發)의 상태를 추구한 일이 없었다. 그러므로 소위 인의예지仁義禮智도 모두 마음이 이미 움직인(이발已發) 뒤에 힘쓰는 일을 다루었지, 그 본체를 언급한 적이 없다. 오직 불교 이론에서 윤리와 인륜 규범을 제외하고 마음 하나 지키기에 전념하였지만 역시 인간세상과 관계를 끊어 버릴 수는 없었다. 그리해서 진체와 가체**를 설명하면서 자연스레 체용의 논리를 세우지 않을 수 없었다. 당나라의 승려 징관澄觀의 『화엄경소』華嚴經疏에,

---

* 인용한 말은 주희의 『논어집주』(論語集註)에 보인다. 이하 '옛 주석'은 모두 이를 가리킨다. 주희와 진사이는 끊어 읽기, 즉 이 장의 절(節)을 나눈 게 약간 다르다. 진사이는 "禮之用和爲貴"를 한 문장으로 끊어 읽고 "예는 조화를 귀하게 여긴다"고 해석했다. 용(用)자를 '以'자로 풀어 '以A爲B'의 문장으로 보고 그 의미를 이 장 전체의 전제로 파악해 한 절로 놓은 것이다. 그 뒤에 "先王之道斯爲美, 小大由之. 有所不行"을 한 의미단락으로 보았다. 이에 비해 주희는, "禮之用 / 和爲貴 // 先王之道 / 斯爲美 // 小大由之//"로 진사이와는 다르게 끊어 읽고, "예의 적용은 조화가 귀하게 된다. 선왕의 도는 이것을 아름답게 여겨 크고 작은 일에 이것을 따랐다"고 해석하였다. 본문의 첫 구절, '예지용'(禮之用)의 용(用)을 체용(體用; 본질과 현상, 혹은 본체와 작용·적용 등으로 풀이한다)의 용(用)으로 파악하고 체용의 논리로 설명한 것이다. 체용의 논리는 성리학의 중요한 개념이기에 진사이는 이렇게 따로 논란이 될 만한 글을 마련해 이 부분에 주의를 기울였다.

"체와 용은 근원이 하나이며, 명확히 겉으로 드러난 현상과 미묘하게 숨은 근원에는 차이가 없다"라고 한 말이 그것이다. 그 논리가 유학자들 사이에 스며들어 이 때문에 이기理氣와 체용의 논리가 일어나게 되었다. 무릇 인의예지는 모두 체가 있고 용이 있어서 '(마음이) 움직이기 이전'(미발)을 체라 하고 '(마음이) 움직인 이후'(이발)를 용이라고 했던 것이다. 이것은 마침내 성인의 큰 가르침까지도 지리멸렬하게 만들어, 용만 있고 체는 없는 말이 되어 버리게 하였다. 또 체용의 논리로 설명하게 되면 체가 중요하게 되고 용은 가벼운 것이 되며, 체가 근본이 되고 용은 말단이 되어 버리고 만다. 그러므로 사람들은 모두 용을 버리고 체를 추종하게 될 수밖에 없다. 여기서 노자老子와 장자莊子의 '욕심이 없고'[無欲] '텅 비어 고요한 상태'[虛靜]라는 설명이 번성하게 되고, 유교의 효제충신孝弟忠信의 취지는 쇠미하게 된 것이다. 잘 살펴보지 않을 수 없다.

13. 有子曰:"信近於義, 言可復也. 恭近於禮, 遠恥辱也. 因不失其親, 亦可宗也."

유자가 말했다. "약속이 의에 가까우면 말을 실천할 수 있다. 공손함이 예에 가까우면 치욕을 멀리한다. 그렇게 하고서도 친밀감을 잃지 않으면 또한 공경할 수 있다."

** 진체(眞諦)와 가체(假諦)는 모두 불교에서 쓰는 말이다. 일반적으로 진체는 심오하고 진실한 도리를 가리키는 말로 실상(實相)이라고도 하며, 가체는 속체(俗諦)라고도 하며 사람들이 쉽게 이해할 수 있게 설명하는 얕은 도리를 가리킨다. 이 두 가지를 가리켜 이체(二諦)라고 한다.

주씨(주희)가 말했다: "신信은 약속이다. 복復은 말을 실천하는 것이다." 공씨(공안국)가 말했다: "종宗은 공경과 같은 말이다." 약속과 공손은 좋은 것이지만 의와 예에 부합하지 않는다면 반드시 폐단이 생기기 마련이다. 먼저 의와 예에 부합해야 하고 또 이를 바탕으로 다른 사람을 대할 때 조화를 잃지 않는다면 그를 높여 존경할 수 있다. 단지 말을 실천할 수 있고 치욕을 멀리할 뿐만이 아닌 것이다.

○ 예禮와 의義는 인간의 기본 법도이며 모든 행동의 기준이 된다. 그러므로 "대인大人(군자)은 말이 반드시 믿음직스러워야 하는 것이 아니고 행동이 반드시 과단성 있어야만 하는 것이 아니다. 말과 행동은 의가 있는 곳을 따르기만 하면 된다"(『맹자』 「이루離婁 하」 제11장). 이것이 약속이 의에 가까운 뒤에 그 말을 실천할 수 있는 이유이다. "공손하면서 예가 없으면 수고스럽기만 하고, 신중하면서 예가 없으면 소심해진다."(「태백」 제2장) 이것이 공손함이 예에 가까운 뒤에 치욕을 멀리할 수 있는 이유이다. 이와 같이 행동할 수 있다면 참으로 선하다 할 수 있다. 하지만 이 말을 경직되게 고집하면서 인정人情에서 멀어지면 역시 아직 완전하지 않은 것이다. 그러므로 이런 바탕 위에 사람과 교제할 때 친밀감을 잃지 않으면 학문이 성숙해지고 도덕이 완성되며, 한편으로 스스로 지키는 것이 있으면서 또한 남을 용납하기까지 하니 존경할 수 있는 이유가 된다. 앞 장의, "예는 조화를 귀하게 여긴다"는 말과 의미가 통한다.

14. 子曰: "君子食無求飽, 居無求安, 敏於事而慎於言, 就有道而正焉, 可謂好學也已."

선생님께서 말씀하셨다. "군자가 먹을 때 배부르기를 구하지 않고, 거처할 때 편안함을 구하지 않으며, 일을 민첩히 하고 말을 신중히 하며, 도가 있는 사람에게 나아가 시비를 바로잡는다면 배우기를 좋아한다고 할 수 있다."

편안함과 배부름을 구하지 않는 것은 뜻을 이루는 데 전심전력하고 도를 구하는 데 온 마음을 쏟는 것이다. 일을 민첩하게 한다는 것은 행동을 우선으로 하는 것이다. 말을 신중하게 한다는 것은 함부로 말하지 않는 것이다. 또 감히 스스로 옳다 생각하지 않고 반드시 도를 깨우친 사람에게 나아가 자신의 옳고 그름을 바로잡는다면 진실로 배우기를 좋아한다고 할 수 있다.

○ 이 장은 군자는 배움에 힘쓰지 않으면 안 된다고 말한 것이다. 배움을 좋아하는 이로움은 보통 사람에게조차도 큰데 하물며 높은 지위에서 중요한 일을 하는 사람은 어떻겠는가. 그러므로 배우기 좋아한다는 말을 군자에 대한 훌륭한 칭호로 쓴 것이다. 편안함과 배부름을 구하지 않고 말과 행동을 신중하게 한다면 참으로 훌륭하다고 하겠다. 하지만 학문은 배우기 가장 어렵고 도는 어긋나기 가장 쉬운 것이다. 만약 마음속으로 선생이라고 자처해 도가 있는 사람을 찾아가 자신을 바로잡지 않으면 시비를 가리고 선택을 할 때 제대로 판단하지 못해 자기 일생을 그르칠 사람이 거의 대부분일 것이다. 그러므로 반드시 도가 있는 사람을 찾

아가 바로잡아야 하며, 그런 다음에야 배우기를 좋아한다고 할 수 있다.

15. 子貢曰: "貧而無諂, 富而無驕, 何如?" 子曰: "可也. 未若貧而樂, 富而好禮者也." 子貢曰: "詩云: 如切如磋, 如琢如磨. 其斯之謂與?" 子曰: "賜也, 始可與言詩已矣. 告諸往而知來者."

자공이 물었다. "가난한데도 아첨하지 않고, 부유한데도 교만하지 않다면 어떻습니까?"

> 첨諂은 아부하며 기쁘게 하는 것이다. 교驕는 자랑하며 함부로 구는 것이다. 자공은 가난해도 아첨하지 않고 부유해도 교만하지 않는 태도를 최고라고 생각했다. 그래서 질문한 것이다.

선생님께서 말씀하셨다. "좋다. 하지만 가난하면서도 즐거워하고, 부유하면서도 예를 좋아하는 것보다는 못하다."

> 가可는 겨우 인정한 것일 뿐 아직 충분하지 않다는 말이다. 아첨하지 않고 교만하지 않은 태도는 확실히 자신을 지킬 줄 아는 것이다. 그러나 이는 가난하거나 부유할 때 잘못을 저지르지 않는 태도일 뿐이다. 가난해도 즐거워하고 부유해도 예를 좋아하는 사람이 덕에 만족하고 도를 즐기면서 가난함과 부유함조차 모르는 최고의 경지보다는 못하다.

자공이 말했다. "『시경』에, '끊듯이, 갈듯이, 쪼듯이, 닦듯이'라고 했는데 이것을 말하는 것입니까?"

시詩는 『시경』 「위풍衛風」에 있는 「기욱淇澳」이라는 작품이다. 뼈를 세공할 때는 끊는다고 하고, 상아를 세공할 때는 간다 하고, 옥을 세공할 때는 쫀다고 하고, 돌을 세공할 때는 갈아서 윤이 나도록 하게 한다. 자공자신은 아첨하지 않고 교만하지 않는 태도를 최고라고 생각했었는데, 선생님의 말씀을 듣게 되자 학문 연구가 무궁하다는 사실을 알게 되었다. 그래서 시를 인용해 덧붙인 것이다.

선생님께서 말씀하셨다. "사야, 이제 비로소 너와 함께 시를 이야기할 수 있겠구나. 지난 일을 말해 주었더니 앞일을 아는구나."

고왕지래告往知來는 지나간 일을 알려 주었더니 앞으로 생길 변화를 스스로 안다는 말이다. 시의 오묘한 맛은 변화가 무궁해서 어디서나 시를 가져올 수 있으며 그에 맞는 반응이 있기 마련이라는 점이다. 지난 일을 알려 주면 바로 앞일을 아는 사람이 아니었던들 시정詩情을 완전히 맛볼 수 없다. 공자는 이러한 언급에 이르러서야 오직 자공만이 함께 시를 이야기할 수 있는 사람임을 비로소 알게 되었다.

○ 배우는 사람은 가난을 근심으로 여기지 않은 뒤에 즐거울 수 있다. 배우는 사람은 부유함을 즐거움으로 여기지 않은 뒤에 예를 좋아할 수 있다. 그때 바로 덕에 만족하고 도를 즐겨, 가난해도 가난한 줄 모르고 부유해도 부유한 줄 모른다는 것을 알 수 있다. 가난해도 즐거워한 사람이 있었으니 안자(안회顏回)가 그런 사람이었고, 부유하면서 예를 좋아한 사람이 있었으니 주공周公이 그런 사람이었다. 가난해도 즐거워할 줄 아는 사람은 부유해도 예를 좋아할 사람일 것이며, 부유해도 예를 좋아하는 사

람은 반드시 가난해도 즐길 수 있을 것이다. 우열이 있는 것이 아니라 처지가 바뀌어도 모두 그러한 것이다.

○ 진사이는 논한다: 시는 살아 있는 물건이다. 그 언어는 애초부터 정해진 뜻이 없고 그 의미는 애초부터 정해진 기준이 없다. 사람들 사이에 유통되면서 변화를 일으켜 수많은 모습을 만들고 끊임없이 바뀌기에, 아무리 퍼내어도 조금도 마르지 않고 물으면 물을수록 무궁무진해진다. 식견이 높은 사람은 시를 보고 고상하다 하고, 안목이 낮은 사람은 보고 비천하다 한다. 위로는 왕공과 대인에서부터 아래로는 농부와 천민, 노예에 이르기까지 길흉과 근심·즐거움, 영욕과 슬픔·기쁨 등 각자 자신의 감정이 시에 따라 감응해 공감하지 않는 것이 없다. 「당체」唐棣 시를 보고 공자는 도가 아주 가까운 곳에 있음을 분명히 밝혔고,* 「한록」旱麓 시를 보고 자사子思는 도가 온 천지에 환하게 드러나 있음을 보여 주었다.** 옛사람들이 시를 읽는 방법은 대체로 이와 같았다. 자공이 이를 알았기 때문에 공자는 "비로소 함께 시를 이야기할 수 있겠구나"라고 한 것이다. 지금 경서를 배우는 사람들처럼 『시경』의 시어에 대한 주석과 사실관계가 어떠한지만 볼 뿐이라면 시의 본지는 땅에 떨어지고 말 것이다.

---

* 「당체」(唐棣)는 현존하는 『시경』에 보이지 않는다. 인용한 부분은 『논어』 「자한」 제30장에 보인다.
** 「한록」(旱麓)은 『시경』 「대아(大雅)·문왕지십(文王之什)」 가운데 한 편이다. 언급한 부분은 『중용』 제12장에 보인다. "『시경』에, '솔개가 하늘을 날고 물고기는 연못에서 뛴다'고 하였는데, 이는 도가 위아래로 밝게 드러난 것을 말한 것이다(鳶飛戾天, 魚躍于淵, 言其上下察也)"라는 자사의 말을 두고 한 언급이다.

16. 子曰: "不患人之不己知, 患不知人也."

선생님께서 말씀하셨다. "남이 자기를 알아주지 않는 것을 근심하지 않고 남을 알지 못할까를 근심한다."

> 이 장은 배우는 사람은 남이 자신의 선을 알아주지 못하는 것을 근심하지 말고 자기가 남의 선을 알지 못할까 근심해야 한다고 말한 것이다. 선이 자신에게 있지 않다면 또한 남의 선도 알 수 없는 법이다. 그렇기에 군자는 남의 선을 알지 못할까 근심하는 것이다.

○ 안영晏嬰같이 현명한 사람도 공자를 알아보지 못했다. 순자荀子같이 학문이 깊은 사람도 자사와 맹자를 알아보지 못했다. 남을 알지 못하는 일은 이렇게 심한 근심거리인 것이다. 포숙鮑叔이 관중管仲을 알아보고 소하蕭何가 한신韓信을 알아본 예는 제대로 알아준 일에 비슷하다고 하겠다. 그러나 아직 충분히 다 알았다고 할 수 없다. 공자가 아니었다면 요순이 당연히 본받아 계승해야 할 인물인 줄 알지 못했을 것이며, 맹자가 아니었다면 공자 같은 성인은 사람이 있은 이래 일찍이 없었던 인물이라는 사실을 아무도 몰랐을 것이다. 이를 두고 남을 알아주는 것이 그렇게 어렵다고 하는 것이다.

위정(爲政)

모두 24장이다.

1. 子曰:"爲政以德, 譬如北辰居其所, 而衆星共之."

선생님께서 말씀하셨다. "덕으로 정치를 하는 것은, 비유하자면 북극성
이 제자리에 있으면 여러 별들이 그곳을 향해 있는 모습과 같다."

> 덕德은 인의예지仁義禮智를 통틀어 일컫는 말이다. 북진北辰은 북극성으
> 로 하늘의 중심축이다. 제자리에 있다[居其所]는 것은 움직이지 않는다
> 는 말이다. 공共은 향한다는 말이다. 덕으로 정치를 하면, 그 모습이 북
> 극성이 제자리에 있고 여러 별들이 사방에서 둘러싸고 돌며 북극성 쪽
> 으로 별이 향하는 것과 같다는 말이다.

○ 이 장은 덕으로 정치를 하면 아무 일 하지 않아도 온 세상이 그에게

귀순한다는 말이다. 덕으로 정치를 할 줄 모르고 한갓 지식과 힘으로 지탱하려 하면 애를 쓰면서도 힘만 들고 잘 다스리려 하면 할수록 더욱 다스려지지 않게 된다. 이것은 예나 지금이나 볼 수 있는 병폐다. 후세에 세상을 경영하고 백성을 구제하는 학문을 배운 자들은 덕으로 하는 정치에 힘써야 하는 줄은 모르고 그저 의례나 제도에서나 구차하게 찾고 있으니 얼마나 보잘것없는 일인가.

○ 범씨(범조우)*는 말했다: "덕으로 정치를 실행하면, 움직이지 않아도 사람들은 교화되고, 말하지 않아도 서로 믿으며, 아무 일 하지 않아도 모든 일이 이루어진다. 지키는 것은 지극히 간결하면서도 번거로운 일을 통제할 수 있고, 머무는 곳은 지극히 고요한데도 움직이는 것을 제어할 수 있으며, 힘쓰는 일은 지극히 적으면서도 많은 사람들을 감복시킬 수 있다."

2. 子曰: "詩三百, 一言以蔽之, 曰: 思無邪."

선생님께서 말씀하셨다. "시 300편을 한마디로 표현한다면 '생각에 사악함이 없다'이다."

| 『시경』에는 모두 311편이 수록돼 있는데 300편이라고 말한 것은 큰 수를 든 것이다. 폐蔽는 포괄하다와 같은 말이다. 생각에 사악함이 없다[思

---

* 범조우(范祖禹)는 북송시대의 학자로 자는 순보(淳甫)·몽득(夢得)이다. 정호·정이 형제에게 학문을 배웠으며 사마광과도 가까웠다. 사서(四書) 가운데 『중용』을 특히 중시했으며 『논어설』(論語說) 등의 저술이 있다.

無邪]는 말은 『시경』「노송」魯頌의 「경」駉에 나오는 구절이다. 『시경』이라는 경전은 그 가르침이 무궁하지만 핵심은 사람들의 생각이 비뚤어지지 않도록 하는 것일 뿐이라는 말이다.

○ 사무사思無邪는 곧다[直]는 말이다. 공자가 시를 읽다가 이 부분에 이르자 자신의 뜻과 합치되는 것이 있었다. 그러므로 이 시를 거론해 보여주면서 '사무사' 한마디가 충분히 『시경』의 의미를 모두 포괄할 수 있다고 생각했던 것이다. 시는 공자가 항상 말하는 대상이었으니(「술이」제17장) 어찌 300편을 포괄하는 정도뿐이겠는가. 공자의 도를 전부 포괄한다고 해도 될 것이다.

○ 진사이는 논한다: 인의예지를 도덕이라고 한다. 인간이 지켜야 할 도리의 근본인 것이다. 충신경서忠信敬恕를 수양이라고 한다. 이를 통해 도덕에 도달하려고 노력하기 때문이다. 그러므로 도덕을 말할 때면 인仁을 으뜸으로 하고, 수양을 논할 때는 충신忠信을 요체로 한다. 공자가 사무사 한마디를 『시경』의 의미를 포괄하는 말로 본 것은 "충과 신을 주로 한다"(「학이」제8장)는 뜻과 같은 것이기도 하다. 이전 유학자 가운데 어떤 이는 '인'仁을 『논어』의 요체로 보고, '본성의 선함'[性善]을 『맹자』의 요체로 보았으며, '가운데를 잡아라'[執中]를 『서경』의 요체로 보고, '때'[時]를 『역경』의 요체로 보았다. 이는 한 경經마다 각각 경전의 요체를 두고 이들을 한데 묶지 못했던 것이다. 성인의 도는 귀착지는 같지만 가는 길이 다르고, 도는 하나로 일치하지만 수많은 다른 사유가 있음을 몰랐던 것이다. 드러난 말은 갈래가 많은 듯 보이지만 하나로 모든 것을 꿸 수 있다. 그렇다고 한다면 사무사 한마디는 실로 성인의 학문이 시작되는 곳이자

종결되는 지점인 것이다.

3. 子曰: "道之以政, 齊之以刑, 民免而無恥; 道之以德, 齊之以禮, 有恥且格."

선생님께서 말씀하셨다. "법령으로 인도하고 형벌로 균일하게 만들면 백성들은 형벌은 면하겠지만 부끄러워할 줄 모른다.

> 도道는 인도한다는 말이므로 선도한다는 뜻이다. 정政은 법제와 금령이다. 제齊는 균일하게 만드는 것이다. 백성을 인도하는 데 복종하지 않는 자들은 형벌을 가지고 균일하게 만드는 것이다. "면하겠지만 부끄러워할 줄 모른다"[免而無恥]는 말은 어떻게 해서든 형벌을 면하겠지만 부끄러워하는 게 없다는 말이다.

덕으로 인도하고 예로 균일하게 만들면 부끄러워하고 올바르게 된다."

> "덕으로 인도한다"[道之以德]는 것은 맹자가 말한 "학교 교육을 잘 정비해서 효제孝悌의 의미를 거듭 강조해 가르친다"(「양혜왕梁惠王 상」 제3장)는 뜻이다. 예는 제도와 신분의 차등差等을 말한다. 격格은 바르게 된다는 말이다. 백성들이 부끄러워하고 또 스스로 수양해 바르게 될 수 있다는 말이다.

○ 법령으로 인도하는 일은 백성의 사악한 뜻을 막고 형벌로 백성이 같아지도록 하는 일은 범죄행위를 바로잡는다. 이는 모두 법으로 하는 것

이지 덕으로 하는 것이 아니다. 그러므로 백성들이 감히 악행을 하지 않도록 하지만 악행을 하려는 마음이 다 소멸된 것은 아니다. 덕으로 인도하는 일은 백성의 덕성을 기르고, 예로 백성이 같아지도록 하는 일은 의를 실천하도록 격려한다. 모두 덕으로 하는 것이지 법으로 하는 것이 아니다. 하지만 백성들은 이를 잘 보고 마음에 느끼며 부끄러워할 줄 알아 악행을 하라고 해도 감히 하지 않는다. 대체로 법령과 형벌의 성과는 빠르게 나타날지 몰라도 그 효과는 적다. 덕과 예의 효과는 느린 것 같지만 그 감화력은 크다. 법령과 형벌은 효과가 적기 때문에 훌륭한 정치가 끝내 완수되지 못한다. 덕과 예는 감화력이 크기 때문에 훌륭한 정치가 더욱 지속되면서 무궁하게 펼쳐진다. 이 지점이 풍속이 훈훈해지느냐 각박해지느냐 갈라지는 곳이기도 하고, 나라의 생명이 길어지느냐 짧아지느냐 결판나는 곳이기도 하다. 왕도와 패도의 구별도 오로지 이것에 달려 있다. 이전 왕들이 덕과 예만 믿고 법령과 형벌을 폐지한 것은 아니다. 다만 의지했던 것은 덕과 예에 있었지 법령과 형벌에 있었던 게 아니었을 뿐이다.

4. 子曰 : "吾十有五而志于學, 三十而立, 四十而不惑, 五十而知天命, 六十而耳順, 七十而從心所欲不踰矩."

선생님께서 말씀하셨다. "나는 열다섯에 배움에 뜻을 두었고,

> 요堯·순舜·우禹·탕湯·문文·무武·주공周公이 천하를 다스렸던 위대한 법도와 도리를 도道라고 한다. 배움에 뜻을 두었다 함은 이런 도를 가지

고 자신을 수양하고 남을 다스려 천하를 위해 태평세상을 열려고 하는 것이다.

서른에 자립했으며,

┃ 입立은 도에 입각해 스스로 서는 것이다. 자신에게 학문이 갖춰지고 나면 이익이나 벼슬, 잘못된 학설 따위에 마음이 변하거나 흔들리지 않게 된다.

마흔에 의혹되지 않았으며,

┃ 불혹不惑은 마음속에 생각하고 바라는 것이 올바른 이치를 자연스레 알아서 옳고 그름을 판단할 때 헷갈리지 않았다는 말이다. 뒤 편(「안연」제10장)에, "살기를 바랐다가 또 죽기를 바라니 이것이 의혹[惑]되는 것이다"라고 하였고, 같은 편 22장에, "한순간의 분노로 자기 자신을 잊어버리고 화가 부모에게까지 미치는 것이 미혹[惑]이 아니겠느냐"라고 공자는 말했다. 이 두 가지 말을 참조해 보면 '혹'惑이라는 글자의 뜻을 저절로 알게 될 것이다.

쉰에 천명을 알았고,

┃ 천天은 힘써 행하지 않지만 모든 일이 다 이루어진다. 명命은 부르지 않았는데도 저절로 오는 것이다. 이는 모두 사람의 힘으로 할 수 있는 게 아니다. 오직 선善을 통해서만 하늘에게 인정받을 수 있고 오직 덕에 의해서만 명에 응답할 수 있다. 이런 사실을 안다면 스스로 수양하는 데 힘쓰고 털끝만큼도 무언가를 바라는 마음을 갖지 않는다. 이것은 지식

이 정밀한 경지에 이르고 학문이 완전한 경지에 이른 것이다.

예순에 귀가 순해졌으며,

> 귀가 순해졌다는 말은 칭찬이나 비난이 자신에게 닥쳐와도 듣고 거슬리지 않는 것이다. 앞에서 천명을 알았다고는 했지만 칭송이나 비난이 귀에 들어오면 그래도 구애되는 게 있었다. 하지만 이 단계에 도달하면 모든 것에 마음이 평안해져 칭찬이나 비난이 들어오는 것조차 느끼지 않게 된다.

일흔에는 마음이 하고 싶은 대로 따라 해도 법도를 넘지 않았다."

> 구矩는 기준이 되는 기구로 이것으로 사각형을 그린다. 마음이 하고 싶은 대로 따라 해도 저절로 법도를 넘지 않았다는 것은 성인이 돼서야 알 수 있는 경지로, 도와 자신이 하나가 된 것이다.

○ 이 장은 공자가 자신의 평생 학문의 이력을 진술해 다른 사람에게 보여 준 것이다. 먼저 배움에 뜻을 두었다는 말은 성인의 자질을 갖췄다고 해도 반드시 학문이 필요하며 그런 뒤에야 성인의 경지에 도달할 수 있었으니, 학문에 성과를 돌린 말이다. 서른에 자립했다는 말에서부터 법도를 넘지 않았다는 말까지는 학문의 효과다. 성인은 태어나면서 알고 편안하게 실행하는 사람인데 각기 단계가 있는 것은 어째서인가. 도는 무궁하며 학문 또한 무궁하기 때문이다. 성인만이 성誠을 끝까지 실천해 함부로 하지 않았으며 매일 새로워지면서도 그치는 일이 없어 어려서부터 늙을 때까지 자신의 법도를 잃지 않았던 것이다. 그러므로 자신의 진

전을 알 수 있었고 그러한 진전을 자신하였다. 일반적으로 사람들도 일생 동안 어려서부터 장년을 거쳐 노인이 되는데, 나이가 각 단계에 이르게 되면 지식도 자연스레 달라진다. 성인의 자질을 가졌다 해도 늙었을 때와 젊었을 때의 차이가 없을 수 없으니, 또 늙었을 때와 젊었을 때를 구별하지 않을 수 없는 것이다. 천지의 사계절이 봄에서 여름, 가을, 겨울이 되면서 추위와 더위, 따뜻함과 서늘함이 자연히 계절과 일치하는 일과 같다. 이것이 바로 성인이 태어나면서 도를 알아 편안하게 실행하는 오묘함으로서, 천지와 그 덕이, 일월日月과 그 밝기가, 사계절과 그 순서가 합치되는 모습인 것이다. 한갓 배우는 사람들을 위해 기준을 세웠다고 한 것은 그릇된 말이다.

○ 진사이는 논한다: 맹자가 세상을 떠난 뒤 공자의 도가 세상에 밝혀지지 않았다. 세상의 유학자들이 익히고 탐구하는 것들이란 문자의 구절에 주석을 다는 범위에 지나지 않았다. 송나라가 일어나면서 큰 유학자들이 배출되어 정통을 숭상하고 사악邪惡을 배척해 한나라와 당나라의 고루한 모습이 이로 인해 모조리 씻겼으니 그 공적은 확실히 위대하였다. 하지만 당시에 선학禪學이 성행해 선학의 영향을 받은 이론으로 성인의 취지를 해설한 사람들이 실로 적지 않았다. 이런 것에서 일심一心만을 오로지 귀하게 여기고 명경지수明鏡止水 같은 맑은 마음을 자기 수양의 최고 경지로 삼게 되었다. 호씨(호인)*가 "한 가지 흠 없이 모든 이치를 다 밝히고 하고 싶은 대로 행해도 지극한 이치가 아닌 게 없었다"라고 한 말이

---

* 호인(胡寅)은 북송과 남송의 학자로, 『춘추전』 연구로 유명한 호안국(胡安國)의 조카이다. 정자의 제자 양시(楊時)에게 배웠다. 자는 명중(明仲) · 중강(仲剛) 등이며 치당(致堂) 선생으로 불렸다. 저술에 『논어상설』(論語詳說) 등이 있다.

그러한 예다. 『맹자』에, "잡고 있으면 보존되고 버려두면 사라져서, 드나듦에 때가 없고 어디로 향하는지 알 수가 없다"(「고자 상」 제8장)고 하였다. 마음이란 믿을 수 없는 것으로 도를 가지고 보존하지 않을 수 없었던 것은 이와 같아서였다. 그러므로 공자 같은 성인조차 일흔에 이르러서야 비로소 "마음이 하고 싶은 대로 따라 해도 법도를 넘지 않았다"고 했던 것이다. 성인의 덕이 최고 경지에 이르러 어떠한 행동을 해도 다 차분하게 도에 들어맞았다는 말이지, 한 가지 흠 없이 모든 이치를 모두 다 밝혔음을 말한 게 아니다.

5. 孟懿子問孝. 子曰: "無違." 樊遲御, 子告之曰: "孟孫問孝於我, 我對曰, 無違." 樊遲曰: "何謂也?" 子曰: "生事之以禮, 死葬之以禮, 祭之以禮."

맹의자孟懿子가 효에 대해서 물었다. 선생님께서 대답하셨다. "어기는 일이 없는 것입니다."

> 맹의자는 노나라의 대부로 중손씨仲孫氏를 말하며, 이름은 하기何忌이다. 무위無違는 예에 어긋나는 일이 없다는 말이다.

번지樊遲가 수레를 몰고 있었는데 선생님께서 그에게 말씀해 주셨다. "맹손이 내게 효에 대해 묻기에, 나는 어기는 일이 없는 것이라고 대답해 주었다."

> 번지는 공자의 제자로 이름은 수須다. 어御는 공자를 위해 수레를 모는

것이다. 맹손은 중손씨를 말한다. 공자는 맹의자가 어기는 일이 없는 것이라고 한 말뜻을 이해하지 못했을까 염려스러웠다. 그래서 번지에게 말해 그 뜻을 밝히려 한 것이다.

번지가 물었다. "무엇을 말씀하신 겁니까?"
선생님께서 대답하셨다. "살아계실 때는 예禮로 섬기고, 돌아가신 뒤에는 예로 장사 지내고, 예로 제사 지내는 것이다."

> 부모님이 살아계실 때 예로 섬기는 것이 효인 줄은 알기는 한다. 장사지내고 제사 지내는 일까지도 예로 행하는 것이 효라는 사실까지는 모를 수가 있다. 그래서 공자는 맹의자를 위해 간곡하게 설명해 주신 것이다.

○ 효는 음식으로 잘 봉양하는 것이 전부가 아니라 세상에 자신을 드러내 도를 실행하는 일을 중요하게 여긴다. 그렇기 때문에 부모님이 살아계실 때 섬기는 일, 돌아가신 뒤에 장사 지내고 제사 지내는 일에 모두 예에 어긋남이 없다면 부모님에게 효도하는 도리를 완전히 실천한 것이다. 부유하면서 예를 좋아하는 일은 선善의 최고 모습이라 할 것이다. 맹의자는 노나라에서 대대로 귀족이었던 인물로 백성들이 모두 우러러보는 대상이었다. 그랬기에 공자는 이런 말로 일러 주었던 것이다. 하물며 살아계실 때 효도하는 일은 그래도 실행하기가 쉽지만 돌아가신 뒤의 효도에 있어서는 자신 스스로 도를 다 실천하고, 선대의 유업을 빛내고, 후세에게 훌륭한 일을 전하는 게 아니라면 다할 수 없는 것이다. 그러므로 "돌아가신 뒤에는 예로써 장사 지내고, 예로써 제사 지내는 것이다"

라고 하신 말씀은 실로 맹손씨에게 좋은 약이며 침이 되는 말이다.

6. 孟武伯問孝. 子曰:"父母唯其疾之憂."

맹무백孟武伯이 효에 대해 물었다. 선생님께서 대답하셨다. "(자식은) 부
모님이 병이 드실까 걱정한다."

┃ 무백은 맹의자의 아들로 이름은 체彘이다. 자식들이 부모를 섬기는 동
안 걱정해야 할 일이 매우 많다. 하지만 질병만큼 가장 걱정스러운 일
은 없다.

○ 부모가 늙으면 모시고 봉양할 날이 이미 많지 않다. 거기다 어느 날
부모가 병이 들면 효도를 하고자 해도 할 수 없게 된다. 그렇기에 부모님
이 병드실까 근심하게 되면 날을 아껴 가며 모시는 정성을 저절로 그만
둘 수 없게 되고, 애모하는 마음이 미치지 않는 곳이 없게 되어서 효도를
하지 않으려 해도 그럴 수 없는 것이다. 무백에게 경계하도록 한 것에는
깊은 뜻이 있다.

○ 맹무백 부자는 모두 노나라의 대신大臣이 되었지만 아버지 맹의자에
게 해준 말은 의리가 크고, 아들 무백에게 해준 말은 의미가 간절하다. 맹
의자에게 한 말은 공자의 특별한 취지가 있는 것으로 보통 사람이 이해
할 수 있는 말이 아니었다. 그렇기에 번지에게 다시 알려 주며 간곡히 설
명한 것이다. 배우는 사람들은 그 뜻을 깊이 곱씹어 보아야 한다.

7. 子游問孝. 子曰 : "今之孝者, 是謂能養. 至於犬馬, 皆能有養, 不敬, 何以別乎."

자유가 효에 대해 물었다. 선생님께서 대답하셨다. "오늘날의 효는 돌보는 것을 말한다. 개와 말까지도 모두 돌볼 수는 있다. 공경하지 않는다면 무엇으로 구별하겠느냐."

> 자유는 공자의 제자로 성은 언言, 이름은 언偃이다. 양養은 음식으로 봉양하는 것이다. 경敬은 일을 공경하며 받든다는 말이다. 옛사람들이 말한 효는 그 일이 참으로 컸다. 지금 시대의 사람들은 잘 돌보는 것만을 효라고 한다. 이 역시 옳지 않다고는 할 수 없다. 하지만 어린 사람이나 하인들, 천한 개나 말까지도 다 돌봐 주어서 죽지는 않게 한다. 만약 부모님을 돌보기만 하면서 공경을 더하지 않는다면 비천한 것들을 돌보는 것과 무엇으로 구분하겠는가. 이른바 공경[敬]이란 좌우에서 모시며 시키는 일을 따르고, 아침에 잘 주무셨는지 살펴보고 저녁에 잠자리를 마련해 드리며, 음식·의복, 춥고 더운 계절 변화에 이르기까지 공경하는 마음으로 대하며 게을리 하지 않는 것을 말한다.

○ 이 장은 공자가 자유의 질문을 통해, 부모를 섬기는 세상 사람들이 대부분 불경不敬에 빠졌으면서도 알지 못하는 사태를 경계했던 말씀으로, 오늘날의 효를 보면 어떤 모습인지 알 수 있다. 공자는 문하의 제자들 질문에 대답할 때, 질문자의 문제점을 직접 지적하면서 경고해 주었다. 하지만 또 어느 경우에는 제자의 질문을 기회로 세상에 널리 경계가 될 말을 하기도 하였는데 이 장의 경우가 그러하다. 어느 한 가지 경우에 집착

해 고집해서는 안 된다.

8. 子夏問孝. 子曰: "色難. 有事弟子服其勞, 有酒食先生饌, 曾是以爲 孝乎."

자하가 효에 대해 물었다. 선생님께서 대답하셨다. "기쁜 낯빛으로 있는 게 어렵다.

> 부모님을 섬기는 동안 기쁜 낯빛을 하고 있기 어렵다는 말이다.

일이 있을 때 자식이 힘써 수고하고, 술과 음식이 있을 때 어른들께 먼저 바치는 것이 바로 효라 하겠느냐."

> 선생先生은 부형父兄을 말한다. 찬饌은 음식을 바치는 것이다. 증曾은 곧 [則]이라는 뜻이다. 힘써 수고하고 봉양하는 것은 부모님을 섬길 때 늘 하는 일이지 효라 하기엔 부족하다는 말이다.

○ 부모님을 섬기는 도리는 사랑과 공경이 근본이다. 하지만 공경은 그 래도 힘써서 잘할 수도 있다. 기쁜 표정을 짓는 일은 진심으로 깊은 애정을 갖고 처음부터 끝까지 변치 않는 사람이 아니라면 불가능하다. 그러므로 "기쁜 낯빛으로 있는 게 어렵다"고 한 것이다. 선유先儒(정자程子)는, "자하는 강직하고 의로웠지만 간혹 온화하고 부드러운 낯빛을 하는 경우가 적었기 때문에 공자가 일러 준 것이다"라고 하였다. 자하에게 부족한 점을 들어서 경계하도록 했다는 말이다.

○ 도는 공허할수록 말은 더욱더 고상해진다. 덕은 참될수록 말은 더욱더 평이해진다. 이것은 자연스럽게 드러나는 표식이다. 그러므로 세상의 말이 고상해지기는 해도 평이해지지 못하는 것은 덕이 없기 때문이다. 맹무백이 효를 물은 장부터 이하 세 장은 세상의 말로서 이보다 더 평이한 게 없고 그러면서도 이보다 더 실질적인 게 없다. 오직 공자만이 할 수 있는 말이지 다른 사람은 할 수 있는 말이 아니다. 이것이 바로 성인의 말이 되는 까닭이다.

9. 子曰: "吾與回言, 終日不違如愚. 退而省其私, 亦足以發, 回也不愚."

선생님께서 말씀하셨다. "내가 안회와 이야기해 보았더니 종일 한마디도 거스르는 말이 없어서 어리석은 이 같았다.

> 회回는 공자의 제자로 성姓은 안顔이고, 자字는 자연子淵이다. 공자가 그와 이야기를 나눴는데 종일토록 한마디 거스르는 말이 없어 어리석은 이와 같았다. 스승의 말을 듣고 받아들이기만 할 뿐 묻고 따지는 일이 없었던 것이다.

안회가 물러나 혼자 있을 때 하는 것을 살펴보았더니 역시 내가 한 말을 훌륭히 실천하더구나. 안회는 어리석지 않다."

> 사私는 편안히 혼자 있는 시간으로 스승께 나아가 직접 뵙고 묻는 때가 아님을 말한다. 안회가 혼자 있을 때를 살펴보았더니 역시 공자의 도를 잘 발휘해 실천하였기에 공자는 매우 기뻐하였다. 또 어리석지 않다고

말하여서 앞에서 어리석은 이 같다고 한 말은 다른 사람들이 미칠 수 있는 경지가 아님을 분명히 하였다.

○ 이 장은 안자顔子가 총명을 내비치는 행동을 하지 않으면서 오묘한 것을 이해할 만큼 깊은 경지에 이르러 보통 사람이 미칠 수 있는 수준이 아님을 공자가 칭찬한 것이다. 성인이 종일 하는 이야기는 모두 평이하고 담백하며 솔직해서 듣는 사람을 놀라게 하는 것이 없었다. 안자는 총명해 한 번 들으면 공자의 말씀이 실제로는 온 세상을 다 포괄하고 고금을 관통해 무엇도 남겨 두는 것이 없음을 알고 있었다. 고기로 만든 음식이 입에 맛있게 느껴지는 정도가 아니었다. 그러므로 성인과 이야기를 나눈 안자는 성인의 말을 묻고 따지며 캐고 논란을 벌일 필요도 없이 평소 말하고 행동하는 가운데 도道가 자연히 드러났다. 초목이 때맞춰 내리는 비를 맞고 생기가 돌며 살아나는 것과 같아서, 듣고 나면 그만인 다른 사람과는 달랐다. 공자는 안회가 혼자 있을 때를 살펴보고 바로 그가 이러했음을 알았다. 그러므로 "안회는 어리석지 않다"라고 하면서 거듭 감탄했던 것이다. 무릇 지식이 드러날 수 있는 것은 지식이 아직 깊지 않은 것이다. 지식이 있으면서도 드러내지 않아야 지식이 가장 깊은 것이다. 비유해 보면, 얕게 흐르는 개울은 흐르는 기세가 빠르고 거침없어도 건너갈 수 있다. 깊은 호수와 바다는 드넓어 깊이를 헤아릴 수 없다. 이른바 "어리석은 이 같다"는 말은 바로 이 뜻이다. 노장에서 말하는, 지식을 없애고 성인과 관계를 끊고 말없이 어리석음을 지키는 태도를 말하는 게 아니다. 안회가 총명을 내비치는 행동을 하지 않은 것은 그 지식이 더욱 깊기 때문이다.

10. 子曰: "視其所以, 觀其所由, 察其所安, 人焉廋哉, 人焉廋哉."

선생님께서 말씀하셨다. "그 사람이 하는 일을 보고,

> 주씨가 말했다. "이以는 행한다[爲]는 말이다. 선행을 하면 군자가 되고 악행을 하면 소인이 된다."

그 사람이 마음으로 따르는 것을 살펴보고,

> 관觀은 시視에 비해 더 상세하게 보는 것이다. 유由는 따르는 것이다. 일 자체는 선하다 해도 마음속 의도에서 나오는 것에 선하지 않은 것이 있 으면 역시 군자가 될 수 없다.

그 사람이 즐거워하는 것을 꼼꼼히 들여다보면,

> 찰察은 또 더욱 상세하게 보는 것이다. 안安은 즐거워하는 것이다. 마음 을 따라 해온 일이 선하다고 해도 마음에 즐거워하는 일이 선한 것이 아니라면 역시 억제하고 삼가는 것일 뿐이다. 어떻게 오래도록 변하지 않을 수 있겠는가.

사람이 어떻게 숨기겠느냐, 사람이 어떻게 숨기겠느냐."

> 언焉은 어찌[何]이다. 수廋는 숨긴다는 말이다. 거듭 말해서 분명하게 밝 힌 것이다.

○ 임금은 신하에 대해, 사람들은 친구에 대해 의지하고 신뢰하는 부분 이 아주 크기에 신중하게 선택하지 않으면 안 된다. '사람은 알기 어렵

다'는 이 문제는 요순임금조차 괴로워했다. 말이 너무 뛰어나 재주 있어 보이고, 간교함이 너무 훌륭해 정직한 것으로 보이고, 아첨이 교묘해서 충성스러워 보이고, 억누르고 삼가서 덕이 있는 것처럼 보인다. 이 때문에 자기 눈으로 꼼꼼하게 들여다보지 않으면 필경 검은 것을 희다 하고 굽은 것을 곧다 하며, 소인이 군자가 되고 군자는 소인이 되는 지경이 되어, 정치는 날마다 잘못되고 몸은 다치고 나라는 망하게 될 것이다. 두려워하지 않을 수 있겠는가.

11. 子曰 : "溫故而知新, 可以爲師矣."

선생님께서 말씀하셨다. "옛것을 연구하고 새로운 것을 안다면 스승이 될 수 있다."

| 온溫은 탐구한다는 말이다. 온고이지신溫故而知新은 예전에 들은 것을 탐색, 연구하고 시간을 내어 새로 더하는 것이 있다는 말이다.

○ 이 장은 스승 되는 길이 얼마나 어려운가를 말한 것이다. 사람이 배울 때 옛것을 잘 연구하지 않으면 옛것의 훌륭한 점을 필시 잊게 되고, 새로운 것을 알지 않으면 옛것에 없는 점을 알 길이 없다. 온 세상의 일은 무한하고 온 세상의 변화는 무궁하다. 예전에 들은 것을 연구하고 탐색하면서 다시 새롭게 얻는 것이 있다면 세상 어떤 일에도 대응하는 데 모자람이 없을 것이고 어떤 일에 적용해도 옳은 결과를 얻을 것이다. 그런 뒤에 남의 스승이 될 수 있는 것이다. 무릇 스승은 남에게 모범이 되는 사

람이다. 인재는 스승을 통해 성취되는 것이며, 세상의 기풍도 스승을 통해 유지되는 것이다. 남루한 복장을 한 천한 사람조차도 임금과 똑같은 존재로 논해질 수 있으니 그 책임이 얼마나 막중하며 그 임무가 얼마나 큰가. 삼가지 않을 수 없다.

12. 子曰: "君子不器."

선생님께서 말씀하셨다. "군자는 그릇으로 쓰이지 않는다."

그릇은 쓰임새가 일정하게 적용되는 곳이 있음을 말한다. 군자의 덕은 크게 쓰일 수는 있어도 작게 쓰일 수는 없다는 뜻이다.

○ 군자는 도덕이 넓고 높아 어떤 일을 실행해도 되지 않은 것이 없지만 간혹 잘하지 못하는 일이 있기는 하다. 공자가 군사와 관계되는 일을 배우지 않았고, 외교에서 응대하는 말에도 능하지 않았던 것과 같은 일은 그 쓰임새에 적합하지 않았던 것이라고 할 수 있다. 하지만 성인의 재주와 덕성에 대해 논하는 것은 이런 것과 관련이 있지 않다. 그러므로 "군자는 작은 일을 알 수는 없지만, 큰일을 맡을 수 있다"(「위령공」 제33장)고 하는 것이다. 갖가지 기술을 널리 종합하고 작은 일에 정통하는 것은 사람들이 기뻐하는 바이지만 이는 "원대한 일을 이루는 데 장애가 될까 두렵다"(「자장」 제4장), 이런 것으로 군자를 논해서는 안 된다.

13. 子貢問君子. 子曰 : "先行其言, 而後從之."

자공이 군자에 대해 물었다. 선생님께서 대답하셨다. "말하려는 것을 먼저 실천하고 그 다음에 말이 행동을 따른다."

○ 장식*이 말했다. "군자는 행동에 주안점을 두지 말을 앞세우지 않는다. 그러므로 말을 한 것은 힘써 행동해 성취하고 말이 행동을 따르도록 한다. 행동에 주안점을 두고 말을 뒤에 하는 것이 군자라면, 말을 쉽게 하고 행동으로 실천하지 않는 것은 소인의 귀착지이다."

14. 子曰 : "君子周而不比 ; 小人比而不周."

선생님께서 말씀하셨다. "군자는 사람을 널리 대하지 자기 무리를 만들지 않으며, 소인은 자기 무리를 만들지 사람을 널리 대하지 않는다."

| 주周는 두루 널리 대하는 것이다. 비比는 한쪽으로 치우쳐 무리를 짓는 것이다. 모두 사람과 사귈 때 친하게 지내는 것을 두고 말한 것이다.

○ 이 장은 군자와 소인은 마음씀씀이가 다름을 말한 것이다. 학문에서 중요한 점은 군자와 소인의 지향점이 어디에 있는지 구분하는 데 있다. 그렇지 않으면 군자가 되려다 오히려 소인이 되어 버리는 경우가 많다.

---

* 장식(張栻)은 남송의 학자로 자는 경부(敬夫)·흠부(欽夫) 등이며, 호는 남헌(南軒)이다. 호굉(胡宏)에게서 이정(二程)의 학문을 배웠으며, 주희·여조겸과 함께 동남삼현(東南三賢)으로 불렸다. 저서에 『남헌선생 논어해』(南軒先生論語解) 등이 있다.

『논어』에서 늘 군자와 소인을 대조시켜 거론하는 까닭은 공부하는 사람에게 바른 방향을 보여 주려는 것이다.

15. 子曰 : "學而不思則罔 ; 思而不學則殆."

선생님께서 말씀하셨다. "배우기만 하고 생각하지 않으면 미혹에 빠지고, 생각하기만 하고 배우지 않으면 위태롭다."

○ 예전의 가르침을 참고하고 살펴보는 일을 배움[學]이라 하고, 자신의 마음속에서 찾아 구하는 것을 생각[思]이라고 한다. 세상의 좋은 것을 모아 통일할 수 있는 것은 배움의 효과이며, 끝까지 깊이 파고들어 세세하게 다 연구해 귀신같이 효력을 내는 것은 생각의 극치다. 배움의 효과는 실제적이며, 생각의 극치는 신령스럽다. 배우기만 하고 생각하지 않으면 실질에서 얻는 게 없다. 그러므로 미혹에 빠진다. 생각하기만 하고 배우지 않으면 마음을 스승으로 여기면서 자기가 옳다고 한다. 그러므로 위태롭다. 이런 까닭에 생각하지 않으면 배울 수 없고, 배우지 않으면 생각에 도달할 수 없다. 이 두 가지는 서로 의지해 존재한 뒤에야 성립하는 것이다.

나는 또 말한다. 옛날에는 배우는 사람은 생각하는 일이 배우는 것보다 많았다. 지금은 배우는 사람은 배우는 것이 생각하는 일보다 많다. 그러므로 옛사람들이 말한 배움은 지금 사람들이 말하는 배움과 역시 큰 차이가 있다. 이 또한 살피지 않으면 안 된다.

16. 子曰: "攻乎異端, 斯害也己."

선생님께서 말씀하셨다. "이단을 익히면 해가 될 뿐이다."

> 공攻은 익힌다는 말이다. 이단異端은 옛날 방언으로 말단이 서로 달라 하나가 아닌 것을 말한다. 근본에 힘쓰지 않고 그저 서로 말단의 다른 부분을 공부하면 무익하고 해가 될 뿐이라는 말이다.

○ 학문을 하는 방도는 근본에 힘쓰면 말단末端은 자연히 다스려진다. 그저 말단만을 연구하면 반드시 근본을 빠뜨리게 되는데 이는 필연적인 이치다. 후세의 학문은 도덕인의에 힘쓰지 않고 글짓기와 경전 암송에나 종사하면서 그 양이나 다투고 우열을 비교한다. 이 또한 이단을 익히는 종류의 일일 뿐이다. 본말이 전도되고 경중이 뒤집혀 그 해악을 이루 다 말로 할 수 없을 정도다.

○ 진사이는 논한다: 이단이라는 말은 옛날부터 있었다. 후세 사람들은 전적으로 불교와 도교를 가리켜 이단이라고 하는데 잘못됐다. 맹자시대에는 "사악한 말과 난폭한 행동"[邪說暴行](『맹자』 「등문공 하」 제9장)이라고도 했고, 직접 "양주楊朱와 묵적墨翟의 무리"(같은 곳)라고도 했다. 이것을 보면 그 당시에는 아직 이단이라고 부르지 않았음을 알 수 있다. 불교와 도교 같은 경우는 이른바 사악한 말과 난폭한 행동에 해당하니 또한 이단 이상이라 하겠다. 어떻게 그것을 익힌 다음에야 해가 된다고 하겠는가.

17. 子曰 : "由, 誨女知之乎. 知之爲知之, 不知爲不知, 是知也."

선생님께서 말씀하셨다. "유由야, 네게 안다는 것을 가르쳐 주겠다. 아는 것을 안다 하고 모르는 것을 모른다고 하는 것이 아는 것이다."

> 유由는 공자의 제자로, 성은 중仲이고 자字는 자로子路다. 자로는 성격이 고지식해서 세상의 일을 다 아는 것을 앎이라고 생각했다. 때문에 공자는 자로에게 일러 주었다. "네가 생각하는 앎이 꼭 진정한 앎은 아니다. 이제 네게 앎에 대해서 깨우쳐 줄까. 아는 것은 스스로 안다 하고 모르는 것은 모른다고 하는 것이 안다는 것이다." 대체로 진정으로 아는 사람들은 당연히 알아야 할 것은 알려 힘쓰지만 알아도 무익한 것은 꼭 알려고 하질 않는다. 앎이란 세상일을 모두 아는 것에 있지 않기 때문이다.

○ 세상일이란 끝이 없고 한 사람의 지식에는 한계가 있다. 하물며 일이 얼마나 복잡다단한지 알 수 있는 일이 있는가 하면 알 수 없는 일이 있기도 하다. 알 수 없는 일을 알려고 하면 지나치게 깊이 파고드는 잘못을 저지르는 것이다. 알 수 있는 일이라 해도 죄다 알려고 들면 자칫 지나치게 아는 데로 빠질 우려가 있다. 그러므로 공자는 "군자는 자기가 모르는 것에 대해서는 대개 의문으로 남겨 둔다"(「자로」제3장)고 한 것이다. 온 세상의 일을 모두 아는 것이 진정한 앎이라고 보지 않았기 때문이다. 맹자는, "요순임금의 지혜로도 사물을 다 알려고 하지 않았던 것은 급히 해야 할 일을 먼저 해서였다"(「진심 상」제46장)라고 하였다. 이것이 요순임금이 바로 성인이 된 연유이며 배우는 사람들이 당연히 법도로 삼아야

할 말이다. 훗날의 유학자들은 걸핏하면 온 세상의 일을 다 알려고 든다.
이런 태도는 요순임금조차 할 수 없었던 것인데 어떻게 지혜롭다 할 수
있겠는가.

18. 子張學干祿. 子曰: "多聞闕疑, 愼言其餘, 則寡尤; 多見闕殆, 愼行
其餘, 則寡悔. 言寡尤, 行寡悔, 祿在其中矣."

자장이 (벼슬해) 녹을 구하는 방법을 배우려 하였다.

> 자장은 공자의 제자로 성은 전손顓孫이고 이름은 사師다. 간干은 구한다
> 는 말이다. 주씨(주희)는 말했다. "녹祿은 벼슬하는 사람이 받는 봉급을
> 말한다."

선생님께서 말씀하셨다. "많이 듣되 의심스러운 것은 남겨 두고, 그 나머
지를 신중히 말하면 허물이 적을 것이다. 많이 보되 확정되지 않은 것은
남겨 두고, 그 나머지를 신중하게 행하면 후회가 적을 것이다.

> 여씨(여대림)*는 말했다. "의疑는 아직 자신하지 못하는 것이다. 태殆는
> 아직 확정되지 않은 것이다." 우尤는 허물이다.

말에 허물이 적고 행동에 후회가 적으면 녹은 그 안에 있다."

---

*여대림(呂大臨)은 북송의 학자로 자는 여숙(與叔), 호는 남전(藍田)이다. 정이(程頤)에게서 배웠는
데 특히 예학에 밝았다. 전해지는 저술이 거의 없다.

│ 녹이 그 안에 있다는 말은 사람들에게 버림받지 않아 의식이 저절로 풍
족해진다는 말이다. 꼭 곡식 받는 것을 가리켜 말한 게 아니다.

○ 학문을 해서 얻는 것은 깊고 넓다. 견문을 통해 얻는 것은 일상적이고
실질적이다. 자장은 이미 배움이 무엇인지 알고 있었기 때문에 공자는
견문을 통해 얻는 것을 거론해 알려 준 것이다. 대개 견문이 많으면 지혜
를 넓힐 수 있고 이를 기준으로 따르는 것이 있게 마련이다. 하지만 역시
의심스럽고 확정되지 않은 것은 반드시 남겨 두고 언행을 삼가야 한다.
그렇게 하면 밖으로는 남들이 허물하는 말을 듣지 않을 것이며, 안으로
는 스스로 후회하는 일이 생기지 않을 것이다. 언행에 진실이 담기면 남
에게 충분히 신뢰를 얻을 텐데 누가 감히 복종하지 않겠으며, 또한 누가
그를 추천하지 않겠는가. 이것이 "녹이 그 안에 있다"는 말이다.

19. 哀公問曰: "何爲則民服?" 孔子對曰: "擧直錯諸枉, 則民服; 擧枉
錯諸直, 則民不服."

애공哀公이 물었다. "어떻게 하면 백성이 복종할까요?"
│ 애공은 노나라의 임금으로 이름은 장蔣이다. 이때 애공이 정치를 잘못
해 백성이 복종하지 않았기 때문에 물은 것이다.

선생님께서 대답하였다. "정직한 사람을 쓰고 비뚤어진 사람을 버리면
백성이 복종할 것입니다. 비뚤어진 사람을 쓰고 정직한 사람들을 버리면

백성이 복종하지 않을 것입니다."

| 조錯은 버려둔다는 말이다. 제諸는 많음을 말한다. 사람을 쓰고 버리는
일이 제대로 시행되면 백성이 복종하고, 그렇지 않으면 복종하지 않을
것이라는 말이다.

○ 애공의 생각은 백성을 복종시키는 데 반드시 어떤 기술이 있어야 할
수 있으리라는 것이었다. 공자의 대답은, 사람을 쓰고 버리는 일을 합당
하게 하면 백성이 복종하고, 사람을 쓰고 버리는 일을 합당하게 하지 않
으면 백성이 복종하지 않는다는 것이었다. 보통 정직한 사람을 좋아하고
비뚤어진 사람을 미워하는 것은 온 세상 사람들이 똑같이 느끼는 감정이
다. 이런 감정에 따르면 백성의 마음을 얻고, 이 감정을 거스르면 백성의
마음을 잃는다. 무슨 기술을 써서 할 수 있는 게 아니다. 그러므로 나라를
다스리는 방도는 정치를 실행하는 근본이 어떠한가를 반성하는 데 있을
뿐이지, 개인의 사사로운 생각과 자잘한 지혜로 할 수 있는 게 아니다.

20. 季康子問 : "使民敬忠以勸, 如之何?" 子曰 : "臨之以莊則敬 ; 孝慈
則忠 ; 擧善而敎不能則勸."

계강자季康子가 물었다. "백성들이 공경하고 충성스러우며 서로 권면하
도록 하려면 어떻게 해야 합니까?"
| 계강자는 노나라의 대부大夫 계손씨로 이름은 비肥다. 당시 계씨가 자기
지위를 벗어나 주제넘은 짓을 해서 백성들이 심복하지 않은 데다가 또

명령에 따르지도 않았다. 때문에 물은 것이다.

선생님께서 대답하였다. "엄숙한 태도로 백성을 대하면 공경할 것이고, 효성과 자애로 대하면 충성할 것이며, 착한 사람을 쓰고 못하는 사람을 가르치면 서로 권면할 것입니다."

> 포씨(포함)가 말했다. "장莊은 엄숙한 태도를 말한다. 백성을 대할 때 엄숙한 태도로 하면 백성들은 자기 윗사람을 공경할 것이고, 위로 어버이에게 효도하고 아래로 백성을 자애로 대하면 백성들은 충성할 것이다. 착한 사람을 발탁해 쓰고 잘하지 못하는 사람들을 가르치면 백성들은 서로 권면할 것이다."

○ 이 장 역시 앞 장과 의미가 같다. 대개 왕자王者의 정치는 덕을 쓰지 법을 쓰지 않는다. 그 효과는 느린 것 같지만 무궁한 교화가 생긴다. 패자霸者의 정치는 법을 쓰지 덕을 쓰지 않는다. 그 효과는 빠른 것 같지만 잘 다스리는 데에는 무익하다. 그러므로 나라를 다스리는 근본은 자신을 올바르게 하는 데 있지, 지식이나 술법으로는 할 수 없음을 알 수 있다. 계강자의 생각은 빠른 효과를 찾는 데 있었지만 공자의 대답은 오로지 스스로를 다스리는 데 있었다. 만약 계강자가 공자의 뜻을 제대로 이해했다면 노나라를 다스리는 일이 어찌 자기가 바라는 대로 되지 않았겠는가. 『예기』「대학」편에, "군자는 집을 떠나지 않고서도 나라에 교화를 성취한다. 효는 임금을 섬기는 방도요, 공손은 어른을 섬기는 방도며, 자애는 백성을 부리는 방도이다"라고 하였다. 이 말은 공자의 말을 잘 설명한 것이다.

21. 或謂孔子曰: "子奚不爲政?" 子曰: "書云: '孝乎惟孝, 友于兄弟, 施於有政.' 是亦爲政, 奚其爲爲政."

어떤 사람이 공자에게 물었다. "선생님께서는 왜 정치를 하지 않으십니까?"

│ 노나라 정공 초년에 공자는 벼슬을 하지 않았다. 그러므로 어떤 사람이
│ 공자가 관직을 맡아 정치를 하지 않는지 의문을 나타낸 것이다.

선생님께서 대답하셨다. "『서경』에, '효로구나, 효도하는 사람은 형제 사이에 우애로워, 이를 정치하는 데 펼친다'라고 했습니다. 이것 역시 정치를 하는 것이지요. 어찌 관직을 얻는 것만이 정치를 하는 것이겠습니까."

│ 『서경』의 인용문은 현재 전하는 『고문상서』古文尚書 「군진」君陳편에 보이
│ 는데 '효호'孝乎 두 글자가 없다. 공자가 인용한 이 글을 바른 문장으로
│ 보아야 한다. "효로구나 효도하는 사람은"(효호유효孝乎惟孝)이라는 말
│ 은 효를 찬미한 표현이다. 부모를 잘 섬기는 사람은 필시 형제 사이가
│ 우애로워 이를 정치하는 데까지 펼친다는 말이다. 공자는 이 말을 인용
│ 해, 이와 같은 사태라면 이 또한 정치를 하는 것인데 왜 꼭 관직을 얻는
│ 것만을 정치를 하는 것으로 보겠느냐고 한 것이다.

○ 효도와 우애는 인간의 착한 행동이다. 누가 이를 아름답다 여기지 않겠으며, 또한 누가 이를 따르지 않겠는가. 이러한 마음을 가지고 자신을 수양하면 자기수양이 이루어지고, 이러한 마음을 가지고 남을 다스리면 남이 다스려진다. 집안과 국가와 천하일지라도 따르지 않을 수 없다. 집

안에서 공부하는 사람들은 늘 세상에 보탬을 되지 못한다고 한탄하는데, 집안에 머무르기에 집안이 잘 다스려지고 이 다스리는 일을 조정의 관직에 옮길 수 있음을 전혀 모르고 있다. 관직을 얻어 정치를 하지 못하는 것은 서운해할 일이 아닌 것이다. 맹자는, "여러 자제들이 군자를 따르면 효도하게 되고 공손하며 충성스럽고 믿음직스럽게 된다. 『시경』에 '군자는 공을 세우지 않고는 녹을 받지 않는다'고 했지만, 군자의 이런 감화력보다 큰 공이 어디 있겠는가"(「진심 상」 제32장)라고 하였다. 군자의 이런 행동은 관직을 얻어 정치를 하는 일과 다를 바 없는 것이다.

22. 子曰: "人而無信, 不知其可也. 大車無輗, 小車無軏, 其何以行之哉."

선생님께서 말씀하셨다. "사람으로서 믿음이 없으면 괜찮은지 모르겠다. 큰 수레에 끌채가 없고, 작은 수레에 갈고리가 없다면 수레가 갈 수 있겠는가."

> 큰 수레[大車]는 평지에서 짐을 싣는 수레다. 예輗는 끌채 끝에 가로지른 나무(횡목)로, 여기에 멍에를 달아 소에 얹는다. 작은 수레[小車]는 농사용 수레, 전투용 수레, 타는 수레를 말한다. 월軏은 끌채의 갈고리로 횡목에 걸어 말을 매는 것이다. 사람으로서 믿음이 없으면 수레에 두 부품이 없는 것과 같아서 움직일 수 없다는 말이다.

○ 믿음은 인간 도리의 근본이다. 인간으로서 믿음이 없으면 하루도 천

지 사이에 살 수 없다. 큰 수레에 끌개가 없고 작은 수레에 갈고리가 없으면 갈 수 없는 것과 같다. 임금이 임금답지 못하고 신하가 신하답지 못하며 아비가 아비답지 못하고 자식이 자식답지 못한 것은 하나같이 모두 이것에서 비롯된다. 공자는 가장 쉽게 볼 수 있는 것을 가져와 사람은 믿음이 전혀 없어서는 안 된다는 점을 비유했다.

23. 子張問 : "十世可知也?" 子曰 : "殷因於夏禮, 所損益可知也 ; 周因於殷禮, 所損益可知也. 其或繼周者, 雖百世可知也."

자장이 물었다. "10대 이후를 알 수 있습니까?"

　육씨(육덕명)*가 말했다. "(종결어) 야也는 어떤 판본에는 호乎로 썼다." 주씨(주희)는 말했다. "왕자王者가 천명天命을 받아 새 왕조를 연 것을 1세世라 한다." 자장은 공자가 특출한 이해력과 예지력으로 모르는 게 없다고 보았기 때문에 먼 10세 이후도 미리 알 수 있는지 물은 것이다.

선생님께서 말씀하셨다. "은나라는 하나라의 예를 따랐으므로 거기서 빼고 더한 것을 알 수 있다. 주나라는 은나라의 예를 따랐으므로 거기서 빼고 더한 것을 알 수 있다. 어느 나라가 주나라를 계승한다면 100대 이후라도 알 수 있다."

---

* 육덕명(陸德明)은 당나라 시대 학자로 덕명은 자이며 육원랑(陸元郞)을 말한다. 태학박사를 역임했으며 당 이전 시대의 전적을 참고해 완성한 『경전석문』(經典釋文)으로 유명하다. 『논어음의』(論語音義) 등의 저술이 있다.

하·은·주 세 왕조가 천하를 통치할 때는 각자 자기 왕조 나름의 제도가 있었지만 사람들이 이전부터 보고 들은 모든 것을 전부 바꿔 버릴 수는 없었다. 그러므로 모두 이전 왕조의 예를 따라서 자기 나라의 예를 만들었다. 이전 왕조의 제도에서 빼고 더한 것은 지금 모두 알 수가 있다. 과거의 것들이 이와 같았으므로 미래 또한 이와 같은 방식으로 하는 것에 지나지 않을 것이다.

○ 이 장은 옛날과 지금의 일이 심하게 다르지 않으므로, 황당·괴이하고 옳지 않아 끝까지 따질 수 없는 말 따위를 찾기 좋아해서는 안 된다는 말이다. 세상 풍속의 변화는 따져 보면 끝이 없지만, 본래 놀랍고 괴이한 일은 없는 법이다. 갓은 머리에 쓰고 신은 발에 신으며, 배로 물을 건너고 수레로 육지를 다닌다. 임금의 지위는 존귀하고 신하의 지위는 낮으며, 아버지가 늙고 자식은 그 뒤를 잇는다. 오랜 옛날부터 이와 같았으며 먼 미래도 또한 이와 같을 것이다. 이른바 예라는 것도 이런 것을 따라 빼고 더한 것에 지나지 않는다. 이러한 생각을 추론해 보면 천 년 뒤의 무궁한 변화도 모두 앉아서 헤아릴 수 있다. 자장의 질문이 괴상하고 치우친 곳으로 넘어갔기 때문에 공자가 이 말을 해서 그런 태도를 배척한 것이다.

24. 子曰: "非其鬼而祭之, 諂也. 見義不爲, 無勇也."

선생님께서 말씀하셨다. "그 귀신이 아닌데도 제사 지내는 것은 아첨이다. 의로운 일을 보고도 하지 않는 것은 용기가 없는 것이다."

"그 귀신이 아니다"[非其鬼]는 말은 당연히 자기가 제사 지내야 할 귀신이 아닌 것을 말한다. 아첨은 귀신을 지나치게 가까이하는 것을 말한다. 의가 있는 줄 알면서도 실천하지 않는 것은 용기가 없는 것이다.

○ 진력*이 말했다. "이 장은 사람들이 알 수도 없는 귀신에게 홀리지 말고 사람의 도리로 마땅히 해야 할 일에 힘쓰길 바란 것이다. 다른 때에 공자는 번지에게, '사람이 마땅히 할 일[義]에 힘쓰고 귀신을 공경하되 멀리해야 한다'(「옹야」 제20장)라고 말했는데, 역시 귀신을 의와 대조해 말하였다. 경험에 비추어 말해 보더라도, 세상 사람 가운데 귀신에게 아첨하고 가까이하는 자들은 인간이 마땅히 해야 할 일에 전혀 전력을 기울일 수 없다. 인간이 마땅히 해야 할 일에 전력을 기울이는 사람은 전혀 귀신에게 아첨하지 않고 가까이하지 않는다. 의로움과 귀신 두 가지는 늘 서로 연관돼 있다."

---

* 진력(陳櫟)은 송나라 말엽~원나라 초기의 학자로 자는 수옹(壽翁), 호는 정우(定宇)이다. 『상서집전찬소』(尙書集傳纂疏) 등의 저술이 있다.

논어고의 권2

論語古義 卷之二

팔일(八佾)

모두 26장이다.

1. 孔子謂季氏: "八佾舞於庭, 是可忍也, 孰不可忍也."

공자께서 계씨季氏에 대해 말씀하셨다. "팔일무八佾舞를 자기 뜰에서 추도록 하였으니, 이것까지 할 수 있다면 무엇인들 차마 하지 못하겠느냐."

｜ 계씨는 노나라의 대부로 계손씨를 말한다. 일佾은 춤의 대열을 말한다. 천자는 여덟 열, 제후는 여섯 열, 대부는 네 열, 사士는 두 열을 쓴다. 일佾의 사람 수는 대열 수와 같다.* 계씨는 제후를 모시는 신하로서 감히 주제넘게 천자의 예악禮樂을 썼다. 이것이 감히 할 수 있는 일인가,

---

* 천자는 8줄×8명=64명, 제후는 6줄×6명=36명, 대부는 4줄×4명=16명, 사는 2줄×2명=4명으로 일(佾)의 사람 수와 대열 수가 같다.

그런데도 오히려 용인하고 말았으니 어떤 일인들 차마 하지 못하겠는 가, 라고 말한 것이다.

○ 사씨(사량좌謝良佐)가 말했다. "군자는 당연히 하지 말아야 할 일에 대해서는 감히 잠깐이라도 관계해서는 안 된다. 차마 할 수가 없기 때문이다. 그런데도 계씨는 이런 행동을 감히 하고 말았으니 아버지와 임금을 죽이는 일이라도 또한 무엇을 꺼려 실행하지 않겠는가."

○ 공자가 거론한 당시의 인물과 정치의 좋고 나쁜 점에 대해서는 오늘날 관점에서 보자면 배우는 사람에게 절실하지 않은 게 있는 것처럼 보일지 모르겠다. 그런데 공자 문하에서 공부한 사람들이 모두 그런 일을 꼼꼼하게 기록한 것은 어째서일까? 공자는, "추상적인 말을 기록하는 것은 실제 역사 사건을 정확하고 명료하게 기록하느니만 못하다"[載之空言, 不若著之行事親切著明也]라고 말한 적이 있다.** 무릇 학문이란 장차 무엇인가를 하려는 것이다. 그러므로 의리義理를 일반적으로 논하는 일은, 일과 대상을 직접 다루고 시비와 득실을 명확하게 구분하느니만 못하다. 이 장은 실로 『춘추』春秋라는 경전과 표리일체가 된다. 이런 까닭에 당시의 여러 제자들이 빼놓지 않고 꼼꼼히 기록했던 것이다.

** 인용한 공자의 발언은 사마천(司馬遷)의 『사기』(史記) 「태사공자서」(太史公自序)에 보인다. 원출전은 『춘추위』(春秋緯)에 보이는데, 동중서(董仲舒)의 『춘추번로』(春秋繁露) 「유서」(兪序)에도 인용되었다. 원문은 인용한 글과 차이가 있다. "나는 추상적인 이론을 기록하고 싶지만, 그것은 실제 역사적 사건을 정확하고 명료하게 보여 주느니만 못하다."(我欲載之空論, 不如見之行事深切著明也)

2. 三家者以雍徹. 子曰: "'相維辟公, 天子穆穆.' 奚取於三家之堂."

세 집안이 「옹」雍을 부르며 제사를 마쳤다.

> 세 집안[三家]은 노나라의 대부들로, 맹손씨孟孫氏·숙손씨叔孫氏·계손
> 씨季孫氏 집안을 말한다. 「옹」은 『시경』 「주송」周頌의 한 편이다. 철徹은
> 제사를 마치고 그릇들을 거두는 것이다. 천자의 종묘제사는 「옹」을 부
> 르면서 제물을 거둔다. 이때에는 세 집안에서 주제넘게 이런 일을 한
> 것이다.

선생님께서 말씀하셨다. "'제후들이 제사를 돕고, 천자는 엄숙하구나'라
는 노래를 어떻게 세 집안의 대청에서 쓴단 말인가."

> 상相은 돕는다는 말이다. 벽공辟公은 제후와 하나라·은나라의 후손
> 들이다. 목목穆穆은 심원하다는 뜻으로 천자의 모습을 말한다. 공자가
> 「옹」이라는 시의 가사를 인용한 것은, 세 집안의 사당에서는 이런 일
> 이 있어서는 안 되는데 어떻게 이런 뜻을 가진 시를 가져다 쓸 수 있는
> 가라고 말씀하셔서, 세 집안의 무지와 함부로 하는 행동을 하나의 예로
> 들어 그들이 예禮를 주제넘게 쓰는 행동이 대체로 이와 같음을 분명히
> 밝힌 것이다.

○ 이 장은 앞 장과 통하는데, 모두 세 집안이 주제넘은 예를 행했기 때
문에 말한 것으로, 공자가 『춘추』를 지은 뜻과 같다. 당시 사람들은 세 집
안의 주제넘은 예의 행태를 보면서도 그들의 잘못을 바로잡지 못했을
뿐만 아니라 오히려 이를 거론하면서 미담이라고 했다. 그렇기에 공자가

이를 물리치고 주제넘게 함부로 행동하는 그들의 죄를 명확히 하고, 또 세 집안이 비판을 듣고 고치기를 바랐던 것이다. 무릇 지위가 높을수록 책임은 더욱 무겁고, 봉록이 많을수록 임무는 더욱 큰 것이다. 『시경』에, "빛나는 태사 윤씨여, 백성들이 모두 그대를 바라보네"(「소아小雅·절남산節南山」)라고 하였다. 계씨는 노나라에서 대대로 큰 벼슬을 한 사람들로 백성들이 의지하고 신뢰하는 집안이었다. 그런데 그들의 무지와 망령스런 행동이 이와 같으니 이미 당시에 신뢰를 얻을 수 없었고 또 후세에 모범을 전할 수도 없었다. 그러므로 남의 윗자리에 있으면서 학문을 모르면 그 폐해가 반드시 이 지경에까지 이르게 된다.

3. 子曰: "人而不仁, 如禮何. 人而不仁, 如樂何."

선생님께서 말씀하셨다. "사람으로서 어질지 않으면 예가 다 무어란 말인가. 사람으로서 어질지 않으면 음악이 다 무어란 말인가."

> 인仁은 덕德의 근본이다. 예악禮樂은 덕을 미루어 나간 것이다. 사람으로서 어질지 않으면 덕의 근본이 이미 없는 것인데 예악을 실행하려고 한들 어떻게 쓸 수 있겠는가. 겉으로 나타나는 것들이란 한갓 형식적인 행동과 박자일 따름이다.

○ 예의 삼백 가지 기본 행동과 예의 삼천 가지 세부 지침은 올바른 사람이 있은 다음에 실천할 수 있다(『대학』 제27장). 그렇다면 어질지 않은 인간이 예악을 쓰고 싶어 한들 예악이 무슨 소용이겠는가. 어떤 사람이 물

었다. "인仁은 측은해하는 마음을 확충한 것인데, 어떻게 예악과 관련이 됩니까?" 나는 대답했다. "사랑하고 측은해하는 마음은, 모든 덕이 이를 통해 생겨나고 온갖 일이 이를 통해 성립하는 것을 말한다. 이럴진대 어진 사람은 세상 모든 일을 할 때 어떤 일이 성취되지 않겠으며 어떤 행동이 제대로 되지 않겠는가. 하물며 예악에는 어떻겠는가."

○ 진사이는 논한다:『맹자』7편은『논어』에 의미를 따라 주석을 단 책[義疏]이다. 그러므로『맹자』의 의미를 터득한 뒤에『논어』의 뜻을 깨달을 수 있다.『맹자』에 근본을 두지 않고 그저『논어』의 표면적인 자구를 따라 의미를 구하려고 하면, 견강부회해서 의미가 통하지 않고 반드시 잘못 해석하게 된다. 예컨대 송나라의 유학자들이 말한 "인은 천하의 바른 이치"라는 것 따위가 그렇다. 배우는 사람들은 알지 않으면 안 된다.

4. 林放問禮之本. 子曰:"大哉, 問. 禮與其奢也, 寧儉; 喪與其易也, 寧戚."

임방林放이 예禮의 근본을 물었다.

> 임방은 노나라 사람이다. 당시 예를 행하는 사람들이 오로지 번잡한 형식절차에 신경 쓰는 것을 보고 예의 근본이 거기에 있지 않을 것이라고 의문을 품었다.

선생님께서 대답하셨다. "훌륭하구나, 질문이. 예는 사치스럽게 하기보다는 차라리 검소하게 하는 게 낫다. 상을 치를 때는 매끄럽게 하기보다는 차라리 슬퍼하는 게 낫다."

예는 선왕이 만든 것으로, 현재의 왕들이 채용한 것이다. 지금 임방이 이 문제에 의문을 품었으므로 공자는 그의 질문이 훌륭하다고 여겼다. 이易는 잘 처리하는 것이다. 예禮는 조절하고 절제하는 것이다. 상喪은 슬픔을 표현하는 것이다. 그러므로 예는 사치를 부리면서 온갖 물건을 준비하기보다 차라리 검소하면서 준비되지 않은 듯하는 것이 낫다. 초상은 매끄럽게 진행하면서 예의 형식을 다하기보다는 차라리 슬퍼하며 겉치레를 하지 않는 게 낫다. 그래야 예의 근본을 제대로 아는 것이기 때문이다. 한갓 번다한 형식절차에 신경 쓰면서 근본과 실질을 빠뜨리는 일은 진실로 예를 실행하는 게 아니다. 임방은 단지 예를 물었는데 공자가 상 치르는 일까지 아울러 대답한 것은 예의 의미를 완전히 알려 주고 싶어서였을 것이다.

○ 예를 행하는 사람들은 꼭 물건을 모두 갖추려 한다. 꼭 물건을 갖추려 하면 반드시 겉치레가 주가 되고 만다. 상을 치르는 사람들은 꼭 매끄럽게 진행해서 실수가 없도록 한다. 매끄럽게 진행해서 실수가 없도록 하다 보면 반드시 실질을 잃어버리게 된다. 그러므로 예禮는 검소를 근본으로 삼고, 상喪은 슬픔을 근본으로 삼는다. 성인은 이처럼 실질을 숭상했다.

○ 진사이는 논한다: 옛 주(주희의 『집주』)에는 이 장을 두고 "예는 중中 (지나침이나 모자람이 없는 것)에 맞는 것을 귀하게 여긴다"고 하였다. 이 말은 『예기』에 근원을 두고 있지만 성인의 뜻은 아니다. 공자는, "선배들은 예악에 대해서는 질박한 사람들이고, 후배들은 예악에 있어서는 세련

된 군자이다. 만약 예악을 써야 한다면 나는 선배를 따르겠다"(「선진」 제1장)고 말하였고, 또 "사치하면 공손하지 못하고, 검소하면 고루해진다. 공손하지 못한 것보다는 차라리 고루한 것이 낫다"(「술이」 제35장)고 말하였다. 이 장에 대해 후세의 학문이라는 관점에서 말해 보면, 중中에 이르지 못한 잘못이 있는 것 같기는 하다. 그러므로 당시의 병폐를 고치기 위해 한 말이라고 했던 것이다. 하지만 성인의 도는 검소를 숭상하고 사치를 싫어한다. 세상을 경영하고 백성을 다스리는 일에 있어서는 늘 넘치도록 채우는 것을 경계하고 물러나 덜어 내는 것을 따르는 게 성인이었다. 예를 써서 교화하기는 했지만 반드시 검소를 근본으로 하였고 중中을 언급한 말은 매우 드물었다. 검약을 통해 예를 지킬 수는 있지만 중中으로는 예를 확고하게 지킬 수 없기 때문이다.

5. 子曰: "夷狄之有君, 不如諸夏之亡也."

선생님께서 말씀하셨다. "오랑캐에게 임금이 존재해, 중국에 임금이 없는 것과는 같지 않다."

┃ 제하諸夏는 중국이다. 무亡는 없다는 말로, 있는데도 없는 것처럼 보는
　것을 말한다. 이 말은 공자가 당시에 위아래의 신분이 없어진 상황을
　가슴 아파하며 탄식한 것이다.

○ 공자는 늘 세상 풍속의 변화를 볼 때마다 작은 일 한 가지에도 반드시 심각하게 탄식하였다. 그것에 관계되는 일이 중대했기 때문이다. 지

금 중국이 예악이 존재하는 장소인데도 오랑캐보다 못하다고 한 것은 그 변화 역시 컸던 것이다. 이것이 바로 『춘추』를 지은 까닭이다. 이때 당시 주나라가 쇠퇴하고 도가 사라져서 예악이 희미해지고 결핍되긴 했지만 제도와 문화는 그래도 완전히 사라지고 타락한 것은 아니었다. 누가 중국이 오랑캐보다 못하다는 사실을 알까? 하지만 공자는 중국을 버리고 차라리 오랑캐를 취했으니, 성인이 실질을 숭상하고 꾸밈을 숭상하지 않는 뜻을 여기서 알 수 있다. 공자가 『춘추』를 지을 때 중국의 제후들이 오랑캐의 예를 쓰면 오랑캐로 취급했고, 오랑캐로서 중국으로 나아갔으면 중국으로 취급했다. 성인의 마음은 바로 천지의 마음이라 모든 것을 다 포함하고 받아들여 용납하지 않는 것이 없었다. 선한 것은 좋다 하고 악은 미워할 뿐이었다. 중화中華와 이적夷狄의 구분은 어디에도 있지 않았다. 후대에 『춘추』를 설명하는 이들이 중화와 이적의 구분을 지나치게 엄격하게 둔 것은 성인의 본래 취지를 크게 잘못 안 것이다.

6. 季氏旅於泰山. 子謂冉有曰: "女弗能救與?" 對曰: "不能." 子曰: "嗚呼, 曾謂泰山不如林放乎."

계씨季氏가 태산泰山에 제사를 지냈다.

> 여旅는 제사 명칭이다. 태산은 산 이름으로 노나라 땅에 있다. 예禮를 보면, 자신의 영지 안의 산천에 제사를 지내는 사람은 제후인데 지금 계씨는 제후를 모시는 신하 신분으로 제사를 지냈으니 바른 예가 아니다.

선생님께서 염유에게 말씀하셨다. "너는 막을 수 없었더냐?"

염유가 대답했다. "막을 수 없었습니다."

선생님께서 말씀하셨다. "오호라, 태산이 임방보다 못하겠느냐."

> 염유는 공자의 제자로 이름은 구求이며, 이때 계씨의 읍재였다. 오호嗚
> 呼는 감탄하는 말이다. 공자는 염유가 계씨의 잘못을 저지하고 바로잡
> 기를 바랐으나 이윽고 염유가 그렇게 할 수 없었다는 것을 알고 또 임
> 방을 칭찬하면서 염유를 격려하였다. 역시 염유를 가르쳐 깨우쳐 준 것
> 이다.

○ 계씨가 팔일무를 추고, 「옹」을 노래하며 제사를 마무리해서 공자는
그의 주제넘은 행동을 이미 비판하였다. 지금도 계씨가 태산에 제사를
지내려고 하기에 공자는 염유가 계씨를 저지하길 바랐다. 예란 인간에
게 하천에 쌓은 제방과 같은 것이다. 예가 확립되면 사람의 마음이 안정
되고, 사람의 마음이 안정되면 윗사람과 아랫사람이 편안해지고, 윗사람
과 아랫사람이 편안해지면 윤리와 질서가 잘 시행되고 모든 일이 성취
될 수 있다. 지금 계씨가 신하의 신분으로 주제넘게 임금의 행동을 하였
으니 이는 스스로 예라는 제방을 허물어 버린 것이다. 신神은 바른 예가
아닌 것은 흠향하지 않고, 백성은 자신과 동족이 아닌 신에는 제사 지내
지 않는다. 계씨는 노나라의 높은 벼슬에 있으면서 하는 행동이 이와 같
았으니 어떻게 백성을 통솔할 수 있겠는가. 이렇게도 지혜롭지 못한 것
이다.

7. 子曰: "君子無所爭. 必也射乎. 揖讓而升, 下而飮. 其爭也君子."

선생님께서 말씀하셨다. "군자는 다투는 일이 없다. 꼭 있다면 활쏘기일 것이다.

> 군자는 공손한 이들이므로 남들과 다투지 않으나 혹 다투는 일이 있다면 활 쏘는 예에서 꼭 그렇게 할 것이라는 말이다. 그 다투는 일조차도 모두 예를 따르며 그밖에는 다툴 게 없음을 밝힌 것이다.

읍揖을 하면서 겸양하며 대청에 오르고, 활 쏜 후에는 제자리로 내려와 술을 마신다.

> 고찰해 본다. 『의례』儀禮의 활쏘기에 대한 의식진행(대사례大射禮)을 보면, 활을 쏠 때에는 활 쏘는 두 사람이 한 조組로 나와 세 번 읍을 하고 그 뒤에 대청에 오른다. 활쏘기를 마치면 읍을 하고 내려와 여러 조가 모두 내려오기를 기다린다. 승자는 바로 읍을 하고 패자의 조는 대청에 올라 술잔에 따라 서서 마신다고 하였다. 본문의 "(활 쏜 후에) 제자리로 내려와 술을 마신다"[下而飮]는 말과 『의례』의 진행을 비교해 보면, "패자의 조는 대청에 올라 술잔에 따라 서서 마신다"[不勝者升取觶立飮]는 말과 일치하지 않는다. 이에 대해 조심스레 생각해 보면, (본문의 말은) 패자는 내려와 혼자 마신다는 말이고 이긴 조가 진 조에게 술잔을 보내주는 예가 없다는 뜻으로 보인다.

그런 다툼이야말로 군자답다."

> 편안하고 침착하게 읍을 하며 공손한 행동이 이와 같다면 그 다툼조차

도 군자라 하겠으니, 이해利害 때문에 남과 다투는 소인들과는 같지 않다는 말이다.

○ 이 장은 군자가 활쏘기에서만 다투는 일이 있다고 했으니 군자는 어떤 일에도 전혀 남과 다툼이 없음을 알 수 있다. 군자는 인仁으로 마음을 돌보고, 예로 마음을 돌보는데 무슨 다툼이 있겠는가. 남과 다투는 사람은 모두 소인이니 전혀 인仁하지도 못하고 예를 알지 못하는 것이다. 『논어』를 읽는 사람들은 공자가 군자에 대해 언급한 장에 이르게 되면 깊이 생각하고 오래 따져 보아 마음에 늘 간직해 체득하지 않으면 안 된다. 이 장 같은 경우는 가장 절실하고 요긴한 곳이다.

8. 子夏問曰: "巧笑倩兮, 美目盼兮, 素以爲絢兮.' 何謂也?" 子曰: "繪事後素." 曰: "禮後乎?" 子曰: "起予者商也, 始可與言詩已矣."

자하가 물었다. "'고운 미소 보조개가 이쁘구나, 아름다운 눈 눈동자 또렷해라, 흰색으로 색채를 꾸몄네'라고 하였는데, 무슨 말입니까?"

| 인용한 시는 지금은 전하지 않는다. 천倩은 보기 좋은 보조개다. 반盼은 눈의 흰자와 검은 눈동자가 또렷하게 구분되는 모양이다. 미인의 아름다운 바탕을 말한 것이다. 마융馬融은, "현絢은 무늬가 있는 모양이다"라고 하였다. 보통 그림을 그릴 때 먼저 여러 색깔을 칠한 다음에 흰색으로 그 사이를 칠해서 무늬가 나도록 한다. 이는 의복을 꾸미는 아름다움을 말한 것이다. 『시경』「위풍衛風·죽간竹竿」시에, "고운 미소 어여

쁘게 지으며, 옥소리 내며 걷네"라고 한 구절은 아름다운 얼굴빛에 복장과 장식의 화려함이 서로 잘 어울리는 모습을 말한 것이다. 그 말과 의미가 인용한 시와 아주 유사하다. 자하는 마침 그림 그리는 일을 잘 몰랐다가, 이 시를 읽던 차에 의문이 생겨 질문한 것이다.

선생님께서 말씀하셨다. "그림 그릴 때는 흰 색칠을 나중에 한다."

> 회繪는 의복에 그림을 그리는 일이다. 『주례』周禮 「고공기」考工記에, "그림 그리는 일에서는 흰 색칠을 나중에 한다"라고 한 말이 이것이다. 자하가 의문을 품은 부분은 처음 두 구절이 아니라 "흰색으로 색채를 꾸몄네"라는 곳이었다. 때문에 공자는 오로지 그림 그리는 일로 알려 준 것이다.

자하가 말했다. "예는 뒤에 있는 것입니까?"

> 자하가 공자의 말을 기회로 깨닫게 되었다. 모든 사물은 제 바탕이 있고 그 후에 장식을 더할 수 있는 것이다. 그렇다면 사람이 예에 대해서도 자기 바탕이 있은 뒤에야 예를 배울 수 있는 것이다.

선생님께서 말씀하셨다. "나를 일깨우는 자는 상商이로구나. 비로소 함께 시를 말할 수 있겠구나."

> 기起는 일깨운다[發]는 말과 같다. 자신의 뜻을 일깨울 수 있었다는 말이다. 공자는 자하가 자신의 뜻을 잘 이해한다고 보았기 때문에 비로소 함께 시를 말할 수 있겠다고 칭찬한 것이다.

○ 이 장에서 자하의 질문과 공자의 대답은 처음엔 그저 심상한 한담일 뿐이어서 근본적으로 학문과 관련이 있는 것이 아니었다. 자하가 "예는 뒤에 있는 것입니까"라고 하는 곳에 이르러 비로소 수준 높은 논의를 하게 된다. 무릇 예는 검소를 근본으로 삼는 것인데 사회 풍속과 기강이 발전한 뒤에는 날마다 번거로운 장식을 추구하게 되었다. 이렇게 되자 사람들은 번거로운 장식만 보고서 예의 근본에 검소함이 있는 줄 모르게 되었다. 그러므로 공자는 "예는 사치스럽게 하기보다는 차라리 검소하게 하는 게 낫다. 상을 치를 때는 매끄럽게 하기보다는 차라리 슬퍼하는 게 낫다"(본편 제4장)라고 말하였다. 자하는 이를 알고 있었기 때문에 "예는 뒤에 있는 것입니까" 하고 물은 것이다. 언어의 표면에서 성인의 뜻을 바로 알아차리지 못했다면 그 말을 어떻게 이처럼 단정적으로 할 수 있었겠는가. 임방은 공자의 말을 듣고 비로소 예의 근본을 알게 되었다. 자하는 시를 논의하는 기회를 통해 예가 뒤에 있다는 사실을 스스로 깨달았다. 이는 임방이 따라올 수 있는 경지가 아니다.

○ 진사이는 논한다: 시는 정해진 형태가 없다. 시는 사물과 관계를 맺으면서 변화해 둥글게 되기도 하고 각이 지기도 한다. 보는 사람에 따라 슬퍼하기도 하고 감탄하기도 하며, 어떤 시를 만나느냐에 따라 한 가지 일을 통해 천 리 밖의 일을 깨달을 수 있고 한 마디 말을 통해 천 가지 의미를 이해할 수 있다. 그러므로 하나를 듣고 둘을 아는 사람이 아니라면 시의 본모습을 다 알 수 없는 것이다. 자하가 그림 그리는 일을 듣고 예는 뒤에 있다는 사실을 깨우쳤으니, ("창랑의 물이 맑거든 내 갓끈을 씻을 수 있고, 창랑의 물이 탁하거든 내 발을 씻을 수 있네"라는) '창랑의 노래'를 듣고 모두 자기 하기에 달렸다는 깨우침을 안 일(『맹자』「이루 상」제8장)에

버금간다고 할 수 있겠다.

9. 子曰: "夏禮吾能言, 之杞不足徵也, 殷禮吾能言, 之宋不足徵也. 文獻不足故也. 足則吾能徵之矣."

선생님께서 말씀하셨다. "하夏나라의 예는 내가 말할 수 있지만, (여기서 문장을 끊어 읽는다) 기杞나라에 가 보면 증명하기엔 부족하다. 은殷나라의 예는 내가 말할 수 있지만, (여기서 문장을 끊어 읽는다) 송宋나라에 가 보면 증명하기엔 부족하다. 문헌이 부족하기 때문이다. 충분하다면 내가 고증할 수 있을 것이다.

> 기杞·송宋은 두 나라의 이름으로 기나라는 하왕조의 후손이고, 송나라는 은왕조의 후손이다. 징徵은 증명하는 것이다. 문文은 전적典籍이다. 헌獻은 현명한 사람이다. 이 장의 뜻은 이렇다: 하나라와 은나라의 예는 내가 이미 들었기에 그 상세한 내용을 말할 수 있다. 하나라와 은나라에 대해 증명하려고 기나라와 송나라 두 나라에 갔더니 모두 증거자료로 건질 수 있는 것이 부족했다. 문자자료와 직접 말해 줄 수 있는 사람이 부족했기 때문이었다. 문자자료와 직접 말해 줄 수 있는 사람이 충분했다면 내가 증명해서 후세에 전해 줄 수 있었을 것이다. 대체로 성인은 증거가 없는 말은 하고 싶지 않았던 것이다.

○ 고대 왕들이 행했던 예는 오직 공자가 있었기에 후세에 전해질 수 있었다. 공자가 이에 대해 말하면 예는 보존되었고 말하지 않으면 예는 사

라졌다. 만약 그 문헌이 부족하다고 해서 말하지 않는다면 하나라와 은나라의 예는 내가 세상을 떠난 이후 사라지지 않겠는가.『중용』에, "옛날에 존재했던 것이 훌륭하긴 하지만 증명할 수 없고, 증명할 수 없으면 믿지 않고, 믿지 않기에 백성들이 따르지 않는다"(제29장)라고 하였다. 그렇기에 군자는 백성들이 믿을 수 있는 것을 선택해서 말을 하고, 백성들이 따를 수 있는지를 보고서 실천에 옮긴다. 백성들이 믿고 따를 수 있는지 여부를 살펴보지 않고 억지로 실행한다면 이는 백성을 속이는 것이다. 도교와 불교의 말들이 이러하다. 아득하고 조리를 따질 수 없어 있는 것 같기도 하고 없는 것 같기도 한 말 따위는 모두 사람들의 의혹을 불러일으키고 이상한 걸 좋아하는 마음을 부추긴다. 그러므로 증명할 수 없는 말들은 성인이 하지 않는다. 공자는 요임금과 순임금을 계승해 전해주었고 문왕과 무왕을 발전시켰다는 말은 이를 가리킨다. 하지만 후대의 유학자들은 걸핏하면 복희伏羲·신농神農·황제黃帝를 말하고 심한 경우에는 반고盤古와 수인燧人의 시대에까지 올라가 천황天皇이니 지황地皇이니 하는 명칭까지 거론한다. 나는 그것이 성인의 뜻이 아닌 줄 알고 있다.

10. 子曰:"禘自既灌而往者, 吾不欲觀之矣."

선생님께서 말씀하셨다. "체禘 제사에서 술을 뿌리는 의식부터 그 이후 진행은 내가 보고 싶지 않다."

│ 살펴보건대, 경전에서 체 제사라고 말한 것은 한둘이 아니고 그 의미도 각기 다르다. 여기서 말하는 체 제사는 태묘의 제사를 말한다. 대개 왕

이 시조始祖의 사당을 세우고 난 뒤 시조를 낳은 조상까지 올라가 시조의 사당에서 제사 지내고 시조를 조상신과 함께 모신다. 노나라의 경우 주공周公의 사당을 태묘로 삼고, 문왕은 주공을 낳은 조상으로서 태묘에 제사 지내고 주공을 문왕과 함께 모셨다. 관灌은 제사를 시작할 때 울창주*를 땅에 뿌려 신이 내려오도록 하는 의식이다. 관灌을 하기 이전 절차는 예라는 명칭은 있지만 실질적으로는 예가 아니다. 관을 하고 신이 내려온 뒤에야 비로소 실질적인 예가 시작된다. 그렇기에 "관하는 의식부터 그 이후 진행은 내가 보고 싶지 않다"고 한 말은 '처음부터 끝까지 모두 볼만한 것이 없다'고 말한 것과 같다. 노나라가 천자의 예를 주제넘게 썼기에 공자가 이를 탄식한 것이다.

○ 실질이 근본이고 꾸미는 일은 말단이다. 실질이 존재해야 그 이후에 꾸미는 일이 존재하고, 꾸미는 일이 존재해야 그 이후에 예가 존재한다. 실질이 존재하지 않는다면 예도 장식도 모두 헛것에 불과하다. 노나라는 제후국으로 감히 천자의 예를 사용했으므로 실질을 잃은 행동이 심하다. 공자가 이런 예를 보고 싶어 하지 않은 것도 당연하다. "보고 싶지 않다"고 한 말은 매우 미워한다는 뜻이다. 공자가, "윗자리에 있으면서 관대하지 않고, 예를 행하면서 공경하지 않으며, 상례를 치르면서 슬퍼하지 않는다면, 내가 무엇을 가지고 그를 보겠느냐"(본편 26장)라고 말했는데, 이 역시 실질이 없는 것을 매우 미워했기 때문이었다.

---

* 울창주(鬱鬯酒)는 기장으로 빚은 창주(鬯酒)에 울금향(鬱金香)이라는 향초의 즙을 넣어 만든다.

11. 或問禘之說. 子曰："不知也. 知其說者之於天下也, 其如示諸斯乎." 指其掌.

어떤 사람이 체 제사에 대한 의견을 물었다. 선생님께서 말씀하셨다. "모르겠다.

> 체 제사 의례는 대단히 심원한 데다 왕이 지내는 제사이기 때문에 모르겠다고 대답하였다. 노나라를 위해 명확히 말하는 것을 꺼린 것으로 보인다.

그 내용을 아는 사람은 천하를 다스리는 일에 대해서도 이것 보듯 할 것이다" 하면서 자신의 손바닥을 가리키셨다.

> 시示는 보다[視]와 같은 말이다. 자신의 손바닥을 가리켰다는 말은 명백하고 쉽다는 뜻이다. 제자들이 곁에 따르고 있었기에 공자가 이 말을 하면서 직접 자기 손바닥을 가리키는 행동을 보고서 기록한 것이다.

○ 체 제사는 선왕들이 조상을 제사 지내고 선조를 추모하는 심오한 의미를 갖는다. 사랑과 효도하는 마음으로 정성과 공경을 다하지 않으면 이 제사에 참여할 수 없다. 제사 내용에 정통한다면 천하를 다스리는 일에 무슨 어려움이 있겠는가. 천하를 다스리는 근본은 하늘과 감응하는 진실에 달려 있으므로 행정과 형벌, 지식과 술수로 이룩하기 어려운 것이다. 그러므로 최고의 덕성과 최선의 정성이 아니면 체 제사의 뜻을 알 수 없고, 천하를 다스리는 일에서도 사사로운 마음으로 멋대로 행동하면서 천하가 저절로 잘 다스려지기를 바라는 일에서 벗어나지 못할 것이

다. 식견과 지혜를 가지고 할 수 있는 게 아니다.

12. 祭如在, 祭神如神在. 子曰: "吾不與祭, 如不祭."

선조에게 제사 지낼 때는 선조가 있는 듯이 하고 신에게 제사 지낼 때는
신이 있는 듯이 하였다.

> 제祭는 선조에게 제사 지내는 것이다. "신에게 제사 지낸다"[祭神]는 말
> 은 선조 이외의 신에게 제사 지내는 것이다. 주씨는 말했다. "이 장은
> 공자의 문인들이 공자가 제사 지낼 때 보인 성의를 기록한 것이다."

선생님께서 말씀하셨다. "내가 제사에 참여하지 않았더니 제사를 지내
지 않은 것 같았다."

> 공자는, "내가 제사를 지내야 할 때 일이 생겨 참여할 수 없었기에 다른
> 사람이 대신 참여하도록 하였는데, 이 마음이 허전해서 제사를 지내지
> 않은 것 같았다"라고 말한 적이 있었다. 위의 문장과 비슷한 말이기에
> 덧붙여 기록한다.

○ 공자는 제사 지낼 때 정성을 다 바친 것이 이와 같았다.
○ 진사이는 논한다: 제사의 예는 인간 도리의 근본이다. 이때 정성을 다
바치지 않으면 인간의 도리가 부족한 것이니 무슨 말을 다시 하겠는가.
인간의 근본은 조상이며 만물의 근본은 하늘이다. 승냥이와 수달같이 보
잘것없는 짐승들도 모두 근본에 보답할 줄 안다. 근본에 보답하는 마음

은 인간의 자연스러운 감정이다. 그러므로 성인은 어찌할 수 없는 자연스런 감정을 토대로 종묘를 세우고 희생물을 갖추고 여러 제기^{祭器}를 펼치고서, 근본에 보답하고 시원^{始原}으로 돌아가는 감정을 나타낸 것이다. 선조 이외의 신을 제사 지내는 경우에는 덕성을 숭상하거나 공적에 보답하는 일이니 모두 우리의 어찌할 수 없는 자연스런 감정을 다 바칠 뿐이다. 신이 제사를 받아들이는지 여부는 따지지 않는 것이다. 선조에게 제사를 지낼 때는 선조가 있는 듯이 하고 조상신 외의 신에게 제사를 지낼 때는 신이 있는 듯이 할 따름이다. 성인이 귀신을 섬기며 바치는 정성이 이와 같았다. 『예기』 「제의」^{祭儀}편에, "3일 동안 몸과 마음을 정결하게 하면 그 제사 지내는 대상이 모습을 드러낸다"라고 하였고, 또 "제사 지내는 날 제실에 들어가면 희미하게 신이 위패에 반드시 모습을 나타낸다. (흠향하시라고) 물러나 문을 나서려 하면 조용하게 신이 움직이는 소리를 반드시 듣는다. 문을 나와 귀 기울이면 아쉬운 듯 탄식하는 신의 소리가 반드시 들린다"고 하였다. 이 말은 모두 타락한 세상에 도를 잃은 후세의 말로, 덕을 높였던 성인의 말이 아니다. 식자들이 「제의」편을 도를 어지럽히는 책으로 본 것은 식견 있는 견해라 하겠다.

13. 王孫賈問曰:"與其媚於奧, 寧媚於竈, 何謂也?" 子曰:"不然. 獲罪於天, 無所禱也."

왕손가^{王孫賈}가 물었다. "방 모퉁이에 잘 보이느니 차라리 부뚜막에게 잘 보이는 게 낫다는 말은 무슨 뜻입니까?"

왕손가는 위衛나라의 대부이다. 주씨(주희)가 말했다. "미媚는 친하게 굴며 따르는 것이다. 방의 서남쪽 모퉁이를 오奧라 한다. 부뚜막[竈]은 다섯 가지 제사* 가운데 하나로 여름에 제사 지내는 곳이다. 무릇 오사五祀를 지낼 때는 모두 신주神主를 먼저 설치하고 그곳에 제사를 지낸다. 그런 다음에 시동尸童을 맞이해 오奧에서 제사 지냈는데, 대략 종묘에 제사 지내는 의례와 같다. 부뚜막에 제사를 지낼 경우에는 부뚜막에 신주를 모시고 제사를 마치면 오奧에 음식을 차려 시동을 맞이한다. 그러므로 당시 통용되던 속담에, '오奧는 항상 높은 존재지만 제사의 주인공이 아니고, 부뚜막 신은 비천한 지위이긴 하지만 제사 때가 되면 세도를 부린다'고 했는데, 이는 임금과 연줄을 가졌어도 권력 있는 신하에게 아부하는 것이 낫다는 것을 비유한 말이다." 왕손가는 위나라의 권력 있는 신하였기 때문에 이런 비유를 통해 공자를 풍자한 것이다.

선생님께서 말씀하셨다. "그렇지 않습니다. 하늘에 죄를 지으면 빌 곳이 없습니다."

하늘은 가장 고귀한 존재이므로 방 모퉁이 신이나 부뚜막 신과 비교될 수 있는 게 아니다. 하늘에 죄를 지으면 방 모퉁이 신이나 부뚜막 신에게 아첨해서 기도하더라도 어떻게 죄를 면할 수 있겠는가. 권력 있는 신하에게 아부해서도 안 될 뿐 아니라 임금이라 해도 아부해서는 안 된다는 말이다.

---

* 오사(五祀) 자체는 호(戶; 방문의 신), 조(竈; 부엌의 신), 중류(中霤; 실내의 신), 문(門; 문의 신), 행(行; 길의 신)의 다섯 신에게 제사 지내는 것을 말한다. 『예기』「월령」(月令)에 보인다.

○ 하늘의 도는 곧을 뿐이다. 불은 위로 타오르고 물은 아래로 흐르며, 새는 날고 물고기는 헤엄친다. 초목은 자랄 때가 되면 꽃을 피우고 열매를 맺는다. 착한 것은 세상 사람들이 착하다 하고 악한 것은 세상 사람들이 악하다 한다. 이를 두고 곧다고 하는 것이다. 천지 사이는 온갖 것이 뒤엉켜 꽉 차 있지만 곧은 도가 아닌 것이 없다. 사악하고 굽은 도를 가지고 천지 사이에 서려는 사람은, 얼음과 눈을 끓는 물과 불에 던지는 행동과 마찬가지라, 빠르고 느린 차이는 있겠지만 반드시 하늘의 꾸짖음을 받게 될 터, 귀신이라도 그에게는 복을 줄 수 없다. 그렇기에 "하늘에 죄를 지으면 빌 곳이 없다"고 한 것이다. 『시경』에도, "오랫동안 천명天命에 부합해, 스스로 많은 복을 구해야 한다"(「대아·문왕文王」)라고 하였다.

14. 子曰: "周監於二代, 郁郁乎文哉. 吾從周."

선생님께서 말씀하셨다. "주나라는 두 왕조를 거울로 삼았으니, 찬란하구나 그 문명이. 나는 주나라를 따르겠다."

│ 감監은 잘 살펴본다는 말이다. 욱욱郁郁은 문명이 번성한 모양이다. 주나라는 하夏왕조와 은殷왕조의 예를 잘 살펴보고 나쁜 것은 버리고 좋은 점은 발전시켰다. 그러므로 문명이 찬란하게 빛나 번영을 이룩하였음을 말한 것이다.

○ 성인(공자)은 항상 사치를 싫어하고 검소함을 추구했는데, 지금 주나라의 예에 대해서는 유독 그 문명의 찬란함을 따르겠다고 한 것은 어째

서일까? 도는 적합한 것[當]을 중시한다. 개인이 자신을 다스리는 도는 검소해야 하지만, 조정의 예는 모든 것을 잘 갖추지 않으면 안 된다. 하나라와 상나라의 예는 소박해 잘 갖춰지지 않았고, 주나라의 예는 문명이 발달하고 왕조의 예로서 적합한 것이었다. 이것이 공자가 특별히 주나라를 따른 이유이다. 성인이 일을 처리하는 기준을 이 장을 통해 알 수 있다.

15. 子入大廟, 每事問. 或曰 : "孰謂鄹人之子知禮乎. 入大廟, 每事問." 子聞之曰 : "是禮也."

선생님께서는 태묘太廟에 들어가셔서는 매사를 물으셨다.

> 대묘太廟는 노나라에 있는 주공의 사당이다. 공자가 처음 벼슬길에 올랐을 때 태묘에 들어가 제사를 도왔다.

어떤 사람이 말했다. "누가 추인鄹人의 자식이 예를 안다고 했더냐. 태묘에 들어가서는 매사를 묻던데." 선생님께서 이 말을 듣고 말씀하셨다. "이렇게 하는 것이 예이다."

> 추鄹는 노나라의 고을 이름이다. 공자의 아버지 숙량흘叔梁紇이 추읍의 대부를 지낸 적이 있었기 때문에 추인鄹人*이라 하였다. 공자는 어려서부터 예를 안다고 소문이 났는데 어떤 사람이 태묘에서 매사를 묻는 공

---

* 이때 추인(鄹人)이라는 말은 추나라를 다스린 귀족 정도의 뜻이다. 인(人)이란 글자는 일반적인 사람을 가리키는 말이 아니다. 당시 계급 사회에서 인(人)은 귀족 계급을, 일반 백성은 민(民)을 써서 나타냈다. 인(人)이 일반 사람을 지칭하는 말이 아님을 이 용례에서 정확히 알 수 있다.

자의 행동을 보고 비판한 것이다. 공자의 말은 알지 못하면 묻는 것이 예라는 뜻이다. 앞에 나왔던, "아는 것을 안다 하고 모르는 것을 모른다고 하는 것이 아는 것이다"(「위정」 제17장)라는 말과 같은 뜻이라 하겠다.

○ 성인은 예에 관해서는 분명 모르는 것이 없다. 그러나 단지 이름은 들었다고 해도 제기祭器와 제사에서의 실제 행동에 대해서는 혹 알지 못하는 것이 있었다. 그런 이유로 처음 태묘에 들어갔을 때 매사를 물었던 것이다. 역시 신중한 행동이었다. 어떤 사람은 진정 도가 무엇인지 모르고서 사물의 이름, 치수와 규모를 잘 아는 것을 예를 아는 것이라고 생각했기 때문에 이런 기준으로 공자를 비판했던 것이다. 공자는 다만 "이렇게 하는 것이 예입니다"라고 했지만 그 뜻은, 알지 못해 물었으니 예를 얼마나 잘 실행하겠습니까, 라는 것이었다. 무릇 의심스런 것은 놓아두고 묻기 좋아하는 것이 군자의 마음가짐이다. 이런 자세를 마음에 두면 지혜가 명철해지고 식견에 통달해 세상의 모든 일에 터득하지 못할 일이 없을 것이다. 그렇기에, "이렇게 하는 것이 예입니다"[是禮也]라고 한 것이다. "이런 것은 당연한 도이다"(「자한」 제26장)라는 말과 같은 말이다.

16. 子曰: "射不主皮, 爲力不同科, 古之道也."

선생님께서 말씀하셨다. "활쏘기에서는 과녁을 꿰뚫는 것을 중시하지 않는다. 힘이 같지 않기 때문이다. 그런 것이 옛날의 도였다."

피皮는 가죽이다. 베로 과녁판을 설치하고 그 가운데 가죽을 대서 표적을 만드는데 이것이 소위 곡鵠(표적에 고니새[鵠]를 그려 넣었기 때문이다)이다. 과科는 등급이라는 말이다. 옛날에 마을에서 활쏘기 예절을 익힐 때 과녁에 맞추는 것만을 중시했지 표적을 꿰뚫는 것에 주안점을 두지 않았다. 사람의 타고난 힘에 강약의 차이가 있기 때문이었다. "옛날의 도였다"고 말한 것은 지금은 그렇지 않다는 것을 탄식한 것이다. 진사이는 생각한다: "활쏘기에서는 과녁을 꿰뚫는 것을 중시하지 않는다"는 말은 현재 『의례』 「향사례」鄕射禮에 보이는데 옛날 활 쏘는 법을 설명한 글이다.

○ 활쏘기라는 기예에서 과녁 맞추기는 배워서 할 수 있지만 활 쏘는 힘은 억지로 할 수 없는 것이다. 이것이 옛날 활쏘기에서 과녁 꿰뚫기를 중시하지 않았던 이유였다. 대개 세상의 풍습과 기강의 변화를 통해 난세와 치세, 부흥기와 쇠락기가 나뉘는 것을 알 수 있다. 타락한 것은 부흥시킬 수 없으며 쇠락한 것은 다시 융성케 할 수 없는 것이다. 한 번 변할 때마다 반드시 한 번 쇠퇴하기 마련이다. 그러므로 복식·말타기·기물器物·민속·노래 같은 작은 것들이라도 군자는 반드시 살폈던 것이다. 가죽표적을 꿰뚫는 풍습이 일어난 것은 그 변화가 작은 일이지만 세상의 풍속과 기강이 다시 옛날 모습을 회복할 수 없음을 이를 통해 볼 수 있다. 이것이 공자가 깊이 탄식한 까닭이다.

17. 子貢欲去告朔之餼羊. 子曰: "賜也, 爾愛其羊, 我愛其禮."

자공이 고삭告朔에 바치는 양을 없애려고 하였다.

> 옛날에 천자가 항상 매년 12월에 제후들에게 이듬해 12개월의 달력을
> 나눠 주면, 제후들은 달력을 받아서 조상의 사당에 간직해 두었다가 매
> 월 초하루가 되면 양 한 마리를 잡아 사당에 바치고서 아뢰고 시행하
> 였는데 이를 '고삭의 예'라 한다. 희餼는 죽여 삶지 않은 날것의 희생물
> 이다. 노나라는 문공文公 때부터 처음 시삭視朔(고삭을 마치고 조정에 들
> 어가 정사를 보는 일)을 하지 않았는데 담당 관리는 여전히 양을 바치고
> 있었다. 그러므로 자공은 고삭의 예는 행하지 않으면서 그저 양은 바치
> 고 있으니 이는 헛된 의식일 뿐이라고 보았다. 때문에 없애려고 했던
> 것이다.

선생님께서 말씀하셨다. "사賜야, 너는 그 양을 아끼는구나, 나는 그 예를
아낀다."

> 애愛는 아낀다는 말이다. 공자의 말은 이렇다: 너 같은 경우에는 양을
> 아낀다고 할 수 있겠다. 지금 내가 바라는 것은 양을 바치는 행사가 보
> 존된다는 점에 있다. 고삭의 예가 폐지되더라도 양을 바치는 일을 보
> 고 예를 인식할 수 있는 것이다. 만약 양을 바치는 일까지 다 없애 버리
> 면 예는 마침내 사라지고 말 것이다. 이것이 내가 예를 아까워하는 이
> 유이다.

○ 예는 도리이고 양은 물건이다. 예가 융성하면 물건이 귀하지 않게 되

고, 예가 타락하면 물건이 귀해진다. 대체로 예가 융성하면 의로움[義]이 중심이 돼서, 소를 쓰는 일이 안 되면 양을 쓰고 양을 쓰는 일이 안 되면 돼지를 쓴다. 그러므로 예가 융성하면 물건이 귀하지 않게 되는 것이다. 예가 타락하면 형식[文]이 중심이 돼서, 물건을 곧이곧대로 쓰면 예가 되고 물건을 다르게 쓰면 예가 아니게 된다. 그러므로 예가 타락하면 물건이 귀하게 되는 것이다. 예가 더욱 타락하는 지경이 되면 사람들은 오직 물건을 통해 예를 인식해, 물건으로 예의 존재 여부가 결정된다. 그래서 물건은 더욱 소중하게 된다. 그렇기에 양 바치는 일을 유지하는 것은 바로 예를 유지하는 방법인 것이다. 자공이 희생물로 바치는 양을 없애려 했지만 이 뜻까지는 아직 깨우치지 못했다.

18. 子曰 : "事君盡禮, 人以爲諂也."

선생님께서 말씀하셨다. "임금을 모시면서 예를 다하는데 사람들은 아첨한다고 하는구나."

> 노나라 사람들은 공자의 위대한 덕을 오랫동안 우러러보았다. 하지만 공자는 스스로 신하의 예로 처신하면서 임금을 섬기는 예를 극진히 하지 않은 적이 없었다. 춘추시대에는 임금을 섬기는 예를 알지 못했기 때문에 그때 사람들은 임금을 극진히 섬기는 공자의 예를 보고 아첨한다고 생각했던 것이다.

○ 이 장은 공자가 당시의 경박한 풍속에 상심하면서 탄식한 것이다. 신

하는 임금과의 관계에서 예를 다하는 것이 근본이다. 공자를 비난하면서 아첨한다고 한 이들은 본래 어리석고 나약한 인간이 아니라면 필시 자신을 높이고 남에게 오만하게 구는 자들이다. 공손과 겸양을 모르는 자들의 말은 그 유폐流弊가 반드시 도를 해치는 데 이르기 때문에 군자는 이들을 미워했다. 순자荀子는 "도의道義가 중하다면 왕·제후를 가볍게 본다"(『순자』「수신」修身)라고 했는데 잘못된 말이다. 왕과 제후를 어떻게 가볍게 볼 수 있겠는가. 왕과 제후를 가볍게 보는 사람은 바로 도의를 모르는 것이다.

19. 定公問 : "君使臣, 臣事君, 如之何?" 孔子對曰 : "君使臣以禮, 臣事君以忠."

정공定公이 물었다. "임금이 신하를 부리고, 신하가 임금을 섬기는 일은 어떻게 해야 하오?"
선생님께서 대답하셨다. "임금은 예로써 신하를 부려야 하며, 신하는 충심으로써 임금을 섬겨야 합니다."

┃ 정공은 노나라의 임금으로 이름이 송宋이다.

○ 윗사람이 낮은 지위의 사람을 부릴 때는 오만하게 굴기 쉽다. 그렇기에 임금된 사람의 도리는 예로써 신하를 부리는 데 있다. 아랫사람으로서 윗사람을 섬길 때는 속이는 짓을 하기 쉽다. 그렇기에 신하된 사람의 도리는 충심으로 임금을 섬기는 데 있다. 임금으로서 무례하다면 신하를

잃게 되며, 신하로서 불충하다면 자신은 죽음을 당하게 된다. 그러므로 성인 공자의 이 말은 법도와 같은 것이 아니겠는가. 이 말을 따르면 길하고 이 말을 어기면 흉할 것이다. 바로 성인의 말이 천하의 진리가 되는 이유가 여기에 있다. 불교와 도교의 책이 고원하고 특이해서 탐구해야 알 수 있는 것과는 다른 것이다.

20. 子曰: "關雎, 樂而不淫, 哀而不傷."

선생님께서 말씀하셨다. "「관저」關雎는 즐겁지만 지나치지 않고, 슬프지만 비통하지 않다."

> 「관저」는 『시경』 「국풍國風·주남周南」의 첫번째 편이다. 음淫은 즐거움이 지나쳐서 정도正道를 잃은 것이다. 상傷은 슬픔이 지나쳐서 조화를 해친 것이다. 「관저」의 즐거움이란 음악소리가 즐겁기는 해도 지나친 정도까지는 이르지 않았고, 슬프기는 해도 비통한 데까지는 이르지 않아 듣는 사람이 성정性情의 적정한 표현방식을 자연스럽게 깨닫게 된다. 그러므로 공자가 칭찬한 것이다.

○ 이 장은 오직 「관저」의 훌륭한 음악만을 찬미하면서 한 말이다. 당연히 "태사 지摯가 처음 연주할 때 들었던 「관저」의 마지막 악절소리가 내 귀에 쟁쟁하게 남아 있구나"라고 말한 「태백」 제16장을 참조해 보아야 한다. 음악의 미묘함이란 귀신조차 감동시킬 수 있다는 점인데 하물며 사람은 어떻겠는가. 「관저」의 음악은 중화中和의 덕에 부합하고 인간의

적정한 성정으로 돌아갈 수 있게 한다. 공자가 이 시를 채택한 것은 바로 이런 이유에서였다. 즐거움은 인정에 당연히 존재하는 것이고 슬픔 역시 인정에 피할 수 없는 것이다. 인정에 당연히 존재하는 즐거움을 제거하려 한다면 인간이 맺은 모든 관계를 끊고 말 것이고, 인정에 피할 수 없는 슬픔을 없애려 한다면 본성을 해치고 말 것이다. 하지만 「관저」라는 음악은 그 소리가 즐겁지만 지나치지 않고 슬프지만 비통하지 않아, 듣는 사람은 더러움을 씻어 내고 찌꺼기를 녹여 버려 성정의 적정한 표현 방식을 자연스럽게 깨닫게 되니 가장 아름다운 음악이라 하겠다. 그러나 "시는 마음속의 취지를 말로 드러내는 것이고, 노래는 말을 길게 늘이는 것이며, 소리는 음길이에 따르며, 선율은 소리를 조화시키는 것"(『서경』「순전」舜典)이라 하였으니, 시가 그 근본이다. 시를 읽으면서 시의 취지를 잘 이해한다면 음악은 자연스레 그 안에 있게 된다.

살펴보건대, '소서'*에, "「관저」는 후비后妃의 덕을 말한 것이다"라고 하였는데, 기본적으로 어떤 왕의 왕비인지 말하지 않았다. 후비의 덕은 의당 이와 같아야 한다고 말한 것이기 때문일 것이다. 「작소」鵲巢(『시경』「소남」召南의 첫번째 편)는 「관저」와 호응하는 작품으로 그 '소서'에, "작소」는 부인의 덕을 말한 것이다"라고 하였는데, 역시 어떤 나라의 부인 인지 정확히 가리켜 말하지 않았다. 그렇다면 소위 후비라는 인물도 어

---

* 현재 전하는 『시경』은 한(漢)나라 초의 학자 모형(毛亨)과 모장(毛萇)이 전한 것으로 알려져 있다. 이들의 저작으로 『모시』(毛詩) 29권, 『모시고훈전』(毛詩故訓傳) 30권이 있었는데, 동한(東漢)의 저명한 학자 마융(馬融), 정현(鄭玄) 등이 모두 이 『모시』를 공부했다. 『모시』는 각 시 앞에 해당 시에 대한 주제와 간략한 설명을 붙였는데 이를 '소서'(小序)라 한다. 「관저」의 소서 뒤에는 시 전체를 개관하는 글을 붙였는데 이를 '대서'(大序)라고 한다.

떤 왕의 왕비인지 명확하게 언급하지 않는 게 옳은 것이다. 지금 이렇게 '소서'의 글을 보면, 그 첫 구절의 문체와 어구가 고투이고 심오해서 확실히 옛사람의 손에서 나온 것으로 한 국가의 사관史官이 지은 작품이 분명하다. 그 다음부터 하는 말들은 자질구레하고 거칠어서 볼 가치도 없다. 또 서로 모순되기도 해서 근거로 삼을 수 없다. 그러므로 지금은 '소서' 첫 구절만을 근거로 해서 판단하였다.

21. 哀公問社於宰我. 宰我對曰：“夏后氏以松, 殷人以柏, 周人以栗, 曰：使民戰栗.” 子聞之曰：“成事不說, 遂事不諫, 旣往不咎.”

애공哀公이 재아宰我에게 사社에 쓸 나무를 물었다. 재아가 대답하였다. "하후씨夏后氏는 소나무를 썼고, 은나라 사람은 잣나무를 썼습니다. 주나라 사람은 밤나무[栗]를 썼는데, 백성들을 전율戰栗하게 한다는 뜻이었습니다."

재아는 공자의 제자로 이름이 여予다. 옛날에는 건국을 해서 사社(토지신을 제사 지내는 곳)를 세울 때는 반드시 나무를 심어서 신주神主로 삼았다. 왕이 천명天命을 받아 천하를 다스릴 때는 반드시 이전 왕조의 제도를 고쳐 백성들이 보고 듣는 것을 새롭게 하였다. 소나무·잣나무·밤나무는 모두 울창하게 자라고 강건하며 어느 땅에서든 잘 자란다. 때문에 하·은·주 삼대 이후로, 왕조를 세운 국가에서부터 제후국에 이르기까지 나무를 심어 사社의 신주로 삼았다. 주나라에 와서는 사람들이 형벌을 두려워하도록 하는 의도를 담기까지 했는데, 대개 옛날에는 사에서 사람을 처형했기 때문이었다. 전율戰栗은 무서워하고 두려워하는 모양이다. 재아는 주나라 사람들이 밤나무를 쓴 뜻을 이와 같이 풀이한 것이다.

선생님께서 이 말을 듣고 말씀하셨다. "다 된 일은 다시 말할 수 없고, 끝난 일은 다시 따질 수 없으며, 지난 일은 탓할 수 없는 법이다."

이 구절의 뜻은 이렇다: 무릇 일이 다 성취되었으면 되풀이해서 말할 수 없다. 이미 완수되었다면 다시 간언해서 그만두라 할 수 없다. 이미 지나갔으면 다시 따져서 탓할 수 없다. 공자는 재아의 대답이 당시 임금에게 이미 살벌한 마음을 먹게 만들었다고 생각했다. 하지만 말을 벌써 해버려서 다시 돌이킬 수 없었으므로 하나하나 이 말을 해서 재아를 깊이 꾸짖었다. 그가 그 다음부터 삼가도록 한 것이다.

○ 임금의 덕 가운데 백성 사랑보다 큰 것은 없다. 그러므로 옛날 군자들은 임금과 얘기를 나눌 때 반드시 백성 사랑하는 일을 근본으로 삼았고 백성 구제를 급선무로 하였다. 싹이 돋아난 생명은 물을 주고 잘 돌보면서도 오히려 혹 살지 못할까 걱정하는데 하물며 싹을 꺾고 베어 내서 생명을 해치려 하겠는가. 그러므로 임금이 해치려는 마음을 갖도록 하는 일에 대해서 군자는 말하기를 삼갔던 것이다. 인의仁義의 양심을 해칠까 두려워했기 때문이다. 맹자는, "군자는 주방을 멀리한다"(「양혜왕 상」 제7장)라고 하였는데 바로 이런 이유 때문이었다. 공자가 재아를 깊이 꾸짖은 것은 당연하다.

22. 子曰 : "管仲之器小哉." 或曰 : "管仲儉乎?" 曰 : "管氏有三歸, 官事不攝, 焉得儉." "然則管仲知禮乎?" 曰 : "邦君樹塞門, 管氏亦樹塞門. 邦君爲兩君之好, 有反坫, 管氏亦有反坫. 管氏而知禮, 孰不知禮."

선생님께서 말씀하셨다. "관중管仲은 그릇이 작았구나."

> 관중은 제나라의 대부로 이름은 이오夷吾다. 환공桓公을 보좌해 제후들의 패자覇者가 되도록 하였다. 그릇[器]은 역할을 완수할 수 있는 도구다. 『춘추좌씨전』春秋左氏傳에, "패왕覇王이 될 만한 그릇"('민공閔公 원년')이라는 말이 이 뜻이다. "그릇이 작다"는 말은 관중의 그릇이 아주 작아서 제대로 쓸 수 없다는 말이다.

어떤 사람이 물었다. "관중은 검소했습니까?"

> 어떤 사람이 그릇이 작다는 말을 검소했다는 말로 알고 의문을 품은 것이다.

선생님께서 말씀하셨다. "관중은 삼귀三歸가 있었고, 관사의 일을 겸직하지 않았는데 어떻게 검소했다 하겠는가."

> 삼귀*는 뜻이 상세하지 않다. 어떤 사람은 높이 지은 건물 이름이라고 한다. 섭攝은 겸하다와 같다. 가신家臣은 언제나 한 사람이 반드시 몇 가지 일을 겸직해서 다스렸는데 관중은 그렇게 하지 않았다. 어느 것이든

---

* 삼귀(三歸)의 뜻을 두고 여러 해석이 있다. 귀(歸)를 시집간다는 뜻으로 보아, 세 성씨의 여자를 취했다고 보기도 하고 세 나라의 여자를 취했다고 보기도 한다. 혹은 대(臺) 이름으로 보기도 한다.

모두 그가 사치했음을 말한 것이다.

"그렇다면 관중은 예를 알았습니까?"

예를 실행하는 자는 물건을 두루두루 갖추길 좋아한다. 그러므로 검소하지 않은 것은 예를 아는 것이 아닌가 하고 의문을 가진 것이다.

"노나라 임금이 색문塞門을 세우자 관중 역시 색문을 세웠다. 노나라 임금이 두 나라의 우호를 위해 반점反坫을 설치하자 관중 역시 반점을 설치했다. 관중이 예를 안다면 누가 예를 알지 못하겠는가."

병屛은 수樹라고 한다. 색塞은 가리는 것이다. 문 안쪽에 병屛을 설치해서 안과 밖을 가리는 것을 말한다. 점坫은 건물의 두 기둥 사이에 두는 것으로, 술잔을 주고받으며 술을 다 마시면 술잔을 그 위에 올려놓는 곳이다. 황진*은 말했다. "반점은 흙을 쌓아 만든다. 지금 황제의 행재소行在所에 있는 기기원, 우양원**과 모든 병영의 대문臺門 내에 세우는 흙담 같은 종류이다. 『급총주서』***를 살펴보면, '이어 다섯 관청을 세웠는데 모두 사방 언덕에 반점을 설치했다'고 하였다. 진晉나라 공조孔晁는 주석에서, '반점은 바깥쪽으로 난 방이다'라고 하였다. 두 나라 임금의 우호를 위한 자리에 호위를 용납해야 한다고 하면서 어떻게 바깥으로

---

* 황진(黃震)은 남송시대 주자학자로 호는 유월(俞越)이다. 저작에 『황씨일초』(黃氏日抄)가 있다.
** 기기원(騏驥院), 우양원(牛羊院)은 모두 송나라 때의 관소로 기기원은 말을 사육하던 곳이며 우양원은 제사에 쓰이는 소와 양을 기르던 곳이다. 우양사(牛羊司)가 원래 명칭이다.
*** 『급총주서』(汲冢周書)는 『일주서』(逸周書)라고도 한다. 진(晉)나라 함녕(咸寧) 5년(279)에 현재의 하남성(河南省) 급군(汲郡)에서, 전국시대 위(魏)나라 양왕(襄王)의 무덤에서 발견한 책이다. 주나라에 대한 기록을 담고 있지만 신뢰도는 낮다.

난 방을 만들려고 했겠는가. 시대가 먼 옛날 일이라 알 수가 없다." 이 것들은 모두 제후들이 행하는 예인데 관중이 주제넘게 행하였기 때문 에 공자가 그가 예를 모른다고 비판한 것이다. 반점에 대한 두 가지 설 명이 이와 같지만 근래에는 대부분 황진의 설을 따른다.

○ 덕으로 인을 실행하면 왕이 되고 힘으로 인을 가장하면 패자가 된다. 관중은 환공을 도와 제후들의 패자가 되도록 하였다. 세간의 관점에서 보자면 그가 시행해 성취한 일은 참으로 눈부시다 하겠다. 하지만 그것 뿐이다. 관중이 성현의 학문을 알았다면 요순과 하·은·주 삼대의 훌륭 한 치세를 이룩하는 데 무슨 어려움이 있었겠는가. 자유子游가 무성武城의 읍재邑宰가 되어 예악으로 고을을 다스렸다. 공자가 이를 보고, "닭을 잡 는데 어떻게 소 잡는 칼을 썼느냐"(「양화」 제3장)라고 하였다. 대상은 작 은데 그릇은 컸다는 뜻이었다. 관중이 제나라의 재상이 된 경우는, 오로 지 패자가 되는 술책만을 숭상하고 공리功利에 힘쓰느라 임금을 보좌해 왕도王道를 행하는 훌륭한 군주가 되도록 할 수가 없었다. 이는 소를 잡는 데 닭 잡는 칼을 쓴 것으로, 대상은 큰데 그릇은 작았다고 할 수 있다. 공 자가 관중은 그릇이 작았다고 비판한 것도 당연하다. 후대에 재상의 지 위에 있는 자들은 그 내력을 알지 않으면 안 된다.

23. 子語魯大師樂, 曰: "樂其可知也. 始作翕如也, 從之純如也, 皦如 也, 繹如也, 以成."

선생님께서 노나라의 태사大師 악樂에게 말씀하셨다. "음악은 알 수 있습니다. 시작할 때는 응축해서는,

> 어語는 '알려 준다'는 말이다. 태사는 악관樂官 명칭이다. 흡翕은 '합치다, 모으다'는 뜻이다. 음악은 여덟 종류의 악기*로 소리를 내는데 처음 연주를 시작할 때는 기氣(기운)가 모여 아직은 퍼지지 않는다는 말이다.

펼쳐지면서 조화를 이루고, 소리가 분명해지며, 계속 이어지다가 끝납니다."

> 종從은 종縱으로 읽는데 펼쳐진다는 뜻이다. 순純은 조화를 이룬다는 말이다. 음악이 퍼져 나간 뒤에는 조화를 이뤄 어긋나지 않아, 다섯 가지 맛(신맛, 매운맛, 짠맛, 쓴맛, 단맛)이 서로 잘 어우러지는 것과 같다는 말이다. 교皦는 분명한 것이다. 오음·육률**이 분명한 소리를 내며 뒤섞이지 않는 것이다. 역繹은 꿴 구슬처럼 소리가 끊임없이 서로 이어진다는 말이다. 성成은 음악이 일제히 끝나는 것이다. 음악 연주가 이와 같기 때문에 마음에 감응이 나타나는 것도 마찬가지라는 뜻이다.

○ 당시 음악은 흩어지고 조각만 남아 악사들은 오음·육률만 알 뿐 음악 연주에는 자연스러운 질서가 있고 그 조화는 털끝만큼의 미묘한 사이에

---

* 여덟 종류의 악기. 악기를 만드는 여덟 가지 종류의 재료로, 금속[金], 돌[石], 현[絲], 대나무[竹], 흙[土], 박[匏], 가죽[革], 나무[木]를 말한다.
** 오음(五音)은 서양의 칠음계에 해당하는 오음계(五音階)로 궁상각치우(宮商角徵羽)를 말한다. 서양음계의 도레미솔라에 대응한다. 중국에서는 한 옥타브를 12음으로 나누었는데 12음을 다시 육률(六律)로 나누어 각기 이름을 부여하고 그 소리의 성질에 따라 양성(陽聲)과 음성(陰聲)으로 나누었다. 양성육률과 음성육률은 서양음악의 장조(長調)와 단조(短調)에 대응한다고 볼 수 있다.

존재한다는 점을 몰랐다. 하물며 음악이 인간의 자연스런 본성과 감정, 마음의 섬세한 움직임과 통한다는 사실을 알았겠는가. 천하에서 음악이 차지하는 위치는 배에 키가 있는 것과 같다. 키가 좌우로 방향을 트는 곳으로 배가 따르게 된다. 장군과 병사의 관계와도 같다. 병사들이 진격하고 후퇴하는 행동은 장군의 지휘에 따르는 것이다. 치세와 난세, 번영기와 쇠퇴기는 늘 음악과 상통하는 면이 있다. 그렇기에 공자는 태사에게 하나하나 지적해 가르쳐 준 것이다.

24. 儀封人請見曰: "君子之至於斯也, 吾未嘗不得見也." 從者見之. 出曰: "二三子何患於喪乎. 天下之無道也久矣, 天將以夫子爲木鐸."

의儀의 봉인封人이 뵙기를 청하면서 말하였다. "군자가 이곳에 오시면 제가 뵙지 않은 적이 없습니다." 수행하던 사람이 뵙도록 해주었다.

> 의儀는 위衛나라의 읍이다. 봉인封人은 국경지역을 관장하는 관리다. 주씨(주희)는 말했다. "현자이면서 말단 관직에 몸을 숨긴 사람일 것이다." 군자는 당시의 현자를 말한다. 이곳에 도착하면 모두 만나 볼 수 있었다고 한 것은 자신은 평소에 현자에게서 거절당하지 않은 사람이라고 말해 직접 만나 뵙기를 청한 것이다.

봉인이 나와서 말하였다. "여러분은 잃은 것을 왜 걱정하십니까. 천하에 도가 사라진 지 오래되었습니다. 하늘은 선생님을 목탁으로 쓸 것입니다."

주씨는 말했다. "잃은 것[喪]은 지위를 잃고 나라를 떠난 것을 말한다. 『예기』「단궁檀弓 상」에, '지위를 잃으면 빨리 가난해지는 것이 좋다'고 한 말이 이 뜻이다. 목탁은 안에 나무 혀가 달린 쇠 방울로 널리 교화할 때 쓴다. 정책과 교화를 시행하려 할 때 흔들어 백성들의 주의를 끄는 물건이다." 이 구절은, 천하가 난세가 된 지 오래라 도가 자연히 끊어지게 되었다, 그러므로 하늘은 공자를 목탁으로 삼아서 영원토록 도를 알리도록 할 터인데 한때 지위를 잃었다고 무슨 걱정을 할 필요가 있겠는가, 라는 뜻이다.

○ 공자의 문인들은 선생님을 깊이 사랑했다. 그렇기에 공자가 지위를 잃은 일을 근심하지 않을 수 없었다. 봉인이 한 번 공자를 보고서는 바로 목탁이라고 하였다. 그가 제자들을 위로하고 타이른 마음이 극진하다고 하겠다. 한때 지위를 얻고 잃는 것을 근심하지 말고 만세의 목탁 역할을 하는 것이야말로 훌륭한 일이라 하였으니 그 견해가 탁월하다 하겠다. 참으로 기이한 사람이다.

25. 子謂韶 : "盡美矣, 又盡善也." 謂武 : "盡美矣, 未盡善也."

선생님께서 「소」韶에 대해서 말씀하셨다. "아름다움의 극치이고 또 선의 극치이다." 「무」武에 대해서 말씀하셨다. "아름다움의 극치이나 선에는 미진하다."

소韶는 순舜임금의 음악이다. 무武는 무왕武王의 음악이다. "아름답다"

는 말은 음악소리와 모습 등이 훌륭하다는 뜻이다. 선善은 아름다움의 실제내용이다.

○ 아름다움이란 종과 북을 치고 현을 연주하고 피리를 불며, 창과 방패 모양이나 깃·깃발을 들고 춤을 추는 모습 등속을 말한다. 선은 순임금과 무왕의 덕성을 가리켜 말한 것이다. 이른바 "음악을 들으면 (임금이) 덕이 있는지를 안다"(『맹자』「공손추 상」제2장)고 한 말이 바로 그 뜻이다. 순임금은 양보하고 겸손한 모습으로 천하를 얻었고, 무왕은 정벌을 통해서 천하를 쟁취했다. 이것이 「소」가 진선진미盡善盡美한 까닭이고, 「무」가 선에는 미진한 까닭이다. 성인은 문文을 높이고 무武를 낮게 보았으며 덕을 숭상하고 살해하는 행동을 미워하였다. 그러므로 이렇게 말한 것이다. 그들의 음악을 논해 보자면 그렇다는 말이지 순임금과 무왕의 우열을 논한 것은 아니다.

26. 子曰 : "居上不寬, 爲禮不敬, 臨喪不哀, 吾何以觀之哉."

선생님께서 말씀하셨다. "윗자리에 있으면서 관대하지 않고, 예를 행하면서 공경하지 않으며, 상례를 치르면서 슬퍼하지 않는다면, 내가 무엇으로 그를 보겠느냐."

○ 윗자리에 있는 사람은 관대함을 다스리는 방도로 삼지 꼼꼼하게 살피지 않는 법이다. 예는 공경을 근본으로 삼지 꾸미고 장식하는 일과는 무관하다. 상사喪事는 슬픔을 위주로 하지 물건을 많이 준비하는 것과는

관계가 없다. 윗사람이 관대하지 않으면 아랫사람 가운데 완전한 이가 없게 된다. 예를 실천하면서 공경하지 않고, 상을 치르면서 슬퍼하지 않으면 근본과 실질이 이미 사라진 것이다. 무엇을 보고 감동하겠는가.

이인(里仁)

모두 26장이다.

1. 子曰: "里仁爲美, 擇不處仁, 焉得知."

선생님께서 말씀하셨다. "마을 풍속이 인후仁厚한 것은 좋다. (정작) 처신할 곳을 고르면서 어질지 못한 것에 머문다면 어떻게 지혜롭다 하겠느냐."

> 마을에 인후한 풍속이 있으면 사람들은 좋다고 하면서 그곳에 산다. 몸둘 곳을 선택하면서 인仁에 머물지 못한다면 어떻게 지혜롭다 할 수 있겠는가, 라는 말이다.

○ 거주하는 곳이 좋지 않다면 곧 옮겨 가야 한다. 한 번 자기 몸을 잘못 두면 그 피해는 이루 다 말로 할 수 없다. 하지만 사람들은 모두 살 곳은

잘 골라야 한다는 사실은 알면서도 자신이 처신하는 문제에 이르게 되면 시비를 가릴 줄 모르고 대부분 어질지 못한 것에 빠지고 마는 실수를 저지른다. 대단히 지혜롭지 못한 것이다. 이런 것을 "유추(해 생각)할 줄 모른다"(『맹자』「고자 상」제12장)고 하는 것이다.

2. 子曰: "不仁者不可以久處約, 不可以長處樂. 仁者安仁, 知者利仁."

선생님께서 말씀하셨다. "어질지 못한 사람은 곤궁한 처지에 오래 있지 못하고, 즐거운 처지에도 오래 있지 못한다.

> 약約은 곤궁함이다. 어질지 못한 자는 오랫동안 곤궁하면 잘못을 저지르고, 오랫동안 안락하면 반드시 교만해진다는 말이다.

어진 사람은 인仁을 편안하게 여기고, 지혜로운 사람은 인仁을 이롭게 여긴다."

> 안安은 편하게 여겨 옮겨 가지 않는다는 말이다. 이利는 인을 이로운 것으로 보고 실행한다는 말이다. 인을 편안히 여기는 사람은 도와 일체가 되기 때문에 그가 곤궁하거나 안락한 처지에 어떻게 머물지는 자연 말할 것도 없다. 인을 이롭게 여기는 사람은 인을 굳건하게 지키면서 그 자세를 잃지 않기 때문에 곤궁하거나 안락한 환경에서도 잘 처신한다.

○ 어질지 못한 사람은 아침나절 정도는 힘쓰고 노력할 수 있지만 덕이 없기 때문에 곤궁한 처지에 오래 있게 되면 주제넘게 되고 안락한 처지

에 오래 있게 되면 교만해진다. 오직 어진 사람만이 인에 대해서, 몸에 잘 맞는 옷을 편안히 여기고 발에 맞는 신을 편안히 여기듯, 잠시라도 인을 떠나면 불편하다. 이를 편하게 여긴다고 하는 것이다. 지혜로운 사람은 인仁에 대해서, 환자가 약으로 자신에게 이롭게 하고 피로한 사람이 수레를 잘 이용하듯, 항상 인과 편안하게 있지는 못하더라도 그것이 이로운 줄은 잘 알아 버리지 않는다. 이를 이롭게 여긴다고 하는 것이다. 인의仁義에 배부른 사람은 산해진미며 아름다운 옷을 바라지 않는다. "만물이 다 내게 갖추어져 있다"(『맹자』「진심 상」제4장)고 생각하기 때문에 부귀와 빈천이 그 마음을 흔들지 못하는 것이다. 곤궁하거나 안락한 처지에 처신하는 문제 따위는 언급할 거리도 없다.

3. 子曰: "唯仁者, 能好人, 能惡人."

선생님께서 말씀하셨다. "어진 사람만이 사람을 좋아할 수 있고 사람을 미워할 수 있다."

> 어진 사람은 남에 대한 사랑을 자기의 중심으로 삼는다. 그러므로 좋아하고 미워하는 것을 합당하게 하고 잘못을 저지르지 않는다.

○ 선을 좋아하는 일에는 늘 미치지 못하고 악을 미워하는 일에는 꼭 과한 것이 사람들에게서 보통 볼 수 있는 근심거리다. 그렇기에 남을 사랑하는 마음으로 다른 사람을 대하면, 좋은 사람은 확실히 합당하게 대할 수 있고 좋지 않은 사람도 과하게 미워하는 정도에는 이르지 않는다. 남

을 미워하는 마음으로 다른 사람을 대하면, 좋은 사람은 전혀 합당하게 대하지 못하게 되고 좋지 않은 사람은 반드시 과하게 미워하는 정도에 이르게 된다. 이것이 어진 사람만이 사람을 좋아할 수 있고 사람을 미워할 수 있는 이유이다.

○ 진사이는 논한다: 송나라 유학자들은 인仁을 리理로 보았다. 그런 까닭에 "좋아하고 미워하는 일은 리理에 합당해야 한다"고 인을 풀이했다(주희, 『집주』). "깨끗한 거울과 고요한 물"[明鏡止水]이라는 뜻으로 본 것이다. '무정'無情으로 인을 보거나 '욕심 없음'[無欲]으로 인을 풀이했기 때문에 인이라는 덕에 깊이와 크기의 차이는 있을지라도 남을 사랑하는 마음에서 생겨나지 않은 것은 없다는 사실은 알지 못했던 것이다. 그러므로 인애仁愛로운 사람이 되고 나서야만 좋아하고 미워하는 일을 적절하게 할 수 있고 각박하거나 편애하는 병폐가 생기지 않는다. 『서경』에, "죄가 의심스러울 때는 가볍게 처분하고 공적이 의심스러울 때는 후하게 상을 준다"(「대우모」大禹謨)라고 하였다. 이것이 어진 사람이 다른 사람을 좋아하고 미워할 수 있는 까닭이며, 좋아하고 미워하는 일은 리理에 합당해야 한다는 풀이와 같은 차원에서 논의할 수 없는 이유이다.

4. 子曰: "苟志於仁矣, 無惡也."

선생님께서 말씀하셨다. "인仁에 뜻을 두면 미움받는 일이 없다."

| 마음이 지향하는 바가 단지 인仁에만 있다면 자연히 남에게 미움받는 일이 없을 것이라는 말이다.

○ 인은 실질적인 덕이다. 단지 인에 뜻을 두기만 한다면 관대해지고 자상해져서 어떠한 사람과도 어긋나지 않기 때문에 자연히 사람들에게 미움받을 일이 없게 되는 것이다.

○ 진사이는 논한다: 송나라 유학자들의 학문은 논의가 지나치게 고원해 인간의 원망과 미움의 감정을 가엾게 여기는 일에 대해 도를 왜곡한다며 혐오하였다. 그러므로 공자의 말 '무악'無惡을 두고 "악행을 하는 일이 없다"고 풀이하였다(주희, 『집주』). 이런 해석은 성인(공자)의 뜻이 아니다. 이미 실제로 악행을 해서 사람들에게 미움을 받는다면 그것은 명백히 올바른 도이므로 자신의 행동을 고쳐야 마땅하다. 실제로는 악행을 하지 않았는데 혹 미움을 받는 일이 생기는 경우는 군자라도 피할 수 없는 것이다. 헌데 성인이 늘 사람들에게, 남에게 미움이나 원망을 받는 일이 없도록 하라고 가르친 것은 어찌된 일인가. 세상의 논평이란 아주 공정하고 인심이란 매우 정직한 것이다. 자기 뜻을 굽히고 아부한다면 사람들은 반드시 아부한다고 지목할 것이고, 면전에서 아첨을 하면 사람들은 반드시 면전에서 아첨한다고 말할 것이다. 사람들에게 인정받고 싶었는데 오히려 사람들에게 천한 취급을 받는 것이다. 단지 인에만 뜻을 둔다면 사람들에게 인정을 구하지 않고도 관대하고 자애로워져서 사람들이 자연히 원망하거나 미워하지 않게 된다. 이것이 성인이 다른 사람에게 원망이나 미움을 받지 않는 것을 귀하게 여긴 이유이다. 『시경』에, "저기서도 원망하는 사람이 없고,* 여기서도 싫어하는 사람이 없구나. 바라기는 이른 아침부터 밤까지, 길이 명예롭기를"(「주송·진로振鷺」)이라고

---

* 원문은 '재피무원'(在彼無怨)이나 '재피무오'(在彼無惡)의 착오다.

하였다. 또 공자가 중궁仲弓이 인을 물은 데 대해, "나라에서 원망받지 않아야 하고, 집안에서 원망받지 않아야 한다"(「안연」 제2장)고 대답하였으며, 또 "나이 마흔에 남에게 미움을 받으면 그 사람은 끝난 것이다"(「양화」 제25장)라고 말하였다. 이런 말을 통해서 성인의 뜻을 알 수 있다.

5. 子曰: "富與貴, 是人之所欲也, 不以其道, 得之不處也. 貧與賤, 是人之所惡也. 不以其道, 得之不去也. 君子去仁, 惡乎成名. 君子無終食之間違仁, 造次必於是, 顚沛必於是."

선생님께서 말씀하셨다. "부유함과 고귀함은 사람들이 바라는 것이지만, 올바른 도를 쓰지 않았다면 부귀하게 되더라도 머무르지 않을 것이다. 가난과 비천함은 사람들이 미워하는 것이지만 올바른 도를 쓰지 않았다면 비천하게 되더라도 벗어나지 않을 것이다."

부귀를 바라고 빈천을 미워하는 것은 인간의 자연스런 감정이다. 하지만 군자의 행동은 반드시 올바른 도를 따르는 것이다. 그렇기에 올바른 도를 따르지 않았다면 부귀하게 되더라도 머무르지 않을 것이며, (올바른 도를 따르지 않았다면) 가난하게 되더라도 가난을 떠나지 않을 것이다. 이른바 도라고 한 것은 바로 인仁이다. 그러므로 다음 단락에서 인을 말하면서 마무리한다. 맹자가 이윤伊尹을 칭찬하면서, "의義가 아니고 도道가 아니면 천하를 녹祿으로 준다 해도 돌아보지 않았다"(「만장萬章 상」 제8장)라고 하였는데 또한 이 단락의 뜻과 같다.

군자가 인仁을 떠나면 어떻게 명성을 얻을 수 있겠는가.

> 군자가 군자라는 명성을 가질 수 있는 까닭은 인을 간직했기 때문이다. 인에서 벗어난다면 어디서 그 명성을 가질 수 있겠는가.

군자는 밥을 먹는 동안에도 인에서 떠나지 않는다. 황급하고 갑작스런 경우에도 반드시 인에 머무르고, 엎어지고 넘어지는 경우에도 반드시 인에 머무른다."

> 조차造次는 급하고 갑작스럽다는 뜻이다. 전패顚沛는 넘어지고 쓰러지는 모양이다. 이 단락은 밥을 먹는 동안에도 인에서 떠나지 않는 것이 이와 같다고 되풀이한 말이다. 인은 부귀와 빈천을 취사선택하는 경우에 해당하는 문제만은 아닌 것이다.

○ 이 장은 "어진 사람은 인을 편안하게 여긴다"(제2장)는 뜻을 거듭 말한 것이다. 어떤 사람이 물었다. "인이라는 덕은 위대합니다. 어떻게 유독 부귀와 빈천만 가지고 말씀하신 겁니까?" 내가 대답했다. "예로부터 인간에겐 위험을 보고 목숨을 바치고, 면전에서 간언을 하고 논쟁을 벌이며 분연히 일어나 자신을 돌보지 않는 사람들이 분명 있었다. 하지만 부귀와 빈천 가운데 무엇을 선택할 것인가 하는 문제에 대면하게 되면 외물外物에 끌려 마음이 움직이지 않을 수 없었다. 군자의 마음을 가진 사람만이 늘 인을 편안하게 여겼기 때문에 머물러서는 안 되는 부귀에는 머무르지 않았고, 벗어나서는 안 되는 빈천에서는 벗어나지 않았다. 이 때문에 먼저 부귀를 말했던 것이다. '밥을 다 먹는 동안 인에서 벗어나지 않고 갑작스럽게 넘어지는 경우에도 반드시 인에 머무른다'고 한

말은 인이라는 덕이 완성된 것에 대해 단적으로 말한 것이다."

6. 子曰：“我未見好仁者·惡不仁者. 好仁者, 無以尚之. 惡不仁者, 其爲
仁矣, 不使不仁者, 加乎其身. 有能一日用其力於仁矣乎. 我未見力不足
者. 蓋有之矣, 我未之見也."

선생님께서 말씀하셨다. "나는 인仁을 좋아하는 사람과 불인不仁을 미워
하는 사람을 아직 보지 못했다. 인을 좋아하는 사람은 더 이상 덧붙일 말
이 없다. 불인不仁을 미워하는 사람은 인하다고 할 수 있으나 불인이 자기
몸을 더럽히지 않도록 한 것일 뿐이다.

> 상尙은 덧붙인다는 뜻이다. 이 구절은 다음과 같은 뜻이다: 인을 좋아
> 하는 사람에겐 온 세상이 어떤 선도 그에게 더할 것이 없다. 불인不仁을
> 미워하는 사람의 경우, 불인은 미워해야 한다는 사실을 명확히 안다.
> 그것은 악취를 싫어하는 것과 같은 일이므로 또한 인이라고 할 수 있
> 다. 하지만 이는 터럭만큼이라도 불인한 일이 자기 몸을 더럽히지 않도
> 록 하는 것일 뿐이므로 인을 좋아하는 사람과 분명 차이가 있다.

하루라도 인을 실천하는 데 자기 힘을 다 쓰는 사람이 있을까. 나는 힘이
부족한 사람을 아직 보지 못했다.

> "인을 실행하는 일은 자신에게 달려 있지, 남에게 달려 있겠는가."(「안
> 연」 제1장) 하루라도 자기 힘을 다할 수 있다면 인에 도달할 것이다. 사
> 람들이 자기 힘을 다 쓰려 하지 않을 뿐이다. 어떻게 자기 힘을 쓰는 데

부족한 사람이 있겠는가.

아마 있을지 모르겠다. 내가 아직 보지 못했겠지."

| 개蓋는 의심스러워하는 말이다. 심하게 어리석고 약해서 앞으로 나아
가려고 해도 그럴 수 없는 사람이 혹 있을지도 모르겠다, 하지만 나는
아직 그런 사람을 보지 못했을 뿐이다, 라는 뜻이다. 이를 반복해 말해
서 힘이 부족한 사람은 전혀 없음을 단언한 것이다.

○ 인을 좋아하는 사람은 덕의 최고 경지에 도달한 것이다. 불인을 미워
하는 사람은 하지 않는 일이 있다. 인을 좋아하는 사람은 사람의 불선不
善을 보면 오히려 슬퍼하고 안타까워하면서 그와 함께 선으로 들어가려
한다. 불인을 미워하는 사람은 사람의 불선不善을 보면 매가 새를 잡는 것
처럼 반드시 통렬하게 물리친다. 이 두 부류의 사람은 심한 차이가 있으
므로 모두 완성된 덕이라고 한다면 틀린 것이다.

어떤 사람이 물었다. "공자께서 '인이 멀리 있겠는가. 내가 인을 바
란다면 바로 인에 도달할 것이다'(「술이」 제29장)라고 말씀하셨습니다.
그런데 여기서는 또한 '나는 아직 보지 못했다'라고 말씀하시니 어떻게
된 것입니까?" (나 진사이가 대답하였다.) "인仁은 사람의 마음을 말하는
것인데 어떻게 멀리 있다고 하겠느냐. 다만 인은 참됨[誠]을 근본으로 한
다. 공자께서 제대로 된 사람을 보기 어렵다고 한 말씀은 인을 잘 실행하
기 어렵다는 말이 아니라, 참됨을 성취하기 어렵다는 말일 것이다. 인을
좋아하는 사람과 불인을 미워하는 사람은 차이가 있긴 하지만 모두 참
된 마음에서 발휘되는 것이니 애써 힘쓴다고 도달할 수 있는 게 아니다.

이것이 공자가 아직 보지 못했다고 대답한 이유이다."

7. 子曰: "人之過也, 各於其黨. 觀過斯知仁矣."

선생님께서 말씀하셨다. "사람이 저지르는 잘못은 그가 속한 무리에 따라 각각 다르다. 잘못을 보면 바로 인仁을 알 수 있다."

│ 당黨은 벗과 같은 부류이다. 친척이나 동료, 벗을 가리켜 말한 것이다.

○ 이 장은 잘못을 저질렀다고 남을 버리는 사람을 위해 말한 것이다. 무릇 사람이 잘못을 할 땐 아무 곡절 없이 멋대로 저지르는 경우는 없다. 반드시 친척이나 동료 때문에 잘못하는 것이다. 때문에 "그가 속한 무리에 따라 각각 다르다"고 말했다. 잘못을 심하게 꾸짖어서는 안 된다는 사실을 제대로 본 것이다. "잘못을 보면 바로 인仁을 알 수 있다"는 말은, 잘못을 저질렀을 때에도 따져 볼 문제가 있음을 또한 보았다고 하겠다. 맹자는, "관숙管叔은 형이고 주공周公은 동생이었다. 주공의 과실은 참으로 당연하지 않은가"(「공손추 하」 제9장)*라고 말하였다. 이것이 주공이 주공답게 되는 까닭이다. 성인이 사람의 잘못을 심하게 꾸짖지 않는 이유는 사람마다 스스로 새롭게 할 수 있는 길이 있어서 잘못을 깨우치고 스스로 고치면 또한 주공과 같이 될 수 있었기 때문이다.

————————————

* 인용한 맹자의 말은, 주공이 자기 형 관숙에게 은(殷)나라를 감독하도록 하였는데 관숙이 반란을 일으킨 사건을 말한다. 반란을 일으켰어도 형제의 도리라는 인륜을 앞세웠던 주공을 변호하는 말이다.

○ 진사이는 논한다: 인간의 잘못은 인정이 각박한 데서 생기는 것이 아니라 훈훈한 것에서 생긴다. 어째서인가? 인정이 각박하면 근심을 막고 피해를 멀리하면서 자신을 위하는 계책은 완전히 세우지만 타인의 근심을 구제하는 일에는 신경 쓰지 않는다. 그렇기 때문에 잘못을 저지르지 않을 수 있다. 인정이 각박하기 때문에 잘못을 저지르는 경우가 간혹 있기는 하다. 하지만 인정이 각박하기 때문에 잘못을 저지르는 경우는 바로 악이라고 하지 과실이라고 할 수는 없다. 성인의 완전한 인덕(仁德)이 아니었다면 과실은 용서할 수 있는 것이지 심하게 꾸짖어서는 안 되는 것인 줄 누가 알겠는가.

8. 子曰: "朝聞道, 夕死可矣."

선생님께서 말씀하셨다. "아침에 도를 들으면 저녁에 죽어도 좋다."

| 사람이 도를 듣지 않으면 안 되니 그 시급함이 이와 같다는 말이다.

○ 이 장은 늙고 쇠약해졌다는 핑계로 혹은 미미한 병에 걸렸다고 공부를 하려 하지 않는 사람들을 위해 말한 것이다. 도란 사람이 사람답게 되는 도리를 말한다. 사람이 되어서 도를 듣지 못하면 헛된 삶일 뿐이다. 그런 삶은 닭이나 개와 함께 무리를 이루지 않으면 초목과 함께 썩어 버릴 것이니 슬프지 않은가. 하루아침에 도를 들으면 사람답게 되는 근본을 깨닫고서 삶을 마친다[終]. 그러므로 군자의 죽음을 일러 '종'終이라고 한다(『예기』「단궁」檀弓). 사라져 소멸하고 마는 것이 아님을 말한 것이다.

어떤 이가 물었다. "아침에 도를 들으면 저녁에 죽는다고 했는데, 너무 성급하지 않습니까?" 내가 대답하였다. "그렇지 않다. 인간으로서 도를 듣지 않으면 살아 있다 해도 아무 보탬이 없다. 그러므로 공자가 아침에 도를 들으면 저녁에 죽어도 괜찮다고 한 말은 도를 듣지 않으면 안 된다는 사실이 얼마나 시급한 것인 줄 가장 잘 보여 준다. 어떻게 너무 성급하다고 하겠느냐."

9. 子曰: "士志於道, 而恥惡衣惡食者, 未足與議也."

선생님께서 말씀하셨다. "사士가 도에 뜻을 두고서 나쁜 옷과 나쁜 음식을 부끄러워하는 자는 함께 (도를) 얘기할 수 없다."

> 주씨는 말했다. "마음으로는 도를 구하려 하면서 먹고 입는 것이 남과 같지 않다고 부끄러워한다면 그의 식견과 취향은 아주 낮고 보잘것없는 것이다. 어떻게 함께 도를 얘기할 수 있겠는가."

○ 옷과 음식은 사람의 신체를 봉양할 정도면 충분하다. 나쁘다고 하더라도 무얼 부끄러워하겠는가. 사士로서 도에 뜻을 두었다면 그 마음이 지향하는 곳을 이미 아는 것이다. 그런데 또 나쁜 옷과 나쁜 음식을 부끄러워한다면 끝내 도를 왜곡하고 외물을 쫓아가는 지경에 도달하게 되고 만다. 그와 함께 도를 얘기할 수 없음은 필연이라 하겠다.

10. 子曰: "君子之於天下也, 無適也, 無莫也, 義之與比."

선생님께서 말씀하셨다. "군자는 천하의 일에 대해서 오로지 주장하는 것도 없고 하지 않으려는 것도 없다. 의가 함께 따를 뿐이다."

주씨가 말했다. "적適은 오로지 주장한다는 말이다. 막莫은 (적適과 반대의 뜻으로) 하려 하지 않는다는 말이다. 비比는 따른다[從]는 말이다." 이 장은, 군자는 천하의 일에 대해서 오로지 주장하는 것도 없고 하지 않으려는 것도 없어서, 가질 수 있으면 가지고 버릴 수 있으면 버리며, 떠날 만하면 떠나고 나아갈 만하면 나아갈 뿐이다, 오직 의義가 있을 뿐이니, 내가 의를 따를 뿐 아니라 의도 역시 나를 따라서 떠나지 않는다는 뜻이다.

○ 의義는 세상에서 가장 미묘한 물건이다. 그렇기 때문에 의를 정밀하게 한 뒤에야 오로지 주장하는 것도 없고 하지 않으려는 것도 없는 경지를 터득하지, 오로지 주장하는 것도 없고 하지 않으려는 것도 없는 다음에 의를 따르는 게 아니다. 오로지 주장하는 것이 없으면 하지 않으려 하거나, 하지 않으려 하면 반드시 주장만 하려고 해서, 한쪽으로 기울어지지 않을 수 없다. 오로지 주장하는 것이 없음은 이단異端이 한 가지 법도를 확립하지 못한 것이고, 하지 않으려는 것이 없음은 속된 사士들이 선택할 줄을 모르는 것이다. 오직 군자만이 완벽하게 의를 정밀하게 닦아 치우치거나 기울어지지 않게 된 뒤에 자연히 주장만 하려 하지 않고 하지 않으려는 것도 없게 될 수 있다. 공자가 한번은 "꼭 해야 한다는 것도 없고 해서는 안 된다는 것도 없다"(「미자」 제8장)라고 말했는데, 꼭 해야 하는

것과 해서는 안 되는 것 사이에 의가 자연스레 존재하는 것이다. 꼭 해야 한다는 것도 없고 해서는 안 된다는 것도 없는 데다 거기에 또 의를 주로 한다는 말이 아니다. "꼭 해야 한다는 것도 없고 해서는 안 된다는 것도 없다"는 말을 두고, "도를 가지고 중심으로 삼는 것이 없다면 미친 듯 날 뛰며 자기 멋대로 하는 것에 가깝다"고 해석한 것*은 틀린 말이다.

11. 子曰 : "君子懷德, 小人懷土 ; 君子懷刑, 小人懷惠."

선생님께서 말씀하셨다. "군자는 덕을 따르고 소인은 땅을 따른다. 군자 는 법도를 따르고 소인은 은덕을 따른다."

> 회懷는 뒤따른다[歸]는 말이다. 토土는 몸이 편안히 사는 곳을 말한다. 형刑은 법도이다. 혜惠는 은혜다.

○ 이 장은 군자를 다스리는 일과 소인을 다스리는 일은 그 방도가 자연 히 다르다는 것을 말했다. 덕을 따르는 사람은 이익으로 움직이지 않고 선을 사랑할 뿐이다. 땅을 따르는 사람은 변함없는 생업이 있어야 변함없 이 유지하는 마음을 갖는다(『맹자』「양혜왕 상」제7장). 형刑을 따르는 사람 은 남에게 모범이 되는 법도를 따르는 일에 마음이 즐겁다. 은혜를 따르 는 사람은 이익만을 사랑할 뿐이다. 군자와 소인은 마음을 유지하는 법 이 같지 않다. 그러므로 그들이 따르는 대상이 자연히 같지 않은 것이다.

---

* 이 해석은 『집주』에 인용된 사량좌(謝良佐)의 말이다.

12. 子曰 : "放利而行多怨."

선생님께서 말씀하셨다. "이익에 따라 행동하면 원망을 많이 듣는다."

> 공씨(공안국)는 말했다. "방放은 기대다(따르다)라는 말이다." 이익에
> 따라 행동한다는 말은 모든 일을 꼭 이익을 좇아 그에 따라 행동한다는
> 뜻이다. 다원多怨은 원망을 많이 듣는다는 말이다.

○ 원망을 듣지 않는 것도 덕이 있는 것이다. 원망을 많이 들으면 상서롭
지 못하다. 군자는 의義를 자신의 중심으로 삼기 때문에 남에게 손해를
주더라도 사람들이 그를 원망하지는 않는다. 소인은 이익을 자신의 중심
으로 삼기 때문에 남들에게 손해를 주지 않더라도 반대로 원망을 많이
듣는다. 『중용』에도 이런 말이 있다 : "자신을 올바르게 하고 남에게 어떤
것도 구하지 않으면 원망이 없을 것이다."

13. 子曰 : "能以禮讓爲國乎, 何有. 不能以禮讓爲國, 如禮何."

선생님께서 말씀하셨다. "예양禮讓으로 나라를 다스릴 수 있다면 무슨 어
려움이 있겠는가. 예양으로 나라를 다스릴 수 없다면 예를 어디다 쓰겠
는가."

> 예양禮讓(예로서 사양한다)은 덕을 가지고 말한 것이며, 예禮는 제도를
> 가지고 말한 것이다. 하유何有는 어렵지 않다는 말이다.

○ 이 장은 예양으로 나라를 다스린다면 사람들도 교화가 되니 무엇을 하든 무슨 어려움이 있겠는가, 라는 말이다. 예양으로 나라를 다스리지 않는다면 예와 문물제도가 온전히 갖춰졌다 하더라도 또한 어떻게 할 수가 없다. 하물며 나라를 다스리는 일에는 어떻게 쓰겠는가. 옛날에는 오로지 예를 나라를 다스리는 규범으로 보았는데 이는 후세에 법률을 사용한 것과 같은 것이다.

14. 子曰 : "不患無位, 患所以立; 不患莫己知, 求爲可知也."

선생님께서 말씀하셨다. "지위가 없다고 걱정하지 말고, 그 지위에 설 수 있는 능력이 있는지 걱정해라. 남이 자기를 알아주지 않는다고 걱정하지 말고, 남에게 알려질 수 있는 실질을 구하라."

> 주씨는 말했다. "소이립所以立은 그 지위에 설 수 있도록 해주는 능력을 말한다. 가지可知는 남에게 알려질 수 있는 실질을 말한다."

○ 이 장도 성인이 항상 하는 말이고 학자들에게 규범이 되므로 귀 기울여 듣고 받아들여 몸에 지니지 않을 수 없다.

15. 子曰 : "參乎. 吾道一以貫之." 曾子曰 : "唯." 子出. 門人問曰 : "何謂也?" 曾子曰 : "夫子之道, 忠恕而已矣."

선생님께서 말씀하셨다. "삼參아, 나의 도道는 하나로 꿰는 것이다."

증자가 대답하였다. "그렇습니다."

> 오도吾道는 '내가 도라고 여기는 것은'이라고 하는 것과 같다. 일一은 둘
> 이 아니라는 말이다. 관貫은 통괄한다는 말이다. 이 구절은 도가 매우
> 광대하기는 하지만 하나여서 번잡하지 않으니 자연히 천하의 선을 모
> 아 통괄하지 않는 것이 없으며, 많이 배워서 터득할 수 있는 게 아니라
> 는 말이다. 유唯는 응답하는 말로 증자가 공자의 말을 곧바로 받아들여
> 실행해 나갈 자신의 임무로 생각한 것이다. 이 대답은 안자顔子(안연)가
> "선생님의 이 말씀을 실행하기를 제일로 삼도록 하겠습니다"(「안연」
> 제1장)라고 말한 것과 같다.

선생님께서 나가셨다. 문인門人들이 말하였다. "무슨 말씀입니까?"

증자가 대답하였다. "선생님의 도는 충서忠恕일 뿐입니다."

> 자신의 모든 것을 다하는 것을 충忠이라 하고, 남의 처지를 헤아리는 것
> 을 서恕라 한다. 스스로 자신의 마음을 다하게 되면 사람을 대할 때 타
> 인과 자신 사이의 간격이 없어지며, 타인의 마음을 헤아릴 수 있으면
> 타인의 고통과 괴로움, 질병이 모두 자신에게 절실해진다. 증자 생각에
> 는 충서가 선생님의 도를 모조리 나타낼 수 있다고 보았다. 이에 문인
> 들을 위해 선생님이 말한 하나로 꿴다는 구절의 의미를 이와 같이 설명
> 하였다.

○ 무릇 도는 하나일 뿐이다. 인仁·의義·예禮·지智·신信의 오상五常과 온
갖 행동 등 수많은 갈래가 지극히 많지만 모두 한 곳으로 귀착하면서도

길이 다르고, 한가지로 일치하면서도 생각이 여러 가지일 뿐, 천하의 완벽한 한 가지만이 천하의 모든 선善을 통괄할 수 있다. 그러므로 공자는 심心이라고 말하지 않았고 리理라고 말하지 않았으며, 오로지 "나의 도는 하나로 꿴다"라고 말했을 뿐이다. 충忠으로 자신을 다하면 남을 대할 때 반드시 진실하게 되고 속이려는 생각이 없게 된다. 서恕로 남을 헤아리면 다른 사람을 대할 때 관대해져서 각박하게 대하는 폐단이 없게 된다. 이미 충과 서를 실행했다면 인仁에 도달할 수 있다. 어떻게 다른 갈래 길에 홀릴 수 있겠는가. 그러므로 공자는 "나의 도는 하나로 꿴다"고 말한 것이고, 증자는 다만 충과 서라는 항목으로 설명한 것이니 매우 의미가 깊다 하겠다.

○ 진사이는 논한다: 성인(공자)의 도는 인간의 일상생활의 윤리규범 안에 있는 것에 지나지 않으며 인간 구제를 큰일로 여긴다. 그러므로 증자는 충과 서를 가지고 공자가 말한 "하나로 꿴다"는 구절의 뜻을 해명한 것이다. 아아, 성인의 도를 전하고 후학에게 알려 주면서 그 뜻이 명확하고 남김없이 다 설명하였다. 공자가 한번은 번지樊遲가 인仁에 대해 묻자, "사람들과 함께 있을 때 충忠으로 대하는 것이다"(「자로」 제19장)라고 대답하였고, 자공子貢이 "한 마디 말로 종신토록 행해야 하는 것이 있겠습니까"라고 묻자, 공자는 "서恕일 것이다"(「위령공」 제23장)라고만 대답하였다. 맹자도 말하기를, "힘써 서恕를 실천해 나간다면 인仁을 구하는 길이 이보다 가까운 것은 없을 것이다"(「진심 상」 제4장)라고 하였다. 이런 말들을 보면 충서 두 가지는 바로 인을 구하는 지극히 중요한 길이자 성학聖學의 처음이자 끝이 되는 것임을 알 수 있다. 충서는 도道를 하나로 꿰는 근거이지, 충서를 가지고 일관一貫을 풀이한 것이 아니다. 선유(주

희)는 말하기를, "공자의 마음은 일리—理와 혼연일체가 되어 모든 일에 응하면서도 세세한 일에까지 합당하게 대하였다. 오직 증자만이 이를 보는 안목이 있었으며 배우는 사람들이 함께 알 수 있는 것이 아니었다. 그러므로 배우는 이들에게 충서라는 항목을 빌려와 일관—貫한다는 뜻을 밝힌 것이다"라고 하였는데 어떻게 그러하겠는가.

16. 子曰: "君子喩於義; 小人喩於利."

선생님께서 말씀하셨다. "군자는 의를 잘 알고, 소인은 이익을 잘 안다."

유喩는 환하게 안다는 뜻이다. "사지는 말하지 않아도 내 뜻을 잘 안다"[四體不言而喩](『맹자』「진심 상」제21장)고 할 때의 '잘 안다'[喩]는 말과 같다. 사물에 접촉하고 일을 수행하면서 저절로 통달하고 깨친다는 말이다.

○ 이 장은 군자와 소인은 좋아하는 대상이 같지 않기 때문에 마음이 쫓아가고 따르는 곳이 다르다는 것을 말했다. 군자가 좋아하는 대상은 의義에 있다. 그러므로 군자는 의를 아는 일에 매우 빠르다. 소인이 좋아하는 대상은 이익에 있다. 그러므로 소인은 이익을 아는 일에 역시 매우 빠르다. 배우는 이들이 이것을 가지고 스스로를 반성한다면 소인으로 귀착하는 일이 거의 생기지 않을 것이다.

17. 子曰: "見賢思齊焉; 見不賢而内自省也."

선생님께서 말씀하셨다. "현명한 사람을 보면 그와 같아지기를 바라고 [思齊], 현명하지 못한 사람을 보면 속으로 자신을 반성한다."

주씨가 말했다. "'사제'思齊는 자신에게도 이러한 선善이 있기를 바라는 것이다. 내자성內自省은 자신에게도 이러한 악惡이 있을까 두려워하는 것이다."

○ 이 장은 남의 현명함과 어리석음을 보고 모든 것을 자신에게 돌이켜 구하지 않으면 안 된다는 것을 말한다. 사람들이 보통 갖는 감정은, 현명한 사람을 보면 꼭 그를 꺼려하고, 현명하지 않은 사람을 보면 꼭 그를 비웃는다. 자신에게 돌이켜 구할 줄 모르는 것일 뿐만이 아니라 자신의 덕을 해칠 수도 있다. 현명한 사람을 보고서 그와 같이 되기를 바라지 않는 자는 의지가 없는 인간이요, 현명하지 않은 사람을 보고서 속으로 반성하지 않는 자는 부끄러워할 줄 모르는 인간이다. 의지도 없고 부끄러워할 줄도 모르는 인간은 맹자가 말한 이른바 "자포자기自暴自棄하는 인간"(「이루 상」 제11장)이다. 그와 함께 어떤 일도 할 수 없음은 명백하다.

18. 子曰: "事父母幾諫, 見志不從, 又敬不違, 勞而不怨."

선생님께서 말씀하셨다. "부모를 모실 때는 완곡하게 간언하고,

기幾는 완곡하다는 말이다. 기간幾諫은 완곡한 말로 은근히 비유해 말하

는 것을 이른다.

자신의 뜻을 따르지 않는 것을 보더라도 또 공경하고 뜻을 어기지 않으며, 위로하고 원망하지 않는다."

| 뜻을 '어기지 않는다'[不違]는 말은 우선은 부모의 뜻에 순종하고 자신이 간한 말을 완수하려고 하지 않는다는 뜻이다. 노勞는 위로한다는 말이다.

○ 부모에게 간언하는 방법은 무엇보다 곧이곧대로 말하는 것을 꺼리며, 말을 완곡하고 은근하게 해서 우회적으로 말하고 이끄는 것이어야 한다. 부모에게 잘못이 있는데도 간언하지 않으면 부모를 불의에 빠뜨리는 것이며, 간언한다 해도 부모의 뜻을 거스른다면 또한 효도가 아니다. 부모를 공경하고 위로하며, 부모의 뜻을 어기지 않고 원망하지 않은 뒤에야 부모를 모시는 도를 터득할 수 있다고 하겠다. 이와 같이 한다면 부모의 마음 역시 느끼는 바가 있어 간한 말이 실행될 것이다.

19. 子曰: "父母在不遠遊, 遊必有方."

선생님께서 말씀하셨다. "부모님이 계실 때는 멀리 가지 않는다. 집을 나갈 때는 반드시 항상 가는 곳이 있어야 한다."

| 정씨(정현鄭玄)가 말했다. "방方은 항상 가는 곳과 같은 뜻이다. 갈 수 있는 장소를 말한 것이다."

○ 자식이 집을 떠나 멀리 가면 날이 오래 지날수록 부모님을 봉양할 수 없는 날이 많아져서 부모가 자식이 돌아올까 문에 기대서서 기다리며 걱정하지 않도록 할 수 없게 된다. 그렇기에 "멀리 가지 않는다"고 말한 것이다. 집 밖으로 나가더라도 늘 정해진 곳이 있어 마음대로 가는 일이 없다면 걱정을 끼칠 게 없다. 그렇기에 "집을 나갈 때는 반드시 항상 가는 곳이 있어야 한다"고 말한 것이다. 범씨(범조우范祖禹)가, "자식이 부모의 마음을 자기의 마음으로 삼는다면 효孝라 하겠다"라고 하였는데, 효자의 마음을 잘 설명한 말이다.

20. 子曰: "三年無改於父之道, 可謂孝矣."

선생님께서 말씀하셨다. "3년 동안 아버지께서 하시던 방식을 바꾸지 않는다면 효라고 할 수 있을 것이다."

○ 이 장은 두번째로 나온 말이다(「학이」 제11장에 나왔다). 모든 장에서 거듭 나온 말들은 공자가 누누이 한 말인데 문인門人들이 각각 기록한 것이다. 의미심장하니 배우는 이들은 깊이 음미하고 자세히 생각해 보아야 한다.

21. 子曰: "父母之年, 不可不知也: 一則以喜, 一則以懼."

선생님께서 말씀하셨다. "부모님의 나이는 기억하지 않으면 안 된다. 한

편으로는 기쁘고 한편으로는 두렵다."

│ 지知는 기억하다와 같은 말이다.

○ 이 장은, 부모님의 나이를 항상 기억해야 하니 부모님이 장수하신 걸 보고 기뻐하고 부모님이 쇠약하신 걸 보고 두려워해, 기쁨과 두려움을 번갈아 느끼면 부모님을 사랑하는 마음을 자신도 멈출 수 없게 되니 부모님의 나이를 기억하지 않으면 안 되는 것이 이와 같다는 말이다. 성인(공자)의 말은 세상에 완벽한 말이다. 이 말에 이르러 도리도 완전해지고 이 말에 이르러 가르침도 최상이 되었다. 그 말이 평이하다고 소홀히 해서는 안 된다.

22. 子曰 : "古者言之不出, 恥躬之不逮也."

선생님께서 말씀하셨다. "옛사람들이 말을 쉽게 하지 않은 것은 몸이 말에 미치지 못할까 부끄러워해서였다."

│ 체逮는 미치다[及]라는 말이다. 주씨가 말했다. "옛사람이라고 말한 것
│ 은 지금은 그렇지 않다는 것을 나타낸 것이다."

○ 이 장은 말하기는 쉬워도 몸소 실천하기는 어려움을 말한 것이다. 말을 했는데 행동이 그에 걸맞지 않는다면 매우 부끄러운 일이라 할 수 있다. 옛사람들은 실질을 숭상하고 화려함을 귀하게 여기지 않았다. 그러므로 부끄러워하는 것이 이와 같았다.

23. 子曰 : "以約失之者, 鮮矣."

선생님께서 말씀하셨다. "자신을 단속해서 잘못하는 사람은 드물다."

　│　약約은 자신을 살피고 단속하는 것을 말한다. 이 장은 자신을 수양하고
　일을 처리할 때는 모두 스스로를 단속해야 함을 말한 것이다.

○ 성인(공자)의 말은 예언, 점, 신령과 같아서 반드시 효과가 있다. 이 말
은 아주 얕다. 하지만 이 말을 따르면 얻는 것이 있고 이 말을 어기면 실
수할 것임은 필연적인 도리다. 독실하게 믿고 확고하게 지키지 않을 수
없는 말이다.

24. 子曰 : "君子欲訥於言, 而敏於行."

선생님께서 말씀하셨다. "군자는 말을 어눌하게 하고 행동을 민첩하게
하려 한다."

　│　포씨(포함包咸)가 말했다. "눌訥은 천천히 하고 느리게 한다는 말이다."

○ 이 장은 공자가 군자의 마음가짐을 말해 배우는 이들이 힘쓰도록 한
것이다. 호씨(호인胡寅)가 이런 말을 하였다. "행동을 민첩하게 하고[敏]
말을 어눌하게 하는 것[訥]은 천성에서 나온 것처럼 보이지만 배울 수 있
는 것이다. 말이 번거로운 것은 어눌하게 말하는 것으로 바로잡고, 행동
이 굼뜬 것은 민첩하게 행동하는 것으로 격려해야 하니 이는 자신에게

서 비롯될 뿐이다. 스스로 자신의 기질을 변화시킬 수 없다면 무엇이 배움에서 고귀하겠는가."

25. 子曰 : "德不孤, 必有鄰."

선생님께서 말씀하셨다. "덕 있는 사람은 외롭지 않으니 반드시 이웃이 있다."

> 주씨가 말했다. "린鄰은 친한 사람을 말한다. 덕은 고립되지 않고 반드시 비슷한 사람이 응답한다. 그러므로 덕 있는 사람은 반드시 비슷한 사람이 그를 따르니, 마치 사는 곳에 이웃이 있는 것과 같다."

○ 남들이 알아주지 않아도 성내지 않는 것이 군자의 마음이다. 하지만 덕 있는 사람은 외롭지 않아 반드시 이웃이 있는 것은 필연적인 이치이다. 그러므로 공자는, 덕이 이루어진 뒤에는 절대 고립될 리가 없다고 말해서 배우는 이의 뜻을 안정시켜 주었는데 이는 또한 "봉록이 그 안에 있다"(「위정」 제18장, 「위령공」 제31장)는 뜻이기도 하다. 배우는 이들은 오직 덕이 완성되지 않을까 걱정해서, 배고픔과 갈증이 마음에 해가 되지 않도록 해야 한다.

26. 子游曰 : "事君數, 斯辱矣; 朋友數, 斯疏矣."

자유가 말하였다. "임금을 섬기는데 번거로울 정도로 간언하면 모욕을 받을 것이다. 벗과 사귀는데 번거로울 정도로 충고하면 관계가 소원해질 것이다."

| 삭數은 번거로울 정도로 (상대방의) 잘못을 말하는 것이다.

○ 이 장은 임금을 섬기고 친구를 사귈 때는 모두 예로 대해야 함을 말한 것이다. 지나치게 가까워져 장난하고 농담하며 서로 누차 왕래하다가 번거로울 정도로 자주 책망하는 지경에 이르게 되면 신하된 자는 모욕을 받을 것이고 친구된 자는 소원하게 될 것이니 스스로 경계해야 한다. 그러므로 임금을 섬기는 사람은 "요임금과 순임금이 나라를 다스린 법도가 아니거든 감히 임금에게 진언하지 않는다"(『맹자』 「공손추 하」 제2장)는 태도를 갖는다면 모욕받지 않을 것이며, 친구와 사귈 때 "글을 통해 벗을 만나고, 벗으로 인仁을 돕는다"(「안연」 제25장)는 태도를 갖는다면 소원하게 되지 않을 것이다.

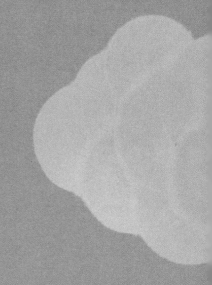

논어고의 권3

論語古義 卷之三

공야장(公冶長)

모두 27장이다.

1. 子謂公冶長 : "可妻也. 雖在縲絏之中, 非其罪也." 以其子妻之. 子謂
南容 : "邦有道不廢, 邦無道免於刑戮." 以其兄之子妻之.

선생님께서 공야장公冶長에 대해, "그에게 시집보낼 만하다. 비록 몸은 감
옥에 갇혔지만 그의 죄가 아니다"라고 말씀하시고는 자신의 딸을 그에
게 시집보내셨다.

> 공야장은 공자의 제자다. 유縲는 검은 줄이다. 설絏은 묶는 것이다. 옛날
> 에는 감옥 안에 검은 줄로 죄인을 묶어 두었다. 공야장이 누명을 쓰고
> 감옥에 묶여 있었던 듯하다. 그렇기에 이렇게 말한 것이다.

선생님께서 남용南容에 대해, "나라에 도가 있으면 버려지지 않을 것이

며, 나라에 도가 없어도 형벌이나 사형을 면할 것이다"라고 말씀하시고
는 형의 딸을 그에게 시집보내셨다.

│ 남용은 공자의 제자로 남궁南宮에 살았다. 이름은 도縚, 또는 괄适이라고
도 한다. 자는 자용子容이다. 그는 이렇게 덕이 있는 사람이기에 반드시
잘 다스리는 조정에 쓰일 것이며, 말을 조심해서 하기에 또 난세에도
화를 면할 것이라고 말한 것이다.

○ 딸을 시집보내려고 사위를 고를 땐 꼭 좋은 사람을 구하려는 것은 온
세상 사람들의 공통된 감정이다. 공야장과 같이 옥중에 갇혀 있다면 다
른 사람들은 모욕을 느낄 것이다. 하지만 공자는 그의 죄가 아니라고 여
기고서 딸을 시집보냈다. 남용에 대해서는 난세에도 화를 면할 수 있으
리라 판단하고 그에게 조카딸을 시집보냈다. 이 행동에서 공자가 사람을
선택할 때는 옳은 일을 따를 뿐 어느 한 가지에 구속되지 않음을 제대로
알겠다. 『논어』를 편찬한 사람들은 두 사람의 일을 함께 기록해, 성인(공
자)이 상황에 맞게 일을 처리하는 방식이 변화무쌍함을 잘 보여 주었다.
배우는 사람들은 온 마음을 기울여 생각해야 할 것이다.

2. 子謂子賤 : "君子哉若人. 魯無君子者, 斯焉取斯."

선생님께서 자천子賤에 대해 말씀하셨다. "군자로구나, 이런 사람은. 노
나라에 군자가 없었다면 이 사람은 어디서 배울 수 있었겠는가."

│ 자천은 공자의 제자다. 성은 복宓이고 이름은 부제不齊이다. 약인若人은

이와 같은 사람이라는 말이다. 군자의 덕을 가지고 있구나, 이와 같은 사람은, 만약 노나라에 군자가 없었다면 이 사람은 어디서 이런 덕을 배워 성취할 수 있었겠는가, 라는 말이다. 자천이 현명한 사람을 존경하고 벗을 잘 선택해서 그 덕을 성취했음을 찬미한 말이다.

○ 이 장은 현명한 스승과 벗의 감화가 얼마나 큰 이익이 되는지 찬미한 것이다. 공자가 사람을 평가할 때는 늘 그 사람의 아름다운 자질을 칭찬하지 않고 학문을 좋아하는 것을 깊이 칭찬하였다. 안자顔子를 말할 때와 같은 경우가 그것이다. 지금 자천에 대해서는 먼저 그의 덕을 칭찬하고 그 후에 이 덕을 전적으로 스승과 벗의 감화력의 효과로 돌렸다. 타고난 자질의 아름다움에는 한계가 있지만 학문의 효과는 무궁하다. 스승에게서 바탕을 닦고 벗에게서 도움을 받으면서 선善을 취한다면 무슨 공부를 하든 통달하지 않겠으며 무슨 덕이든 성취하지 않겠는가. 후세에는 진심으로 학문을 좋아하는 사람이 없다. 그렇기에 아랫사람에게 묻기를 부끄러워하고 좋은 친구를 멀리한다. 학문의 효과가 끝내 편협한 기질을 이길 수 없게 되니, 이는 물 한 잔으로 수레에 가득한 섶에 붙은 불을 끄려는 것과 같다. 그러면서도 배움은 무익하다고 말하니, 참으로 잘못된 것이 아니겠는가. 아아.

3. 子貢問曰: "賜也何如?" 子曰: "女器也." 曰: "何器也?" 曰: "瑚璉也."

자공이 물었다. "저는 어떻습니까?"

선생님께서 말씀하셨다. "너는 그릇이다."

> 그릇은 반드시 준비되어 빠뜨릴 수 없는 것을 말한다. 자공의 재주는
> 천하에 없어서는 안 된다는 말이다.

자공이 물었다. "무슨 그릇입니까?"

선생님께서 대답하셨다. "호련이다."

> 호련瑚璉은 종묘에서 기장과 수수를 담는 그릇이다. 하夏나라에서는
> 호璉라 하였고 상商나라에서는 연璉이라 하였고 주나라에서는 보궤簠簋
> 라 하였다. 귀중한 그릇이긴 하지만 항상 쓰는 그릇은 아니다. 자공의
> 아름다운 재주가 귀중하긴 하지만 항상 쓸 수는 없다고 말한 것이다.

○ 주자(주희)가 말했다. "자공이 공자가 자천을 군자로 인정한 것을 보
았다. 때문에 자신에 대해 질문했는데, 공자가 이렇게 일러 준 것이다."

○ 호련·보궤는 그릇 가운데 귀중한 것이긴 하지만 항상 쓸 수 있는 것
은 아니다. 쟁기·보습·질그릇·풀무는 귀중한 그릇은 아니지만 항상 쓰
는 물품이라 생활에서 빼놓을 수 없다. 공자는 자공의 재주를 쟁기·보
습·질그릇·풀무에 견주지 않고 호련·보궤에 견주었으니 깊이 경계토
록 한 것이다. 쟁기·보습·질그릇·풀무라는 기구는 집집마다 가지고 있
어 사람들은 귀중하게 대할 줄 모르지만 백성들의 삶에서 늘 쓰는 것이
라 빼놓을 수 없다. 성인의 덕 같은 것이 이러하다. 숙손무숙叔孫武叔이
"자공이 중니(공자)보다 현명합니다"라고 말했고(「자장」 제23장), 지금
이 자공에게 "중니가 어떻게 선생님(자공)보다 현명하단 말입니까?"(「자

장」제24장)라고 말하였다. (이런 언급은) 호련의 화려함은 숭상할 줄 알면서 쟁기·보습·질그릇·풀무가 백성들의 삶에서 늘 쓰는 것이라 빼놓을 수 없는 기구인 줄 알지 못하고 하는 말이 왜 아니겠는가. 현인의 재주는 볼 수 있어도 성인의 덕은 알 수가 없는 것이다.

4. 或曰 : "雍也仁而不佞." 子曰 : "焉用佞. 禦人以口給, 屢憎於人. 不知其仁, 焉用佞."

어떤 사람이 말했다. "옹雍은 어질지만 말솜씨가 좋지 않습니다."

> 옹雍은 공자의 제자로 성은 염冉, 자는 중궁仲弓이다. 녕佞은 말솜씨가 좋은 것이다. 당시 사회 풍속은 말 잘하는 것을 현명하다고 보았다. 그렇기에 중궁이 덕은 뛰어나다고 칭찬하면서도 말재주는 모자란다고 비판한 것이다.

선생님께서 말씀하셨다. "말솜씨가 좋아 어디에 쓰겠느냐. 좋은 말주변으로 사람들을 막으면 남에게 자주 미움을 살 뿐이다. 그가 어진지는 모르겠으나 말솜씨가 좋아 어디에 쓰겠느냐."

> 어禦는 막고 방어한다는 말이다. 급給은 분별하는 것이다. 말 잘하는 사람들이 다른 사람들을 막고 방어하는 방법은 다만 입에서 나오는 대로 말하면서 자신에게 유리하게 따지고 분별하므로 사람들에게 미움을 받을 뿐이다, 내가 중궁이 어진지는 모르겠지만 그가 말을 잘 못하는 것은 중궁을 비판할 일이 아니다, 라는 말이다.

○ 남을 사랑하는 사람은 남들에게도 항상 사랑받는다. 인仁이 미덕이 되는 까닭이다. 남에게 자주 미움을 받는 경우는 좋은 말솜씨가 악덕이 됨을 바로 보여 주는 것이다. 공자가 경계한 것도 당연하다 하겠다. 당시에는 실질적인 덕이 날로 병들고 아첨하는 풍토가 날로 번성해 사람들은 말재주를 중하게 여길 줄만 알았지, 인을 귀중하게 여길 줄 몰랐다. 그러므로 공자가 이 말을 해서 말재주를 부려서는 안 된다는 뜻을 깊이 밝혔다.

어떤 사람이 물었다. "중궁의 현명함은 안자(안회) 다음인데 공자가 그가 어질다고 인정하지 않은 것은 어째서입니까?" 내가 대답하였다. "인仁은 실질적인 덕이다. 사랑하는 덕이 마음에 가득해, 터럭만큼도 잔인하고 각박한 마음 없이 그 이익과 은택이 온 세상과 후세에 멀리 미친 다음에야 인仁이라고 한다. 중궁이 현명하긴 하지만 공자가 아직 그가 인하다고 인정하지 않은 이유이다."

5. 子使漆彫開仕. 對曰 : "吾斯之未能信." 子說.

선생님께서 칠조개漆彫開를 벼슬에 나가도록 하였다. 칠조개가 대답하였다. "저는 이에 대해 아직 확신할 수 없습니다." 선생님께서 기뻐하였다.

칠조개는 공자의 제자로 자는 자약子若이다. 칠조개의 말은, 제가 이렇게 벼슬에 나가는 길에 대해서 의심이 없지는 않습니다, 라는 것이다. 학문이 완성된 뒤에 벼슬에 나가고자 하는 것으로 그 마음에 스스로 만족하지 않았다. 그런 까닭에 공자는 그의 돈독한 뜻을 훌륭하다 보고 기뻐한 것이다.

○ 배우는 사람이 벼슬길에 나갈 때 그 재주가 충분하지 않더라도 친척들이 원하고 친구들이 추천하면 꼭 벼슬에 나가지 않는 것은 아니다. 하물며 칠조개의 학문 같은 경우, 성인이 벼슬길에 나가도록 하였으니 그의 재주는 틀림없이 쓸모 있을 텐데 오히려 벼슬을 하려고 하지 않았다. 그렇다면 스스로 충분하지 않다고 생각하면서 추구하는 바가 매우 깊다고 할 수 있다. 이는 현인·철인에게는 작은 일이지만 진실로 배우는 이에겐 어려운 것이다. 그렇기 때문에 성인이 매우 기뻐한 것이다.

6. 子曰：“道不行, 乘桴浮于海. 從我者, 其由與.” 子路聞之喜. 子曰：
“由也好勇過我, 無所取材.”

선생님께서 말씀하셨다. “도가 행해지지 않으니 뗏목을 타고 바다를 떠다녀야겠구나. 나를 따를 사람은 유由이겠지.”

┃ 부桴는 뗏목이다.

자로子路가 이 말을 듣고 기뻐하였다. 선생님께서 말씀하셨다. “유가 용기를 좋아하는 것은 나보다 낫지만 재목을 구할 데가 없구나.”

┃ 자로가 공자를 따라가고 싶어 했기 때문에 용기를 좋아하는 것이 나보다 낫다고 말한 것이다. 정씨(정현)가 말했다. “무소취재無所取材는 뗏목을 만들 재목으로 구할 데가 없다는 말이다.” 자로는 세상을 구제할 뜻은 있었지만 세상을 구제할 재주가 없었다. 해서 그에게 농담을 한 것일 뿐이다. 닭 잡는 데 어떻게 소 잡는 칼을 썼냐고 자유子游에게 농담을

했던 것(「양화」 제3장)과 같은 말이다.

○ 이 장은 구이九夷의 나라에 살고 싶다고 말한 장(「자한」 제13장)과 같은 뜻으로, 공자가 평소에 가지고 있던 소망이었을 것이다. 당시에는 임금이 어리석고 신하가 교만해서, 온 세상에 머물 만한 곳이 없었다. 그런 까닭에 뗏목을 타고 바다를 떠다니며 섬나라 오랑캐를 교화시켜 예禮와 의로움을 갖춘 풍속으로 만들고자 하였다. 성인이 온 세상을 일가一家로 본 마음을 여기서 알 수 있다. 자로는 용기를 좋아했기 때문에 공자를 따라가고 싶어 했지만 돌이켜 사려하는 게 없었다. 공자가 이에 그에게 농담하면서, "용기를 좋아하는 것은 나보다 낫지만 재목을 구할 데가 없구나"라고 한 것이다. 자신에게 준비가 다 갖춰진 다음에 남을 구제할 수 있는 것이다. 자로의 덕은 아직 여기까지는 도달하지 못했으므로 뗏목을 타고 바다에 떠다니고 싶어도 단지 무익할 따름이다. 그러므로 그가 용기를 좋아한다고 칭찬하면서도 그가 도달하지 못한 부분으로 진전하도록 한 것이다.

7. 孟武伯問, "子路仁乎?" 子曰 : "不知也." 又問. 子曰 : "由也千乘之國, 可使治其賦也, 不知其仁也." "求也何如?" 子曰 : "求也千室之邑, 百乘之家, 可使爲之宰也, 不知其仁也." "赤也何如?" 子曰 : "赤也束帶立於朝, 可使與賓客言也, 不知其仁也."

맹무백孟武伯이 물었다. "자로는 어집니까?"

선생님께서 대답하였다. "모르겠습니다."

| 어짊[仁]은 실질적인 덕이다. 그렇기 때문에 자로가 재능이 있긴 하지
만 꼭 어진 덕을 가지고 있다고 하기는 어렵다. 그러므로 공자는 모르
겠다고 대답한 것이다.

또 묻자 선생님께서 말씀하였다. "유由는 천승의 나라에서 그 나라의 군
사를 관리하도록 할 수는 있지만 그가 어진지는 모르겠습니다."

| 주씨가 말했다. "부賦는 군사를 말한다. 옛날에는 농사에서 나오는 세
금[田賦]으로 군사를 동원했다. 때문에 군사를 부賦라고 했다." 자로의
재능에서 알 수 있는 것은 이와 같은 것이지만 인仁에 대해서는 알 수
없다고 말한 것이다.

"구求는 어떻습니까?"

선생님께서 말씀하였다. "구는 1천 가구의 고을이나 백승의 가문에서 읍
재가 되도록 할 수는 있지만 그가 어진지는 모르겠습니다."

| 1천 가구는 큰 고을이다. 백승百乘은 경·대부의 가문을 말하다. 재宰는
고을 우두머리로, 가신家臣의 통칭이다.

"적赤은 어떻습니까?"

선생님께서 말씀하였다. "적은 허리띠를 하고 조정에 서서 빈객과 대화
하도록 할 수는 있지만 그가 어진지는 모르겠습니다."

| 적赤은 공자의 제자로 성은 공서公西이고 자는 자화子華이다.

○ 세 사람의 재능은 다른 사람이 보면 모두 어질다고 이를 만하다. 하지만 공자가 어질다고 인정하지 않은 것은 학문에는 실질적인 재주가 있고, 실질적인 덕이 있는데 공자의 문하에서는 확실히 실질적인 재주를 귀하게 여겼지만 실질적인 덕의 경우에는 해당하는 사람을 찾기가 더욱 어려웠다. 때문에 공자가 세 사람을 두고 모두 재능은 쓸모 있다고 인정하면서도 한 사람도 어질다고 인정하지 않은 것이다. 관중管仲 같은 사람의 경우는 실질적인 덕을 가진 사람이 아니지만 평소 천하를 구제하겠다는 뜻이 있었고 또 천하를 구제하는 공적을 성취할 수 있었다. 그렇기에 공자 역시 그가 어질다고 칭찬한 것이다. 세 사람의 경우 그들의 공적을 아직 예측할 수 없고 또 자애로운 덕이 자신들에게 온전히 있는지 보지 못하였다. 때문에 모두 모르겠다고 대답한 것이다.

○ 진사이는 논한다: 세상에 시문詩文 쓰기와 경전 외우기에 힘쓰는 자들은 대부분 쓸데없는 글짓기에 애쓰느라 덕을 완성하고 재능을 발휘하는 일은 모른다. 실질적인 덕이 있은 다음에 실질적인 재능을 펼칠 수 있고, 실질적인 재능이 있은 다음에 시문 쓰기와 경전 외우기 역시 자신에게 도움이 될 수 있다. 볼만한 실제의 덕이 없고 또한 건질 만한 실제의 재능이 없다면 의론이 들을 만하고 문장이 볼만하다 하더라도 모두 무익한 작은 일일 뿐이다. 세 사람의 사람됨은 그들이 어진지는 아직 알 수 없지만 스스로 기약할 수 있는 것들이 이와 같고 공자가 인정한 바 또한 이와 같다면 실질적인 덕을 갖추는 데까지는 아직 도달하지 못했다 하더라도 또한 실질적인 재능은 가졌다고 할 수 있다. 옛사람의 학문을 이를 통해 알 수 있다.

8. 子謂子貢曰："女與回也, 孰愈?"對曰："賜也, 何敢望回. 回也, 聞一以知十; 賜也, 聞一知二."子曰："弗如也. 吾與女弗如也."

선생님이 자공에게 물으셨다. "너와 안회 가운데 누가 더 뛰어나냐?"

│ 유愈는 뛰어나다는 말이다. 자공이 사람을 비교하기에 공자가 그와 안
회 가운데 누가 더 뛰어난가를 물어 그가 스스로를 아는 게 어떠한지
살펴본 것이다.

자공이 대답하였다. "제가 어떻게 감히 안회를 바라볼 수 있겠습니까. 안
회는 하나를 들으면 열을 알고, 저는 하나를 들으면 둘을 알 정도입니다."

│ 문일지십聞一知十은 한 가지 일을 들으면 열 가지 일을 안다는 말이다. 극
한에까지 유추하는 능력을 말한다. 문일지이聞一知二는 이것을 통해 저
것을 안다는 말이다. 호씨(호인胡寅)가 말했다. "하나를 들으면 열을 아
는 사람은 '상급 지혜'[上知]의 자질을 가진 이로 '나면서부터 모든 이치
를 아는 사람'[生知] 다음이다. 하나를 들으면 둘을 아는 사람은 보통 사
람 이상의 자질을 가진 이로 '배워서 아는 사람'[學知]의 재주를 말한다."

선생님께서 말씀하셨다. "그만 못하지. 나는 네가 그만 못하다고 한 말을
인정한다."

│ 여與는 인정한다는 말이다. 너는 확실히 안회만 못하다, 하지만 나는 반
대로 네가 그만 못하다고 한 말을 [두고 너를] 인정한다는 말이다. 자신
을 낮추고 남에게 심복心服하는 공자의 마음에 부합하는 것이 있었기
때문에 그렇다고 말한 다음에 또 거듭 인정한 것이다.

○ 이 장은 남의 선善에 심복하기가 얼마나 어려운지를 보여 준다. 남의 선善을 아는 일은 참으로 어렵지만 남의 선에 심복하는 일은 가장 어려운 법이다. 남의 선을 안 다음에 또 스스로를 쉽게 굽히는 일은 세상에서 최고로 어려운 일이다. 여기서 자공이 덕에 깊이 나아갔음을 알 수 있다. 사람들이 자공을 명민하고 잘 깨치는 사람으로만 보는 것은 아직 자공을 제대로 이해하지 못한 것이다.

9. 宰予晝寢. 子曰: "朽木不可雕也, 糞土之牆不可杇也. 於予與何誅." 子曰: "始吾於人也, 聽其言而信其行; 今吾於人也, 聽其言而觀其行. 於予與改是."

재여宰予가 낮잠을 잤다.

> 주침晝寢은 한낮에 잠을 자는 것을 말한다.

선생님께서 말씀하셨다. "썩은 나무에는 조각을 할 수 없고, 썩은 흙으로 쌓은 담장에는 흙손질을 할 수 없다. 네게 내가 무슨 탓을 하겠느냐."

> 후朽는 썩었다는 말이다. 조雕는 새겨 그리는 것이다. 오杇는 흙손이다. 뜻과 기운이 어두워지고 게을러져 가르침을 베풀 곳이 없다는 말이다. 여與는 어조사다. 주誅는 책망한다는 뜻이다. 책망할 것도 없다는 말이니 심하게 꾸짖은 것이다.

선생님께서 말씀하셨다. "처음에 나는 사람을 대할 때 그의 말을 듣고 그의 행동을 믿었었다. 지금은 사람을 대할 때는 그의 말을 듣고 그의 행동을 살핀다. 재여를 보고 이렇게 바꾸었다."

 │ 재여는 말은 잘했지만 행동이 말을 따르지 못했다. 때문에 공자 자신이 재여의 일을 통해서 이전의 잘못을 고쳤다고 말했으니, 엄중하게 주의를 준 것이다. 호씨(호인)가 말했다. "원문의 '자왈子曰'은 군더더기로 붙은 글 같다. 그렇지 않다면 같은 날 한 말이 아닐 것이다."

○ 범씨(범조우)가 말했다. "군자가 학문을 할 때는 매일 부지런히 노력해야 하며 죽은 뒤에야 그만둔다. 오직 노력을 다하지 못할까 두려워하는 것이다. 재아(재여)가 낮잠을 잔 일은 스스로를 포기하는 행동이 이보다 더 심할 수 없는 것이다. 이 때문에 공자가 재여를 꾸짖었다."

○ 말을 듣고 행동을 믿는 것은 사람을 대하는 성의誠意이니 당연히 이와 같이 해야 한다. 말을 듣고 행동을 보는 일은 사람을 관찰하는 방법이니 또한 당연히 이와 같이 해야 한다. 이 두 가지를 병행해도 서로 방해가 되지는 않을 터이니, 처음부터 말을 듣고 행동을 다 믿을 것도 아니고, 또한 이런 방법을 따라 배운 사람을 전부 의심하지도 않을 것이다. 성인의 마음은 조화의 오묘한 작용이 사물에 따라 알맞은 형체를 부여하고 혹은 북돋아 주거나 혹은 덮어 주어 각자 자신의 재주에 맞게 하는 것과 같다. "재여를 보고 이렇게 바꿨다"고 한 말은 바로 재아의 일을 통해 자신의 생각을 드러낸 것일 뿐이다.

10. 子曰 : "吾未見剛者." 或對曰 : "申棖." 子曰 : "棖也慾, 焉得剛."

선생님께서 말씀하셨다. "나는 아직 강한 사람을 보지 못했다."
어떤 사람이 대답하였다. "신장申棖이 있습니다."

> 강剛은 굳세고 강해 굽히지 않는다는 뜻이다. 신장은 제자의 성명이다.

선생님께서 말씀하셨다. "신장은 욕심이 있는데 어떻게 강하다고 할 수 있겠느냐."

> 공씨(공안국)가 말했다. "욕심[慾]은 정욕이 많다는 말이다." 공자는 알기 어려운 미묘한 점을 드러내어 신장이 강할 수 없는 이유를 밝힌 것이다.

○ 사람이 정욕(정념의 욕구)이 많으면 한 번 맛본 세상사의 단맛을 그리워하며 잊지 못하면서 의義로 볼 때 당연히 해야 할 일에도 머뭇거리며 위축되어 진전하려 해도 할 수 없게 된다. 이것이 정욕[慾]이 강함[剛]이 될 수 없는 까닭이다. 맹자가 말했다. "행동하다 마음에 거리끼는 것이 있으면 위축된다."(「공손추 상」 제2장) 정욕이 많으면 마음에 거리낌이 생기고, 마음에 거리낌이 생기면 강해질 수 없는 것이다. 추세가 그런 것이다. 하지만 세상에서는 청렴하거나 지조가 있거나 고집이 세거나 곧이곧대로인 것 가운데 단지 한 가지를 겨우 가졌으면서 강하다고 하거나, 기운을 믿고 남 이기기를 좋아해 불뚝불뚝하는 모습으로 자신이 잘났다고 하는 사람 또한 강하다고 자처한다. 관대하고 여유로우며 온화하고 부드러워 도의道義로 자신을 이긴 뒤에야 진정 강한 인간이 된다는 사

실을 전혀 모르는 것이다.

11. 子貢曰 : "我不欲人之加諸我也, 吾亦欲無加諸人." 子曰 : "賜也, 非
爾所及也."

자공이 말했다. "나는 남이 나에게 하지 않기를 바라는 것을 나 역시 남
에게 하지 않으려 합니다."
선생님께서 말씀하셨다. "사賜야, 그것은 네가 할 수 있는 게 아니다."

｜ 나에게 하다, 남에게 하다[加諸我, 加諸人]란 말은 나에게 행한다, 남에게
　 행한다[施諸己, 施於人]는 말과 같다.

○ 백성들에게 널리 은혜를 베풀고 많은 사람을 구제할 수 있는 일은 요
순임금도 오히려 (하기) 어렵다고 생각했다(「옹야」 제28장). 그런데 자공
은 "나는 남이 나에게 하지 않기를 바라는 것을 나 역시 남에게 하지 않
으려 합니다"라고 말했다. 이는 인자한 사람도 어려워한 일인데 자공이
이것으로 스스로 기약하였으니 공자가 자공을 억눌렀던 것이다. 학문은
실제에 부합하는 것을 귀하게 여기고, 고원高遠으로 치닫는 것을 혐오한
다. 총명한 사람은 그 의론이 늘 지나치게 고원해서 실제에 부합하지 않
는다. 자공의 문제는 바로 여기에 있었다. "배움은 노력이 미치지 못하는
듯이, 오히려 잃어버릴까 두려워해야 하는 것이다."(「태백」 제18장) 거백
옥의 사자使者가 공자에게 거백옥에 대해 말하면서, "잘못이 없고자 합니
다"라고 하지 않고 "잘못을 적게 하려고 합니다"라고 하자, 공자가 그 사

자를 칭찬하면서, "훌륭한 사자로구나, 훌륭한 사자로구나"(「헌문」 제26
장)라고 하였다. 자공은, "나 역시 남에게 하지 않으려 합니다"라고 말했
으니, 이 말은 스스로 인자한 사람의 자리에 있다고 자처하는 폐단이 있
을 뿐 더욱 깊은 곳으로 나아가려는 뜻은 없다. 공자가 그를 억누른 것은
전진시키려 했던 것이다.

12. 子貢曰: "夫子之文章, 可得而聞也. 夫子之言性與天道, 不可得而
聞也."

자공이 말했다. "선생님의 문장은 들을 수 있지만,

│ 문장文章은 예악과 전적典籍을 가리켜 말한다. 그 일이 분명하게 드러나
│ 서 모두 들을 수 있는 것이다.

선생님께서 본성[性]과 천도天道에 대해 말씀하신 것은 들을 수 없다."

│ 본성은 사람이 타고나면서 갖는 성질로 이것으로 모두 도道에 나아갈
│ 수 있다. 천도는 착한 사람에게는 복을 주고 주제넘는 행동을 하는 사
│ 람에겐 재앙을 주는 떳떳한 법도이다. 이 두 가지는 지식으로 이해하고
│ 말로 들을 수는 없다.

○ 공자가 사람을 가르칠 때 예악과 문장은 환하게 드러나 모두 들을 수
있다. 오직 본성과 천도를 말씀하신 것은 들을 수 없다. 성인의 마음은 독
실하게 선을 좋아하기 때문에 인간의 본성은 모두 선을 향해 나아갈 수

있고 천도는 꼭 선인善人을 도와준다는 사실을 알고 있다. 그런 까닭에 본성에 대해서는, "본성은 서로 비슷하지만, 습성으로 서로 차이가 커진다"(「양화」 제2장)라고 말했고, 천도에 대해서는, "하늘이 나에게 덕을 주었는데 환퇴桓魋 그 자가 나를 어떻게 하겠느냐"(「술이」 제22장)라고 말했다. 하지만 인간사에서 실제로 겪어 보면, 인간의 본성이 모두 선을 향해 나아가지 못하고, 천도가 꼭 선인을 돕는 것만은 아니라는 의심이 생기게 된다. 도를 믿고 덕을 믿는 최고의 경지에 이르지 않으면 이를 다 믿을 수 없는 사람이 있는 법이다. 이것이 자공이 들어 볼 수 없다고 말한 이유이다.

○ 진사이는 논한다: 성인의 도는 사람에 따라 가르침을 따로 베풀었다. 때문에 본성[性]이라 하고 천도天道라 한 것은, 모든 세상에서 말하는 본성과 천도이므로 본래부터 심오하고 모호하며 은미해 쉽게 깨치고 이해할 수 없는 것은 아니었다. 그런데 자공이 들을 수 없었다고 말한 까닭은 어이해서인가. 사람들은 인간이 어리석거나 총명하고, 강하거나 약해서 본성에 온갖 차이가 있다는 것을 알 뿐, "백성들이 가진 떳떳한 본성이 미덕을 좋아하기"(『시경』 「대아·증민蒸民」) 때문에 사람들이 모두 선을 향해 갈 수 있다는 점은 알지 못한다. 단지 길흉화복이 천도의 떳떳한 법도라는 것만 알 뿐, "황천皇天(천天)은 아무도 특별히 사랑하지 않고 오직 선을 사랑하기 때문에 하늘은 꼭 선인을 도와준다"(『서경』 「채중지명」蔡仲之命)는 사실은 모른다. 선을 사랑하는 마음이 완벽하지 않기 때문에 언제나 여기서 의심을 하게 되는 것이다. 자공의 덕이 성인에 미치지 못하기 때문에 또한 공자의 말을 들을 수 없었다고 말한 것이다. 성인만이 그렇지 않을까, 그 마음을 한결같이 선에 두어 하늘을 덮고 땅을 덮은 것이

이 선이 아닌 것이 없음을 보았기 때문에 사람이 모두 선을 향해 갈 수 있고 하늘이 꼭 선인을 돕는다는 사실을 아는 것은. 이것이 공자가 성인이 되는 까닭이다. 후세에 이르러 학문이 고원한 곳으로 치달아 노장의 허무虛無·현묘玄妙에서 도를 구하면서, "본성과 하늘의 이치를 깨달은 사람이 아니면 바로 이해할 수 없다. 자공의 학문연구가 정밀해지고 자세해진 다음에야 비로소 이처럼 말할 수 있었다"라고 말한다. 어떻게 그렇겠는가. 성인이 말한 본성과 천도는 모두 후세에서 말하는 기氣라는 것으로, 리理를 가지고 말한 적이 없다. 결코 리라는 말을 가지고 탐구해서는 안 된다.

13. 子路有聞, 未之能行, 唯恐有聞.

자로는 무엇을 듣고 아직 실천하지 못했다면 또 듣는 것이 있을까 두려워했다.

> 이전에 들은 것을 이미 실천했다 하더라도 마음에 만족하지 못한 것이 있다면, 다시 듣는 것이 있을 때 행동이 충분하지 못할까 두려웠던 것이다.

○ 자로는 용기를 좋아해 선을 행하는 데 과감했다. 문인들은 자신들이 그에 미치지 못한다고 생각했다. 그런 까닭에 『논어』의 편찬자가 이를 기록해 배우는 사람의 모범으로 삼은 것이다.

○ 장식長栻이 말했다. "들은 것이 있는데 실천이 부합하지 않는 경우는

용감한 사람이 부끄러워하는 바다. 더 듣는 것이 있을까 두려워했으니 몸소 실천하는 일에 얼마나 독실했는지 알 수 있다. 하지만 한 가지 선善을 들으면 부지런히 실천하고 마음에 두어 잃지 않았다는 것과 비교해 보면 아직 억지로 힘쓴다는 지경에서 벗어나지 못한 것이다."

14. 子貢問曰: "孔文子何以謂之文也?" 子曰: "敏而好學, 不恥下問, 是以謂之文也."

자공이 물었다. "공문자孔文子를 어째서 문文이라고 부르는 겁니까?"

│ 공문자는 위衛나라의 대부大夫로 이름은 어圉, 문文은 그의 시호다. 문文
│ 은 시호 가운데 가장 아름다운 것으로 어圉의 위인됨에 부합하지 않았
│ 다. 때문에 자공이 의심을 품은 것이다.

선생님께서 말씀하셨다. "자질이 명민하고 배우기를 좋아하며 아랫사람에게 묻기를 부끄러워하지 않는다. 이 때문에 문文이라고 한다."

│ 사람의 자질이 명민하면 꼭 배우기를 좋아하지 않고 지위가 높으면 대
│ 부분 아랫사람에게 묻기를 부끄러워한다. 문자는 이와 같은 미덕이 있
│ 었기 때문에 문이라고 시호를 할 수 있었다는 말이다.

○ 문文이라는 시호는 그 이상 더할 게 없는 것이다. 하지만 자질이 명민하고 배우기를 좋아하며 아랫사람에게 묻기를 부끄러워하지 않는 일은 사람들이 하기 어려운 바이며 선을 향해 나아가는 일이 매우 빨랐다. 비

록 문자^{文子}와 같은 사람이라고 해도 이런 미덕이 있다면 문^文이라는 시호를 갖더라도 합당하지 않다고 할 수 없다. 공자는 사람의 선함에 다 눈감지 않았으며 그가 칭찬받는 점이 있으면 반드시 쓸 곳이 있다고 여겼으니 문자^{文子}의 현명함을 이에 따라 알 수 있다. 또 문자는 빈객을 잘 대우하였고 위나라 영공^{靈公}이 무도했는데도 그에 신뢰를 얻어 나라를 잃지 않을 수 있었으니 공자의 말이 지나친 찬미는 아니었음을 또한 알 수 있다. 『춘추좌씨전』에 기록된 (애공^{哀公} 11년의) 문자의 일은 꼭 기록 그대로인 같지는 않다.

15. 子謂子産 : "有君子之道四焉, 其行己也恭; 其事上也敬; 其養民也惠; 其使民也義."

선생님께서 자산^{子産}에 대해 말씀하셨다. "군자의 도 네 가지를 가졌다.

> 자산은 정^鄭나라의 대부 공손교^{公孫僑}이다.

자신의 몸가짐을 공손하게 하였고,

> 현명한 사람을 추천하고 능력 있는 사람에게 양보하며 자신의 능력을 자랑하지 않는 것이다.

윗사람을 섬길 때 공경하였으며,

> 임금의 일을 집행하면서 삼가고 게으르지 않는 것이다.

백성을 보살필 때 은혜로웠으며,

> 백성을 잘 살게 하고 보살필 때 혜택을 베풀어 은혜롭게 하는 것이다.

백성을 부릴 때 의롭게 하였다."

> 의로움에 따라 백성을 부리고 자신의 욕심을 따르지 않는 것이다.

○ 군자의 도는 영원히 세상에 통용될 수 있는 방도이다. 자신이 행동할 때 공손을 핵심으로 하고, 윗사람을 섬길 땐 공경을 중심으로 하고, 백성을 보살필 땐 은혜를 근본으로 하고, 백성을 부릴 땐 의義를 법도로 삼는다. 이 네 가지를 갖췄다면 온 세상을 다스릴 수 있을 터이니, 어찌 정鄭나라를 다스리는 데 그치겠는가. 자산子産은 춘추시대의 현명한 대부였지만 사람들은 그가 군자의 도를 갖췄는지 알지 못했다. 그러므로 공자가 그를 표창하고 드러내 보인 것이다.

○ 진사이는 논한다: 군자의 도라고 말하는 것과 성인의 도라고 말하는 것은 매우 다르다. 성인의 도는 최상의 경지를 가지고 말한 것이고, 군자의 도는 공평하고 올바른 중용으로 영원히 통용되는 법도를 가지고 말한 것이다. 『중용』에서 볼 수 있는 군자의 도를 설명한 모든 장이 그러하다. 다만 그 가운데 "군자의 도는 광범위하면서도 잘 보이지 않는다"(『중용』 제12장)고 한 장은 주석자가 고원하고 은미한 리理로 설명했는데* 지

---

* 주희의 주석을 가리켜 말한 것이다. 『중용』 제12장, "군자의 도는 광범위하면서도 잘 보이지 않는다"[君子之道費而隱]에 대해 주희는, "군자의 도는 가까이는 부부가 사는 방안에서부터 멀리는 성인과 천지도 다할 수 없는 것에까지 이르며 그 거대함은 바깥이 없고 그 작음은 안이 없으므로 광범위하다[費]고 할 수 있다. 하지만 그러한 이치의 소이연(所以然: 그렇게 되는 근본 이유)은 은

은이의 의도를 크게 잘못 본 것이다.

16. 子曰: "晏平仲善與人交, 久而敬之."

선생님께서 말씀하셨다. "안평중晏平仲은 사람과 잘 사귄다. 오래되어도 그 사람을 공경한다."

│ 안평중은 제齊나라의 대부로 이름이 영嬰이다.

○ 진력陳櫟이 말했다. "보통 사람들의 교제는 처음에는 공경하지만 오래 사귀면 희롱하게 되어 꼭 교제를 온전히 할 수 없게 된다. 오래 사귀어도 첫 마음을 바꾸지 않는 것이 사람과 잘 사귄다고 할 수 있는 것이다."

○ 진사이는 논한다: 중용은 온 세상에서 가장 하기 어려운 것이다. 가장 어렵다고 하는 이유는 온 세상에서 가장 행하기 어려운 일을 실행해서가 아니라, 바로 평소에 항상 행하기 어려운 일을 잘 실행하면서 처음부터 끝까지 변함없이 실행하는 데 있기 때문이라 하겠다. 그런 까닭에 "중용은 잘하기 어렵다"(『중용』 제8장)라고 하는 것이다. 이것을 안다면 안자晏子의 행동은 보통 사람이 미칠 수 없는 것임을 알 수 있다.

미하게 감춰져 볼 수가 없다. 알 수 있고 할 수 있는 것은 도의 한 가지 일일 뿐이다. 그 지극한 지점은 성인조차도 알 수 없고 할 수 없다"[君子之道, 近自夫婦居室之間, 遠而至於聖人天地之所不能盡, 其大無外, 其小無內, 可謂費矣. 然其理之所以然, 則隱而莫之見也, 蓋可知可能者, 道中之一事, 及其至而聖人不知不能]라고 하였다.

17. 子曰: "臧文仲居蔡, 山節藻梲, 何如其知也."

선생님께서 말씀하셨다. "장문중은 큰 거북을 간직할 집을 지으면서,

> 장문중臧文仲은 노魯나라의 대부 장손씨臧孫氏로, 이름은 신辰이다. 채蔡
> 는 큰 거북이다. 집을 지어 (점치는) 큰 거북을 간직해 둔 것을 말한다.

두공斗拱에는 산을 새겨 넣고 작은 기둥에는 무늬를 그렸으니 그게 어떻
게 지혜로운 것이겠느냐."

> 절節은 기둥머리의 두공(지붕 받침)이다. 조藻는 수초水草 이름이다. 절梲
> 은 대들보 위의 짧은 기둥이다. 두공에는 산을 새기고 작은 기둥에는
> 수초를 그려 넣은 것을 말한다. 주씨(주희)가 말했다. "당시에 장문중은
> 지혜롭다고 알려졌다. 공자는, 백성들이 옳은 일을 하도록 힘쓰지 않고
> 이처럼 귀신에게 아첨하며 모독하는 행동을 하는데 어떻게 지혜롭다
> 하겠느냐 말한 것이다."

○ 채청*이 말했다. "장문중이 큰 거북을 간직하고서 이처럼 숭배하고 귀
중하게 여겼던 것은 한 마음으로 귀신에게 의지해 복을 바라는 마음이
있었던 것이다. 이런 일을 중하게 여기면 꼭 다른 일은 가볍게 여기게 되
어, 사람의 도리로 할 일에 반드시 빼먹는 것이 있게 마련이니 이런 일이
어찌 지혜로운 사람이 할 행동이겠는가."

---

* 채청(蔡淸)은 명나라 때의 주자학자로 자는 개부(介夫), 호는 허재(虛齋)이다. 『주역』과 『중용』에
  밝았으며 『성리요해』(性理要解) 등의 저술이 있다.

18. 子張問曰: "令尹子文三仕爲令尹, 無喜色; 三已之, 無慍色. 舊令尹之政, 必以告新令尹. 何如?" 子曰: "忠矣." 曰: "仁矣乎?" 曰: "未知. 焉得仁." "崔子弑齊君, 陳文子有馬十乘, 棄而違之. 至於他邦則曰: 猶吾大夫崔子也. 違之; 之一邦則又曰: 猶吾大夫崔子也. 違之. 何如?" 子曰: "清矣." 曰: "仁矣乎?" 曰: "未知. 焉得仁."

자장이 물었다. "영윤 자문子文은 세 번이나 영윤 벼슬을 지냈지만 기뻐하는 기색이 없었고, 세 번 그만두었지만 섭섭해하는 기색이 없었습니다. 맡았던 영윤의 정사는 반드시 신임 영윤에게 알려 주었습니다. 이 사람은 어떻습니까?"

선생님께서 말씀하셨다. "충성스럽다."

"어집니까?"

"모르겠다. 어찌 어질다고 하겠느냐."

> 영윤은 관직명으로 초나라의 상경上卿(가장 높은 대신大臣)을 말하는데 정무政務를 관장한다. 자문子文은 성은 투鬪이고 이름은 누穀이며 자는 오도於菟이다. 자장은 자문이 자신을 잊고 나라에 충성했기 때문에 그가 어진 게 아닐까 의문이 들었다. 공자는 그의 행동이 지극한 진심과 동정심에서 꼭 나왔다고 할 수 없고 또 사람들에게 이익과 은택을 베푼 공적이 없었으므로 그가 충성스럽다고 인정했을 뿐 그가 어질다고 인정하지는 않았다.

"최자崔子가 제나라의 임금을 시해하자 진문자陳文子는 10승의 말을 가지고 있었으면서 다 버리고 떠났습니다. 다른 나라에 이르자, '우리나라의 최자와 같다' 하고는 그곳을 떠났습니다. 또 다른 나라에 가서는, '우리나라의 최자와 같다' 하고는 그곳을 떠났습니다. 이 사람은 어떻습니까?"

선생님께서 말씀하셨다. "깨끗하다."

"어집니까?"

"모르겠다. 어찌 어질다고 하겠느냐."

> 최자는 제나라의 대부로, 이름이 저杼다. 제나라 임금은 장공莊公으로 이름이 광光이다. 진문자 역시 제나라의 대부로, 이름이 수무須無다. 십 승十乘은 44필이다. 위違는 떠난다는 말이다. 자장은 문자文子의 행동거지가 정결하다고 생각해서, 그가 어진 게 아닐까 또 의문이 들었다. 공자는 진문자를 또한 영윤 자문에 비교할 수 있다고 생각했다. 그런 까닭에 또한 그가 깨끗하다고 인정했을 뿐 그가 어질다고 인정하지는 않았다.

○ 살펴본다: 『춘추좌씨전』(양공襄公 25년)에, 최저崔杼가 임금을 시해한 뒤로 문자文子가 자주 출현한다. 하지만 공자가 깨끗하다고 그를 인정한 것을 보면 『좌씨전』의 해설은 믿을 수가 없다.

○ "옛날의 임금은 사람을 차마 해치지 못하는 마음을 가졌다. 이에 사람을 차마 해치지 못하는 정치를 행하였다."(『맹자』「공손추 상」제6장) 그러므로 이를 '어진 정치'[仁政]라고 하였다. 어진 마음을 가졌고, 어질다는 소문이 있다 하더라도 백성들이 그 은택을 입지 못하면 '헛된 선행'[徒善]이라 한다. 어질다[仁]고 하기엔 부족하기 때문이다. 두 사람은 자애로운 정과 동정하는 마음의 덕이 이미 없는 데다 또 이익과 은혜가 멀리 사람들에게까지 미치는 것을 볼 수 없었다. 그러므로 공자는 모두 그들이 어

질다고 인정하지 않았던 것이다. 대개 덕에 따라 행동하는 것을 어질다하고 힘써 노력하는 것을 절節이 있다고 한다. 두 사람의 충성과 깨끗함은 절이 있다고 할 수는 있지만 어질다고 할 수는 없다. 어째서인가? 덕이 없기 때문이다. 어진 사람이 실행했다면 확실히 어질다고 할 수 있었을 것이다. 어찌 충성과 깨끗함에 그쳤겠는가.

19. 季文子三思而後行. 子聞之曰:"再斯可矣."

계문자季文子는 세 번 생각한 뒤에 실행했다. 선생님께서 이를 들으시고 말씀하셨다. "두 번이면 된다."

> 계문자는 노魯나라의 대부로 이름이 행보行父다. 매사에 꼭 세 번 생각
> 한 뒤에 실행했다. 공자가 "두 번이면 된다"고 한 말은 그가 꼭 세 번 생
> 각한 뒤에 실행하기로 정한 것을 비판한 것이지 두 번이면 이미 깊이
> 생각한 것이라고 말한 게 아니다.

○ 이 장은 계문자가 노나라의 재상이면서 정치를 행하는 핵심을 모른다고 비판한 것이다. 『서경』에, "생각할 때는 깊이 생각해야 하며[睿] 깊이 생각해야 성스럽게 될 수 있다"(「홍범」洪範)라고 하였다. 맹자는, "마음이 관장하는 것은 생각이니, 생각하면 인의仁義를 깨닫고, 생각하지 않으면 인의를 깨닫지 못한다"(「고자 하」 제6장)고 하였으니, 생각이 일을 하는 데 보탬이 되는 게 참으로 크다고 하겠다. 하지만 정치를 하는 데 명쾌하고 과감하게 결단하는 일보다 좋은 것은 없으며 우유부단한 태도보

다 나쁜 것은 없다. 그런 까닭에 공자는, "유由는 과감하구나, 정사를 펼치는 데 무슨 어려움이 있겠는가"(「옹야」 제6장)라고 말한 것이다. 일이란 천 가지 만 가지 갈래라 확실히 한 번 생각할 필요도 없이 결정할 게 있기도 하고, 혹 천만 번 생각해도 여전히 결정하기 어려운 것도 있다. 하지만 계문자는 매사를 꼭 세 번 생각한 뒤에 실행했으니 이는 단지 생각만 할 뿐 결단할 줄을 모르는 것이다. 공자는 이것을 비판했던 것이다.

20. 子曰: "甯武子邦有道則知, 邦無道則愚. 其知可及也, 其愚不可及也."

선생님께서 말씀하셨다. "영무자甯武子는 나라에 도가 있으면 지혜롭고, 나라에 도가 없으면 어리석다. 그의 지혜는 따라갈 수 있지만 그의 어리석음은 따라갈 수 없다."

> 영무자甯武子는 위衛나라의 대부로, 이름이 유兪다. 영무자는 위나라 성공成公을 섬겼는데 그의 행적이 『춘추좌씨전』에 보인다.

○ 이 장은 영무자甯武子의 처세술이 저절로 군자의 도에 부합한다는 점을 말했다. 사람들은 나라에 도가 있으면 지혜롭기가 어렵다는 것만을 알 뿐, 나라에 도가 없으면 어리석기가 더욱 어렵다는 점은 모른다. 나라에 도가 있으면 윗사람은 총명하고 아랫사람은 정직해서 시시비비에 꺼릴 것이 없다. 이런 때에는 지혜를 써서 일을 처리하기가 확실히 쉽다. 나라에 도가 없으면 윗사람은 멍청하고 아랫사람은 아부하느라 시비가 얽

혀 어지럽다. 이런 때에는 이미 도道를 꺾어 임금의 뜻에 영합하기를 바
랄 수 없고 또한 자신의 정직을 꿋꿋이 지키다가 화를 입지 않는 일은 더
욱 하기 어려운 것이다. 이것이 "그의 지혜는 따를 수 있으나, 그의 어리
석음은 따를 수 없다"고 한 까닭이다.

○ 노일성*이 말했다. "옛날의 호걸들은 자신의 능력을 잘 감추고 덮으면
서 큰일을 처리하였다. 유후留侯(장량張良)가 한韓나라를 위하고, 양공梁公
(적인걸狄仁傑)이 당唐나라를 위한 일과 같은 것은 모두 따를 수 없는 어리
석음이라 하겠다. 저 진번陳蕃 · 왕윤王允이 후한後漢을 위해 장렬하게 죽지
않은 것은 아니지만 영무자의 어리석음만은 실행할 수 없었다. 그런 까
닭에 자신만을 헛되이 죽었을 뿐 나라의 어지러움은 더 심하게 되었으
니 군자들이 비판하는 말을 남긴 것이다."

21. 子在陳曰: "歸與. 歸與. 吾黨之小子狂簡, 斐然成章, 不知所以裁
之."

선생님께서 진陳나라에 있을 때 말씀하셨다. "돌아가자, 돌아가자. 우리
문하의 젊은이들이 뜻은 크고 환하게 빛나지만 다듬을 방법을 모르는
구나."

┃ 우리 문하의 젊은이[吾黨小子]란 노나라에 있는 문하 사람들을 가리킨

---

* 노일성(盧一誠)은 북송 시대 학자 노은(盧訔)을 말한다. 자는 계흠(季欽), 호는 냉재(冷齋)로 『논어
해』(論語解) 등의 저술이 있다.

다. 뜻이 크다[狂簡]는 말은 뜻은 크고 일처리는 서투른 것이다. 비斐는 빛나는 모양이다. 성장成章은 훌륭한 모습을 성취해 볼만한 것이 있음을 말한다. 다듬다[裁]는 잘라 내 바르게 한다는 뜻으로, 의리義理를 잘 다듬어 행하도록 하는 것을 말한다.

○ 이 장은 공자의 가르침이 영원토록 세상에 크게 보탬이 되는 이유를 문인들이 기록한 것이다. 공자가 처음 온 세상을 두루 돌아다닐 때 도를 실천하려 하였지만 이때에 이르러 도가 끝내 실행되지 못할 것을 알았다. 그러므로 후학들에게 학문을 성취시키고 다가올 세대에게 도를 알려 주려 하였다. 하지만 중용中庸의 도에 행동이 부합하는 선비는 꼭 얻을 수는 없었고 문하의 젊은이들이 뜻은 크지만 일처리에 서툴러 함께 도를 향해 나아갈 수는 있어도 혹 정도正道을 넘어갈까 두려웠다. 이에 노나라로 돌아가 그들을 잘 다듬고자 한 것이다. 여기서 가르치는 법도가 비로소 성립한 것이다. 하·은·주 삼대의 성인聖人은 그 덕이 성대했지만 백성과 함께 다스리고 그 시대에 맞게 정치를 펼쳤기 때문에 그 교화가 영원히 후세에까지 크게 베풀어지지 않았다. 우리 공자에 이른 다음에야 가르치는 법도가 비로소 성립하고 도학道學(유학)이 비로소 밝아졌다. "해와 달이 하늘에 걸린 것"(『역경』이괘離卦의 단사象辭)과 마찬가지로 만세토록 떨어지지 않게 되었다. 아아, 얼마나 위대한 것인가. 이것은 공자에게는 불행이었지만 배우는 사람들에게는 영원토록 실로 대단한 행복이 아닐 수 없다.

22. 子曰: "伯夷叔齊不念舊惡, 怨是用希."

선생님께서 말씀하셨다. "백이伯夷·숙제叔齊는 옛 원한을 마음에 두지 않았다. 이 때문에 원망하는 일이 드물었다."

전하는 기록에 따르면 백이·숙제는 고죽군孤竹君의 두 왕자였다. 맹자는, "그들은 악인의 조정에 서지 않았고 악인과 이야기하지 않았으며 시골 사람과 같이 서 있다가 그 사람의 관이 바르지 않으면 미련 없이 돌아보지 않고 떠나 마치 자신이 더럽혀질 것처럼 여겼다"(「공손추 상」제9장)라고 말하였다. 그들이 이와 같이 개결介潔(지조가 굳세고 고결함)하므로 의당 용납하는 것이 하나도 없는 것처럼 보인다. 하지만 자신들이 미워하는 사람이 자기 잘못을 고치면 바로 이전 태도를 그만두었다. 그러므로 그 사람 역시 백이·숙제를 원망하지 않았다.

○ 이 장은 백이·숙제의 어짊[仁]을 밝힌 것이다. 은밀한 것을 분명히 드러내고 감추어진 것을 펼쳐 보여 주는 뜻이 있다. 깨끗한 사람의 마음은 내심 옛 원한을 깊이 품었다가 사람과 관계를 끊어 버리는 데까지 이른다. 깨끗한 사람이면서도 옛 원한을 마음에 품고 있지 않다면 어진 사람이 아니고서는 그렇게 할 수 없다. 백이·숙제와 같은 행동은 자연히 성인이 말한, "사람이 깨끗하게 해서 진전하게 되면 깨끗하게 된 것을 인정해야지, 그의 과거를 붙들고 늘어져서는 안 된다"(「술이」제28장)는 마음에 부합한다. 공자가 "이 때문에 원망하는 일이 드물었다"고 한 말은 그들의 어짊[仁]을 칭찬한 것이다. 맹자 또한 백이·이윤伊尹·유하혜柳下惠에 대해 논하면서, "세 사람은 도는 같지 않았지만 지향점은 하나였다. 하나

란 무엇인가. 인仁이다"(「고자 하」 제6장)라고 말하였다. 두 발언은 백이·숙제를 서로 잘 설명하고 있다.

23. 子曰: "孰謂微生高直. 或乞醯焉, 乞諸鄰而與之."

선생님께서 말씀하셨다. "누가 미생고微生高가 정직하다고 하느냐.

  | 미생微生이 성이고 고高는 이름이다. 노나라 사람으로 평소 정직하다는 명망이 있었다.

어떤 사람이 식초를 빌리러 갔더니 이웃집에서 빌려다 주었다."

  | 혜醯는 식초다. 다른 사람이 와서 빌리려 할 때 집에 식초가 없었다. 해서 이웃집에서 빌려다 자기가 두었던 것으로 하고 그에게 주었다. 때문에 공자는 그가 정직할 수 없다고 비판한 것이다.

○ 사람이 물건을 빌리러 왔을 때 있으면 빌려 주는 게 당연하고 없으면 사양하는 게 당연하다. 재삼 빌려 달라면서 그만두지 않으면 사방 사람들에게서 빌려 주어도 또 어떻게 옳지 않다 하겠는가. 그런데 미생고는 사람이 식초를 빌리러 왔을 때 자기 집에 식초가 없어 이웃에서 빌려 왔으면서도 자기 것이라고 하면서 주었다. 매우 정직하지 못한 일이다. 성인은 세상에서 명예를 낚고 미덕을 훔치면서 거만하게 자신이 고상하다고 생각하는 인간을 가장 미워하였다. 미생고 같은 인간이 이런 사람이다. 미생고가 자신의 뜻을 굽히고 세상 평판에 따르는 행동은 그 일이 작

아 보이지만 그와 함께 군자의 도에 들어갈 수 없다. 공자가 미생고의 정직하지 못한 행동을 비판한 것은 또한 향원鄕原(군자처럼 보이는 시골의 위선자)이 덕을 어지럽히는 것(「양화」제12장)을 미워하는 뜻이기도 하다.

24. 子曰: "巧言令色足恭, 左丘明恥之, 丘亦恥之; 匿怨而友其人, 左丘明恥之, 丘亦恥之."

선생님께서 말씀하셨다. "말을 교묘하게 하고 낯빛을 잘 꾸미며 공경을 지나치게 하는 행동은 좌구명이 부끄러워하였고 나 역시 부끄러워한다. 원망을 숨기고 그 사람과 사귀는 행동은 좌구명이 부끄러워하였고 나 역시 부끄러워한다."

주씨가 말했다. "주足는 지나치다는 말이다." 정자程子가 말했다. "좌구명은 옛날에 유명한 사람이다." 좌구명이 부끄러워하는 것이 성인(공자)의 마음에 깊이 부합하는 바가 있었다. 때문에 "나 역시 부끄러워한다"라고 말했다. "남몰래 나의 노팽老彭에 비교해 본다"(「술이」제1장)는 뜻과 같은 말이기도 하다.

○ 이 장은 앞 장의 뜻을 이어 비슷한 종류를 기록한 것이다. 겉모습 꾸미기에 힘쓰고 속에는 실제 참됨이 없는 사람은 성인이 깊이 미워하는 자이다. 좌구명이 부끄러워하는 것 같은 행동은 실제 모두가 의도에 사사로운 마음을 가지고 올바른 도를 따르지 않는 행태들이어서 배우는 사람에겐 담을 뚫거나 담을 넘는 도둑보다 해가 심한 것이었다. 그런 까

닭에 성인이 경계한 것이다.

25. 顔淵季路侍. 子曰: "盍各言爾志." 子路曰: "願車馬衣輕裘, 與朋友
共, 敝之而無憾." 顔淵曰: "願無伐善, 無施勞." 子路曰: "願聞子之志."
子曰: "老者安之, 朋友信之, 少者懷之."

안연顔淵과 계로季路가 선생님을 모시고 있었다. 선생님께서 말씀하셨다.
"어이해서 각자 자신의 뜻을 말하지 않느냐."

┃ 합盍은 '어찌해서 …… 하지 않는가'라는 말이다.

자로가 말했다. "수레와 말을 타고 가벼운 가죽옷 입기를 벗들과 함께 하
다가 해지더라도 원망하지 않기를 바랍니다."

┃ 의衣는 '입다'이다.

안연이 말했다. "남의 선행을 헐뜯지 않고 남에게 수고로운 일을 시키지
않길 바랍니다."

┃ 벌伐은 "뜻이 맞는 사람은 자기 편으로 하고 다른 사람은 헐뜯는다"[黨
同伐異]라고 할 때의 '헐뜯는다'는 말과 같은 뜻이다. 무벌선無伐善은 다
른 사람의 선善을 헐뜯거나 해치지 않는다는 말이다. 노勞는 수고로운
일이다. 수고로운 일은 자기가 바라는 바가 아니다. 그러므로 또한 이
일을 남에게 시키고 싶지 않다는 말이다.

자로가 말했다. "선생님의 뜻을 듣고 싶습니다."

선생님께서 말씀하셨다. "늙은이들은 편안하게 해주고, 벗들에게는 믿음을 주고, 어린 사람들은 품어 주고 싶다."

늙은이는 의지가 약하다. 그러므로 그들의 마음을 편안히 해주고 근심과 걱정이 없도록 하는 것이다. 벗들은 헤어지기가 쉽다. 그러므로 신뢰를 굳건하게 지켜 멀리 떨어지지 않게 하는 것이다. 어린 사람들은 윗사람을 두려워한다. 그러므로 그들을 가까이 품어 주어 돌아와 기댈 수 있도록 하는 것이다.

○ 성인의 문하에서 공부하는 사람들은 성실하고 단정해서, 말은 바로 행동으로 실행되고 행동은 바로 말로 할 수 있는 것이었다. 직접 행동하면서 행동이 다하지 못하는 일이 있으면 감히 스스로를 가볍게 인정하지 않았다. 여러 제자들이 자신의 뜻을 말한 것 같은 일이 이것이다. 자로는 벗과 관계를 돈독하게 하고 싶어 터럭만큼도 인색한 마음이 없었다. 안자는 다른 사람의 선을 완성시켜 주고 수고로운 일을 시키고 싶어 하지 않았다. 공자의 경우, 자신과 접촉하는 모든 사람들이 각자 자신의 자리에 있도록 하고 싶었다. 자로와 같은 말은 참으로 선하다고 하겠다. 하지만 단지 다른 사람과 함께 쓰겠다는 뜻이 있을 뿐 다른 사람에게 혜택을 주는 공적까지는 볼 수 없다. 안연의 말은 참으로 사람에게 혜택을 주는 공적이 있다. 하지만 사람들이 각자 자신의 자리에 있는 오묘함까지는 볼 수 없다. 공자의 경우, 천지天地와 같아서 근본이 되는 한 기운이 위에서 움직여 한 사물도 자신의 자리에 있지 않은 게 없으니 사물 하나하나가 힘을 쓴 다음에야 편안해질 필요가 없다. 자로는 의義이고 안연은

인仁이며 공자는 천지의 조화造化라고 하겠다. 사람이 천지 가운데 살고 있으면서 모른 채 살고 있는 천지의 위대함과 같다. 참으로 위대하다.

26. 子曰 : "已矣乎. 吾未見能見其過, 而内自訟者也."

선생님께서 말씀하셨다. "그만두자. 나는 자기 잘못을 알면서 속으로 자책하는 사람을 아직 보지 못했다."

> 주씨가 말했다. "그만두자[已矣乎]는 말은 끝내 볼 수 없어 탄식하는 말이다. 내자송內自訟은 입으로 말하지 않고 마음으로 자책하고 비판하는 것이다."

○ 사람들은 잘못을 저지르면 고치기를 꺼려하고 꼭 핑계를 댄다. 자신의 잘못을 보고 속으로 자책하기를, 마치 소송을 하는 사람이 반드시 남의 잘못을 들추어내어 조금도 사정을 봐주지 않는 듯이 한다면, 그 깊고 간절한 후회가 터럭 하나도 남김이 없을 터이니 진실로 배우기를 좋아하는 사람이 아니라면 어떻게 이렇게 할 수 있겠는가. 공자가 끝내 볼 수 없다고 탄식하였으니 온 세상에 배우기를 좋아하는 사람이 없지는 않으나 진실로 배우기를 좋아하는 사람은 매우 드물다는 것을 알 수 있다. "자로는 사람들이 잘못이 있다고 말해 주면 기뻐하였다."(『맹자』「공손추 상」제8장) 자로를 백세百世의 스승이라고 한 것은 당연한 일이다.

27. 子曰：“十室之邑，必有忠信如丘者焉，不如丘之好學也.”

선생님께서 말씀하셨다. “열 가구가 사는 마을에 나처럼 진실되고 믿음 직스런 사람은 꼭 있겠지만 나처럼 배우기를 좋아하는 사람은 없을 것이다.”

| “열 가구가 사는 마을”은 작은 마을을 말한다. 아름다운 자질을 가진 사람이야 어딜 가든 없지는 않지만 배우기를 좋아하는 사람의 경우, 이런 사람은 온 세상에 드물다는 것을 말한 것이다.

○ 이 장은 훌륭한 자질을 가진 사람은 찾기 쉬워도 배우기를 좋아하는 사람은 찾기가 매우 어려움을 탄식한 것이다. 학문의 극치는 작은 것을 쌓아 큰 것을 이루고, 옛것을 변화시켜 새것을 만들며, 천 년 후에 태어나 천 년 전의 일을 시비할 수 있으며, 칠척의 작은 몸으로 천지와 함께 서서 셋이 될 수 있다(천·지·인 삼재三才)는 것이다. 그러므로 배우기를 좋아하는 일의 이익은 헤아릴 수 없는 것이다. 공자는 태어나면서 이치를 안 성인인데도 거듭 “배우기를 좋아한다”고 말했다. 도道는 무궁한 것이기에 배움 역시 무궁한 것이다. 그런 까닭에 성인에게는 성인의 공부가 있고 현인에게는 현인의 공부가 있으며 배우는 사람에겐 배우는 사람의 공부가 있다. 도에 깊이 나아갈수록 배우기를 좋아하는 마음이 더욱 돈독해진다. 공자만이 배우기를 좋아할 수 있었으니 공자가 여러 다른 성인보다 훨씬 탁월함을 더욱 잘 알겠다.

○ 진사이는 논한다: 옛 주(주희의 『집주』)에 “(아름다운 자질은 얻기 쉽지만) 완전한 도는 듣기 어렵다”는 해설이 있다. 또한 “하루아침에 크게 깨

달는다"(주회의 『대학장구』大學章句 제5장)는 뜻도 있다. 성인 문하의 공부는 도덕을 근본으로 하고 인간의 윤리와 일상생활의 쓰임을 떠나지 않는다. 그러므로 수행의 진전을 체험할 수는 있어도 깨달음을 기약할 수는 없다. 후세에는 오로지 리理를 위주로 하고 하루아침에 탁 트이는 깨달음을 목적으로 한다. 여기서 실제의 덕은 더욱 병이 들어 성인 문하의 취지와 날로 더욱 멀어지게 되었다. 배우는 사람들은 마땅히 거울로 삼아야 할 것이다.

옹야(雍也)

모두 28장이다.

1. 子曰:"雍也可使南面."仲弓問子桑伯子. 子曰:"可也. 簡."仲弓曰:
"居敬而行簡, 以臨其民, 不亦可乎. 居簡而行簡, 無乃大簡乎."子曰:
"雍之言然."

선생님께서 말씀하셨다. "옹雍은 남쪽을 향해 앉도록 할 수 있다."

> 남면南面은 임금이 백성을 굽어보는 것을 말한다. 중궁仲弓의 덕성스러
> 움이 공경하고 신중하며 번잡하지 않아 임금이 되도록 할 수 있겠다는
> 말이다.

중궁이 자상백자子桑伯子에 대해 물었다. 선생님께서 대답하셨다. "괜찮
다. 간소하지."

이 부분은 문인門人들이 중궁이 백자伯子에 대해 논한 말을 통해 중궁이 임금이 될 수 있다고 한 말의 실제를 충분히 보여 줄 수 있다고 생각하였다. 그러므로 이 이야기를 인용해 공자의 말을 실증한 것이다. 백자는 어떤 사람인지 자세하지 않다. 덕이 있으면서 일은 간략하게 처리한 사람으로 보인다. 괜찮다[可也]는 말은 인정하는 말이다. 간소하다[簡]는 요약한다는 말로, 간소하면 핵심을 터득한다. 이것이 공자가 그를 인정한 까닭이다.

중궁이 말하였다. "생활하는 것은 경敬으로 하고 행동하는 것은 간소[簡]하게 하면서 백성들에게 임하는 것도 역시 좋지 않을까요. 생활하는 것도 간소하게 하고 행동하는 것도 간소하게 하는 것은 너무 간소한 게 아닐까요."

선생님께서 말씀하셨다. "옹의 말이 맞다."

백성에게 임하는 방도는 생활하는 것을 경敬으로 유지하면 일이 제대로 실행된다. 때문에 백성들이 소홀하게 행동하지 않는다. 행동하는 것을 간소하게 하면 핵심을 터득한다. 때문에 정치가 쉽게 행해진다. 공자가 인정한 이유가 이것이다. 이미 간소한 태도를 유지하며 사는데 행동 역시 간소하다면 위아래가 서로 소홀하게 행동해서 일을 하는 데 계통이 없을 것이다. 어찌 지나치게 간소한 데서 생긴 잘못이 아니겠는가. 그런 까닭에 공자가 중궁의 말을 옳다고 한 것이다.

○ 남보다 높은 지위에 있는 사람은 뭇사람들이 믿고 기댄다. 그러므로 일을 공경스럽게 하는 것을 중심으로 삼는다. 정치의 권세를 잡은 사람

은 자질구레한 일에 얽매이기 쉽다. 그러므로 쉽고 간소한 것을 요체로 삼는 것이다. 경건한 태도를 유지하면서 행동이 간소하면 백성들은 본받는 것이 있고 정치도 핵심을 터득한다. 공자가 인정한 것도 당연하다.

2. 哀公問 : "弟子孰爲好學?" 孔子對曰 : "有顔回者, 好學, 不遷怒, 不貳過. 不幸短命死矣, 今也則亡, 未聞好學者也."

애공이 물었다. "제자 가운데 누가 배우기를 좋아합니까?"

공자가 대답했다. "안회라는 제자가 있었는데 배우기를 좋아하고, 다른 사람에게 화풀이를 하지 않고, 같은 잘못을 되풀이하지 않았습니다. 불행히 단명했습니다. 지금 그런 이는 없고 배우기를 좋아한다는 사람은 듣지 못했습니다."

천遷은 옮긴다는 말이다. 그의 마음이 관대하고 공평하기 때문에 화를 내야 할 일엔 화를 내지만 또한 다른 사람에게 화풀이를 하지 않았다는 말이다. 이貳는 자전字典에 '덧붙이다', '거듭하다'라고 풀이하는데 모두 물건을 증가시킨다는 의미이다. 그의 지혜가 밝고 뛰어났기 때문에 한번 고치면 다시는 같은 행동을 하지 않았다. 이것으로 안자顔子가 배우기를 좋아하는 일에 얼마나 돈독한지 알 수 있다. 단명短命은 안자가 32세에 세상을 떠난 것을 말한다. 지금 그런 사람은 없다고 말한 다음 다른 사람 가운데 진실로 배우기를 좋아하는 사람이 있다고 아직 듣지 못했다고 또 말한 것은 거듭 안타까워한 것이다.

○ 이 장은 문하의 제자 가운데 오직 안자만이 배우기를 좋아한다고 말하고, 그의 행동을 거론해 배우기 좋아하는 모습을 실증한 것이다. 안자가 오로지 덕행을 공부로 삼아 다른 사람이 문학에 힘쓰는 것과는 자연히 달랐음을 알 수 있다. 하지만 이런 일은 안자에게 있어서는 작은 일일 뿐이다. "안자의 마음은 세 달 동안 인仁을 어기지 않았으니"(「옹야」 제5장) 다른 사람에게 화풀이를 하지 않았다는 것은 말할 것도 없다. 선을 한 가지 터득하면 부지런히 마음에 두고 잊지 않았으니 같은 잘못을 되풀이하지 않았다는 것 또한 얘기할 것도 없다. 공자가 애공에게 대답한 말이었기 때문에 작은 선행을 대략 들어 알려 준 것으로 이는 본래 안자가 가진 덕의 극치가 아니다.

○ 진사이는 논한다: 정자程子가 말했다. "안자의 분노는 외부 사물에 있는 것이지 자신에게 있는 것이 아니기 때문에 다른 이에게 화풀이를 하지 않았다." 정자가 또 말했다. "순임금이 네 악인(공공共工·환두驩兜·삼묘三苗·곤鯀)을 처벌한 일 같은 것은 분노가 네 악인에게 있었으니, 순임금이 여기에 무슨 상관이 있겠는가. 이 사람들에게 성낼 만한 일이 있었기 때문에 성냈던 것이다. 성인의 마음에는 본래 분노가 없다." 정자의 이 말은 노장의 허무虛無로 흘러가 버리고 말아 성인의 마음을 논한 근거는 아니라고 하겠다.

　기쁨과 분노는 사람 마음의 작용이다. 성인이라도 보통 사람과 다름이 없다. 다만 뭇사람들의 기쁨과 분노는 한 몸의 사사로움에서 빚어져 생겨나고, 성인의 기쁨과 분노는 인의仁義에서 비롯돼 나온다. 자신에게 있다거나, 외부 사물에 있다고 말할 수 있는 게 아닌 것이다. 네 악인이 조정에 있을 때 현자를 가로막고 백성들에게 해를 끼쳐 보통 사람조차 분노할 지경이었으니 성인은 매우 심하게 분노한 것이다. 때문에 그들을 처벌하긴 했어도 오히려 분노가 남아 있었던 것은 당연하다. 이것이 성인이 성인되는 까닭이다. 성인은 사람을 깊이 사랑한다. 그러므로 미워하는 것 또한 아주 심한 것이다. 어떻게 외부 사물에게 있지 자신에게는 있지 않다고 말할 수 있겠는가. 또 즐거움을 옮기는 일도 분노를 옮기는 일과 같은 것이다. 그런데 공자는 왜 "남에게 화풀이를 하지 않았다"고만 말했을까. 분노는 덕을 거스르고 남에게 옮기기 쉬운데 안자는 그렇게 하지 않았다. 공자가 안자를 칭찬한 이유인 것이다. "마음을 올바르게 한다"[正心]는 주희의 설*은 성인의 뜻이 아니며 성인의 가르침은 오로지 인을 으뜸으로 할 뿐임을 알 수 있다.

3. 子華使於齊, 冉子爲其母請粟. 子曰: "與之釜." 請益. 曰: "與之庾." 冉子與之粟五秉. 子曰: "赤之適齊也, 乘肥馬, 衣輕裘. 吾聞之也, 君子周急, 不繼富." 原思爲之宰, 與之粟九百, 辭. 子曰: "毋. 以與爾鄰里鄉黨乎."

자화子華가 제齊나라로 사신을 가게 되자 염자冉子가 그의 어머니를 위해 식량을 요청하였다. 선생님께서 말씀하셨다. "그에게 1부釜를 주어라."

│ 자화는 공서적公西赤이다. 사신 간다는 말은 공자를 위해 사신으로 간다

---

* 『대학』 제7장, "수신(修身)은 먼저 마음을 바르게 한다"는 경문에 대한 주희의 주를 말한다. 그 주는, 마음은 외부의 영향으로 희노애락의 감정이 생겨 마음 본래의 올바름을 잃는다고 보고 외부 자극에 영향을 받지 않는 마음의 상태[正心]를 추구해야 한다고 했다.

는 말이다. 부釜는 6말 4되이다.

더 달라고 요청하자 말씀하셨다. "그에게 1유庾를 주어라." 염자가 그에
게 속미*5병秉을 주었다.

| 16말을 유庾라고 한다. 10유庾를 1병秉이라 한다.

선생님께서 말씀하셨다. "적赤이 제나라에 갈 때는 살진 말을 타고 가벼
운 가죽옷을 입었더구나. 나는 군자는 궁핍한 사람을 도와주지, 부자에
게 보태 주지 않는다고 들었다."

| 살진 말과 가벼운 가죽옷은 그의 부유함을 말한다. 급急은 궁핍한 것을
말한다. 주周는 부족한 것을 도와주는 것을 말한다. 계繼는 여유 있는 사
람에게 더해 주는 것이다.

원사가 공자의 가신이 되어, 그에게 속미900을 주었으나 원사가 사양하
였다.

| 원사原思는 공자의 제자로 이름이 헌憲이다. 공자가 노나라의 사구司寇
(법률담당 관리)가 되었는데, 이때 원사를 자신의 가신으로 삼았다. 900
은 양을 표시하는 말이 없는데 어떤 사람은 900말이라고 한다.

선생님께서 말씀하셨다. "사양하지 마라. 이것을 네 이웃과 마을 사람들

---

* 속미(粟米)의 속(粟)은 볏의 낟알을 말한다. 껍질을 벗기지 않은 것을 속이라 하고 껍질을 벗긴 것
을 미(米)라 한다. 여기서는 대미(大米; 쌀)를 말하는 것이 아니라 소미(小米; 좁쌀)를 가리킨다.

에게 주도록 해라."

| 무毋는 금지하는 말이다. 5가구를 인鄰이라 하고 25가구를 리里라 하며
12,500가구를 향鄕이라 하고 500가구를 당黨이라 한다. 통상적인 녹봉
은 사양하지 않아야 하며 남는 것이 있거든 스스로 잘 나눠서 인리향당
鄰里鄕黨의 가난한 사람들을 도와주어도 된다는 말이다.

○ 이 장은 문인門人이 자화와 원사 두 사람의 일을 나란히 기록해, 성인
의 오묘한 일처리가 비록 한 번 주고받는 일에서도 자연히 도가 보존되
는 방도가 있음을 보여 준 것이다. 자화는 집안이 부유하므로 공자를 위
해 사신으로 가는 일은 확실히 자신의 직분을 실행하는 것이었다. 염자
가 그 뜻을 이해하지 못하고 자기 뜻대로 그에게 속미를 주었다. 그러므
로 공자는 그에게 군자는 다급한 사람을 도와주는 도리는 있어도 부유
한 사람에게 더해 주는 의義란 없는 것이라고 일러 주었다. 원사가 가신
의 봉록을 거절한 일의 경우는, 또 그에게 통상적인 봉록은 사양해서는
안 되며 남는 것이 있거든 이웃과 마을 사람에게 주어도 좋다고 일러 주
었다. 요청한 사람에게는 주지 않고 사양한 사람에게는 주었으니 하나는
주고 하나는 주지 않은 일이 모두 도에 합당하지 않은 것이 없었다. 성인
은 일을 처리하면서 "때에 맞게 알맞게 행하는 합당함"[時措之宜](『중용』
제25장)은 있어도 일정한 법은 없었음을 이런 예에서 알 수 있다.

4. 子謂仲弓曰: "犁牛之子, 騂且角, 雖欲勿用, 山川其舍諸."

선생님이 중궁仲弓에 대해 말씀하셨다. "얼룩소의 새끼가 붉은색에다 뿔이 크고 곧다면 쓰지 않으려 해도 산천의 신령이 내버려 두겠느냐."

리犁는 얼룩무늬다. 성騂은 붉은색이다. 주나라 사람들은 붉은색을 숭상해 희생물로 붉은색 소를 썼다. 각角은 뿔이 크고 곧은 모양이라 희생물에 딱 들어맞는 것을 말한다. 주씨가 말했다. "쓴다는 말은 희생물로 써서 제사 지낸다는 말이다. 산천山川은 산천의 신을 말한다. 사람이 비록 쓰지 않더라도 신은 결코 버려두지 않는다는 말이다. 중궁의 아버지는 신분이 천한 데다 악한 행동을 하였다. 그러므로 공자는 이렇게 비유해 아버지가 악하다고 해서 그 자식의 선함까지 없애서는 안 되니, 중궁처럼 현명한 사람은 저절로 세상에 쓰일 수밖에 없을 것이라고 말한 것이다."

○ 이 장은 공자가 중궁의 현명함을 말하면서 아버지의 악행이 그 자식의 현명함에 전혀 해가 되지 않음을 말한 것이다. 범씨(범조우)가 말했다. "고수瞽叟를 아버지로 두고서도 순임금이 존재했고, 곤鯀을 아버지로 두고서도 우임금이 존재했다. 옛날의 성인과 현인들은 세대가 이어지는 것과 무관하니 이런 종류의 일은 역사가 오래되었다. 자식이 아버지의 잘못을 고쳐 악을 변화시켜 선으로 만들 수 있다면 효孝라고 할 수 있는 것이다."

○ 공자는 악명 높은 호향互鄕의 어린이를 만나 본 적이 있고(「술이」 제28장) 또 얼룩소의 새끼(중궁)를 거두었다. 호향의 풍속이 나쁘다고 해서 그의 재능을 버리지 않았고 그 아버지가 추악하다고 해서 그 자식의 미덕을 포기하지 않은 것이다. 참으로 천지의 마음과 같다고 하겠다. 문인

이 이를 기록해 공자가 사람을 선택하는 데 일정한 방법이 없음을 보여준 것이다.

5. 子曰: "回也其心三月不違仁, 其餘則日月至焉而已矣."

선생님께서 말씀하셨다. "안회는 그 마음이 세 달 동안 인仁을 어기지 않았고 그 나머지는 하루나 한 달이면 자연히 완성되었다."

| 세 달은 시간이 오래 유지됐음을 말한다. 그 나머지란 문학과 정사政事
같은 종류를 가리켜 말한 것이다. 인仁 이외의 나머지는 볼 것이 없을
뿐이라는 뜻과 같다. 일월지日月至는 하루나 한 달이 지나면 자연히 완
성됐다는 말이다.

○ 이 장은 안자의 마음이 저절로 인仁에 합치할 수 있음을 찬미하면서
인을 실행하는 일이 세상에서 가장 어려운 것임을 말했다. 안자의 마음
만이 인에 부합할 수 있었고 세 달이라는 긴 시간 동안 또한 자연스레 인
을 어기지 않았다. 그 밖의 문학과 정사 같은 종류는 그가 힘쓰지 않더라
도 하루나 한 달이 지나면 자연히 이루어졌을 뿐이니 어찌 현자賢者가 아
니겠는가. 당시 현명한 사대부와 문인門人 제자 가운데 인하다고 인정한
사람이 없었는데 오직 안자만을 이와 같이 칭찬하였으니 안자는 위대한
인물이었다.
○ 진사이는 논한다: 사람과 도道의 관계는, (도가 사람에게) 원 그리는
기구·곱자·수준기·먹줄[規矩準繩](모두 규범을 말한다)과 같은 것이다.

그런 까닭에 옛날의 성인들은 온 세상과 후세의 사람들에게 이 도를 따라 행동하도록 하였다. 그러므로 "도道로 몸을 수양한다"(『중용』 제20장)고 하였고, 또 "(군자는) 인仁으로 마음을 보존하고, 예로 마음을 보존한다"(『맹자』 「이루 하」 제28장)고 하였다. 타고난 자질이 아름다운 사람은 마음이 인仁과 어긋나지 않는다. 안자는 그 마음이 세 달 동안 인을 어기지 않았다고 하는 예가 바로 그러하다. 이것이 극치에 이르게 되면 마음이 인과 일체가 되어 둘로 나뉘지 않게 된다. 공자가, "마음이 하고 싶은 대로 따라 해도 법도를 넘지 않았다"(「위정」 제4장)는 예가 바로 그러하다. 세상이 타락하고 도가 쇠약해지면서 사람들이 난폭한 행동과 자포자기를 편안히 여기며 인仁을 따라 행동하려고 하지 않는다. 그런 까닭에 맹자는 인을 가져와 가까이 있다고 하며, "인은 사람의 마음이다"(「고자 상」 제11장)라고 말하였다. 인의 근본은 자신에게 있지 밖에서 구할 필요가 없음을 밝힌 것이다. 후세에 이르러 도道 찾기가 너무 고원해져서, 마음과 인의 관계는 깨끗한 거울에 빛이 나는 것과 같다고 말하는 지경까지 되었다. 만약 이 말대로 한다면 마음이 어두워지고 밝아지는 것에 대해서는 설명할 수 있지만 마음이 인과 합치되고 합치되지 않는 체험에 대해선 말할 수 없다. 공자가 안자를 말할 때 "그 마음이 세 달 동안 어둡지 않았다"라고 말하지 않고 "그 마음이 세 달 동안 인을 어기지 않았다"고 말한 것은 어째서인가? 비유로 설명해 보자. 마음은 땔감이고 인은 불이다. 땔감은 불이 붙어야 자기의 쓰임새대로 되는 것이고, 불은 땔감을 통해 자기의 성질을 보여 준다. 하지만 땔감에는 잘 탈 수 있는 게 있고 젖어서 타기 어려운 것이 있기는 하지만 온 세상의 땔감은 불에 타지 않는 것이 없다. 이는 그 본성에 비록 같지 않은 게 있더라도 모두 선을 실행할 수 있다는 점에서는 똑같다. 맹자가 본성은 선하다고 한 말이 이것이다. 그러므로 안자가 세 달 동안 인仁을 어기지 않은 행동은 잘 말라서 쉽게 타는 땔감이며, 세상에 완고하고 어리석어 불인不仁한 사람은 물에 젖어 불타기 어려운 땔감이라 하겠다. 이런 관점에서 분석해 보면 인仁이며 심心이며 성性은 그 구별이 분명해서 분석할 필요가 없는 것이다.

6. 季康子問 : "仲由可使從政也與?" 子曰 : "由也果, 於從政乎何有." 曰 : "賜也可使從政也與?" 曰 : "賜也達, 於從政乎何有." 曰 : "求也可使從政也與?" 曰 : "求也藝, 於從政乎何有."

계강자季康子가 물었다. "중유仲由는 정사에 종사하도록 할 수 있겠습니까?"

선생님께서 말씀하셨다. "유는 결단력이 있습니다. 정사에 종사하는 데 무슨 어려움이 있겠습니까."

┃ 정사에 종사한다[從政]는 말은 대부가 되는 것을 말한다. 과감[果]은 결
┃ 단력이 있는 것이다.

"사賜는 정사에 종사하도록 할 수 있겠습니까?"

"사는 사리에 통달했습니다. 정사에 종사하는 데 무슨 어려움이 있겠습니까."

┃ 통달[達]은 영리하고 잘 깨치며 사리에 통달한 것이다.

"구求는 정사에 종사하도록 할 수 있겠습니까?"

"구는 재능이 많습니다. 정사에 종사하는 데 무슨 어려움이 있겠습니까."

| 예藝는 재능이 많은 것을 말한다.

○ 이 장은 정사에 종사하는 일에는 각자 자신의 재능이 있으므로 한 가지라고 제한을 두어서는 안 된다는 것을 말한 것이다. 결단력이 있으면 의심스런 일을 판결해 일을 결정할 수 있고, 사리에 통달하면 복잡한 일을 조리 있게 정리하고 힘든 일을 잘 처리할 수 있고, 재능이 많으면 임기응변에 능할 수 있다. 그러므로 모두 정사에 종사할 수 있다.

○ 정자가 말했다. "계강자가 자로·자공·염유 세 제자의 재주가 정사에 종사할 수 있는지 물었다. 공자는 각자가 가진 장점을 가지고 대답하였다. 세 제자뿐만이 아니다. 사람은 각자 장점을 가졌으므로 그 장점을 취한다면 모두 쓸 수 있는 것이다."

7. 季氏使閔子騫爲費宰. 閔子騫曰 : "善爲我辭焉. 如有復我者, 則吾必在汶上矣."

계씨가 민자건閔子騫을 비읍費邑의 읍재로 삼으려고 하였다.

| 민자건은 공자의 제자로 이름이 손損이다. 비費는 계씨의 읍 이름이다. 그 읍이 수차례 반란을 일으켜 다스리기가 어려웠기 때문에 민자건을 불러와 쓰려고 한 것이다.

민자건이 말했다. "저를 위해 사양한다는 말을 잘 전해 주십시오. 다시 나를 찾아온다면 나는 반드시 문수汶水가에 있을 것입니다."

> 문汶은 강 이름으로 제나라의 남쪽, 노나라의 북쪽 국경에 있다. 민자閔子는 계씨의 악행을 교화할 수 없을 것임을 스스로 알고 있었다. 그러므로 사자使者를 대할 때 완곡하게 자신의 뜻을 밝히면서 그 초청을 중지하도록 하였다. 만약 자신을 부르러 다시 온다면 당연히 제나라로 떠나갈 것이라는 말이다.

○ 사람이 온순하면 결단력이 부족하고 강직하면 관대하지 못한 것은 예로부터 지금까지 늘 보는 병이다. 그리고 민자건의 사람됨은 온순하고 말수가 적어 남과 어긋나지 않았으므로 강직하고 과감하게 결단하는 기상이 없을 것이라고 의심할 만도 하다. 하지만 그가 사자에게 한 말을 보면 말이 확고하고 뜻이 곧아 의연한 모습을 범할 수 없다. 인仁이 무르익고 의義에 정통하며 용기 있고 정직한 사람이 아니라면 이럴 수가 없다. 공자의 여러 제자들이 놀라며 민자건의 경지에 도달할 수 없다고 생각해 마침내 이를 기록해 배우는 자들의 모범으로 삼은 것이다.

○ 진사이는 논한다: 앞 시대의 유학자(정자程子)가 말했다. "공자의 문하에서 대부의 집안에 벼슬을 맡지 않을 수 있는 사람은 민자閔子·증자曾子 몇 사람뿐이었다." 이는 틀린 말이다. 임금과 신하 사이의 의義는 인간 관계 가운데 큰 윤리이며 귀천貴賤의 구별은 지위가 정해진 직분이다. 그러므로 의로웠는지 의롭지 않았는지 어떠했는가를 말해야지 대부의 집안에서 벼슬하는 것은 잘못됐다고 일괄적으로 말해서는 안 된다. 공자는 계환자季桓子에게 벼슬한 적이 있고 공자 문하의 여러 제자들도 대부의

집안에서 벼슬한 사람들이 있다. 어떻게 모두 잘못됐다고 하겠는가. 세상에는 자신에게 도덕을 품고서 혼탁한 세상에 더럽혀지지 않은 사士도 있으니 민자건 같은 사람이 그러하다. 이런 이유로 그를 존경할 수 있는 것이다. 여러 제자들보다 한 단계 뛰어나긴 했지만 "꼭 해야 하는 것도 없고 꼭 하지 않아야 하는 것도 없는"[無可無不可] 성인의 자유로운 경지에 아직 도달하지 못했을 뿐이다. 그러므로 "도道는 함께 실행되면서도 서로 어긋나지 않는다. 큰 덕은 교화를 돈독히 하고 작은 덕은 냇물같이 흐른다"고 한 것이다.* 출세한 사람을 낮추고 처사處士를 높이거나 은자隱者를 드러내고 현달顯達한 사람을 천하게 보며, 세상에서 고답적인 태도로 원대한 것을 바라면서 이 세상에 뜻을 두지 않는 사람 역시 민자에게 죄를 짓는 사람들이다.

8. 伯牛有疾. 子問之, 自牖執其手曰: "亡之, 命矣夫. 斯人也而有斯疾也. 斯人也而有斯疾也."

백우伯牛가 병이 들었다.

> 백우는 공자의 제자로 성은 염冉, 이름은 경耕이다. 병이 났다는 말은 몹쓸 병에 걸렸다는 뜻이다.

---

* 인용한 구절은 『중용』 제33장으로 보통 천지(天地)의 도가 드러나는 모습을 비유한 글로 읽는다. 여기서는 민자건과 공자를 모두 도(道)에 비유하고, 공자를 큰 덕에, 민자건을 작은 덕에 귀속시킨 말로 보인다.

선생님께서 문병을 가서 창문으로 그의 손을 잡고 말씀하셨다. "어쩔 수 없구나. 운명이로구나. 이런 사람이 이런 병에 걸리다니. 이런 사람이 이런 병에 걸리다니."

> 창은 남쪽 창이다. 주씨(주희)가 말했다. "예禮에, '병자는 북쪽 창 아래에 있다가 임금이 그를 보게 되면 남쪽 창 아래로 옮겨 임금이 남쪽을 향해 자신을 볼 수 있도록 한다'고 하였다. 당시 염백우의 집안이 이러한 예로 공자를 높였다. 공자는 이를 감당할 수 없었기 때문에 그의 방에 들어가지 않고 창에서 그의 손을 잡았다. 그와 영결했던 것이다."

○ 이 장은 공자가 백우의 죽음을 안타까워하면서 한 말이다. 백우처럼 현명한 사람이라면 응당 이런 병에 걸리지 않아야 하는데 지금 이 병에 걸리고 말았다. 이는 병을 조심하지 않아서 이런 결과를 초래한 것이 아니다. 실로 하늘이 내린 운명으로 현명한 사람이라도 또한 피하지 못하는 것이라면 (공자처럼) 도를 완전히 이해하고 실현하지 못한 채 죽은 저 사람들은 모두 운명을 말할 수는 없다는 것을 알겠다.

9. 子曰: "賢哉回也. 一簞食一瓢飮, 在陋巷, 人不堪其憂, 回也不改其樂. 賢哉回也."

선생님께서 말씀하셨다. "현명하구나, 안회는. 밥 한 그릇, 물 한 그릇으로 좁은 골목에 살면 사람은 그 근심을 감당하기 어려운데, 안회는 그 즐거움을 바꾸지 않았으니 현명하구나, 안회는."

한 그릇[簞]은 밥을 담는 상자를 말한다. 한 그릇[瓢]은 표주박을 말한다. 밥 한 그릇과 물 한 그릇은 매우 가난한 것을 말한다. 안자는 걱정을 견뎌 내기 어려운 곳에 살면서도 잘 거처하였고 태연히 그 즐거움을 바꾸지 않았다. 그러므로 공자는 거듭 "현명하구나, 안회는"이라고 말하면서 깊이 감탄하며 칭송하였다.

○ 안자顏子는 가난과 궁핍을 근심으로 여기지 않고 그 즐거움을 다른 무엇과도 바꾸지 않을 수 있었다. 그러므로 공자는 그의 현명함을 칭찬했던 것이다. 안자의 즐거움은 확실히 언어로 형용할 수 없기는 하지만 이치[理]·의義를 빼면 어떻게 이른바 즐거움이란 것이 따로 있겠는가. 이치에 통달하면 온 세상에 걱정할 일이 없다. 의에 통달하면 온 세상에 선망하는 게 없다. 이와 같다면 온 세상을 봉록으로 준다 해도 돌아보지 않을 것이며 말 4천 필을 묶어 놓아도 쳐다보지 않을 것이다(『맹자』「만장 상」제7장). 또한 가난과 궁핍이 무슨 걱정거리가 되겠는가. 이전의 유학자가 형용하기 어려운 이러한 경지에 고심했던 것*도 고원한 곳에서 찾느라 실질적인 덕에서 찾을 줄 몰랐기 때문이었다.

10. **冉求曰:"非不說子之道, 力不足也." 子曰:"力不足者, 中道而廢. 今女畫."**

---

* 『집주』에서 이 장에 붙인 주희의 주를 두고 한 말이다.

염구가 말했다. "선생님의 도를 기뻐하지 않는 게 아니라 힘이 부족합니다."

선생님께서 말씀하셨다. "힘이 부족한 사람은 중도에 그만둔다. 지금 너는 네 능력에 한계를 둔 것이다."

주씨가 말했다. "힘이 부족한 것은 나아가려고 해도 갈 수 없는 것이다. '한계를 두는 것'[畫]은 나아갈 수 있는데도 가려고 하지 않는 것이다. 획畫이라고 말한 것은 땅에 선을 그어 스스로를 제한하는 것과 같다는 말이다."

○ 기질이 아주 약한 사람은 부지런히 힘쓰며 실천하더라도 혹 중도에 그만두게 된다. 이는 정말 힘이 부족한 것이다. 염구 같은 사람은 반드시 힘을 다해 앞으로 나아가려 하지 않으면서 스스로 한계선을 긋고 나아가지 않은 것일 뿐이다. 어디서 자기 재능을 성취할 수 있겠는가.

○ 진사이는 논한다: 성인의 도는 중용中庸일 뿐이다. 한 치만 높아도 터득하지 못하고 한 치만 낮아도 터득하지 못한다. 손은 쥐고 발은 가며 눈은 보고 입은 맛을 보는 것과 같아서 잠시라도 떠나면 즐길 수 없는 것이다. 옛사람들이 도道를 기뻐하며 따랐던 것은 입이 고기 맛을 좋아하는 정도여서가 아니라 바로 이런 이유 때문이었다.

염구의 생각은 단지 도가 높다는 것만 보고 도가 애초부터 높지 않았다는 것은 몰랐고, 도가 어렵다는 것만 보고 본래 아주 어렵지는 않았다는 것은 몰랐다. 그가 나아가려는 마음을 그만둔 것도 당연하다. 공손추가, "도가 높고 아름다워 거의 도달할 수 없을 것 같다"(『맹자』「진심상」제41장)고 했는데 또한 염구와 같은 견해이다.

11. 子謂子夏曰：“女爲君子儒；無爲小人儒.”

선생님께서 자하에게 말씀하셨다. “너는 군자다운 유자儒者가 되어야지 소인 같은 유자가 되지 말아라.”

| 군자와 소인은 신분지위를 가지고 말한 것이다.

○ 군자다운 유자는 천하의 일을 자신의 임무로 여겨 세상 사람을 구제할 뜻을 가진 사람이다. 소인 같은 유자는 다만 자신을 착하게 하는 것에 만족할 뿐 남에게까지 미치지는 못한다. 자하는 문학에는 뛰어났어도 규모가 협소했다. 그러므로 공자는 그가 혹 소인 같은 유자가 될까 걱정스러웠기 때문에 이렇게 말한 것이다. 후세에 고전을 외우고 시문詩文을 쓰는 공부도 또한 소인 같은 유자일 뿐이다.

12. 子游爲武城宰. 子曰：“女得人焉爾乎?” 曰：“有澹臺滅明者, 行不由徑, 非公事未嘗至於偃之室也.”

자유子游가 무성武城의 읍재가 되었다.

| 무성은 노魯나라 국도國都 밖의 고을이다.

선생님께서 말씀하셨다. “너는 사람을 찾았느냐?”
“담대멸명澹臺滅明이라는 사람이 있는데, 다닐 때 지름길을 가지 않고 공무가 아니면 제 방에 온 적이 없습니다.”

담대澹臺는 성이고 멸명滅明이 이름이다. 자는 자우子羽로 무성武城 사람이다. 경徑은 길이 작고 빨리 갈 수 있는 곳이다. 공사公事는 마을에서 연회를 베풀거나 활쏘기를 하거나 법령을 읽어 주는 일 같은 종류를 말한다. 다닐 때 지름길을 가지 않는다는 것은 교묘한 재주 부리기를 일삼지 않는다는 말이다. 공무가 아니면 읍재를 뵙지 않았으니 스스로 직분을 지키는 바가 있는 것이다.

○ 양씨(양시楊時)가 말했다. "정치를 실행하는 일은 인재 선출을 우선으로 한다. 그러므로 공자가 사람을 찾았냐고 질문을 한 것이다. 멸명 같은 사람은 두 가지 작은 일을 살펴보면 그의 정대正大한 마음을 알 수 있다. 후세에는 지름길을 가지 않는 사람이 있으면 사람들은 꼭 세상물정을 모른다고 하고, 상관의 방에 가지 않는 사람을 두고서는 사람들은 꼭 오만하다고 한다. 공자의 제자가 아니면 그 누가 이들을 알고 발탁하겠는가."

13. 子曰："孟之反不伐. 奔而殿, 將入門, 策其馬曰：'非敢後也, 馬不進也.'"

선생님께서 말씀하셨다. "맹지반孟之反은 공을 자랑하지 않는다. 패주敗走할 때 군대 후미에 있었고 성문에 들어갈 때 자기 말을 채찍질하며, '감히 후미에 있으려 했던 것이 아니라 말이 나가지 않았다'라고 하였다."

맹지반은 노나라의 대부로 이름이 측側이다. 자랑하다[伐]는 공을 자랑하는 것이다. 분奔은 전투에서 패해 도망간다는 말이다. 군대의 후미를 전殿이라 한다. 전투에 패해 돌아올 때 후미에 있는 것을 공으로 여긴다. 책策은 채찍이다. 맹지반의 말이 야위어 전진하지 못했기 때문에 자연히 후미에 있게 되었을 뿐이라는 말이다. 『춘추좌씨전』을 보면, "제나라 군사가 노나라를 쳤을 때 노나라의 우측 군사가 패배해 도망을 갔다. 우측에 있던 맹지측이 뒤처져서 성으로 들어오며 후미를 담당했다. 화살을 뽑아 자기 말을 채찍질하며, '말이 나아가지 않았다'라고 말했다"라고 하였다. 남들이 공이라고 할까 두려워 이 때문에 스스로 사실을 말했던 것이다.

○ 패배해 달아나면서 후미에 있는 일은 사람들이 아름다운 행동으로 여기는 것이다. 사람들이 칭찬하면 겸손하게 침묵하며 말하지 않아도 좋다고 하겠다. 맹지반의 사람됨이 공 자랑하는 것을 싫어했다. 그러므로 남들이 자신의 공으로 돌릴까 두려워 먼저 자신이 사실을 말하였으니 그 행동이 천성에서 나왔음을 잘 알겠다. 만약 맹지반이 사실은 자연히 후미에 있게 된 것인데 또 자신이 그 공적을 덮은 것이라면 이는 거짓일 뿐, 정직한 방법은 아니다. 성인은 결코 그를 칭찬하지 않았을 것이다.

14. 子曰 : "不有祝鮀之佞, 而有宋朝之美, 難乎免於今之世矣."

선생님께서 말씀하셨다. "축타祝鮀와 같은 말재주를 갖지 않고 송조宋朝와 같은 미모를 갖추지 않으면 지금 세상에서 재난을 피하기 어렵구나."

│ 축祝은 종묘宗廟의 관리이다. 타鮀는 위衛나라의 대부로 자는 자어子魚이

며 말재주가 있었다. 조朝는 송宋나라의 공자公子로 미모를 갖추었다.

○ 이 장은 공자가 당시의 풍속이 매우 타락해 옛날에 덕을 숭상하던 시대와 같지 않음을 안타까워한 것이다. 타락한 세상은 아부를 좋아하고 미색을 기뻐해, 아부와 미색을 갖추지 않으면 해를 피하기 어렵다는 말이다. 한 시대의 풍속이 타락한 것은 비록 작은 일이지만 천하의 번영과 몰락에 관계되는 일이 크다. 하물며 풍속의 타락이 작지 않을 때는 어떻겠는가. 그러므로 성인이 깊이 탄식한 것이다.

15. 子曰: "誰能出不由户. 何莫由斯道也."

선생님께서 말씀하셨다. "누가 문을 통하지 않고 나갈 수 있는가. 왜 이 도를 따르지 않는가."

> 주씨가 말했다. "사람은 문을 통하지 않고는 나갈 수 없다, 그런데 무슨 연유로 이 도를 따르지 않는가, 라는 말이다. 괴이하게 여겨 탄식한 말이다."

○ 도는 큰길과 같아서 이 길을 따르면 편안하고 따르지 않으면 위태롭다. 평탄한 사통팔달의 거리를 가면 저절로 수고를 잊고, 험한 가시밭길을 밟으면 그 괴로움을 감당하지 못한다. 도가 큰길 같다는 것을 알면 누가 편안한 곳을 버려두고 위험한 길을 가려 하겠는가. 그러므로 학문의 길을 가려면 아는 것을 우선으로 하며 행동을 핵심으로 하는 것이다.

16. 子曰：“質勝文則野, 文勝質則史. 文質彬彬, 然後君子.”

선생님께서 말씀하셨다. “질質이 문文을 이기면 야인野人이 되고 문文이 질質을 이기면 문서담당관이 된다. 문과 질이 균형을 이룬 다음에야 군자가 된다.”

│ 야野는 야인이다. 거칠고 투박함을 말한다. 사史는 문서를 담당하는 관리[史官]이다. 세련된 교양[文]은 갖췄지만 소박한 바탕[質]은 적은 것이다. 빈빈彬彬은 문과 질이 알맞게 균형을 이룬 모양이다.

○ 이 장은 질質이 문文을 이기는 것은 문이 질을 이기는 것과 같아서 병든 것은 똑같다는 의미이다. 그러므로 문과 질이 알맞게 균형을 이루지 않으면 군자가 될 수 없다. 문과 질 어느 한쪽이 이기는 일은 본래 기질이 그렇게 하도록 한 데서 생겨났으니 야인이 되거나 문서담당관이 되는 병을 피하지 못할 게 명백하다. 학문이 성숙한 뒤에야 문과 질이 조화를 이루는 경지에 이를 수 있다. 그저 기질에만 맡겨 둔다면 절대 병이 없을 수 없다.

17. 子曰：“人之生也直, 罔之生也, 幸而免.”

선생님께서 말씀하셨다. “사람의 삶은 정직하다. 속이는 삶은 요행으로 재앙을 면하고 있는 것이다.”

│ 생生은 사람이 이 세상에 산다[生]고 할 때의 생生을 말한다. 망罔은 정

직한 도를 속이는 것을 말한다. 사람이 살면서 사악하고 속이면 하루도 천지 사이에 살 수 없음을 말한 것이다.

○ 이 장은 바로 "이 사람들이 바로 하·은·주 삼대三代의 정직한 도를 실행해 왔다"(「위령공」 제24장)는 뜻이다. 사람이 이 세상에 살면서 간사함과 사기, 교활함과 거짓이 미치지 않는 곳이 없는 것처럼 보이더라도 사람의 마음은 매우 정직해서 선을 선으로 여기고 악을 악으로 여기며, 군자를 군자로 여기고 소인을 소인으로 여겨 정직한 도가 아닌 게 없다. 정직한 도를 속이고 꺾으며 인간의 도리를 멸시하고 포기하는 자는 의당 형벌을 받고 죽임을 당하며 재앙에 걸려 이 세상에서 생존할 수 없을 것이다. 그런데도 죽지 않는 것은 요행으로 재앙을 면하고 있을 뿐이지 당연히 그런 것이 아니다.

18. 子曰: "知之者不如好之者; 好之者不如樂之者."

선생님께서 말씀하셨다. "아는 사람은 좋아하는 사람만 못하고, 좋아하는 사람은 즐거워하는 사람만 못하다."

| 아는 사람은 이 도를 따르지 않을 수 없다는 것을 안다. 좋아하는 사람은 좋아하는 것이 극치에 이르면 천하의 어떤 것도 여기에 더할 것이 없는 경지에 도달한다. 즐거워하는 사람은 마음이 도에 편안해져서 무엇을 대해도 스스로 터득하지 못하는 것이 없다.

○ '아는 사람'은 의리가 명백하고 의론이 들을 만해서 사람들이 모두 그를 우러러본다. 하지만 죽을 때까지 약해지지 않고 나아가면 나아갈수록 더욱 성숙해지는 '좋아하는 사람'보다는 못하다. 좋아하는 사람은 사람들이 신뢰하기는 하지만 도道와 일체가 되어 흔적을 전혀 찾을 수 없는 극치의 경지에 이른 '즐거워하는 사람'보다 못하다. 도는 하나다. 도를 실행하면서 서투른지 성숙한지, 깊은지 얕은지 차이가 있을 뿐이다. 공자가 이를 말한 것은 서투른 것에서 성숙한 것으로, 얕은 것에서 깊은 것으로 나아가길 바란 것이다.

19. 子曰 : "中人以上, 可以語上也; 中人以下, 不可以語上也."

선생님께서 말씀하셨다. "중간 이상의 사람에게는 고차원의 말을 해줄 수 있지만 중간 이하의 사람에게는 고차원의 말을 해줄 수 없다."

어語는 알려 준다는 뜻이다. 사람들에게 알려 줄 때는 각자 그 재능에 따라야 한다는 말이다. 성인과 현자가 맡은 일은 중간 정도 이하의 사람은 감당할 수 없는 것이다. 오직 효제孝弟·충신忠信·위의威儀·예절禮節을 가지고 알려 주어야 한다.

○ 이 장은 오직 남을 가르치는 사람을 위해 말한 것이다. 사람의 재능과 소질은 자연 높고 낮음이 있으므로 각자 그 사람의 기량에 따라 알려 준다면, 말하는 사람도 실언하지 않을 것이고 듣는 사람 역시 깨우치는 바가 있다. 예컨대 공자가 안연과 염유의 질문에 대답해 주자 안연과 염유

가 바로 대답하면서, "이 말씀을 늘 실천하도록 하겠습니다"(「안연」제1, 2장)라고 한 경우가 바로 그렇다. 중간 이하의 소질을 가진 사람에게 갑자기 성인과 현자가 맡은 일을 알려 주면 꼭 평범한 말로 보고 절실하게 느끼지 못하는 병이 생겨 자신에게도 무익하다. 그러므로 군자가 남을 가르칠 때엔 권하는 것은 있어도 억누르는 것은 없으며 이끌어 주는 것은 있어도 강제하는 일은 없어, 각자 자신의 재능에 따라 이끌어 준다. 또한 중간 이하의 사람에게는 절대 고차원적인 말은 해주지 않는다는 것을 말하는 게 아니다.

20. 樊遲問知. 子曰: "務民之義, 敬鬼神而遠之, 可謂知矣." 問仁. 曰: "仁者先難而後獲, 可謂仁矣."

번지樊遲가 지혜에 대해 물었다. 선생님께서 대답하셨다. "사람들이 의로움을 행하도록 힘쓰고, 귀신을 공경하되 멀리하면 지혜롭다 할 수 있다."

　공경은 업신여기고 함부로 하지 않는다는 말이다. 멀리한다는 말은 지나치게 가까이해 더럽히지 않는다는 뜻이다. 인간의 도리로 마땅히 해야 할 일에 오로지 힘쓰고 알 수 없는 귀신에게 잘 보이길 구하지 않는 것이 최상의 지혜다.

인仁에 대해 물었다. 선생님께서 대답하셨다. "어진 사람은 어려운 일을 먼저 하고 보답은 나중에 얻는다. 그래야 인仁하다고 할 수 있다."

　획獲은 얻는다는 말이다. 실천하기 어려운 일을 급히 처리하고 그 보답을 요구하지 않는 것이 어진 사람의 마음이다.

○ 사람들이 의로움을 행하도록 힘쓰는 일은 최상의 지혜이며 그 실질을 터득한 것이다. 귀신을 공경하되 멀리하는 일은 그 지혜를 잘 써서 흘리지 않는 것이다. 일상생활에서 마땅히 해야 할 일을 포기하고, 아득해서 알 수도 없는 것에 힘쓰는 자들을 어떻게 지혜롭다 하겠는가. 어려운 일을 먼저 하고 보답을 나중에 얻는 행동은 남을 위하는 진실한 마음을 가진 것이며 그 덕은 헤아릴 수가 없다. 만약 보답을 구하는 마음을 가지고 실행했다면 세상에서 가장 큰 공을 세웠더라도 또한 덕이 아니다. 어떻게 인仁이라고 할 수 있겠는가. 공자가 인의 덕을 일반적으로 말하지 않고 꼭 '어진 사람'이라고 말한 이유는 인이라고 하는 덕은 추상적인 설명으로는 깨우쳐 주기 어려웠기 때문이다. 그러므로 '어진 사람의 마음'을 들어 대답한 것이다. 인仁을 말한 『논어』의 모든 장이 다 이런 방식을 따랐다.

21. 子曰: "知者樂水, 仁者樂山 : 知者動, 仁者靜; 知者樂, 仁者壽."

선생님께서 말씀하셨다. "지혜로운 사람은 물을 좋아하고 어진 사람은 산을 좋아한다. 지혜로운 사람은 움직이고 어진 사람은 고요하다. 지혜로운 사람은 즐기고 어진 사람은 장수한다."

┃ 요樂는 기뻐하고 좋아한다는 말이다. 물을 좋아하고 산을 좋아한다는
말은 그 사람의 취향을 가지고 말한 것이다. 움직이고 고요하다는 말은

그 사람의 재능을 가지고 말한 것이다. 즐기고 장수한다는 말은 그 효과를 가지고 말한 것이다.

○ 물이라는 물건은 사방으로 흐르고 막힘이 없으며 파인 곳을 채우고 평평해진다. 그러므로 지혜로운 사람이 좋아한다. 산이라는 물체는 편안하게 무게를 잡고 움직이지 않으며 만물이 이곳에서 자란다. 그러므로 어진 사람이 좋아한다. 어진 사람과 지혜로운 사람의 취향을 알 수가 있다. 잘 통해서 막히지 않는 것이 움직임의 기틀이며 안정되고 굳건해 항상성恒常性이 있는 것이 고요함의 실체이다. 어진 사람과 지혜로운 사람의 재주를 알 수 있다. 헷갈리고 괴로운 것이 없기 때문에 즐겁다. 화를 입거나 해를 당하지 않기 때문에 장수한다. 어진 사람과 지혜로운 사람의 효과를 확인할 수 있다. 공자는 자주 물을 말하면서, "물이여, 물이여"(『맹자』 「이루 하」 제18장)라고 하였고, 『시경』에 "높은 산을 우러러보며 큰길을 간다"(「소아 · 거할車轄」)라고 하였다. 물을 좋아하고 산을 좋아하는 일단을 볼 수 있다. 하지만 이 장은 다만 지혜로운 사람과 어진 사람의 기량을 가지고 말했을 뿐이다. 성인의 덕은 벼슬을 하거나 벼슬을 그만두거나 오래 있거나 빨리 떠나가거나 변화가 끝이 없어 움직이면서도 고요할 수 있고 고요하면서도 움직일 수 있어, 인仁과 지혜[智]를 겸해 하나로 갖추었다. 인仁 · 지智 두 가지를 하나의 덕으로 이름 붙일 수 없으니, 극치라 하겠다.

22. 子曰：“齊一變，至於魯；魯一變，至於道.”

선생님께서 말씀하셨다. “제나라가 한 번 변하면 노나라에 이르고, 노나라가 변하면 도에 이른다.”

| 일변一變은 쉬운 것을 말한다. 도道는 선왕의 도를 말한다.

○ 이 장은 노나라를 위해 말한 것이다. 공자 시대에는 중국의 여러 나라가 쇠퇴하고 어지러워 모두 말할 거리가 전혀 없었다. 제나라만은 환공桓公이 패자霸者가 되면서 정치가 잘 되어 중국의 여러 나라와 비교할 바 아니었다. 그러므로 제나라가 한 번 변하면 노나라에 이를 수 있으며 노나라가 훌륭한 정치를 펼치고 인仁을 베풀면 도에 도달할 수 있을 것이다. 점진적으로 교화가 이루어지는 것을 말한 것이다.

○ 진사이는 논한다: 강한 것이 약한 것을 이긴다는 사실을 사람들은 다 알지만 예악禮樂이 행정과 형벌보다 훌륭하다는 사실은 사람들이 아직 모른다. 공자 시대에는 제나라는 강하고 노나라는 약했으니 제나라가 노나라를 이기지 못한다고 생각하는 사람이 누가 있겠는가. 하지만 성인이 볼 때 노나라가 비록 약하지만 아직 선왕의 법도를 잘 지키고 있으므로 제나라가 따를 수 있는 게 아니었다. 하물며 강자는 폭력을 많이 쓰고 약자는 덕德이 많은 경우에야 어떻겠는가. 강자는 꺾이기 쉽고 약자는 오래 견딜 수 있다. 제나라는 간공簡公에 이르러 전씨田氏가 나라를 차지했고 노나라는 쇠약하고 어지러웠지만 오히려 나라를 보존할 수 있었으니, 이것이 그 명백한 증거다. 오직 어진 사람만이 강함을 유지할 수 있고 지혜로운 사람만이 약한 것을 구제할 수 있다. 인仁으로 정치를 하고 지혜

로 다스렸다면 전씨는 제나라를 빼앗을 수 없었을 것이고 노나라는 필시 천하를 다스릴 수 있었을 것이다. 안타까운 일이다.

23. 子曰 : "觚不觚, 觚哉, 觚哉."

선생님께서 말씀하셨다. "모난 그릇이 모가 없으면, 모난 그릇이겠는가. 모난 그릇이겠는가."

고觚는 모가 난 그릇이다. 술그릇에 모가 있는 것이다. 한 되짜리 술그릇을 작爵이라 하고, 두 되짜리를 고라고 한다. 주씨가 말했다. "'모가 없다'[不觚]는 말은 당시에 만드는 법을 잃어버려 모를 만들지 않게 된 것이다. '모난 그릇이겠는가. 모난 그릇이겠는가'라고 한 말은 고가 될 수 없다는 말이다." 홍경선*이 말했다. "옛날에는 술을 바칠 때는 작爵을 썼고 술을 따라 줄 때는 고觚를 썼다. 이 말은 공자가 술을 바치는 의식을 하는 즈음에 느낀 점이 있었던 것이다."

○ 정자가 말했다. "고觚라는 명칭을 가졌으면서 그 형태와 제도를 잃었다면 고가 아닌 것이다. 그릇 하나를 거론했지만 온 세상의 물건이 그렇지 않은 게 없다. 그러므로 임금이면서 임금의 도를 잃으면 임금이 아니고 신하이면서 신하의 직분을 잃으면 자리만 채우는 신하일 뿐이다."

---

* 홍경선(洪慶善)은 남송시대의 학자 홍흥조(洪興祖)를 말한다. 경선은 자이며 호는 연당(練塘)이다. 태상박사(太常博士) 등을 지냈으며 『논어설』(論語說) 등의 저술이 있다.

진사이는 생각한다: 정자의 이 말을 따라 얘기를 계속해 본다. 공부를 하면서 덕에 근본을 두지 않으면 공부가 아니다. 실천을 하면서 인仁을 따르지 않으면 실천이 아니다. 사람으로 살면서 사람된 도리를 잃으면 사람이 아니다. 삼가지 않을 수 없다.

24. 宰我問曰: "仁者, 雖告之曰, 井有仁焉, 其從之也?" 子曰: "何爲其然也. 君子可逝也, 不可陷也; 可欺也, 不可罔也."

재아가 물었다. "어진 사람은 우물에 사람이 빠졌다고 알려 주어도 따라 들어갑니까?"

| 주씨가 말했다. "유인有仁의 인仁이라는 글자는 인人으로 써야 한다. 따라 들어간다[從]는 말은 우물에 따라 들어가 사람을 구한다는 말이다."

선생님께서 말씀하셨다. "어떻게 그렇게 하겠느냐. 군자는 가게 할 수는 있지만 우물에 빠뜨릴 수는 없고, 거짓말할 수는 있지만 속일 수는 없다."

| 서逝는 가서 구하도록 한다는 말이다. 함陷은 우물에 빠뜨린다는 말이다. 망罔은 새그물[羅]이나 그물[網]과 같은 말로 알지 못하는 것을 속인다는 뜻이다.

○ 재아는 마음속으로 어진 사람은 사람 구하는 일을 급하게 여겨 자신은 돌보지 않는다고 생각했다. 때문에 이런 질문을 가정해서 물었다. "만약 사람이 우물에 빠지면 이런 일은 갑작스레 일어나므로 급하게 대처

할 수밖에 없습니다. 어진 사람은 이런 일이 있는지 없는지 따지지 않고 먼저 자신을 우물에 던져 구하는지요?" 공자는 재아에게 꼭 그렇게 할 것은 아니라고 알려 주었다. 어진 사람은 먼저 자신을 다스리고 그 뒤에 사람을 구하며, 먼저 스스로 도를 밝히고 그 뒤에 계획을 정한다. 남을 사랑하는 마음이 간절하지만 또한 도리에 비춰 보는 지혜도 가지고 있다. 그러므로 그에게 가도록 하는 거짓말을 할 수는 있어도, 우물에 빠지도록 속일 걱정은 자연히 없게 된다. 공자 문하의 제자들은 헛되이 질문하는 사람이 없다. 어떤 일을 물었다면 반드시 이 일을 하려고 해서였다. 재아의 질문 같은 경우가 그렇다. 그의 의도는 삶을 버리고서라도 인仁을 찾고 싶었던 것이다. 공자가 그를 위해 약을 구해 주지 않았다면 그는 반드시 자기 몸을 불살라 큰 가뭄에 비를 내려 달라는 기도를 드린다든지 자기 살을 베어 내 굶주린 호랑이에게 먹이는 일을 하고 말았을 것이다. 이 문제는 재아에게 진실로 절박한 질문이었다.

25. 子曰：“君子博學於文, 約之以禮, 亦可以弗畔矣夫."

선생님께서 말씀하셨다. "군자가 널리 글을 배우고 예로써 요약한다면 또한 어긋나지 않을 것이다."

│ 글[文]은 선왕이 남긴 글이다. 도道가 담겨 있는 것으로 사람들이 평소 살면서 보고 들을 수 있는 게 아니다. 그러므로 널리 배운다고 말한 것이다. 약約은 묶는 것이다. 박문博文은 지식을 가지고 말한 것이요, 약례約禮는 행동을 가지고 말한 것이다. 반畔은 어긋난다는 말이다.

○ 이 말은 공자 문하에서 학문을 할 때 정해진 법도다. 널리 글을 배우면 지식이 고금을 통달해 일마다 사려 깊게 살펴볼 수 있다. 예로써 요약한다면 몸이 규범을 따르므로 행동에 준수하는 바가 있다. 모두 법도에서 가져온 것이 있기 때문에 도와 어긋나지 않을 수 있는 것이다. 세상의 도를 말하는 자들은 자신은 완벽한 말이라고 하지만 사실은 편파적인 말이거나 주제넘은 말이거나 나쁜 말이거나 둘러대는 말을 하는 무리가 되는 것을 피할 수 없다. 자신은 오묘한 도라고 하지만 사실은 바람을 잡고 그림자를 붙드는 병에 걸리는 것을 피할 수 없다. 모두 박문약례博文約禮하는 공부는 없고 그저 자기 마음만을 따르는 것일 뿐이다. 그러므로 성인은 사람을 가르칠 때 박문약례를 학문의 정해진 법도로 삼았다. 현재 사람들이 말하는 박학博學은 잡가*학파의 배움일 뿐 성인의 문하에서 말하는 박학이 아니다. 박학은 근본이 하나다. 그러므로 널리 배울수록 더욱더 통달하게 된다. 잡학雜學은 근본이 둘이다. 그러므로 더욱 배움이 뻗어 나갈수록 더욱더 어지러워질 뿐이다. 배우는 사람들은 이를 잘 살펴보아야 한다.

○ 진사이는 논한다: 하·은·주 삼대의 성인들은 자주 중中을 가지고 이야기했다. 하지만 우리 선생님(공자)에 이르러서는 단지 예禮를 가르침으로 삼았을 뿐이다. 이 장과 극기복례克己復禮장(「안연」 제1장)을 살펴보면 알 수 있다. 중中은 일반적이어서 확실하게 이해하기 어려운 폐단이 있지만, 예는 조리가 있어 분명하게 이해하고 실행할 수 있는 규칙이 존

---

* 잡가(雜家)는 전국시대 말엽에서 한나라에 걸쳐 존재했던 학문 유파로 유가·도가·법가 등 여러 학파의 견해를 절충한 갈래를 말한다. 『여씨춘추』(呂氏春秋), 『회남자』(淮南子) 등의 저술이 대표적이다.

재한다. 그런 까닭에 하·은·주 삼대의 성인에게 있어서는 중中을 이야
기해도 괜찮지만, 배우는 사람들을 가르칠 때는 예가 아니면 안 된다.

26. 子見南子, 子路不說. 夫子矢之曰: "予所否者, 天厭之, 天厭之."

선생님께서 남자南子를 만나자 자로가 기뻐하지 않았다.

> 남자는 위衛나라 영공靈公의 부인으로 음란한 행동을 하였다. 공자가 위
> 나라에 이르자 남자가 공자에게 만나자고 하였다. 자로는 선생님이 이
> 음란한 사람을 만나는 것을 모욕으로 여겼기 때문에 기뻐하지 않았다.

선생님이 맹세하며 말씀하셨다. "내가 부당한 일을 했다면, 하늘이 싫어
할 것이다, 하늘이 싫어할 것이다."

> 시矢는 맹세한다는 말이다. 부否는 불不과 통하는 글자로, 도를 따르지
> 않는다는 말이다. 염厭은 끊어 버린다는 말이다. 내가 남자南子를 만났
> 을 때 도에 부합하지 않는 일이 있었다면 하늘이 싫어하며 끊어 버렸을
> 것이다, 라는 말이다. 자로는 기질이 거칠고 식견이 편협해 말을 받아
> 들이기 어려웠다. 때문에 맹세하는 말을 해주어 우선 이 말을 믿고 깊
> 이 생각해서 깨닫기를 바란 것이다.

○ 진사이는 생각한다: 사마천의 『사기』(「공자세가」孔子世家)에, "공자가
위나라에 도착했을 때 영공의 부인 남자가 공자에게 사람을 보내, '온 나
라의 군자들이 수고를 무릅쓰고 제 임금과 형제가 되고자 하시는 분들

은 꼭 보잘것없는 저를 만나 봅니다'라고 하였다"는 기록이 보인다. 남자가 공자를 만나자고 했을 때 또한 선의가 있었지 그냥 만나자고만 한 것은 아니었다. 그러므로 공자가 만난 것이다. 악인이라 하더라도 잘못을 뉘우치고 허물을 고치는 마음이 있으면 내게 만나지 말아야 할 이유는 없다. 악행을 저지른 적이 있다고 해서 끝까지 만나기를 거절한다면 이는 도道를 내 쪽에서 끊어 버리는 것이며 어진 사람의 본심이 아니다. 성인은 도가 크고 덕이 거대해서 천지가 만물을 모두 품어 자연히 빠뜨리는 것이 없는 것과 같다. 왜 남자에 대해서는 거절하겠는가. 문인門人들이 이 일을 기록한 것은 성인의 도를 구하려는 사람들은 성인의 마음을 알아야만 하기 때문일 것이다.

27. 子曰：“中庸之爲德也, 其至矣乎. 民鮮久矣.”

선생님께서 말씀하셨다. "중용中庸이라는 덕은 최고로구나. 백성들이(백성 가운데 할 수 있는 이가) 드문 지 오래되었구나."

> 중中이라는 덕은 지나치거나 모자람이 없으며, 평소에 항상 실행할 수 있는 도를 말한다. 지至는 최고[極]이다. 하·은·주 삼대의 성인들이 말한 중中은 일을 처리할 때 합당해야 한다는 뜻에 지나지 않았다. 공자에 이르러 용庸이라는 글자를 덧붙인 것은 이목耳目을 놀라게 하지 않았고 세상 풍속과 어긋나지 않았으며 영원히 변하지 않는 상도常道가 되었기 때문이다. 그 의미가 이전과는 매우 다르다.

○ 중용이란 덕은 세상에서 실행하기 가장 어려운 것이다. 세상에서 도를 논하는 자들은 높은 것을 최고라 하기도 하고 난해한 것을 극치라 하기도 한다. 하지만 높은 것은 기氣를 통해 도달할 수 있고 난해한 것은 힘을 써서 할 수 있다. 모두 의지하는 바가 있어 그렇게 하는 것이다. 중용이란 덕德만은 평이하고 차분해서 기氣를 통해 도달할 수 없고 힘을 써서 할 수 없는 것이다. 이것이 백성 가운데 할 수 있는 사람이 드문 까닭이다. 당唐·우虞·삼대三代의 훌륭한 시대에는 백성들이 소박하고 풍속이 후덕해 바로잡아 고칠 게 없었고 자연히 도에 부합하지 않는 게 없었다. 아버지는 아버지답고 자식은 자식다웠으며 형은 형다웠고 동생은 동생다웠으며 지아비는 지아비다웠고 아내는 아내다워, 보고 듣고 접촉하는 가운데 자연히 속이는 행동이나 기이한 술법이 없었다. 이것이 이른바 중용의 덕이었다. 후세에 이르러 고원한 것에서 도를 찾고 난해한 것에서 일을 구해, 찾으려고 달려갈수록 더욱더 멀어지고 보완하려 했지만 오히려 파괴하고 말았다. 그러므로 "백성 가운데 할 수 있는 이가 드문 지 오래되었다"고 한 것이다. 그런 까닭에 공자가 특히 중용의 도를 세워 이 백성들의 극치로 삼은 것이다. 『논어』라는 책이 최상이자 최고의, 우주 제일의 책이라고 한 이유도 실상 이 때문이다.

28. 子貢曰: "如有博施於民, 而能濟衆何如. 可謂仁乎?" 子曰: "何事於仁. 必也聖乎. 堯舜其猶病諸. 夫仁者, 己欲立而立人, 己欲達而達人. 能近取譬, 可謂仁之方也已."

자공이 물었다. "백성들에게 널리 베풀어 많은 사람을 구제할 수 있다면 어떻습니까. 인仁하다고 할 수 있습니까?"

│ 박博은 '널리'라는 말이다.

선생님께서 대답하셨다. "어찌 인仁에 그치겠느냐. 분명히 성聖일 것이다. 요임금과 순임금조차도 그 어려움을 근심하셨다.

│ 사事는 지止(그치다)와 통하는 글자다. 이것이 어떻게 인仁에 그치겠는가. 필시 성인이 임금의 자리에 앉은 다음에야 할 수 있는 것이다. 하지만 요임금과 순임금 같은 성인조차 그 마음속으로는 오히려 그것이 어렵다는 것을 근심했다는 말이다.

어진 사람은 자기가 서고자 하면 남을 세워주고 자기가 이루고 싶으면 남을 이루어 준다. 가까운 곳에서 얻어 깨우친다면 인의 실천방법이라 할 수 있을 것이다."

│ 비譬는 깨우침이다. 방方은 실천방법[術]이다. 어진 사람은 남을 자기와 같이 보아 자기가 서고자 하면 먼저 남을 세워 주고, 자기가 이루고자 하면 먼저 남을 이루어 준다. 그러므로 인仁을 구하는 사람은 가까이 자기 자신에게서 얻어, 자신이 바라는 것으로 다른 사람에게 (미루어 남도 나와 같을 것이라고) 깨달으니 다른 사람이 바라는 것 또한 내가 바라는 것이 된다. 감정과 의지가 서로 통하고 자애로운 마음이 남에게 미쳐 남과 간격이 없게 된다. 인을 구하는 방법으로 이보다 가까운 것이 없다.

○ 자애로운 마음이 이르지 않는 곳이 없는 것을 인仁이라 한다. 지성至誠스런 덕이 도달하지 않는 것이 없는 것을 성聖이라고 한다. 성聖은 위대하고 사람을 교화하는 것을 말하는 것이며 인은 성 안에 있는 큰 덕이다. 이런 까닭에 자공이, "어질고 또 지혜로우니 선생님(공자)은 이미 성聖이시다"(『맹자』「공손추」 제2장)라고 하였고, 『중용』에는 "성誠은 자기가 자신을 완성하는 것일 뿐만 아니라 남을 완성시키는 것이기도 하다. 자신을 완성하는 것을 인仁이라 하고 남을 완성시켜 주는 것을 지知라고 한다"(제25장)라고 한 것이다. 어진 사람은 자기가 서고자 하면 남을 먼저 세워 주고, 자기가 이루고 싶으면 남을 먼저 이루어 준다. 자기가 이미 서고 이미 이루기를 기다린 다음 그 후에 남을 세워 주고 이루어 주고자 한다면 끝내 남을 세워 주고 이루어 주는 날은 없을 것이다. 왜 그러한가? 자기의 소망은 쉽고 빠르게 성취되지 않고 남에게 베푸는 방법은 힘 닿는 대로 따르는 것으로, 자기를 버리고 남을 따르는 게 아니기 때문이다. 자공은 인仁이 위대하다는 것을 보았을 뿐 인의 실제를 알지 못했다. 때문에 옛날 성인들의 일에 있어서는 인에 해당한다고 생각하면서도 자신에게 지금 절실한 문제는 살피지 못했다. 이런 연유로 공자는 "가까이 자기 자신에게서 얻어 깨달아야 한다"는 말을 자공에게 일러 준 것이다. 인을 구하는 방법이 분명하고 모두 포괄한다고 하겠다.

논어고의 권4

論語古義 卷之四

술이(述而)

모두 37장이다.

1. 子曰 : "述而不作, 信而好古, 竊比於我老彭."

선생님께서 말씀하셨다. "서술은 하되 창작은 하지 않으며, 옛것을 믿고 좋아하니 남몰래 나의 노팽老彭에게 비교해 본다."

'서술한다'[述]는 말은 옛것에 의지해 전하는 것이다. '창작한다'[作]는 말은 일을 처음으로 창조하는 것이다. '남몰래 비교한다'[竊比]는 높이는 말이다. '나의'[我]는 친밀감 있게 한 말이다. 노팽은 상商나라의 현명한 대부로 『대대례기』大戴禮記*(「우대덕」虞戴德)에 보인다. 옛것을 믿고 전해주는 기록을 남긴 사람일 것이다. 공자와 노팽 두 사람 모두 자기 스스로 고전을 창조하지 않았다는 말이다. 노팽에게 우연히 이와 같은 미덕이 있었기 때문에 공자가 남몰래 그와 비교한다고 한 말 또한 겸사이다.

○ "서술은 하되 창작하지 않는다"는 말은 자기 지혜를 마음대로 쓰지 않는 것이다. "옛것을 믿고 좋아한다"는 것은 반드시 옛것을 참고한다는 것이다. 공자의 덕은 요·순임금보다 현명한데 무엇인들 창작하지 못하겠는가. 그러나 늘 요순을 본받아 기술하고 문왕과 무왕을 모범으로 해 밝히셨으니 모두 옛것을 좋아하고 전하여 기록하면서도 감히 창작하지 않은 것은 어째서인가? 성인이 성인이 된 까닭은 스스로 자신의 지혜를 쓰는 데 있지 않고 여러 사람의 지혜를 널리 받아들이는 데 있으며, 자신 스스로 고전을 창작하길 좋아하지 않고 일이 생기면 반드시 옛것을 참고하길 좋아하기 때문이다. 하물며 지나간 성인들의 규범과 법도가 책에 기록되어 있어 이를 본받아 서술하는 것만으로도 다할 수가 없음에랴. 이를 믿고 법도로 삼을 수 있는데 무엇하러 창작을 하겠는가. 공자의 말은 자기 뜻대로 만들어 내는 것을 삼갔다는 것이다.

○ 진사이는 논한다: 송나라 유학자들은 늘 옛날의 성인들이 밝히지 못한 것을 밝히는 것을 자신들의 공적으로 여겼다. 성인의 말이 위에서 아래에 이르기까지 갖추지 않은 것이 없고 도달하지 않은 곳이 없다는 사실을 전혀 모르는 것이다. 성인의 말에 어떻게 밝히지 못한 것이 있어 꼭 후대 사람들이 밝힐 필요가 있겠는가. 맹자의 "본성은 선하다"[性善], "기

---

* 고대의 예법[古禮]은 전승과정이 있다. 한(漢)나라 선제(宣帝) 때 대덕(戴德; 대대大戴라고 한다)과 대덕의 종형(從兄)의 아들 대성(戴聖; 소대小戴라고 한다) 등이 예에 정통한 후창(后蒼)에게서 고례(古禮)를 전수받으면서 예학(禮學)이 일어났다. 『대대례기』(大戴禮記)의 성립에는 여러 설이 있지만 요컨대 그 대략은 이전부터 전해온 예 관련 기록을 정리해 대덕이 204편가량을 간추려 85편으로 만든 것이 『대대례기』(大戴禮記)이고 『대대례기』를 다시 간추려 49편으로 만든 것이 『소대례기』(小戴禮記)이다. 둘 다 현존하는데 일반적으로 『예기』(禮記)라 부르는 책은 『소대례기』를 말한다.

를 기른다"[養氣]와 같은 말들은 모두 인의(義)를 밝히기 위해 말한 것이고 근본적으로는 공자의 말을 이어받아 서술한 것이다. 이전 시대(송나라)의 유학자들은 옛날의 성인들이 밝히지 못한 것을 밝혔다고 생각했고 또한 스스로 자신의 학설로 맹자의 뒤를 이으려 해, "경을 유지한다"[持敬], "고요함을 주로 한다"[主靜] 따위의 여러 학설이 연이어 창작되었다. 하지만 그들은 도를 논하면서 반드시 "마음은 텅 비고 신령스런 작용을 하며 어둡지 않다"[虛靈不昧]라고 말하거나, 반드시 "적막해 아무 조짐이 없다"[沖漠無朕]라고 말하거나, "깨끗한 거울처럼 고요하게 머물러 있는 물"[明鏡止水]이라고 말하거나, 반드시 "본체와 작용은 근본이 하나다"[體用一源], "확연히 드러난 것과 은미(隱微)한 것은 근본적으로 구별이 없다"[顯微無間]라고 말한다. 이런 말들은 모두 불교와 노장(老莊)의 단편에서 나온 것으로 우리 공자와 맹자의 책에는 원래 이런 말이 없고 또한 이런 이치도 없다. 이런 태도를 두고 "서술은 하되 창작은 하지 않으며, 옛것을 믿고 좋아한다"고 말하면 되겠는가. 그 시비득실은 분석해 보지 않아도 명백하다.

2. 子曰 : "默而識之, 學而不厭, 誨人不倦, 何有於我哉."

선생님께서 말씀하셨다. "묵묵히 아는 것, 배우는 데 싫어하지 않는 것, 남을 가르치는 데 게을리하지 않는 것, 이외에 내게 무슨 덕이 있겠는가."

　지識는 안다는 말이다. 묵묵히 안다[默而識之]는 말은 "가만히 생각해 본다"(『시경』 「위풍·맹氓」)는 말과 같다. 남이 말해 주지 않아도 스스로 안다는 말이다. 학이불염學而不厭, 회인불권誨人不倦 두 구절은 『논어』·『맹자』에 모두 세 번 나오는데* 다른 장에는 묵이지지默而識之라는 구절이 없다. 이런 까닭에 옛 설명을 따르지 않았다.** 내게 무슨 어려움이 있겠는가[何有於我]라는 말은 이 두 가지(학이불염, 회인불권) 외에 내게 어떤 덕이 있을 수 있는가라는 뜻이다. 싫어하지 않고 게을리하지 않는 것은 모두 누구나 할 수 있는 일로 이외에는 따로 말할 게 없다는 말이다. 이는 겸손한 말이지만 공자의 덕이 얼마나 큰지 더욱 잘 알겠다.

○ 이 두 가지(학이불염, 회인불권)는 보통 사람이라도 모두 도달할 수 있는 것이다. 그러므로 공자는 늘 자신이 이에 해당한다고 하였다. 하지만 그 한계까지 밀고 나가면 성인이 아니면 도달할 수 없는 것이 있다. 자공은 이를 알았기에, "배우는 데 싫어하지 않는 것을 지혜라 하고 남을 가르치는 데 게을리하지 않는 것을 어질다고 한다. 어질고 지혜로우시니 선생님은 이미 성인이시다"(『맹자』「공손추 상」제2장)라고 한 것이다. 도道가 더욱 커지면 그 말은 더욱 평이해지고 덕이 더욱 높아지면 그 말은 더욱 겸손해진다. 어째서인가? 도덕이 자연스레 자신에게 충만해졌기 때문에 자연히 고원高遠을 추구하지 않아서이다. 고원한 것을 말하기 좋아하는 사람은 모두 머물러 있는 곳이 낮기 때문이다.

---

* 「술이」제33장, 『맹자』「공손추 상」제2장에도 같은 말이 나온다.
** 옛 설명은 주희의 설명을 말한다. 『논어집주』(論語集註)에, '묵이지지'(默而識之)를 설명하면서 '지'(識)를 '기억하다'[記]로 풀고, "말하지 않고 마음속에 보존한다"[不言而存諸心]고 하였다.

3. 子曰: "德之不修, 學之不講, 聞義不能徙, 不善不能改, 是吾憂也."

선생님께서 말씀하셨다. "덕을 닦지 않는 것, 배운 것을 익히지 않는 것, 의義를 듣고도 옮겨 가지 못하는 것, 좋지 않은 것을 고치지 않는 것, 이런 것들이 내 걱정거리다."

> 덕은 수양을 통해 진전하고, 배움은 익히는 일을 통해 명확해진다. 의義로 옮기면 선善이 날마다 자라고, 좋지 않은 것을 고치면 악이 날마다 소멸한다. 이 네 가지는 성인이 어찌하지 못하겠는가. 다만 공자는 배우기를 매우 좋아하고 도道를 끝없이 몸에 익히기 때문에 스스로 근심거리로 여겼던 것이다.

○ 덕을 닦는 일은 인의仁義의 양심을 기르는 것을 말한다. 배움은 이를 밝히는 방법이다. 의義를 들으면 옮겨 가고 좋지 않은 것을 고치는 것, 이는 모두 덕을 닦는 방법이다. 덕은 근본이다. 덕의 시작을 이루고 덕의 끝을 이루는 것은 모두 배움에 달려 있다. 이것이 공자 문하의 학문의 극치이자, 배우는 사람들이 마땅히 준수해야 할 일이다. 도道의 무궁함은 사방과 상하에 끝이 없는 것과 같아서 나가면 나갈수록 더욱 높아지고 들어가면 들어갈수록 더욱 깊어진다. 이 때문에 학자에겐 학자의 공부가 있고 현자에겐 현자의 공부가 있으며 성인에겐 성인의 공부가 있는 것이다. 크기와 깊이에 차이가 있을지라도 귀결점은 하나이다. 성인이라고 더해지는 게 아니며 어리석은 사람이라고 덜어 내는 것도 아니다. 도가 끝이 없기 때문에 배움 역시 끝이 없다. 스스로 도를 터득했다고 생각한다면 도를 아는 사람이 아니다. 그러므로 공자와 같은 성인조차도 이와

같이 말한 것이다. 이것이 도가 위대하고 공자가 성인이 되는 이유이다.

4. 子之燕居, 申申如也, 夭夭如也.

선생님께서 평소 일 없이 계실 때에는 편안하게 계셨으며 온화한 모습이
셨다.

> 연거燕居는 한가하고 일이 없을 때이다. 양씨(양시楊時)가 말했다. "신
> 신申申은 얼굴이 펴진 모습이요, 요요夭夭는 낯빛이 부드러운 것이다."

○ 이 장은 공자가 평소 생활할 때의 모습을 기록한 것이다. 다른 사람을
대할 때는 또한 자연히 이와는 달랐다. 이른바 "군자에게는 세 번의 변화
가 있다"(「자장」 제9장), "선생님께서는 온화하면서 엄격하셨으며, 위엄
이 있으면서도 사납지 않으셨고, 공손하면서도 편안하셨다"(「술이」 제37
장)는 모습이 그것이다. 성인의 공부를 하는 사람은 먼저 성인의 기상을
보아야 한다. 이것이 학문의 법도이니 소홀히 해서는 안 된다.
○ 정자程子가 말했다. "이 장은 제자가 성인의 거처하는 모습을 잘 형용
한 곳이다. 신신申申이라는 글자만으로는 설명을 다 할 수 없었기 때문에
요요夭夭라는 글자를 덧붙였다. 지금 사람들은 한가롭게 거처할 때, 게으
르고 함부로 하지 않으면 반드시 지나치게 엄격하고 사납다. 엄격하고
사나울 때는 이 네 글자(신신요요)를 붙일 수 없고, 게으르고 함부로 하
는 때에도 이 네 글자를 붙일 수 없다. 오직 성인만이 자연스레 중화中和
의 기운을 가졌다."

5. 子曰: "甚矣吾衰也. 久矣吾不復夢見周公."

선생님께서 말씀하셨다. "내가 너무 노쇠했구나. 내가 꿈에서 주공周公을 다시 못 본 지도 오래되었구나."

○ 이 장은 문인門人들이 선생님께서 요순보다 현명한 줄 늘 알고 있었지만 지금 선생님이 주공周公을 사모하는 마음이 이 정도로 깊은 것을 듣고 남몰래 경이로운 마음을 품었다가 이를 통해 선생님이 얼마나 돈독하게 옛것을 좋아하고, 얼마나 깊이 배우기를 좋아하시는지 알게 된 것이다. 공자가 젊었을 때에는 주공의 도를 온 세상에 절실하게 실행하고 싶었기 때문에 밤에 꿈속에서 자주 주공을 보았다. 공자가 늙게 되자 다시는 이런 꿈을 꾸지 못해 자신이 매우 노쇠해졌음을 자연히 알게 되었다. 이 도가 세상에 실행되지 못한 것을 탄식한 것이다.

○ 진사이는 논한다: 꿈은 마음의 움직임이다. 밤에 꿈을 꾸는 대상은 낮에 생각했던 것이다. 인간의 마음은 생각이 없을 수 없으니 잠을 자며 꿈을 꾸지 않을 수 없다. 어린아이가 아무리 무지하더라도 또한 꿈은 꼭 꾼다. 다만 성인에겐 나쁜 꿈이 없을 따름이다. 후대의 유학자는 장주莊周(장자莊子)의 "완전한 인간은 꿈을 꾸지 않는다"[至人無夢](『장자』「대종사」大宗師)는 말에 홀려 공자의 꿈을 자나 깨나 주공의 도를 보존하고 실행하려고 했던 것으로 생각하고, 심지어 공자가 억지로라도 꿈을 꾸지 않고 오직 허무虛無, 정적靜寂에 힘썼다고 말하기까지 하는 병폐가 생길 지경이었으니 잘못된 것이다.

6. 子曰: "志於道, 據於德, 依於仁, 游於藝."

선생님께서 말씀하셨다. "도에 뜻을 두고,

> 뜻을 둔다[志]는 것은 마음에 지향하고 바라는 것이 있음을 말한다. 도에 뜻을 두면 마음이 향하는 곳을 안다.

덕에 머무르고,

> 머무른다[據]는 어느 땅에 머무른다[據某地] 할 때의 머무르다와 같은 말로, 몸이 그곳에 머무른다는 말이다. 덕에 머무르면 몸에 지켜야 할 것이 있다.

인仁에 의지하고,

> 의지한다[依]는 말은 의지해 떠나지 않는다는 말이다. 인仁은 도덕의 으뜸으로, 이것에 의지해 실행하면 도가 확립된다.

예藝에 노닌다."

> 노닌다[游]는 말은 사물을 잘 다루고 익숙해 정이 가도록 하는 것을 말한다. 육예六藝(예禮=예절, 악樂=음악, 사射=활쏘기, 어御=수레몰기, 서書=글씨쓰기, 수數=셈하기)의 규범은 모두 사람의 활동에서 빠뜨릴 수 없는 것으로 틈틈이 이것에 노닐면 그 재주에 통달하는 것이 있어 일을 하는 데 그만두거나 빼놓는 게 없다.

○ 이 말은 공자 문하에서 학문을 하는 조목으로 당시 제자들이 늘 지키

고 잊지 않았던 것이었다. 도道는 사람이 따라가야 할 길이기 때문에 뜻을 둔다[志] 하였고, 덕은 사람이 잡아 지켜야 하는 것이기 때문에 머무른다[據] 하였으며, 인仁은 가까이 있으면서 행동에 드러나기 때문에 의지한다[依] 하였고, 예藝는 익히지 않을 수 없으나 또한 얽매여서는 안 되기 때문에 노닌다[游]고 하였다. 이 네 가지는 크고 작은 차이가 있지만 도의 근본과 말단, 시작과 끝을 하나로 꿴 것이다. 그러므로 공자가 차례차례 말한 것이니, 다른 문답과 같은 종류가 아니다. 옛날 학문은 반드시 조목이 있었다. 안자顔子가 극기복례克己復禮(자신을 이기고 예로 돌아간다)의 가르침을 듣고 그 조목을 물은 것(「안연」 제1장)과 뒤 편의, "시詩에서 흥기하고, 예禮에 서며, 악樂에서 완성한다"(「태백」 제9장) 등등의 장이 모두 그렇다.

○ 진사이는 논한다: 도道·덕德·인仁·예藝는 본래 다른 이치가 있는 게 아니다. 이 장에서 크고 작음, 시작과 끝이 있도록 자연스럽게 정한 순서에 따라 발언한 것에는 의미가 있다. 대체로 옛사람의 책에는 늘 도덕인의道德仁義라고 말하지 인의도덕仁義道德이라고 말하지 않는다. 어째서인가? 도덕道德이라고 말하면 자연스레 인의仁義의 실질은 포함하지만 인의仁義라는 명칭은 미처 포함하지 못한다. 인의라고 말해 버리고 나면 또 그 명칭이 각각의 개별적인 모습은 포함하지만 도덕의 전체적인 모습은 볼 수 없게 된다. 이것이 도덕과 인의의 구별이다.

7. 子曰: "自行束脩以上, 吾未嘗無誨焉."

선생님께서 말씀하셨다. "스스로 말린 고기를 한 묶음 이상 가져오면 내가 가르쳐 주지 않은 적이 없었다."

│ 수脩는 말린 고기이다. 말린 고기 열 마리가 한 묶음[束]이다. 옛날에는 (처음) 만나 뵐 때는 반드시 예물을 가지고 가는 것이 예禮였다. 말린 고기 한 묶음은 값어치가 매우 적은 것이다.

○ 이 장은 공자가 사람을 가르칠 때 게으르지 않았다는 인仁을 보여 준다. 사람들이 공자에게 와서 배우는 걸 몰랐다면 그뿐이지만 정성으로 와서 배운다면 그를 가르쳐 주지 않은 적이 없었다는 말이다. 사람들을 선에 들어가게 하려는 공자의 마음은 천지가 온 만물을 다 감싸 안고 하나도 버리지 않는 것과 같다.

8. 子曰: "不憤不啓, 不悱不發. 擧一隅不以三隅反, 則不復也."

선생님께서 말씀하셨다. "마음이 들끓지 않으면 열어 주지 않으며, 애써 말하려 하지 않으면 터뜨려 주지 않는다. 한 모퉁이를 들어 주었는데 세 모퉁이로 돌이켜 증명하지 못하면 다시 알려 주지 않는다."

│ 주씨(주희)가 말했다. "분憤은 마음이 통하는 길을 찾고 있지만 아직 찾지 못했다는 뜻이다. 비悱는 입이 말하고 싶어 하지만 아직 잘하지 못하는 모습이다. 계啓는 뜻을 열어 준다는 말이다. 발發은 말을 터 준다는 뜻이다. 사물은 네 모퉁이를 가진 것은 하나를 들면 나머지 셋을 알 수 있다. 반反은 돌이켜 증명한다는 뜻이다. 부復는 거듭 알려 준다는 말이

다." 진사이는 생각한다: 거듭 알려 준다는 말은 거듭 말해서 터 준다는 말이다.

○ 주씨가 말했다. "앞 장에서 이미 성인은 사람을 가르치는 데 게으르지 않았다는 뜻을 말했다. 그것을 이어 이 말을 아울러 기록해서, 배우는 이들이 부지런히 힘써 가르침을 받아들이는 터로 삼기를 바란 것이다."
○ 다른 사람들이 선에 들어가도록 하려는 성인의 마음은 확실히 끝이 없다. 하지만 배우는 사람에게 배움을 받아들일 터가 없으면 아무것도 자라지 않는 땅에 씨를 뿌리는 것과 같아서 때에 맞게 비가 내려도 싹이 나지 않는 것은 어떻게 할 수 없다. 성인은 배우는 사람들이 배움을 받아들일 터를 갖기 바라서 이렇게 말한 것이지 가볍게 가르침을 베풀지 않겠다고 말한 것이 아니다.

9. 子食於有喪者之側, 未嘗飽也. 子於是日哭, 則不歌.

선생님께서는 상을 당한 사람 곁에서 밥을 드실 때에는 배불리 드신 적이 없다.

| 공자는 상사喪事가 있는 사람 곁에 있을 때에는 슬프고 아픈 감정을 마치 자신에게 상사가 있는 것처럼 느꼈다. 그런 까닭에 밥을 먹더라도 달게 먹지 못했다.

선생님께서는 이날 곡을 하시면 노래 부르지 않으셨다.

곡哭은 조문을 가서 곡하는 것이다. 하루 동안 남은 슬픔이 다 끝나지
않았으므로 자연히 노래를 부를 수 없었다.

○ 성인의 마음은 자애롭고 애달프게 보아 어느 곳에도 이르지 않는 데
가 없다. 그러므로 나쁜 일이나 변고가 남에게 일어났더라도 마치 자신
에게 생긴 것처럼 여겼고, 그 일이 지나갔더라도 남은 정이 없어지지 않
았다. 성인의 도타운 인심仁心이 어느 때건 어디에서건 그와 같지 않은 적
이 없음을 알 수 있다. (성인의 마음은) 깨끗한 거울처럼 고요한 물[明鏡止
水]이니 맑고 깨끗하다는 식의 설명으로 해석할 수 있는 게 아니다.

10. 子謂顔淵曰: "用之則行, 舍之則藏, 惟我與爾有是夫." 子路曰: "子
行三軍, 則誰與?" 子曰: "暴虎馮河, 死而無悔者, 吾不與也. 臨事而懼,
好謀而成者也."

선생님께서 안연에게 말씀하셨다. "쓰이면 도를 행하고 버려지면 숨는
것은 나와 너만이 이럴 수 있다."

세상에 쓰이면 실행할 수 있는 도를 가졌으며, 쓰이지 않고 버려지면
숨을 수 있는 덕을 가졌다. 오직 공자와 안자만이 그렇다.

자로가 물었다. "선생님께서 삼군三軍을 지휘하신다면 누구와 함께 하시
겠습니까?"

12,500명이 일군一軍으로 대국大國이 삼군三軍을 운용한다. 자로는 삼군

을 지휘하려면 특별히 재능이 있어야 하지, "쓰이거나 버려졌을 때 도를 행하거나 은거하는" 사람이 할 수 있는 일이 아니라고 생각했다. 이 때문에 공자에게 "만약 삼군을 지휘한다면 안회와 함께 하겠습니까, 역시 저와 함께 하시겠습니까"라고 물은 것이다.

선생님께서 대답하셨다. "맨손으로 호랑이를 때리고 맨몸으로 강을 건너면서 죽어도 후회하지 않을 사람과는 나는 함께 하지 않을 것이다. 일에 임해 두려워하며 일을 잘 도모해 성공하는 사람과 함께 할 것이다."

폭호暴虎는 맨손으로 호랑이를 때려잡는 것이다. 빙하馮河는 맨몸으로 강을 건너는 것이다. 모두 보통 사람이 부리는 용맹으로, 자신을 온전히 구하는 길이 아니다. 그러므로 공자는 그들과 함께 하지 않는다. 일을 공경히 하며 함부로 행동하지 않고 사려 깊게 따지며 성공을 구하는 것이 실로 군자의 마음이며 많은 사람들이 믿고 의지하는 바다. 공자가 함께 하는 사람은 반드시 이런 데 있다. 자로의 혈기 넘치는 용맹을 억누르고 의리義理 있는 용맹으로 가르친 것이다.

○ 풍의*가 말했다. "도道는 본래 쓰이기를 기약한다. 홀로 자신을 선하게 할 뿐만이 아닌 것이다. 하지만 시대가 자기를 써 주지 않으면 세상에서 물러나 자신을 감출 뿐이다. 자기를 쓰려고 하는데 자신을 감추는 것은 어질지 않으며, 자신을 버렸는데 도를 행하려는 것은 지혜롭지 않다.

---

* 풍의(馮椅)는 송대의 학자로 자는 기지(奇之), 호는 후재(厚齋)이다. 주희에게 배웠으며 역(易)에 밝았다.

지금 시대에는 세상에 도움을 주어 공과 명예를 세우려는 사람들이 도를 행할 줄만 알지 자신을 감출 줄은 모른다. 자신을 깨끗이 하고 세상을 떠 나려는 사람은 자신을 감출 줄만 알지 도를 행할 줄은 모른다." 이것이 공 자가 온 세상을 널리 보고서 오직 안자만이 자신과 똑같다고 말한 이유 이다. 해설가들은, 안연은 벼슬을 원하지 않았다고 말하기까지 한다. 이 런 말은 안연의 행적만을 본 것이지 그의 마음은 모르는 것이다. 안연이 나라 다스리는 법을 물은 곳(「위령공」 제10장)을 보면 미루어 알 수 있다.

11. 子曰 : "富而可求也, 雖執鞭之士, 吾亦爲之. 如不可求, 從吾所好."

선생님께서 말씀하셨다. "부富를 구할 수 있다면 채찍 잡는 말단관리라 도 나 역시 될 것이다. 구할 수 없다면 내가 좋아하는 일을 따르겠다."

> 채찍 잡는 일은 천한 사람의 일이다. 만약 부富가 사람의 재능을 키워 주고 사람의 지혜를 더해 줄 수 있어서 추구할 만한 의義를 갖도록 해 준다면 천한 일이라 하더라도 또한 사양하지 않을 것이다. 만약 구해서 무익하다면 내가 좋아하는 것을 따라서 즐거워하는 게 낫다, 왜 꼭 애 를 써 가며 구하겠느냐, 라는 말이다. 내가 좋아하는 일이란 배움[學]을 말한다.

○ 구해 얻어서 보탬이 되는 게 있고, 구해 얻어 봤자 보탬이 되지 않는 게 있다. 인의충신仁義忠信은 구하면 얻지 못하는 것이 없어서 보탬이 되 지만, 부귀작록富貴爵祿은 꼭 얻을 수 없을 뿐만 아니라 얻어 봤자 보탬이

되지 않는다. 이것이 부를 구할 수 없는 이유이다. 공자는, "열 가구가 사는 마을에 나처럼 진실되고 믿음직스런 사람은 꼭 있겠지만 나처럼 배우기를 좋아하는 사람은 없을 것이다"(「공야장」 제27장)라고 말한 적이 있다. "부富를 구할 수 있다면 채찍 잡는 말단관리라도 나 역시 될 것이다"라는 말이 어떻게 학문을 버려두겠다고 공자가 한 말이겠는가.

12. 子之所愼 : 齊·戰·疾.

선생님께서 삼가신 것은 재계[齊], 전쟁, 질병이었다.

> 재齊라는 말은 재齊라는 문자 그대로의 말로 가지런하지 않은 것을 가지런하게 정리하는 것이다. 제사를 앞두고 삼가는 태도를 갖는 것을 말한다.

○ 재계는 신神과 만나는 일이기 때문에 분명 삼가지 않으면 안 된다. 전쟁은 국가의 큰일이며 사람의 목숨이 달려 있고, 질병은 우리 몸의 사생존망死生存亡이 걸렸으니 모두 삼가지 않을 수 없다. 성인은 평생토록 일상생활이 여유 있고 평화로워서 그 흔적을 볼 수 없다. 오직 이 세 가지 일에 대해서는 신중의 극치를 보였기에 문인門人이 기록하였다. 배우는 이들이 이 세 가지 문제에 구차하게 처신한다면 하늘을 배반하고 도에 어긋날 것이니 삼가지 않아서야 되겠는가.

13. 子在齊聞韶, 三月不知肉味, 曰 : "不圖爲樂之至於斯也."

선생님께서 제나라에 계실 때 '소'韶를 들으시고는 세 달 동안 고기 맛을 알지 못하셨다. "음악이 이런 경지에까지 이를 줄은 생각지도 못했다."

| 고기 맛을 알지 못했다는 말은 마음이 여기에 온통 쏠려 다른 것에 신경을 쓰지 못한다는 뜻이다. 공자가 성인(순임금)을 깊이 존경하고 옛것을 독실하게 좋아하였는데 문득 소韶를 듣고 세 달 동안 고기 맛을 알지 못하고서, "순임금이 만든 음악이 이토록 아름다운 경지에 이르리라곤 생각지도 못했다"라고 감탄하며 말했다. 최고의 진실이자 심오한 감동이어서 자기도 모르게 자연스레 나온 감탄이 이와 같았던 것이다.

○ 『사기』(「공자세가」)를 살펴보면, 본문의 "삼월"三月 앞에 "학지"學之(소韶 음악을 배우느라)라는 두 글자가 더 있다. 사마천은 "세 달 동안 고기 맛을 알지 못했다"는 말은 너무 문장이 꽉 막혀서 의미가 통하지 않는다고 보았기 때문에 "소를 배우느라"[學之]라고 두 글자를 더해서 그 의미를 더한 것 같다. 공자가 꿈에 주공을 보았다는 말을 살펴본다면 소를 듣고 고기 맛을 잊었다는 사실을 두고 무에 의심할 게 있겠는가.
○ 순임금은 훌륭한 성인의 덕을 가지고 가장 잘 다스려진 시대를 만났기 때문에 여러 성인의 음악이 "아름다움을 완벽하게 다 담고 선善을 완벽하게 다 담은" 소韶보다 못한 것이다. 공자는 우연히 이 음악을 듣고 마치 성인 순임금을 직접 본 것 같았고 몸은 태평한 시대에 있는 것 같았다. 마음으로 서로 통해 일치한 경지이지 그저 귀로 소리를 들은 것이 아니다.

○ 진사이는 논한다: 『대학』에, "마음이 있지 않으면 보아도 보지 못하고 들어도 듣지 못하며 먹어도 맛을 알지 못한다"(제7장)고 하였다. 이전 시대 유학자는 이 말의 뜻을 이렇게 이해하였다. "사람의 마음이 사물에 응하는 것은 각각 그 경우를 만나는 것으로, 일이 지나가면 마음이 평상을 회복한다. 사물에 고착되거나 머물러 있지 않는 것이 마치 거울이 사물을 비출 때 반응하면서도 흔적을 남기지 않는 것과 같다." 하지만 성인이 여러 보통 사람과 다른 이유는 마음이 머물러 있느냐 머무르지 않느냐에 있지 않고, 선을 좋아하는 마음이 돈독한가 그렇지 않은가에 있다. 선을 좋아하는 마음이 돈독하기 때문에 선善에 머무르는 마음 또한 깊다. 그러므로 성인과 현자가 사람을 뽑을 때 오로지 선을 좋아하고 배우기를 좋아한다는 점을 칭찬하지, 마음이 머물러 있느냐 머물러 있지 않느냐를 물은 적은 없다.

소韶는 음악 가운데 아름다움을 완벽하게 다 담았고 선善을 완벽하게 다 담았다. 여러 사람에게 듣게 하면 분명 기뻐하지 않을 리 없겠지만 이 음악을 좋아하는 마음이 돈독하지 않기 때문에 감동도 깊지 않다. 공자가 성인을 보고 싶어 하는 마음은 굶주린 사람이 먹을 것을 바라는 것과 같은 정도에 그치는 게 아니었다. 그러므로 그 음악을 듣게 되자 심취하고 정신이 편안해져 세 달이라는 긴 시간 동안 자신도 음식 맛을 모를 지경이었다. 고기를 먹을 때에는 먹는 일이 전부지만 소韶를 들을 때의 마음에는 음악을 듣고 남아 있는 생각이 아직 변하지 않아 음식 맛을 몰랐던 것이다. 만약 『대학』의 "마음을 올바르게 한다"[正心]는 설명으로 이 장을 판단하려 한다면 필시 공자의 마음도 올바르지 않은 것이 되어 버릴 것이다. 이전 시대 유학자는 『대학』의 말과 이 장이 서로 어긋나는 것을 싫어해 견강부회까지 하면서 일관되게 이해하려 하였다. 하지만 두 개가 모순되는 것은 끝내 조화되지 않더라도 어쩔 수 없다. 그러므로 나는 생각한다: 『대학』은 제나라와 노나라의 여러 유학자들이 편찬한 책으로 공자 문하의 원뜻과는 다른 것이다.

14. 冉有曰: "夫子爲衛君乎?" 子貢曰: "諾. 吾將問之." 入曰: "伯夷·叔齊, 何人也?" 曰: "古之賢人也." 曰: "怨乎?" 曰: "求仁而得仁, 又何怨." 出曰: "夫子不爲也."

염유가 물었다. "선생님께서 위衛나라 임금을 도와주실까?"
자공이 대답했다. "알았어. 내가 여쭤 볼게."

위爲는 돕다와 같은 말이다. 위나라 임금은 출공出公 첩輒이다. 영공靈公이 세자世子 괴외蒯聵를 위나라에서 쫓아내고, 영공이 죽자 위나라 사람들은 괴외의 아들 첩輒을 임금으로 세웠다(기원전 492년). 이때 진晉나라가 괴외를 위나라로 돌려보냈는데 첩이 그를 거부하였다. 염유는, 첩이 아들로서 아버지 괴외를 거부했으므로 공자가 그를 도와주지 않을 것이라고 생각했다. 그런 까닭에 자공과 얘기를 나누었는데 자공이 이렇게 응낙한 것이다.

○ 옛 주석(주희의 『논어집주』)에는, "이때 공자는 위나라에 있었다"고 하였다. 진사이는 살펴본다: 노나라의 계환자季桓子가 죽고(기원전 492년) 계환자의 아들 계강자季康子가 염구(염유)를 불렀으므로, 염구는 노나라 애공哀公 11년(기원전 484년)까지 노나라에 있었고 공자 역시 노

나라로 돌아와 있었다. 그 사이 8년 동안 염구가 위나라에 들른 일이 없었다. 지금 염구와 자공이 나누는 문답을 보니 이때 공자는 노나라에 있다고 하는 게 당연할 것 같다.

자공이 들어와 물었다. "백이·숙제는 어떤 사람입니까?"

위나라 출공 첩의 죄는 확실히 물어볼 것도 없었다. 하지만 공자의 인仁은 어떤 사람도 포기하지 않았으므로 아직 알 수가 없었다. 백이·숙제는 악惡을 매우 미워하는 사람들이었다. 때문에 자공은 이들에 대해 선생님께 물어서 백이·숙제를 인정하는지 하지 않는지 어떤지를 보고 출공을 도와주실 것인가 여부를 결정하려 한 것이다.

선생님께서 대답하셨다. "옛날의 현인이었다."

"원망했습니까?"

"인仁을 구하다가 인을 얻었는데 또 무엇을 원망했겠느냐."

자공이 나와서 말했다. "선생님께서는 도와주지 않으실 거야."

원怨은 한恨을 품는다는 말이다. 백이·숙제의 행실이 고상하지만 사실은 모두 자애롭고 안타까워하는 마음에서 나와 털끝만큼도 원망하는 대상이 없었다는 말이다. 그런 까닭에, "인仁을 구하다가 인을 얻었는데 또 무엇을 원망했겠느냐"라고 말했다. 자공은 선생님이 백이·숙제를 현인으로 인정한 것을 알았지만, 그들이 원망하는 마음을 갖고 있었다면 선생님이 인정하지 않으실 거라고 여전히 의심하였다. 때문에 또 "원망했습니까?"라고 물은 것이다. 선생님이 또 그들이 인仁하다고 인정하자 그제서야 선생님이 끝내 출공 첩을 돕지 않을 줄 알게 되었다.

○ 백이·숙제의 일은 전해지는 기록이 상세하지 않다. 『맹자』에는, "바른 임금이 아니면 섬기지 않았고, 바른 친구가 아니면 사귀지 않았으며, 악인의 조정에는 서지 않았고, 악인과는 말하지 않았다"(「공손추」제9장)라고 하였다. 『사기』(「백이열전」伯夷列傳)에 기록된, 형제가 서로 나라를 양보했다는 일은 믿을 수 없다. 이런 이유로 단지 『맹자』에 의거해 판단했다.

○ 자공의 질문은 세상에서 말하는 은어隱語와 같은 것으로 공자는 처음에는 그 뜻이 어디 있는지 알지 못하고 곧바로 백이·숙제가 현명하고 어질다고 칭찬했다. 자공은 마침내 공자가 위나라 임금을 돕지 않을 것을 알고 다시는 위나라 임금의 일을 가지고 묻지 않았다. 자공이 성인의 마음을 깊이 이해하지 않았다면 이렇게 물을 수 없었을 것이다. 또 다른 사람에 대해 한 마디도 허투루 하지 않는 성인의 진실성[誠]과 아울러 공자의 말은 곧 행동과 같아서 조금도 어긋나지 않는 것이 해와 달과 별이 하늘을 돌 때 그 진퇴와 운행경로를 모두 예측해 알 수 있는 것과 같은 것임을 충분히 볼 수 있다.*

---

* 백이·숙제가 위나라 출공(出公)과 어떻게 관련이 되기에 자공은 선생님은 돕지 않는다고 판단을 내린 것인가. 백이·숙제는 고죽국(孤竹國)의 왕자들이었다. 임금이 왕위를 막내 숙제에게 넘겨주려 하였으나(왕위의 장자상속은 후대에 생겨난 사상이다) 숙제는 형 백이에게 양보했고 백이는 아버지의 뜻을 어길 수 없다며 임금 자리를 받지 않았다. 결국 두 형제는 나라를 떠나고 홀로 남은 가운데 형제가 왕위에 오르게 된다. 공자는 왕위를 양보하고 원망하는 마음도 품지 않은 두 사람을 덕 있는 사람들로 높이 평가한 것이다. 지금 위나라는 아들이 임금 자리를 차지하고 아버지의 입국을 막고 있으니 백이·숙제의 행적과 비교할 때 공자가 어떤 평가를 내릴지 자명하다. 공자는 덕 있는 사람이 정치를 해야 한다고 일관되게 주장한 사람이었다. 당시 위나라의 정치적 긴장이 높아갈 때 이 사건을 직접 언급하지 않고 우회하며 서로 심중을 읽은 것이다. 선문답 같은 이런 절묘한 대화방식이 후대에 끼친 영향력은 새삼 재론할 필요가 없을 것이다.

15. 子曰: "飯疏食飲水, 曲肱而枕之, 樂亦在其中矣. 不義而富且貴, 於我如浮雲."

선생님께서 말씀하셨다. "거친 밥을 먹고 물을 마시며 팔을 굽혀 베개로 삼아도 즐거움이 그 속에도 있다. 불의不義로 부유하고 귀하게 되는 일은 내게 뜬구름과 같다."

┃ 반飯은 '먹다'이다. 소사疏食는 거친 밥이다.

○ 성인의 마음은 도리와 의義에 순전할 뿐 다른 생각이 없다. 불의不義한 부귀富貴 보기를 마치 뜬구름이 아득해서 마음에 아무 움직임이 없는 것과 같이 하였다.

○ 진사이는 논한다: 맹자는 "도리와 의가 우리 마음을 기쁘게 하는 것은 고기가 우리 입을 기쁘게 하는 것과 같다"(「고자 상」 제7장)라고 하였다. 성인의 즐거움은 분명 말로 형용할 수 없지만 도리와 의를 버려두고 어떻게 이른바 즐거움이 존재하겠는가. "불의로 부유하고 귀하게 되는 일은 내게 뜬구름과 같다"는 말을 보면 공자가 즐거워하는 게 어떤 것인지 분명히 알 수 있다. 하지만 성인의 마음은 도리와 의와 혼연일체되어 어떤 흔적도 볼 수 없다. 그러므로 도리와 의만으로는 형용할 수 없으니, 참으로 위대하다.

16. 子曰: "加我數年, (五十)以學易, 可以無大過矣."

선생님께서 말씀하셨다. "내가 몇 년 공부를 더해 (50)『역』을 배워 큰 잘못이 없을 수 있었다."

│ 수년數年은 몇 년 동안의 공부라는 말이다. 오십五十이라는 글자는 (의미가) 확실하지 않다. 『사기』 「공자세가」에도 오십五十이라는 글자는 보이지 않는다. 그러므로 지금은 빼놓고 해석하지 않는다.

○ 『역』이라는 책은 음양陰陽이 성장하고 쇠퇴하는 변화를 궁구窮究해서 벼슬에 나아가고 물러남, 보존과 멸망의 이치를 밝혔다. 그 가르침은 겸손과 덜어냄에 처하는 것을 귀하게 보며, 채움과 충족에 머무르는 것을 싫어한다. 때문에 이를 배우면 큰 잘못이 없을 수 있는 것이다. 그러므로 "큰 잘못이 없을 수 있다"[可無大過]는 말 한마디는 실로 『역』 64괘의 뜻을 다 포괄할 수 있다. "생각에 사악함이 없다"[思無邪]는 한마디 말이 『시경』 300편을 다 포괄하는 것과 같다.

○ 진사이는 논한다: 옛날에 포희씨包犧氏가 왕이 되어 천하를 다스릴 때 위로 하늘을 우러러보고 아래로 땅을 관찰해 가깝기로는 신체에서부터 멀리로는 사물에까지 기준을 취해 처음으로 8괘를 만들어 천지신명[神明]의 덕을 유추하였다. 더욱이 음양陰陽이 생겼다가 사라지는 변화와 만물이 태어나고 자라는 이치까지 제시해 주었다. 은殷나라 말기에 주나라가 번성하면서 길흉과 관련지어 판단해 점쳤으므로 『주역』周易이라고 불렀다. 공자에 이르러 홀로 선왕先王의 덕을 조술祖述하고 오로지 인의仁義의 덕을 숭상했다. 그러므로 평소에 문하의 제자들과 이야기한 내용은 『시』·『서』의 인의의 말에 대한 정성스런 설명이 아닌 게 없었지만 『역』에 대해 언급한 말은 겨우 이 장뿐이다. 공자 이전에는 분명 『역』은 점치

는 책이었지만 공자에 이르러 오로지 의리로 판단하고 다시는 옛 습관을 따르지 않았다. 맹자도 늘『시』·『서』를 인용하고『춘추』를 논하면서도『역』에 대해 한마디도 언급한 적이 없는 것은 그 공부가 인의를 숭상하고 효제孝弟에 힘쓰며 "마음을 보존하고 좋은 본성을 기르는"[存心養性] 일을 가르침으로 삼았기 때문이며,『역』에서는 오로지 이로움[利]만 말했기 때문이다. 처세하는 방법에 대해서『역』은 하나하나 자세히 설명하고 두려워하게도 하고 권면하기도 해 사람에게 크게 유익하다. 그런 까닭에 공자도『역』을 취했던 것이다. 공자와 맹자를 배우려는 사람들은 오로지『시』·『서』·『춘추』를 숭상해야 하지만『역』을 읽는 일에 있어서는 공자가 "큰 잘못이 없을 수 있다"라고 한 말을 가지고『역』을 탐구해야 하며 점치는 책으로 보아서는 안 된다.

17. 子所雅言, 詩·書. 執禮, 皆雅言也.

선생님께서 평소에 하시는 말씀[雅言]은『시』·『서』였다. (여기서 문장을 끊어 읽는다.) 예를 집행하실 때는 모두 평소에 하시던 말씀이었다.

│ 아雅는 늘 하는 것이다. 집執은 지키는 것이다. 예를 집행하고 지키는 일
│ 은 꼭『시』·『서』에 나오지 않더라도 모두 늘 말씀을 하셨다.

○『시』는 인간의 감정과 본성을 말하는 책이다.『서』는 정사政事를 말하는 책이다. 모두 인륜과 일상의 실질적인 생활에 절실한 것이기 때문에 항상 이에 대해 말하는 것이다. 예를 지키면서 변하지 않는 부분이 있다

면 선왕의 문헌에 꼭 나온 게 아니라 해도 또한 늘 이에 대해 말하는 것이다. 그래서 배우는 이들에게 성현聖賢의 훌륭한 덕 안에 에워싸여 이전 사람들이 닦은 선한 행동을 본받도록 할 수 있었다.

○ 진사이는 논한다: 높은 곳에서 도를 찾고 먼 곳에서 일을 찾는 것은 배우는 사람들에게 늘 있는 병이다. 오직 『시』·『서』의 가르침만이 인간의 감정에 가깝고 일상생활에 통용된다. 애초부터 사람과 멀리 떨어진 것을 도라고 하지 않았으며 또한 사람과 멀리 떨어진 것은 말하지 않았다. 그리고 예를 집행하며 지킬 수 있는 것은 사士의 기풍에 모범이 되고 세상의 풍속을 잘 유지할 수 있다. 이런 이유로 공자는 『시』·『서』·예禮 이 세 가지를 늘 말했던 것이다.

불교와 노장의 학문이 사회를 떠나 속세와 관계를 끊고 고원만을 추구하면서 세상과 통하지 못하는 이유는 실로 『시』·『서』의 이치를 이해하지 못하기 때문이다. 그런데 후세의 유학자들 역시 『시』를 외우고 『서』를 읽을 줄 알면서도 지나치게 난해하고 심오한 것을 찾지, 평이平易하고 인정人情에 가까운 데서 도를 찾을 줄은 모른다. 그러므로 그들의 언행에 드러나는 것은 늘 순조롭지 않고 난해·심오한 것을 찾지 못한 걱정만 있을 뿐 정대正大하고 조용한 기상이라곤 없다. 이른바 책 읽기가 어려운 게 아니라 잘 읽기가 어려운 게 아니겠는가.

18. 葉公問孔子於子路, 子路不對. 子曰: "女奚不曰, 其爲人也, 發憤忘食, 樂以忘憂, 不知老之將至云爾."

섭공葉公이 자로에게 공자에 대해 물었는데 자로가 대답하지 않았다.

| 섭공은 초나라 섭현葉縣을 다스리던 사또[尹]*로, 성명은 심저량沈諸梁이
며 자는 자고子高다. 공公이라고 주제넘게 칭하였다. 자로는 성인의 덕
은 실상 언어로 말하기 쉽지 않다는 사실을 알았기 때문에 대답하지 않
은 것이다.

선생님께서 말씀하셨다. "너는 왜 말하지 않았느냐, 그분은 분발해 공부
에 빠지면 밥 먹는 것도 잊고, 즐기느라 근심도 잊으며, 늙어간다는 것조
차 모르는 사람일 뿐이라고."

| 운이云爾는 다르게는 말할 게 없다는 뜻이다. 자로가 대답하지 않았기
때문에 공자 자신이 대신해서, "배우기를 좋아하고 도를 즐기며 생명
이 다하는 것도 모를 뿐이다"라고 말한 것이다.

○ 도는 끝이 없어 터득하기 어려운 줄 알기 때문에 분발해 공부했던 것
이다. 도는 편안하게 자리를 잡으면 다른 것은 구할 게 없는 줄 알기 때
문에 즐거워했던 것이다. 분발하기 때문에 더욱 힘을 쓰고, 즐기기 때문
에 지겨워하지 않는다. 이것이 밥 먹는 것과 근심을 잊고 늙어가는 것도
모르는 이유이다.

---

* 초나라에서는 큰 현의 우두머리를 공(公)이라 했고 작은 현의 우두머리를 윤(尹)이라 했다. 진사
이는 주석에서 윤(尹)으로 명시하고 윤(尹)인 주제에 공(公)으로 참칭했다고 했다. 이때 공은 큰
현의 우두머리로 참칭했다는 뜻이 아니고 중앙조정의 공경대부로 참칭했다는 뜻이다.

19. 子曰: "我非生而知之者, 好古敏以求之者也."

선생님께서 말씀하셨다. "나는 태어나면서 아는 사람이 아니라 옛것을
좋아하고 부지런히 탐구하는 사람이다."

| 태어나면서 아는 것[生而知之]이란 배울 필요도 없이 저절로 아는 것이
　다. 민敏은 빨리라는 말로, 부지런히 한다는 말이다.

○ 당시 사람 가운데 공자는 태어나면서 알아 배우지 않았다고 생각하
는 사람이 있었다. 그러므로 이 말을 해서 그들을 깨우쳐 준 것이다. 옛것
은 현재에서 증거를 찾을 수 있고 옛것을 거치지 않고 현재가 될 수 있는
것은 없다. 지나간 일을 통해 옛것을 살펴보는 일은 그림을 가지고 거울
을 찾아 비춰 보는 것과 같아서, 성공과 실패, 이익과 해악의 자취가 명확
하게 드러나 모두 현재의 모범이 된다. 공자는 태어나면서 아는 성인이
면서도 오히려 옛것을 추구하는 일에 부지런했던 것은 그 이익을 다 헤
아릴 수 없었기 때문이었다. 더욱이 배우는 사람의 위치에서 보자면 분
명 태어나면서 아는 성인이 존재하겠지만, 성인의 위치에서 보자면 본래
태어나면서 다 아는 자질이란 없다. 어째서인가? 도는 끝이 없기 때문에
배움도 끝이 없기 때문이다. 끝이 없는 도를 모조리 공부하려면 학문의
도움을 통하지 않고서는 할 수가 없다. 이것이 공자와 같은 성인도 오히
려 공부를 부지런히 했던 이유다.

20. 子不語怪·力·亂·神.

선생님께서는 괴상한 것, 힘쓰는 일, 어지러운 것, 귀신은 말씀하지 않으셨다.

> 괴怪는 괴상한 일을 한다[行怪]고 할 때의 괴상함을 말한다. 일상적인 것이 아닌, 놀라운 행동을 가리킨다. 역力은 힘을 쓰는 것이다. 난亂은 도리를 파괴하고 어지럽히는 것이다. 신神은 신비하고 이상한 일이다. 이런 것을 말하면 반드시 사람들이 정상을 싫어하고 덕을 가볍게 보게 되기 때문에 공자는 이것을 모두 말하지 않은 것이다.

○ 이 장은 성인의 한 마디 말, 한 번의 침묵에도 모두 가르침이 존재함을 보여 준다.

○ 사씨(사량좌謝良佐)가 말했다. "성인은 일상적인 것을 말하지 괴이한 것을 말하지 않으며, 덕을 말하지 힘쓰는 것을 말하지 않으며, 잘 다스리는 일을 말하지 난亂을 말하지 않으며, 사람에 대해서 말하지 귀신을 말하지 않는다. 이렇게 해서 백성을 보호했던 것인데 여전히 괴력난신怪力亂神을 좋아하는 자들이 있으니 사람이란 얼마나 쉽게 홀리는가."

○ 진사이는 논한다: 공자는 "귀신을 공경하되 멀리하라"(「옹야」제20장)고 말하였고, 또 "사람을 잘 섬기지 못하는데 어떻게 귀신을 섬길 수 있겠느냐"(「선진」제11장)라고 말하였다. 사람들이 사람으로서의 도리를 닦지 않고 귀신에게 아첨하며 모독하는 일을 경계한 것이다. 이 장에서 "말하지 않았다"[不語]고 직설적으로 말한 것은 괴이한 말들이 후세를 홀리는 일을 만들까 두려워 근원을 막아 버리고 뿌리를 뽑아 버려 여러 논

의들과 완전히 단절했음을 더욱 잘 알 수 있다. 이런 관점에서 보자면, 후세에 예禮를 기록한 책들이 공자의 말이라고 칭하면서 귀신과 괴이한 일을 설명한 것들은 모두 억지로 끌어다 붙인 말일 뿐이다.

21. 子曰 : "三人行, 必有我師焉. 擇其善者而從之, 其不善者而改之."

선생님께서 말씀하셨다. "세 사람이 길을 가면 반드시 나의 스승이 있기 마련이다. 좋은 사람을 택해 따르고 좋지 않은 사람은 고친다."

○ 이 말은 스승을 찾기는 아주 가깝고 도는 매우 넓다는 사실을 밝힌 것이다. 세 사람이 모여 있을 때 선한 사람과 불선不善한 사람을 명확히 알 수 있다, 내가 다만 그 가운데 선인의 행동을 따르고 불선한 사람의 행동을 고치면 선인이건 불선한 사람이건 모두 나의 스승이 아닌 자가 없다. 사람들은 늘 훌륭한 스승과 좋은 친구가 없다고 탄식하지만 어느 때인들 스승이 없는 적이 없으며 어느 곳인들 스승이 없는 적이 없으며, 진정으로 마음을 다해 스승을 찾으면 반드시 참된 스승은 있다는 사실을 전혀 모른다. 그러므로 말한 것이다: "돌아가서 구하면, 스승을 찾고도 남을 것이다."(『맹자』「고자 하」 제2장) 사람들은 스승을 찾지 않는 것을 근심해야 한다.

22. 子曰 : "天生德於予, 桓魋其如予何."

선생님께서 말씀하셨다. "하늘이 나에게 덕을 주셨는데 환퇴桓魋 그 자가 나를 어떻게 하겠느냐."

『사기』「공자세가」를 보면, 공자가 송나라에 가서 제자들과 큰 나무 아래에서 예禮를 익히고 있을 때 송나라 사마司馬로 있던 환퇴가 공자를 죽이려고 그 나무를 베어 쓰러 뜨렸다. 공자가 자리를 뜨자 제자들이 말했다. "빨리 가셔야 합니다." 그러므로 공자가 이 말을 한 것이다.

○ 주씨가 말했다. "공자의 말은, 하늘이 나에게 이미 이런 덕을 주셨으니 환퇴가 나를 어찌 하겠느냐, 라는 뜻이다. 결코 하늘의 뜻을 어기고 자신을 해칠 수 없다는 말이다."

○ 진사이는 논한다 : 어떤 사람이 말했다. "환퇴는 난폭한 인간이고 공자는 나그네입니다. 환퇴가 공자를 죽이려고 하는데 꺼릴 게 뭐라고 하지 않았겠습니까. 이때에는 하늘에 맡기기는 어려울 것 같습니다." 진사이는 대답하였다. "그렇지 않다. 하늘에는 필연의 이치가 있고, 사람에게는 스스로 선택하는 길이 있다. 『서』에 '착한 일을 하면 온갖 좋은 일을 내려 주고, 착하지 않은 일을 하면 온갖 재앙을 내린다'(「이훈」伊訓)라고 하였고, 『역』에 '착한 일을 많이 한 집에는 반드시 넘치는 복이 있으며, 착하지 않은 일을 많이 한 집에는 반드시 넘치는 재앙이 있다'(곤괘坤卦·문언文言)라고 하였다. 이런 말은 하늘에는 필연의 이치가 있음을 말한다. 『시』에 '길이 천명에 부합해 복이 많기를 스스로 구한다'(「대아·문왕」)라고 하였고, 『서』에 '하늘이 만든 허물은 그래도 피할 수 있지만 자신이

만든 허물은 달아날 수 없다'(「태갑太甲 중中」)라고 하였다. 이런 말은 사
람에게는 스스로 선택하는 길이 있음을 말한다. 이런 말들은 논리적으
로 설명한다고 해서 다 밝힐 수 있는 게 아니다. 주씨가, '성인은 환퇴가
자신을 해칠 수 없음을 알기는 했지만 근심을 피하는 일에 대해 깊이 생
각하지 않은 적이 없었다. 근심 피하는 일에 대해 깊이 생각하기는 했지
만 일에 대처할 때는 여유롭지 않은 적이 없었다. 이런 것을 두고 이른바
'나란히 가면서도 서로 어긋나지 않는다'(『중용』 제30장)라고 하는 것이
다'라고 말했다. 이 말은 공자에 대해서 잘 논했다고 할 수 있다."

23. 子曰 : "二三子, 以我爲隱乎. 吾無隱乎爾. 吾無行而不與二三子者,
是丘也."

선생님께서 말씀하셨다. "너희들은 내가 숨긴다고 생각하느냐. 나는 너
희에게 숨기는 것이 없다. 나는 어떤 행동도 너희들에게 보여 주지 않는
것이 없다. 이것이 나다."

| 여與는 '보여 주다'[示]와 같은 말이다.

○ 문하의 제자들은 공자의 도가 높고 심오해 거의 도달할 수 없다고 생
각했고 선생님의 말 한마디, 행동 하나하나가 모두 조용하고 평이하면서
도 언행言行이 혼연일체가 되어 아무 흔적이 없음을 보고 자신들에게 숨
기는 것이 있는 게 아닐까 의심했다. 때문에 공자가 이 말로 그들을 깨우
쳐 준 것이다.

○ 진사이는 논한다: 『논어』 20편은 말 한마디, 행동 하나하나가 모두 나의 스승이 아닌 게 없다. 그런 까닭에, "나는 어떤 행동도 너희들에게 보여 주지 않는 것이 없는 사람이다. 이것이 나다"라고 한 것이다. 성인의 도는 높지도 않고 낮지도 않으며 어렵지도 않고 쉽지도 않아 천하에 통용되고 만세萬世에 전해질 수 있으며 잠시도 떨어질 수 없는 것이다. 실로 중용의 극치라 하겠다. 성인은 높은 곳에 있어 배울 수 없다고 생각하는 것은 분명 도를 모르는 것이며, 성인은 가까운 곳에 있어 배우기에 부족하다고 생각하는 것 또한 이단의 무리들로 더욱 도를 모르는 것이다. 오직 안자顔子처럼 공자의 말에 "기뻐하지 않는 것이 없어야"(「선진」 제3장), 그런 뒤에 『논어』를 잘 안다고 하겠다.

24. 子以四敎: 文·行·忠·信.

선생님은 네 가지 가르침을 쓰셨다. 문文·행行·충忠·신信이다.

○ 이것은 공자학파의 전통적인 교육 방법이다. 문文은 지식을 완성하고, 행동[行]은 선을 실천하며, 충忠은 자신의 참됨을 다하고, 신信은 남을 대하는 것이다. 영원한 학문의 규범이라고 하겠다. 배우는 사람들은 삼가 잘 지켜야 하지 툭하면 그 방법을 바꿔서는 안 된다.

○ 진사이는 논한다: 네 가지 가르침 가운데 충·신을 최종 귀착지로 삼아야 한다. 바로 "충신忠信을 주로 한다"(「학이」 제8장, 「자한」 제24장 등)는 뜻이다 충·신이 아니면 도를 어떤 것으로도 밝힐 수 없고, 덕을 어떤 것으로도 성취할 수 없다. 예禮는 충·신을 행동으로 미루어 나간 것이며,

경敬은 충·신이 겉으로 발휘된 것이다. 바로 인간의 도리가 설 수 있는 바탕이며 온갖 일이 이루어지는 바탕이다. 무릇 배우는 사람들은 충·신을 주로 하지 않으면 안 된다. 그런데 후세의 여러 유학자들이 별도로 각자 종지宗旨를 세워 학문의 핵심이라고 말하는 것은 어떻게 된 일인가.

25. 子曰 : "聖人吾不得而見之矣, 得見君子者, 斯可矣." 子曰 : "善人吾不得而見之矣, 得見有恒者, 斯可矣. 亡而爲有, 虛而爲盈, 約而爲泰, 難乎有恒矣."

선생님께서 말씀하셨다. "성인聖人은 내가 보지 못하더라도 군자를 볼 수 있다면 그것으로 좋겠다."

| 성인은 어짊[仁]과 지혜[知]가 하나로 합치되어 행동이 극치에 이르렀음을 가리키는 명칭이다. 군자는 덕을 가진 사람의 통칭이다.

선생님께서 말씀하셨다. "선인善人은 내가 보지 못하더라도 한결같은 사람을 볼 수 있다면 그것으로 좋겠다.

| 주씨가 말했다. "여기의 '자왈'子曰이라는 두 글자는 군더더기 같다." 성인과 군자는 덕을 가지고 말했고, 선인과 한결같은 사람[有恒者]은 자질을 가지고 말했다.

없는데도 있는 척하고, 비었는데도 가득 찬 척하고, 적은데도 많은 척하면 한결같음을 유지하기 어려울 것이다."

주씨가 말했다. "이 세 가지는 모두 허튼소리이고 과장하는 일이다. 이런 행동을 하는 사람은 전혀 상도常道를 지킬 수 없을 것이다." "한결같음을 유지하기 어렵다"고 말한 것은 선인·군자·성인이 되기가 더욱 어렵고 쉽게 될 수 없음을 명확히 밝힌 것이다.

○ 이 말은 공자가 현자賢者를 깊이 좋아했음을 보여 준다. 선善을 좋아하면 세상을 다스리고도 남는다. 현자를 좋아하는 것은 선을 좋아하는 실제이기도 하다. 공자가 현자를 보고 싶어 하는 마음은 배고프고 갈증 난 사람이 음식을 바라는 것에 비할 바 아니다. 또한 도가 끝이 없으면 없을수록 배움도 더욱더 무궁할 것임을 알게 된다. 배우는 사람이 공자의 마음과 만분의 일이라도 닮으면 또한 성인의 경지에 들어갈 수 있으며 임금이 공자의 마음과 만분의 일이라도 닮으면 천하국가를 다스리는 데 무슨 어려움이 있겠는가.

○ 증공*이 말했다. "공자시대에는 확실히 성인을 볼 수 없었겠지만 군자·선인·한결같은 사람이 왜 없었겠는가. 하지만 공자가 이렇게 말한 것은 그런 사람이 적어서 보고 싶었기 때문이었을 것이다. 그런 사람을 보게 되면 또 기뻐하며 그에게 나아가, '군자로구나, 이런 사람은'(「공야장」 제2장)이라고 말했던 것이다. 이런 종류의 말은 뜻을 이해하면 말에 얽매이지 말고 잊어야 한다."

---

* 증공(曾鞏)은 송나라 때의 문인, 관리로 당송팔대가(唐宋八大家)의 한 명이다. 자는 자고(子固)이며 남풍(南豊)선생으로 불린다.

26. 子釣而不綱, 弋不射宿.

선생님께서는 낚시질은 하시지만 그물질은 하지 않으셨고 주살질은 하시지만 자는 새는 쏘지 않으셨다.

그물질[綱]은 큰 줄로 그물을 엮어 흐르는 물을 막고 고기를 잡는 것이다. 주살[弋]은 줄로 화살을 묶어 쏘는 것이다. 숙宿은 자는 새를 말한다. 홍씨(홍흥조洪興祖)가 말했다. "공자는 어렸을 때 가난하고 신분이 보잘 것없어서 부모를 봉양하거나 제사를 지내려고 혹 어쩔 수 없이 낚시와 주살질을 했다. 사냥물을 비교한 일[獵較](『맹자』「만장 하」제4장) 따위가 그렇다. 하지만 사냥감을 다 잡아 버리는 일은 의도치 않게 벌어질 수 있는데도 또한 하지 않았다. 여기서 어진 사람의 본심을 보게 된다. 사물을 대하는 것이 이와 같았으니 사람을 어떻게 대할지 알 수 있으며 작은 일에도 이러하니 큰일은 어떠할지 알 수 있다."

○ 이 장은 공자의 도덕이 만세에 탁월함을 보여 준다. 하지만 근본적으로 세상을 떠나 고고하지 않고 속세와 어긋나 홀로 존재하지 않으니 이것이 바로 중용의 극치가 되는 이유이다. 한유韓愈가, "말을 뱉으면 경經이 되고 발을 움직이면 법法이 된다"(「진학해進學解」)고 하였는데 오직 성인만이 그러했던 것이다.

○ 진사이는 논한다: 인仁은 천하의 큰 덕이며 의義는 천하의 큰 작용이다. 인이 아니면 만물이 자라지 않으며 의가 아니면 모든 일이 행해지지 않는다. 두 가지는 서로를 필요로 하며 떨어질 수 없다. 성인이 낚시하고 주살질한 일을 보고 난 뒤에야 의를 없앨 수 없음을 알며, 그물질을 하

지 않고 자는 새를 쏘지 않은 일을 보고 난 뒤에야 또 인을 제거할 수 없음을 알 수 있다. 숲을 태우고 연못을 말려서 하늘이 낸 생물을 난폭하게 죽이는 행동은 분명 인이 될 수 없다. 심지어 도살을 금지하고 살생을 경계하며 조상의 사당에 희생물을 바치지 않는 자들조차도 의는 없앨 수 없다는 걸 알지 못하는데, 어떻게 다시 인이 될 수 있겠는가. 그들 모두 천하에 통용될 수 없다는 점에서는 똑같다. 그러므로 성인은 천하에 통용될 수 있는 것을 도道로 삼았지 한 사람에게만 통하는 것으로 천하에 강제하지 않았으며, 온 시대에 통용될 수 있는 것을 가르침으로 삼았지 한 시대에 통용되는 것으로 온 시대를 규정하지 않았다. 완전하다고 하겠다.

27. 子曰: "蓋有不知而作之者, 我無是也. 多聞擇其善者而從之, 多見而識之知之次也."

선생님께서 말씀하셨다. "알지 못하면서 창작하는 사람이 있기도 하겠지만 나는 이런 것이 없다.

│ 부지이작不知而作은 이치도 모르면서 창작하는 것이다.

많이 듣고 그 가운데 좋은 것을 선택해 따랐고, 많이 보고 기억했으니 아는 사람의 다음이라 하겠다."

│ 지識는 기억하는 것이다. "많이 듣고 그 가운데 좋은 것을 선택했다"는
│ 말은 모범으로 삼는 것이 있다는 말이며 "많이 보고 이를 기억한다"는

말은 참고로 삼는 것이 있다는 말이다. 모두 감히 자신이 창작하지 않고 많은 사람에게서 가져오는 일이니 보고 듣지 않고도 아는 사람의 다음이 될 수 있다. 성인은 널리 여러 사람의 지혜에 도움을 받지 감히 자기 마음대로 하지 않는 것이 이와 같았다.

○ 널리 듣는다. 그러나 선악의 실상이 막연하다. 그러므로 그 가운데 좋은 것을 선택해 따르는 것이다. 실질적인 것을 본다. 그러면 이익과 해악의 자취가 선명하다. 그러므로 곧바로 기억하는 것이다. 이런 행동은 모두 경계가 되며 지식을 넓혀 줄 수 있다. 문인門人들은 공자가 태어나면서부터 아는 성인이면서도 스스로 매우 겸손하게 처신하는 것을 본 뒤에야 그 덕이 위대하다는 사실과 견문의 효과를 소홀히 해서는 안 된다는 사실을 알게 된다. 성인은 도를 매우 깊게 체득하고 널리 선善을 모으기 때문에 자기도 모르게 말이 겸손하기가 이와 같은 것이다. 저 말이 과대한 자들은 그 도道가 확실히 작고, 행실이 지나치게 고고한 자들은 그 덕이 확실히 천박하다. 오직 중용의 덕만이 완전할 뿐이다.

28. 互鄕難與言, 童子見, 門人惑. 子曰: "與其進也, 不與其退也, 唯何甚. 人潔己以進, 與其潔也, 不保其往也."

호향互鄕 사람은 말을 나누기가 어려웠는데 한 소년이 찾아오자 제자들이 의아하게 생각했다.

│ 호향은 마을 이름이다. 그 동네 풍속이 좋지 않은 일에 익숙해 함께 선

을 이야기하기 어려웠다. 혹惑은 의아하게 생각한다는 말이다.

선생님께서 말씀하셨다. "그가 보러 온 것을 허락했을 뿐 그가 물러나 하
는 일은 인정하지 않았는데 무엇이 심하다는 것이냐.

| 여與는 허락한다는 말이다. 공자가 제자들에게, "다만 저 소년이 내게
로 와서 만나 보는 것을 허락했을 따름이지, 그가 물러난 뒤에 좋지 못
한 일을 행하는 것에 대해선 허락한 것이 아니다. 내가 어찌 그리 심한
일을 하겠느냐"라고 말한 것이다.

사람이 자신을 깨끗이 해서 왔으면 그가 깨끗이 됐음은 인정해야지 과거
의 잘못을 마음에 남겨 두어서는 안 된다."

| 결潔은 몸을 닦고 다스리는 것이다. 왕往은 과거이다. 사람이 자신을 깨
끗이 하고 오면 다만 그 스스로를 깨끗이 했음은 인정해야지 과거에 했
던 선악을 마음에 남겨 두지는 않는다는 말이다.

○ 만물을 창조하고 변하게 하는 천지는, 사는 것은 자연스레 살고 죽는
것은 자연스레 죽는 가운데서도 만물을 생성하는 마음이 그 사이에서
자연히 쉬는 일이 없다. 성인이 남을 대하는 인자함은 이런 천지와 같으
니 얼마나 위대한가. 『맹자』에, "가는 사람 쫓아가 잡지 않고 오는 사람
막지 않는다. 이런 마음(도를 추구하는 마음)으로 온다면 받아 줄 뿐이다"
(「진심 하」 제30장)라고 하였는데, 공자의 도를 잘 설명했으며 만세萬世에
깨우침을 전해 준 말이라고 할 수 있다. 이단은 사람을 유혹하면서 자기
를 따르라 하고 작은 유학자는 남들이 자신에게서 떠나는 것을 싫어한

다. 성인의 도와는 분명 하늘과 땅 차이다.

29. 子曰 : "仁遠乎哉. 我欲仁, 斯仁至矣."

선생님께서 말씀하셨다. "인仁이 멀리 있는가. 내가 인을 바라면 바로 인에 도달한다."

○ 이는 인仁이 아주 가깝다고 말한 것이다. 배우는 사람은 인이 아주 멀리 있어서 도달하기 어렵다고 생각하지만 인은 바라면 바로 도달하니, 멀리 있는 게 아니라는 사실을 전혀 모르는 것이다. 인은 천하의 미덕美德으로, 우리의 선한 본성으로 추구한다면 마치 땔감을 불에 던지는 것처럼 매우 빠르게 도달할 텐데, 무엇을 꺼려 추구하지 않는가.

○ 진사이는 논한다 : 인仁은 천하의 큰 덕이며 그 일은 매우 가까이 있어 인을 행하는 것은 자신에게 달렸다. 그렇기 때문에 "내가 인을 바라면 바로 인에 도달한다"고 말한 것이다. 하지만 이전 시대 유학자(주희)는 인을 본성에 구비된 리理로 보고, 인욕人欲을 없애고 하늘이 준 최초의 본성을 회복하는 것이 인을 구하는 공부라고 보았다. 그렇다면 인과 사람의 관계는 사지와 온갖 뼈가 우리 몸에 다 구비된 것과 같은 것이다. 사람마다 인을 다 가지고 있는데 천하에 어찌 어질지 않은 사람이 있겠는가. 또한 어떻게 "도달한다"는 말을 굳이 썼겠는가. 비유해 보자. 마음은 땔감이고 인은 불과 같아서, 땔감은 불에 있을 때 제대로 쓰이고 마음은 인에 있을 때 훌륭한 덕이 된다. 땔감을 쌓아 두고 불태우지 않으면 땔감이 제대로 쓰이는 걸 볼 수 없고, 마음을 방치한 채로 두고 찾지 않으면 마음

의 훌륭한 덕을 볼 수 없다. 그러므로 성인(공자)과 현자(맹자)는 언제나 "인을 바란다" 하고 "인을 구한다"(『맹자』 「진심 상」 제4장)고 했지, 인욕을 없애고 하늘이 준 최초의 본성을 회복하는 것이 인에 도달하는 공부라고 한 적이 없다. 장횡거(장재張載)는 "안과 밖, 주인과 손님"[內外賓主]이라는 설명을 한 적이 있는데* 자연히 공자가 "도달한다"[至]고 한 말의 뜻과 합치되고, 인을 본성[成]으로 보고 리理로 보는 것과는 큰 차이가 있다. 배우는 사람들은 살펴보아야 한다.

30. 陳司敗問, "昭公知禮乎?" 孔子曰: "知禮." 孔子退, 揖巫馬期而進之曰: "吾聞君子不黨, 君子亦黨乎. 君取於吳, 爲同姓, 謂之吳孟子. 君而知禮, 孰不知禮." 巫馬期以告. 子曰: "丘也幸, 苟有過, 人必知之."

진陳나라 사패司敗가 물었다. "소공昭公이 예를 알았습니까?" 공자께서 말씀하셨다. "예를 알았습니다."

│ 공씨(공안국)가 말했다. "사패는 관직명으로 진나라 대부이다. 소공은

---

*『옹야』 제5장, "선생님께서 말씀하셨다. '안회는 그 마음이 석 달 동안 인을 어기지 않았다. 그 나머지 사람들은 날이나 달로 한 번씩 인에 이를 따름이었다'"[子曰: 回也, 其心三月不違仁, 其餘則日月至焉而已矣. 이 해석은 이토 진사이의 해석과 다른 주희의 해석이다]는 구절을 두고 주희의 『논어집주』에는 횡거의 다음과 같은 견해를 인용하였다. "횡거선생이 말하였다. 처음 배울 때 중요한 점은 '석 달 동안 인을 어기지 않은 것'과 '날이나 달로 한 번씩 인에 도달하는 것'에는 안과 밖, 주인과 손님의 구분이 있음을 알아, 마음과 의지가 부지런히 힘쓰고 꾸준히 따라하도록 해서 그치지 않도록 해야 한다. 이 단계를 지나가면 공부는 자신에게 달려 있지 않고 자연히 진전이 있을 것이다."[橫渠先生曰: 始學之要, 當知三月不違, 與日月至焉, 內外賓主之辨, 使心意勉勉循循而不能已, 過此幾非在我者] 횡거는 안회/다른 제자의 관계를 안·주인/밖·손님의 대립쌍으로 등식화해서 설명한 것이다.

노나라의 선군先君을 말한다." 위엄을 지키는 예와 의식儀式 치를 때의 예에 익숙했기 때문에 소공은 예를 알았다고 대답한 것이다.

공자가 물러나자, (사패는) 무마기巫馬期에게 읍을 하고 그에게 가서 말하였다. "내가 듣기로는 군자는 편을 가르지 않는다고 했는데, 군자도 편을 가르는가. 노나라 임금은 오吳나라에서 아내로 맞이하고는 같은 성인데도 오맹자吳孟子라고 불렀다. 그런 임금이 예를 알았다면 누가 예를 모르겠는가."

┃ 무마기는 공자의 제자로 이름이 시施다. 서로 도와주며 잘못은 덮어 주는 것을 편 가른다[黨]고 한다. 노나라와 오나라는 모두 같은 희성姬姓을 쓰기 때문에 예에 따르면 동성同姓으로 결혼할 수 없다. 그런데 소공은 오나라에서 아내를 얻었으니 맹희孟姬라고 불러야 했는데 이를 꺼려 맹자孟子라고 불렀다. 마치 자성子姓을 가진 송宋나라 여자처럼 한 것이다. 사패는 그것은 예가 아니라고 의심하였다. 그런 까닭에 먼저 "예를 알았습니까?"라고 물어보고 이어서 무마기에게 따진 것이다.

○ 호씨(호인胡寅)가 말했다. "맹자라고 불렀던 것은 노나라 사람들이 꺼렸던 것이고 오맹자吳孟子라고 불렀던 것은 당시 사람들이 풍자하고 희롱했던 말로 보인다."

무마기가 이 말을 선생님께 알렸다. 선생님께서 말씀하셨다. "나는 다행이구나, 잘못이 있으면 사람들이 꼭 아는구나."

┃ 공자는 남들이 자기 잘못을 아는 것을 다행으로 생각했다. 이것이 성인의 마음이다.

○ 노나라 소공昭公은 위의威儀의 예에 익숙해 당시 사람들은 그가 예를 알았다고 생각했다. 그러므로 공자가 예를 알았다고 대답한 것이다. 사패가 다시 오나라에서 아내를 얻은 일을 가지고 따지자 공자는 잘못이라고 말하면서 핑계를 대지 않았다. 사패의 논의는 너무 급박해서 상처를 입혔건만 공자는 끝내 자기 나라의 잘못을 드러내지 않았다. 그 어투가 여유로워 날카로움이 조금도 드러나지 않았다. 한 번 사람을 만나고 응대하는 순간에도 여러 선善이 이처럼 모여드니 위대한 덕의 극치가 아니면 어떻게 이럴 수 있겠는가.

○ 진사이는 논한다: 옛 주석(하안, 『논어집해』)에는, 나라의 잘못을 언급하기를 꺼린 것이라고 풀이했는데 잘못된 해석이다. 사패는 의도를 갖고 질문을 했는데 공자는 아무 의도 없이 대답하였다. 공자가 예를 알았다고 대답한 것은 부당한 것이 아니다. 사패가 다시 따지자 공자는 잘못이라고 스스로 인정하였다. 만약 공자가 의도를 가지고 나라의 잘못을 말하기를 꺼려했다면 잘못된 일이 아니다. 잘못된 일이 아닌데 스스로 잘못이라고 인정했다면 이것이야말로 거짓이 된다. 정직하지 않은 것인데 이것이 어떻게 성인의 마음이겠는가.

어떤 사람이 물었다. "그렇다면 성인도 잘못을 합니까?" 내(진사이)가 대답했다. "'군자의 허물은 일식·월식과 같아서 잘못을 저지르면 사람들이 모두 알지만, 잘못을 고치면 사람들이 모두 우러러본다.'(「자장」제20장) '주공은 동생이었고 관숙은 형이었지만 주공은 형이 반란을 일으키리라는 것을 모르고 그에게 관직을 맡겼다.'(『맹자』「공손추 하」제9장) 주공을 두고 말하자면 잘못했다는 말을 피할 수 없었다. 때문에 맹자는, '주공의 잘못은 또한 당연한 게 아닌가'(『맹자』「공손추 하」제9장)

라고 말했다. 무릇 일식과 월식이 생기고, 오성五星(목木·화火·수水·금金·토土)이 거꾸로 운행하기도 하며, 사계절이 운행 순서가 잘못되기도 하며, 가뭄과 홍수가 일어나는 걸 보면 천지라도 잘못이 없을 수는 없다. 하물며 사람은 어떻겠느냐. 성인 또한 사람일 따름이다. 여기에 다시 무슨 의문이 있을 수 있겠느냐. 목석이나 물건처럼 고정되어 변하지 않으면 죽은 물건일 뿐이니 요컨대 귀하게 될 수 없는 것이다. 그러므로 도를 아는 사람은 잘못이 없는 것을 귀하게 여기지 않고 고칠 수 있는 것을 귀하게 여긴다. 성인의 도는 참으로 넓고 위대한 것이다."

31. 子與人歌而善, 必使反之, 而後和之.

선생님께서는 다른 사람과 노래를 부르다 좋다 싶으면 꼭 반복하도록 하고, 그 뒤에 화답하셨다.

> 주씨가 말했다. "반反은 되풀이하는 것이다. 꼭 노래하는 사람이 반복하도록 하는 것은 자세하게 듣고서 좋은 점을 취하려고 하는 것이다. 그 뒤에 화답하는 것은 자세하게 들은 것을 기뻐하며 좋은 점을 인정한 것이다."

○ 맹자가 말했다. "위대한 순임금은 선善을 다른 사람과 함께 하였다. 자기를 버리고 남을 따랐으니, 남에게서 취해서 선善으로 삼는 것을 즐겼으며 남에게서 취해서 선善으로 삼는 것은 남과 함께 선을 행하는 것이다." (『맹자』 「공손추 상」 제8장) 노래는 작은 기예이지만 그 좋은 점에 대해서

는 성인조차도 정성을 다해 배우는 걸 즐거워하였다. 성인이 선을 즐기는 무궁한 뜻을 여기서 알 수 있다.

32. 子曰: "文莫吾猶人也. 躬行君子, 則吾未之有得."

선생님께서 말씀하셨다. "글[文]에서야 내가 남들과 같은 게 없겠느냐. 몸소 군자처럼 행동하는 것은 내가 아직 익숙하지 않다."

> 막莫은 없다[無]는 말이다. 글은 내가 왜 남에게 미치지 못하겠느냐, 몸소 군자답게 행동하는 것은 아직 능숙하지 않다는 말이다. 행동하기 어려움을 말한 것이다.

○ 주씨가 말했다. "글에서는 남에게 미칠 수 있다고 했다. 글은 계승하기 어렵지 않았다는 뜻을 충분히 알 수 있으며 또 반드시 빼어날 필요가 없다는 뜻을 알 수 있다. 행동에서는 아직 능숙하지 않았다고 했으니 실행의 어려움을 알 수 있다. 실행에 부지런히 노력하면서도 감히 털끝만큼도 스스로 만족하는 마음이 없음을 알 수 있다. 한마디 말 가운데 가리키는 뜻이 반복되고 거듭 의미가 나오면서 서로 드러나 남김없이 자세히 설명하는 것이 이런 경지에까지 이르렀다. 성인이 아니면 이렇게 할 수 있겠는가."

33. 子曰: "若聖與仁, 則吾豈敢. 抑爲之不厭, 誨人不倦, 則可謂云爾已矣." 公西華曰: "正唯弟子不能學也."

선생님께서 말씀하셨다. "성스러움[聖]과 어짊[仁] 같은 것을 내가 어떻게 감당하겠느냐. 하지만 그것을 실천하는 데 싫어하지 않고 사람 가르치는 일에 게으르지 않는 것은 그렇다고 말할 수 있을 뿐이다."

> 어느 것도 할 수 있는 것을 성聖이라 하고, 사랑하지 않는 게 없는 것을 인仁이라 한다. 『주례』「대사도직」大司徒職에 지智·인仁·성聖·의義·충忠·화和를 여섯 가지 덕[六德]이라고 한 것이 이 말이다. 『맹자』에서는, "어질고[仁] 지혜로우시니[智] 성인이시다[聖]"(「공손추 상」제2장)라고 하였다. 여기서는 인仁과 성聖을 상대적으로 거론한 것으로 그 뜻이 특별하다. 그것을 실행한다[爲之]라는 말은 인과 성의 도를 실행하는 것을 말한다. 회인誨人은 또한 인과 성으로 사람을 가르친다는 말이다. 그렇다고 말할 수 있을 뿐이다[可謂云爾已矣]라는 말은 자로에게 "너는 왜 말하지 않았느냐, …… 늙어간다는 것조차 모르는 사람일 뿐이다[云爾]"(「술이」제18장)라고 했을 때의 말과 같은 뜻이다.
>
> ○ 조씨(조열지晁說之)가 말했다. "당시에 공자를 성스럽고[聖] 어질다[仁]고 말하는 사람이 있었다. 이 때문에 공자가 사양한 것이다."

공서화公西華가 말했다. "바로 제자들이 배울 수 없는 것입니다."

> 공서화는 실천하는 데 싫어하지 않고 가르치는 일에 게으르지 않다는 말을 통해 공자가 실로 성스럽고 인자한 덕을 가져 배우는 사람들이 도달할 수 없는 것임을 알았던 것이다.

○ 제자들은 공자의 덕이 요임금과 순임금보다 현명하다고 생각했는데, 그 말이 매우 겸손한 것을 보고 놀라면서도 이상하다고 생각했다. 그런 뒤에 그 덕이 커서 더 이상 보탤 것이 없음을 더욱 잘 알게 되었다. 그런 까닭에 공자의 겸손하고 사양하는 말을 모두 삼가 적어 두고 두루 기록했던 것이다. 그들의 지혜로움 또한 성인을 잘 안다고 하겠다.

34. 子疾病, 子路請禱. 子曰: "有諸?" 子路對曰: "有之. 誄曰: 禱爾于上下神祇." 子曰: "丘之禱久矣."

선생님께서 병이 나시자 자로가 기도를 하겠다고 청하였다. 선생님께서 말씀하셨다. "그런 적이 있었으냐?"

> 질환이 심해진 것을 병이라고 한다. 기도는 귀신에게 비는 것을 말한다. 본래는 신하나 자식이 임금과 부모를 위해 자신도 그만둘 수 없는 지극한 감정에서 나오는 것이 기도다. 하지만 병자에게 청해 기도하겠다고 하는 일은 합당하지 않다. 자로는 이미 기도를 하고 나서 선생님의 뜻을 알아보고 자신이 실질적인 일을 했다고 말하고 싶었던 것이다. 공자도 자로가 이미 기도한 것을 알았기 때문에 그런 적이 있었느냐고 물었다.

자로가 대답하였다. "그런 적이 있었습니다. 기도문에, '천지신명께 기도드립니다'라고 했습니다."

> 기도문[誄]은 옛날에는 뢰讄로 썼다. 『설문해자』說文解字에는, "(뢰讄는)

기도드리는 것이다. 공덕을 쌓아 복을 구하는 것이다"라고 풀이했다.

『서경』「금등」金縢에 보이는 주공의 말이 바로 이것이다. 상하上下는 천지天地를 말한다. 하늘의 신을 신神이라 하고 땅의 신을 기祇라 한다. 도이禱爾의 이爾자는 사祠자로 써야 한다. 『주례』에, "천지의 신명에게 기도드립니다"[禱祠于上下神祇](「소종백직」小宗伯職)라고 기록해서이다. 자로가 선생님을 위해 자신이 지은 뢰사가 이와 같다고 외워 보였다.

○ 옛 주석(주희의 『집주』)에는 뢰誄를, "죽은 이를 애도하며 그의 행적을 서술한 글"이라고 하였는데 잘못됐다. 자로가 선생님을 위해 병을 낫게 해 달라고 기도한 것인데 죽은 이를 애도하는 글을 인용한 것은 합당하지 않다. 또 천지의 신명에게 기도하는 말을 보면 기원을 빌 때 하는 말이지 죽은 이를 애도하는 말이 아님을 알 수 있다.

선생님께서 말씀하셨다. "나는 기도한 지 오래다."

기도는 잘못을 뉘우치고 선으로 옮겨 가면서 신이 도와주기를 비는 것이다. 공자의 말은 내가 기도한 것은 하루아침의 일이 아닌데 어떻게 다시 더 기도를 하겠느냐는 뜻이다.

○ 옛날에는 병이 중해지면 오사五祀에 기도하는 예를 행했다(『의례』「기석례」既夕禮). 자로가 기도를 하겠다고 청한 일이 분명 말할 거리가 없었던 것은 아니다. 공자의 도는 여러 성인들보다 탁월하지만 다만 도덕을 가르침으로 삼았고 사람들이 귀신에 홀리는 걸 바라지 않았다. 그러므로 "나는 기도한 지 오래다"고 말한 것이다. 사람은 당연히 스스로 자기의 도를 다해야지 함부로 기도해서는 안 된다고 밝힌 것이다. 자로에게 보

여 준 뜻이 간절하다.

○ 진력陳櫟이 말했다. "성인은 평소 살아온 길에 부끄러움이 없다. 소년 시절부터 늙을 때까지 천지신명에게 응답하지 않은 때가 없었다. 왜 병이 깊어진 뒤에야 기도할 필요가 있겠는가. 이른바 '기도한 지 오래다'는 말은 바로 자로가 인용한 기도문에 이어 하게 된 말이니 기도의 형식을 따르지 않은 기도라 하겠다."

35. 子曰: "奢則不孫, 儉則固. 與其不孫也, 寧固."

선생님께서 말씀하셨다. "사치하면 불손해지고 검소하면 고루해진다. 불손하기보다는 차라리 고루한 것이 낫다."

| 孫손은 순종하는 것이다. 固고는 고루한 것[陋]이다.

○ 이는 사치의 해악을 극단적으로 말한 것이다. 고루하면 사람이 문채文彩가 없게 되고 불손하면 명분이 없게 된다. 문채가 없다면 그저 볼만한 것이 없을 뿐이지만 명분이 없는 지경에 이르게 되면 사람의 도가 사라져 버린다. 성인이 깊이 경계한 문제이다.

○ 진사이는 논한다: 이전 시대 유학자(주희)는 "사치나 검소 모두 중도[中]을 잃었지만 사치의 해가 더 크다"고 하였는데, 잘못된 말이다. 근본을 숭상하고 말단을 억누르는 것이 성인의 마음이다. 그러므로 공자는 늘 검소하라고 사람들에게 가르쳤고 사치의 해를 깊이 경계하였다. 인仁이 무르익고 의義가 정밀해지면 부유하건 가난하건 간에 어떻게 행동해

도 안 되는 것이 없다. 중도[中]만을 잡겠다고 마음을 쓰면 꼭 하나만을 고집하고 나머지는 모두 없애버리는 데 이르게 된다. 그렇기에 공자와 맹자는 예를 말했지 중도를 말하지 않았던 것이다.

36. 子曰: "君子坦蕩蕩; 小人長戚戚."

선생님께서 말씀하셨다. "군자는 평안히 마음이 넓고 소인은 늘 걱정한다."

> 탄坦은 평탄한 것이다. 탕탕蕩蕩은 관대하고 넓은 것이다.

○ 군자는 늘 스스로를 단속해야 한다. 그러므로 그 마음은 반대로 관대하고 넓다. 소인은 자기 스스로 방종을 좋아한다. 그러므로 늘 걱정을 피하지 못한다. 이는 배우는 사람들이 스스로를 반성해야 하는 점이다.
○ 정자程子가 말했다. "군자는 이치를 따른다. 그러므로 항상 여유가 있고 편안하다. 소인은 외물에 시달린다. 그러므로 근심걱정이 많다."

37. 子溫而厲, 威而不猛, 恭而安.

선생님께서는 온화하면서 엄숙하였으며, 위엄이 있으면서도 사납지 않으셨고, 공손하면서도 편안하셨다.

> 려厲는 엄숙하다는 말이다.

○ 이 장은 성인의 큰 덕을 갖춘 모습은 힘쓰지 않아도 자연히 치우침이 없음을 말한다. 배우는 사람의 경우 오직 인仁으로 마음을 보존하고 예로 마음을 보존해야 한다. 인이 무르익고 예가 확립되면 그렇게 되기를 예 기하지 않아도 그렇게 된다. 인과 예를 자신의 일로 삼아 실행하지 않고 그저 힘으로 붙들고 지키려고만 하면, "공손하면서도 편안한" 경지를 성 취하지 못하는 경우도 있게 된다. 이것을 알지 않으면 안 된다.

태백(泰伯)

모두 22장이다.

1. 子曰 : "泰伯其可謂至德也已矣. 三以天下讓, 民無得而稱焉."

선생님께서 말씀하셨다. "태백泰伯은 최고의 덕이라고 할 수 있을 것이다. 세 번 천하를 양보했는데 백성들은 어떻게 칭송해야 할지 몰랐다."

태백은 주나라 대왕大王(태왕 고공단보古公亶父)의 맏아들로, 다음 동생이 중옹仲雍이며 어린 동생이 계력季歷이었다. 계력이 현명한 데다 또 성인의 자질을 갖춘 아들 문왕文王 창昌을 낳았다. 태백이 맏아들이었으니 당연히 왕위에 올라야 했으나 사양하고 뒤를 잇지 않고서는 오랑캐의 땅[荊蠻]으로 도망가 버렸다. 이에 계력이 왕위에 올랐고 문왕 때에 이르자 천하의 제후들이 문왕의 덕을 보고 그에게 귀의하였다. 무왕武王이 드디어 상商나라를 이기고 천하를 차지하고서 주周나라라고 국호를 정했다. "세 번 양보했다"는 말은 끝까지 사양했다는 뜻이다. "천하를 양보했다"는 말은 그 나라를 양보했다는 말이다. 주나라가 천하를 차지했기 때문에 천하라는 말로 추존追尊해 부른 것이다. "어떻게 칭송해야 할지 몰랐다"는 말은 그의 덕이 최고 극치여서 언어로 표현할 수 없었다는 뜻이다.

○ 진사이는 살펴본다: 태백이 세 번 양보했다는 말은 여러 유학자들의 설명이 어지러워 일치하지 않는다. 상나라와 주나라 시대의 일은 성인의 경전에서 글을 가져와 증명하는 일보다 나은 게 없다. 그러므로 여기서는 다만 『시경』 「대아·황의皇矣」편을 근거로 판단해 본다. 『시』에, "상제가 나라를 세우고 군주를 세우니 태백과 왕계에서부터였네"[帝作邦作對, 自泰伯王季]라는 말을 보면 주나라가 태백과 왕계에 이르러 비로소 강대해졌음을 알 수 있다. "이에 왕계는 자기 형과 우애로워"[維此王季, 則友其兄]라는 말을 보면 왕계가 태백을 잘 섬겨 그의 환심을 샀다는 사실을 알 수 있다. "빛나는 덕을 보여 준다"[載錫之光]라는 말을 보면 태백이 왕계의 현명함을 잘 알아 그에게 양보했으며, 왕계 또한 왕으로서 할 일을 부지런히 해서 태백이 자신을 알아준 지혜를 욕되게 하지 않았음을 알 수 있다. "이 큰 나라의 왕으로"[王此大邦]라는 말을 보면 "천하를 양보했다"는 말이 바로 추존해 부른 말임을 알 수 있다. 주나라 태왕(고공단보)이 세상을 떠난 뒤 태백과 계력은 형제로서 우애가 좋아 함께 나라를 맡아 훌륭한 정치를 펼쳤지만 그들의 지위에 대한 호칭이 아직 정해지지 않았다. 태백은 계력의 공부가 나날이 높아 가고 또 성인의 자질을 갖춘 아들이 있었기 때문에 계력에게 양보해야겠다고 생각했다. 계력이 안 된다고 하자 이에 태백은 오랑캐의 땅으로 도망가 버

렸다. 태백이 계력에게 곧바로 양보한 것이지 본래 태왕의 마음을 미리 헤아려 보고 도망간 게 아닌 것이다. 태왕에 대해 언급하지 않고 다만 "태백과 왕계에서부터였네"라고 말한 것을 보면 알 수 있다.

○ 성인과 현자의 마음은 모두 천하를 위하지 자신을 위하지 않는다. 태백이 계력에게 왕위를 양보한 일은 이 백성들을 위한 계획이었다. 그리고 그 뒤에 문왕과 무왕이 도가 크게 세상에 퍼지게 하였고 백성들은 자신들도 모르게 그 은혜를 입게 되었다. 하지만 실상은 태백의 덕이었음을 몰랐다. 이것이 공자가 그의 최고의 덕을 칭송한 까닭이다.

2. 子曰: "恭而無禮則勞; 愼而無禮則葸; 勇而無禮則亂; 直而無禮則絞."

선생님께서 말씀하셨다. "공손하면서 예가 없으면 수고롭고, 신중하면서 예가 없으면 두려워하고, 용감하면서 예가 없으면 난폭해지고, 정직하면서 예가 없으면 급박해진다."

주씨(주희)가 말했다. "사葸는 두려워하는 모양이다. 교絞는 급하고 박절한 것이다. 예가 없으면 절도와 교양이 없다. 그렇기 때문에 네 가지 폐단이 있는 것이다."

○ 이 장은 전적으로 인간의 모든 행동은 예를 기준과 규칙으로 삼지 않으면 안 된다고 말한 것이다. "널리 글을 배우고 예로 제약한다"[博文約禮]

(「옹야」제25장), "자신을 이기고 예를 반복한다"[克己復禮](「안연」제1장) 등의 장章과 참조해 보아야 한다. 그릇을 만들고 물건 하나를 제작하는 데도 각자 그 법을 갖지 않은 것이 없다. 하물며 온 세상 사람들이 성격과 행동이 각기 달라 수만 가지나 됨에랴. 법도를 가지고 규율하지 않으면 지나친 행동을 하는 사람들은 더욱 지나친 행동을 할 것이고 못 미치게 행동하는 사람들은 더욱 못 미치게 될 것이다. 이것이 도道가 밝혀지지 않고 실천되지 않는 이유이다. 인간에게 예는 규구준승規矩準繩(기준·규칙)이라 할 것이다.

공손과 신중은 부드러움[柔]의 덕성이며 용감과 정직은 강함[剛]의 발현이다. 모두 인간의 선한 행동이다. 하지만 예로 이러한 행동을 다듬지 않으면 공손하면서도 수고롭게 되고, 신중하면서도 두렵게 되고, 용감하면서도 난폭해지고, 정직하면서도 급박하게 되어 그 폐단은 이루 다 말할 수 없게 된다. 그런 까닭에 공자는 항상 예를 인간의 규구준승으로 삼아, 사람들로 하여금 이를 기준점으로 삼도록 하였다. 크게는 나라를 운영하고 세상을 움직이며, 가깝기로는 자신을 수양하고 집안을 다스리는 일까지 모두 예를 자신의 일로 삼지 않은 게 없었다. 후세의 학자 역시 예를 가지고 발언했지만 그 설명이 지나치게 고원하다. 오로지 자신의 마음에서 구하라면서 마음을 법도로 삼는 지경에까지 이르렀으니 이는 또한 공자의 원뜻과는 어긋나는 것이다.

3. 君子篤於親, 則民興於仁. 故舊不遺, 則民不偸.

군자가 부모를 돈독하게 대하면 백성들은 인仁에 흥기할 것이다. 옛 신하를 버리지 않으면 백성들이 각박해지지 않을 것이다.

> 흥興은 일어난다는 말이다. 투偸는 각박해진다는 말이다. 이 장은 예전에는 앞의 장과 이어져 한 장으로 묶여 있었는데 지금 주씨를 따라 별도로 한 장을 만들었다.

○ 진력陳櫟이 말했다. "부모를 사랑하는 것이 인仁이다. 윗사람이 인을 실천하면 아래 백성들은 어진 기풍을 일으킬 것이다. 옛 신하를 버리지 않는 것이 돈독한 정이다. 윗사람이 정이 돈독하면 아래 백성들은 돈독한 정으로 돌아간다. 윗사람이 행동하면 아래 백성은 본받는다."

○ 덕으로 정치를 하면 백성들이 마음으로 복종해 그 은택이 멀리까지 간다. 법으로 정치를 하면 백성들이 두려워할 줄은 알지만 그 은택이 얕다. 그러므로 옛날 성왕들이 천하를 다스리는 방도는 덕에 있었지 법에 있지 않았다. 이런 이유로 수백 년 동안 종묘사직을 보존하면서 쇠약해지지 않았던 것이다. 후세에 훌륭한 임금과 뛰어난 신하가 없지는 않았다. 하지만 그들이 천하를 다스리는 방법은 모두 옛날과는 반대였다. 그런 까닭에 잘 다스리려 하지 않은 것은 아니지만 잘 다스릴 수 없었다. 성인과 현자들이 정치의 본체를 논할 때 모두 덕으로 거론하지 법으로 거론하지 않은 것은 이 때문이다.

4. 曾子有疾, 召門弟子曰: "啓予足. 啓予手. 詩云: 戰戰兢兢, 如臨深淵, 如履薄冰. 而今而後, 吾知免夫. 小子."

증자曾子가 병이 들어 문하의 제자를 불러 말하였다. "내 발을 보아라. 내 손을 보아라.

> 계啓는 열어 보는 것이다. 증자는 자신의 몸과 사지, 터럭과 피부는 부모에게서 받은 것이라 감히 상처를 입거나 다치게 해서는 안 된다고 생각했다. 이 때문에 병이 들었을 때 제자들에게 이불을 걷고 보라 한 것이다.

『시경』에, '두려워하고 삼가라, 깊은 연못가에 있는 듯이, 얇은 얼음을 밟는 듯이'라고 하였는데,

> 시는 「소아·소민小旻」편에서 인용한 것이다. 전전戰戰은 두려워하고 무서워하는 모양이다. 긍긍兢兢은 경계하고 삼간다는 뜻이다. 연못가에 있으면 떨어질까 무섭고 얼음을 밟으면 빠질까 무서워한다. 증자는 온전하게 보전한 몸을 문인들에게 보여 주면서 몸을 보전하는 어려움이 이와 같다고 말한 것이다.

지금에서야 상처받는 위험에서 벗어난 줄 알겠구나, 제자들아."

> 죽음의 자리에 눕게 된 다음에야 상처 입거나 다칠 위험에서 벗어났음을 알았다는 말이다. 소자小子는 문인門人들이다. 말을 마치고 또 그들을 불러 간곡한 뜻을 전한 것이다.

○ 증자의 학문은 효를 중심으로 하고 충신忠信을 근본으로 한다. 신체를 잘 보존해서 상처 하나 없는 것은 효제충신孝弟忠信의 실제 행동을 신체에 잘 적용했기 때문이다. 부모를 사랑하는 것보다 더 큰 효는 없다. 부모를 사랑할 줄 알아야 그 뒤에 부모님의 마음을 체득할 수 있고, 부모님의 마음을 체득할 수 있어야 그 뒤에 자신의 몸을 아낄 줄 안다. 부모는 자식에 대해서 어렸을 때는 끓는 물이나 불에 델까 염려하고, 커서는 문에 기대 돌아오기를 기다리며 하루도 다치지 않을까 근심하지 않는 날이 없다. 증자는 부모의 마음을 자신의 마음으로 삼았다. 그런 까닭에 삶이 다하도록 물려받은 신체를 잘 돌보고 삼가며 두려워하는 것이 이와 같았으니 증자의 학문이 극치에 도달해 도덕에 아무것도 더할 게 없음을 충분히 알겠다.

5. 曾子有疾, 孟敬子問之. 曾子言曰：“鳥之將死, 其鳴也哀; 人之將死, 其言也善. 君子所貴乎道者三：動容貌, 斯遠暴慢矣; 正顔色, 斯近信矣; 出辭氣, 斯遠鄙倍矣. 籩豆之事, 則有司存.”

증자가 병이 들어 맹경자孟敬子가 문병하였다.

| 맹경자는 노나라의 대부 중손첩仲孫捷으로 증자가 병에 걸려 문병 온 것이다.

증자가 말했다. “새는 죽을 때 그 울음소리가 슬프고 사람은 죽을 때 그 말이 착합니다.

새와 짐승은 삶은 아끼지만 의義는 없다. 그러므로 죽을 때 울음소리가 슬플 수밖에 없다. 사람이 죽을 때는 기운이 소멸하고 욕망이 사라진다. 그러므로 그 말이 착할 수밖에 없다. 증자는 맹경자가 자신이 하는 말이 착한 것임을 알아 기억하기를 바랐다. 때문에 먼저 이 말을 해준 것이다.

군자는 도道에서 소중히 여기는 것이 세 가지가 있습니다. 몸을 움직일 때에는 난폭함과 함부로 하는 행동을 멀리하고, 낯빛을 바로 할 때는 믿음에 가깝게 하고, 말을 할 때에는 비루함과 도리에 어긋나는 것을 멀리합니다. 제사 지내는 세세한 일은 담당관리가 맡습니다."

포暴는 거칠고 사나운 것이다. 만慢은 멋대로 함부로 하는 것이다. 신信은 진실이다. 사辭는 말이다. 기氣는 목소리의 기세이다. 비鄙는 범속하고 비루한 것이다. 배倍는 배背와 같은 말로 도리를 저버린다는 말이다. 변籩은 대나무 그릇이며 두豆는 나무 그릇이다. 이 장은 이런 의미다: 군자는 도道에 있어서 터득하지 못할 것이 없다. 하지만 가장 귀하다 할 수 있는 것은 이 세 가지다. 몸을 움직일 때에는 난폭함과 함부로 하는 행동을 멀리하려 해야 하며, 낯빛을 바로 할 때는 믿음과 진실에 가까워져야 하며, 말을 할 때에는 비루함과 도리에 어긋나는 것을 멀리하려 해야 한다. 제기의 수효 같은 말엽적인 일은 담당관리들이 맡은 일이니 군자가 먼저 할 일이 아니다. 증자는 맹경자가 이 세 가지 일을 자신의 임무로 삼아 덕을 닦길 바란 것이다.

○ 이 장은 "공손함이 예에 가까우면 치욕을 멀리한다"(「학이」 제13장)고

한 유자有子의 말과 같은 뜻이다. 군자는 마음속의 수양이 돈독하기 때문에 밖으로 드러나는 모습이 자연 이와 같다. 보통 사람들이 힘을 써서 지키지만 끝내 바라는 것을 얻을 수 없는 것과는 같지 않다. 맹경자 중손첩은 죽어서 경敬이라는 시호를 얻었다. 아마 증자의 말을 듣고 깨우친 바가 있었을 것이다.

6. 曾子曰：“以能問於不能, 以多問於寡, 有若無, 實若虛, 犯而不校, 昔者吾友, 嘗從事於斯矣.”

증자가 말했다. “잘하는데도 잘하지 못하는 사람에게 묻고, 많이 아는데도 적게 아는 사람에게 물으며, 있는데도 없는 것처럼 하고, 가득 찼으면서도 비어 있는 것 같이 하며, 남이 치받아도 따지지 않는다.

> 잘하고[能] 잘하지 못하고[不能]는 학문이 도달한 경지를 가지고 말한 것이며, 많고[多] 적음[寡]은 학문이 터득한 범위를 가지고 말한 것이다. 교校는 따지는 것이다.

옛날에 내 친구들은 이것을 자신의 일로 삼았었다.”

> “내 친구들”이란 당시 공자 문하의 여러 현자들을 가리킨다. 공자의 문하에서는 이 다섯 가지를 학문 과목으로 삼았다. 그러므로 “이것을 자신의 일로 삼았다”고 말한 것이다.

○ 배우는 사람은 반드시 공자 문하의 학풍을 인식한 이후에야 공자 문

하의 학문을 할 수 있다. 공자 문하의 학풍을 인식하지 않으면 절대 그 문하에 입문사¹ᐟ¹할 수 없다. 이른바 공자 문하의 학풍이란 무엇인가. 잘하는데도 잘하지 못하는 사람에게 묻고, 많이 아는데도 적게 아는 사람에게 물으며, 있는데도 없는 것처럼 하고, 가득 찼으면서도 비어 있는 것 같이 하며, 남이 치받아도 따지지 않는 것이 그것이다. 공부하는 사람은 대부분 스스로를 반성할 줄 몰라, 한 푼 공부를 하면 한 푼 잘났다는 마음이 생기고 두 푼 공부를 하면 두 푼 잘났다는 마음이 생겨 교만하면서도 인색한 생각이 공부가 진전될수록 더욱 강해진다. 그러므로 "사람이 걱정해야 할 일은 남의 스승이 되기 좋아하는 데 있다"(『맹자』「이루」제23장)고 말한 것이다. 도를 배우는 사람은 먼저 잘났다는 마음을 제거해야 성현의 학문에 대해서 말할 수 있다.

7. 曾子曰 : "可以託六尺之孤, 可以寄百里之命, 臨大節, 而不可奪也, 君子人與, 君子人也."

증자가 말했다. "여섯 자키의 임금을 맡길 수 있고,

  | 육척지고六尺之孤는 어린 임금을 말한다.

백 리 되는 나라를 다스리는 명령을 맡길 수 있으며,

  | 임금의 권한을 대신 행하는 것을 말한다.

큰일에 임해 그의 뜻이 변치 않는다면,

| 위기 속에서 쓰러지고 있는 나라를 유지하며 무너지지 않게 하면서 처음부터 끝까지 그 뜻이 변치 않음을 말한다.

군자다운 사람일까? 군자다운 사람이다."

| 여興는 의문사이다. 야也는 결단을 나타내는 조사다.

○ 이 장은 큰일을 맡아 많은 사람을 다스리는 일은 충성스럽고 진실되며 재능을 가진 사람이 아니면 할 수 없음을 말한 것이다. 충성스럽고 진실되지만 재능이 없으면 눈앞의 일을 대응하기에도 부족한데 어떻게 일을 잘 처리하겠는가. 재능은 있지만 충성스럽고 진실되지 않으면 많은 사람이 마음으로 복종하지 않아 꼭 일을 실패하고 만다. 그러므로 충성스럽고 진실되며 재능을 가진 뒤에 군자가 될 수 있는 것이다.

○ 원황*이 말했다. "어른이 된 임금을 보좌하는 일은 어렵지 않지만 어린 임금을 맡는 일은 어렵다. 국가의 정치를 집행하는 일은 어렵지 않지만 어린 임금을 두고 섭정攝政하는 일은 어렵다. 어린 임금을 맡고 정령政令을 맡아 하는 일은 어렵지 않지만 큰일에 임해 그 어린 임금을 맡고 정령을 맡아 하는 막중한 책임을 저버리지 않기가 가장 어렵다. 이는 재능과 절개로 감당할 수 있는 게 아니다. 오직 덕이 있는 사람만이 할 수 있다. 때문에 그런 사람은 군자라고 단언한 것이다."

---

* 원황(袁黃)은 명나라 때 사람으로 자는 곤의(坤義)·의보(儀甫), 호는 요범(了凡)이다. 저서로 『음즐록』(陰騭錄) 등이 있다.

8. 曾子曰: "士不可以不弘毅, 任重而道遠. 仁以爲己任, 不亦重乎, 死而後已, 不亦遠乎."

증자가 말했다. "사士는 관대하고 강인하지 않으면 안 된다. 임무는 무겁고 길은 멀기 때문이다.

> 홍弘은 관대하고 마음이 넓은 것이다. 의毅는 강인함이다. 사士가 관대하고 강인하지 않으면 무거운 짐을 감당하고 멀리까지 다다를 수 없다.

인仁을 자기의 임무로 삼았으니 무겁지 않은가. 죽은 뒤에나 끝나니 멀지 않은가."

> 인仁이라는 덕은 크다. 이것을 자신의 임무로 삼았기 때문에 무겁다고 한 것이다. 인을 임무로 삼아 죽을 때까지 그만둘 수 없기 때문에 멀다고 한 것이다.

○ 사士가 반드시 관대[弘]와 강인[毅]을 귀하게 여기는 까닭은 이러한 역량이 없으면 무거운 짐을 지고 멀리 갈 수 없기 때문이다. 덕이 사방에 널리 퍼지는 것이 인仁이다. 은택이 곤충에게까지 미치는 것이 인이다. 가르침이 만세萬世 후까지 미치는 것이 인이다. 병든 사람을 구하고 난리를 그치게 하는 것도 인이다. 이런 것들을 임무로 삼았으니 참으로 무겁지 않은가. 마지막 호흡이 아직 남아 있는 한 이 뜻을 지니고 잃어버리지 않으니 참으로 멀지 않은가. 그런 까닭에 사士가 관대하고 강인하지 않으면 안 된다는 것은 평소의 수양을 귀하게 여긴다는 말이다.

9. 子曰: "興於詩, 立於禮, 成於樂."

선생님께서 말씀하셨다. "『시경』으로 흥기하고,

> 흥興은 일어나는 것이다. 『시경』은 인간의 감정에서 온 것이며 시가 찬미하고 풍자하는 것이 또한 사람을 감동시킬 수 있다. 그러므로 흥기할 수 있는 것이다.

예禮로 서서,

> 예禮는 인간이 지나친 행위로 넘어가는 것을 막아 주는 제방으로 인간의 마음과 뜻을 안정시킬 수 있다. 그러므로 설 수 있는 것이다.

악樂으로 완성한다."

> 음악은 인간의 본성과 감정을 길러 자연스럽게 도덕과 조화를 이룬다. 그러므로 완성할 수 있는 것이다.

○ 이는 학문에서 힘을 얻고 효과를 보는 차례를 밝힌 것으로, 또한 공자 문하에서 학문을 하는 과목이기도 하다. 학문은 억지로 해서는 안 된다는 말이다. 『시경』에서 터득한 게 있으면 착한 마음이 일어나 발전이 끝이 없다. 그러므로 "『시경』으로 흥기한다"는 말을 먼저 한 것이다. 덕은 저절로 완성되는 게 아니다. 엄숙하게 공경하며 굳건히 보존하고 지키며 예로 스스로를 수양해야 덕이 날이 지날수록 확립되고 동요하지 않는다. 그러므로 "예로 선다"고 말한 것이다. 도는 작게 이루어지는 게 아니다. 도에 푹 잠겨 무르녹아서 마음이 즐거워지면 도가 크게 이루어져 막

을 수도 멈출 수도 없게 된다. 그러므로 "악에서 완성한다"고 말한 것이다. 시의 원리를 이해하면 도가 가까이 있어 즐길 만하다는 것을 알게 된다. 그런 까닭에 흥기하는 것이 있다. 예와 악의 원리를 이해하면 그것을 잠시라도 몸에서 떼어 놓을 수 없다는 것을 알게 된다. 그런 까닭에 덕이 확립되고 도가 완성된다. 이는 배우는 사람들이 평생토록 깨우쳐야 할 학문의 선후先後 순서이자 본말本末인 것이다.

○ 진사이는 논한다: 예의 전문가들은 오로지 예와 악의 결과에 주안점을 둘 뿐, 예와 악의 근본이 인의仁義에서 나온 줄은 모른다. 이전 시대 한 유학자(정자程子)는, "옛날에는 재능을 완성시키는 일이 쉬웠는데 지금은 재능을 완성시키는 일이 어렵다"라고 하였다. 이 말은 예의 전문가에게서 나온 것으로 보이는데 성인·현자가 말한 예와 악의 본래 뜻이 아니다. 공자는, "'예禮이다, 예이다'라고 말하지만 옥이나 비단을 말하는 것이겠느냐. '악樂이다, 악이다'라고 말하지만 종이나 북을 말하는 것이겠느냐"(「양화」 제10장)라고 했다. 맹자는, "인仁의 실제 모습은 부모를 섬기는 것이다. 의義의 실제 모습은 형을 따르는 것이다. 예禮의 실제 모습은 인의仁義 두 가지를 절도 있고 알맞은 형식으로 실행하는 것이다. 악의 실제 모습은 인의 두 가지를 즐기는 것으로, 즐기면 마음이 한껏 자란다"(「이루 상」 제27장)고 하였다. 진실로 인에 살며 의를 따라 실행해 조화·순리가 쌓여서 아름다운 꽃이 피어나면 시·예·악의 가르침은 자연스레 그 안에 있게 된다. 어떻게 옛날은 쉽고 지금은 어려운 일 같은 것이 생기겠는가. 더구나 시·예·악은 모두 근본과 말단이 있음을 알아야 한다. 인의의 실제 모습이 그 근본이며, 예에 쓰는 물건의 이름과 치수, 음악 연주와 무용의 움직임 따위는 그 말단이다. 성인이 사람을 가르칠 때는 모

두 오로지 근본을 얘기했지 말단은 거론하지 않았다. 배우는 사람이 그 도리를 이해하면 그 말단이 꼭 옛사람과 합치하지 않는다 해도 또한 그 거리는 멀리 떨어져 있지 않다.

10. 子曰: "民可使由之, 不可使知之."

선생님께서 말씀하셨다. "백성들이 따르도록 해야 하지 알게 해서는 안 된다."

○ 이 장은 백성을 다스리는 방도를 말한 것이다. 그 방도는 백성을 위해 학교를 세워 가르침을 펼쳐 백성들 스스로 도야陶冶하는 길을 따르도록 해야 마땅하지, 은혜가 왕에게서 나오는 줄 백성들이 알도록 하려 해서는 안 된다는 것이다. 맹자는, "패자覇者의 백성들은 기뻐하는 모습이며, 왕자王者의 백성들은 여유로운 모습이다. (왕자의 백성들은) 죽여도 원망하지 않으며 이롭게 해주어도 공적이라 하지 않고, 백성들은 날마다 선善으로 옮겨 가면서도 누가 그렇게 하는지 모른다"(「진심 상」 제13장)라고 하였다. 모두 따르게 할 수는 있지만 알게 해서는 안 되는 것이 왕자王者의 마음이다. 백성들이 알게끔 하려는 것은 패자의 마음이다. 여기서 왕자와 패자가 구분된다.

11. 子曰: "好勇疾貧, 亂也. 人而不仁, 疾之已甚, 亂也."

선생님께서 말씀하셨다. "용맹을 좋아하면서 가난을 미워하면 난을 일으킨다. 사람이 어질지 못하다고 너무 미워하면 난을 일으킨다."

○ 용맹을 좋아하는 일은 훌륭하다. 하지만 자기 분수에 편안하지 못하면 꼭 스스로 난을 일으킨다. 어질지 못한 사람을 미워하는 일은 괜찮다. 하지만 지나치게 심하면 과격해져서 난을 일으킨다. 하나는 선善이고 하나는 악惡이어서 서로 다르긴 하지만 난을 생기게 한다는 점에서는 똑같으므로, 모두 경계하지 않으면 안 된다.

12. 子曰: "如有周公之才之美, 使驕且吝, 其餘不足觀也已."

선생님께서 말씀하셨다. "주공周公의 재주 같은 훌륭한 점을 가졌어도 교만하고 인색하면 그 나머지는 볼 것도 없다."

| 주씨(주희)가 말했다. "재능이 훌륭하다는 것은 지능과 기예가 뛰어난 것을 말한다. 교驕는 자랑하는 것이다. 린吝은 인색하게 구는 것이다."

○ 이 장은 전적으로 교만과 인색의 해악을 경계한 말이다. 교만하면 자만심이 가득하고 인색하면 다른 사람을 위하는 마음이 없다. 교만하면 덕을 진전시키지 못하고 인색하면 도를 넓히지 못한다. 이런 사람들은 다른 장점이 있더라도 볼 것도 없다. "주공의 재주 같은 훌륭한 점을 가졌어도 볼 것도 없다"고 말한 것을 보면 성인이 얼마나 교만과 인색을 미

위했는지 알 수 있다.

13. 子曰: "三年學不至於穀, 不易得也."

선생님께서 말씀하셨다. "3년을 공부하고서도 녹봉에 뜻을 두지 않는 사람은 찾아보기 힘들다."

│ 곡穀은 녹봉이다.

○ 뜻이 작은 사람은 얻는 것도 작다. 뜻이 큰 사람은 성취가 반드시 크다. 오래 공부하고도 녹봉을 얻는 일에 뜻을 두지 않는 사람은 결코 세상에 유행하는 풍속에 휩쓸려 일생을 마치지 않을 것이다. 성인이 그런 사람을 훌륭하게 여기고 높이는 이유이다.

14. 子曰: "篤信好學, 守死善道. 危邦不入, 亂邦不居, 天下有道則見, 無道則隱. 邦有道貧且賤焉, 恥也; 邦無道富且貴焉, 恥也."

선생님께서 말씀하셨다. "독실하게 믿으며 배우기를 좋아하고, 죽음으로 지키며 도를 실천해야 한다.

│ 독실하게 믿으며 배우기를 좋아하면 학문은 반드시 이루어진다. 죽음으로 지키며 도를 잘 실행하면 도에 반드시 도달한다.

위험한 나라에는 들어가지 않고 혼란한 나라에는 살지 않는다. 천하에 도道가 있으면 나타나고 도가 없으면 숨는다.

> 위험[危]은 난리가 생길 조짐이다. 난리가 일어나면 신하가 임금을 살해하고 자식이 아버지를 살해한다. "위험한 나라에 들어가지 않는다"는 것은 살 곳을 선택한다는 말이다. "혼란한 나라에 살지 않는다"는 것은 해를 피한다는 말이다. 혼란은 위험보다 중대하기 때문에 위험한 나라에는 외국인이 들어가서는 안 된다. 혼란한 나라는 벼슬하는 사람조차 살 수 없는 곳이다. 하물며 외국에서 와 벼슬하지 못한 사람은 어떻겠는가.

나라에 도가 있는데도 빈천하다면 부끄러운 일이다. 나라에 도가 없는데도 부귀를 누린다면 부끄러운 일이다."

> 세상이 잘 다스려지는데 빈천하다면 실행할 수 있는 도가 없는 것이고, 어지러운 세상인데도 부귀를 누린다면 스스로를 지키는 절개가 없는 것이다. 모두 매우 부끄러워해야 할 일이다.

○ 이 장은 「학이」편의 "군자가 중후하지 않으면 위엄스럽지 않다"(제8장)는 장과 같은 종류의 말이다. 문인門人들이 선생님께서 하신 평소의 격언을 모아 묶어 한 장章으로 만들어 전하고 외운 것들이다.

배우는 까닭은 저 도道를 추구하고 도달하려는 것이다. 그러므로 배우기를 좋아해 지식을 얻고 도를 잘 실천해 덕을 닦는다면 평생토록 해야 할 일이 갖춰진다. 그리고 벼슬에 나갈지 말지, 은거할지 세상으로 나갈지에 대한 분별과 부귀·빈천에 처하는 방식에 따라 도에 얼마나 깊이

도달했는지, 덕이 얼마나 큰지 하는 문제가 직접 관련된다. 때문에 군자
는 이를 더욱 중대하게 생각했던 것이다.

15. 子曰: "不在其位, 不謀其政."

선생님께서 말씀하셨다. "그 지위에 있지 않으면 그에 맞는 정사를 도모
하지 않는다."

○ 사람은 각자 자신의 직분이 있으므로 자기 마음대로 할 수 없는 것인
데도 꼭 자기 지위를 넘어서 관직을 침범하고 정사에 간여하기를 좋아
한다. 그러므로 공자는 이 말로 경계하도록 한 것이다.

○ 보광*이 말했다. "그 지위에 있지 않은데도 그 정사를 도모한다면 의
義가 아니므로 해서는 안 된다. 질문했는데도 알려 주지 않으면 인仁이 아
니므로 해서는 안 된다."

16. 子曰: "師摯之始, 關雎之亂, 洋洋乎盈耳哉."

선생님께서 말씀하셨다. "태사太師 지摯가 떠나기 전에 연주한 「관저」關雎
의 마지막 악장이 생생하게 귀에 남아 있구나."

---

* 보광(輔廣)은 남송시대 학자로 자는 한경(漢卿), 호는 잠암(潛庵)이며 주희의 제자이다. 『어맹학
  용문답』(語孟學庸問答) 등의 저술이 있다.

태사 지摯는 노나라의 악사樂師로 이름이 지다. 처음[始]은 태사 지가 제나라로 떠나기 이전을 가리킨다. 관저는 앞 장(「팔일」 제20장)에서 설명했다. 난亂은 (보통 4장으로 된) 고대 음악에서 마지막 장을 가리킨다. 양양洋洋은 아름답고 풍성하다는 뜻이다. 지금은 그 사람이 노나라를 떠나고 음악이 사라져 아름답고 풍성한 그 소리를 다시 들을 수 없다는 말이다. 공자의 탄식은 그 그리움이 깊다.

○ 「관저」는 주나라의 아악雅樂으로 그 시는 후비后妃의 덕을 읊었는데, 그 음악은 즐거우면서도 지나치지 않고 슬프면서도 상심傷心케 하지 않는다. 『시경』 300편의 첫째 편으로, 균형감을 갖추고 온화溫和한 덕에 부합해 듣는 사람들이 자연스레 성정性情의 올바른 모습을 터득하도록 하였으므로 음악 가운데 가장 완벽하게 아름다운 곡이다. 태사 지는 노나라의 명연주자로 젊었을 때 공자를 위해 연주한 적이 있었다. 그 때문에 공자가 이렇게 탄식한 것이다.

17. 子曰: "狂而不直, 侗而不愿, 悾悾而不信, 吾不知之矣."

선생님께서 말씀하셨다. "뜻은 높으면서 정직하지 못하고,

　狂광은 뜻은 높지만 자신을 단속할 줄 모르는 것을 말한다.

무지하면서 삼갈 줄 모르고,

　侗동은 무지한 모습이다. 愿원은 삼가고 후덕한 것이다.

무능하면서 성실하지 못하면,

| 공공悾悾은 무능한 모습이다.

나는 모르겠다."

| 나는 모르겠다는 말은 매우 절망하는 말이다.

○ 이 장의 뜻은 이렇다: 뜻이 높은 사람은 자랑하거나 꾸미지 말고 정직
해야 한다. 무지한 사람은 두려워하고 꺼리는 게 없으므로 삼가야 한다.
무능한 사람은 해야 할 일을 알지 못하므로 성실해야 한다. 하지만 지금
은 모두 그렇지 않으니 이는 재능을 버린 것이다. 성인이라도 그들을 가
르칠 방도를 모를 정도이니 사람이 부끄러워할 줄 몰라서는 안 된다.

18. 子曰: "學如不及, 猶恐失之."

선생님께서 말씀하셨다. "배움은 미치지 못할 듯, 오히려 잃어버릴까 두
려워하듯 한다."

○ 공부하는 사람이 마음을 쓸 때는 마치 도망자를 쫓는 사람이 잡지 못
하고 끝내 놓쳐 버릴까 두려워하듯 해야 한다. 사람이 배울 줄 모르면 그
만이지만 배우는 것이 훌륭한 일인 줄 알면서 게으름 피우며 움직이지
않으면 용기가 없는 것이다. 그러므로 지혜롭지 못하면 진전하지 못하고
용기가 없으면 이루지 못한다. 배우는 이들은 힘쓸 곳이 어딘지 몰라서
는 안 된다.

19. 子曰 : "巍巍乎, 舜禹之有天下也, 而不與焉."

선생님께서 말씀하셨다. "높고 크구나, 순임금과 우임금은 천하를 소유
했지만 (요와 순이) 주지 않은 것과 같다[而不與焉]."

> 외외巍巍는 높고 큰 모양이다. 이而는 여如라는 글자와 옛날에는 통용됐
> 다. 순임금과 우임금은 모두 선양을 받아 천하를 차지했다. 하지만 그
> 들의 덕이 가장 높았으므로 순임금은 요임금에게서, 우임금은 순임금
> 에게서 왕위를 물려받았지만 왕위를 받지 않은 것과 같았다. 그러므로
> 요순堯舜이라 말하지 않고 특히 순우舜禹라고 말한 것이다. 옛 해석(주
> 희)에서는 "불여"不與를, "서로 상관하지 않았다고 말하는 것과 같다"고
> 하였다. 이러한 해석은 노자·장자가 세상을 멸시하고 버리는 뜻에서
> 나온 것으로 성인의 본래 뜻이 아니기 때문에 해석을 고쳤다.

○ 이 장의 뜻은 이렇다 : 순임금과 우임금이 천하를 소유한 것은 모두 자
신들의 공덕이 크고 위대했기 때문에 성취한 것이다. 요임금이 순임금에
게 천하를 주고 순임금이 우임금에게 천하를 주었지만 주지 않은 것과
같다. 그들의 위대한 공덕은 보통을 훨씬 뛰어넘기 때문에 '주었다'고 말
할 수 없는 것이다. "자금이 자공에게 물었다. '선생님께서는 이 나라에
오시면 반드시 정사를 들으십니다. 선생님께서 구하시는 것입니까? 아
니면 상대편이 참여시키는 것입니까[抑與之與]?' 자공이 말했다. '선생님
께서는 온화하고 선량하고 공손하고 소박하고 겸손한 태도로 구하신 것
이다. 선생님께서 구하신 태도는 남들이 구하는 것과는 다르다'"(「학이」
제10장)라고 한 장章을 보면, 여與라는 글자를 '주었다'고 말할 수 없는 것

이 또 명확하다.

20. 子曰: "大哉堯之爲君也. 巍巍乎, 唯天爲大, 唯堯則之, 蕩蕩乎, 民無能名焉. 巍巍乎其有成功也, 煥乎其有文章."

선생님께서 말씀하셨다. "위대하구나, 요임금이 임금된 것은. 높고 크구나, 오직 하늘만이 큰데 오직 요임금만 이에 견줄 수 있다. 광대하다, 백성들이 형용할 수 없구나.

┃ 주씨가 말했다. "칙則은 견준다는 말이다. 탕탕蕩蕩은 광대하다는 말이
┃ 다. 높고 거대한 사물 가운데 어떤 것도 하늘보다 더 높고 거대한 것이
┃ 없는데 오직 요임금의 덕만은 하늘과 견줄 수 있다. 그러므로 광대한
┃ 그의 덕은 또한 언어로 형용할 수 없는 하늘과 같다는 말이다.

높고 크구나, 그 이룩한 공이. 빛나는구나, 그 예악법도가."

┃ 주씨가 말했다. "성공成功은 사업을 말한다. 환煥은 빛나는 모습이다. 문
┃ 장文章은 예禮·악樂·법도法度이다. 요임금의 덕은 무어라 명명할 수 없
┃ 는데 볼 수 있는 것은 이러한 것들(예·악·법도)뿐이다."

○ 이 장은, 백성들은 요임금의 덕의 감화를 받으며 그 안에서 살아왔는데 감화력의 근원을 모르는 것은 사람이 천지 안에 살면서 천지의 크기를 모르는 것과 같다는 말이다. 그러므로 "백성들이 형용할 수 없구나"라고 한 것이다. 오직 볼 수 있는 것은 사업과 예악·법도가 우뚝하고 환

하게 빛나는 것일 뿐이다. 달항達巷 마을 사람이 다만 공자의 위대함을 보고서 공자를 칭송하며, "널리 배웠으면서도 명성을 이룬 것이 없구나"라고 말할 뿐이었는데, 이것으로 공자의 덕이 크다는 것을 더욱 잘 알 수 있다. 이것이 요임금과 공자가 위대한 성인이 되는 이유이다.

21. 舜有臣五人, 而天下治. 武王曰:"予有亂臣十人." 孔子曰:"才難, 不其然乎. 唐虞之際, 於斯爲盛, 有婦人焉, 九人而已. 三分天下有其二, 以服事殷, 周之德, 其可謂至德也已矣."

순임금에게는 다섯 명의 신하가 있어 천하가 다스려졌다.

> 다섯 명은 우禹·직稷·설契·고요皐陶·백익伯益이다.

무왕이 말했다. "내게는 훌륭한 신하[亂臣] 열 명이 있다."

> 난亂은 잘 다스린다는 말이다. 열 명은 주공단周公旦·소공석召公奭·태공
> 망太公望·필공畢公·영공榮公·태전太顚·굉요閎夭·산의생散宜生·남궁괄南
> 宮适을 말한다. 또 한 사람은 읍강邑姜(무왕의 부인)일 것이다.

선생님께서 말씀하셨다. "인재는 얻기 어렵다고 하니 그렇지 않은가. 요순 교체기가 이때보다 번성했다. 부인이 한 명 있으니 신하는 아홉 명뿐이었다.

> 재난才難은 고어古語일 텐데 공자도 그렇다고 생각한 것이다. 옛날 인재
> 가 번성했을 때는 오직 요순교체기가 최고였고, 그 후 하나라와 상나라

에서부터는 주나라 때에만 번성했다. 잘 다스리는 유능한 신하 열 명이라고 했지만 그 사이에 부인이 한 명 있으니 또한 정확히 열 명이라고 할 수 없다. 그러므로 공자는 인재를 얻기 어렵다고 탄식한 것이다.

셋으로 나뉜 천하에서 3분의 2를 차지했으면서도 은나라에 복종하고 섬 겼으니 주나라의 덕은 최고의 덕이라 할 수 있다."

| 셋으로 나뉜 천하에서 3분의 2를 차지했다는 것에 대해 이전 유학자(주희)는 중국의 9주州 가운데 문왕이 형주荊州·양주梁州·옹주雍州·예주豫州·서주徐州·양주揚州 등 6주州를 차지하고, 오직 청주靑州·연주兗州·기주冀州 등 3주만이 주紂에게 속했다고 하였다. 주나라의 덕이란 문왕과 상나라를 정벌하기 이전의 무왕을 총괄해 말한 것이다. 무왕 즉위 초에는 오로지 문왕의 뜻을 이어 은나라에 복종하고 섬기면서 감히 정벌하려는 마음을 먹지 않았다. 은나라의 악행이 쌓이고 잔학한 행동이 극단에 이르자 어찌할 수 없어 정벌한 것이다. 하지만 본심은 아니었다. 그런 까닭에 "최고의 덕"이라 한 것이다.

○ 이 장은 요임금·순임금·문왕·무왕의 도덕과 사업이 영원한 법도와 기준임을 말한 것이다. 공자는 옛날의 성왕聖王들에 대해서 널리 고찰했으면서도 유독 당唐·우虞와 주나라를 칭송하였다. 이는 또한 요임금과 순임금을 모범으로 삼아 기술하고 문왕과 무왕을 본받아 표창하려는 뜻이었을 것이다. 요순의 덕은 하늘처럼 높고 원대해 이름 붙일 수도 형용할 수도 없다. 문왕과 무왕의 마음은 하늘처럼 완벽하게 공정해 조금도 사사로움을 허용하지 않는다. 그렇지 않으면 공자는 왜 요순과 함께 문

왕과 무왕을 나란히 거론해, 모범으로 삼아 기술하고 본받아 표창했겠는
가. 또 요순이 다섯 명의 신하와 열 명의 훌륭한 신하에게 마음을 둔 것
은 성인이 다스린다 해도 또한 반드시 현자들의 보좌를 받아야 사업을
성취할 수 있음을 이를 통해 알 수 있다.

○ 진사이는 살펴본다: "셋으로 나뉜 천하에서 3분의 2를 차지했다"는
글에 대해 보자면, 『춘추좌씨전』에는 "문왕은 상나라에 반기를 든 나라
를 거느리고 주紂를 섬겼다"(양공 4년)고 하였다. 하지만 『맹자』에는, "문
왕이 100세에 세상을 떠났지만 아직 온 세상을 다 다스리지는 못했다.
무왕과 주공이 그를 이은 다음에야 좋은 정치가 크게 행해졌다"(「공손추
상」제2장)라고 하였으므로 문왕이 살아 있을 때에는 천하의 3분의 2를
차지하는 데까지는 아직 이르지 못했음을 알겠다. 또 앞글에서 무왕의
말을 인용하고 이어서 "주나라의 덕"이라고 하였으므로 문왕과 무왕을
총괄해 말하는 것이 명백하다. 여러 유학자들이 문왕만을 칭하면서 무왕
을 함께 칭하지 않은 것은 억지 설명으로 보인다.

22. 子曰: "禹吾無間然矣, 菲飲食, 而致孝乎鬼神, 惡衣服, 而致美乎黻
冕, 卑宮室, 而盡力乎溝洫, 禹吾無間然矣."

선생님께서 말씀하셨다. "우임금에 대해서는 내가 흠잡을 것이 없다.

| 주씨가 말했다. "간은 틈·사이를 말한다. 그 틈을 지적해 비판한다는
말이다."

보잘것없는 음식을 먹으면서도 귀신에게는 효도를 다하였고,

> 비非는 빈약하다는 말이다. 귀신에게는 효도를 다했다는 말은 제사를 드릴 때 제물을 풍성하고 정결하게 하는 것이다.

나쁜 옷을 입으면서도 예복에는 아름다움을 다하였으며,

> 불黻은 무릎을 덮는 것으로, 가죽으로 만든다. 면冕은 관冠이다. 평상시 입는 옷을 줄이면서 조정의 예복은 훌륭하게 만들었다는 말이다.

궁실은 누추하게 만들면서도 물길을 트는 일엔 온 힘을 다 썼다.

> 구혁溝洫은 밭 사이의 물길로 이 경계를 바로잡아 가뭄과 큰비를 대비하는 것이다.

우임금에 대해서는 내가 흠잡을 것이 없다."

○ 검소는 덕이 모이는 곳이다. 예는 검소를 통해 생기게 되며 백성은 검소에 의지해 보호받게 된다. 우임금은 자신을 돌보는 일은 간소하게 하면서도 제사는 신중하게 모셨고 조정의 의례는 돈독하게 하였으며 백성과 관계되는 일은 부지런히 실천하였다. 이것이 수백 년 동안 태평한 세상을 이룰 수 있었던 이유이다. 어떻게 흠잡을 수 있겠는가.

논어고의 권5

論語古義 卷之五

자한(子罕)

모두 30장이다.

1. 子罕言利與命與仁.

선생님께서는 이익[利]과 운명[命]과 인仁에 대해서는 드물게 말씀하셨다.

| 한罕은 드물다는 말이다.

○ 이익을 말하면 의義를 해친다. 하지만 나라에 이익을 주고 백성에게 이익을 주는 일은 말하지 않으면 안 된다. 운명의 원리는 미묘한 문제다. 운명을 갑자기 말해 주면 반드시 삶에 가까운 인간사를 소홀히 하게 된다. 인의 덕은 크다. 인을 불쑥 알려 주면 반드시 가볍게 보고 소홀히 여기는 마음이 생겨난다. 그런 까닭에 모두 드물게 말한 것이다. 공자가 가르침을 삼가고 덕을 높이는 모습이 이와 같았다.

어떤 사람이 물었다. "『논어』 여러 장을 보면 인을 언급한 장이 매우 많습니다. 여기서 드물게 말씀하셨다고 한 것은 어째서입니까?" 내(진사이)가 대답했다. "'『시경』·『서경』과 예를 집행하는 일은 모두 선생님께서 평소에 하시는 말씀이셨다'고 하였는데 지금 남아 있는 자료가 드문 것을 보면 일찍이 제거해 버린 것도 많았을 것이다. 인仁을 말한 문제에 있어서는 문인제자들이 삼가 기록해 널리 갖추어 둔 것임을 알 수 있다."

2. 達巷黨人曰 : "大哉孔子, 博學而無所成名." 子聞之, 謂門弟子曰 : "吾何執. 執御乎, 執射乎. 吾執御矣."

달항達巷의 마을 사람이 말했다. "위대하구나, 공자는. 널리 배웠으면서도 명성을 이룬 것이 없구나."

> 정씨(정현)가 말했다. "달항은 마을 이름이다. 500가구를 당黨이라고 한다. 이 마을사람이 공자가 도를 널리 배웠으면서도 세상 어느 분야에도 이름이 알려지지 않은 것을 보고 그 광대함을 감탄한 것이다."

선생님께서 이 말을 듣고 문하의 제자들에게 말씀하셨다. "내가 무슨 일을 할까. 수레 모는 일을 할까. 활 쏘는 일을 할까. 나는 수레 모는 일을 하련다."

> 집執은 오로지 한 일에 종사한다는 말이다. 활쏘기와 수레몰기는 모두 각각 한 가지 기예이지만 수레몰기가 가장 비천하다. 수레 모는 일을 하련다는 말은 도道를 안다면 한 가지 일에 종사하는 식으로는 할 수 없

음을 반어적으로 표현한 것이다.

○ 도는 완성된 형체가 없으며, 덕은 완성된 명칭이 없다. 그러므로 도를 아는 사람은 드넓은 세상을 샅샅이 안다 해도 감히 자신이 도를 소유했다고 하지 않는다. 도가 무궁한 줄 알기 때문이다. 내면에서 터득한 것이 깊으면 외면으로 드러나는 것은 전혀 흔적을 남기지 않는다. 남의 이목을 두렵게 하고 남의 말에 자주 오르는 것은 모두 도에 도달하지 못한 것이다. 공자가 요임금을 칭송하면서, "광대하다, 백성들이 형용할 수 없구나"라고 하였는데 역시 공자가 자신을 말한 것이기도 하다. 달항의 마을 사람이 공자를 칭하면서 널리 배웠으면서도 명성을 이룬 것이 없다고 하는 정도의 말에서 그치고 말았는데 성인이 성인이 되는 이유를 말하는 데 이르러서는 형용할 줄 몰랐던 것도 당연하다 하겠다.

3. 子曰: "麻冕, 禮也. 今也純儉, 吾從衆. 拜下, 禮也. 今拜乎上, 泰也, 雖違衆, 吾從下."

선생님께서 말씀하셨다. "마면麻冕이 예禮에 맞다. 지금은 명주실로 만드는데 검소하기 때문에 나는 대중을 따르겠다.

> 마면은 치포관緇布冠(검은 베로 만든 관)이다. 순純은 명주실이다. 치포관은 30승의 베를 써서 만드는데 1승은 80가닥이므로 날실로 2,400가닥이 소용되는 것이다. 아주 세밀해서 만들기가 어려워 명주실로 검소하게 만드는 게 낫다.

당 아래에서 절하는 것이 예에 맞다. 지금은 당 위에서 절을 하는데 교만한 행동이다. 대중과 멀어지더라도 나는 아래에서 절하기를 따르겠다."

│ 신하가 임금과 예를 행할 때는 당堂 아래에서 절을 하는 것이 마땅한 행동인데, 임금이 이를 사양하자 당에 올라 절을 하였다. 태泰는 교만한 것이다.

○ 이 장은 문인門人들이 기록한 것으로, 성인이 일에 대처할 때 상황에 맞게 잘 처리한 사실을 밝힌 것이다. 마면은 대중을 따랐지만 예에서는 멀어졌고, 당 아래에서 절하는 행동은 대중과는 멀어졌지만 예에는 부합했다. 하나는 예에 부합하고 하나는 예에서 멀어졌지만 모두 도道가 있는 곳으로 성인의 행동은 변화에 정해진 방향이 없고 한 곳에 치우치지 않는 것이 이와 같았다. 배우는 사람은 의당 깊이 생각해야 한다.

○ 진사이는 논한다: 예전에 한 유학자(정자程子)는, "일이 의義를 해치지 않으면 세상의 풍속을 따라도 괜찮다"라고 했는데, 틀린 말이라 하겠다. 일이 의義를 해치지 않으면 세상 풍속이 바로 도道이므로 세상 풍속을 벗어나서는 이른바 도라는 것이 없다. 그러므로 "군자의 도는 부부에서부터 시작된다"(『중용』 제12장)고 한다. 그러므로 요임금과 순임금이 선양으로 왕위를 물려준 일은 많은 사람의 마음을 따른 것이며, 탕왕과 무왕이 걸과 주를 벌주고 정벌한 일은 많은 사람의 마음에 순종한 것이다. 많은 사람의 마음이 돌아가는 곳이 세상 풍속이 이루어지는 곳이다. 그러므로 세상 풍속이 의義에 부합하는지 여부만 보면 된다. 왜 꼭 세상 풍속을 벗어나 도를 구하는가. 세상 풍속을 벗어나 도를 구하는 이들은 실상 이단의 무리로 성인의 도道가 아니다.

4. 子絶四 : 毋意, 毋必, 毋固, 毋我.

선생님께서는 네 가지를 전혀 하지 않으셨다. 마음속으로 따져 보지 않으셨으며, 꼭 해야 한다고 하지 않으셨으며, 고집부리지 않으셨으며, 자신만 생각하지 않으셨다.

> 무毋는 없다[無]와 통하는 말이다. 의意는 마음속으로 계산하고 비교하는 것이다. 필必은 꼭 해야겠다고 마음먹는 것이다. 고固는 고집을 부려 막히는 것이다. 아我는 사사롭게 자기를 생각하는 것이다.

○ 이 장은 성인의 도는 완전하고 덕은 굉장해서 혼연일체가 되어 자취가 없다는 말이다. 마음속으로 따져 보지 않았다는 것은 일이 모두 도에서 나와 계산하고 견주어 보는 사심私心이 없는 것이다. 꼭 해야 한다고 하지 않았다는 것은 당연히 해야 할 일은 하고 당연히 하지 말아야 할 일은 하지 않았다는 것이다. 고집부리지 않았다는 것은 선善을 따르며 막히고 경직된 것이 없는 것이다. 자신만 생각하지 않았다는 것은 선善은 다른 사람과 함께 하면서 자기를 버리고 남을 따랐다는 것이다. 성인의 마음은 천지의 변화와 같아서 그렇게 되는 연유를 알 수 없는 것이다.

5. 子畏於匡. 曰 : "文王旣沒, 文不在茲乎. 天之將喪斯文也, 後死者, 不得與於斯文也. 天之未喪斯文也, 匡人其如予何."

선생님께서 광匡에서 경계하는 마음을 가지셨다.

주씨가 말했다. "외畏는 경계하는 마음을 가졌음을 말한다. 광匡은 지명이다." 사마천의『사기』에는, "양호陽虎가 광에서 난폭한 짓을 했었는데 공자의 모습이 양호와 비슷했기 때문에 광 지역 사람들이 공자를 포위했다"고 하였다.

선생님께서 말씀하셨다. "문왕은 이미 돌아가셨지만, 문文은 여기 있지 않은가.

문文은 선왕이 남겨 준 문文으로 도가 깃들어 있는 곳이다. 자茲는 여기라는 말로 공자 자신을 말한다.

하늘이 이 문文을 없애려 했다면 나중에 죽을 사람이 이 문文에 참여할 수 없었을 것이다.

공씨(공안국)가 말했다. "문왕은 이미 세상을 떠나고 없기 때문에 공자가 자신을 나중에 죽을 사람이라고 한 것이다. 하늘이 이 문[斯文]을 없애려 했다면 당연히 자신이 이를 알도록 하지 않았을 것이며, 지금 이미 내가 알도록 하였으니 이 문을 없애려 하지 않을 것이라는 말이다."

하늘이 아직 이 문文을 없애려 하지 않는다면 광匡 사람들이 나를 어떻게 하겠느냐."

마씨(마융)가 말했다. "'하늘이 이미 이 문文을 없애려 하지 않았다면 광 사람들이 나를 어떻게 하겠는가'라는 말은 하늘의 뜻을 어기고 자기를 결코 해칠 수 없다는 말이다."

○ "천도天道는 선한 사람에게는 복을 주고 주제넘은 사람[淫]에게는 재앙을 준다"(『서경』「탕고湯誥」)는 말은 하늘에는 필연적인 이치가 있음을 말한다. "화禍와 복福은 자기 자신이 구하지 않는 것이 없다"(『맹자』「공손추 상」제4장)라는 말은 사람들이 각자 자신이 선택하는 길이 있음을 말한다. 지혜로운 사람은 이 말을 믿고 어리석은 사람은 이 말을 의심한다. 공자는, "환퇴 그 자가 나를 어찌하겠느냐"(「술이」제22장)라고 말한 적이 있고 여기서는 "광 사람들이 나를 어떻게 하겠느냐"라고 하였다. 이 말은 자신을 자랑하기 좋아해서도 아니고 먼저 자신을 해명하고자 한 말도 아니다. 하늘을 완전히 알고 운명을 완벽하게 통달한 사람만이 자신을 믿는 것이 이와 같을 수 있다. 문왕에서 공자에 이르기까지 그 사이에 허다하게 많은 성인과 현자들이 태어났다. 하지만 사문斯文(이 문화)이 전해진 것이 다른 사람에게 있지 않고 오직 공자에게만 있었으니 그렇다면 하늘이 공자를 낳은 것은 그 뜻이 무엇일까? 하늘이 공자를 사랑으로 보호하고 온전히 보전하며 도와주고 부축해 준 일은 확실히 언제 어디에서건 그렇지 않은 적이 없었다. "하늘이 보고 듣는 것은 우리 백성들을 통해서 보고 들으니"(『맹자』「만장 상」제6장), 하늘의 이치는 인간사에 체현된다고 해야 할 것이다. 공자는 진陳나라와 채蔡나라 사이에서 포위당한 적이 있고 광匡에서 경계하는 마음을 가졌으니 성인이 횡액을 만난 일도 여러 번이었다. 하지만 끝내 공자에게 어떤 해도 끼칠 수 없었으니 하늘이 성인를 돕는다는 사실을 어떻게 믿지 않겠는가.

6. 大宰問於子貢曰 : "夫子聖者與. 何其多能也?"子貢曰 : "固天縱之
將聖, 又多能也."子聞之曰 : "大宰知我乎. 吾少也賤, 故多能鄙事. 君
子多乎哉. 不多也."牢曰 : "子云 : 吾不試, 故藝."

태재大宰가 자공에게 물었다. "선생님은 성자聖者이십니까. 어떻게 그렇
게 다재다능하십니까?"

| 공씨(공안국)가 말했다. "태재大宰는 관직명으로, 오吳나라의 관직이라
고도 하고 송宋나라의 관직이라고도 하는데 알 수 없다." 태재는 공자
가 다재다능한 것을 보고 성인이라고 생각한 것이다.

자공이 말했다. "진정 하늘이 내려 준 성인이시고 또 다재다능하십니다."

| 주씨가 말했다. "종縱은 풀어놓았다는 말로, 제한을 둘 수 없다는 말이
다. 장將은 거의라는 말로, 겸손하여 감히 알지 못하는 것처럼 한 말이
다."

선생님이 이를 들으시고 말씀하셨다. "태재가 나를 알겠느냐. 내가 어려
서는 천했기 때문에 여러 가지 천한 일을 잘 할 수 있었다. 군자는 재능이
많아야 할까. 많지 않아도 된다."

| 태재가 내 일을 알 수 있겠느냐. 나는 어려서 천했기 때문에 재능이 많
지만 잘하는 것은 천한 일뿐이다. 하지만 군자의 학문이라는 것이 어떻
게 재능이 많은 것에 달려 있겠는가. 꼭 재능이 많을 필요가 없다는 말
이다.

자뢰子牢가 말했다. "선생님께서, '내가 벼슬을 하지 않았기 때문에 재주가 많다'라고 말씀하셨다."

정씨(정현)가 말했다. "뢰牢는 공자의 제자로 자뢰子牢이다. 시試는 벼슬에 채용되는 것이다. 공자 스스로, 내가 벼슬에 쓰이지 않았기 때문에 기예가 많다고 말했다는 뜻이다."

○ 오씨(오징吳澄)가 말했다. "제자들이 선생님의 이 말을 기록할 때 자뢰가 그 기회를 이용해 예전에 들은 말 가운데 이러한 것이 있다고 했는데 의미가 서로 비슷했기 때문에 함께 기록한 것이다."

○ 군자 가운데 정말 재능이 많은 사람이 있다. 주공이 다재다능했던 것과 같은 예가 그렇다. 하지만 군자가 군자인 이유를 논해 보면 군자됨은 재능이 많은 것에 달려 있지 않다. 어째서인가? 도덕은 실질적인 것이고 재능이 많은 것은 도덕 이외의 나머지 일이기 때문이다. 그런 까닭에 옛날에 재능이 있고 또 자신이 좋아하면 사람은 일을 잘하였고 재능이 없고 또 자신이 좋아하지 않으면 꼭 일을 맡아하지 않았다. 학문을 잘하였느냐 잘하지 못했느냐는 문제는 재능과 연결되지 않았기 때문이다. 하나를 열심히 하면 전공하게 되고 여러 가지를 하면 갈라지게 된다. 전공하면 성공하고 갈라지면 실패한다. 공자가 재능이 많은 것을 경계한 까닭은 배우는 사람들은 도덕에 오로지 힘을 다해야지 여러 가지 재능에 마음을 나누지 않기를 바라서였다.

7. 子曰: "吾有知乎哉. 無知也. 有鄙夫問於我, 空空如也, 我叩其兩端
而竭焉."

선생님께서 말씀하셨다. "나는 아는 게 있을까? 아는 게 없다. 보잘것없
는 사람이 내게 물으면 그가 텅 비었어도 나는 아는 양 끝을 들어 그에게
다 쏟아 준다."

> 공공空空은 지식이 없음을 뜻한다. 고叩는 끄집어내도록 활동하는 것을
> 말한다. 아는 양 끝을 들어서 다 쏟아 준다는 말은 처음부터 끝까지 근
> 본부터 말단까지 남기는 것이 없다는 말이다. 공자는 겸손하게 자신은
> 지식이 없다, 다만 사람들에게 알려 줄 때에는 아무리 어리석은 사람이
> 라 하더라도 감히 남김없이 다 설명해 주려 할 뿐이다, 라는 말이다.

○ 성인이 천하를 사랑하는 마음은 분명 끝이 없다. 그런 마음을 미루어
나가 한 사람이라도 선善에 들어가지 못하면 자신이 그를 가로막고 깨우
쳐 주지 못한 것처럼 생각했다. 그러므로 아무것도 아는 것이 없는 못난
사람이라도 오히려 자신이 아는 것을 다 알려 주고 감추는 것이 없었으
니 인의 극치라 하겠다. 그런데 공자는 태어나면서부터 아는 성인인데도
또한 "나는 아는 게 있을까, 아는 게 없다"라고 말한 것은 어째서일까?
사물을 벗어나서 도가 있을 수 없고 도를 벗어나서 사물이 있을 수 없다.
도는 안과 밖이 없으며 도는 감추어진 것과 드러나는 것의 구분도 없다.
그러므로 진실로 도를 아는 사람은 스스로 아는 것이 있다고 생각하지
않는데 가져야 하는 도가 더는 없기 때문이다. 진실로 도를 알지 못하는
사람은 스스로 지식을 가졌다고 생각하는데 가져야 하는 도가 여전히

있기 때문이다. 그러므로 "나는 아는 게 있을까, 아는 게 없다"고 한 말은 참으로 위대한 말이다.

○ 진사이는 논한다: 옛 주석(주희의 『집주』)에는 정자의 말을 인용해, "성인의 도는 반드시 내려서 자신을 낮춰야 한다. 이와 같이 하지 않으면 사람들이 가까이하지 않는다. 현인의 말은 끌어올려 자신을 높여야 한다. 이처럼 하지 않으면 도가 존귀해지지 않는다"라고 하였다. 나는 이 말이 틀렸다고 생각한다. 이 말대로 한다면 성인과 현인은 사람을 대할 때 모두 거짓으로 대하고 진실로 대하지 않는 것이다. 이런 태도를 어떻게 "마음속으로 따져 보지 않았다"[無意]("자한」 제4장)고 할 수 있겠는가. 어떻게 "도를 곧게 하였다"[直道]("위령공」 제24장)고 할 수 있겠는가. 성인의 마음은 거대한 천지와 같아 사람들은 그 안에 살면서도 그 거대함을 모른다. 그것은 내려서 자신을 낮출 수 있는 게 아니다. 현자의 행동은 태산이나 높은 산처럼 스스로 그 높이를 지킬 뿐이다. 그것은 끌어올려 자신을 높일 수 있는 게 아니다. 이것이 현자가 성인에 미치지 못하는 이유이다.

8. 子曰: "鳳鳥不至, 河不出圖, 吾已矣夫."

선생님께서 말씀하셨다. "봉새[鳳]도 오지 않고 황하에서 그림도 나오지 않으니 나는 끝났구나."

봉鳳은 신령한 새로 순임금 때 나타나 춤을 추었으며, 문왕 때에는 기산岐山에서 울었다. 하도河圖는 옛 기록에 전하기로는 황하 가운데에서

용마龍馬가 그림을 지고 나왔다고 한다. 모두 성인이 나타난다는 상서로운 조짐이다. 이르는 그만이라는 말이다.

○ 형씨(형병邢昺)가 말했다. "이 장은 공자가 이 시대에 훌륭한 임금이 없는 것에 가슴 아파했음을 말한다. 성인이 천명을 받으면 봉새가 나타나고 황하에서 하도가 출현한다. 지금 온 세상에 이런 상서로운 조짐이 없으니 이 시대에는 성인이 없는 것이다. 그러므로 '나는 끝났구나'라고 탄식하였으니 성인을 볼 수 없는 것에 마음 아파했던 것이다."

○ 훌륭한 임금은 있는데 훌륭한 신하가 없는 때가 있다. 훌륭한 신하는 있는데 훌륭한 임금이 없는 때도 있다. 만약 공자가 요임금·순임금 같은 군주를 만났다면 당우唐虞시대의 태평한 정치를 이룩하는 일은 아래를 보며 땅에서 풀을 줍는 일과 같았을 것이다. 당시는 쇠약한 시대였으니 이런 임금이 없는 것을 어떻게 하겠는가. 공자가 이 말을 한 것은 슬픔이 끝까지 차올라 스스로 그칠 수 없어서였다.

○ 진사이는 논한다: 어떤 사람이 물었다. "성인은 상서로운 조짐을 말씀하시지 않았는데 여기서 봉새와 하도를 말씀하신 것은 어째서입니까?" 나는 대답했다. "이 말은 상서로운 조짐을 말한 것이 아니라 봉새와 하도를 빌려 당시 훌륭한 임금이 없는 것을 탄식한 것이다. 성인은 남들과 함께 지내지 다른 기반에 서지 않으며 동시대를 살면서 세상 사람들이 듣기에 놀랄 말을 하지 않는다. 일을 할 때 성공과 실패에 크게 문제되지 않는 것은 모두 옛 방식을 따르며, 분분한 설명으로 사람들이 듣고 보는 것을 감히 어지럽히지 않는다. 봉새와 하도는 예로부터 전해 내려오길 성왕聖王이 세상을 다스릴 상서로운 징조라고 하였다. 그러므로 공

자는 이를 빌려 자신의 탄식에 부쳤을 뿐이다."

9. 子見齊衰者, 冕衣裳者與瞽者見之, 雖少必作, 過之必趨.

선생님께서는 상복을 입은 사람, 관을 쓰고 예복을 입은 사람과 장님을
보시면 보자마자 그들이 어리더라도 꼭 일어나셨고, 그들을 지나가실 때
는 꼭 빨리 지나가셨다.

│ 자최齊衰는 상복이다. 면冕은 관이다. 면관을 쓰고 상하의를 갖춰 입은
것은 벼슬하는 사람들이 예복을 입은 것이다. 고瞽는 눈이 없는 사람이
다. 작作은 일어서는 것이다. 추趨는 빨리 가는 것이다. 어떤 사람은 소少
(어리다)라는 글자를 좌坐로 써야 한다고 했다.

○ 범씨(범조우)가 말했다. "성인의 마음은 상을 당한 사람을 보면 슬퍼
하였고 벼슬하는 사람을 보면 존경을 표시했고 온전하지 않은 사람을
보면 안타까워했다. 자리에서 일어서고 빨리 가기도 한 행동은 모두 그
렇게 하겠다고 마음먹은 것이 아닌데도 그렇게 된 것이다."
○ 이 장은 성인의 인자한 마음은 어떤 대상에도 닿지 않는 것이 없으며
어느 때이건 그렇지 않은 적이 없음을 말한 것이다. 뒤에 나오는 '사면師
冕을 만나는 장章'(「위령공」 제41장)도 이와 같다.

10. 顏淵喟然歎曰: "仰之彌高, 鑽之彌堅. 瞻之在前, 忽焉在後. 夫子循循然善誘人, 博我以文, 約我以禮. 欲罷不能, 旣竭吾才. 如有所立卓爾, 雖欲從之, 末由也已."

안연이 아, 하고 탄식하며 말했다.

┃ 위喟는 탄식하는 소리다. 안자顏子가 공자의 좋은 인도를 받아 학문에 성취가 있음을 기뻐한 것이지 공자가 우러러볼수록 더욱 높고 뚫을수록 더욱 견고하며 바라볼 때면 앞에 있는가 싶더니 어느덧 뒤에 있음을 탄식한 말이 아니다.

"우러러볼수록 더욱 높고 뚫을수록 더욱 견고해지는구나. 바라볼 때면 앞에 있는가 싶더니 어느덧 뒤에 있구나.

┃ 찬鑽은 뚫는다는 말이다. 우러러볼수록 더욱 높다는 말은 미칠 수 없다는 말이다. 뚫을수록 더욱 견고해진다는 말은 들어갈 수 없다는 말이다. 앞에 있는가 싶었는데 뒤에 있다는 말은 잡을 수 없다는 말이다. 이 구절은, 공자의 가르침을 받기 전에는 도가 매우 높고 견고하며 분간할 수 없을 만큼 변하며 모습을 나타내, 잡고 접근해야 할 곳이 없는 것을 보았을 뿐 실제로 도가 있는 곳을 알 수 없었던 상황을 안자 스스로 서술한 것이다.

선생님께서는 찬찬히 사람을 잘 이끌어 주셔서, 글로 나를 넓혀 주시고 예로 나를 단속해 주셨다. 그만두려 해도 그만들 수 없어 이미 내 재주를 다 써 버렸다.

> 순순循循은 순서가 있는 모습이다. 유誘는 진전시킨다는 말이다. 박문博
> 文은 지식을 넓힌다는 말이며, 약례約禮는 행실을 수양한다는 말이다.
> 안자는 여기서 선생님의 가르침을 파악할 수 있어, 전에는 잡고 접근해
> 야 할 곳이 없었다가 비로소 근거 삼을 곳을 알아 스스로 그만둘 수 없
> 었음을 말한 것이다.

앞에 우뚝 서 있는 것 같아 따르고 싶지만 시작할 길이 없구나."

> 탁卓은 서 있는 모양이다. 앞에 우뚝 서 있다는 말은 눈앞에 나타나 수
> 레의 끌채[橫木]에 기대어 있는 것과 같다는 뜻이다. 말末은 없다는 뜻이
> 다. 안자는 여기서 도를 아주 분명히 보고, 그 뒤에 공자의 도가 조용하
> 고 평이해 도달하기 쉬운 것처럼 보이지만 사실은 힘으로는 도달할 수
> 없다는 사실을 안 것이다.

○ 이 장은 안자가 자신 평생의 학문 이력을 스스로 진술한 말이다. "우
러러볼수록 더욱 높다", "뚫을수록 더욱 견고해진다", "앞에 있는가 싶었
는데 뒤에 있다"는 말은 안자가 처음 도가 고원한 것이라고 보았을 뿐 그
실상을 알지 못했다는 뜻이다. "널리 글을 배우고 예로 단속한다"는 말
은 공자의 가르침을 받아 학문이 비로소 평이하고 실질적인 단계를 성
취했다는 뜻이다. "그만두려 해도 그럴 수 없었다"는 말과 그 다음 진술
은 스스로 터득한 것을 서술한 부분이다. 세상사람 가운데 천품이 총명
하고 명민한 사람은 마음이 꼭 고원한 곳에서 노닐고 어렵고 심각한 곳
에 힘쓰느라 도가 본래 일상생활에, 평이하면서 넓게 우리 삶과 아주 가
까운 곳에 있다는 사실을 모른다. 그 끝에는 필시 이단인 노장이나 불교

의 무리가 되어 버리고 만다. 안자만이 타고난 천품이 총명하고 또 중용을 선택할 수 있어서, 덕분에 공자의 훌륭한 인도를 깨닫고 도에서 벗어나지 않았다. 이것이 그가 아성亞聖의 경지에까지 도달할 수 있었던 이유이다.

11. 子疾病, 子路使門人爲臣, 病間曰: "久矣哉, 由之行詐也. 無臣而爲有臣, 吾誰欺. 欺天乎. 且予與其死於臣之手也, 無寧死於二三子之手乎. 且予縱不得大葬, 予死於道路乎."

선생님께서 병이 나셨을 때 자로가 문하의 제자를 선생님의 가신으로 삼았다.

> 공자가 노나라의 대부를 지낸 적이 있기 때문에 자로가 제자를 가신으로 삼아 장례를 치르려 했던 것이다.

병이 조금 차도가 있자 선생님께서 말씀하셨다. "오래되었구나, 유由가 속이는 행동을 한 지가. 가신이 없었는데 가신을 두다니. 내가 누구를 속였는가. 하늘을 속인 것인가.

> 병이 조금 나은 것을 간間이라고 한다. 가신이 있는지 없는지는 사람들이 모두 아는 사실이다. 지금까지 가신이 없었는데 가신을 두었으니 사람을 속이는 것이 아니라 하늘을 속이는 행동이다, 라는 말이다. 그의 죄가 큼을 심하게 말한 것이다.

내가 가신의 손에 죽기보다 차라리 너희들 손에 죽는 것이 낫지 않겠느냐. 내가 큰 장례는 치르지 못한다 한들 길에서 죽기야 하겠느냐."

> 무녕無寧은 차라리라는 말이다. 마씨(마융)가 풀이했다. "내가 신하의 예로 장례를 치르지는 못한다 해도 너희들이 있으니 내 어찌 버려질까 걱정하겠느냐." 자신이 안심하게 되었다는 뜻을 말해 예가 아닌 장례는 치르고 싶지 않다는 것을 분명히 한 것이다.

○ 이 장은 성인의 마음은 진실되고 명백해서 작은 한마디 말, 사소한 일 하나에도 하늘을 우러러보고 땅을 굽어보더라도 한 점 부끄러움이 없음을 말한 것이다. 평소 자신이 있는 자리에 걸맞게 행동하고 그 밖의 것은 바라지 않으며 삶과 죽음, 근심과 난리가 언제 어디서 생겨도 마음이 편안하지 않은 적이 없었다. 다만 그 말이 평이하고 온화하며 여유로워 어떤 흔적도 찾을 수 없으니 그 도가 높으면 높을수록 덕은 더욱더 큼을 알 수 있다.

12. 子貢曰: "有美玉於斯, 韞匵而藏諸? 求善賈而沽諸?" 子曰: "沽之哉. 沽之哉. 我待賈者也."

자공이 물었다. "여기 아름다운 옥이 있다면 상자에 싸서 보관하시겠습니까? 좋은 가격을 주는 사람을 찾아 파시겠습니까?"

> 온韞은 간직한다는 말이다. 독匵은 궤이다. 자공은 공자가 도를 가졌으면서도 벼슬을 하지 않는다고 생각했다. 그 때문에 이 두 가지 단서를

만들어 물은 것이다.

선생님께서 말씀하셨다. "팔아야지, 팔아야지. 나는 좋은 가격을 줄 사람을 기다리고 있다."

> 주씨가 말했다. "진정 팔아야 한다. 다만 알맞은 값을 기다려야지 자기가 구해서는 안 된다고 말한 것일 뿐이다."

○ 범씨(범조우)가 말했다. "군자는 벼슬하고 싶어 하지 않은 적이 없지만 또 올바른 도를 따르지 않는 것을 미워하였다. 사士가 예가 갖춰지길 기다리는 것은 옥을 팔 때 가격을 제대로 쳐주는 사람을 기다리는 것과 같다. 만약 이윤伊尹이 들에서 밭을 갈 때, 백이·태공太公이 바닷가에 살 때 세상에 은나라의 탕왕이나 주나라의 문왕이 없었다면 그들은 끝나고 말았을 것이다. 절대 도를 굽혀 남을 따르거나 옥을 자랑하며 팔기를 구하지 않았다."

○ 진사이는 논한다: 위의 범자范子의 논의는 합당하다. 하지만 후세에 도가 위축되고 덕이 쇠퇴한 뒤로는 사士라는 이들은 모두 홀로 자기 몸을 착하게 하는 일이 의義라는 것은 알면서도 천하를 모두 인仁으로 아우르는 것이 덕 가운데 가장 위대하다는 사실은 모른다. 공자는 "은둔해 살면서 자기 뜻을 추구하고 의義를 행하면서 도를 달성한다"(「계씨」제11장)라고 하였고, 『예기』에는 "유자儒者는 자리 위의 보배(요순의 도道)를 가지고 학문을 하면서 군주가 초빙하기를 기다린다"(「유행」儒行)고 하였다. 모두 "가격을 제대로 쳐주는 사람을 기다리는 일"[待賈]을 말하는 것이며 이것이 배우는 사람의 본분이기도 하다. "상자에 간직하는 일"[韞匵

而藏]은 이단의 무리이거나 뜻이 커 남과 어울리지 못하는 사士들이 좋아하는 것이지 유자의 도가 아니다.

13. 子欲居九夷. 或曰: "陋如之何?" 子曰: "君子居之, 何陋之有."

선생님께서 구이九夷에 살고 싶어 하셨다.

> 구이는 어떤 종족을 말하는지 자세하지 않다. 서이徐夷·회이淮夷 등 두 오랑캐가 경전經傳에 기록돼 있고, 우리 일동日東(일본)도 『후한서』後漢書에 이미 「동이전」東夷傳에 올라가 있다. 부상扶桑과 조선朝鮮 등의 이름도 모두 역사 기록에 보인다. 공자가 말한 구이는 당연히 이런 종류를 가리키는 것 같다.

어떤 사람이 말했다. "누추할 텐데 어떻게 사실 수 있겠습니까?"

> 오랑캐의 땅은 인위적으로 장식하고 꾸미는 것이 없기 때문에 누추하다고 생각하기도 하였다.

선생님께서 말씀하셨다. "군자가 사는 곳에 무슨 누추함이 있겠느냐."

> 저 구이의 땅에 군자가 산 적이 있었다면 어떤 사람이 누추하다고 말하는 것과 반드시 같지는 않을 것이다. 저 소위 누추함이란 오히려 충실忠實에서 생긴 것이므로 전혀 평범하고 누추한 게 아니다.
>
> ○ 진사이는 살펴본다: 『예기』에 공자의 말이 기록돼 있다. "소련小連·대련大連은 상喪을 잘 치르니 동이東夷의 자식이로구나."(「잡기雜記 하」)

또 예로부터 "동방에 군자의 나라가 있다"(『회남자』,「추형훈」墜形訓)고
하였다. 그렇다면 공자의 말은 사실에 근거를 두고 말한 것으로 보인
다. 옛 풀이(주희)는 이 말을 두고 "군자가 사는 곳에는 누구나 교화가
된다"고 하였는데 틀렸다. 그런 뜻이라면 공자가 스스로 군자의 자리
에 있다고 자처하는 혐의가 생기게 된다.

○ 진사이는 논한다: 공자는, "오랑캐에게 임금이 존재해 중국에 임금이
없는 것과는 같지 않다"(「팔일」 제5장)라고 말한 적이 있다. 이 말을 통해
보면 공자는 구이九夷에 마음을 둔 지 오래되었다. 이 장과 '바다에 떠다
니고 싶다고 탄식한 장'(「공야장」 제6장)은 모두 우연히 한 말이 아니다.
하늘이 덮은 곳과 땅이 싣고 있는 곳에 모두 사람이 산다. 예의禮義가 있
으면 오랑캐도 중국이 되며 예의가 없으면 중국도 오랑캐가 되는 것을
피하지 못한다. 순임금은 동이東夷족으로 태어났으며 문왕은 서이西夷족
으로 태어났어도 자신들이 오랑캐라는 사실에 거리낌이 없었다. 구이가
사는 곳이 멀기는 하지만 분명 천지를 벗어나지 않았고 또한 하늘이 준
떳떳한 도리를 갖춘 본성을 가지고 있다. 하물며 소박한 것은 반드시 진
실된 반면 화려한 것은 대부분 거짓이니, 공자가 구이들이 사는 곳에 살
고 싶어 한 것도 당연하다. 우리 태조 천황(진무천황神武天皇)께서 개국한
원년이 실은 주나라 혜왕惠王 17년(기원전 660년)으로, 지금까지 임금과
신하가 서로 이어져 오래 전해지면서 끊어지지 않아 백성들이 임금을
하늘처럼 높이고 신神처럼 존경한다. 이는 실제로 중국조차 미치지 못하
는 바이니 공자가 중국을 떠나 오랑캐 나라에 살고자 했던 것도 또한 이
유가 있는 것이다. 지금은 성인이 살던 때로부터 이미 2천 년이나 지났

는데 우리 일본 사람들이 배운 사람이건 배우지 못한 사람이건 모두 우리 공자의 이름을 존중하고 우리 공자의 도를 으뜸으로 생각하고 있으니, 어떻게 성인의 도가 온 세상을 포괄해 누구도 포기하지 않았으며 또 공자가 천 년 뒤의 일을 미리 알고 있었다고 말하지 않을 수 있겠는가.

14. 子曰: "吾自衛反魯, 然後樂正, 雅頌各得其所."

선생님께서 말씀하셨다. "내가 위나라에서 노나라로 돌아온 뒤에야 음악이 바로잡혀 아雅·송頌이 제자리를 찾았다."

> 노나라 애공哀公 11년(기원전 484년) 겨울, 공자가 위나라에서 노나라로 돌아왔다. 이때 주나라의 예법이 노나라에 있게 되었다. 하지만 『시경』과 음악은 자못 손상되고 빠진 게 있어 차례를 잃어버렸다. 공자가 천하의 사방을 두루 다니면서 작품을 서로 참고해 보고 바로잡아 올바른 그 뜻을 알게 되었다. 만년에 도가 끝내 행해지지 않을 것을 알았기 때문에 노나라로 돌아와 시와 음악을 바로잡았다. 문인門人들이 이를 기록해 가르침이 어디서 시작되었는지 알려 주었다.

○ 진사이는 논한다: 덕이 크면 사람이 존귀해지고 사람이 존귀해지면 그의 말은 전해지기 마련이다. 아·송의 차례는 공자가 아니더라도 어쩌면 가능했을 것이다. 하지만 그것이 공자에게 있었으니 전해졌지 다른 사람에게 있었다면 그렇지 못했을 것이다. 『시경』·『서경』이 세상에 전해져 천지와 함께 확립되어 사라지지 않게끔 되었으니 공자의 공적이

왜 위대하지 않겠는가. 하지만 『시경』·『서경』·『역경』이라는 서명書名은 『노론』魯論에 처음 보이고, 맹자 혼자서만 공자가 『춘추』를 지었다고 말했으며, 공자가 『서경』·『예기』를 정했으며 『역경』의 「계사전」繫辭傳을 썼다는 말은 명확한 근거가 있는 게 아니다. 사마천 같은 무리들이 저술을 통해 성인을 보았지만, 공자의 도는 하늘에 매달린 해와 달 같아서 책을 편찬한 공적과는 관계가 없음을 알지 못했다. 그런 까닭에 함부로 말했을 따름이다. 공자가 가르침을 펼치기 이전은 물이 땅 속에 숨어 있는 것과 같지만 가르침을 펼친 이후로는 맡기고 부탁할 사람들이 존재해 계속 전해지고 이어졌다. 근원 있는 샘물이 잘 뚫어 주고 길을 내준 덕택에 넘실거리며 밤낮으로 멈추지 않고 잘 흘러 바다에 닿은 것과 같은 것이다. 저술의 공적이 왜 필요하겠는가.

15. 子曰: "出則事公卿, 入則事父兄, 喪事不敢不勉, 不爲酒困, 何有於我哉."

선생님께서 말씀하셨다. "밖에 나가면 지체 높은 사람을 섬기고, 집에 들어오면 아버지와 형을 섬기며, 장례일은 힘쓰지 않으면 안 되고, 술주정을 하지 말아야 한다. 그밖에 어떤 덕이 내게 있겠느냐."

이 장의 뜻은 이렇다: 밖에서 섬기고 집안에서 섬기는 일은 바로 젊은 이들의 직분이다. 장례는 인류의 근본으로 가장 힘써야 하는 일이다. 술주정하지 말아야 한다는 것은 또 어려운 게 아니다. 이것은 모두 사람들이 할 수 있는 것들이다. 이외에 따로 칭찬할 게 없는데 어떤 덕이 내게 있겠는가. 이에 대한 설명이 또 제7편 「술이」 제2장에 보인다.

○ 지혜가 크면 클수록 스스로의 처신을 더욱 낮추며 그 말이 더욱 겸손한데 실은 도가 끝이 없다는 사실을 알기 때문이다. 여기서 공자가 위대한 까닭을 더욱더 알게 된다.

16. 子在川上曰 : "逝者如斯夫. 不舍晝夜."

선생님께서 냇가에서 말씀하셨다. "흘러가는 것이 이와 같구나. 밤낮으로 그치지 않고."

> 서逝는 가는 것이다. 날마다 앞으로 나아가고 멈추지 않는다는 말이다. 사舍는 멈춘다는 말이다.

○ 이는 군자의 덕이 날마다 새로워지고 쉬지 않는 것이 냇물이 끊임없이 흘러 멈추지 않는 것과 같다는 말이다.

○ 진사이는 논한다: 맹자는 공자가 물에 대해 말한 뜻을 풀이하면서, "근원 있는 샘물이 밤낮으로 쉼없이 계속 흘러 패인 곳을 메우고 그 뒤에 계속 나아가 바다에 이른다. 근본이 있는 것은 이와 같다"(「이루 하」 제18장)라고 하였다. 이른바 근본이란 무엇인가. 우리 몸에 있는 인의예지仁義禮智는 평생토록 써도 다 마르지 않으니 이는 냇물이 밤낮으로 쉼없이 흘러 날마다 새로워지며 끝이 없는 것과 같다. 그러므로 "날마다 새로워지는 것을 성덕盛德이라 한다"(『역경』 「계사전 상」)고 한 것이다. 공자가 물

에서 취한 뜻은 이와 같았을 것이다. 어떤 사람은, "공자가 물에 대해 말한 뜻은 그 뜻이 미묘한데 맹자가 다만 문하의 제자에게 병폐가 있기 때문에 이에 대해 처방을 준 것이다"라고 말하는데,* 틀린 말이다. 맹자가 흐르는 물을 가져와서 비유한 것은 한 번으로 충분한 것이 아니었다. 맹자가 항상 하던 말로 공자의 뜻을 이어 말했다고 해야 할 것이다. 어떻게 모두 문하의 제자에게 병폐가 있기 때문에 말한 것이겠는가.

17. 子曰 : "吾未見好德如好色者也."

선생님께서 말씀하셨다. "나는 여색女色을 좋아하는 것처럼 덕을 좋아하는 사람을 아직 보지 못했다."

> 배워서 덕을 좋아하는 경지에 이르면 그 배움은 이미 진실해진 것이다. 하지만 진정으로 좋아하는 사람이 없기 때문에 공자가 탄식한 것이다. 여색을 좋아하듯 덕을 좋아한다면 배움이 진실해지고 터득하는 것도 진실해져 비로소 성인과 현자의 말을 저버리지 않는다.

18. 子曰 : "譬如爲山, 未成一簣, 止吾止也. 譬如平地, 雖覆一簣, 進吾往也."

---

* 주희의 『맹자집주』(「이루 하」제18장)에 인용한 말을 가리킨다.

선생님께서 말씀하셨다. "비유하자면 산을 쌓을 때 한 삼태기를 못 채우고 멈추는 것도 내가 멈추는 것이다. 비유하자면 땅을 고를 때 한 삼태기를 부어서 나아가는 것도 내가 가는 것이다."

| 궤簣는 흙을 담는 대그릇이다.

○ 주씨가 말했다(『집주』). "이 말은 이런 뜻이다. 산을 쌓는 데 다만 한 삼태기가 부족해서 그치는 것도 내 스스로 그치는 것이요, 땅을 고르는 데 한 삼태기씩 부어서 나아가는 것도 내 스스로 가는 것일 뿐이다. 배우는 사람이 스스로 힘써서 쉬지 않으면 작은 것을 쌓아 많은 것을 이루며, 중도에서 그만두면 앞에서 이룬 공조차 모두 포기하는 것이다. 멈추고 나아가는 일 모두 나에게 달렸지 남에게 달린 것이 아니다."
○ 천하의 일이란 나아가고 물러나는 차이가 작다고 해도 성공과 실패의 차이는 매우 크다. 점차 나아가면 단번에 성공하지 못하더라도 성공의 기틀은 이미 드러나며, 점차 물러나면 급작스레 실패하지는 않더라도 실패의 조짐은 이미 싹튼 것이다. 나아가고 물러나는 일은 모두 나에게 달려 있을 뿐이니 스스로 힘쓰지 않아서야 되겠는가.

19. 子曰: "語之而不惰者, 其回也與."

선생님께서 말씀하셨다. "말해 주면 게으르지 않은 사람은 안회일 것이다."

| 타惰는 게으르다는 말이다.

○ 공자가 하는 말은 하나다. 이 말을 듣고 게으른 사람이 있고 게으르지 않은 사람이 있는데 바로 도를 독실하게 믿느냐 아니냐에 달려 있을 뿐이다. 지금 공자의 말을 읽으면서 자신을 진작시키기도 하고 그만두기도 하는데, 마음속에 보존하는 것 같기도 하고 없는 것 같기도 하는 사람은 피로하고 기운이 메말라 생긴 결과일 뿐만이 아니라, 사실은 돈독하게 도를 믿지 않기 때문이다. 마음으로 도를 즐거워하는 것이 고기를 먹을 때 입이 즐거워하는 것과 같다면 어떻게 게으를 겨를이 있겠는가.

20. 子謂顔淵曰: "惜乎, 吾見其進也, 未見其止也."

선생님께서 안연에 대해 말씀하셨다. "아깝구나, 나는 그가 나아가는 것은 보았지만 그가 멈추는 것은 보지 못했다."

주씨가 말했다(『집주』). "안자가 세상을 떠난 뒤 공자가 그를 애석히 생각하며, 안연은 한창 나아가고 있었지 멈추지 않았다고 말한 것이다."

○ 사람은 배울 때 멈추는 경우는 많고 진전하는 경우는 적다. 안자처럼 늘 진전하고 멈추지 않는 경우는 지智·인仁·용勇의 덕을 온전히 갖춘 사람이 아니면 할 수 없으니 안자는 참으로 위대하다.

21. 子曰：“苗而不秀者有矣夫; 秀而不實者有矣夫”

선생님께서 말씀하셨다. “싹이 나도 꽃이 피지 못하는 것도 있구나. 꽃이
피어도 열매 맺지 못하는 것이 있구나.”

> 곡식이 막 생겨나는 것을 묘苗라고 한다. 꽃이 피는 것을 수秀라 한다.
> 알곡을 맺는 것을 실實이라고 한다.

○ 이 장은 곡식을 배움에 견준 말로, 주나라의 『시경』에서 말한 비유[比]
와 같다. 사람이 때에 맞게 진전하고 자신을 수양해 성공을 기약할 수 있
도록 북돋아 준 것이다. 곡식은 꼭 알곡으로 여물어야 한다. 그렇지 않으
면 싹이 나고 꽃이 피더라도 쭉정이보다도 못하다. 하물며 싹도 나지 않
았는데 이미 꽃이 피었다고 생각하고 꽃이 피지도 않았는데 이미 열매
를 맺었다고 생각하는 것이 배우는 이들에게 늘 나타나는 병폐이니, 경
계하지 않아서야 되겠는가.

22. 子曰：“後生可畏. 焉知來者之不如今也. 四十五十而無聞焉, 斯亦
不足畏也已.”

선생님께서 말씀하셨다. “뒤에 태어난 사람[後生]이 두렵다. 자라나는 사
람들이 지금보다 못하리라고 어떻게 알겠느냐. 40~50세가 되어도 이름
이 알려지지 않으면 이 역시 두려워할 것이 없다.”

> 이 말의 뜻은 이렇다. 뒤에 태어난 사람이 나이는 어리더라도 스스로

힘써서 멈추지 않는다면 그 기세는 막을 수 없다. 장래의 현자가 지금보다 못하리라고 어떻게 말할 수 있겠는가. 하지만 스스로 힘쓰지 않아 늙어서까지 이름이 알려지지 않으면 또한 두려워할 게 없다. 이 말을 통해 사람들에게 경고해 때에 맞춰 스스로 힘쓰도록 한 것이다.

○ 이 말은 사람이 나이가 젊고 힘이 좋을 때 의당 아침 일찍 일어나고 밤이 늦어서야 잠자리에 들어, 부지런히 움직이며 힘써 자신의 덕을 성취하도록 경계한 것이다. 유유자적 세월을 보내며 어른이 되고 늙으면 헛되이 자신을 후회해도 어찌할 수 없게 된다. 그러므로 배우는 사람들은 때에 맞게 부지런히 공부하지 않으면, 초목이 싹틀 때 물을 주고 북돋아 주는 도움을 받지 못한 결과, 금방 말라 버리지는 않더라도 줄기가 가늘고 가지는 시들어 끝내 무성하게 자라지 못하는 것과 같이 될 것이다. 이는 배우는 사람들이 깊이 생각하지 않으면 안 된다.

23. 子曰：“法語之言, 能無從乎, 改之爲貴. 巽與之言, 能無說乎, 繹之爲貴. 說而不繹, 從而不改, 吾末如之何也已矣.”

선생님께서 말씀하셨다. “예법에 맞는 말[法語之言]을 따르지 않을 수 있겠는가. 따라 고치는 것이 소중하다.

| 법어法語는 예와 법도에 맞는 말이다. 사람들이 따르지 않을 수 없다. 하지만 고치지 않으면 무익하다. 그러므로 고치는 것이 소중하다.

공손하게 해주는 말[巽與之言]을 기뻐하지 않을 수 있겠는가. 따져 보는 것이 소중하다.

> 손여巽與는 공손하게 순순히 준다는 말이다. 손언巽言은 다른 사람의 의도를 따르면서 인도하는 것이다. 그러므로 기뻐하지 않을 수 없다. 하지만 그 말을 한 의도를 찾고 실마리가 어디 있는지 따져 보지 않으면 그의 의도가 어디 있는지 알 수 없다. 그러므로 따지는 일이 소중하다.

기뻐하기만 하고 따져 보지 않고, 따르기만 하고 고치지 않으면 나도 어쩔 도리가 없다."

> 잘못이 완수되고 과오가 성취되고 나면 다시 어떻게 할 가망이 없다는 말이다. 어찌할 도리가 없다는 말은 버려둔다는 말로 배우는 사람에게 깊이 경계해 준 말이다.

○ 예법에 맞는 말을 따르지 않고, 공손하게 해주는 말을 기뻐하지 않는 사람은 함께 얘기를 나눌 수 없는 사람이다. 이는 확실히 거론할 여지가 없다. 혹 말을 따르고 기뻐하면서도 허물을 고치고 따질 줄 모른다면 이는 따르지 않고 기뻐하지 않는 사람과 똑같은 사람이 되어 버린다. 경계하지 않을 수 있겠는가.

24. 子曰: "主忠信, 毋友不如己者, 過則勿憚改."

선생님께서 말씀하셨다. "충忠과 신信을 주로 하며, 자기보다 못한 사람을 친구로 사귀지 말며, 잘못이 있으면 고치기를 꺼리지 말라."

| 두 번 나오는 말이다(「학이」 제8장에 보인다).

25. 子曰: "三軍可奪帥也, 匹夫不可奪志也."

선생님께서 말씀하셨다. "삼군三軍에게서 장수를 빼앗을 수는 있어도 필부에게서 뜻을 빼앗을 수는 없다."

○ 이 장은 사람에게 뜻이 없어서는 안 된다는 점을 말한다. 삼군三軍이 많기는 하지만 인심이 일치하지 않으면 그 장수를 빼앗아 올 수 있다. 필부는 미미한 존재이지만 자기의 뜻을 지킨다면 뺏을 수가 없다. 뜻은 고상하게 가져야 하는 것이 이와 같다.

○ 황간*이 말했다. "(위나라의 태자 공백共伯의 부인) 공강共姜은 일개 아녀자로, (남편이 일찍 죽자 부모가 개가시키려 했지만) 죽음으로 자신의 절개를 지키기로 맹세하자 그 뜻을 뺏을 수 없었던 일이 이와 같았다(『시경』 「용풍鄘風 · 백주柏舟」). 하물며 인仁에 뜻을 두고 도道에 뜻을 두었는데 뺏을 수 있겠는가."

---

* 황간(黃幹)은 남송시대의 학자로 자는 직경(直卿), 호는 면재(勉齋)이다. 주희의 제자로 나중에 사위가 되었다. 『논어통석』(論語通釋) 등의 저술이 있다.

26. 子曰: "衣敝縕袍, 與衣狐貉者立, 而不恥者, 其由也與. 不忮不求,
何用不臧." 子路終身誦之. 子曰: "是道也, 何足以臧."

선생님께서 말씀하셨다. "떨어진 삼베 솜옷을 입고서 여우가죽 옷을 입
은 사람과 같이 서 있어도 부끄러워하지 않을 사람은 유由일 것이다.

> 솜옷[縕]은 삼베로 만든 솜이다. 온포縕袍는 옷 가운데 또 좋지 않은 것
> 이다. 여우가죽 옷[狐貉]은 옷 가운데 귀한 것이다. 자로의 뜻이 이와 같
> 다면 가난과 부귀가 그의 마음을 움직일 수 없다는 것을 알 수 있다는
> 말이다.

'해치지도 않고 탐내지도 않으니, 어찌 선善하지 않겠는가'라고 하였다."

> 기忮는 해친다는 말이다. 구求는 탐내는 것이다. 장臧은 좋다는 말이다.
> 해치지도 않고 탐내지도 않으면 어찌 좋지 않겠는가라는 말이다. 이 말
> 은 패풍邶風의 「웅치」雄雉*라는 시로 공자는 이 시를 인용해 자로를 칭찬
> 한 것이다.

자로가 죽을 때까지 이 말을 외우고 다니자 선생님께서 말씀하셨다. "이
런 것은 당연한 도이다. 어찌 선善으로 삼을 수 있겠느냐."

> 공자는 자로가 혹시나 이런 선善을 갖춘 것에서 그칠까 두려웠다. 그런
> 까닭에 이런 정도의 도는 당연한 것인데 어떻게 선으로 삼을 수 있겠느
> 냐고 말한 것이다.

---

* 원문에서는 '위풍'(衛風)이라고 했으나 '패풍'(邶風)에 있는 시다. 저자의 착오다.

○ 보광이 말했다. "기忮는 남이 가진 것을 질투해서 해치려 하는 것이다. 구求는 자신에게 없는 것을 부끄러워하며 뺏으려 하는 것이다. 이는 모두 사물에 얽매인 것이다. 사물에 조금도 매이지 않을 수 있는 사람은 어디를 가더라도 선하지 않겠는가. 하지만 의리義理는 끝이 없는 것인데 단지 이 한 가지 선善을 가지고 금방 스스로 선하다고 생각한다면 다시 도道를 추구해 전진하길 바라지 않게 된다. 기뻐하는 마음은 스스로 만족하는 데서 생기고 게으른 마음은 스스로 기뻐하는 데서 생긴다. 그러므로 공자가 또 이 말을 해서 경계하도록 한 것이다."

27. 子曰：“歲寒然後知松栢之後彫也.”

선생님께서 말씀하셨다. "날이 추워진 뒤에야 소나무와 잣나무가 늦게 시든다는 것을 알 수 있다."

○ 이 장은, 군자는 평화로운 세상에서는 어쩌면 소인과 다름이 없겠지만 이해관계에 부딪히게 되고 일에 변고가 생긴 뒤에야 군자가 지키는 바를 알 수 있다는 말이다. 이런 관점에서 보자면, 군자는 어지러운 세상에서는 현자가 아니더라도 그를 알 수 있다. 평화로운 세상일 때 누가 군자인지 자연스레 알 수 있어야 총명하다고 할 수 있다.

28. 子曰: "知者不惑, 仁者不憂, 勇者不懼."

선생님께서 말씀하셨다. "지혜로운 사람은 홀리지 않고, 어진 사람은 근심하지 않고, 용감한 사람은 두려워하지 않는다."

○ 이 말은 지智·인仁·용勇이 세상에 모두 통용되는 덕임을 찬양한 것이다. 지혜로운 사람은 이치에 통달했기 때문에 무엇에도 홀리지 않는다. 어진 사람은 마음이 관대하기 때문에 어떤 일에도 근심하지 않는다. 용감한 사람은 결단을 잘 내리기 때문에 무엇도 두려워하지 않는다. 이 세 가지는 도덕의 완전한 전체이며 학문의 핵심 부분이다.

○ 진사이는 논한다: 『중용』에, "지·인·용 세 가지는 온 세상에 모두 통용되는 덕이다"(제20장)라고 하였다. 이 말에서 이 세 가지 이외에는 어떤 것도 덕을 완수하고 재능을 성취할 수 있는 것이 없음을 알 수 있다. 그러므로 성인은 이 세 가지를 들어 배우는 사람들이 이를 따라 행동하도록 한 것이다. 지에 근본을 두고, 인에서 완전해지고, 용으로 결단하는 것, 이는 분명 배움의 차례이며 덕을 완성하는 완전한 체계이니 시종과 본말을 다 포함한다. 앞 시대의 유학자(주희)가 오로지 『대학』을 옛사람들이 공부하는 첫 단계로 하고, 『논어』·『맹자』를 그 다음으로 한 것은 잘못되었다.

29. 子曰: "可與共學, 未可與適道. 可與適道, 未可與立. 可與立, 未可與權."

선생님께서 말씀하셨다. "함께 공부할 수는 있어도 함께 도에 나아갈 수 있는 것은 아니며, 함께 도에 나아갈 수 있어도 함께 확고하게 설 수 있는 것은 아니며, 함께 확고하게 설 수 있어도 함께 도를 자유롭게 쓸 수 있는 것은 아니다."

"함께 …한다"[可與]는 것은 그 사람을 인정한다는 말이다. "함께 …하지 못한다"[未可與]는 것은 일이 쉽지 않다는 말이다. 정자가 말했다. "함께 공부할 수는 있다[可與共學]는 말은 구하는 것을 안다는 것이다. 함께 도에 나아간다[可與適道]는 말은 갈 곳을 안다는 것이다. 함께 확고하게 선다[可與立]는 말은 뜻을 돈독하게 하고 확고하게 지키면서 변치 않는다는 말이다." 권權은 저울추로, 이것으로 물건을 달아서 무게를 알 수 있다. "함께 저울질을 할 수 있다"[可與權]는 말은 일의 경중을 잘 헤아려 의에 부합되도록 한다는 뜻이다.

○ 양씨(양시)가 말했다. "자기를 위한 공부[爲己之學]인 줄 알면 함께 공부할 수 있다. 배우는 일이 선을 밝힐 수 있은 다음에야 함께 도에 나아갈 수 있다. 도를 믿는 것이 돈독해진 다음에야 함께 도에 확고히 설 수 있다. 때에 맞게 합당하게 처리한 연유에야 도를 자유롭게 쓸 수 있다."
○ 진사이는 논한다: 한漢나라 유학자들은 원칙[經]을 융통성[權]과 대립시켜, 원칙에 반대되면서도 도道에 합치되는 것을 융통성이라 하였는데, 틀린 말이다. 권權이라는 글자는 당연히 예禮라는 글자와 대립되어야 하며 경經이라는 글자와 대립되어서는 안 된다. 맹자는, "남녀가 물건을 주고받을 때 직접 손에 닿지 않게 하는 것이 예입니다. 형수가 물에 빠졌을 때 손을 잡아 구출해 주는 것은 '융통성 있게 운용하는 것'[權]입니다"

(「이루 상」제17장)라고 하였다. 예에는 일정한 규칙이 있고 권은 상황에 합당할 수 있도록 잘 대처하는 것이다. 그런 까닭에 맹자는 권을 예와 대립해 말했지 경과 대립해 말하지 않았던 것이다. 한나라 유학자들은 은나라의 탕왕과 주나라의 무왕이 걸왕과 주왕을 정벌한 것을 권으로 보았다. 그러므로 경經에 반하면서 도道에 부합한다고 하였다. 경이 바로 도라는 사실을 전혀 몰랐던 것이다. 이미 경에 반했는데 어떻게 도에 부합할 수 있겠는가. 천하 사람들이 모두 그렇다고 인정하는 것이 바로 도이다. 한때의 상황에 합당할 수 있도록 잘 대처하는 것이 권이다. 은나라의 탕왕과 주나라의 무왕이 걸왕과 주왕을 정벌한 것은 천하 사람들의 마음을 따라 행한 것으로, 일개 남자 주紂를 처벌한 것이지 임금을 시해한 것이 아니다. 인仁을 최고로 성취한 행동이며 의義를 완전히 이룩한 행동으로, 한때의 합당함에 부합하도록 잘 대처한 것이 아니다. 그러므로 도라고 해야지 권이라고 해서는 안 된다. 앞 시대의 유학자(주희)는 또, "권은 성인이 아니면 쓸 수 없다"라고 하였는데, 더욱 틀렸다. 권은 학문의 중요한 핵심이며 도에 권이 없을 수는 없다. 이는 적과 대치하는 장군이 변화에 대응해 승기를 틀어쥐고, 배를 조종하는 사공이 바람에 따라 방향키를 움직이는 것과 같다. 그렇게 하지 않으면 장군은 반드시 패배하게 될 것이고 사공은 물에 빠지고 말 것이다. 그러므로 권은 급작스레 써서는 안 된다고 말한다면 옳지만, 성인이 아니면 써서는 안 된다고 해서는 옳지 않다. 『맹자』에, "가운데를 고집하면서 권을 쓰지 않는 것은 한 곳만 고집하는 것과 같다"(「진심 상」제26장)고 하였다. 배움에 권이 없을 수는 없음을 말한 것이다.

30. 唐棣之華, 偏其反而. 豈不爾思, 室是遠而. 子曰："未之思也, 夫何遠之有."

'채진목*꽃이 나부끼는데[偏], 어떻게 그대를 생각하지 않을 수 있나. 그대의 집이 멀리 있을 뿐.'

> 하씨(하휴何休)가 말했다. "지금은 잃어버린 시다." 당체唐棣는 채진목을 말한다. 채진목이 바람에 날려 꽃이 뒤집어졌다가 본래 자리로 오는 것이다. 주씨가 말했다. "편偏이라는 글자가 『진서』晉書에는 편翩으로 되어 있다. 꽃이 흔들리는 것을 말한다. 이而는 어조사다." 진사이는 살펴본다: 『시경』「각궁」角弓이라는 시에는 또 "뒤집히다"[翩其反矣]라는 구절이 보이므로 『진서』의 글자를 따르는 것이 옳다. 시의 네 구절 가운데 위의 두 구절('채진목꽃이 나부끼는데')은 뜻이 없다. 다만 아래 두 구절의 말을 불러일으킬 뿐이다.

선생님께서 말씀하셨다. "생각하지 않는 것이지 뭐가 멀단 말인가."

> 공자가 앞 말을 가져다가 거꾸로 말한 것이다: 도는 매우 가까이 있다. 이를 멀리 있다고 말하는 것은 생각하지 않아서이다.

---

* 채진목은 원문의 당체(唐棣)를 말한다. 주희가 욱리(郁李)라고 풀이한 이후 보통 '산앵두나무'로 번역한다. 하지만 이시진(李時珍)의 『본초강목』(本草綱目)의 고증에 따르면(목부木部 35권, 부이枎栘), 백양(白楊)과 같은 종류의 나무로 이(栘)라고도 한다(중국의 강동지방에서는 이栘라고도 표기한다). 사전에는 욱리와 같은 나무라고 표기하고 '산이스랏나무'라고 풀이했는데, 재고의 여지가 있다. 일단 다른 나무로 보고 '채진목'이라는 명칭을 가져오기로 한다. 『시경』에 보이는 식물 '상체'(常棣)와 흔히 혼동하는데 전혀 다른 식물이다. 여기서는 일반적인 해석이 아닌 이시진의 고증을 따랐다.

○ 공자는, "인(仁)이 멀리 있는가. 내가 인을 바라면 바로 인에 도달한다"
라고 한 적이 있다(「술이」 제29장). 또, "사람이 도를 실천하면서 사람을
멀리한다면 도라고 할 수 없다"(『중용』 제13장)라고 하였는데, 모두 도
는 매우 가까이에 있음을 말한 것이다. 도를 벗어나서 사람이 있을 수 없
으며, 사람을 벗어나서 도가 있을 수 없는 것이다. 성인이 가르침을 펼칠
때는 사람을 따라 가르침을 세우지 가르침을 세워 놓고 사람을 몰아넣
지 않는다. 이런 것 또한 "도가 뭐가 멀리 있는가"라는 말의 뜻이기도 하
다. 다만 도를 모르는 사람들은 스스로 도를 높고 아름다운 것이라 생각
하면서 마치 하늘에 오르는 것과 같다고 여긴다. 그러므로 도를 매우 고
원하다고 보기에 사람들이 도에 들어가기가 더욱 어렵게 된다. 안타까운
일이다.

향당(鄕黨)*

○ 이 편은 문하의 제자들이 선생님의 말과 행동을 기록해 일생의 행적을 그린 글이다. 그 말 하나, 행동 하나가 확실히 성인의 덕을 온전히 다 드러내기에는 부족하지만 이를 통해 공자의 거동과 행실이 조용하게 도에 들어맞는 오묘한 모습을 살펴볼 수 있다. 이것은 미물에 불과한 곤충과 초목으로는 천지의 조화를 살펴보기에는 부족하지만 이를 통해 조화가 보여 주는 발육의 결과는 알 수 있는 것과 같다.

○ 윤씨(윤돈)**가 말했다: "대단하다, 공자 문하의 여러 제자들이 얼마나 배우기를 좋아하는가. 성인의 얼굴표정과 낯빛, 말과 움직임에 대해서 삼가 적고 두루 기록해 후세에 전해 주지 않은 것이 없다. 지금 이 책을 읽어 보고 이 일을 접해 보면 완연히 성인이 눈앞에 있는 것 같다. 그렇

---

* 진사이는 이 편을 편집할 때 따로 장(章)을 나누지 않고 같은 종류의 글을 묶었을 뿐이다. 원문은 그 의도에 맞게 일련번호를 붙이지 않았으나, 이 번역본에서는 편의상 번호를 붙였다.
** 윤돈(尹焞)은 북송과 남송의 학자로 자는 언명(彦明), 호는 화정(和靖)이며 정이(程頤)의 제자로 유명하다. 『논어해』(論語解) 등의 저술이 있다.

다고는 해도 성인이 어찌 구구히 실행하려 했던 행동이었겠는가. 위대한
덕이 최고 경지에 이르렀으므로 거동과 행실이 자연스레 예에 들어맞았
을 뿐이다."

1. 孔子於鄉黨, 恂恂如也, 似不能言者. 其在宗廟朝廷, 便便言. 唯謹爾.
朝與下大夫言, 侃侃如也. 與上大夫言, 誾誾如也.

공자께서는 마을에서는 신실信實한 모습으로 계시며 말을 잘 못하는 사
람 같았다.

> 주희는 순순恂恂을 신실信實한 모습이라고 하였다. 향당鄕黨은 어른과 노
> 인이 사는 곳이기 때문에 공자는 그들을 공경하였다. 자신의 현명함과
> 지혜로 사람에게 교만하게 굴지 않았음을 알 수 있다.

종묘와 조정에 계실 때는 말씀을 잘하셨지만 삼가셨다.

> 변변便便은 말을 잘하는 것이다. 옛날에는 큰일은 반드시 종묘에서 도
> 모하였고 조정 역시 정사政事가 나오는 곳이었다. 그러므로 반드시 말
> 을 올바로 하고 끝까지 의논하였다. 다만 삼가고 함부로 말하지 않았을
> 뿐이다.

조정에서 하대부들과 말씀하실 때는 강직하게 하셨으며, 상대부들과 말
씀하실 때는 온화하게 하셨다.

> 『설문해자』에는, "간간侃侃은 강직剛直한 것이다. 은은誾誾은 화기애애하

게 논쟁하는 것이다"라고 하였다.

○ 이상은 공자가 향당·종묘·조정에 있을 때 장소에 따라 같지 않은 언어를 썼다는 사실을 기록해 성인의 최고 경지에 이른 위대한 덕이 장소에 따라 변화하면서 각기 옳은 행동을 했음을 보여 준다.

2. 君在, 踧踖如也, 與與如也. 君召使擯, 色勃如也. 足躩如也, 揖所與立, 左右手, 衣前後襜如也. 趨進翼如也. 賓退, 必復命曰 : 賓不顧矣.

임금이 계실 때는 공경하는 모습을 하셨으며 행동이 예에 맞았다.

| 임금이 계신다는 말은 임금이 자리에 있을 때를 말한다. 조정이나 종묘에 있을 때나 편안히 계실 때나 모두 자리에 있는 때이다. 축적踧踖은 공경하는 모습이다. 여여與與는 위의威儀가 알맞은 모습이다.

임금이 불러 사신을 접대하도록 했을 때는 얼굴빛을 바꾸셨으며 발을 조심스럽게 돌리셨다.

| 빈擯은 임금이 신하에게 궁궐을 나가 빈객을 접대하도록 하는 일이다. 『주례』에는, "상공上公은 9명의 부관副官을 쓰고 후侯와 백伯은 7명을 쓰고 자子와 남男은 5명으로, 각자 지위의 등급에 따라 정해진 수의 사람을 쓴다"고 하였다. 주인이 되는 나라의 임금 측 사람을 빈擯이라 하는데 등급에 따라 정해진 수의 인원을 반으로 줄여 써서 빈객에게 자신을 낮춰 겸손을 보인다. 발勃은 낯빛이 변하는 모습이다. 확躩은 조심스레

발을 돌리는 모습이다. 모두 임금의 명命을 공경하기 때문이다.

함께 서 있는 사람에게 읍揖을 하실 때에는 손을 좌측으로, 우측으로 하셨으며 옷자락이 가지런하였다.

> 정씨(정현)가 말했다: "왼쪽에 있는 사람에게는 손을 왼쪽에 두고, 오른쪽에 있는 사람에게는 손을 오른쪽에 두고 읍을 하는 것이며, 한 번 굽히고 한 번 올리는 동작을 할 때마다 옷자락의 앞뒤를 가지런하게 하였다." 첨襜은 정돈된 모양이다.

빨리 걸어가실 때에는 새가 날개를 펼치듯이 하셨다.

> 익翼은 새가 날개를 천천히 펴는 것처럼 하는 것으로, 몸을 펴고 손을 모으는 모습이 단정하고 보기 좋다는 말이다.

손님이 물러가면, 반드시 "손님이 돌아보지도 않고 잘 떠났습니다" 하고 보고하였다.

> 임금에게 공경을 보이는 것이다.

○ 이상은 공자가 임금을 뫼시는 일과 임금을 위해 빈객을 접대한 거동을 기록하였다. 모두 예에 맞는 행동 가운데 가장 말단의 것인데, 성인의 행동과 움직임이 예에 부합되지 않는 게 없음을 여기서 알 수 있다.

3. 入公門, 鞠躬如也, 如不容. 立不中門, 行不履閾. 過位, 色勃如也, 足
躩如也, 其言似不足者. 攝齊升堂, 鞠躬如也, 屏氣似不息者. 出降一等,
逞顔色, 怡怡如也. 沒階趨, 翼如也. 復其位, 踧踖如也.

궁궐문에 들어가실 때는 몸을 굽히셨으며, 용납받지 못하는 것처럼 하
셨다.

┃ 국궁鞠躬은 몸을 굽히는 것이다. 용납받지 못하는 것처럼 한다는 말은
가장 공경하는 것이다.

문 가운데 서지 않으셨고, 문 끝을 밟지 않으셨다.

┃ 임금의 문 가운데에 문지방이 있고 양 옆으로 문설주가 있다. 이 문설
주와 문지방 가운데로 임금이 출입한다. 역閾은 문지방이다. 문지방을
밟으면 공경스럽지 못하다.

임금의 자리를 지나가실 때에는 얼굴빛이 변하셨으며 발걸음을 조심스
레 옮기셨고 말씀도 부족한 듯이 하셨다.

┃ 형씨(형병)가 말했다. "과위過位는 임금이 계시지 않는 빈자리를 지나는
것이다. 문과 병풍 사이를 말하는 것으로 임금이 서는 곳이다. 임금이
있지 않다 하더라도 신하가 그곳을 지날 때는 마땅히 공경을 나타내야
한다. 말을 부족한 듯이 한다는 것은 감히 함부로 말하지 않는다는 뜻
이다."

옷 앞자락을 들고 대청에 오르실 때는 몸을 굽히듯 하셨으며, 호흡을 하

지 않는 것처럼 숨을 가리셨다.

> 섭攝은 손으로 잡고 드는 것이다. 자齊는 옷의 아래 자락이다. 주씨(주
> 희)가 말했다. "『예기』에, '대청에 오를 때는 양손으로 옷을 잡아들어
> 지상에서 한 자 정도 떨어지도록 한다'고 하였는데, 옷자락을 밟고 넘
> 어져 용모가 흐트러질까 두려워서이다. 식息은 코로 숨을 쉬는 것이다.
> 가장 고귀한 존재인 임금과 가까이하면 용모와 숨 쉬는 모습을 엄숙히
> 하는 것이다."

밖으로 물러나와 한 계단 내려와서는 얼굴빛을 풀고 온화하게 하셨으며,
계단을 다 내려와서는 빨리 걸으시되 새가 날개를 펼치듯이 하셨다. 제
자리에 돌아와서는 공경하는 모습을 하셨다.

> 등等은 계단이다. 령逞은 긴장을 푸는 것이다. 밖으로 나와 한 계단을 내
> 려가면 가장 고귀한 존재에서 점차 멀어진다. 그러므로 안색을 펴는 것
> 이다. 이이怡怡는 온화한 모습이다. 몰계沒階는 계단을 다 내려온 것이
> 다. 추趨는 자기 자리로 잰걸음으로 가는 것이다. 복위復位는 대청 아래
> 신하들이 서 있는 자리로 돌아가는 것이다. 축적蹜蹜은 공경을 잊지 않
> 은 것이다.

○ 이상은 공자가 조정에서 나아가고 물러나는 모습을 기록하였다.

4. 執圭, 鞠躬如也, 如不勝. 上如揖, 下如授. 勃如戰色, 足蹜蹜如有循.

享禮有容色. 私覿愉愉如.

규圭를 잡으실 때에는 몸을 굽히셔서 감당하지 못하는 듯이 하셨다. 대청
에 올라가서는 읍하듯 하셨고, 내려와서는 주는 듯이 하셨다. 두려워하
듯 얼굴빛을 하셨으며 발걸음을 빨리 떼면서 발을 끌듯이 하셨다.

> 규는 제후의 명규命圭로, 이웃나라를 공식 방문할 때 대부에게 갖도록
> 하여 신표로 통하게 한다. 자기 나라에 돌아와서는 임금에게 반납한
> 다. 여불승如不勝은 무거워서 들 수 없는 것 같다는 말로 가장 신중한 모
> 습이다. 상하上下는 대청에 올라가고 내려오는 때를 말한다. 정씨(정현)
> 가 말했다: "상여읍上如揖은 임금이 옥玉을 줄 때는 공경하는 모습을 보
> 여야 마땅하다, 그러므로 읍을 하는 듯이 옥을 잡는 것을 말한다. 하여
> 수下如授는 옥을 받은 뒤에 내려와서도 마치 옥을 주는 듯이 잡아 감히
> 예를 잊지 않는 것을 말한다." 전색戰色은 두려워 낯빛에 그 모습이 나
> 타나는 것이다. 축축蹜蹜은 발 떼는 것이 빠르고 간격이 좁은 것이다. 유
> 순有循은 걸을 때 땅에서 발을 떼지 않고 마치 사물에 매인 듯이 하는 모
> 습을 말한다.

향례享禮를 하실 때는 기쁜 빛을 띠셨다.

> 정씨가 말했다. "향享은 물건을 바친다는 말이다. 다른 나라에 사신을
> 가면 방문하는 예를 차리고 나서 예물을 바친다. 이때 규벽圭璧을 쓰며
> 바친 예물을 뜰에 가득 늘어놓는다"고 하였다. "기쁜 낯빛을 띠셨다"[有
> 容色]는 말은 다시 두려워하는 모습을 보이지 않은 것이다.

사사롭게 만날 때는 온화한 표정을 지으셨다.

| 정씨가 말했다. "적覿은 본다는 말이다. 향례를 마치고 사사로이 만나
는 것이다. 유유愉愉는 안색이 온화한 모습이다."

○ 이상은 공자가 임금을 위해 이웃나라를 방문하는 예를 기록하였다.
황간이 말했다: "이 장은 외국으로 사신 나갔을 때의 예절 세 가지를 말
한다. 규圭를 잡는 것은 예의 올바른 모습이고, 향례는 비교적 가벼운 예
이며, 사사로이 만나는 일은 또 가볍다. 그러므로 그 예절에 처하는 모습
이 이렇게 다른 것이다."
○ 진사이는 살펴본다: 공자가 이웃나라를 공식 방문한 일은 경전에 실
려 있지 않지만 당시 문하의 사람들이 직접 보고 바로 기록한 것이므로
「향당」한 편은 더욱 믿고 근거로 삼을 수 있다.

5. 君子不以紺緅飾, 紅紫不以爲褻服. 當暑, 袗絺綌, 必表而出之. 緇
衣羔裘, 素衣麑裘, 黃衣狐裘. 褻裘長, 短右袂. 必有寢衣, 長一身有半.
狐貉之厚以居. 去喪無所不佩. 非帷裳必殺之. 羔裘玄冠, 不以弔. 吉月
必朝服而朝.

군자는 감紺색과 추緅색으로 장식하지 않으셨다.

| 형씨(형병)는 군자는 공자를 말한다고 하였고, 어떤 사람은 군더더기
로 들어간 말이라 하였다. 감색은 짙은 청색으로 적색을 띤다. 추색은
『고공기』考工記에, "훈색纁色으로 물들이는 일은 세 번 물들여서 완성하

는데 또 흑색으로 다시 염색하면 추색이 된다"고 하였는데 참새의 머리색 같다. 식飾은 옷깃이다. 채청蔡淸이 말했다. "재계齋戒할 때 입는 제복齋服은 감색으로 장식하고 상복은 추색으로 장식한다. 이 구절은 제복齋服이나 상복喪服의 장식을 장식하는 것으로는 평상복을 장식하지 않는다는 사실을 말한 것이다."

홍색이나 자주색으로 평상복을 만들지 않으셨다.

> 홍紅색과 자주[紫]색은 간색間色(적·황·청·백·흑 오색 중 두 가지 이상 색을 혼합한 색, 순수하지 않은 색)으로 바른 색이 아니다. 설복褻服은 사사로이 집에 있을 때 입는 옷이다. 설복에서도 이런 색의 옷은 입지 않으니 조복朝服이나 제복祭服을 만드는 데 쓰지 않았음을 알 수 있다.

여름에는 고운 갈포나 거친 갈포로 홑옷을 입으셨지만 꼭 겉옷으로 입어 밖에 드러내셨다.

> 형씨가 말했다. "진袗은 홑옷이다. 고운 갈포를 치絺라 하고, 거친 갈포를 격綌이라 한다." 주씨가 말했다. "표이출지表而出之는 먼저 속옷을 입고 고운 갈포나 거친 갈포로 짠 옷을 겉에 입어 밖에 드러나도록 하는 것으로 신체를 노출하려 하지 않아서이다."

검은 옷[緇衣]은 양가죽 옷[羔裘]에, 흰 옷[素衣]은 사슴가죽 옷[麑裘]에, 누런 옷[黃衣]은 여우가죽 옷[狐裘]에 입으셨다.

> 치緇는 검은색이다. 고구羔裘는 검은 양의 가죽으로 만든 옷이다. 예麑는 사슴새끼로 색이 희다. 『예기』「옥조」玉藻에, "고구에는 치의緇衣를 상의

로 입는다"라고 하였다. 형씨가 말했다. "속에 입는 옷과 겉의 가죽옷을 입을 때는 모두 서로 어울리게 입는다." 치의와 고구에는 반드시 포의布衣(베로 만든 상의)를 겉옷으로 한다. 치의와 고구는 제후와 임금, 신하가 매일 조정에서 정사를 볼 때 입는 옷이다. 소의素衣와 예구麑裘는 시삭視朔(매월 초하루에 종묘에서 왕이 제사를 지낸 뒤에 정사를 행하는 것) 때 입는 옷이다. 경卿·대부 또한 마찬가지이다. 혹은 외국 사신의 빙례聘禮와 향례享禮에도 입는다. 황의黃衣와 호구狐裘는 대사大蜡(12월에 군신群神에게 지내는 제사), 백성을 쉬게 하는 제사를 지낼 때 입는 옷이다.

평상시에 입는 가죽옷은 길고 오른쪽 소매가 짧다.

공씨(공안국)가 말했다. "개인의 집에서 입는 가죽옷이 긴 것은 따뜻하게 입는 것에 주안점을 두었기 때문이며 오른쪽 소매가 짧은 것은 일을 할 때 편하도록 한 것이다."

반드시 잠옷을 입으셨으며 길이는 키의 한 배 반이었다.

정자(정이)가 말했다. "이 구절은 글 순서에 착오가 있다. 뒤에 나오는 '재계할 때는 반드시 명의明衣를 입으셨는데 베로 만들었다'[齊必有明衣布]라는 문장 뒤에 있어야 한다." 주씨가 말했다. "재계할 때는 경敬을 중심으로 하기 때문에 옷을 벗고 잠자리에 들어선 안 된다. 또 명의를 입고 잠자리에 들어도 안 된다. 그러므로 따로 잠옷을 두는 것으로, (잠옷을 입고) 그 나머지 반으로 대개 발을 덮는다."

두꺼운 여우가죽이나 담비가죽 옷을 입고 거처하셨다.

여우가죽과 담비가죽은 털이 두텁고 따뜻하다. 평소 집에 있을 때는 따뜻하게 입는 데 주안점을 두기 때문에 두텁게 해서 입는다.

상복을 벗고 나면 차지 않는 패물이 없었다.

형씨가 말했다. "거去는 벗는다는 말이다. 상을 치를 때는 아무 장식도 하지 않기 때문에 패물을 하지 않는다. 상복을 벗고 나면 갖추어야 할 패물은 차는 것이 마땅하다."

예복의 치마가 아니면 반드시 줄여 입으셨다.

주씨가 말했다. "조복朝服과 제복祭服은 치마를 만들 때 온 폭을 휘장처럼 쓰고 허리엔 주름을 잡으며, 옆으로 좁게 하는 바느질을 하지 않는다. 그 나머지 심의深衣(유자儒者들이 입는 긴 웃옷) 같은 옷은 허리가 아래 폭의 반이고 옷자락은 허리의 배가 되니, 주름이 없고 옆으로 좁게 하는 바느질을 한다.

검은가죽 옷을 입거나 검은 관을 쓰고서는 조문하지 않으셨다.

검은가죽 옷은 조복이고, 검은 관은 제복이다. 모두 좋은 일에 입는 옷이기 때문에 이 복장으로 조문하지 않는 것이다.

초하룻날에는 반드시 조복을 입고 입조入朝하셨다.

길월吉月은 매월 초하룻날이다. 주씨가 말했다. "공자가 노나라에서 벼슬을 그만두고 이처럼 하였다."

○ 이상은 공자의 의복 입는 법을 기록하였다. 성인의 몸가짐은 어떤 동작과 움직임도 자연스레 예에 들어맞았다. 그러므로 문하의 제자들이 잘 보고 충분히 관찰해서 존경하는 본보기로 전범을 삼았고 이를 전해서 예가 되었다. 예컨대, 앞 편의 "(선생님께서는) 상을 당한 사람 곁에서 밥을 드실 때에는 배불리 드신 적이 없다"(「술이」제9장)는 구절과 이 편에 기록된 구절이 대부분 『예기』에 보이는 것은 모두 이 때문이다. 공자에서부터 시작된 것이며 모두 고례古禮를 들어서 행한 것은 아니다. 이를 두고 「곡례」曲禮를 잡다하게 기록한 것이라고 하는 견해(주희)는 깊이 고찰하지 않은 의견일 뿐이다. 『예기』의 여러 편과 이 「향당」편에 같은 일이 보이는 곳은 당연히 이 뜻을 가지고 보아야 한다.

6. 齊必有明衣, 布. 齊必變食, 居必遷坐.

재계할 때는 반드시 명의를 입으셨는데 베로 만들었다.

> 재계할 때는 꼭 목욕을 하는데 목욕을 마치면 명의를 입는다. 신체를 정결하게 했기[明潔] 때문이다. 명의는 베로 만든다. 주씨가 말했다: "이 구절 아래 앞 장의 잠옷에 대해 말한 구절[必有寢衣, 長一身有半]이 빠졌다."

재계할 때는 반드시 음식을 바꾸셨고 평소 거처하시는 곳도 자리를 옮기셨다.

> "음식을 바꿨다"[變食]는 말은 술을 마시지 않고 냄새나는 음식을 먹지 않은 것을 말한다. "자리를 옮겼다"[遷坐]는 말은 항상 있던 자리를 바꾸

는 것이다.

○ 이상은 공자가 재계할 때 삼간 일은 기록하였다. 재계는 신과 서로 통하는 일이기 때문에 청결에 정성을 다하지 않으면 안 된다.

7. 食不厭精, 膾不厭細. 食饐而餲, 魚餒而肉敗, 不食. 色惡不食, 臭惡不食. 失飪不食. 不時不食. 割不正不食, 不得其醬不食. 肉雖多, 不使勝食氣. 唯酒無量, 不及亂. 沽酒市脯不食. 不撤薑食, 不多食.

밥은 잘게 찧은 것을 싫어하지 않으셨고, 회는 가늘게 썬 것을 싫어하지 않으셨다.

│ 식食은 밥이다. 정精은 곡식을 잘게 찧은 것이다. 소와 양, 생선의 날고
│ 기를 저며서 자른 것을 회膾라 한다. 잘게 찧은 곡식은 사람에게 좋은
│ 영양을 주고 거칠게 썬 회는 반드시 사람을 해친다. 싫어하지 않았다는
│ 것은 이런 것이 좋은 줄 안다는 말이지 반드시 이와 같이 하려 했다는
│ 것을 말하는 게 아니다.

밥이 상해서 맛이 변했거나, 생선이 물러 터져서 살이 부패한 것은 먹지 않으셨다.

│ 애(의)饐는 밥이 열이나 습기로 상한 것이다. 애(알)餲는 맛이 변한 것이
│ 다. 생선이 문드러진 것을 뇌餒라 한다.

색깔이 나쁜 것은 먹지 않으셨고 냄새가 나쁜 것은 먹지 않으셨다.

> 아직 부패하지는 않았지만 색과 냄새가 변한 것이다.

제대로 조리되지 않은 것은 먹지 않으셨다.

> 임飪은 날것 정도에서 푹 익히는 정도까지 알맞게 삶아 조리하는 것을 말한다.

제철이 아닌 것은 먹지 않으셨다.

> 오곡이 여물지 않았거나 과일이 아직 익지 않은 따위를 말한다. 여기까지 위에서 말한 다섯 종류의 일은 모두 사람을 상하게 할 수 있기 때문에 먹지 않았다.

바르게 자르지 않은 것은 먹지 않으셨다.

> 고기를 자른 것이 반듯하고 바르지 않은 것을 먹지 않은 것은 잠시라도 올바른 것에서 벗어나지 않은 것이다.

음식에 알맞은 장이 있지 않으면 먹지 않으셨다.

> 요노*가 말했다. "옛날에 음식을 규정한 것에는 사람이 음식을 먹으면 음식에 맞는 장을 함께 쓰도록 했다. 맛과 풍미가 잘 어울리도록 해주거나 아니면 나쁜 것을 방지해 주었던 것이다. 알맞은 장이 없으면 반

---

* 요노(饒魯)는 남송시대 학자로 자는 백여(伯興), 호는 쌍봉(雙峰)이다. 주희의 제자 황간에게서 배웠다.

드시 해가 생기기 때문에 먹지 않았다."

고기가 많더라도 밥 먹을 생각을 이기지 않도록 하셨으며, 술은 양을 한
정하지 않았지만 어지러운 지경에까지 이르지 않으셨다.

> 먹는 것은 곡식을 위주로 하기 때문에 고기가 밥 먹을 생각을 이기지
> 않도록 한 것이다. 술은 사람이 즐거움을 함께 누릴 수 있는 것이기 때
> 문에 취하는 것에 정도를 두어서 혈기가 어지럽지 않도록 한 것이다.

사온 술과 산 육포는 먹지 않으셨다.

> 고沽와 시市는 모두 사는 것을 말한다. 깨끗하지 않아서 혹 사람을 해칠
> 까 해서이다.

생강 드시기를 그만두지는 않았으나 많이 드시지는 않았다.

> 진사이는 살펴본다: 『본초강목』本草綱目에는, 생강은 성질이 맵고 따뜻
> 해서 위장을 열어 주고 비장에 보탬이 되며 심장과 폐에 기운이 통하게
> 한다고 하였다. 밥 먹는 데 중요한 약이기 때문에 늘 밥 먹을 때마다 반
> 드시 같이 상에 놓았다. 다만 많이 먹지 않았을 뿐이다. 어떤 사람이 말
> 했다. "생강은 성질이 시고 매워 생선과 고기의 독을 잡는다. 그러므로
> 반드시 상에 놓았다." 생강이 천지신명과 통한다고 한 말은 공자에 기
> 대 견강부회한 것일 터이다.

○ 이상은 공자가 음식을 드시는 절도를 기록한 것이다. 몸은 도가 머무
는 곳이므로 몸을 돌보는 것이 바로 도를 닦는 방법이다. 도를 닦고자 하

면서 먼저 자신의 몸을 가벼이 여긴다면 도를 아는 사람이 아니다. 음식은 몸을 돌보는 중대한 것이기 때문에 성인이 삼갔던 것이다.

8. 祭於公不宿肉. 祭肉不出三日. 出三日不食之矣. 食不語, 寢不言. 雖疏食菜羹瓜祭, 必齊如也.

나라에서 제사를 지내고 고기를 하룻밤 묵히지 않으셨다.

　　나라에서 지내는 제사를 도와주고 받은 제사 고기는 자신이 먹든가 혹은 나눠 준다. 하룻밤이 지나기를 기다리지 않은 것은 신의 은혜를 지체시키지 않은 것이다.

집에서 제사 지낸 고기는 3일을 넘기지 않으셨고 3일이 지나면 드시지 않았다.

　　집에서 제사 지낸 고기는 3일을 넘기지 않고 모두 자신이 드시거나 혹은 나눠 주셨다. 3일을 넘기면 제사 때 쓴 고기라도 드시지 않았는데 사람을 해칠까 염려해서였다.

제사 고기를 드실 때는 대답하지 않으셨고[不語], 주무실 때는 말씀하지 않으셨다[不言].

　　식食은 제사 고기를 먹는 것이다. (물었을 때) 대답해 설명해 주는 것을 어語라 하고 혼자 말하는 것을 언言이라 한다. 제사 고기를 먹을 때에는 다른 사람에게 대답해 주지 않는다. 재계를 할 때에는 잠자리에서 혼자 말을 하지 않으니 또는 신神을 공경하는 것이다.

거친 밥과 채소국이라도 반드시 제사를 지내셨으며[瓜祭] 반드시 공경하셨다.

> 육씨(육원랑[陸德明])가 말했다. "『노논어』魯論語에는 '과'瓜자가 '필'必자로 되어 있다." 주씨가 말했다. "옛날 사람들은 음식을 먹을 때 모든 음식에서 조금씩 덜어 내 그릇 사이에 두고 앞 시대에 처음 음식을 만든 사람에게 제사를 올렸으니 근본을 잊지 않은 것이다. 제齊는 엄숙하게 공경하는 모습이다. 공자는 보잘것없는 음식이라도 꼭 제사를 드렸으며 그 제사는 반드시 공경하는 모습으로 하셨으니 성인의 정성이다."

○ 이상은 공자가 제사 고기를 받은 것과 작은 물건이라도 반드시 제사를 지냈던 정성을 기록한 것이다.

9. 席不正不坐. 鄕人飮酒, 杖者出, 斯出矣. 鄕人儺, 朝服而立於阼階. 問人於他邦, 再拜而送之. 康子饋藥, 拜而受之, 曰: "丘未達, 不敢嘗." 廐焚, 子退朝曰: "傷人乎?" 不問馬.

자리가 바르지 않으면 앉지 않으셨다.

> 사씨(사량좌謝良佐)가 말했다. "성인은 바른 것에 마음이 편안하다. 그러므로 자리가 바르지 않은 곳에는 하찮은 경우라도 앉지 않은 것이다."

마을 사람들과 술을 마실 때 지팡이 짚는 분이 나가면 곧 따라 나가셨다.

| "지팡이 짚는 분"[杖者]은 노인이다. 60세가 되면 마을에서 지팡이를 짚
는다. 노인이 나가지 않으면 감히 먼저 나가지 못하며 노인이 나간 뒤
에는 감히 뒤처지지 않는다. 어른을 공경하는 일이 이와 같았다.

마을 사람들이 귀신 쫓는 제사를 할 때에는 조복朝服을 입고 계단에 서 계
셨다.

| 나儺는 역귀疫鬼를 물리치는 일이다. 놀이에 가깝기는 하지만 고례古禮
에서도 전해 온 일이다. 공자는 본래 풍속과 어긋나지 않기를 바랐고,
또 마을 사람들이 거행하는 행사였으므로 조복을 입고 주인 자리에 서
서 마을 사람들에게 더욱 공경을 보인 것이다. 『예기』에 선조와 오사五
祀의 신을 편안하게 해주려고 그랬다는 설이 있는데 한나라 유학자들
이 공자에 기대 견강부회한 것으로 보인다.

다른 나라로 안부를 묻는 사람을 보낼 때에는 두 번 절하고 보내셨다.

| 두 번 절하고 보낸 것은 사신에게 절한 것이 아니라 안부를 묻는 사람
에게 공경을 보인 것이다.
○ 송나라 양간*이 어떤 사람에게 편지를 써 보낸 적이 있는데 편지에,
"양 아무개는 두 번 절합니다" 하고 편지를 부쳤다. 편지 심부름 하는
종이 출발한 뒤에 홀연 가만히 생각해 보니 직접 절하지 않고 글로만

---

* 양간(楊簡)은 남송시대 학자로 자가 경중(敬仲)이다. 육구연(陸九淵)의 제자로 자호선생(慈湖先
生)으로 불렸다. 『양씨역전』(楊氏易傳) 등의 저술이 있다.

절한다고 썼으니 이는 거짓이었다. 급히 종을 불러 돌아오게 해서 편지를 책상 위에 놓고 직접 절을 하고 나서 편지를 보냈다. 이 편지글은 의도치 않았는데도 공자가 사자에게 두 번 절하고 보냈다는 뜻에 부합한다. 배우는 사람은 이처럼 충신忠信하고 난 뒤에야 배움에 대해서 말할 수 있는 것이지, 그렇지 않으면 본성과 천명[性命]에 대해 고담준론을 펼친들 무익하다.

계강자季康子가 약을 보내오자 절을 하고 받으시면서 말씀하셨다. "제가 아직 잘 알지 못해 감히 맛보지 못하겠습니다."

| 대부가 약을 내려 주면 예에 따라 맛을 봐야 마땅한데 맛을 보지 않은 것은 병에 신중하게 처신한 것이다. 사실을 가지고 아뢴 것은 자신의 진정을 감추지 않은 것이다.

마구간에 불이 났다. 선생님께서 조정 일을 마치고 오셔서 말씀하셨다. "사람이 다쳤느냐?" 말에 대해서는 묻지 않으셨다.

| 구廐는 공자 집안의 마구간이다. 장식張栻이 말했다. "백성을 사랑하는 일과 사물을 사랑하는 일에는 분명히 차이가 있다. 막 조정에서 일을 마치고 집으로 돌아와 처음 일을 듣고 오로지 사람이 다쳤을까 두려워하였다. 그러므로 말에까지 물을 겨를이 없었다."

○ 이상은 공자가 평소에 집에 계실 때의 여러 가지 예의에 대해 기록한 것이다.

10. 君賜食, 必正席先嘗之. 君賜腥, 必熟而薦之. 君賜生必畜之. 侍食
於君, 君祭先飯. 疾君視之, 東首加朝服, 拖紳. 君命召, 不俟駕行矣. 入
大廟, 每事問.

임금이 음식을 주시면 반드시 자리를 올바르게 하고 먼저 맛을 보셨다.
임금이 날고기를 주시면 반드시 익혀서 조상에게 올리셨다. 임금이 산
것을 주시면 반드시 기르셨다.

> 주씨가 말했다. "(임금이 내려 주신) 음식이 혹 먹다 남은 것일까 두려웠
> 기 때문에 사당에 올리지 않은 것이다. 자리를 올바르게 하고 먼저 맛
> 을 본 것은 임금을 대하는 것처럼 한 것이다. 먼저 맛본다고 말한 것은
> 나머지는 당연히 나누어 준 것이다. 성腥은 날고기로, 익혀서 조상에게
> 바치는 것은 임금이 주신 것을 영광스럽게 생각하는 것이다. 길렀다고
> 하는 것은 임금의 은혜를 사랑해서 아무 까닭 없이 감히 죽이지 않는
> 것이다.

임금을 뫼시고 밥을 먹을 때 임금이 제사를 드리려 하면 먼저 맛을 보셨
다.

> 『예기』(「옥조」玉藻)에 따르면, "임금이 음식을 내려 주고 신하를 손님 대
> 접 하면 신하는 임금이 제사를 드리라고 명령한 후에 제사를 드린다"
> 고 하였다. 지금 제사 드릴 때 먼저 음식을 맛보는 것은 임금이 자신을
> 손님 대접 하는 것과 유사하다. 그러므로 임금을 위해 먼저 맛보는 것
> 처럼 하는 것이다.

병이 나서 임금이 문병을 오시면 머리를 동쪽에 두고 조복을 몸에 두고 띠를 걸치셨다.

> 『예기』(「상대기」喪大記)에 따르면, "병자를 눕힐 때는 머리를 동쪽에 두어야 한다"고 하였다. 하지만 평상시에는 혹 마음에 따라 눕기도 한다. 그러므로 임금이 문병을 오시게 되면 동쪽으로 머리를 두는 것이다. 신紳은 큰 띠다. 아플 때에는 옷을 입고 띠를 맬 수는 없다. 그러므로 몸에 조복을 두고 또 그 위에 큰 띠를 가져다 놓는 것이다.

임금이 부르면 수레를 기다리지 않고 가셨다.

> 임금의 명령에 급하게 빠른 걸음으로 밖으로 나가 수레가 뒤따라오는 것이다.

태묘太廟에 들어가서는 매사를 물으셨다.

> 이 편은 본래 공자의 평소 생활할 때의 모습에 관련되어 있다. 그러므로 이 한 구절은 앞에서 한 번 자세히 기록한 적이 있더라도(「팔일」 제15장) 여기서 또 기록한 것은 두 번 나온 게 아니다.

○ 이상은 공자가 임금이 내려 준 것을 받는 것, 그리고 임금을 섬긴 예를 기록하였다.

11. 朋友死, 無所歸, 曰 : "於我殯." 朋友之饋, 雖車馬, 非祭肉不拜.

친구가 죽었는데 돌아갈 곳이 없어 말씀하셨다. "우리집에 빈소를 마련
해라."

> 성인이 친구를 대하는 모습은 아주 가까운 친족과 다름이 없다.

친구가 보내 준 선물은 수레와 말이라 해도 제사 고기가 아니면 절하지
않으셨다.

> 친구 사이에는 재물을 나누어 쓰는 의義가 있다. 그러므로 절하지 않는
> 다. 제사 고기일 경우 절하는 것은 신神의 은혜를 존숭해서이다.

○ 이상은 공자가 친구와 사귀는 옳은 모습을 기록하였다.

12. 寢不尸, 居不容.

잠잘 때는 시체처럼 하지 않으셨고, 평소에 거처하실 때는 모습을 꾸미
지 않으셨다.

> 시尸는 죽은 사람처럼 반듯하게 누운 것을 말한다. 거居는 사사로이 거
> 처하는 것이다. 잠잘 때는 시체처럼 하지 않았다는 것은 게으름을 싫어
> 하는 것이다. 평소에 거처할 때 모습을 꾸미지 않았다는 것은 지나치게
> 자랑스런 태도를 유지하는 것을 혐오해서이다.

○ 이상은 공자의 평소 생활하는 모습을 기록하였다.

13. 見齊衰者, 雖狎必變. 見冕者與瞽者, 雖褻必以貌. 凶服者式之, 式負版者. 有盛饌, 必變色而作. 迅雷風烈, 必變.

상복 입은 사람을 보시면 아무리 친한 사이라고 해도 반드시 낯빛이 변하셨다. 예모禮帽 쓴 사람과 장님을 보시면 자주 만나는 사이라고 해도 반드시 예의를 차리셨다.

> 압狎은 평소에 친한 사이를 말한다. 설褻은 자주 보는 관계를 말한다. 예貌는 예를 차리는 모습이다. 이 구절 또한 문하 사람들이 기록해 이 「향당」편에 갖추어 둔 것이지 두 번 나온 게 아니다(「자한」 제10장이 이 구절과 대략 같다).

상복 입은 사람에게 수레에서 조의를 표하셨으며, 지도와 호적을 짊어진 사람에게도 공경하는 인사를 하셨다.

> 식式은 수레 앞에 가로지른 나무로, 공경할 대상이 있으면 몸을 굽혀 이 나무에 기댄다. 부판負版은 나라의 지도와 호적을 가진 사람이다. 두 부류의 사람에게 공경하는 인사를 보내는 것은 상사喪事가 있는 사람에게는 슬픔을 나누고 백성의 수효를 귀중하게 여겨서이다.

성찬을 받으시면 반드시 낯빛을 바꾸고 일어나셨다.

> 공씨(공안국)가 말했다. "작作은 일어서는 것이다. 주인이 후하게 예를

차린 것에 공경하는 모습을 보인 것이다."

급하게 천둥이 치고 바람이 맹렬하게 불면 반드시 얼굴표정을 바꾸셨다.

> 신迅은 급하고 빠른 것이다. 열烈은 맹렬한 것이다. 뢰雷는 음양의 기운
> 이 격동한 것으로 하늘의 분노이다. 바람이 맹렬하게 부는 것도 비상한
> 변괴가 생긴 것이다. 그러므로 공자는 반드시 용모를 바꾸고 공경을 보
> 였다. 하늘을 섬기는 정성을 보여 준 것이다.

○ 이상은 공자의 용모 변화를 기록하였다.

14. **升車必正立執綏. 車中不內顧, 不疾言, 不親指.**

수레에 오르실 때에는 반드시 바르게 서서 끈을 잡으셨다.

> 수綏는 수레에 오를 때 잡는 끈이다. 바르게 서서 끈을 잡는 것은 넘어
> 지는 것을 경계한 것이다.

수레 안에서는 돌아보지 않으셨고, 빠르게 말씀하지 않으셨으며, 손가락
으로 가리키지 않으셨다.

> 내고內顧는 둘러본다는 말이다. 『예기』에는, "둘러보더라도 수레바퀴
> 굴대통 이상은 넘지 않는다"(「곡례 상」)고 하였다. 이 세 가지 행동은
> 모두 몸가짐을 잘못하는 것이며 남을 헷갈리게 하는 것이다.

○ 이상은 공자가 수레에 오를 때의 모습을 기록하였다.

15. 色斯擧矣, 翔而後集. 曰: "山梁雌雉, 時哉時哉." 子路共之, 三嗅
而作.

새가 사람의 얼굴빛을 보고 날아올라 빙빙 돌며 날다가 그 다음에 모여
앉았다.

> 새가 사람의 얼굴빛을 보고 얼굴빛이 좋지 않으면 날아올라 빙빙 돌며
> 날다가 잘 살펴본 다음 내려와 앉는다는 말이다. 오징*이 말했다. "아래
> 문장 '산속의 다리에 앉은 암꿩'[山梁雌雉] 네 글자는 여기 '새가 사람의
> 얼굴빛을 보고 날아올라'[色斯擧矣] 앞에 놓여야 한다."

선생님께서 말씀하셨다. "산속의 다리에 앉은 암꿩은 때를 아는구나, 때
를 아는구나." 자로가 꿩에게 다가가자 꿩이 세 번 울며 날아갔다.

> 량梁은 다리다. "때를 아는구나"[時哉]라는 말은 꿩이 날아갔다가 모여
> 앉는 행동이 제때를 잘 안다는 말이다. 공共은 「위정」 제1장의 "여러 별
> 들이 그곳을 향해 있는 모습과 같다"[衆星共之]에 보이는 공共과 같다. 향
> 한다는 말이다. 후嗅라는 글자에 대해, 조씨(조열지)**가 말했다: "석경石

---

* 오징(吳澄)은 원나라를 대표하는 학자로 자는 유청(幼淸), 호는 초려(草廬)이다. 『오경찬언』(五經
纂言) 등의 저술이 있다.
** 조열지(晁說之)는 북송시대의 학자로 자는 이도(以道), 호는 경우(景迂)이다. 사마광(司馬光)의 제
자로 『논어강의』 등의 저술이 있다.

經에는 후嗅자를 알吷로 썼다. 꿩이 운다는 말이다." 오씨(오징)가 말했
다: "후嗅자는 탄歎자로 써야 한다. 역시 전자체의 글자[篆文]를 잘못 쓴
것이다." 이 구절은 공자가 꿩이 사람의 얼굴빛을 보고 날아올라 선회
하다가 모여 앉는 것을 보고 이때 꿩들을 가리키고 돌아보면서 제자들
에게 알려 준 말이다. 자로가 꿩을 향해 가자 꿩이 마침내 울며 날아갔
다. 이 또한 "군자는 기미를 보고 움직인다"(『역경』 「계사전 하」)는 의미
가 있다. 문하의 사람이 이 일이 성인의 뜻에 깊이 부합한다고 생각했
기 때문에 그 일의 본말을 상세히 기록한 것이다.

○ 이 한 장은 앞서 기록한 것과 비슷한 종류가 아니어서 이 편에 들어와
서는 안 될 것 같다. 문하의 사람들이 공자가 밖에 나가 노니는 동안 어
떤 사물을 보고 느낀 점을 가지고 여기에 덧붙인 것이 아닐까 싶다.

논어고의 권6

論語古義 卷之六

선진(先進)

모두 25장이다.

1. 子曰: "先進於禮樂, 野人也; 後進於禮樂, 君子也. 如用之, 則吾從先進."

선생님께서 말씀하셨다. "선배들은 예악에 있어서 야인野人이고 후배들은 예악에 있어서 군자이다.

> 선진先進·후진後進은 선배·후배와 같은 말이다. 야인은 시골에 (농사지으며) 사는 백성을 말한다. 군자는 현명한 사대부를 말한다. 이 말은 공자가 당시 사람들의 뜻에 의거해 서술한 것이다.

만약 예악을 쓴다면 나는 선배를 따르겠다."

> 용지用之는 예악을 쓴다는 말이다.

○ 주나라 말엽에는 문文(문채, 꾸밈, 세련됨)이 우세해서 당시 사람들은 오로지 문文을 숭상할 줄만 알았지 실질[實]을 숭상할 줄 몰랐다. 그런 까닭에 주나라 초기 선배들의 예악에 대해서 야인이라고 말했는데 예악의 근본이 실질에서 나온 줄 몰랐기 때문이다. 주나라 말기 후배의 예악에 대해서는 군자라고 말했는데 또한 그들의 예악이 이미 화려한 정도를 넘어선 줄 몰랐기 때문이다. 공자의 말은 또한 "불손한 것보다는 차라리 고루한 것이 낫다"(「술이」 제35장)는 뜻이기도 하다. 비록 당시 시대에 대해 말한 것이기는 해도 실상 영원히 변하지 않을 완전한 법도라 하겠다.

○ 진사이는 논한다: 사회의 기강이 잘 잡혀 있기도 하고 해이하기도 하는 것은 비록 작은 일이기는 해도 그것과 관계되는 사안은 매우 크다. 그런 까닭에 공자는 갑작스런 풍속 변화에 대해 늘 깊이 탄식했던 것이다. 배우는 사람들은 이 문제를 상세히 살펴보아야 한다. 이런 각도에서 보자면 세상에 전해 오는 『일례』逸禮·『대대례기』大戴禮記 등의 서적은 자못 지나치게 번다하다는 문제가 있고, 또 『논어』·『맹자』와도 부합되지 않는 부분이 있으므로 이들 서적에 대해 선왕이 남겨 준 뜻이 있다고 말한다면 옳지만 이를 두고 선배들의 예악이라고 말한다면 옳지 않다.

2. 子曰: "從我於陳蔡者, 皆不及門也. 德行: 顔淵·閔子騫·冉伯牛·仲弓; 言語: 宰我·子貢; 政事: 冉有·季路; 文學: 子游·子夏."

선생님께서 말씀하셨다. "진陳나라와 채蔡나라에서 나를 따르던 이들이 모두 문하에 남아 있지 않구나.

> 옛날 제자 가운데 공자를 따르다가 진나라와 채나라에서 재앙을 당했
> 던 이들이 어떤 사람은 벼슬을 하고 어떤 사람은 사망해서 모두 문하에
> 남아 있지 않았다. 그런 까닭에 공자가 당시에 믿을 만한 사람을 얻기
> 어려웠음을 생각하고 탄식한 것이다.

덕행에는 안연·민자건·염백우·중궁이었고 언어에는 재아·자공이었
으며 정사政事에는 염유·계로였고 문학에는 자유·자하였다."

> 제자들은 공자의 말에 따라 여기 10명을 기록하고 아울러 그들이 잘하
> 는 분야를 구체적으로 표시해서 4과로 나누었다.

○ 진사이는 논한다: 덕행은 성인이 되는 공부의 전체이며 언어·정사·
문학 세 가지를 겸하는 것인데 어떻게 한 개 과목으로 만들어 말할 수 있
겠는가. 그리고 세 가지 또한 덕행에 근본을 두지 않으면 언어(언어능력
과 외교적 재능)에서 널리 알려질 수 있다 해도 그저 말 잘하는 것에 뛰어
난 것일 뿐이요, 정사(관리의 능력)에서 볼만하다 하더라도 그저 법 집행
능력이 좋은 것일 뿐이요, 문학(고대의 인문학술)에서 취할 만한 것이 있
다 해도 그저 박식에 불과할 뿐이니, 제대로 학문을 했다고 할 수가 없다.
맹자는, "염우·민자·안연은 성인이 될 몸체를 갖췄으나 미약하였다"
(「공손추 상」 제2장)라고 하였다. 이 세 사람 모두 덕행과에 속하는 이들
이니 성인이 말하는 학문이 무엇인지 알 수 있다. 후세에 학문을 논한 것
은 혹 이와 달라 소위 학문이란 것을 모른다. 대체 어찌된 일인가.

3. 子曰: "回也非助我者也. 於吾言無所不說."

선생님께서 말씀하셨다. "안회는 나를 돕는 사람이 아니구나. 내 말에 기뻐하지 않은 것이 없었다."

> 나를 돕는다[助我]는 말은 "자하가 나를 흥기시킨다"고 한 말과 같은 것으로 의문을 통해 서로 성장한다는 뜻이다.

○ 이 말은 성인이 안연을 제자로 얻고서 깊이 기뻐한 말이다. 안자는 공자의 도에 대해 신령스럽게 이해하고 오묘하게 부합해, 고기음식이 입을 기쁘게 하는 정도를 넘어서 종일토록 공자가 하는 말이 거슬리고 어긋나는 게 없었다. 그러므로 공자가 이렇게 말한 것이다.

○ 성인의 말은 천지의 크기와 같다. 수준 높은 사람은 그 말이 높은 줄 알고 수준이 낮은 사람은 그 말이 낮은 줄 안다. 자로·번지 같은 사람조차 의심하기도 하고 기뻐하지 않기도 할 정도였으니 하물며 다른 사람은 어떻겠는가. 오직 안자처럼 현명한 사람만이 공자의 말을 잘 이해해 기뻐하지 않는 말이 없었다. 그러므로 『논어』를 읽는 모든 사람들은 공자의 말에 기뻐하는지 아닌지를 반성해서, 자신이 나아간 경지가 얼마나 깊은지 스스로 체험해 보아야 한다.

4. 子曰: "孝哉閔子騫. 人不間於其父母昆弟之言."

선생님께서 말씀하셨다. "효성스럽구나, 민자건은. 사람들은 그의 부모·

형제가 하는 말로 이간질하지 않는구나."

┃ 간間은 이간질한다는 말이다.

○ 진사이는 살펴본다: 『한시외전』韓詩外傳에 따르면 민자건이 어려서 어
머니를 여의고 아버지가 다시 부인을 얻어 두 아들을 두었다고 하였다.
민자건은 의붓어머니와 배다른 형제 사이에 끼여 있어 당연히 이간질하
는 말이 쉽게 들어올 수 있는 처지였다. 하지만 민자는 진정으로 효성을
다하며 동정심을 보여 다른 사람에게 믿음을 얻었다. 그러므로 다른 사
람들도 의붓어머니나 형제의 말을 가지고 민자에게 이간질하지 않았으
니 효성이 지극했던 것이다.

5. 南容三復白圭, 孔子以其兄之子妻之.

남용南容은 백규白圭라는 시구를 세 번씩 외웠다.

┃ 백규가 나오는 시(「억」抑)는 『시경』 「대아」에 속하며 가사에, "희고 맑
은 옥의 티는, 그나마 갈아 버릴 수 있지만, 말에 생긴 티는 없앨 수 없
네"라고 하였다. 남용은 하루에 이 말을 세 번 되풀이해 외웠으니 말을
삼가는 데 뜻을 둔 사람이었다.

공자께서 형의 딸을 그에게 시집보내셨다.

○ 공자 문하에 현자가 많지 않은 게 아닌데 공자가 남용이 말을 삼가는

것으로 형의 딸을 그에게 시집보낸 일은 어떻게 된 것인가. 말은 군자에게 중요한 기틀이다. 전쟁을 일으키거나 좋은 관계를 만들거나 하는 일들은 모두 말이 초래하는 것이며, 덕에 나아가고 학업을 닦는 것 또한 말이 이룩하는 것이다. 말을 쉽게 하면 총명과 재능이 남보다 월등히 뛰어나다 해도 자신을 수양하고 행동을 조심하면서 화에 빠지지 않는다고 보장하기 어렵다. 이 점을 공자가 남용에게서 취한 것이다.

6. 季康子問: "弟子孰爲好學?" 孔子對曰: "有顏回者好學, 不幸短命死矣. 今也則亡."

계강자가 물었다. "제자 가운데 누가 배우기를 좋아합니까?"
선생님께서 대답하셨다. "안회라는 제자가 배우기를 좋아했었는데 불행하게도 단명했습니다. 지금은 없습니다."

│ 상세한 것은 앞 편 '애공이 묻다' 장[哀公問章]에 보인다(「옹야」 제2장).

7. 顏淵死, 顏路請子之車以爲之椁. 子曰: "才不才, 亦各言其子也. 鯉也死, 有棺而無椁. 吾不徒行以爲之椁, 以吾從大夫之後, 不可徒行也."

안연이 죽자 안로顏路가 선생님의 수레를 팔아 곽椁을 마련하자고 청하였다.

│ 공씨(공안국)가 말했다. "안로는 안연의 아버지다. 집이 가난해 공자의

수레를 팔아 곽(덧널. 관을 넣는 겉관)을 마련하려고 하였다."

선생님께서 말씀하셨다. "재능이 있건 재능이 없건 또한 각자 자기 자식
을 말하는 법이다. 이鯉가 죽었을 때 관은 있었지만 곽은 없었다. 내가 곽
을 마련하려고 수레를 팔아 걸어 다니지 않았던 것은 내가 대부의 뒤를
따르는 사람이라 걸어 다닐 수 없었기 때문이다."

> 이鯉는 공자의 아들 백어伯魚다. 공자가 이때에는 벼슬을 그만두었으나
> 아직 대부의 반열에 있었기 때문에 "대부의 뒤를 따른다[後]"고 말한
> 것이다.

○ 안로가 수레를 팔자고 청한 것은 전혀 청할 수 없는 것을 청한 것이
아니라 공자와 안연의 관계에서 어떻게 수레 한 대를 아끼겠는가라고
생각해서였다. 상사喪事가 생기면 집안에 재산이 얼마나 있는가에 따라
걸맞게 치러야 하는 것이며 조정에 있는 사람은 그에 관계되는 위의威儀
와 등급을 조금이라도 손상해서는 안 되는 법이다. 이 점이 공자가 그의
부탁을 허락하지 않은 까닭이다. 안로의 부탁을 공자는 거절하면서 털끝
만큼도 고려한 것이 없었다. 스승과 제자 사이에 진실한 마음과 소박한
행동이 이와 같았다. 후세에서는 볼 수 없는 일이다.

8. 顔淵死. 子曰: "噫, 天喪予. 天喪予."

안연이 죽었다. 선생님께서 말씀하셨다. "아아, 하늘이 나를 버리는구나,

하늘이 나를 버리는구나."

│ 희噫는 애통해하고 가슴 아파하는 소리다.

○ 이 말은 안연의 죽음을 애도하면서, 학문이 앞으로 끊어질 일이 마치 하늘이 자신을 버린 것 같다고 탄식한 것이다.

○ 진사이는 논한다: 예로부터 훌륭한 왕이 나타날 때는 하늘이 반드시 그에게 현명한 신하를 보내 주었다. 성인과 현자가 나타날 때도 하늘은 또한 보좌할 사람을 낳아 주었다. 이 두 가지는 분명 특별한 만남이라 하겠다. 성인이 쌓아 놓은 학문을 펼쳐 만세토록 무궁하게 할 수 있는 사람은 안자, 바로 그였다. 지금 일찍 세상을 떠나 버렸으니 공자가 탄식하는 것도 당연한 일이다. 공자는, "문왕은 이미 돌아가셨지만, 문文은 여기에 있지 않은가. 하늘이 아직 이 문文을 없애려 하지 않는다면 광匡 사람들이 나를 어떻게 하겠느냐"(「자한」 제5장)라고 말한 적이 있다. 안자의 죽음은 실로 도가 흥하느냐 사라지느냐 하는 문제와 관계가 있지 그 한 몸의 불행일 뿐만은 아니었다. 그러므로 공자는 하늘과 똑같이 탄식하였던 것이다. 안자 또한 큰 인물이었다.

9. 顏淵死, 子哭之慟. 從者曰:"子慟矣." 曰:"有慟乎. 非夫人之爲慟, 而誰爲."

안연이 죽자 곡을 하시는데 통곡이었다. 모시고 있던 제자가 말하였다. "선생님, 통곡을 하십니다."

| 통慟은 슬픔이 지나친 것이다.

선생님께서 말씀하셨다. "통곡을 하였더냐.

| 슬픔과 아픔이 최고조에 이르러 스스로도 모를 지경이었다.

저 사람을 위해 통곡하지 않으면 누구를 위해 하겠느냐."

| "저 사람"은 안연을 가리킨다.

○ 여기서 공자가 안연을 위해 울면서 자신이 통곡하는 줄도 몰랐다. 그
의 죽음은 안타까워해야 하며, 울면 의당 통곡해야지 다른 사람에 견줄
바 아님을 말한 것이다.

○ 진사이는 논한다: 슬퍼해야 할 때는 슬퍼하고 즐거워할 때는 즐거워
하는 행동은 모두 인간의 감정으로는 그만둘 수 없는 것으로 성인이라
하더라도 다를 바 없다. 그런 까닭에 인간의 감정은 성인도 없앨 수 없는
것이다. 절도에 들어맞으면 천하에 다 적용될 수 있는 도가 되는 것이며,
절도에 맞지 않으면 한 개인의 사사로운 감정일 뿐이다. 사람의 감정에
구해 보아서 편치 않은 것은 성인도 하지 않았다. 그러므로 감정을 없애
는 것과 감정을 제멋대로 풀어놓는 일은 모두 죄가 된다.

『대학』이란 책에, "마음이 있지 않으면 보아도 보이지 않고, 들어도
들리지 않고, 먹어도 그 맛을 알지 못한다"고 하였다. 송나라 유학자들은
이 말을 따라 마침내 성인의 마음을 고요하고 빈 것[靜虛]으로, 욕심이 없
는 것[無欲]으로, 깨끗한 거울처럼 멈춰 있는 물[明鏡止水]로 보았다. 하지만
성인의 마음은 인애仁愛를 본체로 하고, 예의禮義를 머무는 곳으로 삼았기

에 온 세상에 만세토록 통하는 최고의 인륜人倫인 줄은 모르는 것이다. 만약『대학』에서 말한 관점으로 본다면, 공자가 안자를 위해 울면서 자신이 통곡하는 줄도 알지 못했으니 "마음이 있지 않았음"을 피하지 못한다. 이런 까닭에 나는『대학』이 공자가 남긴 책이 아니라고 생각한 적이 있었는데, 바로 이런 이유 때문이었다.

10. 顔淵死, 門人欲厚葬之, 子曰 : "不可." 門人厚葬之. 子曰 : "回也, 視予猶父也, 予不得視猶子也. 非我也, 夫二三子也."

안연이 죽자 제자들이 후하게 장사 지내려 하였다. 선생님께서 말씀하셨다. "안 된다."

> 초상에 쓰는 도구는 집안에 재산이 얼마나 있는가에 따라 걸맞게 치러야 하는 것으로, 가난하면서 후하게 장사 지내는 일은 예가 아니다.

제자들이 그를 후하게 장사 지내자 선생님께서 말씀하셨다. "안회는 나를 아버지처럼 대했지만 나는 아들처럼 대할 수 없었다. 내가 아니라 너희들이 그렇게 했다."

> 이 구절은 이鯉를 장사 지낼 때 알맞게 한 것처럼 안회를 장사 지낼 수 없었음을 탄식하면서 문인들을 꾸짖은 것이다. 내가 의당 해야 할 일이 아니라 또한 너희들이 그렇게 하고 말았다는 말이다. 공자가 스스로를 책망하는 말로 보인다.

○ 이상 다섯 장章은 문인들이 기록한 것으로, 안자가 공자의 도에 말없이 깊이 부합했다는 사실은 다른 사람과 견줄 바 아님을 보여 주었다. 초상에 쓰는 도구는 집안에 재산이 얼마나 있는가에 따라 걸맞게 치러야 하는 것으로, 예는 사치하기보다는 차라리 검소한 것이기 때문이다. 군자는 덕으로 사람을 사랑하고 자잘한 인간들은 재산으로 사람을 사랑한다. 문인들은 그저 안자를 사랑할 줄만 알았지 안자를 사랑하는 방식은 몰랐다. 안타까운 일이다. 안자의 문인들조차 후하게 장사 지내는 잘못을 피하지 못할 정도였으니, 뒷날 예를 행하는 사람들이 거울로 삼지 않을 수 있겠는가.

11. 季路問事鬼神. 子曰: "未能事人, 焉能事鬼." "敢問死." 曰: "未知生, 焉知死."

계로季路가 귀신 섬기는 일을 물었다.

선생님께서 말씀하셨다. "사람을 잘 섬기지 못하면 어떻게 귀신을 섬길 수 있겠느냐."

"감히 죽음에 대해 여쭙겠습니다."

선생님께서 말씀하셨다. "삶을 모른다면 어떻게 죽음을 알겠느냐."

귀신 섬기는 일을 물은 것은 제사에서 귀신이 흠향하는지 아닌지 의심한 것이다. 공자는 이 문제를 억제하고 사람 섬기는 도를 오로지 다하도록 하였다. 자로가 이 말을 이해하지 못했기 때문에 또 죽음에 대해서 물었는데, 사람이 죽으면 귀신이 되는데 죽어서 지각이 없으면 제사 지내는 일도 무익하다고 생각했기 때문이다. 공자가 또 이 문제를 억제하고 삶의 도에 오로지 힘쓰도록 한 것이다. 삶이란 생존의 방도를 말한다.

○ 이 장은 사람을 섬길 수 있으면 귀신을 섬길 수 있으며, 삶을 알 수 있으면 죽음도 알 수 있음을 말하고 있다. 그 의미는 대체로, 사람 섬기기에 힘쓰고 귀신에게 아첨하지 말아야 하며, 생존의 도리를 다하고 죽음의 원리를 찾지 말라고 말하는 것과 같다. 공자는 죽음의 문제를 강력하게 억제했다. 어진 사람은 사람이 마땅히 행해야 할 도리에 애써 힘을 쓰고, 지혜로운 사람은 알기 어려운 것을 알려고 추구하지 않아야 하는 것이다. 사람이 마땅히 행해야 할 도리에 힘을 쓰고 또 생존의 도리를 다할 수 있다면 인륜이 확립될 것이고, 집안의 도가 성취될 것이며, 학문하는 방도에 있어서도 남김이 없을 것이다. 무엇을 생존 방도라 하는가. 모든 사람에게는 위로 부모가 있고, 아래로는 처자가 있다. 그리고 자신의 성공과 실패, 가문의 존립과 몰락은 그 생기는 일이 분명 수만 갈래이므로 힘쓰지 않을 수 없음을 알고서 조심해 경계하고 두려워하며 감히 함부로 행동하거나 그만두지 않는 것, 이를 두고 삶을 안다고 하는 것이다.

○ 진사이는 논한다: 공자는 귀신의 원리에 대해서 명확하게 설명한 적이 없다. 번지(「옹야」 제20장)와 자로에게 대답을 하면서도 대략 그 뜻을 드러냈을 뿐, 삶과 죽음의 설에 대해서는 끝내 말한 적이 없다. 이 문제에 대해 말하지 않은 게 아니라 본래 가르침으로 삼지 않았기 때문에 말하지 않은 것이다. 이 점이 공자가 여러 성인들보다 탁월하고 만세토록 사람들에게 최고 스승이 되는 이유이다. 예禮를 기록한 책에는 누차 공자가

귀신에 대해 논한 말을 수록해 놓았고, 『주역』「계사전」에서도 "사물의 시초를 살펴 끝으로 돌아간다. 그러므로 삶과 죽음의 설명을 안다"고 하였다. 이는 모두 성인의 말이 아님을 알 수 있다.

12. 閔子侍側, 誾誾如也, 子路行行如也, 冉有·子貢侃侃如也. 子樂.
"若由也, 不得其死然."

민자는 곁에서 선생님을 모실 때 온화하였고, 자로는 굳건하였으며, 염유·자공은 곧은 모습이었다. 선생님께서 즐거워하셨다.

> 행행行行은 강하고 굳센 모습이다. "선생님께서 즐거워하셨다"는 말은 영재를 얻어 교육하는 일을 즐거워하는 것이다.

"유由와 같아서는 제 명에 죽지 못할 것이다."

> 자로는 강직해서 안에 쌓아 둔 기상이 없었다. 그러므로 제 명에 죽지 못할 이유가 되는 것이다. ○ 홍씨(홍흥조)가 말했다: "『한서』에 이 구절이 인용되었는데, 앞에 '왈'曰자가 있다."

○ 은은誾誾은 온화한 것이다. 행행行行은 강한 것이다. 간간侃侃은 곧은 것이다. 공자는 문하의 제자들에게 도道와 함께 가면서도 서로 어긋나지 않도록 각자 그들의 재능에 따라 가르쳐 능력을 성취해 주었음을 여기서 알 수 있다. 다만 자로와 같이 굳건한 모습은 성인 문하에 있는 중화中和의 기상氣象이 아니었다. 그러므로 이를 가지고 자로에게 경계하도록 한

것이다.

○ 공자가 인재는 얻기 어렵다고 탄식한 적이 있다(「태백」 제21장). 조정에서 나라를 다스리거나 학문을 전수하는 일은 반드시 영재를 얻어야 그 쇠퇴한 기강을 진작하고 사라지는 전통을 찾을 수 있는 것이다. 네 명의 현명한 제자는 모두 도를 맡을 수 있는 그릇이자 기대할 만한 재주를 가져서 요순堯舜과 하·은·주夏殷周 삼대의 전성시대로 돌아가고자 하는 공자의 뜻에 위안이 되는 사람들이었다. 그러므로 즐거워했던 것이다.

13. 魯人爲長府. 閔子騫曰: "仍舊貫如之何. 何必改作." 子曰: "夫人不言, 言必有中."

노나라 사람들이 장부長府를 수리하고 개조했다.

│ 장부는 창고 이름이다. 재물을 보관해 두는 곳을 부府라고 한다.

민자건이 말했다. "옛일을 따르면 어떻다고. 꼭 수리하고 개조해야 할까."

│ 잉仍은 따르는 것이다. 관貫은 일이다. 창고를 수리하고 개조하는 일은
│ 그 의도에 필시 그만둘 수 있는데도 그만두지 않는 뭔가가 있었다. 그
│ 러므로 민자가 이렇게 풍자한 것이다.

선생님께서 말씀하셨다. "저 사람은 말을 잘하지 않는데 말을 하면 꼭 사리에 맞는다."

│ 공자는 백성을 수고롭게 해 수리하고 개조하지 않게 하려는 뜻을 좋게

평가한 것이다.

○ 말은 사리에 맞는 것이 귀중하지, 화려한 것은 귀중하지 않다. 사리에 맞는 말은 함부로 발설하지 않으며 함부로 발설하면 전혀 사리에 맞지 않는다. 장부를 수리하고 개조한 일은 경전에 보이지 않는데 민자가 도움을 준 한마디 말을 전혀 따르지 않았다고 할 수 없을 것이다. 과격하게 발설되는 말은 듣는 사람을 놀라게 할 수 있지만 반드시 폐단이 생기게 마련이다. 온화하면서 함축성 있는 말은 듣는 사람을 급작스럽게 놀라게 하지는 않더라도 사람이 복종하지 않을 수 없다. 그러므로 말은 과격하게 하지 않는 것을 걱정하지 말고 온화하게 하지 못하는 것을 걱정해야 한다. 민자의 기상을 상상해 볼 수 있다.

14. 子曰: "由之瑟, 奚爲於丘之門." 門人不敬子路. 子曰: "由也升堂矣, 未入於室也."

선생님께서 말씀하셨다. "유由는 슬瑟을 왜 내 문 앞에서 타느냐."

| 자로는 기질이 용감하고 강해서 중화中和의 기운이 부족했다. 그러므로 소리에 나타나는 것 또한 이와 같았다. 성인 문하에서 볼 수 있는 기상과 같은 종류의 소리가 아닌 것을 미워한 것으로 보인다.

제자들이 자로를 공경하지 않았다. 선생님께서 말씀하셨다. "유는 대청까지는 올라왔다. 아직 방안에까지 들어가지 못한 것이다."

문인들이 선생님의 말 때문에 마침내 자로를 공경하지 않았다. 그러므로 공자가 이 말로 오해를 풀어주면서, 그런 것으로 그를 소홀히 대해서는 안 된다고 말한 것이다. "대청에는 올라왔지만 방안에는 들어가지 못했다"는 말은 자로의 공부가 고명高明하고 정대正大한 수준에 이르기는 했지만 조용히 스스로 터득한 경지에까지는 아직 들어가지 못했음을 비유한 것이다.

○ 공자가 사람을 평가할 때는 늘 그의 허물을 통해 훌륭한 면을 찾아내거나 잘못한 곳을 지적해 잘못이 없기를 구하게 한다. 그러므로 편찬자는 이런 것까지 아울러 기록해서 공자의 뜻을 보여 준 것이다. 소리를 잘못 내는 것은 작은 일이다. 하지만 공자는 단번에 듣고 자로에게 깊이 경계하도록 하였으니 성인의 문하에서 공부하는 사람들은 그 기상을 상상해 볼 수 있다.

15. 子貢問 : "師與商也孰賢?" 子曰 : "師也過, 商也不及." 曰 : "然則師愈與?" 子曰 : "過猶不及."

자공이 물었다. "사師(자장)와 상商(자하) 가운데 누가 뛰어납니까?"
선생님께서 말씀하셨다. "사는 지나치고 상은 미치지 못한다."

주씨(주희)가 말했다. "자장子張(전손사顓孫師)은 재능이 높고 뜻은 컸지만 굳이 어려운 일 하기를 좋아했다. 그렇기에 항상 중도中道를 넘어갔다. 자하子夏(복상卜商)는 도道를 독실하게 믿고 삼가면서 잘 지켰지만 규모가 작았다. 그렇기에 항상 중도에 미치지 못했다."

자공이 말했다. "그렇다면 사가 낫습니까?"

│ 유愈는 낫다는 말이다.

선생님께서 말씀하셨다. "지나친 것은 미치지 못하는 것과 같다."

│ 사람들은 모두 지나친 것을 우월하다고, 미치지 못하는 것을 열등하다
│ 고 생각한다. 그러므로 공자가 이처럼 말한 것이다. 사람은 중도에 맞
│ 는 행동을 최고로 한다. 두 사람의 행동은 지나치고 미치지 못한다는
│ 차이가 있지만 중도에 맞는 행동에 잘못이 된다는 점에서는 똑같다.

○ 여기서 전손사와 복상 두 사람이 그 품성은 비슷하면서도 재능은 서
로 반대였으므로 자공이 질문을 하고 공자는 이처럼 대답한 것이다.『중
용』에, "도가 행해지지 않는 것을 나는 알고 있다. 지혜로운 사람은 지나
치고 어리석은 사람은 미치지 못해서이다. 도가 밝혀지지 않는 것을 나
는 안다. 현명한 사람은 지나치고 못난 사람은 미치지 못해서이다"(제4
장)라고 하였다. 사람들은 미치지 못하는 것이 모자란 것인 줄 알기는 하
면서도 지나침이 걱정거리인 줄은 알지 못한다. 두 사람 같은 경우 지나
치거나 미치지 못한다는 잘못이 있는 것 또한 그 편협한 기질에 제한을
받는 것이기에 학문의 효과로도 그것을 이겨 낼 수 없었다.

16. 季氏富於周公, 而求也爲之聚斂而附益之. 子曰: "非吾徒也, 小子鳴鼓而攻之可也."

계씨는 주공보다 부유했는데도 구求(염유)는 그를 위해 세금을 거둬 더 보태주었다.

| 주공은 왕실과 가장 가까운 친척으로, 지위가 모든 관리보다 위였으니 부유한 게 당연하다. 지금 계씨는 노나라의 경卿으로 부富가 주공보다 더 많았다. 그러나 염유는 계씨의 읍재邑宰가 되어 그를 위해 가혹하게 세금을 거둬 그의 부에 더해 주었다. 여기서 계씨는 노공보다 부유하다고 말하지 않고 주공보다 부유하다고 말을 한 것은 기록한 사람의 미묘한 뜻이 있을 것이다.

선생님께서 말씀하셨다. "우리 무리가 아니다. 너희들은 북을 울리며 그를 성토해야겠다."

| "너희들은 북을 울리며 그를 성토하라"는 말은 문하의 제자들에게 그의 죄를 성토하면서 꾸짖도록 한 것을 말한다.

○ 맹자는, "나라에 정사政事가 없으면 재물이 부족할 것이다"(「진심 하」 제12장)라고 하였다. 국가가 재물을 풍족하게 하는 이유는 역시 백성을 위해서일 뿐이다. 염유는 정사에 재능이 있다고 칭찬을 받았으므로 그가 계씨를 위해 세금을 거둬 더해 주더라도 처리방법과 조절에는 의당 합당한 방도가 있었을 것이니 꼭 후세의 탐욕스런 관리가 했던 것과 같지는 않았을 것이다. 하지만 계씨가 주공보다 부유하다면 염유라는 사람은

곡식을 분배해 주고 재산을 풀어 백성 구제하는 일을 급히 했어야 했다. 그러나 반대로 계씨에게 보태 주고 말았다. 이 점이 공자가 그를 심하게 책망한 이유이다. 아랫사람에게서 재산을 덜어 윗사람에게 보태 주는 일은 바로 저 윗사람에게 손해를 끼치는 일이다. 염유의 뜻은 본디 계씨를 위하는 데 있었지만 계씨를 위하는 방법을 알지 못했으니, 참으로 안타까운 일이다.

17. 柴也愚, 參也魯, 師也辟, 由也喭.

시柴는 어리석고,

> 시柴는 공자의 제자로, 성은 고高, 자는 자고子羔이다. 주씨가 말했다. "어리석다는 말은 지혜가 부족하지만 후덕함에는 남음이 있는 것이다."

삼參(증자)은 둔하고,

> 노魯는 둔하다는 말이다.

사師(자장)는 한쪽으로 치우쳤고,

> 주씨가 말했다. "벽辟은 한쪽으로 치우쳤다는 뜻이다. 행동거지에만 익숙하지만 성실성은 부족한 것을 말한다."

유由(자로)는 거칠다.

> 주씨가 말했다. "언喭은 거칠고 속되다는 뜻이다. 전하는 말에 따르면

언喭은 '속되게 말하는 것'이라고 한다." ○ 오씨(오역)*가, "이 장의 시작에 '자왈'子曰 두 글자가 빠졌다"라고 하였는데 여기서는 그의 의견을 따른다.

○ 이 장은 현명한 사람이 되기 위해서는 잘못을 알고 장점을 갖추도록 요구한 뜻을 보여 준다. 배우는 사람들은 공자의 말을 가지고 네 사람을 낮게 평가해서는 안 된다. 보광輔廣이, "어리석음은 지혜가 밝지 못한 것이고 둔함은 재능이 똑똑하지 못한 것이며, 한쪽으로 치우치면 내용을 빠뜨리고, 거칠고 속되면 바깥을 대충대충 한다. 모두 타고난 기질이 한편으로 쏠려서 그렇다"라고 하였다. 공자가 이런 말을 해준 이유는 네 사람이 쏠린 기질을 자각하도록 해서 중도中道로 돌아오기를 바랐기 때문이었다. 보통 총명한 사람들은 드러나 보이는 것은 명쾌하지만 도달하는 수준은 얕아서 그저 변두리를 밟고 다닐 뿐인데도 스스로는 심오한 경지에 들어갔다고 생각하는 경우가 많다. 증자曾子는 아둔해서 처음에는 학문에 들어가기 어려워 고생했지만 감히 쉽다고 생각하는 마음을 갖지 않았다. 그러므로 그가 도달한 경지는 오히려 깊었다.

18. 子曰 : "回也其庶乎, 屢空. 賜不受命而貨殖焉, 億則屢中."

선생님께서 말씀하셨다. "안회는 도에 가까웠는데 자주 곤궁하였다.

---

* 오역(吳域)은 송나라의 학자로 자가 재로(宰老)다. 『논어지장』(論語指掌) 등의 저술이 있다.

서庶는 가깝다는 뜻이다. 도에 가깝다는 말이다. 공空은 곤궁하다는 뜻
이다. 그는 도에 가까웠다. 그렇지 않으면 자주 궁핍한 지경에 이르렀
는데 어떻게 그 즐거움을 고치지 않을 수 있었겠는가, 라는 말이다.

사賜(자공)는 천명을 받지 않고도 재산이 늘었으니 예측이 자주 적중했
다."

명命은 천명을 말한다. 식殖은 늘리는 것이다. 화식貨殖은 재물이 저절로
늘어나는 것을 말한다. 자공은 부를 추구하는 데 힘쓰지 않았지만 그의
재능으로 스스로 부를 이룰 수 있었다. 그러므로 천명을 받지 않았다고
말한 것이다. 억億은 예상하고 헤아린다는 말이다. 중中은 이치에 들어
맞는 것이다. 그의 재능과 학식으로 또한 일을 잘 헤아려 대부분 적중
할 수 있었다는 말이다.

○ 빈부貧富와 사람의 관계에는 의義가 있을 따름이다. 의에 부합하면 부
자가 될 수도 있지만 가난하게 될 수도 있는 것이다. 하지만 또한 천명이
라는 것도 있으니 빈부라는 표면적인 삶의 모습을 초월하지 않으면 태
연하게 스스로 편안할 수 없다. 부르지 않아도 오는 것이 천명이다. 만약
불러서 오는 것이 있다면 의義라고는 할 수 있어도 천명은 아니다. 자공
이 재산을 늘린 일 같은 경우는 분명 세상에 재산이 풍부한 사람들과 비
할 바가 아니다. 하지만 불러서 오게 한 것이라는 사실을 피할 수는 없다.
그러므로 이를 두고 "천명을 받지 않았다"고 말할 수는 있어도 의義가 없
다고 말할 수는 없다. 이것이 자공이 가난을 천명으로 받아들인 안자에
미치지 못하는 이유이다.

19. 子張問善人之道. 子曰: "不踐迹, 亦不入於室."

자장이 선인善人의 도道를 물었다.

│ 선인의 도는 선인이 도라고 생각하는 것을 말한다.

선생님께서 말씀하셨다. "옛 자취를 밟지 않고 또한 도의 경지에 들어가려 하지 않는다."

│ "옛 자취를 밟지 않는다"[不踐迹]는 말은 옛날 이룩해 놓은 법도를 따르려 하지 않는 것이다. "도의 경지에 들어가지 않는다"[不入於室]는 말은 도의 정밀하고 미세한 곳까지 들어가길 추구하지 않는다는 것이다. 선인善人이 도라고 생각하는 것이 이와 같은 것이다.

○ 선인善人은 선을 행하면서 게으름을 피우지 않는 사람으로, 그 덕에는 충분히 칭찬할 만한 점이 있다. 그런 까닭에 온 세상이 그들을 우러러 사모한다. 자장은 묻기를 좋아했기 때문에 선인의 도를 가지고 물었다. 공자는, 선인들이 도라고 생각하는 것은 오직 스스로 선해지려고만 할 뿐, 옛날 이룩해 놓은 법을 실천하기를 좋아하지 않는다. 또한 도의 심오한 경지에 들어가길 추구하지 않는다. 이런 것을 도라고 생각한다. 이 점이 단지 선인이 되는 것에서 그치는 이유이니 그 덕은 본받을 만하지 않다, 고 말해 주었다. 선인의 자질을 가졌다 해도 배움을 경유하지 않으면 마침내 사사로이 자신만의 지혜를 쓰는 일을 결코 피할 수 없게 된다. 이 구절은 선인의 도를 개괄적으로 말했을 따름이지 선인을 말한 것은 아니다.

20. 子曰：“論篤是與, 君子者乎, 色莊者乎.”

선생님께서 말씀하셨다. “말이 독실한 사람이라고 그를 인정한다면 그는 진정한 군자인가, 표정만 엄숙한 사람인가.”

○ 주씨가 말했다. “단지 그 말이 독실하다고 해서 그 사람을 인정한다면 그가 군자인지 표정만 엄숙한 사람인지 알 수 없다는 말이다. 모습으로 사람을 판단해서는 안 된다는 말이다.”

○ 원황袁黃이 말했다. “사람들은 근거 없는 말은 믿을 수 없다는 사실은 알면서도 독실한 말 역시 믿을 수 없다는 점은 모른다. 이 점을 공자가 절실하게 경계한 말이다.”

21. 子路問：“聞斯行諸?” 子曰：“有父兄在, 如之何其聞斯行之.” 冉有問：“聞斯行諸?” 子曰：“聞斯行之.” 公西華曰：“由也問聞斯行諸, 子曰：有父兄在. 求也問聞斯行諸, 子曰：聞斯行之. 赤也惑, 敢問.” 子曰：“求也退, 故進之 ; 由也兼人, 故退之.”

자로가 물었다. “들은 것을 바로 실행해야 합니까?”
선생님께서 대답하셨다. “부형父兄이 계시는데 어떻게 들은 것을 바로 실행하겠느냐.”
염유가 물었다. “들은 것을 바로 실행해야 합니까?”
선생님께서 대답하셨다. “들은 것을 바로 실행해라.”

　무릇 자제子弟인 사람들은 당연히 부형父兄의 마음을 힘써 체득해서 겸손하게 자신을 낮추고 순종해야 하며 자기 마음대로 해서는 안 된다. 자로는 성격이 강했기 때문에 그에게 경계하도록 한 것이다. 염유의 자질 같은 경우, 약한 점에 잘못이 있다. 그러므로 들은 것을 따라 실행하라 하면서 그를 억제하지 않았다.

공서화가 말했다. "유由가 들은 것을 바로 실행해야 합니까, 라고 물었을 때 선생님께서는 부형이 계신다고 말씀하셨고, 구求가 들은 것을 바로 실행해야 합니까, 라고 물었을 때 선생님께서는 들은 것을 바로 실행하라고 말씀하셨습니다. 저는 헷갈려 감히 여쭙니다."
선생님께서 말씀하셨다. "구는 물러나 있기 때문에 나아가도록 한 것이고 유는 남보다 더 뛰어나기 때문에 물러나도록 한 것이다."

┃ 겸兼은 밥을 배로 먹는다[兼食], 이틀 거리를 하루에 간다[兼道]라고 말할 때의 겸兼과 같다. 남보다 배는 더한다는 말이다.

○ 이 장은 성인이 사람을 가르칠 때 혹은 나아가게 하고 혹은 물러나게 해 각자 상황에 맞는 방법을 쓰는 것이 마치 천지가 양陽의 기운으로 펴게 하고 음陰의 기운으로 수그러들게 해서 각자 때에 알맞게 해 만물이 대자연 가운데 저절로 생겨나고 성장하도록 하는 것과 같다는 말이다. 자로와 염유의 질문은 전혀 같은 때에 물은 게 아니고 또한 전혀 번갈아 물은 것도 아니다. 헌데 같은 걸 물었는데도 답은 달랐다. 그러므로 공서화가 우연히 보았다가 의문을 품은 것이다. 공서화가 질문을 하지 않았다면 성인이 두 사람을 완성시키려 했던 뜻을 누가 알 수 있었겠는가. 후세에 스승된 사람들은 대체로 자기가 능숙한 것으로 천하의 인재들에게

베풀려고 한다. 이는 또한 공자의 도와는 다른 것이다. 그러므로 스승의 도를 모르고 남을 가르치는 사람은 반드시 남의 자식들을 해칠 것이니 삼가지 않을 수 있겠는가.

22. 子畏於匡, 顏淵後. 子曰: "吾以女爲死矣." 曰: "子在, 回何敢死."

선생님께서 광匡에서 경계하는 마음을 가지셨을 때 안연이 뒤처져 있다가 따라왔다. 선생님께서 말씀하셨다. "나는 네가 죽은 줄 알았다."
안연이 말했다. "선생님께서 계시는데 제가 어떻게 감히 죽겠습니까."

　주씨가 말했다. "후後는 서로 잃어버려서 뒤에 남겨졌다는 말이다. '어떻게 감히 죽겠습니까'[何敢死]라는 말은 싸우는 곳에 가서 꼭 죽는 일은 하지 않겠다는 말이다."

○ 이 말을 보면, 공자가 만약 불행하게도 난리를 만났다면 안자가 필시 감히 죽기를 각오하고 자기 몸을 돌보지 않았으리라는 점을 충분히 알 수 있다. 공자가 두텁게 안자를 애호하고 안자가 깊이 선생님께 부합한 것은 모두 도와 관계된 것이지 은혜와 의義를 전부 다해서였기 때문만은 아니었던 것이다.

23. 季子然問: "仲由 · 冉求, 可謂大臣與?" 子曰: "吾以子爲異之問, 曾由與求之問. 所謂大臣者, 以道事君, 不可則止. 今由與求也, 可謂具臣矣." 曰 : "然則從之者與?" 子曰 : "弑父與君, 亦不從也."

계자연季子然이 물었다. "중유·염구는 대신大臣이라 할 수 있겠습니까?"

> 계자연은 계씨의 자제로 자기 집안에 중유·염구 두 사람을 신하로 얻
> 었음을 스스로 자랑스러워했기 때문에 물은 것이다.

선생님께서 말씀하셨다. "나는 그대가 특이한 질문을 하리라고 생각했
는데 겨우 중유와 염구에 대해서 묻는구나.

> 이異는 보통이 아닌 것이다. 증曾은 '겨우'라는 말이다. 두 제자를 가벼
> 이 보아서 계자연을 억제한 것이다.

이른바 대신은 도道로써 임금을 섬기다가 안 되면 그만둔다.

> "도道로써 임금을 섬긴다"는 말은 잘못된 임금의 마음을 바로잡고 도
> 가 아니면 감히 말하지 않는 것을 말한다. "그만둔다"[止]는 말은 신하
> 의 일을 그만두고 떠난다는 것이다.

지금 중유와 염구는 구신具臣이라 할 수 있다."

> 구신은 신하의 숫자만 채우고 있을 뿐이라는 말이다.

계자연이 말했다. "그렇다면 따르기만 하는 사람들입니까?"

> 그렇다면 두 사람은 임금이 하고 싶어 하는 일을 따르겠습니까, 라는
> 말이다.

선생님께서 말씀하셨다. "아버지나 임금을 시해하는 일은 또한 따르지 않을 것이다."

| 작은 일은 꼭 따르지 않을 수 없다 해도 대의大義가 걸린 일은 또한 결코 따르지 않을 것이다, 라는 말이다.

○ 주씨가 말했다. "두 사람이 비록 대신大臣의 도를 이루기에는 부족하다 하더라도 군신君臣의 의義에 대해서는 익히 들었으므로, 시해와 반역 같은 큰 잘못은 결코 따르지 않을 것이다. 이는 두 사람은 죽더라도 뺏을 수 없는 절개를 가졌다고 공자는 깊이 인정하면서 또 계씨의 신하노릇을 하지 않으려는 마음을 보이지 않게 꺾어 버린 것이다."

○ 공자가 대신에 대해 논한 것을 보면 인품을 가지고 말하지 지위를 가지고 말하지 않는다. 도가 실행되면 가장 낮은 지위에 있더라도 대신이라는 마음가짐을 잃지 않을 것이며, 도가 위축되면 가장 높은 지위에 있더라도 자릿수나 채우는 신하가 되는 것을 피할 수 없었을 것이다. 한漢나라의 양웅楊雄은 노魯나라에서 두 사람이 대신이 될 수 있다고 인정하였는데(『사기』「유경숙손통劉敬叔孫通 열전」) 가죽띠를 한 보잘것없는 사士라도 그릇이 된다면 또한 대신이 될 수 있음을 알겠다.

24. 子路使子羔爲費宰. 子曰: "賊夫人之子." 子路曰: "有民人焉, 有社稷焉. 何必讀書然後爲學." 子曰: "是故惡夫佞者."

자로가 자고子羔를 비읍費邑의 읍재邑宰가 되도록 하였다. 선생님께서 말씀하셨다. "남의 자식을 해치는구나."

　┃ 적賊은 해친다는 말이다. 자고는 자질은 훌륭하지만 공부가 부족해서
　갑작스레 정치를 하도록 하면 다만 그를 해칠 수 있겠다는 말이다.

자로가 말했다. "백성이 있고 사직이 있는데 왜 꼭 독서를 하고 나서 학
문을 한다고 하겠습니까."

　┃ 비읍은 백성이 있고 사직이 있으니 정치를 잘할 수 있는 곳이다, 이런
　정치가 바로 학문이다, 어떻게 단지 독서만을 학문이라고 하겠는가, 라
　는 말이다.

선생님께서 말씀하셨다. "이래서 저 말 잘하는 것들을 미워한다."

○ 말 잘하는 사람은 옳고 그름을 뒤집고 어지럽혀 사람을 헷갈리게 한
다. 자로의 말은 조리가 있는 것 같지만 실은 사람을 해친다. 그런 까닭에
공자가 심하게 물리친 것이다.

○ 범씨(범조우)가 말했다. "옛날에는 공부한 다음에 정치에 입문했으
므로, 정치하는 것이 학문이라고 하는 말은 들어 보지 못했다. 도의 근본
은 자신을 수양하는 데 있으며 그런 다음에야 남을 다스리는 일에 도달
할 수 있다. 이러한 설명이 책에 갖춰져 있으므로 이를 읽고서 알고 난
뒤에야 실천에 옮길 수 있는 것이다. 어떻게 독서를 하지 않을 수 있겠는
가. 자로는 바로 자고로 하여금 정치를 함으로써 학문을 하도록 해주려
는 것이었지만 선후와 본말의 순서를 잘못한 것이다. 자신의 잘못은 모
른 채 능란한 말로 사람들의 비판을 막으려 했기 때문에 공자가 그의 말

재주를 미워한 것이다.

○ 진사이는 논한다: 무릇 책은 이전 시대 현자賢者의 좋은 말과 훌륭한 행동을 싣고 있는 물건이다. 그러므로 책을 읽지 않으면 이익과 해악의 자취에 어두워 지금 당장의 일에만 대응하게 된다. 옛것에 의지하면 새 것을 쉽게 실행하고, 옛날을 배우면 현재를 잘 통제할 수 있다. 앞선 시대의 말과 지나간 행적을 많이 축적하지 않고 나라를 다스리며 백성을 편안하게 할 수 있는 일은 존재하지 않는다. 다만 독서하는 방법에는 바른 길이 있고 속된 길이 있으며, 좋은 법이 있고 좋지 않은 법이 있으니 배우는 사람은 살피지 않을 수 없다.

25. 子路·曾晳·冉有·公西華侍坐. 子曰: "以吾一日長乎爾, 毋吾以也. 居則曰: '不吾知也.' 如或知爾, 則何以哉." 子路率爾而對曰: "千乘之國, 攝乎大國之間, 加之以師旅, 因之以饑饉, 由也爲之, 比及三年, 可使有勇, 且知方也." 夫子哂之. "求, 爾何如?" 對曰: "方六七十, 如五六十, 求也爲之, 比及三年, 可使足民. 如其禮樂, 以俟君子." "赤, 爾何如?" 對曰: "非曰能之, 願學焉. 宗廟之事, 如會同, 端章甫, 願爲小相焉." "點, 爾何如?" 鼓瑟希, 鏗爾舍瑟而作. 對曰: "異乎三子者之撰." 子曰: "何傷乎. 亦各言其志也." 曰: "莫春者, 春服旣成, 冠者五六人, 童子六七人, 浴乎沂, 風乎舞雩, 詠而歸." 夫子喟然嘆曰: "吾與點也." 三子者出, 曾晳後. 曾晳曰: "夫三子者之言何如?" 子曰: "亦各言其志也已矣." 曰: "夫子何哂由也?" 曰: "爲國以禮, 其言不讓, 是故哂之. 唯求則非邦也與. 安見方六七十, 如五六十, 而非邦也者. 唯赤則非邦也與.

宗廟會同, 非諸侯而何. 赤也爲之小, 孰能爲之大."

자로·증석·염유·공서화가 선생님을 모시고 앉아 있었다.

| 증석曾晳은 증삼曾參의 아버지로 이름이 점點이다.

선생님께서 말씀하셨다. "내가 너희들보다 나이가 좀 많다고 해서 어려
워하지 말아라.

| 내가 너희들보다 나이가 많기는 하지만 너희들은 내가 나이가 많다고
해서 말하기를 어려워하지 말아라, 라는 말이다. 말을 다하도록 유도해
서 그들의 뜻을 보려고 하는 것이다.

평소에 '나를 몰라준다'고 말들을 했었는데, 혹시 너희들을 알아준다면
어떻게 하겠느냐."

| 너희들은 평소에 사람들이 나를 몰라준다고 말하였다, 만약 너희들을
써주는 사람이 있다면 어떻게 정치를 하겠느냐, 라는 말이다.

자로가 경솔하게 대답하였다. "천승의 나라가 대국大國 사이에서 속박을
받고 군사들의 위협까지 더해지며 기근까지 거듭 들었다면, 제가 이 나
라를 다스려 3년이 되는 해에 용맹을 갖게 하고 또 의義로 향하는 것을 알
게 할 수 있습니다." 선생님께서 빙그레 웃으셨다.

| 섭攝은 속박받는 것이다. 2,500명의 군사를 사師라 하고 500명의 군사
를 여旅라 한다. 인因은 거듭된다는 말이다. 곡식이 익지 않은 것을 기饑
라 하고 채소가 익지 않은 것을 근饉이라 한다. 방方은 의義로 향하는 것

이다. 신哂은 미소다.

"구求야, 너는 어떠하냐?"

염구가 대답하였다. "사방 60~70리 혹은 50~60리 되는 땅을 제가 다스
린다면, 3년이 되면 백성들을 풍족하게 할 수 있습니다. 예악禮樂 같은 것
은 군자를 기다리겠습니다."

> "구야, 너는 어떠하냐"는 말은 공자가 물은 것이다. 족足은 아랫사람을
> 풍족하게 해주는 것이다. 염구가 자로의 말을 이어서, "제후의 나라 같
> 은 경우는 내가 다스릴 수 없다. 사방 60~70리 혹은 50~60리 되는 지
> 역을 얻어 다스리면 자신이 그 백성들을 풍족하게 할 수 있다. 예악 같
> 은 것은 확실히 자기가 잘하는 분야가 아니므로 덕 있는 군자를 기다려
> 그에게 책임을 맡길 것이다"라고 말한 것이다. 공자가 염구의 말에 비
> 판하는 말이 없는 것은 그의 말을 인정한 것이다. 아래 나오는 글도 이
> 와 마찬가지다.

"적赤아, 너는 어떠하냐?"

공서적이 대답하였다. "제가 잘한다고 말씀드리는 게 아니라 배우고 싶
을 따름입니다. 종묘의 일이나 혹 제후들이 회동을 하면 현단복玄端服을
입고 예관禮冠을 쓰고 소상小相(작은 의식을 주관하는 사람)이 되고 싶습니다."

> 공서적이 또 염유의 말을 이어, "제가 잘한다고 말씀드리는 게 아니라
> 배우고 싶을 따름입니다"라고 한 말은 다음에 나오는 일을 서술하려고
> 먼저 겸손한 말을 펼친 것이다. 종묘의 일은 제사를 말한다. 제후들이
> 사시四時에 천자를 보는 것을 회會라 하고 여럿이 함께 뵙는 것을 동同

이라 한다. 단端은 현단복玄端服(옷깃을 검게 두른 옷)이다. 장보章甫는
예관禮冠이다. 상相은 임금의 예식을 돕는 사람으로 대상大相이 있고 소
상小相이 있다.

"점點아, 너는 어떠하냐?"
슬瑟 타는 소리가 잠시 멈추더니 쟁그렁 슬을 놓고 일어나 대답하였다.
"세 사람이 평소 품었던 생각과는 다릅니다."
선생님께서 말씀하셨다. "무슨 문제가 있겠느냐. 또한 각자 자기 뜻을 말
해 보는 것이다."

> 희希는 잠깐 멈추는 것이다. 갱이鏗爾는 슬瑟을 치울 때 나는 소리다.
> 사舍는 내려놓는 것이다. 작作은 일어선다는 말이다. 찬撰는 갖췄다는
> 말로, 평소에 품었던 생각을 말한다.

증점이 말했다. "늦봄에 봄옷이 다 만들어지면 어른 대여섯 명과 어린아
이 예닐곱 명과 함께 기수沂水에서 목욕하고 무우舞雩에서 바람 쐬다가
노래를 부르며 돌아오겠습니다."
선생님께서 아, 하고 감탄하시며 말씀하셨다. "나는 증점과 함께하겠다."

> 모춘莫春은 늦봄으로 지금의 3월이다. 증점이 자신의 뜻을 말한 것은 늦
> 봄 시기에 딱 맞았다. 봄옷은 가벼운 겹옷이다. 예禮에 따르면 스무 살
> 에 관冠을 쓴다. 관을 쓰지 않은 이를 아이[童]라고 한다. 기沂는 강 이름
> 으로, 노나라 도성 남쪽에 있다. 주씨가 말했다. "지지地志에는 이곳에
> 온천이 있다고 했는데 이치로 보면 혹 그럴듯하다. 풍風은 시원한 바람
> 을 쐬는 것이다. 무우舞雩는 하늘에 기도하고 비가 오길 비는 곳으로, 제

단과 나무가 있다. 영詠은 노래하는 것이다." 증점은 주나라 말엽의 난
세에 깊이 염증을 느껴 평화로운 옛적의 온후한 풍속을 사모하는 마음
이 있었다. 그러므로 그가 말한 것에는 요순과 하·은·주 삼대의 백성
들이 배불리 먹고 배를 두드리며 각자 자신의 본성대로 생활했던 기풍
이 감지된다. 그러므로 공자는 아아 하고 감탄하면서 "나는 증점과 함
께 하겠다"고 말한 것이다. 요순과 하·은·주 삼대의 평화로운 시기를
보고 싶어 하는 공자의 뜻에 부합하는 점이 있었기 때문이었다.

세 제자가 나갔는데 증석은 남아 있었다. 증석이 말했다. "저 세 사람의
말은 어땠습니까?" 선생님께서 말씀하셨다. "역시 각자 자신의 뜻을 말
했을 뿐이다."
증석이 말했다. "선생님께서는 왜 유(자로)의 말에 빙그레 웃으셨습니까?"

│ 세 사람이 똑같이 대답했는데 공자는 특히 자로의 말에 빙그레 웃었기
│ 때문에 증석이 의문을 품고 질문한 것이다.

선생님께서 말씀하셨다. "나라를 다스리는 일은 예禮로 하는 것인데 그
의 말이 겸손하지 않았다. 이 때문에 웃은 것이다.

│ 나라를 다스리는 일은 예로 하는 것인데 자로의 대답은 겸손이라고는
│ 없는 말이었다. 그러므로 공자가 자로의 말과 태도가 서로 어울리지 못
│ 한 것에 웃은 것이다.

구(염구)가 말한 것도 나라가 아니겠느냐. 사방 60~70리 혹은 50~60리라
고 해서 나라가 아닌 곳을 어디서 보겠느냐.

이 구절 이하도 역시 공자의 말로, 염유와 공서화 두 사람 말에 웃지 않은 뜻을 밝힌 것이다. 염유는 나라를 다스리는 데 뜻을 두고 있었는데 그 말이 겸손해서 감히 나라라고 꼭 집어 말하지 않았기 때문에 웃지 않았다는 말이다.

적(공서화)이 말한 것도 나라가 아니겠느냐. 종묘의 일과 회동하는 일이 제후의 일이 아니고 무엇이겠느냐. 적이 소상小相이 된다면 누가 대상大相이 되겠느냐."

공서화는 감히 제후라고 꼭 집어 말하지 않았고 또 소상이 되고 싶어했다. 모두 그 말이 겸손한 것이다. "누가 대상이 되겠느냐"는 말은 공서화보다 나은 사람은 있을 수 없다는 말이다. 또한 공서화를 인정하는 말이다.

○ 정자程子가 말했다. "옛날 배우는 사람은 학문을 여유 있게 추구하면서 충분히 체득해 선후先後의 순서가 있었다. 예컨대 자로·염유·공서적이 자신들의 뜻을 말하는 것이 이와 같은 것이고 공자가 그들을 인정한 경우 역시 이와 같은 것이다. 이는 자연히 실제적인 일이 된 것이다. 후세에 배우는 이들은 고원한 것을 좋아한다. 마치 사람의 마음은 천리 밖에 노닐지만 자기 몸은 여기에 있는 것과 같은 경우라 하겠다."
○ 진사이는 논한다: 성인의 학문은 유용한 학문이다. 세상을 경영하고 백성을 구제하는 일에 부족한 점이 있으면 독서를 아무리 많이 하더라도, 이치 분석이 아무리 명쾌하더라도 귀하다고 할 수 없다. 세 제자의 말은 후세의 관점에서 보자면, 확실히 일의 말단에 구구하게 매달려 핵심

을 파악하지 못한 것처럼 보인다. 하지만 뜻한 바, 말한 내용은 모두 실질적인 일로, 후세의 유학자들이 헛된 글에만 매달려 실용을 잃어버린 것과는 비교할 게 아니다. 그들은 바로 유용한 실제 재목들이었다. 증점이 자신의 뜻을 말한 일 같은 경우 여유롭게 스스로 마음속으로 깨달아 조용히 즐거워하는 것이었으니, 실로 "제 손으로 우물을 파서 물을 마시고 직접 밭을 갈아 밥을 먹으니 제왕의 힘이 나와 무슨 상관이 있겠는가"(「격양가」^{擊壤歌})라는 노래에서 볼 수 있는 기상이 있다. 공자는, "늙은이들은 편안하게 해주고, 벗들에게는 믿음을 주고, 젊은이를 품어 주는 것이다"(「공야장」 제25장)라고 말한 적이 있고, 『예기』에 실린 공자의 말에도 역시, "하·은·주 삼대의 뛰어난 사람들에게 내가 미치지는 못하지만 그들처럼 되겠다는 뜻은 가지고 있다"(「예운」)라고 하였다. 증점 같은 사람은 중도^{中道}를 실행하는 일은 아니라고 할지라도 또한 세상 밖에서 방랑하는 사람들과는 확실히 같지 않다. 그의 생각은 의도하지 않았지만 성인의 뜻에 부합했기 때문에 공자는 자신도 모르게 감탄하며 그를 깊이 인정한 것이다.

안연(顔淵)

모두 25장이다.

1. 顔淵問仁. 子曰: "克己復禮, 爲仁. 一日克己復禮, 天下歸仁焉. 爲仁
由己, 而由人乎哉?" 顔淵曰: "請問其目." 子曰: "非禮勿視, 非禮勿聽,
非禮勿言, 非禮勿動." 顔淵曰: "回雖不敏, 請事斯語矣."

안연이 인仁에 대해 물었다. 선생님께서 말씀하셨다. "자신을 이기고 예
를 반복하는 것이 인이다.

> 이 구절은 천하에 인을 베푸는 방도를 알려 준 것이다. 극克은 이긴다는
> 말이다. 자신[己]은 남과 대응해서 말한 것이다. 복復은 반복한다는 말
> 이다. 극기克己는 자기를 버리고 남을 따른다는 말로, 고집스레 자기를
> 의식하지 않는다는 말이다. 자신을 이기면 널리 많은 사람을 사랑하고,
> 예를 반복하면 절도節度와 문채가 생기게 된다. 그러므로 널리 사람을

사랑하고 또한 절도와 문채를 몸에 갖출 수 있으면 인仁이 바로 행해지
는 것이다.

어느 날 자신을 이기고 예를 반복하면 천하가 인仁을 인정할 것이다. 인
을 실행하는 일은 자신이 하지, 남이 하겠느냐."

┃ 어느 날[一日]은 뜻이 처음 생긴 날을 말한다. 어느 날 뜻을 세워 자기 자
신을 이기고 되풀이해서 예를 행할 수 있다면 천하의 모든 사람이 인仁
에 귀의해 쏟아지는 듯한 그 기세를 막을 수 없을 것이라는 말이다. 마
지막 구절에서 내가 인을 원하면 인에 바로 도달한다는 뜻을 거듭 말해
결말을 지었다.

안회가 말하였다. "그 조목을 여쭙고자 합니다."
선생님께서 말씀하셨다. "예禮가 아니면 보지 말고, 예가 아니면 듣지 말
고, 예가 아니면 말하지 말고, 예가 아니면 행동하지 말라."
안회가 말하였다. "제가 똑똑하지는 않지만 이 말씀 실행을 제 일로 삼도
록 하겠습니다."

┃ 목目은 조목으로, 육언六言(인仁·지知·신信·직直·용勇·강剛)·육폐六蔽(앞
의 육언을 가로막는 여섯 가지 폐단. 「양화」 제7장)·오미五美(다섯 가지 미
덕. 「요왈」 제3장)·사악四惡(순임금이 처벌한 네 악인, 공공共工·환두驩兜·
삼묘三苗·곤鯀)과 같은 종류이다. 주씨(주희)가 말했다. "사事는 일에 종
사한다[事事]고 할 때의 사事와 같다." 안자는 큰 줄거리를 듣고 난 뒤이
기 때문에 다시 그 조목을 물은 것이다. 자세한 말을 아울러 다 실행하
고 싶었던 것이다. 그러므로 공자는 이 네 가지를 들어 알려 주었다. 이

와 같이 한다면 인仁이 자기 소유가 되어 잃지 않을 거라는 말이다. 바로 『역경』에서, "군자는 이것을 보고 예가 아니면 실천하지 않는다"(대장大壯 괘卦)고 한 말과 같은 뜻이다. 여기서 안자는 그 뜻을 빠르게 이해하였다. 또 자신의 힘으로 이겨 낼 수 있음을 알고 있었다. 그러므로 바로 자신의 일로 삼고 의심하지 않은 것이다.

○ 안자는 왕을 보좌할 재능을 가졌다. 그런 까닭에 천하에 인을 베푸는 방도를 알려 준 것이다. 이 장은, 사대四代(하·은·주·정鄭나라)의 예악에서 장점은 더하고 단점은 없애라는 말을 해주어 나라를 다스리는 방도를 물었던 질문에 답한 것(「위령공」 제10장)과 실로 표리관계가 되는 말이다. 인이라는 덕은, 사랑하고 슬퍼할 줄 아는 마음이 나라의 안팎, 멀고 가까운 어느 곳에도 도달하지 않는 곳이 없는 것이다. 집에 있으면 집에서 행하고 나라에 있으면 나라에서 행하고 천하에 있으면 온 천하에 행해서, 여유롭고 화목한 기운이 피부에 젖고 골수에까지 스며든다. 예컨대 요임금의 덕이 사방으로 미치고 하늘 위와 땅 아래에까지 닿고(『서경』 「요전」), 순임금이 백관百官의 정사를 질서 있게 바로잡아 제후들이 명당明堂의 사방 문門에서 공경을 표시한 일(『서경』 「순전」) 같은 것이 이것이다. 자신을 이기는 것이 인의 근본이며, 예를 반복하는 것은 인의 터전이다. 자신을 이기지 않으면 인을 가질 수 없으며, 예를 반복하지 않으면 인을 보전할 수 없다. 『중용』에, "생각을 깨끗이 하고 마음을 맑게 하며 옷차림을 성대하게 해 예가 아니면 행동하지 않는 것이 자신을 수양하는 방법이다"(제20장)라고 하였는데, 자신을 수양하는 것이 바로 인을 보전하는 방법이다. 공자는, "자신을 수양하여 백성을 편안히 해주는 일

은 요임금과 순임금도 오히려 어렵다고 생각하였다"(「헌문」 제45장)라
고 하였다. 자신을 수양한 결과는 그렇게 위대한 것이다.

2. 仲弓問仁. 子曰 : "出門如見大賓, 使民如承大祭, 己所不欲, 勿施於
人, 在邦無怨, 在家無怨." 仲弓曰 : "雍雖不敏, 請事斯語矣."

중궁이 인仁에 대해 물었다. 선생님께서 말씀하셨다. "문을 나가면 큰 손
님을 뵙듯이 하고 백성을 부릴 때는 큰 제사를 받들듯이 하며,

> "문을 나간다"[出門]는 말은 이른바 문을 나서면 공경公卿을 섬긴다는 말
> 이다. "큰 제사를 받들듯이 한다"[如承大祭]는 말은 백성을 함부로 해서
> 는 안 된다는 뜻이다. 예로 마음을 보존하면 인이 자신의 소유가 된다
> 는 말이다.

자신이 원하지 않는 것을 남에게 행하지 말아라.

> 이 구절은 인을 탐구하는 핵심을 말한 것이다.

그러면 나라에서도 원망하는 사람이 없고 집안에서도 원망하는 사람이
없을 것이다."

> 이 구절은 인을 가졌을 때의 효과를 말한 것이다. 『시경』에서 말한, "서
> 쪽 동쪽에서, 남쪽 북쪽에서도, 복종하지 않는 사람이 없었다"(「대아·
> 문왕유성文王有聲」)는 구절이 바로 이 뜻이다.

중궁이 말했다. "제가 똑똑하지는 않지만 이 말씀 실행을 제 일로 삼도록 하겠습니다."

> 중궁도 공자의 말을 바로 받아들여 감히 의심하지 않았다. 그러므로 문인이 이를 기록해 안자의 경우와 짝이 되도록 한 것이다.

○ 중궁의 재능은 안자 다음이었다. 그런 까닭에 공자 또한 천하에 인을 베푸는 방도를 알려 준 것이다. "큰 손님을 뵙듯 하며 큰 제사를 받들듯 한다"는 것은 일을 할 때 공경하는 태도를 가지고 실행하는 것이다. "자신이 원하지 않는 것을 남에게 행하지 않는다"는 것은 서恕를 행하는 방법이다. 공경으로 실행하고 또 서恕를 행했다면, 인은 행해진 것이다. 나라에서도 원망하는 사람이 없고 집안에서도 원망하는 사람이 없게 될 것이다.

○ 진사이는 논한다: 공자 문하의 여러 제자들은 인의 뜻에 대해서는 익히 알고 있었다. 하지만 인을 실행하는 방법에서는 혹 익숙하지 않기도 했다. 그러므로 제자들의 질문과 공자의 대답은 모두 인을 실행하는 방법에 대해서였고, 인의 뜻을 논한 것이 하나도 없다. 꽃 심는 것에 비유해 보면, 인은 꽃이며 인을 실행하는 방법은 물을 주고 북돋아 주는 방법이다. 제자들의 질문과 공자의 대답은 모두 물을 대주고 북돋아 주는 방법에 대한 것이며, 꽃의 모습과 색깔·향기를 얘기한 것은 없다. 후세의 유학자들은 『논어』의 글자 뜻만을 오로지 따라서 인의 이치만을 탐구하였다. 이것은 물을 대주고 북돋아 주는 방법을 가지고 꽃의 모습과 색깔·향기를 상상하는 것이다. 그러므로 인에 대해서 혹은 허정虛靜으로 흘러가 버리거나, 혹은 허깨비를 붙잡으려는 일에 빠져 버리는 것은 대체로

이 때문이다. 맹자의 시대(전국시대)에 이르러 도가 쇠약해지고 학문이
사라져 천하의 사람들이 그 방법을 찾지 못할 뿐 아니라 또한 아울러 인
이라는 이름과 의미마저 알지 못하게 되었다. 그런 까닭에 맹자가 이들
을 위해 찬찬히 인을 가르쳐 주고 보여 주며, "측은해하고 아파하는 마음
은 인의 실마리이며, 부끄러워하고 미워하는 마음은 의義의 실마리이다"
(「공손추 상」 제6장)라고 말하였고, 또 "사람은 모두 남을 차마 해치지 못
하는 마음을 가졌는데, 이 마음을 해치려고 하는 마음에까지 도달하도록
하는 것이 인이다. 사람은 모두 하지 않는 것이 있는데, 이것을 행하려고
하는 것에까지 도달하도록 하는 것이 의다"(「진심 하」 제31장)라고 하였
다. 그러므로 인을 실행하는 방법을 찾고자 하는 사람은 『논어』에 근본
을 두어야 하며, 인의 의미를 밝히고자 하는 사람은 『맹자』를 참고해야
옳다.

3. 司馬牛問仁. 子曰: "仁者, 其言也訒." 曰: "其言也訒, 斯謂之仁矣
乎?" 子曰: "爲之難, 言之得無訒乎."

사마우司馬牛가 인仁에 대해 물었다.

> 사마우는 공자의 제자로, 『사기』에는 "이름이 리犂다"라고 하였다.

선생님께서 말씀하셨다. "인은 그 말을 어렵게 하는 것이다."

> 인訒은 어렵다[難]는 말이다. 인은 마음속으로 덕이 완전한 것이다. 그
> 러므로 말이 쉽게 밖으로 나오지 않는다. 사마우의 사람 됨됨이가 말이

많고 조급했기 때문에 공자가 이처럼 말해 준 것이다.

"그 말을 어렵게 하면 인이라고 합니까?"
선생님께서 말씀하셨다. "실천하기 어렵다. 말을 어려움 없이 할 수 있겠
는가."

▎사마우는, 인도(道)는 지극히 큰 것이므로 단지 선생님이 말씀하신 것
뿐만은 아닐 거라고 생각했다. 그러므로 다시 물었던 것이고, 공자는
또 이처럼 대답해 주었다. 인은 힘써 실행하는 데 전력을 다해야지, 쉽
게 할 수 있다고 생각해서는 안 된다는 말이다. 그러므로 그 말은 어려
움 없이 할 수가 없는 것이다. 만약 말을 쉽게 한다면 어떤 길로도 덕으
로 들어갈 수 없을 것이다.

○ 문하의 제자들이 인(仁)을 물으면 공자는 항상 대답할 때마다, 꼭 어진
사람의 행동을 들어서 말해 주는 이유는 무엇인가. 인은 형태가 없으므
로 인의 본체를 일반적으로 논해 봤자, 어진 사람의 행동을 가져와서 명
확하게 깨우쳐 주고 알기 쉽게 해주는 것보다 못하기 때문이다. 그러므
로 어쩌다는 어진 사람의 마음을 들어서 알려 주거나, 어쩌다는 어
진 사람의 행동을 들어서 말한다. 이 장 같은 예가 그러하다.
○ 주씨가 말했다. "사마우의 사람 됨됨이가 이와 같으므로, 그의 병이
무엇인지 정확하게 맞춰 알려 주지 않고, 평범하게 인을 실천하는 큰 틀
을 가지고 말했다면, 저런 조급한 성격으로는 결코 깊이 생각해 자신의
병을 제거하지 못해 끝내 어떻게 하더라도 덕에 들어갈 수 없었을 것이
다. 그런 까닭에 이처럼 알려 준 것이다."

4. 司馬牛問君子. 子曰: "君子不憂不懼." 曰: "不憂不懼, 斯謂之君子
矣乎." 子曰: "內省不疚, 夫何憂何懼."

사마우가 군자에 대해서 물었다. 선생님께서 말씀하셨다. "군자는 근심
하지 않고 두려워하지 않는다."

│ 근심하지 않고 두려워하지 않는 것은 어질고 용감한 사람이 아니면 할
  수 없는 것이다. 이 점이 군자가 되는 이유이다.

"근심하지 않고 두려워하지 않으면 이를 군자라고 합니까?"
선생님께서 말씀하셨다. "마음을 반성해서 잘못[疚]이 없으면 무엇을 근
심하고 무엇을 두려워하겠느냐."

│ 구疚는 병病이다. 자신을 돌이켜 보아서 마음에 병이라고 여길 게 없으
  면 가슴속이 상쾌해서 마음이 곧고 의기意氣가 강할 텐데, 무슨 근심과
  두려움이 있겠는가.

○ 조씨(조열지)가 말했다. "근심하지 않고 두려워하지 않는 것은 덕을
온전히 해 결점이 없는 것에서 비롯된다. 그러므로 어디에 가더라도 스
스로 마음에 터득하지 않는 것이 없다. 실제로는 근심과 두려움이 있어
억지로 이를 밀쳐내 버리는 게 아니다."

주씨가 말했다. "근심이나 두려움이 있는 사람은 마음에 흡족하지
않은 것이 있다. 자신이 자기 마음을 살펴서 병이라 할 게 없으면 마음이
넓어지고 몸이 펴지는데 무슨 근심과 두려움이 있겠는가."

5. 司馬牛憂曰: "人皆有兄弟, 我獨亡." 子夏曰: "商聞之矣: 死生有命, 富貴在天. 君子敬而無失, 與人恭而有禮, 四海之內, 皆兄弟也. 君子何患乎無兄弟也."

사마우가 근심하면서 말하였다. "사람들은 모두 형제가 있는데 나 혼자 없구나."

진사이는 살펴본다: 『춘추좌씨전』에, "송나라에 사마우라는 사람이 있었다"라고 하였는데 두예杜預는 이 구절에, "사마우는 환퇴桓魋의 동생이다"라고 주석을 하였다. 지금 이 장에 근거를 두고 말해 보면, 사마우에게는 실제 형제가 없었음이 분명하다. 좌씨가 말한 사람은 별개의 다른 인물이다. 『공자가어』孔子家語에, "공자 문하의 사마우가 바로 이 사람이다"라고 하였는데 『춘추좌씨전』에 의거한 것은 잘못이다.

자하가 말하였다. "제가 들은 말이 있습니다 : '삶과 죽음은 명命에 달려 있고, 부귀는 하늘에 달려 있다.'

아무것도 하지 않으면서도 다하는 것이 하늘이다. 부르지 않았는데도 오는 것이 명命이다. 사생死生·존망存亡과 부귀富貴·영달榮達은 모두 하늘이 하는 일이며 명이 이르도록 하는 것이지 사람의 힘으로 옮길 수 있는 게 아닌데 어이하여 쓸데없이 걱정하는가, 라는 말이다.

군자는 공경해서 실수가 없고, 사람들과 공손하게 지내며 예를 갖추면 온 세상 안의 사람이 모두 형제인데 군자가 어찌 형제가 없다고 근심합니까."

경敬은 일을 가지고 말한 것이다. 군자는 일을 공경으로 실행하여 실수가 없고, 사람을 공손하게 대하고 예를 갖추면 사람들이 반드시 나를 친밀하게 대해 천하 사람들이 모두 내 형제가 된다. 왜 형제가 없는 것을 근심하겠는가.

○ 천명天命은 순종해 받지 않을 수 없다. 인간의 일은 자신을 다하지 않을 수 없다. 그러므로 천명을 아는 사람은 자신에게 있는 것을 스스로 다 바치고 털끝만큼도 기대하고 바라는 마음이 없으며 털끝만큼도 원망하고 후회하는 뜻이 없다. 자하의 말 같은 것은 하늘의 뜻을 통달하고 명을 안다고 할 수 있다.

6. 子張問明. 子曰: "浸潤之譖, 膚受之愬, 不行焉, 可謂明也已矣. 浸潤之譖, 膚受之愬, 不行焉, 可謂遠也已矣."

자장이 총명[明]에 대해 물었다. 선생님께서 말씀하셨다. "물이 스며들듯 적시는 참소와 피부에 와닿는 하소연이 행해지지 않도록 한다면 총명하다고 할 수 있을 것이다.

제씨(제노첨)*이 말했다. "물이 물건을 적실 때는 차츰차츰 스며든다. 그러므로 사람을 치켜세워 착한 사람을 무고하는 것을 '스며들듯 적시는 참소'라고 한다. 피부에 까끄라기나 가시가 닿으면 고통과 가려움이

---

* 제노첨(齊魯瞻)은 송나라 때 학자로 자가 흥룡(興龍)이다.

바로 나타난다. 그러므로 자신에게 절실한 이해를 가지고 간절히 말하는 것을 '피부에 와닿는 하소연'이라고 한다." 참譖은 남의 행동을 헐뜯는 것이다. 소愬는 자신의 원통함을 하소연하는 것이다.

물이 스며들듯 적시는 참소와 피부에 와닿는 하소연이 행해지지 않도록 한다면 멀리한다[遠]고 할 수 있을 것이다."

> 공자는 이 두 가지 일이 행해지지 않도록 하는 일은 사람에게 가장 어려운 것이라고 생각했다. 그러므로 (참소와 하소연을) 멀리하는 일까지 겸해서 말한 것이다.

○ 주씨가 말했다. "남을 헐뜯는 사람이 차츰차츰 말을 하며 갑작스럽게 하지 않으니 듣는 사람은 그 말이 스며드는지도 모르게 깊이 믿어 버린다. 원통함을 하소연하는 사람이 급박하게 호소하며 자신에게 절실히 말하니 듣는 사람은 자세하게 설명하지 않아도 반응이 금방 나타난다. 이 두 가지는 살피기가 어렵지만 잘 살필 수 있다면 그 마음이 총명해져서 가까운 일에 판단이 가려지지 않을 것을 알 수 있다."

7. 子貢問政. 子曰: "足食, 足兵, 民信之矣." 子貢曰: "必不得已而去, 於斯三者何先?" 曰: "去兵." 子貢曰: "必不得已而去, 於斯二者何先?" 曰: "去食. 自古皆有死, 民無信不立."

자공이 정치에 대해서 물었다. 선생님께서 말씀하셨다. "양식을 충분하게 하고, 군사를 충분하게 하고, 백성들이 믿도록 하는 것이다."

| 백성들은 일정한 재산[恒産]이 있으면 나쁜 마음이 생기지 않는다. 군사
력을 잘 갖추고 있으면 민심이 흔들리지 않는다. 백성들을 신뢰로 교화
하면 나라의 근본이 견고해진다.

자공이 말했다. "꼭 어쩔 수 없어서 버려야 한다면 이 세 가지 가운데 무
엇을 먼저 버려야 합니까?"
선생님께서 말씀하셨다. "군사를 버려야지."

| 군사는 나라를 보존하는 핵심이므로 버려서는 안 된다. 하지만 양식이
풍족하고 믿음이 진실하다면 군사력이 없어도 나라를 지킬 수 있다. 그
러므로 군사는 버릴 수 있어도 양식과 신뢰는 버릴 수 없다는 말이다.

자공이 말했다. "꼭 어쩔 수 없어서 버려야 한다면 이 두 가지 가운데 무
엇을 먼저 버려야 합니까?"
선생님께서 말씀하셨다. "양식을 버려야지. 예로부터 사람은 누구나 죽
지만, 백성은 믿음이 없으면 설 수가 없다."

| 양식은 사람에게 하늘과 같은 것이어서 양식이 없으면 죽는다. 하지만
죽음은 사람이 반드시 겪을 수밖에 없는 것이다. 신뢰가 없으면 인도人
道가 성립하지 않는다. 그러므로 양식은 버릴 수 있어도 신뢰는 버릴 수
없다는 말이다.

○ 장식張栻이 말했다. "삶에 죽음이 존재하는 것은 인간의 일상적인 이
치다. 신뢰가 없게 되면 서로를 속이고 약탈을 일삼아 다시는 인간의 도

리란 없게 된다. 여기서 죽음보다 신뢰가 중요해지는 것이다. 양식과 군사는 확실히 긴급한 일이지만 신뢰가 그 근본이 된다. 신뢰가 없으면 누구와 함께 먹을 것이며, 군사가 있다 한들 누구와 함께 쓸 것인가."

○ 정자程子가 말했다. "공자 문하의 제자들은 좋은 질문으로 깊은 경지에 도달한다. 예컨대 이 장은 자공이 아니면 물을 수 없고 성인이 아니면 대답할 수 없다."

8. 棘子成曰: "君子質而已矣, 何以文爲?" 子貢曰: "惜乎, 夫子之說君子也. 駟不及舌. 文猶質也, 質猶文也. 虎豹之鞟, 猶犬羊之鞟."

극자성棘子成이 물었다. "군자는 바탕이 좋으면 되지 왜 이렇게 꾸미는 겁니까?"

> 극자성은 위衛나라의 대부다. 당시 사람들의 심한 겉치레를 싫어했기 때문에 이 말을 한 것이다.

자공이 말했다. "안타깝습니다, 선생님께서 군자에 대해 하신 말씀은. 사두마차도 혀는 따라갈 수 없습니다.

> 극자성이 군자에 대해 한 말은 한편으로 치우친 잘못이 있으므로 해가 없을 수 없다. 군자의 말은 세상의 모범이 되므로 삼가지 않을 수 없는 것이며 혀를 한 번 움직이면 네 마리 말이 끄는 마차도 쫓아갈 수 없는 것이다. 이 점이 안타까운 일이라는 말이다.

꾸미는 것이 바탕이고, 바탕이 꾸미는 것입니다. 호랑이·표범의 털 없는 가죽과 개나 양의 털 없는 가죽이 같게 될 것입니다."

| 털을 제거한 가죽을 곽鞹이라고 한다. 꾸밈[文]과 바탕[質] 두 가지는 서로 없어서는 안 되지만 꾸밈이 중요하고 바탕은 천한 것이다. 군자와 소인이 구별되는 부분은 꾸미는 것에 있지 바탕에 있는 것이 아니다. 비유하자면 호랑이·표범의 털 없는 가죽과 개·양의 털 없는 가죽에 차이점을 볼 수 없는 것과 같이 된다. 만약 꾸밈을 모조리 제거해 버리고 바탕만 남겨 둔다면 군자와 소인을 무엇으로 구별하겠는가.

○ 군자가 군자인 까닭은 꾸미는 것[文]에 있을 뿐이다. 하지만 이른바 꾸밈이란 꾸밈과 바탕이 알맞게 균형을 이룬 꾸밈을 말하지, 바탕과 대립되는 꾸밈을 말하는 게 아니다. 이른바 "찬란하구나, 그 문文이"(「팔일」 제14장)라는 말이 이것이다. 예의 기준이 되는 행동[禮儀] 3백 가지와 상세한 행동[威儀] 3천 가지, 신분의 고하와 존비에 각각 알맞은 등급과 위엄이 있는 것을 꾸밈[文]이라 한다. 꾸밈과 바탕이 균형을 이뤄 잘 갖춰진 게[文質彬彬](「옹야」 제16장) 아니라면 어떻게 꾸밈이라 할 수 있겠는가. 만약 꾸밈을 모조리 제거해 버리고 바탕만 남겨 둔다면 야인野人과 차이가 없어지는데 어떻게 풍속교화를 주장하고 사회 기강을 유지할 수 있겠는가. 이 점이 자공이 극자성의 말을 안타까워한 이유이다.

9. 哀公問於有若曰: "年饑用不足, 如之何?" 有若對曰: "盍徹乎?" 曰: "二吾猶不足, 如之何其徹也." 對曰: "百姓足, 君孰與不足. 百姓不足,

君孰與足."

애공哀公이 유약에게 물었다. "흉년이 들어 나라에 비용이 부족한데 어떻게 해야 하는가?"

| 용用은 나라의 비용을 말한다.

유약이 대답하였다. "왜 철법徹法을 쓰지 않으십니까?"

| 정씨(정현)가 말했다. "주나라의 법은 10분의 1을 세금으로 거두었는데 이를 철徹이라고 한다. 철은 통通이란 뜻으로, 천하에 모두 통하는 법이라는 말이다." 진사이는 살펴본다: 『주례』에, 향수*에서는 공법貢法(하나라의 세법稅法, 10분의 1 세금)을 썼고, 도비**에서는 조법助法(은나라의 세법, 10분의 1 세금)을 썼다고 하였다. 두 제도 모두 농부 1인당 100무의 밭을 준 것으로, 공법과 조법을 아울러 썼는데 실상은 모두 10분의 1 세금을 걷는 방식으로 보인다. 그런 까닭에 철徹이라고 한 것이다. 유약은, 일단 철법을 쓰면 상하가 모두 풍족해져서 굶주리거나 부족하게 되지 않을 것이라고 생각한 것이다.

애공이 말하였다. "10분의 2도 내겐 오히려 부족한데 어떻게 철법을 쓰겠는가."

| 노나라는 선공宣公 때부터 무畝에 10분의 1 세금을 부과했는데 거기다

---

* 향수(鄕遂)는 주나라의 행정 구역이다. 왕의 직할지로 수도에서 100리까지를 향(鄕), 100리 밖의 지역을 수(遂)라 하였다.
** 도비(都鄙)는 왕공(王公)의 채읍지(采邑地)를 말한다.

또 모든 무에 10분의 1 세금을 거뒀기 때문에 10분의 2라고 한 것이다. 애공은 유약이 철법을 말하자 또 철법은 사용할 수 없다는 뜻을 말한 것이다.

유약이 대답하였다. "백성이 풍족하면 임금이 누구와 함께한들 부족하겠습니까. 백성이 부족하면 임금이 누구와 함께한들 풍족하겠습니까."

| 임금은 백성이 있기에 임금으로 서는 것이다. 백성이 없으면 임금도 없다. 그러므로 백성이 풍족하면 임금도 자연히 풍족하고, 백성이 부족하면 임금 역시 부족하다. 유약은 임금과 백성은 한 몸이라는 뜻을 강하게 말해 임금이 세금을 많이 거두는 일을 그치도록 한 것이다.

○ 『시경』에, "영대靈臺를 지으려 계획하고 시작해, 터를 닦고 표식을 세우자, 많은 백성들이 와서 지어 주니, 얼마 걸리지 않아 완성했네. 짓기를 빨리 하지 말라 했지만, 많은 백성들이 자식처럼 오네"(「대아·영대」)라고 하였다. 이 시는 임금과 백성은 한 몸임을 말한다. 유약이 말한, "백성이 풍족하면 임금이 누구와 함께한들 부족하겠습니까"의 뜻이 바로 이것이다.

○ 양씨(양시)가 말했다. "어진 정치는 토지의 경계를 올바로 하는 것에서 시작한다. 경계가 바로잡힌 이후에 정전법井田法의 토지 배분이 균등해지고 곡식으로 주는 녹봉도 공평해지며 나라의 군비에 쓰이는 수요도 모두 이것에서 헤아려 산출할 수 있다. 그러므로 한 번 철법을 시행하면 모든 제도가 제자리를 찾는다. 상하가 왜 부족할까 걱정하겠는가. 10분의 2 세금도 부족하다고 하는 임금에게 철법을 시행하라고 하였으니 현

실에 어둡다고 할지도 모르겠다. 하지만 10분의 1 세금은 천하에 통용되는 올바른 제도로, 이보다 많으면 걸과 같은 폭군이요, 이보다 적으면 오랑캐와 같은 것이니 고쳐서는 안 된다. 후세에는 그 근본을 탐구하지 않고 그 말단만을 도모하였다. 그런 까닭에 세금 징수에는 끝이 없고 경비 지출에는 상도常度가 없어 상하가 곤란을 겪었다. 그런 지경이니, 철법을 시행하는 것이 당연한 임무이며 현실에 어두운 것이 아닌 줄 또 어떻게 알겠는가."

10. 子張問崇德辨惑. 子曰: "主忠信徙義, 崇德也. 愛之欲其生, 惡之欲其死; 旣欲其生, 又欲其死, 是惑也." 誠不以富, 亦祇以異.

자장이 덕을 높이고 의혹을 분별하는 법을 물었다. 선생님께서 말씀하셨다. "충신忠信을 주로 하고 의義로 옮겨 가는 것이 덕을 높이는 일이다.

> 충신을 주로 하면 덕을 높이는 기본이 확립될 것이다. 의로 옮겨 가면 덕을 높이는 효과가 빠를 것이다.

사랑하면 살기를 바라고 미워하면 죽기를 바란다. 이미 살기를 바라고 또 죽기를 바라니 이것이 의혹이다."

> 죽고 사는 운명은 하늘에서 비롯되는 것이지 사람이 늘렸다 줄였다 할 수 있는 게 아니다. 하지만 보통 사람의 감정은 남을 매우 사랑하면 그가 오래 살기를 바라고 그를 미워하면 또한 그가 죽기를 바란다. 이것이 의혹이 아니겠는가. 이런 마음을 분별한다면 이와 유사한 종류의 일

은 모두 하려고 하지 않을 것이다.

정말 부유해서가 아니라, 역시 다만 달라서였다.*

> 이 구절은 『시경』「소아」의 「내가 들에 가서」^{我行其野}의 시구이다. 정자^{程子}가 말했다. "이 구절은 다른 구절과 뒤섞였다. 당연히 제16편 「계씨」의 제12장, '제^齊나라 경공^{景公}은 말 4천 필을 가졌다'^[齊景公有馬千駟]라는 글 앞에 있어야 한다. 다음 장 문장에 또한 '제나라 경공'이라는 글자가 있기 때문에 잘못된 것이다."

○ 덕을 높이지 않으면 학문의 실제 성과를 얻을 수 없다. 의혹을 분별하지 않으면 학문의 결과를 볼 수 없다. 모두 배우는 사람에게 절실한 일이다.

11. 齊景公問政於孔子. 孔子對曰：“君君, 臣臣, 父父, 子子.” 公曰：“善哉. 信如君不君, 臣不臣, 父不父, 子不子, 雖有粟, 吾得而食諸.”

제나라 경공이 공자에게 정치를 물었다.

---

* 이 시구는 해석에 난점이 있다. 진사이는 정자의 말을 인용해 정자의 견해에 찬성을 표시한 것으로 보인다. 이 시는 남편에게 버림받은 여자가 원망하는 내용으로, 인용한 시구는 시의 마지막에 보인다. "남편이 나를 버리고 다른 여자를 맞이한 것은 사실 그 여자가 부자여서가 아니라, 네 마음이 변했기 때문이다" 정도의 내용으로 읽을 수 있다. 정자의 말대로라면, 「계씨」의 제13장은 공자가 이 시구를 두고 제나라 경공과 백이·숙제를 비교하면서 논평, 해석했다고 하겠다. 여기서는 정자의 설을 따라 「계씨」의 제13장에 속하는 공자의 논평으로 보고 풀이하였다.

| 경공은 이름이 저구杵臼다.

공자께서 대답하였다. "임금은 임금답고 신하는 신하답고 아버지는 아
버지답고 자식은 자식다워야 합니다."

| 정치를 한다는 것은 인간이 마땅히 지켜야 할 도리에 차례를 세우는 일
을 근본으로 한다. 이 당시 제나라의 군신, 부자관계는 모두 지켜야 할
도리를 잃어버렸다. 그러므로 공자는 이런 말로 알려 준 것이다.

경공이 말하였다. "훌륭한 말입니다. 정말 임금이 임금답지 못하고 신하
가 신하답지 못하고 아버지가 아버지답지 못하고 자식이 자식답지 못하
면 양식이 있더라도 내가 먹을 수 있겠습니까."

| 반드시 위태롭고 망하게 되어 녹祿을 누릴 수 없게 된다는 말이다.

○ 주씨가 말했다. "제나라 경공은 공자의 말이 훌륭하다고 했으면서도
쓰지 않았다. 그 후에 과연 왕위를 이을 자리를 정하지 못해, 진씨陳氏가
임금을 시해하고 나라를 빼앗는 참화를 일으킬 길을 열어 주었다."

○ 정치를 하는 근본은 군신, 부자가 각자 제자리를 얻어 어지럽게 하지
않는 데 있다. 그 근본은 구하지 않고 말단만을 도모한다면 정사를 베푸
는 일이 아무리 합당하고 법령이 아무리 명백하다 한들 어떻게 나라를
잘 다스릴 수 있겠는가. 공자는 경공이 정치를 물은 것에 대해 대답을 한
것이기 때문에 그런 정치를 성취할 책임은 오로지 임금에게 달려 있었
다. 참으로 안타까운 일은 경공이 공자의 말을 훌륭하다고 했으면서도
근본을 자신에게 돌이켜 찾을 줄 몰랐다는 사실이다. 이것이 제나라에

난리가 일어난 이유이다. 이후의 임금들이 이 구절을 읽고 자신에게 돌이켜 구할 줄 모른다면 또 한 사람의 제나라 경공이 되는 것이다.

12. 子曰 : "片言可以折獄者, 其由也與."

선생님께서 말씀하셨다. "간단한 말로 옥사獄事를 판결할 수 있는 사람은 유由일 것이다."

> 편片을 공씨(공안국)는, "절반[偏]이라는 말이다"라고 하였다. 편언片言은 간단한 말이다. 절折은 판단한다는 말이다.

○ 이 장은 자로의 사람 됨됨이가 기질이 총명하고 결단력이 있어 남이 하는 반 마디 말을 듣고 그것이 진실인지 거짓인지를 판단할 수 있으므로, 그가 정사에 재능이 있음을 알 수 있다는 말이다. 그러므로 공자는, "유는 과감하구나, 정사를 펼치는 데 무슨 어려움이 있겠는가"(「옹야」제6장)라고 말한 것이다.

13. 子路無宿諾.

자로는 승낙한 것을 지체하지 않았다.

> 주씨가 말했다. "숙宿은 지체시킨다는 말이다. '원한을 남기다'[宿怨]라고 할 때의 숙宿과 같다. 말을 실천하는 데 재빠르기에 승낙한 것을 묵

혀 두지 않은 것이다. 기록한 사람이 공자의 말에 따라 그와 비슷한 종류의 말을 기록한 것이다."○ 고본古本에는 혹 이 구절을 별도로 독립시켜 한 장으로 했었는데 형씨(형병) 때에 이르러 앞의 장과 합쳤다. 지금 다시 별도로 독립시켜 한 장으로 만들어 옛 모습대로 복원했다.

○ 자로는 진실되고 믿음직스러우며 강직하고 과단성이 있어 자신의 말을 실천하는 데 빨랐고, 다른 사람과 맺은 약속을 지키는 데 게으르지 않았다. 작은 일에 이와 같았으니 큰일은 알 만하다.

14. 子曰: "聽訟吾猶人也, 必也使無訟乎."

선생님께서 말씀하셨다. "소송을 판결하는 일은 나도 남들과 똑같지만, 반드시 소송이 없도록 하겠다."

○ 이 구절은 백성을 다스리는 사람들은 모두 소송을 판결하는 일에 능숙하다고 생각하지만 백성들로 하여금 소송을 하지 않도록 하는 것이 최고인 줄은 모른다고 한 말이다. 그러므로 문인門人들이 기록해, 근본을 바르게 하고 근원을 깨끗이 하면 저절로 소송이 없어질 것이라고 밝힌 것이다.

○ 진력이 말했다. "청송聽訟은 백성들의 다툼을 판결하는 것이며, 무송無訟은 몸소 실천해 백성을 교화시켜 백성들이 자연히 다투지 않는 것이다. 판결을 내릴 수 있는 소송이 없어진 것으로 그렇게 되도록 금지한 것이 아니다. 말없이 교화시켜 백성들이 알지 못하는 사이에 믿고 복종해 그

렇게 되도록 한 것일 뿐이다."

15. 子張問政. 子曰:"居之無倦;行之以忠."

자장이 정치를 물었다. 선생님께서 말씀하셨다. "마음에 둔 일은 게으름
이 없도록 하며, 실행할 때는 충심으로 하는 것이다."

┃ 주씨가 말했다. "거居는 마음에 두는 것을 말한다. 행行은 일에 실제 나
타나는 것을 말한다."

○ 자신의 외부에서 아무것도 바라지 않으면 자연히 게으름이 없을 것
이며, 일을 자기 것으로 본다면 반드시 충심으로 할 것이다. 게으름이 없
으면 빠르게 결과가 나타날 것이며 충심으로 하면 일이 반드시 이루어
진다. 이 두 가지는 정치를 할 때 가장 중요한 일이다.

16. 子曰:"博學於文, 約之以禮, 亦可以弗畔矣夫."

선생님께서 말씀하셨다. "군자가 널리 글을 배우고 예로써 제약한다면
또한 배반하지 않을 것이다."

┃ 두 번 나온 말이다. 같은 문장이 앞 편(「옹야」 제25장)에 보인다.

17. 子曰 : "君子成人之美, 不成人之惡. 小人反是."

선생님께서 말씀하셨다. "군자는 남의 좋은 점을 이루어 주고 남의 악을 이루어주지 않는다. 소인은 이와 반대다."

| 성成은 일을 온전히 이루어 주는 것을 말한다.

○ 군자의 마음은 선을 훌륭하게 여기는 마음을 오래 간직하고 악을 미워하는 마음은 짧게 갖는다. 그러므로 좋다고 이름난 사람에게는 칭찬하고 기리며 북돋아 주어 그 일을 온전히 이룩하도록 해준다. 악하다고 이름난 사람에게는 변명할 기회를 주고 용서해 그 사람이 끝내 악인이 되지 않도록 한다. 순임금은 악은 숨겨 주고 선은 드러내 주었는데 그 일이 또한 이와 비슷하다. 소인의 마음은 각박하고 선을 꺼려한다. 좋은 명성을 가진 사람에게는 숨겨진 일을 헤집어 내어 그의 일을 막고 무너뜨린다. 악하다는 명성을 가진 사람에게는 화려하게 온갖 치장을 다해 일을 꾸며 그의 죄를 성취하도록 한다. 군자와 소인은 마음 씀씀이가 다른 것이 매번 이와 같다.

18. 季康子問政於孔子, 孔子對曰 : "政者, 正也, 子帥以正, 孰敢不正."

계강자가 공자에게 정치를 물었다. 공자께서 대답하셨다. "정치는 올바르다는 말입니다. 당신께서 올바름으로 이끈다면 누가 감히 바르게 되지 않겠습니까."

○ 군자는 근본이고 백성은 말단이다. 모습이 올바르면 그림자가 곧고 원천이 맑으면 흐르는 물도 깨끗하다. 그러므로 공자는, "자신이 올바르면 명령을 하지 않아도 실행되고, 자신이 바르지 않으면 명령을 내려도 따르지 않는다"(「자로」 제6장)고 하였다. 『대학』에, "요임금·순임금은 천하를 인仁으로 거느렸는데 백성이 따랐다. 걸·주는 천하를 폭력으로 거느렸는데 백성들이 따랐다. 명령한 것이 백성이 좋아하는 것과 반대이면 백성은 따르지 않는다"(제10장)라고 하였다. 무릇 성인과 현자가 정치를 논할 때 그 근본으로 돌아가는 것이 모두 이와 같았다. 이하 다음 두 장도 모두 이 뜻이다.

19. 季康子患盜, 問於孔子. 孔子對曰: "苟子之不欲, 雖賞之不竊."

계강자가 도둑을 걱정하면서 공자에게 물었다. 공자께서 대답하셨다. "당신께서 욕심을 부리지 않는다면 상을 주면서 하라고 해도 도둑질하지 않을 것입니다."

○ 백성을 다스리는 방법은 덕에 있지 술법에 있지 않다. 백성들의 잘못된 마음은 모두 윗사람들이 그렇게 되도록 한 것이다. 윗사람이 염치를 가지고 통솔한다면 백성들은 모두 교화되어, 상을 주며 도둑질을 하라고 해도 백성들도 부끄러움을 알아 도둑질하지 않을 것이다. 왜 도둑을 걱정하겠는가. 계강자는 단지 도둑을 없애는 기술이 있을 것이라고만 생각했을 뿐 근본으로 돌아갈 줄은 몰랐다. 공자는 근본을 바로잡으라고 알려 주었으니, 그 뜻이 간절하다.

20. 季康子問政於孔子曰: "如殺無道, 以就有道, 何如?" 孔子對曰: "子爲政, 焉用殺. 子欲善, 而民善矣. 君子之德風, 小人之德草, 草上之風必偃."

계강자가 공자에게 정치를 물었다. "무도無道한 사람을 죽여서 도道가 있음을 성취한다면 어떻겠습니까?"

> 성成은 성취한다는 말이다.

공자께서 대답하셨다. "당신께서는 정치를 하면서 어떻게 사형을 쓰려 하십니까. 당신이 선하려고 하면 백성은 선해집니다.

> 당신은 집정執政이면서 어떻게 사형이라는 형벌을 쓰려고 하느냐, 당신이 선해지려고 하면 백성은 모두 선해진다는 말이다.

군자의 덕은 바람이요, 소인의 덕은 풀입니다. 풀 위로 바람이 불면 풀은 반드시 눕습니다."

> 상上이란 글자는 상尙으로 쓰기도 하는데, 더한다는 말이다. 언偃은 쓰러진다는 말이다. 이 또한 계강자 먼저 스스로 바르게 되기를 바란 것이다.

○ 선을 좋게 여기고 악을 미워하는 일, 두 가지는 확실히 없을 수 없다. 선을 좋게 여긴다면 악을 반드시 미워하지 않아도 악은 자연히 선해진다. 선을 좋게 여기지 않으면 악을 반드시 제거해야 한다고 바라기만 할 뿐 악은 다 제거할 수도 없고 선도 성취할 수 없다. 계강자는 악인을 죽

여서 선인善人을 육성하고 싶었지만 선인을 육성하면 악인은 자연히 교화된다는 사실을 몰랐다. 그런 까닭에 "당신이 선하려고 하면 백성은 선해진다"고 한 것이다. 마지막 구절에서 또 비유를 들어 설명해, 백성들은 쉽게 교화되어 감동해 믿고 따르는 일이 아주 빠르다고 하였다.

21. 子張問:"士何如斯可謂之達矣?"子曰:"何哉, 爾所謂達者?"子張對曰:"在邦必聞, 在家必聞."子曰:"是聞也, 非達也. 夫達也者:質直而好義, 察言而觀色, 慮以下人. 在邦必達, 在家必達. 夫聞也者:色取仁而行達, 居之不疑. 在邦必聞, 在家必聞."

자장이 물었다. "사士는 어떻게 해야 달達했다고 할 수 있습니까?"

│ 달達은 안에 실질이 있어 명예가 저절로 다른 곳에까지 도달하는 것이다.

선생님께서 말씀하셨다. "무슨 말이야, 네가 말하는 달達이라는 건."

│ 공자는, 자장이 말하는 소위 달이라는 것이 달의 본뜻을 전혀 이해하지 못한 것이라고 의심하였다. 그러므로 도리어 따져 물은 것으로, 그의 병을 드러내어 치료하려 한 것이다.

자장이 대답하였다. "나라에서도 반드시 널리 알려지고 집안에서도 반드시 널리 알려지는 것입니다."

│ 자장이 말하는 달이라는 것이 이와 같았다.

선생님께서 말씀하셨다. "그것은 소문나는 것[聞]이지, 달達이 아니다.

| 소문[聞]은 밖을 잘 꾸며서 명성이 널리 알려진 것을 말한다.

달達이라는 것은 바탕이 곧고 의를 좋아하며, 말을 잘 살피고 낯빛을 잘 관찰하며, 깊이 생각해서 남에게 자신을 낮추는 것이다. 이럴 때 나라에서도 명성이 꼭 이루어지고[達] 집안에서도 명성이 꼭 이루어진다[達].

| 바탕이 곧고 의를 좋아하면 허식虛飾을 일삼지 않는다. 말을 잘 살피고
| 낯빛을 잘 관찰하면 자만하거나 가식을 부리지 않는다. 깊이 생각해서
| 남에게 자신을 낮추면 자신이 잘났다고 생각하지 않는다. 이러한 것들
| 은 모두 자신을 수양하고 스스로 겸손해 사람들이 알아 주기를 구하지
| 않는 일이다. 하지만 이와 같이 하면 자신에게 덕이 수양되어 사람들이
| 반드시 그를 믿고 명성이 자연스레 사방에 도달하게 된다.

소문[聞]이라는 것은 낯빛으로는 어진 모습을 했지만 행동은 어긋나며, 이런 상태에 머무르면서도 의심하지 않는다. 이럴 때 나라에서도 꼭 소문이 나고 집안에서도 꼭 소문이 난다."

| 안색을 좋게 꾸며 어진 모습을 했으면서도 행동은 실상 그 본심과 어긋
| 난다. 또 스스로 옳다고 생각하면서 피하거나 꺼리는 게 없다. 그러므
| 로 명예가 한때 저명하고 널리 알려지더라도 실제의 덕은 병든 것이다.

○ 문聞과 달達을 명백하게 분별해야 그 뒤에 공부하는 사람의 뜻이 정해진다. 문聞은 속은 텅 비었으면서도 겉으로만 명성이 나는 것이어서 실질에 힘쓰지 않고 이름에만 힘쓰는 것이다. 달達은 실질에 풍족해 명성까지

통하게 되는 것으로, 자신의 마음을 수양해 사람들이 알아주길 구하지 않는 것이다. 바로 진실과 허위가 머무는 곳이며 군자와 소인이 구분되는 지점이기도 하다. 후세에 이른바 달達이라는 것은 모두 문聞이지 달이 아니다. 배우는 사람들은 잘 살펴 가려야 한다.

22. 樊遲從遊於舞雩之下, 曰 : "敢問崇德·脩慝·辨惑." 子曰 : "善哉問. 先事後得, 非崇德與. 攻其惡, 無攻人之惡, 非脩慝與. 一朝之忿, 忘其身以及其親, 非惑與."

번지樊遲가 무우舞雩 아래 따라가 노닐며 물었다. "덕을 높이고 숨은 악을 다스리며 의혹을 분별하는 법을 여쭙겠습니다."

│ 특慝은 숨은 악을 말한다. 수脩는 다스려 제거하는 것을 말한다.

선생님께서 말씀하셨다. "좋구나, 질문이.

│ 번지가 따라가 노닐면서 갑자기 자신에게 절실한 질문을 꺼냈다. 그러
│ 므로 공자는 그 질문이 좋다고 한 것이다.

일을 먼저 하고 보답은 나중에 얻는다면 덕을 높이는 것이 아니겠느냐.

│ 일을 할 때 먼저 수고하고 그 보답을 나중에 얻는다면 그 덕이 날로 앞
│ 으로 진전되어 가장 고명한 경지에 이를 것이다.

자신의 악은 다스리고 남의 악은 다스리지 않는다면 숨은 악을 다스리는

게 아니겠느냐.

> 자신의 악을 오로지 다스리고 남의 악을 다스릴 생각이 없으면 자신의
> 악을 분명하게 보아 숨기는 것이 없을 것이다.

한나절이면 사라질 분노 때문에 자신을 잊고 부모까지 잊는다면 미혹이
아니겠느냐."

> 이는 미혹이 아주 알기 쉬운 것인데도 인정이 혹 피하지 못하기도 한
> 다. 이렇게 미혹되는 일을 분별할 수 있다면 이와 비슷한 종류의 미혹
> 은 모두 분별할 수 있을 것이다.

○ 이는 번지의 문제 때문에 알려 준 말이긴 하지만 성인의 말은 실로 만
세의 기준이자 배우는 사람이 지켜야 할 훌륭한 규범이기에 사람들은
마땅히 마음에 담아 두어야 한다. 앞에서 자장子張에게 해준 말(제10장)
과 견주어 보면 말이 절실하고 의미가 강하다. 번지가 질문한 것이 자신
에게 더욱 간절했기 때문일 것이다. 배우는 사람들은 깊이 맛보지 않으
면 안 된다.

23. 樊遲問仁. 子曰: "愛人." 問知. 子曰: "知人." 樊遲未達. 子曰: "擧
直錯諸枉, 能使枉者直." 樊遲退, 見子夏曰: "鄕也吾見於夫子而問知.
子曰: 擧直錯諸枉, 能使枉者直. 何謂也?" 子夏曰: "富哉言乎. 舜有天
下, 選於衆擧皐陶, 不仁者遠矣; 湯有天下, 選於衆擧伊尹, 不仁者遠
矣."

번지가 인仁에 대해 물었다. 선생님께서 말씀하셨다. "사람을 사랑하는 것이다." 지혜[知]에 대해서 물었다. "사람을 아는 것이다." 번지가 이해하지 못했다.

　｜번지는 인에 대해서 이미 그 원칙은 이해하였다. 다만 지혜라는 덕이 사람을 아는 것에 그치는 것이 아니라고 의심한 것이다.

선생님께서 말씀하셨다. "올곧은 사람을 뽑아 비뚤어진 사람들 사이에 놓으면 비뚤어진 사람이 올곧게 되도록 할 수 있다."

　｜이 구절은 사람을 아는 덕이 아주 넓은 것임을 말한 것이다.

번지가 물러나 자하를 보고 말하였다.* "좀 전에 내가 선생님을 뵙고 지혜에 대해서 여쭈었더니 선생님께서, '정직한 사람을 쓰고 비뚤어진 사람들을 버린다면 비뚤어진 사람이 올곧게 되도록 할 수 있다'고 말씀하셨네. 무슨 말씀이지?"

　｜이는 공자가 지혜를 논한 말에만 오직 의문을 품고 물어본 것이다.

자하가 말하였다. "의미가 풍부한 말이군요.

　｜부富는 풍성하다는 말이다. 공자가 지혜에 대해서 논한 한 마디 말은 매우 의미가 풍성해서 갖추어지지 않은 게 없다는 말이다.

순임금이 천하를 차지하고 여러 사람 가운데 고요皋陶를 뽑아 썼더니 어

─────────────

*번지는 자하보다 8세가량 연상이다.

질지 못한 사람들이 멀리 가 버렸습니다. 탕임금이 천하를 차지하고 여러 사람 가운데 이윤伊尹을 뽑아 썼더니 어질지 못한 사람들이 멀리 가 버렸습니다."

고요는 순임금 때 법관이었다. 이윤은 탕임금 때 재상이었다. 주씨가 말했다. "어질지 못한 사람들이 멀리 가 버렸다는 말은 사람들이 모두 교화되어 선을 행하기에, 모두 멀리 가 버린 듯 어질지 못한 사람은 볼 수 없다는 뜻이다. 이른바 '비뚤어진 사람이 올곧게 되도록 하였다'는 말이다."

○ 이 장의 "사람을 아는 것이다"[知人] 이하 구절은 오로지 지혜[知]라는 덕이 매우 크다는 점을 말하였다. 번지가 의문을 품은 것, 공자가 대답한 말, 자하가 풀이한 내용 모두 지혜에 초점을 두고 있다. 번지가 처음부터 인과 지혜가 서로 어긋난다고 의심한 것은 아니었다. 공자 역시 인과 지혜를 겸해서 말한 게 아니다. 공자는 앞서 애공의 질문에 또, "정직한 사람을 쓰고 비뚤어진 사람들을 버린다면 백성이 복종할 것입니다"(「위정」제19장)라고 말했다. 생각해 보면, 애공은 사람을 발탁해 쓰는 일이 합당하면 사람들이 마음으로 복종하게 될 것이라는 정도로만 알았지, 그 말 가운데 또한 순임금과 탕임금이 천하를 다스린 훌륭한 방법에 이처럼 광대한 범위까지 자연스레 포함하고 있다는 사실은 몰랐다. 이런 관점에서 보면, 성인의 말은 모두 보는 사람의 식견의 깊이에 따라 실천의 넓이도 달라지는 게 이와 같다. 배우는 사람은 마음을 다하지 않으면 안 된다.

24. 子貢問友. 子曰: "忠告而善道之, 不可則止, 無自辱焉."

자공이 벗에 대해서 물었다. 선생님께서 말씀하셨다. "충심으로 말해 주고 잘 이끌되, 안 되면 그만두어야지 스스로 욕되게 하지 말아야 한다."

○ 이 장의 뜻은 이렇다 : 교우交友 방법은 자신의 마음을 다해서 말해 주고 또 그 말을 좋게 해서 이끌어 주는 것이다. 그러나 그 사람이 안될 사람이면 잠시 그만두고 말하지 않아서 또한 스스로 깨닫기를 기다려야 한다. 자주 말해서 절제하지 않으면 상대가 도리어 꺼리고 싫어하는 일을 초래하게 되므로 모욕을 자초하지 말아야 된다.

○ 주씨가 말했다. "친구와 함께 지내면서 잘못을 말해 주지 않으면 진실한 마음이 아니다. 말하기 전에 성의誠意가 서로 통하도록 해야 한다. 그러면 말이 나오자마자 사람들은 믿을 것이다. 친구가 믿지 않는 것은 성의가 지극하지 않기 때문이다."

25. 曾子曰 : "君子以文會友, 以友輔仁."

증자가 말했다. "군자는 글을 통해 벗을 만나고 벗을 통해 인仁을 돕는다."

○ 군자는 그냥 벗을 만나기만 하는 게 아니다. 그 만남에는 반드시 강론하고 연마하는 이익을 얻어야 한다. 자신보다 못한 사람은 사귀지 않는다. 그 사귐에는 반드시 인을 돕는 사람을 얻어야 한다. 이 점이 군자가 매일 자신의 덕을 새롭게 하는 방법이다.

논어고의 권7

論語古義 卷之七

자로(子路)

모두 30장이다.

1. 子路問政. 子曰 : "先之勞之." 請益, 曰 : "無倦."

자로가 정치를 물었다. 선생님께서 말씀하셨다. "솔선하고 부지런히 일해라."

> 백성을 다스리는 일은 먼저 자신을 수양하는 데 있다. 백성을 부리는 일은 몸소 일을 부지런히 하는 데 있다.

더 말씀해 주시길 청하자, 선생님께서 말씀하셨다. "게으르지 말아라."

> 정치를 하는 방도는 "솔선하고 부지런히 일하라"는 두 마디 말이면 된다. 그러므로 자로가 더 말씀해 달라고 청하자 "게으르지 말라"고 말해 준 것이다. 호병문*이 말했다. "자장은 당당했고(「자장」제15장) 자로는

군세었다(「선진」 제12장). 모두 시작할 때는 쉽게 날카로움을 보이지만 끝에는 태만했다. 그러므로 정치에 대한 물음에 대답하면서 모두 게으르지 말라고 말해 준 것이다. 자장에게는 진실한 마음이 부족했기 때문에 또 충忠이라는 글자를 더해 주었다(「안연」 제15장)."

○ 도는 가까운 곳에 있고 일은 하기 쉬운 것이다. 그러므로 도를 아는 사람은 멀리서 찾지 않고 반드시 가까운 곳에서 찾으며, (일은) 어려운 것에서 찾지 않고 반드시 쉬운 것에서 찾는다. 핵심은 여기에 있으며 바꿀 수 없다는 것을 알기 때문이다. 자신이 솔선한다면 백성들은 서로 일을 권할 것이고, 그렇지 않으면 일은 멈춰지게 된다. 자신이 몸소 부지런히 하면 효과가 빠르게 나타날 것이고, 그렇지 않으면 성과를 이루지 못하게 된다. 공자의 말 같은 경우, 삶에 가깝고도 쉬운 것이라고 말할 수 있다. 하지만 부지런히 실행하고 게으름을 피우지 않는다면 다스리는 일은 반드시 안정되고 공적도 반드시 이루게 된다. 그 핵심은 오직 번거로움을 견디며 오랜 시간을 쌓으면서 눈앞의 효과를 구하지 않는 것에 있다. 눈앞의 효과를 구한다면 게으른 마음이 반드시 생겨나 이전의 공력이 다 사라지게 된다. 그러므로 자로가 더 말씀해 달라고 청하자 오직 "게으르지 말라"고 말하였는데, 진정한 약이 되는 말이었다.

---

* 호병문(胡炳文)은 원나라 때 학자로 자는 중호(仲虎), 호는 운봉(雲峰)이다. 보통 운봉선생으로 불렸다. 『주역본의통석』(周易本義通釋) 등의 저술이 있다.

2. 仲弓爲季氏宰, 問政. 子曰:"先有司, 赦小過, 擧賢才." 曰:"焉知賢才而擧之?" 曰:"擧爾所知, 爾所不知, 人其舍諸."

중궁仲弓이 계씨의 읍재邑宰가 되어 정치를 물었다. 선생님께서 말씀하셨다. "유사有司에게 먼저 솔선을 보이고,

> 유사有司는 하급 관리다. 읍재[宰]는 여러 관직 사람들이 보고 본받는 자리이기 때문에 몸소 솔선해 일을 하면 아랫사람 누구도 자신의 직분을 그만두는 일이 없을 것이다.

작은 잘못은 용서해 주고,

> 과過는 잘못이다. 잘못을 용서해 주면 사람은 마음을 펴고 많은 사람들이 진심으로 기뻐할 것이다.

능력 있는 인재를 뽑아 써라."

> 능력 있는 인재를 뽑아 쓰면 사람들이 부지런히 일하며 권해 정치가 밝아질 것이다.

중궁이 말하였다. "어떻게 능력 있는 인재인 줄 알고 뽑아 씁니까?"
선생님께서 말씀하셨다. "네가 아는 사람을 뽑아 쓰면 네가 모르는 사람을 사람들이 버려두겠느냐."

> 중궁이 겸손하게 말했다. "제 안목은 사람이 능력 있는지 아닌지 알지 못합니다. 교제범위도 넓지 않은데 어떻게 능력 있는 인재를 알아보고 뽑아 쓰겠습니까?" 공자가 말하였다. "우선 네가 아는 사람을 뽑아 써

라. 진정 능력 있는 사람을 좋아해서 그들을 쓰려 하면 네가 모르는 사
람도 쓸 수 있도록 해주는 사람들이 생겨서, 자연히 능력 있는 사람을
빼놓는 일이 없을 것이다.”

○ 공자가 말한 이 세 가지는 정치의 큰 줄기다. 윗사람은 아랫사람에게
벼리가 된다. 벼리가 들리지 않으면 그물눈은 저절로 흐트러진다. 윗사
람이 인도하지 않으면 아랫사람은 반드시 게으름을 피운다. 그러므로
“유사에게 먼저 솔선을 보여라”는 말을 제일 먼저 한 것이다. 잘못을 용
서하지 않으면 형벌을 남용하게 되어 사람들의 마음은 배반한다. 그러므
로 “작은 잘못은 용서하라”고 두번째로 말한 것이다. 능력 있는 인재는
국가가 기대고 신뢰하는 존재이다. 그들을 뽑아 쓰지 않으면 집안조차
다스릴 수 없는데, 하물며 국가는 어떻겠으며, 하물며 천하는 어떻겠는
가. 그러므로 천하를 다스리고자 하는 사람은 천하 사람들과 함께 천하
를 다스려야 하며, 한 나라를 다스리고자 하는 사람은 한 나라 사람들과
함께 나라를 다스려야 하며, 한 집안을 다스리고자 하는 사람은 한 집안
사람들과 함께 집안을 다스려야 한다. 중궁은 오로지 자신에게서 구해야
한다는 점만 알았지 사람들과 함께 해야 한다는 사실은 몰랐다. 사람들
과 함께 하지 않으면 계씨의 소읍조차 다스릴 수 없는데 하물며 천하를
어떻게 다스리겠는가. 이 점이 “능력 있는 사람을 뽑아 써라”는 말로 마
무리를 지은 이유이다.
○ 진사이는 논한다: 인재가 없다고 걱정하는 일은 평범한 임금들에게
늘 나타나는 병폐다. 천하가 넓으므로 인재가 없다고 걱정할 일이 아니
다. 인재는 높은 지위에 있지 않으면 반드시 낮은 지위에 있으며, 조정에

있지 않으면 반드시 재야에 있다. 현자를 매우 좋아한다면 많은 현자들이 무리지어 와서 마치 띠풀 한 포기를 뽑으면 뿌리 얽힌 여러 포기가 함께 뽑히듯이 될 텐데 어떻게 인재가 없다는 걱정을 하겠는가. 아아, 공자의 말과 같이 뜻을 곧게 하고 마음을 넓게 가진다면 천하의 인재를 다 거두어들일 수 있을 것인데 인재가 없는 것이 어떻게 걱정거리가 되겠는가. 연燕나라 소왕昭王에게 곽외郭隗가 인재를 부르는 법에 대답하면서 자신을 먼저 쓰면 훌륭한 사람이 찾아올 것이라고 설득한 말이 이것과 가깝다.

3. 子路曰: "衛君待子而爲政, 子將奚先?" 子曰: "必也正名乎." 子路曰: "有是哉, 子之迂也. 奚其正?" 子曰: "野哉由也. 君子於其所不知, 蓋闕如也. 名不正, 則言不順; 言不順, 則事不成; 事不成, 則禮樂不興; 禮樂不興, 則刑罰不中; 刑罰不中, 則民無所措手足. 故君子名之必可言也, 言之必可行也. 君子於其言, 無所苟而已矣."

자로가 물었다. "위衛나라 임금이 선생님을 대우해 정치를 한다면 선생님께서는 무엇을 먼저 하시겠습니까?"

│ 위나라 임금은 출공出公 첩輒을 말한다.

선생님께서 대답하셨다. "반드시 이름을 바로잡겠다[正名]."

│ 이름[名]은 실제[實]의 표면이다. 이름이 한 번 어긋나면 실제도 끝내 차
│ 이가 난다. 그러므로 정치는 이름을 바로잡는 것을 우선으로 한다.

자로가 말하였다. "이런 말씀을 하시다니, 선생님은 현실과 동떨어진 말을 하시네요. 무얼 바로잡으신다고요?"

| 우迂는 멀다는 말이다. 지금 현재의 급선무가 아니라는 뜻이다.

선생님께서 대답하셨다. "이해를 못하는구나, 유由는. 군자는 자기가 모르는 것은 의문으로 남겨 두는 법이다.

| 자로가 의문으로 남겨 두지 못하는 것을 꾸짖는 말이다. 군자는 아는
   것을 안다 하고 모르는 것을 모른다고 하며 단언해서 말하지 않는다.

이름이 바르지 않으면 말이 순조롭지 못하고, 말이 순조롭지 못하면 일이 이루어지지 않는다. 일이 이루어지지 않으면 예악이 일어나지 못하고, 예악이 일어나지 못하면 형벌이 맞지 않게 된다. 형벌이 맞지 않으면 백성들은 손발을 들 곳이 없다.

| 이 구절은 이름이 바르지 않을 때의 폐단을 말한 것이다. "일이 이루어
   지지 않는다"는 말은 일이 제대로 되지 않는다는 말과 같다. 온갖 일이
   순조롭게 이루어진 다음에야 예악이 일어날 수 있다. 일이 이루어지지
   않으면 예악이 일어나지 못하고, 정치가 틀어져 잘못되고, 형벌이 맞지
   않게 된다.

그러므로 군자는 이름을 붙이면 반드시 말할 수 있으며, 말할 수 있으면 반드시 실행할 수 있다. 군자는 그 말에 대해서 구차하게 하는 것이 없을 뿐이다."

| 이 구절은 이름을 바로잡지 않을 수 없다는 말이다. "그 말에 대해서"

[於其言]라는 구절은 "그 명칭에 대해서는"이라고 하는 말과 같다.

○ 정치를 하는 데는 확실히 많은 기술이 있다. 하지만 위나라에 있어서는 이름을 바로잡는 것보다 급한 일은 없었다. 이름이 한 번 잘못되면 아래에서 언급한 다섯 가지 폐단이 저절로 생겨나 어떤 일도 할 수 없다. 이때 위나라는 세자 괴외蒯瞶가 자신의 의붓어머니 남자南子의 음란한 행동이 부끄러워, 어머니를 죽이려고 하였으나 이루지 못하고 나라 밖으로 도망쳤다. 영공靈公은 막내아들 공자公子 영郢을 왕으로 세우려 하였으나 영이 사양하였다. 영공이 죽자 마침내 괴외의 아들 첩輒이 왕위에 올라 아버지 괴외의 입국을 거부하였다. 첩은 결국 자신의 아버지를 원수로 보게 되었고 자신의 할아버지 영공을 아버지로 사당에 모시게 되고 말았다. 이름이 바르지 않은 것, 무엇이 이보다 더 심하겠는가. 공자가 이름을 바로잡겠다고 한 말은 당시에는 실로 급한 일이었다.

○ 진사이는 논한다: "염유가 물었다. '선생님께서 위나라 임금을 도와주실까?' 자공이 대답했다. '알았어. 내가 여쭤 볼게.' 자공이 들어와 물었다. '백이 · 숙제는 어떤 사람입니까?' 선생님께서 대답하셨다. '옛날의 현인이었다.' 자공이 나와서 말했다. '선생님께서는 도와주지 않으실 거야'"(「술이」 제14장)라는 기록을 읽고, 이 장을 보면 공자는 역시 위나라 왕 첩을 돕지 않았던 것만은 아니었다. 자공의 말은 통상적인 의견을 말했던 것으로 보인다. 필힐佛肸이 반란을 일으켜 공자를 불렀을 때(「양화」 제6장), 공산불요公山弗擾가 반란을 일으켜 공자를 불렀을 때(「양화」 제4장), 공자는 모두 가려고 했었다. 이는 성인이 남을 포기하지 못하는 인仁 때문이었다. 만약 첩이 진실한 마음으로 공자를 대우하고 자신을 비

위 공자에게 일을 맡겼다면 공자가 왜 그를 돕지 않았겠는가. 이름을 바로잡는 일을 실행하는 데 또한 어찌하기 어려운 게 있었겠는가. 호씨(호굉)*는, "공자가 정치를 했다면 반드시 주周나라 왕에게 알리고 유력한 제후에게 도움을 청해, 공자公子 영郢에게 명령을 전하고 왕위에 오르도록 했을 것이다"라고 말했는데, 그 논의가 올바르지만 인정에 맞는 게 아니어서 따를 수가 없다. 『중용』에, "군자는 움직이지 않지만 존경을 받고 말하지 않아도 신뢰를 받는다. 군자가 상을 주지 않아도 백성들은 서로 권면하고, 성내지 않아도 백성들은 칼과 도끼보다 더 두려워한다"(33장)라고 하였다. 성인이 신령스럽게 교화하는 오묘한 힘은 말로 의논할 수 없고 생각으로 예측할 수 없는 것이다.

4. 樊遲請學稼, 子曰: "吾不如老農." 請學爲圃, 曰: "吾不如老圃." 樊遲出, 子曰: "小人哉, 樊須也. 上好禮, 則民莫敢不敬; 上好義, 則民莫敢不服; 上好信, 則民莫敢不用情. 夫如是, 則四方之民, 襁負其子而至矣. 焉用稼."

번지가 농사짓는 법을 배우려고 여쭈었다. 선생님께서 말씀하셨다. "나는 늙은 농사꾼보다 못하다." 채소 기르는 법을 여쭈었다. 선생님께서 말씀하셨다. "나는 늙은 밭농사꾼보다 못하다."

---

* 호굉(胡宏)은 남송의 학자로, 자는 중인(仲仁), 호는 오봉(五峰)이며 호안국(胡安國)의 아들이다. 『지언』(至言) 등의 저술이 있다.

곡식 심는 것을 가稼라 하고, 거두는 것을 색穡이라 한다. 포圃는 채소를 심는 곳이다.

번지가 나가자 선생님께서 말씀하셨다. "소인小人이로구나, 번수는. 소인은 평민을 말한다.

윗사람이 예를 좋아하면 백성들은 감히 공경하지 않을 수 없을 것이며, 예는 상하를 구별하고 신분의 귀천을 분간해 준다. 그러므로 백성들이 공경한다.

윗사람이 의를 좋아하면 백성들은 감히 복종하지 않을 수 없을 것이며, 의는 옳고 그름을 규제하고 취사선택을 명확하게 해준다. 그러므로 백성들이 복종한다.

윗사람이 신信을 좋아하면 백성들은 감히 진정으로 대하지 않을 수 없다. 정情은 진실과 같은 말이다. 신信은 허위를 쓸어 내고 허황된 장식을 없애도록 해준다. 그러므로 백성들이 진정眞情으로 대한다.

이와 같이 하면 사방의 백성들이 자식들을 포대기에 싸서 업고 올 것이다. 농사를 어디다 쓰겠는가."
포대기[襁]는 실로 짜서 만든다. 너비가 여덟 치, 길이가 두 장으로 어린 아이를 등에 묶는 것이다.

○ 예禮·의義·신信 세 가지는 대인大人에게 해당하는 일이다. 윗사람이 이 것을 좋아하면 아랫사람 역시 비슷한 종류의 덕성으로 응하게 되어, 북 소리보다 빠르고 역참을 설치한 것보다 빠르게 그 감응이 전해진다. 온 백성을 고무시킬 수 있으며 사방에 감화가 미칠 수 있으므로, 윗사람은 이 덕을 더 돈독하게 좋아하지 않은 일을 다만 걱정할 것이다. 자잘한 일 에 마음을 수고롭게 하느라 도를 가지고 천하를 유지할 줄 모르는 것은 세속의 사람들이 힘쓸 일이지 성인 문하에서 말하는 배움이 아니다. 공 자가 번지의 잘못을 면전에서 꾸짖지 않고 그가 나가기를 꼭 기다렸다 가 말한 것은, 면전에서 그의 잘못을 꾸짖으면 번지가 분명 선생님의 말 을 따르지 않을 수 없었겠지만, 번지가 자신의 뜻을 거스르면서 선생님 의 말을 듣고 믿는 것이 돈독하지 않을까 혹시나 염려했기 때문이었을 것이다. 번지가 자신의 잘못을 선생님께서 보이지 않게 비판한 것을 들 었다면 부끄러워하는 마음이 속에서 생겨나 뉘우치는 마음이 절실해 반 드시 잘못을 고쳤을 것이다. 이 또한 공자의 인자한 모습이다.

○ 진사이는 논한다: 공자 문하의 학문은 세상을 경영하는 학문이다. 옛 날의 성인과 현자 가운데는 고기 잡는 일이나 낚시질을 하며 숨어 사는 사람이 있었으며, 성 쌓는 일을 하며 숨어 사는 사람이 있었다. 농사짓는 일 같은 경우 분명 사士가 부끄러워할 일은 아니었다. 하지만 공자와 맹 자는, 번지의 농사짓는 법에 대한 질문을 하찮게 여겼고, 백성과 함께 농 사를 짓는다는 진상陳相의 말을 배척하면서(『맹자』「등문공 상」제4장) 오 로지 이전의 성인을 계승해 후세의 학자들에게 전해 주는 일을 자신들 의 가르침으로 삼았고, 천하를 구제하고 인간이 지켜야 할 도리를 세우 는 일을 자신들의 도道라고 생각했다. 성을 쌓고 고기를 낚는 일은 확실

히 어찌 할 수 없어 한 일이었으니, 세상을 피해 사는 것을 고고하다고
보는 사람들은 공자와 맹자의 마음을 아는 사람이 아님을 알 수 있다.

5. 子曰∶"誦詩三百, 授之以政, 不達, 使於四方, 不能專對, 雖多, 亦奚
以爲."

선생님께서 말씀하셨다. "『시경』 300편을 외우면서도 정사를 맡겼는데
통달하지 못하고, 사방으로 사신을 보냈는데 혼자 처리하지 못한다면 잘
외운들 또 어디다 쓰겠는가."

│ 전專은 혼자를 말한다. 정사는 큰일이며 사신 가는 일은 어려운 일이다,
│ 『시경』을 읽어서 터득한 게 있다면 정사에 통달하고 사신 가는 일을 잘
│ 할 수 있다는 말이다.

○ 시의 쓰임새는 광범위하다. 시를 통해 마음을 진작시킬 수 있으며, 백
성들이 정치를 어떻게 생각하는지 볼 수 있으며, 사람들과 잘 어울릴 수
있으며, 원망하는 마음을 부칠 수 있다(「양화」 제8장). 마음을 진작시킬
수 있으면 선을 좋아하고 불선不善을 미워하는 마음을 일으킬 수 있다. 백
성들이 정치를 어떻게 생각하는지 볼 수 있으면 인정人情을 잘 살펴 세상
일의 변화를 인식할 수 있다. 사람들과 잘 어울리면 온화하고 평화로운
마음이 생겨난다. 원망하는 마음을 부칠 수 있으면 세상과 어긋나려는
뒤틀리고 좁은 마음이 없어진다. 선을 좋아하고 불선을 미워하면 정치를
하는 근본이 확립된다. 사람들이 사물의 변화를 어떻게 인식하는지 살펴

면 정치를 하는 도구가 완비된다. 온화하고 평화로운 마음이 생기면 마음속의 말을 다 할 수 있다. 뒤틀리고 좁은 마음이 없어지면 다른 사람과 관계가 어긋나지 않는다. 그러므로 정치에 통달할 수 있으며 사신 가는 일을 받들어 홀로 처리할 수 있는 것이다.

○ 정자程子가 말했다. "경전을 철저하게 공부하는 것은 실제 잘 쓰려고 해서이다. 세상에 『시경』을 외우는 사람들이 과연 정치에 종사하고 사신을 가서 혼자 처리할 수 있는가. 그렇다면 그 배운 것들은 장구章句의 말단일 뿐이다. 이 점이 배우는 사람들의 큰 병이다."

6. 子曰: "其身正, 不令而行; 其身不正, 雖令不從."

선생님께서 말씀하셨다. "자신이 바르면 명령하지 않아도 실행되고, 자신이 바르지 않으면 명령해도 따르지 않는다."

○ 이 장은 성인과 현자가 남을 다스리는 일상적인 방법으로, 이와 같이 하지 않고서도 남을 다스릴 수 있는 사람은 아직 없다. 선왕이 다스린 법도는 덕은 상세하게 말하면서도 법은 간략하게 언급했다. 법은 믿을 수 없다는 것을 알았기 때문이다. 맹자는, "사람들은 늘 천하국가라고 모두 말한다. 천하의 근본은 나라에 있고, 나라의 근본은 집에 있으며 집의 근본은 자신에게 있다"(「이루 상」 제5장)라고 하였다. 그러므로 근본을 수양하면 말단은 자연히 따라와서 천하에 하기 어려운 일이 없게 된다. 그런 까닭에 성인이 천하를 평화롭게 다스리는 방법을 논할 때 그 말이 모두 매우 쉽고 (삶과) 가까운 것은 이 때문이라 하겠다.

7. 子曰：“魯·衛之政, 兄弟也.”

선생님께서 말씀하셨다. “노나라와 위나라의 정치는 형제이다.”

○ 노나라는 주공周公의 후예이고 위나라는 주공의 동생 강숙康叔의 후예로 본래 형제의 나라였다. 이 당시에 두 나라가 쇠퇴해 난리가 심하긴 했지만 그래도 주공과 강숙이 전해 준 기풍이 남아 있었기 때문에 형제라고 한 것이다. 역시 노나라가 한 번 변하면 도에 도달할 것이라는 뜻이다. 당시에 누가 강한 제齊나라와 진晉나라가 약한 노나라와 위나라보다 못하다고 말하겠는가. 하지만 노나라는 제나라·진나라보다 뒤에 망했고, 위나라의 자손들은 한漢나라가 생기고 나서도 여전히 존재했으므로 왕의 은혜가 멀리까지 미친다는 말은 역시 속일 수 없는 것이다. 성인의 말은 믿을 수가 있겠다.

8. 子謂衛公子荊, “善居屋. 始有曰：苟合矣, 少有曰：苟完矣, 富有曰：苟美矣.”

선생님께서 위나라 공자 형荊에 대해서 말씀하셨다. “집에 잘 거처하는구나.

| 공자公子 형荊은 위나라의 대부다.

처음 가졌을 때는 그럭저럭 모았구나, 라고 말했고, 조금 가졌을 때는 그럭저럭 갖췄구나, 라고 말했고, 부유하게 됐을 때는 그럭저럭 아름답구

나, 라고 말했다."

> 합合은 모았다는 말이다. 완完은 갖췄다는 말이다. 주씨가 말했다. "차
> 례를 따르며 절도가 있어, 빨리 하려고 하거나 전부 아름답게 하려다가
> 자신의 마음을 얽어매지 않았다는 말이다."

○ 이 장은 공자가 공자公子 형荊을 칭찬해 집안에 처하는 도를 보여 준 것
이다.

○ 주씨가 말했다. "보통 사람은 집에 거처할 때 최고로 화려하게 치장하
거나 아니면 담이 쓰러지고 벽이 무너지는 지경에 이르니 거처하는 법
을 전혀 이해하지 못하는 것이다. 공자 형은 '모았구나'라는 말에서부터
'갖춰졌구나', '아름답구나'라는 데까지 차츰차츰 순서가 있고 또 모두
'그럭저럭'이라고 말할 뿐이어서 처음부터 이런 것에 마음이 매이지 않
았다. 그러므로 성인이 칭찬한 것이다."

9. 子適衛, 冉有僕. 子曰: "庶矣哉." 冉有曰: "旣庶矣, 又何加焉?" 曰:
"富之." 曰: "旣富矣, 又何加焉?" 曰: "敎之."

선생님께서 위나라에 가실 때 염유가 수레를 몰았다.

> 복僕은 수레를 모는 것이다.

선생님께서 말씀하셨다. "백성들이 많구나."

> 서庶는 많다는 말이다.

염유가 말하였다. "백성이 이미 많아졌으면 또 무엇을 더해야 할까요?"

"부유하게 해주어야지."

> 백성들은 의식주가 부족하지 않으면 어린이와 노인을 봉양할 수 있어
> 백성들의 삶이 안정된다.

"삶이 이미 부유해졌으면 또 무엇을 더해야 할까요?"

"가르쳐야지."

> 백성들이 부모에게 효도하고 윗사람에게 공손히 행동하는 뜻을 알면
> 상하가 각자 제자리에 있게 되어 민심이 올바르게 된다.

○ 이 장은 성인이 천하를 사랑하는 마음을 보여 준다. 공자가 위나라에
갔을 때 백성들이 많은 것을 보고 감탄했는데, 그 나라에 재해나 잘못된
일이 없어 더욱 기뻤다. 백성의 수가 매우 많았기 때문에 염유가 질문을
하자 부유하게 해주고 가르치고 싶다고 말하였다. 사람의 수가 이미 많
은데 부유하게 해주지 않으면 백성들은 일정한 산업이 없게 되고 이 때
문에 일정한 마음 상태를 유지할 수 없게 된다. 그러므로 백성을 부유하
게 해주는 일을 더하겠다고 한 것이다. 이미 부유하게 되었는데 가르치
지 않으면 아버지는 아버지답지 못하고 자식은 자식답지 못하며 형은
형답지 못하고 동생은 동생답지 못해 거의 짐승과 다를 바가 없게 된다.
그러므로 가르치는 일을 더하겠다고 한 것이다. 백성들이 많은데 부유하
게 해줄 줄 모르면 이는 백성들을 풀포기처럼 하찮게 보는 것이고, 부유
한데 가르칠 줄 모르면 이는 백성들을 짐승으로 기르는 것이다. 어찌 성
인이 천하를 사랑하는 마음이 아니겠는가.

10. 子曰 : "苟有用我者, 朞月而已可也, 三年有成."

선생님께서 말씀하셨다. "만약 나를 써 주는 사람이 있다면 1년뿐이더라
도 괜찮아질 것이고, 3년이면 성취가 있을 것이다."

기월期月은 1년이 돌아오는 열두 달을 말한다. 허씨(허겸)*가 말했다.
"'1년뿐이더라도 괜찮아진다'는 말은 쇠약한 나라를 일으키고 난을 다
스리며 사회 기강이 얼추 세워진다는 뜻이다. '3년이면 성취가 있을 것
이다'는 말은 정치가 안정되고 실적이 이루어져서 정치의 도가 크게 갖
추어진다는 말이다."

○ 이 말은 공자가 문인門人들을 위해 의심을 풀어 준 말일 것이다. 당시
에 필힐佛肹이 공자를 불러 공자가 가려 한 적이 있었고, 공산불뉴**가 공
자를 불렀을 때도 공자는 또 가려고 하였다. 문인들은 대부분 이 문제를
의아해했다. 그러므로 이 말을 해서 자신의 뜻을 밝힌 것이다. 뒤 편에 나
오는, "나는 그곳을 동주東周로 만들어 놓겠다"는 장(「양화」 제4장)과 함
께 보아야 한다.

---

* 허겸(許謙)은 송나라 말기~원나라 초기의 학자로, 자는 익지(益之), 호는 백운산인(白雲山人)으
로, 허형(許衡)과 함께 원대(元代)를 대표한다. 『독사서총설』(讀四書叢說) 등의 저술이 있다.
** 공산불뉴(公山弗狃)는 사마천의 『사기』 「공자세가」와 다음에 나오는 「양화」 제4장에도 모두 공산
불요(公山弗擾)로 표기되었다. 동일 인물을 다르게 표기하는 일은 고서(古書)에 흔히 보인다.

11. 子曰: "善人爲邦百年, 亦可以勝殘去殺矣. 誠哉是言也."

선생님께서 말씀하셨다. "'선인善人이 100년 동안 나라를 다스리면 잔인한 사람을 교화시키고 사형을 없앨 수 있다'고 하니,

> 100년 동안 나라를 다스린다는 말은 훌륭한 왕이 서로 이어져 오래 다스린다는 말이다. 승잔勝殘은 잔인하고 난폭한 사람을 교화해 악행을 하지 않도록 하는 것이다. 거살去殺은 사람을 죽이는 형벌을 쓰지 않는 것이다.

진실이다, 이 말은."

> 옛날에 이 말이 있는데 공자가 훌륭하게 생각했다.

○ 공자의 말은, 잔인한 사람을 교화하고 사형을 없애는 일은 선인善人이 가장 어질고 도타운 마음으로 100년 동안 서로 이어져 오랫동안 다스리지 않으면 할 수 없는 것이지, 아침저녁에 효과를 말할 수 있는 게 아니라는 뜻이다. 그러므로 "진실이다, 이 말은"이라고 한 것이다. 선인을 낮추어 보고 그 교화가 더딜 것이라고 말한 게 아니다. 문인들이 이 말을 기록하면서 다음 장에 올 말의 뜻을 먼저 보여 준 것이다.

12. 子曰: "如有王者, 必世而後仁."

선생님께서 말씀하셨다. "만약 왕자王者가 있다 해도 반드시 한 세대가

지나야 백성들이 어질게 될 것이다."

세世는 한 세대(30년)를 가리켜 말한 것이다.

○ 이 장은 앞 장의 뜻을 이어서 말한 것이다. "반드시 한 세대"라고 말한 것은 자손들이 서로 계속 이어 간다는 것과 같은 의미가 아니며, "인仁"이라고 말한 것은 또한 잔인한 사람을 교화하고 사형을 없애는 일에 그칠 뿐만이 아니라는 뜻이다. 왕도王道는 인仁을 근본으로 한다. 한 사람이라도 자기 자리를 제대로 찾지 못하면 인이 아니고, 사물이 하나라도 제자리에 있지 않으면 인이 아니다. 위로는 조정에서 멀리 후미진 바다에 이르기까지 기뻐하고 즐거워하며 한 몸처럼 합치되어, 백관은 위에서 임금과 정사를 논하며 조화롭고 화목하며 백성은 아래에서 서로 사랑하고 편안함을 느끼면서, 임금의 은혜 안에 자연스레 흠뻑 젖어 하나로 융화되어 즐거움에 넘치는 듯한 모습이 인의 최고 경지이며 왕도가 완성된 상태이다.

13. 子曰: "苟正其身矣, 於從政乎何有. 不能正其身, 如正人何."

선생님께서 말씀하셨다. "자신의 몸을 바르게 한다면 정치에 종사하는 데 무슨 어려움이 있겠느냐. 자신의 몸을 바르게 할 수 없다면 어떻게 다른 사람을 바르게 할 수 있겠느냐."

요노饒魯가 말했다. "정치에 종사하는 것[從政]과 정치를 실행하는 것[爲政]은 같지 않다. 정치를 실행하는 것은 임금의 일이며, 정치에 종사하는 것은 대부의 일이다. 공자의 이 말은 대부를 위해 발언한 것이다."

○ 이 말은 또 사람을 다스리는 통상의 법도이다. 그러므로 『논어』 편찬
자는 자주 보이고 몇 번 나오는 것도 꺼려하지 않은 것이다.

14. 冉子退朝. 子曰 : "何晏也?" 對曰 : "有政." 子曰 : "其事也. 如有政,
雖不吾以, 吾其與聞之."

염자가 조정에서 돌아왔다.

┃ 염유는 이때 계씨의 읍재였다. 조정은 계씨가 사사로이 조회를 받는 곳
┃ 이다.

선생님께서 말씀하셨다. "무슨 일로 늦었느냐?"

┃ 안晏은 늦었다는 말이다.

"정무[政]가 있었습니다."
선생님께서 말씀하셨다. "신하의 일[事]이었겠지. 정무가 있었다면 나를
쓰지는 않더라도 내가 참여해 들었을 것이다."

┃ 이以는 쓰다와 같다. 옛날에는 대부가 벼슬을 그만두었더라도 나라에
┃ 큰 정무가 있으면 반드시 참여해 들었다.

○ 임금은 정사[政]를 실행하고 신하는 결정된 일[事]을 집행한다. 이 당

시 계씨가 노나라를 자기 마음대로 움직이고 있었다. 나라의 정사를 왕의 조정에서 다른 신하들과 함께 의논하지 않고 혼자 가신家臣들과 함께 자기 집에서 도모했던 것이다. 그러므로 공자는 정사와 일을 알지 못하는 사람들을 위해 신하의 일[事]이라고 말한 것이다. 당시에는 계씨만 안 일하게 지내면서 자신이 주제넘은 줄 몰랐던 게 아니다. 염유는 공자의 가르침을 직접 들었으면서도 역시 아둔하게도 잘못이라고는 생각하지 못했다. 공자는 그 조짐이 자라나서는 안 된다는 것을 알았기 때문에 특별히 분명하게 말해 주었다. 계씨에게 경고하고 염유를 가르쳐 주었을 뿐 아니라 또한 이 뜻이 천하에 만세토록 명확해지기를 바랐던 것이다. 『춘추』의 뜻과 같다고 하겠다.

15. 定公問 : "一言而可以興邦, 有諸?" 孔子對曰 : "言不可以若是其幾也. 人之言曰 : 爲君難, 爲臣不易. 如知爲君之難也, 不幾乎一言而興邦乎." 曰 : "一言而喪邦, 有諸?" 孔子對曰 : "言不可以若是其幾也. 人之言曰 : 予無樂乎爲君, 唯其言而莫予違也. 如其善而莫之違也, 不亦善乎. 如不善而莫之違也, 不幾乎一言而喪邦乎."

정공定公이 물었다. "한마디 말로 나라를 일으킬 수 있다 하는데, 그런 말이 있습니까?" 공자께서 대답하셨다. "말은 이처럼 효과를 기약할 수 없습니다.

> 주씨가 말했다. "기幾는 기약한다는 말이다. 한마디 말로 이와 같이 꼭 효과를 기약할 수는 없다는 말이다."

사람들 말에, '임금 노릇 하기 어려우며, 신하 노릇 하기 쉽지 않다'라고
합니다.

│ 당시에 이런 말이 있었다.

임금 노릇 하는 어려움을 안다면 한마디 말로 나라를 일으키는 것을 기
약하지 않겠습니까."

│ 공자의 말은, 이 말을 따라 두려워하듯 경계하고 반성한다면 왜 반드시
　 나라를 일으키는 일을 기약할 수 없겠습니까, 라는 뜻이다.

"한마디 말로 나라를 잃을 수 있다 하는데, 그런 말이 있습니까?" 공자께
서 대답하셨다. "말은 이처럼 효과를 기약할 수 없습니다. 사람들 말에,
'나는 임금 노릇 하는 데는 즐거움이 없고, 오직 내가 하는 말을 아무도
어기지 않는 것이 즐겁다'라고 합니다.

│ 다른 건 즐거운 게 없고, 오직 이것만이 즐거울 뿐이라는 말이다.

만일 임금의 말이 선한데 아무도 어기지 않는다면 또한 좋지 않습니까.
만일 임금의 말이 선하지 않은데 아무도 어기지 않는다면 한마디 말로
나라를 잃는 것을 기약하지 않겠습니까."

○ 사씨(사량좌謝良佐)가 말했다. "임금 노릇 하는 어려움을 안다면 반드
시 공경하고 삼가서 행동할 것이며, 오직 내가 하는 말을 아무도 어기지
않는 것이 즐겁다면 참소하고 아첨하면서 면전에서 비위 맞추는 말만
하는 인간들이 오게 될 것이다. 나라는 결코 갑자기 흥성하거나 멸망하

지 않지만 흥하고 망하는 근원이 여기서 갈라진다. 하지만 이는 기미를 아는 군자가 아니라면 어떻게 알 수 있겠는가."

○ 진사이는 생각한다: 임금 노릇 하기 어렵다는 경계는 유독 왕조를 이어 나가는 임금에게 절실하다. 나라를 세운 임금은 본래 보잘것없는 처지에서 일어나 두루 어려움을 맛봐 깊이 경계하지 않아도 된다. 다만 왕조를 이어 나가는 임금은 본디 선조의 사업을 바탕으로 편안함과 부유함 가운데 태어나고 자라나, 넉넉하고 즐거워서 스스로 경계할 줄 모른다. 그러므로 이 말은 왕조를 이어 나가는 임금에게 오로지 경계하도록 한 것이다. 임금의 가장 큰 근심거리는 좋은 말을 들을 수 없다는 데 있다. 신하와 임금의 관계도, 임금에게는 직언直言을 올리기가 어렵고 아첨하는 말은 들어가기가 쉽다. 그런 까닭에 옛날의 훌륭한 임금은 반드시 자신이 신하를 인도해 할 말을 다 할 수 있도록 하였다. 그렇지 않으면 강직한 신하가 있더라도 자기의 능력을 다 쓸 수 없는 것이다. 하물며 내가 하는 말을 아무도 어기지 않는 것이 즐겁다면 좋은 계책이 눈앞에 있어도 알지 못하고, 패망이 바로 뒤에 있는데도 깨닫지 못한다. 한마디 말로 나라를 잃을 수 있으니, 확실히 그렇지 않은가.

16. 葉公問政. 子曰: "近者說, 遠者來."

섭공葉公이 정치를 물었다. 선생님께서 대답하셨다. "가까이 있는 사람들이 기뻐하고 멀리 있는 사람들이 오는 것입니다."

○ 가까이 있으면 흠집이 쉽게 드러난다. 때문에 실질적인 혜택이 백성

들에게 미치게 되면 가까이 있는 사람은 기뻐한다. 정성이 지극하면 남을 감동시킬 수 있다. 때문에 진실한 뜻이 쌓여서 오래되면 멀리 있는 사람이 오게 된다. 정치를 실행하는 일은 인심人心 얻는 것을 근본으로 한다. 그러므로 공자는 섭공이 이 말을 가지고 백성의 실제 삶에 적용해 보고 스스로 정치의 이익과 손실을 생각해 보길 바랐던 것이다.

17. 子夏爲莒父宰, 問政. 子曰: "無欲速, 無見小利. 欲速則不達, 見小利則大事不成."

자하가 거보莒父의 읍재가 되어, 정치를 물었다.

> 거보는 노나라의 읍 이름이다.

선생님께서 말씀하셨다. "빨리 하려고 하지 말고, 작은 이익을 보지 말아라. 빨리 하려 하면 도달하지 못하고, 작은 이익을 보면 큰일을 이루지 못한다."

○ 장식張栻이 말했다. "빨리 하려 하면 완성을 기대하면서 하는 일이 꼭 구차하게 된다. 그런 까닭에 오히려 목표에 도달하지 못한다. 작은 이익을 보면 눈앞의 것만을 따르다가 장기적이고 멀리 내다보는 계책을 잊게 된다. 그런 까닭에 오히려 큰일을 해치게 된다."

호인胡寅이 말했다. "성인의 말은 자하의 잘못을 바로잡는 것이긴 하지만 천하와 후세에 모두 법이 될 만하다. 양한兩漢 이래 정치를 실행한 사람들은 모두 빨리 하려 하고 작은 이익을 보려는 병을 피하지 못했다."

18. 葉公語孔子曰: "吾黨有直躬者. 其父攘羊而子證之." 孔子曰: "吾黨之直者, 異於是. 父爲子隱, 子爲父隱, 直在其中矣."

섭공葉公이 공자에게 말하였다. "우리 마을에 몸가짐을 올바르게 하는 사람이 있습니다. 그 아버지가 양을 훔쳤는데 자식이 아버지를 고발했습니다."

직궁直躬은 정직하게 행동하는 사람이다. 원인이 있어서 훔치는 것(즉, 짐승이 자기 집으로 들어왔기에 훔치는 행동)을 양攘이라 한다.

공자께서 말씀하셨다. "우리 마을의 정직한 사람은 이와 다릅니다. 아버지는 자식을 위해 숨겨 주고, 자식은 아버지를 위해 숨겨 줍니다. 정직은 그 안에 있습니다."

○ 숨기는 것은 정직이 아니다. 하지만 부자가 서로 숨겨 주는 일은 인정의 극치이다. 인정의 극치가 바로 도다. 그렇기 때문에 정직이라고 한 것이다. 도에 부합하는 것이 있으면 어디를 가도 맞지 않는 것이 없다. 그러므로 정직이 그 안에 있다고 한 것이다. "태묘에 들어가서는 매사를 물었다.' 선생님께서 말씀하셨다. '이것이 예이다'"(「팔일」 제15장)라는 말도 역시 이러한 종류이다.

○ 진사이는 논한다: 옛 주석(주희, 『집주』)에는, "부자가 서로 숨겨 주는

일은 천리天理와 인정人情의 극치이다"라고 하였는데 틀린 말이다. 이 말
은 인정과 천리로 나누어 둘이 되게 한 것이다. 인정이란 천하 사람들이
예로부터 지금까지 똑같다고 하는 것이다. 오상五常(인仁·의義·예禮·지
智·신信)과 모든 행동이 모두 이것에서 나온다. 어떻게 인정을 벗어나 따
로 이른바 천리라는 것이 존재하겠는가. 인정에 부합하지 않으면, 온 세
상 사람들이 하기 어려운 일을 잘한다 하더라도 실상 짐승의 마음과 같
은 것이라 실행할 수 없는 것이다. 다만 예를 가지고 조절하고, 의를 가
지고 판단할 뿐이다. 후세의 유자들(송나라의 유학자)이 공公이라는 글자
를 좋아하는데도 그 폐단이 도를 해치는 지경에 이른 것은 어째서인가?
그들은 옳은 것은 옳다 하고 그른 것은 그르다 하면서, 가깝고 먼 인간관
계·신분의 귀천을 구별하지 않는 것을 공公이라고 말한다. 이런 관점에
서는 지금 아버지가 아들을 위해 숨겨 주고 아들이 아버지를 위해 숨겨
준 일은 정직이 아니다. 이것을 공公이라고 할 수도 없다. 하지만 공자가
여기서 취한 것은 부자가 서로 숨겨 주는 일은 인간의 최고 감정으로, 예
가 존재하는 곳이고 의가 머무는 곳이기 때문이다. 그러므로 성인은 예
는 설명하면서 리理는 설명하지 않았고, 의는 설명하면서 공公은 설명하
지 않았다. 인정을 벗어나 은혜와 사랑을 떠나 도를 찾는 일은 실은 이
단異端이 숭상하는 것이며 천하에 모두 적용할 수 있는 도가 아니다.

19. 樊遲問仁. 子曰 : "居處恭, 執事敬, 與人忠 ; 雖之夷狄, 不可棄也."

번지가 인仁에 대해 물었다. 선생님께서 말씀하셨다. "거처할 때는 공손

하며, 일을 처리할 때는 공경하며, 사람과 함께 있을 때는 진심을 다하는 것이다. 오랑캐 땅에 가더라도 버릴 수 없는 것이다."

　"오랑캐 땅에 가더라도 버릴 수 없는 것이다"는 말은 굳게 지켜 잃지 말기에 힘쓰도록 한다는 뜻이다.

○ 공손하면 감히 함부로 행동하지 않고, 공경하면 감히 오만하게 행동하지 않는다. 사람들과 함께 무엇을 할 때 진심을 다하면 감히 남의 일을 소홀하게 하지 않는다. 이것이 인仁을 구하는 방법이다. 인이라는 것은 실질적인 덕이다. 법도를 따르면 인을 가질 수 있고 법도를 따르지 않으면 인을 가질 수 없다. 그러므로 공자는 군자가 자신을 수양하는 일상적인 방법으로 알려 준 것이다. 인을 구하는 방법에서 가장 깊고 간절한 것이다.

20. 子貢問曰: "何如斯可謂之士矣?" 子曰: "行己有恥, 使於四方, 不辱君命, 可謂士矣." 曰: "敢問其次." 曰: "宗族稱孝焉, 鄕黨稱弟焉." 曰: "敢問其次." 曰: "言必信, 行必果, 硜硜然, 小人哉. 抑亦可以爲次矣." 曰: "今之從政者何如?" 子曰: "噫, 斗筲之人, 何足算也."

자공이 물었다. "어떻게 해야 사士라고 할 수 있겠습니까?"
선생님께서 말씀하셨다. "자신의 몸가짐에 부끄러워할 줄 알고, 사방에 사신을 가서는 임금의 명령을 욕되게 하지 않는다면 사士라고 할 수 있을 것이다."

| 자신의 뜻에 하지 않는 것이 있고 재능은 충분히 일을 이룰 수 있다면
사士가 되는 준비가 갖추어진 것이다.

"감히 그 다음을 여쭙겠습니다."
"친척 사람들이 효성스럽다고 칭찬하고, 마을 사람들이 공손하다고 칭
찬하는 것이다."

| 친척 사람들과 마을 사람들이 모두 효성스럽고 공손하다고 칭찬한다
면 그 행실이 선하다는 사실을 알 수 있다.

"감히 그 다음을 여쭙겠습니다."
"말에는 반드시 믿음이 있고 행동에는 반드시 과단성이 있는 것이니, 이
는 자잘한 소인일 뿐이다. 그러나 그래도 그 다음이 될 수 있다."

| 주씨가 말했다. "과果는 반드시 실행하는 것이다. 갱硜은 작은 돌이 단
단한 모양이다. 이런 사람을 소인이라 한 것은 그 식견과 국량이 얽매
인 데가 있어 보는 것이 매우 작기 때문이다."

"지금 정치에 종사하는 사람들은 어떻습니까?"

| 자공이 또 물었다: 지금 정치에 종사하는 사람들은 사士에 비해 어떻습
니까?

선생님께서 말씀하셨다. "어허, 소견이 좁은 인간들을 무에 따질 게 있겠
느냐."

| 희噫는 마음이 편치 않아 나는 소리다. 두부는 양을 재는 기구 이름으로,

10승카을 담는다. 소簹는 대나무 그릇으로, 1두 2승을 담는다. 양이 작은 것들이다. 산算은 수를 헤아린다는 말이다. 세상에 드러나는 선행 하나 없는 것들이라고 비판한 것이다.

○ 자공은 자신의 몸가짐에 부끄러워할 줄 알고, 임금의 명령을 욕되게 하지 않는 일은 제대로 실행하는 사람은 찾기 어렵다고 생각하고, 이런 일을 잘하는 사람을 사士라고 한다면 이 이하인 사람은 사士가 되기에는 부족하다고 여겼다. 그렇다면 사람들 가운데 재능이 버려진 사람이 있을 수 있기 때문에 거듭 그 다음을 물었고 지금 정치에 종사하는 사람들은 어떻습니까 하는 질문에까지 나아간 것이다. 자기 생각에 충분히 이해되지 않았던 문제를 가지고 공자에게 질문한 것이라 하겠다. 공자 문하에서 배우는 사람들이 감히 자기 생각이 옳다고 하면서 다른 사람을 가볍게 가타부타 하지 않았던 행동이 이와 같았다.

○ 진사이는 논한다: 효제孝弟는 실질적인 덕이다. 충신忠信은 진실한 마음이다. 그러므로 성인 문하의 가르침은 반드시 효제를 근본으로 하고 충신을 위주로 한다. 그런데 지금 효제라는 덕목을 사士가 되는 두번째 항목으로 본 것은 어째서인가? 성인 문하의 공부는 실제에 유용한 실학實學이다. 덕이 넓지 않고 재능이 굉장宏壯하지 않으면 설령 효제하는 사람이라고 해도 칭찬할 수 있고, 충신한 사람이라고 해도 취할 수 있다. 하지만 이는 단지 자신을 선하게 하는 데 그칠 뿐이어서 덕이 남에게까지 미치지 못한다. 그러므로 사의 두번째 항목이 되는 것이다.

21. 子曰：“不得中行而與之, 必也狂狷乎. 狂者進取, 狷者有所不爲也.”

선생님께서 말씀하셨다. “도에 맞게[中行] 행동하는 선비를 발견해 함께 할 수 없다면 반드시 광자狂者나 견자狷者와 함께 할 것이다. 광자는 진취적이고 견자는 하지 않는 것이 있다.”

> 행行은 도道를 말한다. 진취進取는 전진해 나아가 도를 구해 얻는 것이다. 주씨가 말했다. “광자는 뜻은 대단히 높지만 행동이 아직 뜻하는 데까지 미치지 못하는 사람이며, 견자는 지식은 높은 수준에 이르지 못했지만 도를 지키는 데는 여유가 있는 사람이다.”

○ 막중한 도를 짊어지는 일은 도에 맞게 행동하는 사士가 아니면 할 수 없다. 하지만 이런 사士를 이미 발견할 수 없다면, 반드시 진취적인[狂] 사士나 하지 않는 것이 있는[狷] 사士를 찾아 그들을 가르치고 싶다. 광자는 뜻과 의지가 높고 뛰어나 성인의 경지에 바로 들어가길 원하므로 도에 나아갈 수 있는 기량을 가진 사람이니 도에 맞게 행동하는 사士의 다음이다. 견자 같은 경우, 행실이 깨끗하고 절개가 굳세 털끝만큼이라도 불의不義한 일은 감히 행하지 않으며, 또 도를 지킬 수 있는 그릇을 가지고 있으니 광자의 다음이다. 이 점이 공자가 그들을 선택한 이유이다. 보통의 재능을 가진 사람들은 위축되어 떨쳐 일어날 수 없으므로 이 막중한 도를 감당할 수 없다.

22. 子曰 : "南人有言曰 : 人而無恒, 不可以作巫醫. 善夫. 不恒其德, 或承之羞." 子曰 : "不占而已矣."

선생님께서 말씀하셨다. "남쪽 사람 말에, '사람이 한결같은 마음이 없으면 무당이나 의사도 될 수 없다'라고 하였다. 좋은 말이다.

> 남인南人은 남쪽나라 사람을 가리킨다. 항恒은 한결같음을 말한다. 무항無恒은 시작은 있고 끝이 없는 것을 말한다. 무당[巫]은 남을 위해 기도해 주는 사람이고, 의사[醫]는 남의 병을 치료하는 사람이다. 그 마음에 한결같음이 없으면 남을 위하는 실질성이 없다. 그러므로 무당이나 의사 같은 천한 일조차도 할 수 없는 것이다. 공자가 이 말을 좋다고 한 이유이다.

덕을 한결같이 유지하지 않으면 부끄러운 일을 당할 수 있다."

> 이 구절은 『주역』 항恒 괘의 아래에서 세번째[九三] 효爻를 풀이한 말이다. 승承은 준다는 말이다. 이 말은 또 스스로 수치를 받는다는 말이기도 하다.

선생님께서 말씀하셨다. "점을 치지 않는다."

> 장식張栻이 말했다. "점치지 않는다는 말은 이치상 반드시 그렇게 되므로 점을 쳐서 결정할 필요 없이 알 수 있다는 말이다."

○ 떳떳함을 오래 유지해 바꾸지 않는 것을 한결같음[恒]이라고 한다. 처음이 있고 끝이 있는 것을 한결같음[恒]이라고 한다. 한결같음과 관계된

일은 쉬운 것 같지만 유지하기가 매우 어렵다. 한결같음과 반대로 한다면 무슨 일을 해도 믿을 수 없다. 그런 까닭에 무당이나 의사 같은 천한 일조차도 할 수 없는 것이다. 하물며 성인의 도를 실행하는 사람이 자기의 덕을 스스로 한결같이 유지하지 않을 수 있겠는가.

23. 子曰: "君子和而不同; 小人同而不和."

선생님께서 말씀하셨다. "군자는 조화를 이루지 동화되지 않으며, 소인은 동화되지 조화를 이루지 않는다."

| 군자는 마음이 조화로운 상태이기 때문에 남과 어긋나지 않는다. 의義를 따르기 때문에 결코 남과 똑같이 될 수 없다. 소인은 이와 반대이다.

○ 군자의 일은 인의仁義일 뿐이다. 조화를 이루면 남을 잃지 않으며 동화되지 않으면 자신을 잃지 않는다. 여기서 인이라는 덕을 완성하면 의는 자연히 그 가운데 있게 됨을 알 수 있다.

○ 주씨가 말했다. "군자가 조화한다는 말은 서로 공손하고 삼가며 협력하고 존경해 어긋나거나 다투고 꺼리거나 이기려는 뜻이 없다는 것이다. 동화되지 않는다는 말은 올바른 것을 지키고 이치를 따르며, 아부하거나 편당을 지으려는 습관이 없다는 것이다. 소인은 이와 반대이다. 조화와 동화, 이 두 가지는 겉으로는 서로 비슷해 보이지만 사실은 반대가 된다. 군자와 소인이 실제 모습에서 다른 면은 아주 미묘해 예로부터 지금까지 수레바퀴 자국 한 쌍처럼 똑같아 거의 알 수 없다. 예컨대 한기·부

필·범중엄 공들은 인종仁宗 임금 앞에서 논의를 벌이다가 의견이 일치되지 않아 혹 안색이 변하기까지 했지만 끝까지 조화로운 기운을 잃은 적이 없었다. 왕안석·여혜경·장돈·증포·채경 등은 부자형제 사이에서도 악행을 함께 하면서도, 틈이 벌어지자 하지 못하는 짓이 없었다.* 역시 성인의 말은 바꿀 수 없다는 사실을 증명해 주는 것이다."

24. 子貢問曰: "鄕人皆好之, 何如?" 子曰: "未可也." "鄕人皆惡之, 何如?" 子曰: "未可也. 不如鄕人之善者好之, 其不善者惡之."

자공이 물었다. "마을 사람들이 다 좋아하면 어떻습니까?"
선생님께서 말씀하셨다. "아직은 아니다."
"마을 사람들이 다 미워하면 어떻습니까?"
선생님께서 말씀하셨다. "아직은 아니다. 마을 사람들 가운데 선한 사람이 좋아하고, 선하지 않은 사람들이 미워하는 것보다 못하다."

○ 보광輔廣이 말했다. "마을 사람들이 모두 좋아하면 세파에 함께 휩쓸려 더러운 물에 물든 사람일 것이다. 마을 사람들이 모두 미워하면 세상과 어긋나고 풍속에 거스르는 사람일 것이다. 그러므로 어느 경우건 모두 '아직은 아니다'라고 한 것이다. 마을 사람 가운데 선한 사람들이 자

---

* 한기(韓琦)·부필(富弼)·범중엄(范仲淹)·왕안석(王安石)·여혜경(呂惠卿)·장돈(章惇)·증포(曾布)·채경(蔡京)은 모두 북송시대에 유명한 정치가들이다.

기들과 똑같다고 하면서 좋아하면 좋아할 만한 실상이 있는 것이다. 선하지 않은 사람들이 자기들과 다르다고 하면서 미워한다면 구차하게 세상에 용납받으려는 행동이 없는 것이다. 그래야 사람이 현명하다고 분명하게 말할 수 있다."

25. 子曰: "君子易事而難說也. 說之不以道不說也. 及其使人也, 器之. 小人難事而易說也. 說之雖不以道說也. 及其使人也, 求備焉."

선생님께서 말씀하셨다. "군자는 섬기기는 쉬워도 기쁘게 하기는 어렵다. 올바른 방법으로 기쁘게 하지 않으면 기뻐하지 않는다. 사람을 부릴 때에는 그릇에 맞게 쓴다[器之].

> 기지器之는 사람의 재능과 기량에 맞게 부리는 것이다. 뒤의 두 구절은 섬기기는 쉬워도 기쁘게 하기는 어렵다는 뜻을 풀이한 것이다. 다음 문장도 이와 같다.

소인은 섬기기는 어려워도 기쁘게 하기는 쉽다. 올바른 방법으로 기쁘게 하지 않더라도 기뻐한다. 사람을 부릴 때에는 두루 갖추기를 요구한다."

○ 보광이 말했다. "군자는 자신을 올바르게 유지하는 방도가 매우 엄격하고 남을 대하는 마음은 매우 관대하다. 소인은 자신을 다스리는 방법은 아주 관대하면서 남에게 책임을 묻는 마음이 아주 각박하다. 군자는 사람이 이치를 따르는 것에 기뻐하고, 소인은 남이 자기를 따르는 것을

기뻐한다. 군자는 사람의 재능을 귀중하게 여겨 재능과 기량에 따라 사람을 부리므로 천하에 쓰지 못할 사람이 없다. 소인은 사람의 재능을 가볍게 보기 때문에 완벽을 요구하고 능력이 구비되길 책망하므로 끝내 쓸 수 있는 사람이 없다."

26. 子曰 : "君子泰而不驕; 小人驕而不泰."

선생님께서 말씀하셨다. "군자는 편안하지만 교만하지 않고, 소인은 교만하지만 편안하지 않다."

○ 군자는 검소하게 자신을 지키며 살기에 남들보다 훌륭하다고 생각하지 않는다. 그러므로 마음은 편안하면서 교만하게 굴지 않는다. 소인은 자기가 가진 것을 믿고 자신을 단속하지 못한다. 그러므로 교만하지만 마음은 편안하지 않다.

27. 子曰 : "剛毅木訥, 近仁."

선생님께서 말씀하셨다. "강하고 굳세며 질박하고 어눌한 사람이 인에 가깝다."

┃ 목木은 질박한 것이다. 눌訥은 천천히 느리게 하는 것이다.

○ 인仁의 실행은 참[誠]을 확립하는 데 있다. 참이 확립되면 감히 다른 사

람을 속이지 않는다. 그러므로 그 기질이 강하고 굳세며 질박하고 어눌한 사람은 인의 경지에 도달하지는 못했어도, 낯빛만 어진 모습을 하고 실제 행동은 완전히 어긋난 사람과는 다르다. 그러므로 인에 가깝다고 한 것이다. 말을 교묘하게 하고 낯빛을 잘 꾸미는 일[巧言令色]은 겉으로는 인과 가까워 보일지 모르지만 사실은 거짓이다. 강하고 굳세며 질박하고 어눌한 사람[剛毅木訥]은 겉보기에는 꾸밈이 없지만 속에는 취할 만한 것이 있다. 성인이 어진 사람과 어질지 않은 사람을 분별하는 방법을 여기서 볼 수 있다.

○ 호병문胡炳文이 말했다. "강剛·의毅·목木·눌訥 네 가지는 하늘이 내려준 자질 가운데 인에 가까운 것이다. 배움의 힘을 더하면 가까운 정도에서 멈추지 않을 것이다."

28. 子路問曰 : "何如斯可謂之士矣?" 子曰 : "切切, 偲偲, 怡怡如也, 可謂士矣. 朋友切切偲偲, 兄弟怡怡."

자로가 물었다. "어떻게 해야 사士라고 할 수 있겠습니까?" 선생님께서 말씀하셨다. "간절하고, 자상하게 권하고, 화목하게 지내야 사士라고 할 수 있다. 친구 사이에는 간절하고 자상하게 권하고, 형제 사이에는 화목하게 지내야 한다."

절절切切은 간절하고 지극하게 하는 것이다. 시시偲偲는 자상하게 힘쓰도록 하는 것이다. 모두 서로 권하는 모습이다. 이이怡怡는 화목하고 순종하는 모습이다. 사士가 이와 같이 행동하길 바란 것을 말한다. 하지만 친구 사이에는 서로 책망하는 의義가 있고, 형제 사이에는 우애友愛하는 것과 같은 도리가 있어야 한다. 그러므로 마지막 구절에서 다시 중요하게 여기는 것을 가지고 나누어 말한 것이다.

○ 절절·시시·이이 이 세 가지에는 모두 진심으로 사랑한다는 뜻이 있다. 사士의 행동은 어떤 한 가지를 가지고 다 말할 수는 없지만 진심 어린 사랑을 근본으로 하는 법이다. 이것이 부족하면 그 행동은 결코 멀리까지 도달할 수 없다. 그러므로 공자는 이 세 가지를 가지고 자로의 질문에 대답을 해주었으니, 친밀하면서도 간절하다 할 수 있다.

○ 황간黃幹이 말했다. "이른바 사士는 『시경』·『서경』, 예禮와 의義의 은택에 폭 잠겨 오래 수양해서 반드시 따뜻하고 어질며 온화하고 후덕한 기운[溫良和厚]이 있어야 한다. 이것이 사士의 바른 모습이다. 의義의 덕을 발휘해 힘쓰고 강하고 의연하게 되는[發强剛毅](『중용』 제31장) 경지에 이르는 것도 역시 하는 일을 따라 명확하게 드러나는 것일 뿐이다. 자로는 강한 기운을 가졌다고 자부하면서 자신을 이길 수 없어, 간절하고 자상하며 화목한[切切·偲偲·怡怡] 뜻이 항상 적었다. 그런 까닭에 공자가 경계하도록 한 것이다."

29. 子曰: "善人敎民七年, 亦可以卽戎矣."

선생님께서 말씀하셨다. "선인善人이 백성을 7년 동안 가르치면 또한 전쟁에 나아갈 수 있을 것이다."

즉卽은 가는 것을 말한다. 융戎은 전쟁을 말한다.

○ "백성을 가르친다"는 말은 선善으로 가르친다는 말이다. 이른바 "효제 충신孝弟忠信을 가르친다"(『맹자』 「양혜왕 상」 제5장)는 말이 이것이다. 선 인善人의 방도는 사랑을 베풀고 교화시켜 인도하는 것을 임무로 삼으며, 형벌을 내리고 사형에 처해 위엄을 보이는 일은 마음에 담지 않는다. 하 지만 7년이란 오랜 세월이 지나면 백성 역시 감화되는 바가 있어 자신들 이 윗사람을 위해 죽을 수 있게 된다. 선이 사람들에게 쉽게 들어가는 것 이 이와 같다. 맹자가 "민심을 얻는다"(「진심 상」 제4장)고 말한 것도 바 로 이 뜻이다.

30. 子曰: "以不敎民戰, 是謂棄之."

선생님께서 말씀하셨다. "훈련시키지 않은 백성을 데리고 전쟁하는 것, 이를 백성을 버린다고 하는 것이다."

교敎는 백성들에게 전쟁의 진법陣法을 가르치는 것이다.

○ 마씨(마융)가 말했다. "전법을 익히지 않은 백성을 데리고 전쟁하도 록 한다면 반드시 패한다. 이를 백성을 버린다고 하는 것이다."
○ 옛날 백성에게 진법을 가르치는 방법은 봄·여름·가을 세 철은 농사 에 힘쓰고 겨울 한 철 전투를 가르쳤다. 귀와 눈이 깃발 움직임에 익숙하 도록 하고 손과 발이 무기에 숙련되도록 해 자연히 패배하고 망하는 화

가 없었다. 그렇지 않으면 백성을 사지死地에 두는 것과 다름이 없다. 이 장은 앞 장에 이어, 또한 백성들에게 무력을 가르치지 않을 수 없다는 사실을 말한 것이다. 군자가 백성의 생명을 귀중하게 여기는 것이 이와 같았다.

헌문(憲問)

모두 47장이다.

○ 호씨(호인)가 말했다: "이 편은 원헌原憲이 기록한 것 같다."

1. 憲問恥. 子曰: "邦有道穀, 邦無道穀, 恥也."

원헌이 부끄러움에 대해 물었다. 선생님께서 말씀하셨다. "나라에 도가 있을 때 녹만 먹으며, 나라에 도가 없을 때에도 녹을 먹는 것이 (모두) 부끄러운 일이다."

> 헌憲은 원사原思의 이름이다. 곡穀은 녹을 말한다. 벼슬에 나아가서는 훌륭한 일을 하지 못하고, 물러나서는 자신을 지키지 못하면서 녹만 먹을 줄 안다면 이는 부끄러워할 일이라는 말이다.

○ 주씨(주희)가 말했다. "나라에 도가 있을 때 훌륭한 일을 할 줄 모르고, 나라에 도가 없는데도 홀로 자신을 선善하게 하지 못하면서 다만 녹만 먹을 줄 아는 것은 모두 부끄러워할 일이다. 원헌은 뜻이 굳세고 절개 있는 사람으로 나라에 도가 없을 때 녹을 받는 것은 부끄러워할 일임은 분명히 알고 있었지만 나라에 도가 있을 때 녹을 받는 것이 부끄러워할 일이 되는 문제에 있어서는 꼭 알고 있었다고 하지는 못한다. 그러므로 공자가 그가 질문한 기회에 아울러 말해 주어서 그의 뜻을 넓혀 주고, 스스로 힘쓸 바를 알아 훌륭한 행동을 하는 데까지 나아가도록 한 것이다."

○ 진사이는 생각한다: 사士가 이 세상에 살면서 홀로 자신을 선하게 하기는 쉬워도 천하 사람들을 아울러 선하게 하기는 어렵다. 그 부끄러워할 만한 일 가운데 어느 것이 가볍고 어느 것이 무거운지 자연스레 알아야 한다.

2. "克·伐·怨·欲不行焉, 可以爲仁矣?" 子曰: "可以爲難矣, 仁則吾不知也."

"남 이기기 좋아하기·공적 자랑·원망·탐욕을 행하지 않는다면 인仁이라고 할 수 있겠습니까?"

> 이 글 또한 원헌이 자신이 희망하는 행동을 가지고 물은 것이다. 마씨(마융)가 말했다. "극克은 남을 이기기 좋아하는 것이다. 벌伐은 자기가 자신의 공적을 자랑하는 일이다. 원怨은 작은 분노다. 탐貪은 탐욕이다." 원헌은 이 네 가지를 자신이 하지 않는 것이기에 인이라고 생각했

으므로 물었던 것 같다.

선생님께서 말씀하셨다. "어려운 일이라고 할 수는 있겠지만 인仁인지는 나도 모르겠다."

남 이기기 좋아하기·공적 자랑·원망·탐욕을 통제해서 행해지지 않도록 하는 것은 분명 사람들이 하기 어려운 일이다. 하지만 네 가지를 억제하는 일을 인이라고 하는 문제에 이르게 되면 나는 모르겠다는 의미이다. 자애로운 덕이 남에게 미칠 수 있고, 털끝만큼이라도 잔인한 마음이 없는 다음에야 인이라고 할 수 있다. 어떻게 단지 극벌원욕克伐怨欲이 없는 것을 인이라 말하겠는가.

○ 진사이는 논한다: 마음은 하나이다. 마음이 인仁하면 따뜻하고 온화하며 사랑하고 선량하게 된다. 인하지 않으면 남 이기기 좋아하고 공을 자랑하고 원망하고 탐욕스럽게 된다. 마음속에 무엇을 가지고 있느냐에 달려 있을 뿐이다. 그러므로 덕을 아는 사람은 인에 힘쓰지 나쁜 것을 막는 데 애쓰지 않는다. 덕은 높일 만하지만 욕망은 미워할게 못 된다는 사실을 알기 때문이다. 덕을 모르는 사람은 단지 욕망이 자기 마음을 얽어매는 것을 미워하기만 하면서 오로지 욕망을 이기고 다스리는 데 힘쓴다. 자기 덕을 닦으면 욕망은 자연히 물러나 내 말을 듣는다는 사실은 전혀 모른다. 욕망이 자기를 얽어매는 것을 미워하기만 하면서 억지로 욕망을 없애려 하면, 아울러 타고난 '좋은 지혜와 좋은 능력'[良知良能]까지 깎아내 잃어버리고 말아 다시는 보존할 수 없게 된다. 이 점을 알지 않으면 안 된다. 후세에 나온, 욕망을 없애고 고요함을 주로 한다는 설 따위는

실상 허무(도가)·적멸(불교)의 학문이지, 공자 문하의 인을 실행하는 가르침이 아니다.

3. 子曰："士而懷居, 不足以爲士矣."

선생님께서 말씀하셨다. "사士로서 집안에 편히 있기를 생각한다면 사士가 되기에 부족하다."

| 거居는 집안에 거처하는 것을 말한다.

○ 거처하는 곳이 부유하고 풍족하다면 근심하고 괴로워할 일이 없는 것이니 바로 세상에서 즐거워하는 일이다. 하지만 사士인 사람은 의당 온 세상을 경영할 뜻을 가져야 하며 안락한 즐거움을 추구하기만 해서는 안 된다. 이런 즐거움에 연연해서 버릴 수 없다면 의義에 비추어 마땅히 해야 할 일은 반드시 두려워 피하고 움츠러들어 용감하게 실행하지 못하게 된다. 어떻게 사士라고 할 수 있겠는가.

4. 子曰："邦有道, 危言危行; 邦無道, 危行言孫."

선생님께서 말씀하셨다. "나라에 도가 있으면 말을 강하게 하고 행실을 곧게 한다. 나라에 도가 없으면 행실을 곧게 하고 말은 공손하게 한다."

| 위危는 강하게 하는 것을 말한다. 손孫은 순하게 하는 것을 말한다. 홍씨

(홍흥조洪興祖)가 말했다. "위危는 바로잡겠다고 과격하게 나서는 것을 말하는 게 아니고 도를 곧게 하는 것일 뿐이다. 손孫은 아부를 하지 않고 해를 멀리하는 것일 뿐이다."

○ 이 장은 자신을 보존하는 방법을 말한 것이다. 자기가 있는 곳에 도가 있으면 의당 말을 곧게 하고 행동을 바르게 해서, 정도正道를 밝히고 사士의 기풍에 모범을 보여야 한다. 자기가 있는 곳에 도가 없으면 행동은 분명 공손하게 해서는 안 된다. 말에 있어서는 조금이라도 날카로운 칼끝을 거둬들여 화를 피하지 않으면 안 된다. 군자는 확실히 도를 굽혀서는 안 되지만 또한 하고 싶은 말을 다 하기 좋아해서 화를 받아서도 안 된다. 오직 도를 간직한 사람만이 이를 잘 할 수 있다.

5. 子曰: "有德者必有言; 有言者不必有德. 仁者必有勇; 勇者不必有仁."

선생님께서 말씀하셨다. "덕이 있는 사람은 반드시 할 말이 있지만, 말을 하는 사람이라고 반드시 덕이 있는 것은 아니다. 어진 사람은 반드시 용기가 있지만, 용기 있는 사람이라고 반드시 어진 것은 아니다."

○ 이 장은 덕이 있는 사람은 반드시 말을 하고 어진 사람은 반드시 용기가 있음을 중점적으로 말한 것이다. 덕이 있는 사람은 말을 귀하게 여기지 않으므로 말이 없는 것이 당연한데도 반드시 할 말이 있다. 어진 사람은 용기를 가지려 전념하지 않으므로 용기가 없는 게 당연한데도 반

드시 용기가 있다. 그저 할 말을 하는 사람은 밖을 치장하는 데 힘쓰는데 어떻게 반드시 덕이 있겠는가. 그저 용기만 가진 사람은 혈기를 부려 일을 하는데 어떻게 반드시 어질 수 있겠는가. 말과 용기의 대소와 경중을 판단해 알아야 한다.

6. 南宮适問於孔子曰: "羿善射, 奡盪舟, 俱不得其死然. 禹稷躬稼而有天下." 夫子不答. 南宮适出, 子曰: "君子哉若人, 尙德哉若人."

남궁괄南宮适이 공자에게 물었다. "예羿는 활을 잘 쏘고 오奡는 육지에서 배를 끌었습니다만 모두 제 명에 죽지 못했습니다.

> 남궁괄은 남용南容을 말한다. 공씨(공안국)가 말했다. "예羿는 유궁국有窮國의 임금으로 하夏왕조의 임금 상相의 지위를 빼앗았는데 그의 신하 한착寒浞이 예를 죽이고 그 기회에 그의 아내를 취해 오奡를 낳았다. 오는 힘이 세 육지에서 배를 끌 수 있었는데 하나라 왕 소강少康에게 살해당했다." 모두 제 명대로 죽지 못했다. 남궁괄은 이 두 사람을 당시의 권력자에게 비유한 것이다.

우임금과 직稷은 몸소 농사를 지었으면서도 천하를 차지했습니다."

> 마씨(마융)가 말했다. "우임금은 물길을 트는 데 온 힘을 다하였고, 직은 온갖 곡식의 씨를 뿌렸다. 그러므로 '몸소 농사를 지었다'고 한 것이다. 우임금은 자신이 살아 있을 동안에, 직은 그의 후세에 모두 왕이 되어 천하를 통치했다." 남궁괄은 우임금과 직을 당시 덕이 있으면서도

명예와 지위가 없었던 사람과 비교한 것인데 그 뜻은 공자를 염두에 둔 듯하다.

선생님께서 대답하지 않으셨다. 남궁괄이 나가자 선생님께서 말씀하셨다. "군자로구나, 이 사람은. 덕을 숭상하는구나, 이 사람은."

> 우임금과 직稷은 몸소 농사를 지었으면서도 천하를 차지했다는 말은 당연히 피해야 할 문제였다. 그러므로 공자는 대답하지 않고 남궁괄이 군자의 행실을 가졌다고, 또 덕을 숭상할 수 있는 사람이라고 칭찬한 것이다.

○ 권력을 숭상하면서 도덕을 경시하는 일은 세상풍속에서 늘 보는 행태인데, 사람들은 모두 그것이 잘못인 줄 모른다. 지금 남궁괄은 노나라의 경卿으로, 자기 지위를 모르고 나라를 어지럽힌 집안에서 태어나 이와 같이 말하였으니, 성인의 문하에서 배운 것이 깊다. 남궁괄은, 권력은 믿을 수 없으며 도덕의 효과는 바로 구할 수 있는 것은 아니지만 그 영향은 자연히 멀리까지 미친다는 사실을 안 것이다.

7. 子曰: "君子而不仁者有矣夫. 未有小人而仁者也."

선생님께서 말씀하셨다. "군자이면서 어질지 못한 사람은 있지만, 소인이면서 어진 사람은 있지 않다."

> 군자가 어질지 못한 것은 사람을 사랑하는 마음은 가지고 있더라도 사

람을 사랑하는 실질은 없는 것을 말한다. 군자이면서 어질지 못한 사람
은 있을지라도 소인이면서 어진 사람은 결코 없다는 점을 말한 것이다.

○ 이 장은 전적으로 어진 사람을 가장한 소인 때문에 말한 것이다. 인仁
은 사랑하는 것일 뿐이다. 군자라면 진실로 인을 실행해야 마땅하다. 하
지만 하나라도 인륜을 해치고 정사를 방해하는 일이 있으면 불인不仁을
피하지 못한다. 공자는 장문중藏文仲이 국경의 여섯 관소關所를 폐지하고,
자산子産이 형법을 새긴 솥[鼎]을 주조한 일을 그들이 불인한 것이라고 보
았다. 소인이라고 사람을 사랑하지 않는 것은 아니다. 하지만 자기에게
이익이 없으면 부모형제라도 자신의 은혜를 온전하게 베풀지 않는다. 하
물며 타인에게는 어떻겠는가. 이것이 군자가 혹 불인하기도 하지만 소인
은 반드시 불인한 이유이다.

8. 子曰: "愛之能勿勞乎; 忠焉能勿誨乎."

선생님께서 말씀하셨다. "사랑한다면 수고롭게 하지 않겠는가. 충성한
다면 깨우쳐 주지 않겠는가."
○ 진실한 사랑은 수고롭게 할 수 있고, 진실한 충성은 깨우쳐 줄 수 있
는 것이다. 사랑하면서 수고롭게 하지 않는다면 자애롭지 않은 것이며,
충성하면서 깨우쳐 주지 않으면 충성하지 않는 것이다. 그렇다면 부형
들은 자제들에 대해, 신하가 임금을 섬기는 데 있어, 벗이 서로 사귀는 데
있어서 스스로 그 마음을 다하지 않아서야 되겠는가.

9. 子曰 : "爲命, 裨諶草創之, 世叔討論之, 行人子羽修飾之, 東里子産
潤色之."

선생님께서 말씀하셨다. "사명辭命을 만들 때 비심이 초안을 작성했고,

　명命은 사명(외교문서)을 말한다. 비심裨諶은 정鄭나라의 대부다. 초창草
　創은 초고를 만든다는 말이다.

세숙世叔이 검토했고,

　세숙은 정나라의 대부 유길이다. 토討는 찾아보고 연구하는 것이다.
　논論은 해석하고 논리를 따져 보는 것이다.

행인行人 벼슬의 자우子羽가 손질했고,

　행인은 사신을 관장하는 벼슬이다. 자우는 공손公孫 휘揮를 말한다. 수
　식修飾은 더하고 빼는 일이다.

동리東里 사는 자산子産이 윤색했다."

　동리는 자산이 살았던 곳이다. 윤색潤色은 문장에 문채를 더하는 것이
　다. 자산은 정나라의 재상이기 때문에 끝에 가서 또 윤색한 것이다. 정
　나라의 사명은 세 사람에게서 나왔지만 완성하는 일에서는 자산이 홀
　로 맡아 아름다운 글이 되도록 전담하였다.

○ 이 장은 자산이 정나라의 정사를 집행하면서 여러 인재를 채용한 일
을 칭찬하고 또한 능력 있는 인재는 국가에 유익하다는 점을 말한 것이

다. 당시 사명은 다 볼 수 없다 하더라도 이 장을 통해 보면 우호적인 관계를 만들기도 하고, 전쟁을 일으키기도 하며 성공과 실패, 국가 간의 연합과 절교의 기회가 일순간에 갈라지므로 외교문서는 막중하다고 할 수 있다. 진晉나라의 현명한 대부 숙향叔向도, "자산이 사명을 보내면 제후들이 신뢰했다"고 말한 것을 보면, 사명에 관계되는 일이 매우 중대했으며 자산은 세 사람의 장점을 잘 활용할 수 있었음을 알 수 있다.

○ 진사이는 논한다: 옛날에 어진 재상이라고 불렸던 사람들은 자신의 재능만을 전적으로 사용했던 게 아니라, 남의 재능을 잘 썼던 것이다. 자신의 재능은 한계가 있지만 천하의 재능은 한계가 없다. 그러므로 천하의 재능들을 잘 사용한 뒤에 천하에 훌륭한 일을 성취할 수 있다. 살펴보건대 『춘추좌씨전』에, 비심·세숙·자우 등 세 사람은 모두 자산이 천거한 사람들로 자산이 정鄭나라의 정사를 집행하면서 40여 년 동안 나라는 병화를 입지 않았고, 제후들을 응대하면서도 잘못된 일이 없었다. 남의 재능을 잘 쓴 효과가 아니겠는가.

10. 或問子産. 子曰: "惠人也." 問子西. 曰: "彼哉彼哉." 問管仲. 曰: "人也, 奪伯氏騈邑三百, 飯疏食, 沒齒無怨言."

어떤 사람이 자산子産에 대해 물었다. 선생님께서 말씀하셨다. "사람을 사랑했다."

│ 혜惠는 사랑한다는 말이다.

자서에 대해 물었다. 선생님께서 말씀하셨다. "그 사람, 그 사람 말인가."

마씨(마융)가 말했다. "자서子西는 정나라의 대부다." 어떤 사람은 초나라의 영윤 자서를 말한다고 하였다. "그 사람, 그 사람 말인가"[彼哉彼哉]라는 말은 칭찬할 게 없다는 말이다.

관중管仲에 대해서 물었다. 선생님께서 말씀하셨다. "어질다[人]. 백씨伯氏의 병읍騈른 300호를 빼앗았는데 백씨는 거친 밥을 먹으면서도 죽을 때까지 원망하는 말이 없었다."

인人이라는 글자는 인仁자로 써야 한다. 진사이는 살펴본다:『공자가어』에, "자로가 물었다. '관중의 사람 됨됨이가 어떻습니까?' 선생님께서 말씀하셨다. '어질다'[仁]"(「관사」觀思)라고 기록된 걸 보면 인人자는 본래 인仁자가 잘못된 게 명백하다. 그리고 앞 편에서 재아가 우물에 사람이 빠졌을 때 어떻게 하냐고 물은 장(「옹야」 제24장)도 인人자를 인仁자로 잘못 썼다. 인人과 인仁은 음音이 같기 때문에 잘못 쓴 것이다. 공씨(공안국)가 말했다. "백씨伯氏는 제齊나라 대부이다. 병읍騈른은 지명이다. 치齒는 나이를 말한다. 백씨의 식읍食른인 병읍의 300호를 관중이 빼앗아 백씨는 거친 음식을 먹는 지경이 되었는데도 죽을 때까지 원망하는 말이 없었다. 공자는 이 일을 인용해 관중이 어질다고 명확히 한 것이다."

○ 자산의 일은 『논어』에 세 군데 보이고, 『맹자』에 세 군데 보이는데 모두 인정이 돈독하고 후덕한 군자로 나온다. 관중의 경우 공자는 그릇이 작다고 말하였고, 맹자는 그가 이룩한 일이며 지조가 별것 아니라고 비

판하였다. 그렇다면 관중과 자산을 비교해 볼 때 자산이 관중에 미치지 못하는 부분이 있는 것은 어째서인가? 의학을 논하자면 사람을 살리는 가를 기약해야 하고, 인물을 논하자면 합당하게 활동했는가를 보아야 한다. 관중의 재능과 그의 공적 같은 것은 왕도王道를 기준으로 판단해 본다면, 분명 그릇이 작고 패술覇術를 사용했다는 비판을 피할 수 없다. 하지만 세상에 이로움을 주고 백성들에게 혜택을 끼쳐 천하 후세에 공적이 있다는 점에서는 자산이 미칠 수 있는 게 아니다. 보통 재능이 훌륭하면 훌륭할수록 기대가 더욱 무겁기 마련이고, 명성이 위대하면 위대할수록 책임이 더욱 깊기 마련이다. 이것이 관중에게 완벽하게 갖춘 사람이되길 요구하고 자산은 깎아내리지 않은 이유이다. 공자가 인물을 평가할 때 어떤 때는 인정하고 어떤 때는 비판을 하는데 모두 배우는 사람들이 깊이 음미해 봐야 할 평가이다.

11. 子曰: "貧而無怨難; 富而無驕易."

선생님께서 말씀하셨다. "가난하면서 원망하지 않기는 어렵고, 부유하면서 교만하지 않기는 쉽다."

| 이 장은 전적으로 가난하면서 원망하지 않는 사람을 위해 말한 것이다.

○ 부유하면서 교만하지 않기는 그 일이 순조로워 남에게 자랑하지 않는 사람이라면 할 수 있다. 가난하면서 원망하지 않기는 그 경우가 보통처지를 거스르는 것이어서 마음에 터득한 것이 있는 사람이 아니면 할

수 없다. 그러나 이는 공자가 보통 사람이 가난하거나 부유한 경우에 처하게 됐을 때를 두고 말한 것이다. 배우는 사람의 공부라면 앞에서 자공에게 말해 준 것(「학이」제15장)으로 완벽하다.

12. 子曰:"孟公綽, 爲趙魏老則優, 不可以爲滕薛大夫."

선생님께서 말씀하셨다. "맹공작孟公綽은 조씨趙氏와 위씨魏氏의 가로家老가 되기에는 넉넉하지만,

> 맹공작은 노나라의 대부다. 조趙와 위魏는 진晉나라 경卿 지위에 있는 가문이다. 노老는 가신家臣의 우두머리를 말한다. 우優는 되고도 남는다는 것이다.

등滕나라나 설薛나라의 대부는 될 수 없을 것이다."

> 등과 설은 두 나라의 이름이다. 대부는 국가의 정사를 맡는 사람이다.

○ 이 장은 사람은 각자 자신이 할 수 있는 게 있고, 할 수 없는 게 있으므로 자기 장점을 잘 쓰고 단점을 버릴 수 있다면 사람들은 각자 자신의 재능을 다 쓸 수 있어 천하에 버려지는 인재는 없을 것이라는 말이다. 맹공작은 청렴하고 조용하며 욕심이 적었지만 재능에는 모자라는 점이 있었을 것이다. 조씨와 위씨는 가문이 크고 권세가 대단했지만 제후가 할 일은 없었고, 등나라와 설나라는 나라는 작았어도 정치는 번거로워서 회맹과 전쟁 등의 일이 있었다. 그러므로 맹공작이 조씨와 위씨 가문의 일을

하는 것은 가능하지만, 등나라와 설나라의 일을 하는 것은 불가능한 일
이다. 이것이 사람을 처지에 맞게 쓰는 방법이다.

13. 子路問成人. 子曰: "若臧武仲之知, 公綽之不欲, 卞莊子之勇, 冉求
之藝, 文之以禮樂, 亦可以爲成人矣." 曰: "今之成人者, 何必然. 見利
思義, 見危授命, 久要不忘平生之言, 亦可以爲成人矣."

자로가 완성된 인간에 대해 물었다.

| 성인成人은 인격이 완성된 인간을 말한다.

선생님께서 말씀하셨다. "장무중臧武仲의 지혜, 공작公綽의 욕심 없음, 변
장자卞莊子의 용기, 염구冉求의 기예를 가지고 예약으로 꾸민다면 역시 완
성된 인간이 될 수 있다."

| 장무중은 노나라의 대부로 이름이 흘紇이다. 변장자는 노나라 변卞읍의
| 대부이다. 네 사람의 장점 정도라면 모두 충분히 세상에 입신해 이름을
| 날릴 수 있지만 다시 예약으로 꾸민다면 치우친 면을 구제하고 빠진 부
| 분을 보충해서 완성된 인간이라는 명칭에 부합할 수 있을 것이라는 말
| 이다.

자로가 말하였다. "지금 완성된 인간들은 왜 꼭 그래야만 하겠습니까. 이
익을 보면 의로움을 생각하고, 위태로움을 보면 목숨을 바치며, 오래된
약속을 두고 평소 하는 말에서도 잊지 않는다면 역시 완성된 인간이 될

수 있을 것입니다."

┃ 이 구절을 호씨(호영)*는 자로의 말이라고 하였다. 지금 진사이는 살펴
본다: 전편에, "백성이 있고 사직이 있는데, 왜 꼭 독서를 해야 합니까"
(「선진」 제24장) 운운한 자로의 말과 말뜻이 서로 비슷하다. 그러므로
호씨의 의견에 따른다. 수명授命은 목숨을 바친다는 말이다. 구요久要는
오래된 약속이다. 평소 하는 말이란, 큰 변고가 아니라 평소 생활에 응
낙한 말이라는 뜻이다. 자로는 네 사람의 장점 같은 경우 모두 옛날과
지금의 아름다움을 완벽하게 가진 것이므로 급작스레 그 경지에 도달
하길 바라기는 어려우므로, 절의節義와 충신忠信이 이 정도만 된다면 역
시 완성된 인간이 될 수 있을 거라고 생각한 것이다. 『논어』에 이 말을
수록한 것은 그 말이 또한 이치에 부합하고 공자가 인정했기 때문일 것
이다.

○ 완성된 인간이라는 명칭은 갖기 어렵다. 지혜·청렴·용기·기예, 네 사
람의 장점 하나를 자신이 실제 가지고서 예악으로 꾸민다면 완성된 인
간이 될 수 있을 것이다. 예藝가 없으면 사람을 업신여기고 깔보는 마음
이 생겨나고, 악樂이 없으면 비루하고 거짓된 마음이 일어난다. 특별한
재능과 기이한 재주를 가져 고금에 독보적인 인간은 반드시 잘난 기세
가 온몸에 가득해 남과 부딪치고 자신을 드높이고 남을 업신여겨 스스
로 자기의 덕을 깎는다. 그러므로 예악으로 꾸미지 않으면 완성된 인간

---

* 호영(胡泳)은 남송시대의 학자로 자가 백량(伯量)이며 주희의 제자다. 『사서연설』(四書衍說) 등의
  저술이 있다.

이 될 수 없는 것이다. 옛 주석(주희의 『집주』)에는 한 사람이 네 사람의 장점을 모두 겸하는 것이라고 하였는데 틀린 말이다. 이렇게 겸하는 것은 성인도 할 수 없는데 어떻게 배우는 사람들에게 바랄 수 있겠는가.

14. 子問公叔文子於公明賈, 曰: "信乎, 夫子不言不笑不取乎?" 公明賈對曰: "以告者過也. 夫子時然後言, 人不厭其言. 樂然後笑, 人不厭其笑. 義然後取, 人不厭其取." 子曰: "其然, 豈其然乎."

선생님께서 공명가公明賈에게 공숙문자公叔文子에 대해 물었다. "정말입니까, 선생님께서는 말씀도 안 하시고 웃지도 않으시고 받지도 않으십니까?"

> 공숙문자는 위衛나라의 대부 공손지公孫枝이다. 공명가 또한 위나라 사람이다. 문자는 청렴하고 조용한 사士이기 때문에 당시에 이 세 가지로 칭송을 받았다.

공명가가 대답했다. "말한 사람이 지나쳤습니다. 선생님은 때가 된 뒤에 말씀하셔서 사람들이 그분 말씀을 싫어하지 않고, 즐거운 다음에야 웃으셔서 사람들이 그분 웃음을 싫어하지 않고, 의義에 맞은 다음에야 받으셔서 사람들이 그분이 받는 것을 싫어하지 않습니다."

> 염厭은 많은 것을 괴로워해 싫어하는 것을 말한다.

선생님께서 말씀하셨다. "그분이 그렇군요,

공명가의 말을 인정한 것이다.

어떻게 그럴 수 있는 건지."

그의 말처럼 꼭 그렇지는 않을 거라고 부정한 것이다.

○ 주씨가 말했다. "공숙문자에 대한 공명가의 말은 예의禮義가 마음속에 가득하고 흘러넘쳐 '때에 알맞게 일을 처리하는 합당함'(『중용』 제25장)을 터득한 사람이 아니라면 할 수 없다. 문자文子가 현명하긴 하지만 이 정도에까지 이르지는 않았을 것이다. 다만 군자는 사람이 선을 행하도록 도와주지 그의 잘못을 곧바로 말하려고 하지 않는다. 그러므로 '그분이 그렇군요, 어떻게 그분이 그럴 수 있습니까'라고 말하였으니 의심스러웠던 것이다."

15. 子曰: "臧武仲以防求爲後於魯, 雖曰不要君, 吾不信也."

선생님께서 말씀하셨다. "장무중臧武仲이 방防을 가지고 후손을 세워 줄 것을 노나라에 요구했는데 임금을 협박한 게 아니라고 말을 하더라도 나는 믿지 않는다."

방防은 지명이다. 장무중이 봉해진 고을이다. 요要는 믿는 것이 있어 요구하는 것이다. 무중이 죄를 지어 주邾나라로 달아났다가 자신의 영지 방防으로 가서는 노나라에 사람을 보내 후계자를 세워 주면 방을 떠나겠다고 하였다.

○ 곧은 도를 가진 사람을 성인은 깊이 인정한다. 하지만 겉으로 드러난 자취는 곧은 듯하지만, 그 마음이 실제로는 곧지 않은 사람은 아주 심하게 비뚤어지고 뒤틀린 사람이다. 성인이 장무중을 비판한 이유이다.

○ 범씨(범조우)가 말했다. "'임금을 협박하는 일은 임금을 무시하는 것'(『효경』 제11)이니 죄 가운데 크다. 무중의 고을은 임금에게서 받은 것으로, 죄를 짓고 다른 나라로 도망갔으면 후계자를 세우는 일은 임금에게 달려 있지 자기가 마음대로 할 수 있는 게 아니다. 그런데 고을을 점거하고 후계자를 세워 달라 청했으니, 지혜를 좋아하면서도 배우기를 좋아하지 않았기 때문이다."

16. 子曰: "晉文公譎而不正, 齊桓公正而不譎."

선생님께서 말씀하셨다. "진晉나라 문공文公은 속이는 행동을 하고 올바르지 않았으며, 제齊나라 환공桓公은 올바른 행동을 하고 속이지 않았다."

> 진나라 문공은 이름이 중이重耳다. 휼譎은 속인다는 말이다. 제나라 환공은 이름이 소백小白이다.

○ 이 구절은 전적으로 제나라 환공에 대해 말한 것이다. 세상은 모두 '제나라 환공·진나라 문공'[桓文]이라고 병칭하지만 환공이 문공보다 더 훌륭하다는 것은 모른다. 그런 까닭에 "올바른 행동을 하고 속이지 않았다"고 한 것이다. 환공과 문공이 한 일 가운데 제후들의 회맹보다 더 중대한 일이 없으며, 회맹 가운데 환공이 주재한 규구葵丘와 문공이 주재한

천토踐土의 회합보다 더 중대한 일은 없다. 규구의 회합에서는 주나라의 태자를 정하고 왕실을 안정시켰고 천토의 회합에서는 천자를 핑계 대고 제후에게 명령을 내렸으니, 공公과 사私, 의義와 리利가 구별된다. 그 밖의 행동도 이를 통해 미루어 알 수 있다.

○ 진사이는 논한다: 사람을 제대로 알기는 확실히 어렵다. 사람에 대해서 논평하기도 쉽지 않다. 도를 명확하게 안 이후에야 사람을 제대로 알 수 있으며, 사람을 제대로 안 이후에야 사람에 대해서 논평할 수 있고, 사람에 대해서 논평할 수 있는 다음에야 시비是非와 정부정正不正이 정해진다. 오직 성인의 말만이 기준이어서 저울과 자에 대보면 그 어떤 것도 무게와 길이가 정확하지 않은 것이 없는 것과 같다. 『춘추좌씨전』에, "선을 훌륭하게 여기는 마음을 오래 간직하고 악을 미워하는 마음은 짧게 갖는다"고 하였다. 제나라 환공과 진나라 문공 같은 경우는, 왕도王道의 관점에서 보자면 확실히 순수하게 정도正道를 추구한 사람이라고 할 수는 없다. 하지만 두 사람을 논해 보자면 환공이 문공보다 더 훌륭한 점이 있다. 그러므로 성인은 환공에 대해서 그가 사람을 속이지 않은 선행에 대해 감추지 않았으니, 이 점이 바로 성인다운 말이 되는 이유이다. 예컨대 후세에 유학자들이 사람을 논한 경우는 엄격하고 공정하다 할 수 있다. 하지만 자잘한 악을 헤집고 드러내며, 한 조각 잘못을 손가락질하고 배척하며, 어떻게 해서든 흠을 찾아내서 옛날에서 지금까지 온전한 사람이 하나도 없다. 관대하지 못하기가 너무 심하다. 성인의 말은 그렇지 않아서 작은 허물은 반드시 용서해 주고 한 가지 선행이라도 감춰 두지 않았다. 실로 천지와 같이 포용하는 마음이다.

17. 子路曰：“桓公殺公子糾, 召忽死之, 管仲不死. 曰：未仁乎.” 子曰：
“桓公九合諸侯, 不以兵車, 管仲之力也. 如其仁, 如其仁.”

자로가 말했다. “환공이 공자규公子糾를 죽이자 소홀召忽은 그를 위해 죽었으나 관중은 죽지 않았습니다. (관중은) 어질지 않다고 하겠습니다.”

> 제나라 양공襄公이 왕위에 올라 무도無道한 행동을 하였다. 포숙아鮑叔牙
> 가, “임금이 백성을 함부로 부리는구나. 난이 일어나겠구나”라고 하면
> 서, 공자 소백小白(후일의 환공桓公)을 모시고 제나라를 떠나 거莒나라로
> 달아났다. 양공의 종형제從兄弟 공손무지公孫無知가 양공을 살해하자 관
> 이오管夷吾(관중)·소홀이 공자규(환공의 형)를 모시고 노나라로 달아났
> 다. 제나라 사람들이 공손무지를 살해하자 노나라가 제나라를 공격하
> 고 자규가 제나라로 가도록 했는데 소백이 거나라에서 제나라로 먼저
> 들어갔다. 이가 바로 환공이다. 마침내 환공이 자규를 죽이자 소홀은
> 그를 위해 죽었다. 관중은 죄수가 되겠다고 하여 포숙아는 관중을 받아
> 들이고 환공에게 말해 관중을 재상으로 삼았다.

선생님께서 말씀하셨다. “환공이 제후들을 규합九合하면서 군사력을 사용하지 않은 것은 관중의 힘이었다. 누가 그의 인仁만 하겠느냐, 누가 그의 인만 하겠느냐.”

> 구九라는 글자는 『춘추좌씨전』에 규糾라는 글자로 쓰였다. 감독한다(단
> 속하다)는 뜻이다. 당시 제후의 회맹에는 무력을 과시하는 ‘병거兵車의
> 회맹’과 예를 행하는 ‘의상衣裳의 회맹’이 있었다. 군사력을 사용하지 않
> 았다는 말은 위압적인 힘을 빌리지 않았다는 말이다. 여기인如其仁이라

는 말은 누가 관중의 인仁한 만큼 인하겠는가라는 뜻이다.

○ 관중이 자규의 난에 죽지 않고 마침내 환공을 섬기고 그를 도와주었다. 자로가 환공이 어질지 않을 것이라고 의심하는 것도 당연한 일이다. 하지만 관중이 자규를 섬기면서 두 마음을 품고 공적을 바랐던 것은 아니다. 관중이 환공에게 화살을 쏘아 그의 허리걸쇠를 명중시켰던 일을 보면 그가 자규를 위해 할 수 있는 일 또한 다했다고 하겠다. 일이 마무리되었을 때 삶을 구걸한다는 오명을 피하지 않고 마침내 환공을 보좌해 천하를 바로잡았다. 그러므로 공자는 그가 죽어 마땅한지 여부는 논하지 않고 다만 제후를 규합한 공을 들어 그가 인仁하다고 칭찬하였다. 어째서인가. 관중은 왕도를 실현하는 법을 잘 닦아 타락한 풍속을 바로잡고, 이로움과 은혜가 온 천하에 후세까지 멀리 미치도록 하였으니 그의 공덕은 대단히 위대한 것이다. 그러므로 "누가 관중의 인만 하겠느냐, 누가 관중의 인만 하겠느냐"라고 말하였다. 인은 위대한 덕이다. 사랑하는 마음을 잠시도 잊지 않은 경우가 아니라면 절대 인仁하다고 인정할 수 없으며, 세상을 올바르게 경영해 백성을 편안하게 하는 공적이 천하에 후세까지 미칠 수 있다면 또한 인이라고 말할 수 있다. 그러므로 맹자가 백이伯夷·이윤伊尹·유하혜柳下惠는 100리의 땅을 왕으로서 통치한다면 모두 제후들의 조회를 받고 천하를 소유할 것이므로 인仁이라고 할 수 있다(「공손추 상」제2장)고 한 말이 바로 이것이다. 이것이 (공자가) 뛰어난 제자라고 하더라도 인하다고 인정하지 않고, 반대로 관중에게 인하다고 인정한 이유일 것이다.

18. 子貢曰 : "管仲非仁者與. 桓公殺公子糾, 不能死, 又相之." 子曰 : "管仲相桓公, 霸諸侯, 一匡天下, 民到于今受其賜. 微管仲, 吾其被髮左衽矣. 豈若匹夫匹婦之爲諒也, 自經於溝瀆而莫之知也."

자공이 말했다. "관중은 어진 사람이 아닌 듯합니다. 환공이 공자규를 죽였는데도 죽지 않고 또 환공을 도왔습니다."

┃ 자공의 생각으로는 관중이 죽지 않은 일은 이미 말할 거리도 없는 것인
┃ 데다 하물며 환공을 도왔다면 차마 하지 못할 일을 기꺼이 한 것이다.
┃ 그러므로 그는 어진 사람이 아닐 거라 의문을 가졌다.

선생님께서 말씀하셨다. "관중은 환공을 도와 제후들의 패자가 되어 천하를 한 번 바로잡아 백성들은 지금까지 그 은혜를 받고 있다. 관중이 아니었다면 우리는 머리를 풀어헤치고 옷깃을 왼쪽으로 하고 있을 것이다.

┃ 광匡은 바로잡는다는 말이다. 주나라 왕실을 높이고 오랑캐를 물리친
┃ 일은 모두 천하를 바로잡는 것이다. "은혜를 받는다"는 말은 오랑캐가
┃ 되지 않고 군신·부자의 의로움이 아직 존재한다는 뜻이다. 미微는 없
┃ 다는 말이다. 임衽은 옷깃을 말한다. 머리를 풀어헤치고 옷깃을 왼쪽으
┃ 로 하는 것은 오랑캐의 풍속이다.

필부필부匹夫匹婦가 작은 신의를 위해 도랑에서 스스로 목매 죽어 아무도 모르는 것과 어떻게 같겠는가."

┃ 량諒은 신의를 말한다. 작은 신의를 위해 도랑 속에서 스스로 목을 매
┃ 죽어 아무도 그 이름을 알지 못하는 보통 사람들과 어떻게 같아야 하겠

는가, 라는 말이다.

○ 하늘이 호걸을 낳은 것이 어떻게 우연이겠는가. 자기가 해야 한다고 여기는 일이 없다고 자신을 아끼지 않을 수 있겠는가. 춘추시대에는 백성들의 고생이 가장 심했다. 관중 한 사람이 있었기에 이 백성들은 여전히 중국의 백성으로 남을 수 있었지, 관중이 없었다면 이 백성들은 오랑캐의 백성이 되었을 것이다. 관중을 두고 어떻게 아무것도 아닌 존재처럼 말할 수 있겠는가. 관중이 죽지 않은 것은 포부를 가졌기 때문에 그런 것이었다. 그렇기에 "작은 신의를 위해 죽은 필부필부와 어떻게 같겠는가"라고 말한 것이다.

○ 진사이는 논한다 : 살펴보면, 『관자』·『장자』·『순자』·『한비자』·『월절서』越絶書 등에는 모두 자규子糾를 형, 환공을 동생이라고 하였다. 그렇다면 환공은 자규에 대해서 동생으로서 형을 죽인 것이므로 불의不義가 아주 심한 행동을 한 것이다. 관중 또한 불의한 행동에 편을 든 죄를 피할 수 없다. 공자는 무슨 까닭으로 그의 공을 깊이 인정하면서 자규를 위해 죽지 않은 죄를 한 번도 거론하지 않은 것일까? 『춘추』의 의리라는 관점에서 보자면, 자식은 어머니를 따라 귀천貴賤이 정해진다. 그러므로 적자와 서자의 구별은 매우 엄격했고, 여러 첩의 자식들에 대해서도 또한 형제의 의리를 가지고 말할 수 없었다. 그럼에도 관중은 서출庶出인 자규에 대해서 마음을 다했을 따름이다. 운이 다하고 힘이 달려서 끝내 관중은 노나라에서 포로가 되었고, 공자규의 원수 환공을 섬긴다는 혐의를 피하지 않고 제나라 환공의 위업을 성취하였다. 이 점이 공자가 그의 잘못을 말하지 않은 이유이다.

19. 公叔文子之臣大夫僎, 與文子同升諸公. 子聞之曰 : "可以爲文矣."

공숙문자의 신하 대부^{大夫} 선僎이 문자와 함께 공조公朝에 올랐다.

> 선僎은 본래 문자文子의 가신家臣이었는데 문자가 그를 천거해, 문자 자신과 함께 대부가 되어 같이 공조(중앙정부)에 있게 되었다.

선생님께서 이를 듣고 말씀하셨다. "문文이라고 시호를 내릴 만하다."

> 문文은 시호 가운데 가장 아름다운 것이다. 그의 행동이 이와 같다면 사후死後에 그에게 문文이라고 시호를 주어도 부끄러울 게 없다는 말이다.

○ 문文이라는 시호는 오직 순임금이나 문왕 같은 성인만이 감당할 수 있다. 문자가 선僎을 천거한 일 같은 경우는 다만 한 가지 선행을 했을 따름이다. 하지만 문자가 문文이라는 이처럼 아름다운 시호를 얻은 것은 자기를 잊고 현자를 추천한 미덕을 가졌음을 이 일을 통해 알 수 있다.

20. 子言衛靈公之無道也, 康子曰 : "夫如是, 奚而不喪?" 孔子曰 : "仲叔圉治賓客, 祝鮀治宗廟, 王孫賈治軍旅. 夫如是, 奚其喪."

선생님이 위衛나라 영공靈公의 무도함에 대해 말씀하시자 강자康子가 말했다. "이와 같은데도 어찌하여 나라가 망하지 않는 것입니까?"

> 상喪은 망한다는 말이다.

공자께서 말씀하셨다. "중숙어仲叔圉가 빈객을 대접하고,

| 중숙어는 공문자孔文子를 말한다.

축타祝鮀가 종묘宗廟를 다스리며, 왕손가王孫賈가 군대를 다스립니다. 이와 같이 하는데 어떻게 나라가 망하겠습니까."

○ 이 장은 나라를 다스리는 일은 사람의 장점을 잘 쓰는 일에, 또 그 쓰임새에 잘 맞도록 하는 일에 달려 있음을 보여 준다. 각자 자신의 장점을 쓸 수 있고 자신의 재능에 맞게 할 수 있다면 세 사람의 재주를 가지고도 무도無道한 나라를 보존할 수 있을진대, 하물며 덕 있는 사람이라면 어떠했겠는가. 위나라 영공이 무도했는데도 여전히 나라를 보존할 수 있었는데 하물며 도를 가진 임금이었다면 어떠했겠는가. 후세에 사람을 쓰는 이는 혹 한 가지 잘못 때문에 사람의 장점을 버리기도 하고, 혹 사람을 쓰면서도 그의 재능을 다 발휘하지 못하게 하는데, 이것이 천하의 국가들이 망하는 길을 피하지 못하는 이유이다.

21. 子曰 : "其言之不怍, 則爲之也難."

선생님께서 말씀하셨다. "자기 말을 부끄러워하지 않으면 말을 실천하기 어렵다."

| 작怍은 부끄러워하는 것이다.

○ 마씨(마융)가 말했다. "사람이 마음속에 진실을 가지고 있다면 자기 말을 부끄러워하지 않는다. 그렇다면 마음속에 진실을 쌓는 것, 그 일이 매우 어렵다."

○ 『주역』「계사전」에, "반란을 일으키려는 사람은 그 말이 부끄럽다. 마음속에 의심을 품은 사람은 그 말이 지리하다. 착한 사람을 무고하는 사람은 그 말이 허황되다. 지조를 잃은 사람은 그 말이 비굴하다"라고 하였다. 말을 부끄러워하지 않는 일은 그 행동에 결점이 없는 사람이 아니라면 할 수 없는 것이다. 왜 어렵지 않겠는가.

22. 陳成子弒簡公. 孔子沐浴而朝, 告於哀公曰: "陳恒弒其君, 請討之." 公曰: "告夫三子." 孔子曰: "以吾從大夫之後, 不敢不告也. 君曰: 告夫三子者." 之三子告, 不可. 孔子曰: "以吾從大夫子後, 不敢不告也."

진성자陳成子가 간공簡公을 시해했다.

| 성자成子는 제나라의 대부로 이름은 항恒이다. 성成은 그의 시호다. 간공은 제나라의 임금으로 이름이 임壬이다. 이 사건은 『춘추』 '애공哀公 14년'에 기록되어 있다.

공자가 목욕을 하고 조회하면서 애공에게 아뢰었다. "진항이 자신의 군주를 시해했으니 그를 토벌하시기 바랍니다."

| 이때 공자는 벼슬을 그만두고 노나라에 살고 있었다. 목욕재계하고 임금에게 아뢴 것은 일이 중요해서 감히 소홀히 할 수 없었기 때문이다.

애공이 말했다. "저 세 사람에게 말하시오."

| 세 사람은 맹손씨孟孫氏·숙손씨叔孫氏·계손씨季孫氏 세 가문을 말한다.

공자께서 말씀하셨다. "내가 대부의 뒤를 따르는 사람이기 때문에 감히 아뢰지 않을 수 없었는데, 임금께서는 저 세 사람에게 말하라 하시는구나."

| 공자께서 혼자 말씀을 이처럼 한 것이다. 나는 예에 따라 임금에게 아
  뢰어야 했고 세 사람에게는 말하지 않아야 하는 것인데 임금이 바로 그
  일을 스스로 도모할 수 없어, 나더러 세 사람에게 가서 말하라고 하니
  어찌된 일인가, 라는 뜻이다.

세 사람에게 가서 말했더니, 안 된다고 하였다. 공자께서 말씀하셨다. "제가 대부의 뒤를 따르는 사람이기 때문에 감히 아뢰지 않을 수 없었습니다."

| 세 사람은 평소 임금을 무시하는 마음이 있었기 때문에 그 계획을 거절
  하였고 공자는 다시 이 말로 응답한 것이다.

○ 임금과 아비를 시해하는 적은 사람마다 잡아서 처벌하는 것이 옛날의 법이었다. 임금된 사람, 신하된 이들은 반드시 토벌하고 용서하지 않아야 하는 일인데 어떻게 역적이 가진 힘의 강약을 헤아릴 수 있겠는가. 노나라와 제나라의 관계는, 가깝기로 말하자면 붙어 있는 이웃이고 친하기로 말하자면 동맹을 맺은 사이이다. 그런데 노나라의 임금과 신하는 그 적을 좌시하고 방치하면서 귀로 못 들은 척하니 인간의 마음을 갖지

않았다고 할 수 있다. 그러므로 공자는 연로해서 관직을 그만둘 지위에 있었으면서도 부득이해서 말한 것이다. 공공의 도의道義가 사람의 마음 속에 있는 건 똑같다. 한 사람이 앞서서 부르짖으면 모든 사람이 따라서 이 소리에 호응한다. 애공이 만약 공자의 말을 듣고 적을 토벌하자는 의로움을 주창했더라면 천하에서 누가 응하지 않았겠는가. 안타까운 일은 애공이 그 일을 처리할 수 없었던 것이고, 세 사람 또한 사사로운 마음을 품고 있었기 때문에 공자의 뜻이 끝내 성취되지 못한 것이다. 신하가 자기 임금을 시해하고 자식이 자기 아비를 시해하는 일은 한 사람이 저지른 악행일 뿐만이 아니라 실로 풍속과 인간의 마음에 관계되는 일이다. 한 나라에 있어서는 한 나라의 수치고 천하에 있어서는 천하의 수치다. 공자는 영원한 도를 세우리라 자임自任했기 때문에 이 의로움이 천하에 밝혀지지 않을까 두려워, 그 죄를 바로잡기를 바랐던 것이지 단지 진항의 악행을 미워했기 때문만은 아니었다.

23. 子路問事君. 子曰:"勿欺也, 而犯之."

자로가 임금을 섬기는 문제에 대해 물었다. 선생님께서 말씀하셨다. "속이지 말고 면전에서 간언하도록 해라."

○ 공씨(공안국)가 말했다. "임금을 섬기는 방도는 의리상 속여서는 안되며 임금 면전에서 간쟁해야 하는 것이다."

○ 임금을 섬기는 방도는 속이지 않는 것을 근본으로 한다. 하지만 임금 면전에서 간쟁해야 한다는 뜻을 알지 못하면 혹 임금이 좋아하는 일에

아부하는 지경에 이를 수 있기 때문에 또 "면전에서 간언하라"고 말한 것이다.

24. 子曰: "君子上達; 小人下達."

선생님께서 말씀하셨다. "군자는 위로 통달하고, 소인은 아래로 통달한다."

| 상上은 도덕과 인의仁義를 가리켜 말한 것이다. 하下는 세상의 비천한 일을 가리켜 말한 것이다.

○ 이 장은 "군자는 의를 잘 알고, 소인은 이익을 잘 안다"(「이인」 제16장)는 뜻과 같다. 군자와 소인은 각자 통달한 곳이 있는데, 군자는 통달한 곳이 도덕에 있으며 소인은 통달한 곳이 비천한 일에 있다. 비천한 일에 있기 때문에 사람들에게 천한 존재가 되며, 도덕에 있기 때문에 사람들에게 소중한 존재가 된다. 모두 스스로 얻는 대가이니 삼가지 않을 수 있겠는가.

25. 子曰: "古之學者爲己; 今之學者爲人."

선생님께서 말씀하셨다. "옛날에 공부하는 사람은 자신을 위했고, 지금 공부하는 사람은 남을 위한다."

옛날 사람들의 공부는 탐구하는 것이 실질적이었다. 그러므로 배우는 것이 자신에게 이익이 되지 않는 것이 없었다. 이것이 "자신을 위한다"는 것이다. 후세 사람들은 오로지 이익과 명예만을 위하고 도에 뜻을 두는 마음에는 소홀하다. 그러나 사람이 혹 배운 것을 바탕으로 사용하게 되면 능력의 크기에 따라 남들에게 도움이 되기도 한다. 이것이 "남을 위한다"는 것이다. 그러나 자신의 몸과 마음에 무익하다면 어떻게 공부를 했다 하겠는가.

○ 자신을 위해 공부하는 사람은 반드시 남을 완성시켜 줄 수 있다. 이른바 "성誠이란 것은 스스로 자신을 완성하는 데서 그칠 뿐만 아니라 남을 완성시켜 줄 수 있는 것이다"(『중용』 제23장). 명예를 구하는 일 같은 경우 지나치게 다투고 소모하느라 자신의 몸과 마음에 힘쓸 줄 모르는 사람은 이미 자신조차 완성할 수도 없는데 어떻게 남을 완성시켜 줄 수 있겠는가. 혹시 남을 위하는 이익이 있다고 해도 그 사람 됨됨이는 역시 영서연설*의 재상과 같은 경우이니 매우 비천하다 하겠다.

---

* 영서연설(郢書燕說)은 『한비자』 「외저설」(外儲說)에 보이는 고사를 쓴 것이다. 영(郢)사람이 연(燕)나라 재상에게 국서(國書)를 보내면서 밤에 글을 쓰는데 불이 밝지 않았다. 등불을 들고 있는 사람에게, "등을 들어라"[擧燭]라고 말하면서 실수로 편지에도 "등을 들어라"라고 쓰고 말았다. 이 말은 편지에 쓰려고 한 말이 아니었다. 연나라 재상이 이 편지를 받고 설명하기를, "거촉(擧燭)은 밝음을 숭상하라[尚明]는 말이다. 상명(尚明)은 현자를 들어 일을 맡기라[擧賢而任之]는 말이다"라고 하면서 연나라 재상이 왕에게 아뢰자 왕이 크게 기뻐하였고 나라는 잘 다스려졌다. 잘 다스려졌다면 잘 다스려진 것이지만 편지를 쓴 본래 뜻은 아니었다. 이 고사는 원뜻을 곡해해서 와전된 일에 대한 전거로 쓰인다.

26. 蘧伯玉使人於孔子. 孔子與之坐而問焉. 曰: "夫子何爲?" 對曰: "夫子欲寡其過而未能也." 使者出. 子曰: "使乎, 使乎."

거백옥蘧伯玉이 공자에게 사람을 보내었다.

> 거백옥은 위나라 대부로 이름이 원瑗이다.

공자께서 온 사람과 함께 앉아 있다가 물으셨다. "선생님께서는 무엇을 하십니까?"

> 선생님[夫子]은 거백옥을 가리킨다. 주씨가 말했다. "함께 앉는 것은 사신의 주인을 공경해서 그의 사신에게까지 공경이 미친 것이다."

온 사람이 대답하였다. "선생님께서는 자신의 잘못을 줄이려 하시지만 잘하시지 못합니다."

> 이 구절은 거백옥이 자신을 위하는 공부를 항상 생각한 만큼 미치지 못하는 듯이 하고 있다는 말이다.

심부름 온 사람이 떠나자, 선생님께서 말씀하셨다. "훌륭한 사자使者로구나, 훌륭한 사자로구나."

> 대체로 사자들은 꼭 말을 꾸미고 과장해서 자기 주인의 현명함을 높이기 마련이다. 하지만 거백옥의 사신은 주인의 덕을 칭찬하지 않고 주인의 마음에 부족한 점을 들어 대답을 해서, 주인의 현명함을 더욱 믿을 수 있도록 하였다. 그러므로 공자는 재차 "훌륭한 사자로구나"라고 말하면서 그를 거듭 칭찬한 것이다.

○ 도가 끝이 없음을 안 다음에야 사람이 잘못이 없을 수 없다는 점을 인식한다. 자신을 위하는 진실한 마음을 가진 다음에야 잘못을 줄일 수 없다는 사실을 알게 된다. 그러므로 "잘못을 하고도 고치지 않는 것, 이를 잘못이라고 한다"(「위령공」 제29장)라고 말한 것이다. 이 말은, 잘못은 깊이 책망해서는 안 되지만 잘못을 고치지 않는 지경에 이른 뒤에는 정말 허물이 된다는 뜻으로 보인다. 거백옥의 사신은 잘못을 없애고 싶어 한다고 말하지 않고 잘못을 줄이려 한다고 말하였고, 잘못을 줄일 수 있었다고 말하지 않고 잘하지 못한다고 말하였다. 이는 성인의 마음에 깊이 부합하는 바가 있었다. 공자가 깊이 감탄한 것은 당연한 일이다.

○ 진사이는 논한다: 후세의 학문은 심할 정도로 논리가 엄밀하고 마음을 통제하는 데 힘쓰느라, 털끝만큼도 남의 지적을 용납하지 않으려 한다. 인간은 목석이 아니므로 잘못을 저지르지 않을 수 없으며 다만 자기 잘못을 안다면 빨리 잘못을 고쳐 선善을 따르는 것에 가치가 있음을 전혀 모르는 것이다. 억지로 잘못이 없고자 하면, 자기 마음을 죽은 재처럼 만들거나 자기 몸을 마른 나무처럼 만드는 지경에 이르거나 아니면 마음을 굳게 지키고 자신을 억제하면서 겉을 꾸미고 마음속은 아무것도 없는 상태에 반드시 이르게 된다. 그런 까닭에 "군자는 잘못이 없는 것을 귀중하게 여기지 않고, 잘못을 고치는 것을 귀중하게 여긴다"고 하는 것이다.

27. 子曰：“不在其位, 不謀其政.”

선생님께서 말씀하셨다. “그 지위에 있지 않으면 그에 맞는 정사를 도모하지 않는다.”

○ 두 번 나온 말이다(「태백」제15장).

28. 曾子曰：“君子思不出其位.”

증자가 말하였다. “군자는 생각이 자기 지위를 벗어나지 않는다.”

| 주씨가 말했다. “이 말은 『주역』 간괘艮卦의 상사象辭다. 증자가 이 말을 한 적이 있었는데 제자가 앞 장의 말을 따라 비슷한 종류의 말을 함께 기록한 것이다.”

○ 앞 장은 정사를 도모하는 사람을 위해 말한 것이고, 이 장은 군자가 평소에 기약해야 하는 일을 일반적으로 말한 것이다. 범씨(범조우)가 말했다. “사물이 각자 제자리에 있으면 천하의 이치가 제대로 되는 것이다. 그러므로 군자가 생각하는 바는 자신의 지위를 벗어나지 않으며, 임금과 신하, 위와 아래, 크고 작은 지위에 있는 사람들이 모두 자기 직분을 제대로 하는 것이다.”

29. 子曰 : "君子恥其言而過其行."

선생님께서 말씀하셨다. "군자는 자신의 말이 자신의 행동보다 지나친 것을 부끄러워한다."

│ 형씨(형병)가 말했다. "말을 하고 행동이 말에 부합하지 않는 것을 군
│ 자는 부끄러워하는 것이다."

○ 말을 하면 행동을 돌아보고, 행동을 하면 말을 돌아보아야 한다(『중용』 제13장). 그러므로 말이 실질을 벗어나 일치하지 않는 것을 군자는 부끄러워한다. 공자는, "옛사람들이 말을 쉽게 하지 않은 것은 몸소 말을 실천하지 못할까 부끄러워서였다"(「이인」 제22장)라고 말한 적이 있다. 군자는 실천에 힘쓰는 것이 이와 같다.

30. 子曰 : "君子道者三, 我無能焉 : 仁者不憂; 知者不惑; 勇者不懼."
子貢曰 : "夫子自道也."

선생님께서 말씀하셨다. "군자의 도道는 세 가지인데, 나는 잘하는 게 없다. 어진 사람은 근심하지 않고, 지혜로운 사람은 현혹되지 않고, 용기 있는 사람은 두려워하지 않는다."

│ 군자의 도는 군자가 따라서 행하는 것을 말한다. 이 세 가지는 모두 학
│ 문을 진전시키고 덕을 선취하는 요건으로 인의예지의 덕목과는 자연
│ 히 다른 것이다. 자신을 책망해 도가 끝이 없음을 밝혔고 또 이를 통해

다른 사람들에게 힘쓰도록 한 것이다.

자공이 말하였다. "선생님께서 스스로를 말씀하신 것이다."

> 도道는 말한다는 뜻이다. 이 구절은 자공의 말을 기록해, 공자가 실로 성인임을 밝힌 것이다. 선생님께서 말씀하신 군자의 도는 다른 게 아니라 바로 선생님 자신이 가지고 있는 것이라는 말이다.

○ 이 장은 군자가 덕을 완성할 수 있는 세목을 말해 배우는 사람이 힘쓰도록 권한 것이다. 공자가 "나는 잘하는 게 없다"고 한 말은 겸손한 말 같지만 본래 도가 무궁해지면 무궁해질수록 성인의 지혜는 더욱 높아지기 때문이다. 자공이 이것을 알았기 때문에 "선생님께서 스스로를 말씀하신 것이다"라고 한 것인데, "선생님은 이미 성인이시다"라는 말과 같은 뜻이다.

31. 子貢方人. 子曰: "賜也賢乎哉. 夫我則不暇."

자공이 사람들을 비교하자,

> 방方은 비교하는 것이다. 인물을 비교해 그 장점과 단점을 견주어 보는 것을 말한다.

선생님께서 말씀하셨다. "사賜는 현명하구나. 나는 그럴 겨를이 없다."

> "현명하구나"라고 한 말은 칭찬하는 것 같지만 실은 심하게 억누르는

말이다. 공자의 말은, 나는 자신을 수양하는 데도 겨를이 없는데 어느 겨를에 사람들을 비교하겠는가, 라는 뜻이다.

○ 자공이 사람들을 비교했는데 자신이 재능과 식견을 가졌다고 생각하는 사람들이 늘상 하는 행동이다. 하지만 인물을 비교하기 좋아하면 스스로를 다스리는 일은 반드시 소홀하게 된다. 이 때문에 군자는 마음에 담아 두고 침묵하면서 자신을 깊이 간절하게 다스리며 인물을 비교하는 행동은 일삼지 않는다. 자신을 다스리기는 어렵고 사람들을 비교하는 행동은 무익한 줄 알기 때문이다.

○ 진사이는 논한다: 예전 주석(주희, 『집주』)에는, "인물을 비교해 그 장점과 단점을 견주어 보는 일 또한 이치를 깊이 헤아리는 일[窮理]이기는 하지만 전적으로 이 일을 하는 데만 힘쓰면 마음이 바깥으로 내달려 자신을 다스리는 일이 소홀해진다"고 하였다. 어떤 인물에 대해 선하다, 그렇지 않다 평가하는 일은 확실히 성인이 하는 행동이다. 하지만 성인이 논평을 한 것은 자신에게 거울과 경계가 되도록 한 것이지 사람들 비교하는 일을 배움으로 여겼던 것은 아니다. 이와 같지 않고 그저 인물의 장점과 단점만을 논했다면 더 말을 많이 하게 되어 도에는 털끝만큼도 보탬이 없을 것이다. 회암晦菴(주희)의 학문은 오로지 이치를 깊이 헤아리는 일[窮理]을 중심으로 해, 인물을 논하는 일을 사물의 이치에 도달하는 일[格物]의 한 단서로 보았다. 그러므로 자신의 학설을 가져와 설명하면서 자신이 공자의 뜻과 어긋나는 줄도 몰랐던 것이다.

32. 子曰 : "不患人之不己知, 患其不能也."

선생님께서 말씀하셨다. "남이 나를 알아주지 않는 것을 걱정하지 말고 자신이 잘하지 못하는 것을 걱정해라."

○ 주씨가 말했다. "보통 장章의 뜻이 같고 문장도 다르지 않은 것은 한 번 말한 것이 거듭 나온 것이다. 문장이 조금 다른 것은 여러 번 말한 것이 각자 하나하나 나타난 것이다. 이 장은 모두 네 번* 나오는데 문장은 모두 차이가 있다. 그렇다면 성인은 이 한 가지 일에 대해서 여러 차례 말한 것이다. 그 간곡한 뜻을 또한 알 수 있다."

33. 子曰 : "不逆詐, 不億不信. 抑亦先覺者是賢乎."

선생님께서 말씀하셨다. "남이 자신을 속일 것이라 미리 짐작하지 말고, 남이 자신을 믿지 않을 거라 억측하지 말아라. 그럼에도 또한 먼저 아는 사람이라면 현명한 것이다."

역逆은 일이 아직 생기지도 않았는데 미리 짐작하는 것이다. 억億은 아직 드러나지 않았는데 지레 추측하는 것이다. 사詐는 남이 자기를 속이는 것이다. 불신不信은 남이 자기를 의심하는 것이다. 억抑은 어사語辭이다. 미리 짐작하지 않고 억측하지 않으면 성실하고 정직하다 말할 수 있다. 그리고 또 미리 알 수 있는 밝은 안목을 가졌다면 남에게 속게 되

---

* 「학이」 제16장, 「이인」 제14장, 「위령공」 제18장에 보인다.

는 일이 없으니 현명하다고 할 수 있다.

○ 남이 자신을 속일 것이라 미리 짐작하지 않고 남이 자신을 믿지 않을 거라 억측하지 않는 일은 성실하고 정직한 사람만이 할 수 있다. 하지만 최고의 경지는 아니다. 여기에 더해 미리 알 수 있는 밝은 안목을 가져 남에게 무고를 당하거나 속는 잘못이 없는 경지는 지혜가 깊고 명철한 군자가 아니면 할 수 없는 일이니, 진정한 현자이다.

34. 微生畝謂孔子曰: "丘何爲是栖栖者與? 無乃爲佞乎?" 孔子曰: "非敢爲佞也, 疾固也."

미생무微生畝가 공자에게 말하였다. "구丘는 어찌 그리 사방을 떠돌아다니느냐, 말재주 부리는 게 아니냐?"

> 미생微生은 성이고, 무畝는 이름이다. 서서栖栖는 편안할 틈 없이 사방을 떠도는 모양이다. 위녕爲佞은 말을 잘해서 다른 사람을 기쁘게 해주는 일에 힘쓰는 것을 말한다. 미생무는 공자가 사람을 가르치면서 게으르지 않는 것을 말재주 부리는 일이라고 생각한 것 같다.

공자께서 말씀하셨다. "감히 말재주를 부리는 게 아니라 고집불통을 미워하는 것입니다."

> 고固는 한 가지만 고집하고 융통성이 없는 것을 말한다. 나는 세상을 떠도는 이런 사람들과 비슷해 보이지만, 세상을 버리고 멀리 떠난 사士들

이 천하는 끝내 어떻게 할 수 없다고 하면서 굳게 자신을 고집하며 돌아오지 않는 것을 미워한다는 말이다. 공자가 미생고의 잘못을 배척하지는 않았지만 그 경계는 실로 깊은 것이다.

○ 미생무는 나이도 들고 덕을 갖춘 은자로, 성인과 관계를 끊고 지식을 버린 부류의 사람(도가)으로 보인다. 그런 까닭에 공자를 보고 말재주 부린다고 하였는데, 공자는 그에게 대답하면서 의도는 정직하고 뜻은 명확하게 하였다. 그러면서도 조금도 모난 자취는 드러내지 않았다. 온화한 기운이 가득 차 넘쳐흘러 닿는 곳마다 모두 도가 아니라면 어떻게 가능하겠는가. 성인은 벼슬을 할 수 있으면 벼슬을 하고 그만둘 수 있으면 그만두어, 천하 사람들과 함께 인간의 선행을 실천하려 했기에 감히 지나치게 고원한 행동은 하려 하지 않았다. 한 가지만 고집하며 융통성이 없는 은자가 어떻게 알 수 있는 것이겠는가.

○ 도는 융통성이 있으면 모든 곳에 흘러 다니고 경직되면 어느 곳에서도 막힌다. 융통성이 있으면 하나만 들어도 모든 게 순종하며, 경직되면 하나만 고집하며 모든 게 죽어 버린다. 공자는 "고집불통을 미워한다"고 했고, 맹자는 "고집스럽구나, 고수高叟가 시를 읽는 방식은"(「고자 하」 제3장)이라고 하였는데 바로 이런 뜻이다. 이를 학술에 미루어 생각해 보고 정사에 헤아려 보아도 그 시비是非와 득실得失, 성공과 실패, 통하고 막히는 모든 것들이 여기서부터 갈라져 나가니 살피지 않아서야 되겠는가.

35. 子曰: "驥不稱其力, 稱其德也."

선생님께서 말씀하셨다. "천리마는 그 힘을 말하는 것이 아니라 그 덕성을 말하는 것이다."

| 기驥는 좋은 말의 이름이다. 덕德은 조련이 잘된 것을 말한다.

○ 이 장은 『시경』의 육의*에서 말하는 비유[比]와 같은 것이다. 말 가운데 천리마[驥]는 사람 가운데 군자 같은 존재다. 천리마가 힘이 없는 것은 아니지만 힘을 가지고 천리마라고 말하는 것이 아니다. 군자가 재능이 없는 것은 아니지만 재능으로 군자라고 말하는 것이 아니다. 그렇다면 재능은 있으면서 덕성이 없다면 소인인 것이 확실하다.

36. 或曰: "以德報怨, 何如?" 子曰: "何以報德. 以直報怨, 以德報德."

어떤 사람이 물었다. "은덕으로 원망을 갚는다면 어떻습니까?"

| 덕德은 은혜를 말한다.

선생님께서 말씀하셨다. "은덕에는 무엇으로 갚겠습니까.

| 갚는 일은 합당함에 맞게 하는 것이 옳다. 원망스런 사람에게 이미 은

---

* 육의(六義)는 풍(風)·아(雅)·송(頌)·비(比)·부(賦)·흥(興)을 말한다. 풍·아·송은 시의 문체·형식을 말하고 비·부·흥은 시의 수사법에 가깝다. 비는 비유, 부는 직접적인 서술, 흥은 은유와 유사하다.

혜로 갚았다면 내게 은혜를 베푼 사람에게는 무엇으로 갚을 것인가.

곧음[直]으로 원망을 갚고, 은덕으로 은덕을 갚으십시오."

> 시是와 비非, 정正과 부정不正을 각자 그 실정에 따라 더하지도 않고 덜지
> 도 않는 것을 곧음[直]이라고 한다. 이것으로 원망하는 사람을 대해야
> 옳다. 내게 은덕을 베푼 사람이라면 반드시 은덕으로 갚아야 한다는 점
> 을 잊어서는 안 된다. 이와 같이 한 뒤에야 은덕과 원망에 대해 합당함
> 에 맞게 하는 것이다.

○ 곧음으로 원망을 갚는 일은, 진秦나라 사람이 월越나라 사람들의 살찌
고 마른 모습을 보는 일과 같이, 아무 상관없이 마음 쓰는 일이 없는 것
이다. 은덕으로 은덕을 갚는 일은 은덕을 베푼 사람이 선하면 이 사실을
널리 알리고 선하지 않으면 자신에게 간직해 두는 것을 말한다.
○ 주씨가 말했다. "은덕으로 원망을 갚는다고 어떤 사람이 한 말은 후덕
하다고 할 만하다. 하지만 성인의 말을 통해 그 견해를 보면, 그 말은 의
도가 있는 사심에서 나온 것이라서 원망과 은혜를 갚는 일이 모두 공평
성을 잃었음을 알 수 있다. 반드시 공자의 말과 같이 한 다음에야 원망과
은혜를 갚는 일이 각자 합당하게 처리된다. 하지만 원망에 대해서는 원
수로 갚지 않고, 은덕에 대해서는 꼭 갚는다면 또 언제나 후덕한 것이다."
○ 진사이는 논한다: 은덕으로 원망을 갚는 일은 의로움[義]을 해치므로
실행해서는 안 된다. 원망으로 은덕을 갚는 일은 어짊[仁]을 해치므로 해
서는 안 된다. 오직 공자의 말과 같이 한 뒤에야 인仁과 의義를 겸해서 다
제대로 하는 것이며 각자 합당하게 처리하는 것이다. 이는 천지의 변화

시키는 힘이 만물에게 부여되어 사물이 각자 제자리를 얻는 것에 비유할 수 있다. 또 논한다. 원망과 원수는 각자 다른 것이다. 예컨대 같은 하늘 아래 함께 살 수 없는 임금·아버지의 원수는 이런 제한에 해당되지 않는다.

37. 子曰: "莫我知也夫." 子貢曰: "何爲其莫知子也?" 子曰: "不怨天, 不尤人, 下學而上達. 知我者其天乎."

선생님께서 말씀하셨다. "나를 알아주는 사람이 없구나."

| 이 구절은 공자가 자신을 말한 것으로, 말없이 자신의 마음에 부합하는 사람을 찾기 어려움을 탄식한 말이다.

자공이 말하였다. "어찌해서 선생님을 알아주는 사람이 없습니까?"
선생님께서 말씀하셨다. "하늘을 원망하지 않고 사람을 탓하지 않으며, 아래로는 사람의 일을 배우고 위로는 도덕을 통달했는데, 나를 알아주는 것은 하늘일 것이다."

| 하학下學은 삶과 가까운 일상의 인간관계를 익히는 것을 말한다. 상달上達은 도덕의 심오한 경지에 도달한 것이다.

○ 주씨가 말했다. "하늘에서 알맞은 때를 주지 않았는데 하늘을 원망하지 않고, 사람들과 화합하지 못했는데 사람을 원망하지 않았다. 다만 아래로는 사람의 일을 배우고 위로는 도덕을 통달했음을 안다. 이는 단지

자신에게 돌이켜 스스로를 수양하면서 순서를 따라 점진적으로 나아갔음을 말한 것일 뿐이다. 남들과 심하게 다르게 해서 자기만의 지식에 이른 것은 없다. 하지만 그 말의 뜻을 깊이 음미하면 그 가운데 사람들은 미처 알아주지 않아도 하늘만은 자신을 알아준다는 오묘함이 있음을 알 수 있다."

○ 진사이는 논한다: 하늘은 알아준다는 말은 무슨 뜻인가. 말해 본다. 하늘은 무심하지만 사람의 마음을 자신의 마음으로 삼는다. 사람이 정직하면 기뻐하고 사람이 성실하면 신뢰한다. 이치에 닿는 말은 사람들이 복종하지 않을 수 없다. 이것은 천하가 공평하게 옳다 여기고 인심이 똑같이 그렇다고 생각하는 바다. 이러한 것으로 스스로 즐거워하는 것이다. 그러므로 "나를 알아주는 것은 하늘일 것이다"라고 한 것이다. 이러한 이치는 갈아도 닳지 않고, 제거해도 훼손되지 않는다. 당시에는 환하게 드러나지 않아도 천 년이 지나면 반드시 알아주는 사람이 있기 마련이다. 이 점이 성인이 스스로를 믿고 흔쾌히 기뻐하면서 평생을 마친 이유이다.

38. 公伯寮愬子路於季孫, 子服景伯以告曰: "夫子固有惑志於公伯寮, 吾力猶能肆諸市朝." 子曰: "道之將行也與命也, 道之將廢也與命也. 公伯寮其如命何."

공백료公伯寮가 계손씨季孫氏에게 자로를 참소하자,

┃ 공백료는 노나라 사람이다. 소愬는 참소한다는 말이다.

자복경백子服景伯이 알려 주면서 말하였다. "그분께서는 분명 공백료의 말에 홀리셨습니다. 제 힘으로도 공백료의 시신을 시장거리에 넣어 놓을 수 있습니다."

| 자복子服은 씨氏요, 경景은 시호이며, 백伯은 자字로, 노나라 대부 자복
하子服何이다. 그분[夫子]은 계손씨를 가리킨다. 그가 공백료의 말을 듣
고 의심을 품었음을 말한다. 사肆는 시체를 넣어 놓는 것으로, 공백료를
죽이고 싶다는 말이다.

선생님께서 말씀하셨다. "도가 장차 행해질지도 천명天命에 달렸으며, 도가 장차 사라질지도 천명에 달렸습니다. 공백료가 천명을 어찌하겠습니까."

| 도가 행해지느냐 사라지느냐 하는 문제는 모두 천명에 달려 있지, 공백
료가 할 수 있는 게 아니라는 말이다.

○ 성인이 어떤 일을 두고 천명을 언급한 경우가 있는데, 대체로 도가 행해지고 사라지는 일, 세상의 치란治亂에 대해서는 매양 천명을 꼭 언급하면서 하늘에 달려 있지 사람에게 달려 있지 않다고 하였다. 출처出處와 진퇴進退, 이해利害와 취사取捨에 이르게 되면 꼭 의義를 말하고 천명을 언급하지 않으면서 자신의 결정을 따르는 것이지 남의 결정을 따르는 것이 아니라고 하였다. 많은 사람들이 천명에 따라 결정을 내리면서도 근심과 괴로움을 감당하지 못하는 것은 천명을 모르기 때문이다. 현자라 해도 천명에 맡겼으면서 편안할 수 없는데 또 진정으로 천명을 알지 못하기 때문이다. 오직 성인만이 부귀와 빈천에서도, 오랑캐 땅에 있건 근심과

난리 가운데 있건, 어디든 마음이 평온하지 않은 경우가 없다. 천명을 아는 최고의 경지에 이르러 태연하게 스스로 안정되어 있으니 또한 마음에 동요가 없어서이다. 그러므로 "천명을 모르면 군자가 될 수 없다"(「요왈」제4장)고 하는 것이다.

39. 子曰 : "賢者辟世, 其次辟地, 其次辟色, 其次辟言."

선생님께서 말씀하셨다. "현명한 사람은 세상을 피하고,

│ 세상[世]은 온 세상을 들어 말한 것이다. 피세辟世는 천하에 도가 없어 은거하는 것으로, 세상 변화와 함께하면서 자취를 드러내지 않는 것이다. 도를 가진 사士로서 남과 조화를 이루면서도 휩쓸리지 않는 사람이 아니라면 할 수 없는 일이다. 그러므로 현명한 사람이라고 부른 것으로, 장저長沮·걸닉桀溺 같은 무리(「미자」제6장)를 직접 가리켜 말한다고 해서는 안 된다.

그 다음은 나라를 피하고,

│ 어지러운 나라를 떠나 잘 다스려지는 나라로 가는 것으로, 조짐을 아무리 빨리 보았다고 해도 세상을 피한 사람이 초연하게 마음의 평정을 얻은 것보다는 못하다. 그러므로 "그 다음"이라고 한 것이다.

그 다음은 좋지 않은 안색을 피하고,

│ 좋지 않은 안색이 임금 얼굴에 나타나면 떠나는 것으로, 나라를 피한

사람과 비교해 보면 사태에 닥쳐서 한 일이다.

그 다음은 말을 피한다."

> 좋지 않은 말이 임금 입에서 나오면 떠나는 것으로, 안색을 보고 피한
> 사람과 견주어 보면 또한 상황이 다 드러났다. 그러므로 이것으로 끝맺
> 은 것이다.

○ 군자가 벼슬을 하는 것은 배운 것을 실행하려고 해서이다. 그러나 만
약 부합하지 않는 것이 있다면 자기 뜻을 굽혀 화를 얻으려 하지 말아야
한다. 그러므로 "군자는 조짐을 보고서 행동하지만 종일 기다리지는 않
는다"(『역경』「계사전 하」)라고 한 것이다. 세상을 피한 사람은 그의 은거
와 출현이 천하 상황과 관계된다. 나라를 피한 사람은 세상으로 나오고
나오지 않는 일이 한 나라의 상황과 관계된다. 안색을 피한 사람은 예를
갖추는 모습이 쇠퇴했으므로 떠난 것이다. 말을 피한 사람은 도리에 어
긋나는 말이 있어서 떠난 것이다. 모두 어지러운 세상에서 자신을 잃어
버리지 않은 사람들이지만 크고 작음, 빠르고 느림의 차이가 있기 때문
에 차례를 두어 말한 것이다.

40. 子曰 : "作者七人矣."

선생님께서 말씀하셨다. "일어나 간 사람이 일곱 명이었다."

> 작作은 일어났다는 말이다. 일어나 은거하러 떠난 사람이 지금 일곱 명

이라는 말이다. 원문에는 일곱 명의 이름이 있었을 것 같은데 지금으로서는 상고할 수 없다.

○ 이 장은 또 앞 장의 뜻과 같다.

○ 보광輔廣이 말했다. "무릇 책에 실린 글에는, 깊이 탐색해야 하는 글이 있다. 깊이 탐색하지 않으면 대충 보고 마는 실수를 저지르고 만다. 지나치게 탐색할 필요가 없는 글이 있다. 이런 글을 지나치게 탐색한다면 깊이 파고든 실수를 저지른 것이다. 이른바 깊이 탐색해야 하는 글은 의리義理 문제가 달린 글이 그것이며, 지나치게 탐색할 필요가 없는 글은 이곳이 그러하다."

41. 子路宿於石門. 晨門曰: "奚自?" 子路曰: "自孔氏." 曰: "是知其不可而爲之者與?"

자로가 석문石門에서 묵었다. 문지기가 말했다. "어디서 오시오?"

> 석문은 지명이다. 문지기[晨門]는 새벽에 문 여는 일을 관장하는 사람이다. 현명하면서도 숨어 사는 사람으로 보인다. 자自는 '어디에서부터'라는 말로, 자로가 어느 곳에서 오는가라고 물은 것이다.

자로가 말했다. "공씨孔氏에게서 왔습니다."

"불가능한 줄 알면서도 하려는 그 사람 말이오?"

> 문지기는 세상이 무엇도 할 수 없는 줄 알고 하지 않는 것이기 때문에

이런 말로 공자를 비판한 것이다.

○ 이 장의 인물은 공자의 덕은 알면서 공자의 도는 모르는 사람이다. 인간은 어쩔 수 없이 인간과 함께 무리를 이루는 것이다. 그것은 새나 짐승이 새나 짐승과 함께 무리를 이루는 것과 똑같다. 인간이 인간을 떠나 어디로 가겠는가. 그렇기 때문에, "새나 짐승과는 함께 무리를 이루고 살 수는 없다. 내가 이 사람의 무리와 함께 하지 않으면 누구와 함께 살겠는가"(「미자」 제6장)라고 공자는 말한 것이다. 도는 뚜렷이 드러나거나 어둡게 될 수는 있어도, 없애 버릴 수 있는 이치란 없다. 세상은 좋은 시기가 있고 쇠퇴하는 시기는 있어도 불가능한 때는 없다. 공자가 안주하지 않고 바쁘게 이 세상을 돌아다닌 것은 또 무엇을 할 수 있다는 이치가 있기에, 이 백성이 괴로움 속에서 고생하는 것을 앉아서 볼 수만은 없었기 때문이었다. 공자가 인仁을 실행하는 일 또한 위대한 것이다. 문지기 같은 무리들이 어떻게 이를 알겠는가.

42. 子擊磬於衛, 有荷蕢而過孔氏之門者, 曰: "有心哉, 擊磬乎." 旣而曰: "鄙哉, 硜硜乎. 莫己知也, 斯已而已矣. 深則厲, 淺則揭." 子曰: "果哉. 末之難矣."

선생님께서 위나라에서 석경을 치고 계셨는데, 삼태기를 지고 공씨孔氏의 문을 지나가던 사람이 말하였다. "근심하는 마음이 담겼구나, 석경 치는 소리여."

경磬은 악기다. 궤蕢는 풀로 만든 그릇이다. 삼태기를 짊어진 사람이 석
경소리를 듣고 석경을 치는 사람에게 세상을 근심하는 마음이 있음을
알고 탄식한 것이다.

얼마 지나서 말하였다. "비천하구나, 땅땅거리는 소리가. 자기를 알아주
지 않으면 그만두면 될 텐데. '물이 깊으면 옷을 가지고 건너고, 물이 얕
으면 옷을 걷고 건너느니.'"

주씨가 말했다. "경경硜硜은 돌을 치는 소리로, 또한 한 곳에 집중하고
확고하다는 뜻이기도 하다. 옷을 벗어서 가지고 물을 건너는 것을 려厲
라 하고, 옷을 걷어올리고 물을 건너는 것을 게揭라고 한다. 인용한 마
지막 두 구절은 『시경』「패풍*· 포유고엽匏有苦葉」의 시구이다. 공자가
남들이 알아주지 않는데도 그만두지 않고, 깊은 곳과 얕은 곳에 따라
알맞게 건너는 행동을 하지 못하는 것을 비판한 것이다."

선생님께서 말씀하셨다. "과감하구나, 어려움이 없겠구나."

"과감하구나"[果哉]라는 말은 떠나가서는 돌아오지 않는 것을 말한
다. 그 사람이 과감하게 세상을 잊은 행동에 감탄한 것이다. 말末은 없
다[無]와 같은 말이다. 자신의 뜻대로 할 수 없다면 세상에서 어떤 일도
하지 않으려 하니 이는 세상에 하기 어려운 일이 전혀 없는 것이기도
하다는 말이다.

---

* 원문은 위풍(衛風)으로 썼으나 착오다.

○ 공자는 세상을 근심하는 마음을 하루도 마음속에서 잊은 적이 없다. 그런 까닭에 그런 마음이 석경을 치면서 자연히 드러났던 것인데 삼태기를 짊어진 사람이 듣고 알아차렸으니, 그 또한 보통 사람은 아니다. 다만 성인이 천하를 사랑하는 마음에 대해서는 아직 알지 못하였다. 성인은 온 세상을 자기 한 몸처럼 보고, 백성들이 어지러운 세상에 빠져 허우적거리는 것을 자기 몸에 가려움증과 고통이 심한 것처럼 보았다. 어떻게 세상을 떠나고 속세와 관계를 끊어 홀로 자신만을 선하게 하려 하겠는가. 세상이 타락하고 학문이 사라지면서 사람들은 대도大道가 있는 곳을 몰랐다. 그러므로 은자隱者를 높여 보고 그들의 행동을 어려운 일이라고 생각한다. 사람이 하기 진정 어려운 일은 인간 세상의 일에 대처하면서 세상의 도리를 유지하여 사람이 새나 짐승과 같이 되지 않도록 하는데 있는 줄 전혀 모르는 것이다. 세상을 떠나고 속세와 관계를 끊어 홀로 자신만을 선하게 하는 일에 무슨 어려움이 있겠는가.

43. 子張曰 : "書云 : 高宗諒陰三年不言. 何謂也?" 子曰 : "何必高宗. 古之人皆然. 君薨, 百官總己, 以聽於冢宰三年."

자장이 말하였다. "『서경』에, '고종高宗은 여막[諒陰]에서 3년 동안 말을 하지 않았다'고 하였는데 무슨 말입니까?"

┃ 고종은 상商나라의 왕 무정武丁이다. 양음諒陰은, 정씨(정현)는 양암諒闇으로 읽고 풀이했는데, 천자가 (복상 기간 동안) 여막[倚廬]에 거주하는 것을 말한다. "말하지 않았다"[不言]는 말은 정사를 의논하지 않았다는

말이다.

선생님께서 말씀하셨다. "왜 꼭 고종뿐이겠느냐. 옛사람들은 모두 그리하였다. 임금이 돌아가시면 모든 관리들은 자신의 직무를 총괄해서 총재冢宰에게서 3년 동안 정사를 들었다."

> 옛날에는 세상 인정이 도탑고 백성들이 충직해서 부모님의 상을 치를 경우 3년 동안 슬퍼하면서 집안일에 대해서 말하지 않았다. 그러므로 "옛사람들은 모두 그리하였다"고 한 것이다. 제후의 죽음을 훙薨이라고 한다. 은나라 때에는 천자의 죽음 또한 훙薨이라고 했을 것이므로 공자가 이를 따라 훙이라고 칭한 것으로 보인다. 총기總己는 자신의 직무를 총괄해서 실행하는 것을 말한다. 총재는 재상宰相인 태재太宰를 말한다. 모든 관리들이 총재에게서 정사의 명령을 들었기 때문에 임금은 3년 동안 정사에 대해 말을 하지 않을 수 있었다.

○ 상나라의 풍속이 중간에 쇠약해져서 여막에서 상을 치르는 예가 오랫동안 사라져 실행되지 않았는데 유독 무정武丁이 이를 실천에 옮겼다. 상사喪事에 깊이 슬퍼하며 아들 된 도리를 다했음을 볼 수 있다. 그가 상나라의 풍속을 중흥시켜 고종高宗이라 칭해지는 것은 당연한 일이다.

○ 진사이는 살펴본다: 3년 동안 말하지 않는다는 것은 총재에게 완전히 일을 맡기고 감히 정사에 대해 말하지 않았다는 뜻이지, 입을 꾹 다물고 전혀 말을 하지 않는다는 뜻이 아니다. "공자께서 말씀하셨다. '나는 아무 말 하지 않으려 한다.' 자공이 말했다. '선생님께서 말씀하지 않으시면 저희들이 무엇을 전해 받아 기록하겠습니까?'"(「양화」 제18장)라는

말에서 보이는 표현도 입을 꾹 다물고 전혀 말하지 않겠다고 말한 게 아니다. 문하의 제자들과 도를 논하지 않으려고 한다는 뜻으로 파악해야 할 것이다. 『고문상서』古文尙書에, "상을 다 치렀지만 말을 하지 않았다"라고 한 말이나, 또 "왕의 말씀은 명령이 되는데, 왕께서 말씀을 하지 않으시면 신하들이 명령을 받을 곳이 없습니다"(「열명說命 상」)라고 한 말도 후세에 견강부회한 말임이 분명하다.

44. 子曰 : "上好禮, 則民易使也."

선생님께서 말씀하셨다. "윗사람이 예를 좋아하면 백성은 부리기 쉽다."

○ 윗사람은 백성들에 대해서 그들을 쉽게 부리길 원하지 않은 적이 없다. 하지만 늘 원하는 대로 할 수 없었던 것은 그 방도를 터득하지 못했기 때문이었다. 나라를 다스리고 천하를 평화롭게 하는 일은 한결같이 예를 근본으로 한다. 그런 이후에 위아래의 분별이 명확해지고 백성들의 마음이 안정된다. 옛날에는 선왕先王들이 백성들을 다스릴 때 한번 호령을 내리고 한번 정사를 내면 백성들의 응답이 마치 물이 아래로 흐르는 것과 같아서 감히 뒤처지는 사람이 없었던 것은 백성들이 위아래의 분별을 알아 감히 불경不敬하지 않았기 때문이었다. 그러므로 백성을 다스리는 핵심은 예에 달려 있지 법에 달려 있지 않다.

○ 진사이는 논한다 : 공자가 사람을 가르칠 때 덕德을 말하고, 배움[學]을 말하고, 예禮를 말하고, 의義를 말하면서 반드시 그 말 앞에 '호'好자를 붙였다. 공자는 "윗사람이 예를 좋아하면[好禮] 백성들은 감히 공경하지 않

을 수 없을 것이며, 윗사람이 의를 좋아하면[好義] 백성들은 감히 복종하지 않을 수 없을 것이며, 윗사람이 신을 좋아하면[好信] 백성들은 감히 진정으로 대하지 않을 수 없다"(「자로」 제4장)고 말한 적이 있으며, 또 "나는 미색을 좋아하는 것처럼 덕을 좋아하는[好德] 사람을 아직 보지 못했다"(「위령공」 제12장)라고 하였다. 대체로, 좋아하면 익숙하게 되고, 익숙하게 되면 직접 체험하게 되고, 직접 체험하게 되면 체험에 대한 반응이 끝이 없게 되는 것이다.

한漢나라와 당唐나라 이후로 예위禮闈(예를 관장하는 관청)를 설치하고 예를 관장하는 관리를 두어, 구체적인 의식과 악기의 치수 등에 대해 상세하게 연구를 한다. 하지만 그저 빈 그릇이 되어 버리고 천하에 두루 적용되지 못했던 것은, 단지 치장하는 도구를 바치는 데 불과하고 예를 좋아하는 마음이 담기지 않았기 때문일 것이다. 맹자는, "위에 좋아하는 사람이 있으면 아래에는 반드시 더 심하게 좋아하는 사람이 있을 것이다"라고 하였다(「등문공 상」 제2장). 이 말 또한 좋아하는 것의 효과가 더욱더 크다는 것을 말한 것이다.

45. 子路問君子. 子曰: "脩己以敬." 曰: "如斯而已乎?" 曰: "脩己以安人." 曰: "如斯而已乎?" 曰: "脩己以安百姓. 脩己以安百姓, 堯舜其猶病諸."

자로가 군자에 대해서 물었다. 선생님께서 말씀하셨다. "자신 수양을 경敬으로 해라."

자신[己]이라는 말은 남과 대응해서 한 말이다. 자신을 수양하는 일은 백성을 편안하게 하는 근본으로, 이것으로써 나라를 다스리고 천하를 평화롭게 하는 일 또한 하기 어려운 게 없는 것이다. 경敬은 많거나 적거나, 크고 작은 일에 상관없이 감히 게으르게 하지 않는 것을 말한다.

자로가 말했다. "이와 같이만 할 뿐입니까?"

"자신을 수양해 사람들을 편안하게 해주어라."

"이와 같이만 할 뿐입니까?"

"자신을 수양해 백성을 편안하게 해주어라.

백성은 모든 사람을 말한다. "자신 수양을 경敬으로 한다"면 이미 모든 것을 다 행한 것이다. 그러나 자로가 오히려 이것을 하찮게 본다는 것을 공자는 알았기 때문에 재삼 이를 말해 주어서 자신을 수양하는 일 이외에 다시 다른 방법이 없음을 밝힌 것이다.

자신을 수양해 백성을 편안하게 해주는 일은 요임금과 순임금조차 오히려 어렵다고 생각하였다."

이 구절은 자신을 수양한 효과를 극단적으로 말한 것으로, 요임금과 순임금도 오히려 어렵다고 생각하였다는 말을 해서 수양의 효과는 매우 커서 도달하기 어렵다는 점을 밝힌 것이다.

○ 자기 수양은 남을 다스리는 근본이다. 인仁으로 체득하고 예禮로 보존한 이후에야 자기를 수양했다고 할 수 있다. 경敬은 백성을 다스리는 핵심이다. 편안하게 해주는 것은 자기 수양의 효과가 큰 것이다. 모두 자기

수양에서 벗어나지 않는다. 자기 수양의 극대화한 효과를 미루어 나가면 요임금과 순임금의 태평성대 또한 이것을 넘어서지 못할 것이다. "순임금은 자신을 공손히 해서 남쪽을 향해 있었을 뿐이다"(「위령공」 제4장)라는 말이나, 자사子思가, "군자가 자신을 삼가고 공손히 하면 천하가 평화롭게 된다"(『중용』 제33장)고 한 말도 모두 이 뜻이다.

○ 진사이는 논한다: 옛사람들이 경敬을 말한 것이 많다. 어떤 사람은 천도天道를 가지고 경을 말했고, 어떤 사람은 제사를 가지고 경을 말했고, 어떤 사람은 어른을 존경하는 것을 가지고 경을 말했고, 어떤 사람은 정사政事를 가지고 경을 말했다. 모두 공경해야 할 대상을 두고 그렇게 말한 것이다. "자신 수양을 경敬으로 해라" 말하고, "생활하는 것은 경敬으로 하고 행동하는 것은 간소[簡]하게 한다"(「옹야」 제1장)고 말하였는데, 이는 모두 백성과 관계된 일을 공경해야 한다고 말한 것이다. 어떤 것도 실질적인 일과 관련 없이 그냥 막연하게 경을 말한 게 없다. 후세에 경을 말한 것과는 확실히 다르다.

46. 原壤夷俟. 子曰 : "幼而不孫弟, 長而無述焉, 老而不死, 是爲賊." 以杖叩其脛.

원양原壤이 걸터앉아 선생님을 기다렸다.

| 원양은 노나라 사람으로 공자의 오랜 친구다. 이夷는 걸터앉는 것이다. 사俟는 기다린다는 말이다. 공자가 오는 것을 보고 걸터앉아 기다린 것이다.

선생님께서, "어려서는 공손하지 않더니, 어른이 되어서도 칭찬할 게 없고, 늙어서는 죽지 않으니 이거 도적[賊]일세." 말씀하시면서 지팡이로 그의 정강이를 쳤다.

> 술逑은 칭찬한다는 말이다. 적賊은 해친다는 말이다. "어려서는 공손하지 않았다"는 말은 윗사람에게 공손하지 않았다는 뜻이다. "어른이 되어서도 칭찬할 게 없다"는 말은 착한 모습이 없었다는 뜻이다. "늙어서는 죽지 않는다"는 말은 오랫동안 구차하게 살았다는 뜻이다. 그런 까닭에 "도적"[賊]이라고 말한 것이다. 공자가 지나간 일을 하나하나 꾸짖으면서 미래를 경고한 것이다.

○ 풍속을 타락시키고 인륜을 해치는 행동은 악惡 가운데 큰 것이다. 성인처럼 큰 덕을 가진 사람도 옛 친구에게조차 꾸짖는 일에 오히려 용서하지 않는 것이 이와 같았다. 맹자는, "배불리 먹고 따뜻하게 옷을 입고서 편안하게 살며 가르침이 없다면 새나 짐승에 가깝다"(「등문공 상」 제4장)고 하였는데, 원양 같은 무리였을 것이다.

47. 闕黨童子將命. 或問之曰: "益者與?" 子曰: "吾見其居於位也, 見其與先生幷行也. 非求益者也, 欲速成者也."

궐당闕黨의 동자童子가 말을 전하는 일을 하였다.

> 궐당은 마을 이름이다. 동자는 관례冠禮(성인식)를 치르지 않은 사람을 말한다. 장명將命은 손님과 주인의 사이에 말을 전하는 일을 말한다. 동

자가 처음 공부하러 공자 문하에 들어와 공자의 말씀을 기다리지 않고 스스로 나아가 말을 전했던 것 같다.

어떤 사람이 동자에 대해 물었다. "공부에 진전이 있는 사람입니까?"

　| 말을 전하는 일은 어른이 하는 일인데 동자가 그 일을 했기 때문에 어떤 사람이 그가 공부에 진전이 있는 사람인지 의아해 물은 것이다.

선생님께서 말씀하셨다. "나는 그가 자리에 앉는 것을 보았고, 선생과 나란히 걸어가는 것을 보았지요.

　| 『예기』에, "동자는 방의 구석에 앉아야 한다"(「단궁 상」), "아버지뻘 되는 사람과 갈 때는 뒤에서 따라가고 형뻘 되는 사람과 갈 때는 비스듬히 처져서 따라가야 한다"(「왕제」王制)라고 하였다. 공자의 말은, 내가 이 동자를 보았더니 이러한 예를 따르지 않았다는 뜻이다.

진전을 바라는 사람이 아니라 빨리 성취하고 싶어 하는 아이입니다."

　| 진전을 바라는 사람은 스스로를 낮춰 자신을 기른다. 지금 이 동자는 이와 같이 행동하니 빨리 성취하고 싶어 하는 사람일 뿐이다.

○ 이 장은 앞 장을 따라 비슷한 종류의 내용을 기록한 것이다. 앞 편의 "공야장에게 (딸을) 시집보낼 만하다"(「공야장」 제1장)고 한 곳과 "자화

---

* 「공야장」 제1장은 제자들에게 딸과 친척을 시집보냈다는 같은 주제로 두 일을 묶었으며, 「옹야」 제3장은 제자에게 곡식을 주었다는 비슷한 주제로 두 일을 묶었다.

가 제나라로 사신을 갔다"는 장(「옹야」 제3장)의 뜻과 같다.* 원양은 엄하게 가르쳐 준 것이고, 동자는 관대하게 교육한 것이다. 성인의 도는 온화함과 위엄이 함께 진행되기에 어느 한 가지로 공자를 구속할 수 없는 게 이와 같다. 역시 편자의 미묘한 의미가 담겨 있는 것이다.

○ 진사이는 논한다: 공자가 동자를 가르친 점에 왜 지나치게 관대한 점이 없겠는가. 성인이 사람을 가르칠 때는, 유도해서 잘 끌어 깨우쳐 주는 것을 임무로 하지, 얽어매서 굴레를 씌우는 일을 하지 않는다. 나무 심는 것에 비유하자면, 줄기를 굽게 하고 가지를 엉키게 한 나무는 보는 사람을 기쁘게 해줄지라도 재목으로 잘 자란 것으로 볼 수는 없다. 큰 숲에 자라는 나무는 사람의 힘을 번거롭게 할 필요도 없이 저절로 동량棟梁의 재목이 된다. 이른바 "때맞춰 내리는 비가 길러 주는 것과 같다"(『맹자』 「진심 상」 제40장)는 것이 이를 말한다. 공자가 동자에 대해 그 재목을 오래 제대로 키우고 싶어 하였지 강제로 성숙하게 하려고 하지 않았다. 실로 동자를 천천히 만들고 교화시켜 속까지 적시며 키우는 노력을, 지나치게 관대하다고 지목해서는 안 된다.

논어고의 권8

論語古義 卷之八

위령공(衛靈公)

모두 41장이다.

1. 衛靈公問陳於孔子. 孔子對曰: "俎豆之事, 則嘗聞之矣. 軍旅之事, 未之學也." 明日遂行. 在陳絶糧, 從者病, 莫能興. 子路慍見曰: "君子亦有窮乎?" 子曰: "君子固窮. 小人窮斯濫矣."

위衛나라 영공靈公이 공자에게 진법陣法에 대해 물었다.

> 진陳은 군사를 배치하는 법을 말한다.

공자께서 대답하셨다. "제기祭器에 대한 일은 들은 적이 있습니다만 군대에 대한 일은 배우지 못했습니다." 다음 날 마침내 떠나셨다.

> 조두俎豆는 예禮를 행할 때 쓰는 기구이다. 군대에 대한 일은 공자가 알지 못하는 것은 아니다. 다만 가르침이 되는 대상이라고 생각하지 않았

다. 그러므로 "배우지 못했다"고 말한 것이다.

진陳나라에서 양식이 떨어져 따르는 사람들이 병이 나 일어날 수 없었다.

> 공자가 위나라를 떠나 진나라로 갔을 때 양식이 떨어졌다. 따르는 사람
> 들이 지치고 병이 나 일어날 수가 없었다.

자로가 화가 나서 뵙고 말하였다. "군자도 궁할 때가 있습니까?"
선생님께서 말씀하셨다. "군자는 본디 궁하다. 소인은 궁하면 넘친다."

> 람濫은 넘친다는 말이다. 부귀富貴는 하늘에 달려 있기 때문에 군자라도
> 본디 궁할 때가 있다. 그러나 궁하면 정도를 지나쳐 멋대로 행동하다
> 비행非行을 저지르는 소인과 같지는 않다.

○ 어떤 사람이 말했다 : "춘추전국시대에는 군대에 대한 일을 우선으로
해야 마땅하며 제기祭器에 대한 일은 급하지 않은 것으로 생각하는 것 같
다. 이런 견해는, 나라가 나라로서 성립하는 이유가 저 '하늘이 인간 사회
에 내려 준 질서'[天叙]와 '하늘이 인간에게 내려 주는 녹'[天秩]을 가지고
있어 진실로 이를 유지하는 것임을 전혀 모르기 때문이다. 예禮로 양보하
는 마음을 가지고 나라를 다스린다면 아랫사람은 효도하고 순종하며 서
로 화목한 기풍이 일어나고, 임금과 백성 상하上下의 정이 친밀해져서 서
로 협력하고 마음을 하나로 모아 임금을 존경하고 윗사람을 친하게 대
할 텐데 그 강력함을 누가 막을 수 있겠는가. 그렇지 않으면 삼강三綱의
근본 질서가 타락하고 구법*이 무너져, 사람은 나라에 이반離叛하는 마음
이 생길 텐데 나라라는 게 누가 있어 존립하겠는가. 군사에 아무리 정통

했다 한들 과연 어디에 쓰겠는가. 그러므로 "천하에 위력을 보이는 것은 날카로운 무기로 하는 것이 아니다"(『맹자』 「공손추 하」 제1장)라고 말한 것으로, 이는 왕도王道는 쉬운 것임을 말한 것이다. 위나라 영공이 공자 같은 위대한 성인을 만나고서도 질문할 문제에 잘못을 저질렀으니, 안타까운 일이다.

2. 子曰 : "賜也, 女以予爲多學而識之者與?" 對曰 : "然, 非與?" 曰 : "非也. 予一以貫之."

선생님께서 말씀하셨다. "사賜야, 너는 내가 많이 배워서 기억하는 사람이라고 생각하느냐?"

> 자공은 항상 많이 아는 일에 힘쓰느라 아직 핵심은 모르고 있다. 그러므로 공자가 이런 질문을 해서 깨우쳐 주려 한 것이다.

자공이 대답했다. "그렇습니다. 아닙니까?"

> 자공이 공자의 말을 듣고 대략 자기 잘못을 깨달은 것이다.

---

* 삼강은 군신·부자·부부 관계의 질서규범을 말하는 것으로 군위신강(君爲臣綱)·부위자강(父爲子綱)·부위부강(夫爲婦綱)을 말한다. 구법(九法)은 『서경』 「홍범」(洪範)에 출전을 둔 것으로 은나라의 기사(箕子)가 주나라 무왕에게 천하를 다스리는 법도로 가르친 것이다. 오행(五行)·오사(五事)·팔정(八政)·오기(五紀)·황극(皇極)·삼덕(三德)·계의(稽疑)·서징(庶徵)·오복육극(五福六極)을 말한다.

"아니다. 나는 하나로 꿰고 있다."

| 설명이 제4편(「이인」 제15장)에 보인다.

○ 공자의 학문은 광대함의 극치여서 천지가 만물을 모두 포용하고 있어, 없는 게 없다. 어떻게 많이 배우고 기억하는 사람이라고 할 수 있겠는가. 하나로 꿰는 것과 다학多學은 정반대다. 하나로 꿰면 어떤 것도 터득할 수 있고 둘, 셋으로 갈라지면 얻은 것도 잃어버린다. 하나로 꿰면 성공할 수 있으며 둘, 셋으로 갈라지면 실패하고 만다. 그러므로 학문을 하는 사람은 곁길이나 옆으로 빠지지 말아야 하며 여러 갈래를 모색하지 말아야 한다. 하나로 꿰고 또 하나로 꿰어서 완벽하게 하나로 하는 경지에 이르게 되면 오상五常(오륜)과 모든 행동, 예악과 문장이 하나로 합쳐지고 하나로 모두 몰려들어 다른 것에서 찾을 필요가 없게 된다. 이를 "하나로 꿰었다"고 하는 것이다. 많이 배우고 기억하는 것과는 하늘과 땅 차이 정도가 아닌 것이다.

3. 子曰: "由, 知德者鮮矣."

선생님께서 말씀하셨다. "유由야, 덕을 아는 사람이 드물구나."

| 이 구절 또한 공자가 자로의 이름을 불러 덕을 아는 어려움을 말해서 배우는 사람들이 스스로 부지런히 노력하지 않는 것을 탄식한 것이다.

○ 공자는 미색을 좋아하는 것처럼 덕을 좋아하지 않는다고 탄식한 적

이 있었다(「자한」제17장). 무릇 일이란 그것이 아름다운 줄을 알면 반드시 좋아하기 마련이다. 사람들이 덕이 아름다운 줄 안다면, 마치 고기를 먹는 입이 그런 것처럼 누가 덕을 좋아하지 않겠는가. 좋아할 줄 모르는 사람은 모두 덕을 알지 못하기 때문이다.

○ 진사이는 논한다: 옛사람은 덕행을 학문으로 삼았다. 덕행 이외에 따로 학문이라고 하는 것은 없다. 그러므로 학문이 성취되면 덕은 자연히 확립되고 자신은 자연히 수양이 된다. 그리고 이를 집안과 국가, 천하에 적용하는 일에도 어려움이 없게 된다. 후세에는 덕행은 덕행으로 보고, 학문은 학문으로 보아 덕행을 학문으로 볼 줄 모르게 되었다. 그러므로 자기 수양에 뜻을 두었다면 힘을 써서 자신을 붙잡아 두려고만 하고, 세상을 다스리는 일에 마음을 두었다면 법을 써서 유지하려고만 한다. 그리고 조금 아는 사람조차도 오로지 흉내 내거나 다른 것을 빌려 와 하려는 데만 힘썼기에 덕이 더욱 황폐해지는 것을 피하지 못했다.

4. 子曰: "無爲而治者, 其舜也與. 夫何爲哉. 恭己正南面而已矣."

선생님께서 말씀하셨다. "아무것도 하지 않고 잘 다스린 사람은 순임금이었을 것이다. 무엇을 하였던가. 자신을 공손히 하고 남쪽을 향해 있었을 뿐이었다."

| "아무것도 하지 않고 잘 다스린다"는 말은 어떤 일을 만들어 하는 것이 없는데도 자연스레 잘 다스려져 평화롭게 된다는 말이다. "자신을 공손히 하고 남쪽을 향해 있다"는 것은 임금의 모습이다.

○ 이 장은 공자가 순임금의 덕이 유독 여러 성인들보다 탁월함을 찬미한 것이다. 성인 요임금과 순임금은 위대한 인물이었는데, 요임금 같은 사람은 하늘만을 위대하다고 생각해 요임금은 하늘을 본받았으므로 확실히 찬미를 필요로 하지 않는다. 순임금은 요임금의 딸을 아내로 맞고 손님을 접대하고 천하를 순례하면서, 산에 제사를 지내고 물길을 텄으니 또한 일이 많았다. 하지만 인위적으로 일을 했다는 흔적은 볼 수 없다. 이른바 "백성들에게 사는 방도를 수립해 주려 하면 바로 방도가 수립되고, 덕으로 이끌면 바로 백성이 따르고, 편안하게 해주면 바로 백성이 귀의하고, 고무시키면 바로 백성이 반응했을 것이다"(「자장」 제24장)라는 말이 이것이다. 순임금이 인위적으로 아무것도 하지 않고 잘 다스렸다고 유독 칭찬한 이유이다.

5. 子張問行. 子曰: "言忠信, 行篤敬, 雖蠻貊之邦行矣; 言不忠信, 行不篤敬, 雖州里行乎哉. 立則見其參於前也, 在輿則見其倚於衡也. 夫然後行." 子張書諸紳.

자장이 실행[行]에 대해 물었다.

> 자장은 일에 막히는 게 많아 자기 뜻 같지 않다고 걱정하였다. 그러므로 일의 실행에 대해 물은 것이다.

선생님께서 말씀하셨다. "말이 진실하고 믿음직하며, 행동이 돈독하고 공경스러우면 오랑캐의 나라라도 실행될 것이다. 말이 진실하지도 믿음직하지도 않으며, 행동이 돈독하지도 공경스럽지도 않으면 자기 마을이라도 실행되겠느냐.

> 독篤은 도탑다는 말이다. 만蠻은 남쪽 오랑캐[南蠻]를, 맥貊은 북쪽 오랑캐[北狄]를 말하며, 예의가 없는 나라이다. 2,500가구를 주州라 한다. 주리州里는 자기가 사는 마을을 말한다.

서 있으면 이 말이 앞에 나타난 것[參]을 볼 수 있고, 수레에 있을 때는 멍에에 기대 있는 것을 볼 수 있어야 한다. 그런 뒤에야 행해지는 것이다."

> 이 구절은 진실, 믿음, 돈독, 공경에 쉼 없이 계속 힘쓰도록 한 말이다. 주씨(주희)가 말했다. "참參은 '둘이 있는데 가서 끼어들지 마라'[毋往參焉之](『예기』「곡례 상」)고 할 때의 참參으로 읽는다. 나와 서로 마주 본다는 말이다. 횡衡은 수레의 멍에를 말한다. 진실, 믿음, 돈독, 공경[忠信篤敬]을 생각하고 생각해서 잊지 않고 자신이 있는 곳에 따라 항상 보는 것처럼 해서, 잠시 떨어지고 싶은데도 그렇게 할 수 없게 된 뒤에야 오랑캐 나라에서도 어떤 일이든 행해질 수 있다는 것이다."

자장이 허리띠에 그 말을 적었다.

> 신紳은 큰 띠의 늘어진 부분이다. 기록한 것은 잊지 않으려는 것이다.

○ 학문의 핵심은 전념하고 익숙하게 하는 데 있다. 전념하지 않으면 효과가 없고, 익숙하도록 하지 않으면 체득體得하지 못한다. 도에 뜻을 둔 사람이라면 누가 말의 진실·믿음과 행동의 돈독·공경이 좋은 것인 줄 모르겠는가. 하지만 효과와 체득을 이와 같이 한 사람을 보지 못한 것은

전념하지 않고 익숙하게 하지 않았기 때문이다. 반드시 전념하는 데 의지를 발휘하고 익숙하게 하는 데 힘을 쓴 이후에야 내 앞에 나타나는 것을 볼 수 있고 멍에에 기대 있는 것을 볼 수 있게 되어 그 실행이 비가 쏟아지듯 왕성하게 되어 누구도 막을 수 없게 된다. 자장이 일의 실행[行]을 물은 것은 또 통달[達]을 물은 의미와 같으니, 이러한 문제는 모두 학문에서 어려운 일이다. 그러므로 공자가 대답을 하면서 간곡하게 반복해 말이 번거로워지는 것도 꺼려하지 않았던 것이다. 배우는 사람들은 익숙해지도록 살피고 깊이 체득하지 않으면 안 된다.

○ 진사이는 논한다: 충신忠信은 학문의 근본이고, 독경篤敬은 학문의 터전이므로 이는 처음에서 끝까지 학문 전체를 다 통괄하는 것이다. 후세의 유학자들은, 충신독경忠信篤敬은 일상생활에서 늘 실천해야 하는 일이지 가장 원대하고 최고 고상한 논의는 아니라고 생각해 별도로 일반적인 종지宗旨를 세웠다. 이는 도가 실질적인 이치이며 배움이 실질적인 일이라는 사실을 전혀 모르는 것이다. 어떻게 충신독경 이외에 소위 고원한 것이 따로 존재하겠는가. 그러므로 도를 아는 사람은 그 말이 일상에 가까우면서 실질적이다. 그런 까닭에 쓰면 쓸수록 더욱 마르지 않는 것이다. 도를 모르는 사람은 그 말이 원대하면서 텅 비었다. 그런 까닭에 일상생활에 전혀 쓸모가 없다. 충신독경을 떠나서 도를 말하는 것은 도를 모르는 사람이다. 다만 충신만을 핵심으로 하는 사람은 반드시 자잘한 사람이 되는 폐단으로 흐르게 되고, 독경에만 힘쓰는 사람은 반드시 집착하려고만 하는 함정에 빠지고 만다. 이 점 또한 배우는 사람들은 고려해야만 하는 문제이다.

6. 子曰：“直哉史魚. 邦有道如矢, 邦無道如矢. 君子哉蘧伯玉. 邦有道則仕, 邦無道則可卷而懷之.”

선생님께서 말씀하셨다. “곧구나[直], 사어史魚는. 나라에 도가 있을 때도 화살 같더니[如矢], 나라에 도가 없어도 화살 같구나.

> 사史는 관직명이다. 어魚는 위나라 대부로 이름이 추鰌다. “화살 같다”[如矢]는 말은 곧다는 말이다.

군자로구나 거백옥은. 나라에 도가 있으면 벼슬을 하고, 나라에 도가 없으면 뜻을 거두어 마음에 품고 있구나.”

> 거백옥이 벼슬에 나아가고 물러나는 일이 성인의 도에 부합하였다. 그러므로 군자라고 한 것이다. 권卷은 거두어들인다는 말이다. 회懷는 간직해 둔다는 말이다.

○ 이 장은 두 사람이 모두 위나라의 현신賢臣이지만 그 행동은 각자 같지 않았음을 말한 것이다. 사어史魚 같은 경우, 생각을 펼칠 줄은 알았지만 굽힐 줄은 몰랐으며, 자신을 바르게 할 줄만 알았지 남을 성취시켜 주는 것은 몰랐다. 오직 곧다고 말할 수 있을 것이다. 거백옥은 때에 따라 뜻을 펼치고 굽혀 자신을 드러내고 거두는 일이 합당함에 맞았으니, 자신을 완성할 수 있었고 남을 완성시켜 줄 수도 있었다. 그러므로 그를 군자라 한 것이다.

7. 子曰: "可與言, 而不與之言, 失人; 不可與言, 而與之言, 失言. 知者
不失人, 亦不失言."

선생님께서 말씀하셨다. "함께 말할 수 있는데 함께 말하지 않으면 사람
을 잃고, 함께 말할 수 없는데 함께 말하면 말을 잃는다. 지혜로운 사람은
사람을 잃지도 않고 또한 말을 잃지도 않는다."
○ 사람을 잃으면 선善이 온전해지지 않고, 말을 잃으면 도가 반드시 더
럽혀진다.

8. 子曰: "志士仁人, 無求生以害仁, 有殺身以成仁."

선생님께서 말씀하셨다. "지사志士와 어진 사람은 살기를 구해 인仁을 해
치는 일은 없으며 자신을 죽여 인仁을 구하는 일은 있다."

> 지사는 뜻이 있는 사람이며, 인인仁人은 덕을 완성한 사람이다. "살기를
> 구한다"[求生]는 말은 살 길을 찾는 것을 말한다.

○ 지사는 자신이 뜻한 바에 하지 않는 일이 있으며 어진 사람은 자신의
덕으로 남을 완성시켜 준다. 그 덕성이 같지는 않지만 인仁을 실행한다는
점에서 한가지다. 사는 일도 인仁으로 하고 죽는 일도 인으로 한다. 군자
는 인을 떠나 어디서 명성을 이루겠는가. 지사가 기약하는 것과 어진 사
람이 수립한 것 모두 위대한 것이다.

9. 子貢問爲仁. 子曰: "工欲善其事, 必先利其器. 居是邦也, 事其大夫之賢者, 友其士之仁者."

자공이 인仁을 돕는 일에 대해 물었다. 선생님께서 말씀하셨다. "기술자는 일을 잘하려면 반드시 먼저 도구를 날카롭게 한다. 이 나라에 머물 때는 대부大夫 가운데 현자賢者를 섬기고, 사士 가운데 인자仁者를 사귀어야 한다."

> 위爲는 돕는다[助]는 말과 같다. "(선생님께서) 위나라 임금을 도우실까?"[爲衛君](「술이」 제14장)라고 할 때의 위爲와 같은 말이다. 대부大夫는 정사를 실행하기 때문에 그의 재능을 가지고 말했으며, 사士는 아직 정사에 참석하지 않았기 때문에 그의 덕을 가지고 말한 것이다.

○ 기술자가 도구를 날카롭게 하지 않으면 그 일을 잘 해내지 못한다. 사람에게 현명한 사우師友가 없으면 자기 덕을 완성할 수 없다. 영향을 받아 자신이 형성되고 차츰 단련되는 이익은 대단히 크다고 하겠다. 이른바 "노나라에 군자가 없었다면 이 사람은 어디서 배울 수 있었을까"(「공야장」 제2장)라는 말이 이것이다. 증자 또한, "벗을 통해 인仁을 돕는다"(「안연」 제25장)라고 말하였다. 현우賢友를 도움 주는 이로 삼지 않으면 안 된다는 말이다.

10. 顏淵問爲邦. 子曰: "行夏之時, 乘殷之輅, 服周之冕, 樂則韶舞. 放鄭聲, 遠佞人 : 鄭聲淫, 佞人殆."

안연이 나라를 만드는 것[爲邦]에 대해 물었다.

> 위爲는 처음 만든다는 말이다. 기강紀綱·법도法度를 처음으로 만드는 것을 말한다. 『주례』에, "총재家宰가 나라 다스리는 법도를 관장해 임금을 보좌하고 여러 제후국들의 조세 부담을 균등하게 한다"고 한 말이 이것을 가리킨다. 나라 다스리는 법[治國]을 물은 것과는 자연히 다르다.

선생님께서 말씀하셨다. "하夏나라의 달력[時]을 시행하고,

> 시時는 봄·여름·가을·겨울을 말한다. 주나라는 북두칠성 자루의 세별[斗柄]이 초저녁에 자子방향(북쪽)을 가리키는 달(음력 11월)을 정월正月로 삼았고, 은나라는 축丑방향(북동)을 가리키는 달(12월)을 정월로 삼았고, 하나라는 인寅방향(동북)을 가리키는 달(1월)을 정월로 삼았다. 하지만 봄은 생물이 꿈틀꿈틀 자연스럽게 생겨나는 때이다. 그러므로 하나라의 정월만이 하늘이 운행하는 올바른 때에 맞는다.

은나라의 수레[輅]를 타고,

> 은나라의 수레는 나무로 만든 수레다. 검소하면서도 튼튼하고 등급과 위엄이 이미 구분돼 있다. 이는 질박[質]을 숭상한 것이다.

주나라의 면류관[冕]을 쓰고,

> 면冕은 예를 행할 때 쓰는 면류관이다. 주나라의 면류관은 화려하고 장식이 있다. 이 물건은 작으면서도 모든 몸 위에 더하는 것이다. 그러므로 꾸미는 것[文]을 숭상한 것이다.

음악은 「소무」韶舞를 쓴다.

> 소韶는 순임금이 지은 음악으로, 그 음악의 가장 선하고 가장 아름다운 것을 취한 것이다(「소무」는 「소」韶라는 음악에 맞게 추는 무악舞樂을 말한다). 앞의 글에서 이미 하·은·주 삼대의 예에서 더하고 덜어 내는 것을 논의했기 때문에 여기서는 다만 순의 음악을 거론해 보여 준 것이다. 안자顔子는 왕을 보좌하는 재목이었기 때문에 천하를 다스리는 법을 그에게 알려 준 것이다.

정鄭나라의 음악을 추방하고 말 잘하는 인간을 멀리한다. 정나라의 음악은 음탕하고 말 잘하는 인간은 위험하다."

> 정성鄭聲은 정鄭나라의 음악이다. 영인佞人은 말 잘하는 사람을 말한다. 음탕한 음악은 사람의 뜻을 흔들 수 있고, 말 잘하는 인간은 나라를 위태롭게 할 수 있다. 그러므로 추방하고 멀리해야 한다.

○ 천하를 다스리는 일은 인仁을 근본으로 하는데, 공자가 안자에게 해 준 말은 다만 이 이 네 시대(우虞·하·은·주)의 예악인 것은 어째서인가? 그의 질문이 나라를 만드는 것이었기 때문에 그런 이유로 네 시대의 제도를 절충해서 제시해 준 것이다. 이것이 다스리는 일과 창시하는 일에 차이가 생긴 까닭이다. 법도에는 반드시 폐단이 생기기 마련이지만 도에는 폐단이 없다. 선왕의 제도는 시대의 추세를 따르고 민심에 순종해 확립된 것이지만 오랜 시간이 지나면서 폐단이 생기지 않을 수 없었다. 공자는 이에 네 시대의 제도 가운데에서 각각 한 가지 일을 거론해 전체적인 윤곽을 제시해 주었다. 하나라의 달력을 시행하라고 한 것은 올바름

을 선택한 것이고, 은나라의 수레를 타라는 것은 질박함을 귀하게 여긴 것이며, 주나라의 면류관을 쓰라는 것은 꾸민 것[文]을 따른 것이다. 음악에서 「소」와 「무」를 쓴 것은 아름다움과 선善의 극치를 숭상한 것이다. 정나라의 음악을 추방하고 말 잘하는 인간을 멀리한 것은 다스림을 해치는 근본을 막아 버린 것이다. 이것은 이른바 영원히 변하지 않을 떳떳한 법도라 하겠다. 문文과 질質을 겸하고 법도와 경계를 보존하였으니 천하를 다스리는 방도가 모두 갖추어졌다.

11. 子曰: "人無遠慮, 必有近憂."

선생님께서 말씀하셨다. "사람이 멀리 보는 염려가 없으면 반드시 가까운 근심이 있다."

○ 염려가 먼 바깥에 미치지 못하면 근심이 반드시 아주 가까운 곳에서 생긴다. 집안, 국가, 천하가 모두 그렇지 않은 경우가 없다. 이 말은 매우 친근하다. 하지만 이 말을 따르면 길하고 어기면 흉할 것이다. 하늘과 땅의 귀신도 알지 못하는 것이며 시초점과 거북점도 예측하지 못하는 말이니 삼가고 두려워하며 마음에 담아 두지 않아서야 되겠는가.

○ 송나라 때 문정공文靖公 이동李侗이 살 집을 지으면서 대청 앞 공간을 겨우 말을 돌릴 수 있을 정도로 했다. 어떤 사람이 너무 좁지 않느냐고 말하였다. 공이 웃으며, "살 집은 자손들에게 물려 주어야 하는 곳이지요. 이곳이 재상의 대청으로는 정말 좁기는 하지만 태축太祝(제사 담당관)이 예를 행하는 대청으로는 충분히 넉넉합니다"라고 하였다. 이 역시 멀

리 보는 염려의 한 가지 일이라 할 수 있다.

12. 子曰: "已矣乎, 吾未見好德如好色者也."

선생님께서 말씀하셨다. "끝이로구나. 나는 미색을 좋아하는 것처럼 덕을 좋아하는 사람을 아직 보지 못했다."

○ 두 번 나왔다. 뜻이 앞 편에 보인다(「자한」제17장).

13. 子曰: "臧文仲, 其竊位者與. 知柳下惠之賢, 而不與立也."

선생님께서 말씀하셨다. "장문중臧文仲은 벼슬을 훔친 자일 것이다. 유하혜柳下惠가 현명한 줄 알면서 그와 함께 조정에 서지 않았다."

> 유하혜는 노나라의 대부 전획展獲으로 자는 금禽이다. 식읍이 유하柳下라는 고을이었고 시호가 혜惠이다. "함께 선다"[與立]는 말은 그와 함께 조정에 서는 것을 말한다.

○ 현자賢者를 추천하고 능력 있는 사람을 뽑아 쓰는 일은 높은 지위에 있는 사람들의 임무다. 현자를 몰라보고 뽑아 쓰지 않으면 명확히 자기 직분에 걸맞지 않은 것이다. 하물며 알면서 뽑아 쓰지 않으면 자기 것이 아닌 것을 훔쳐 몰래 갖고 있는 일과 같다. 그러므로 "벼슬을 훔쳤다"고 말한 것으로, 그의 죄가 크다는 점을 심하게 말한 것이다. 후에 벼슬하는

사람들은 이를 거울로 삼아야 한다.

14. 子曰: "躬自厚, 而薄責於人, 則遠怨矣."

선생님께서 말씀하셨다. "자신은 스스로 엄하게 꾸짖고 남은 가볍게 꾸짖는다면 원망을 멀리할 것이다."

○ 자신을 엄격하게 다스리고 남을 가볍게 꾸짖는 행동은 어진 사람의 마음 씀씀이니 어디를 간들 원망하는 사람이 있겠는가. 소인은 이와 반대다. 원망을 멀리한 것은 덕이 있다는 표시이며, 원망이 많은 것은 원수를 부르는 일이다. 그런 까닭에 군자는 삼가는 것이다.

○ 옛날 송나라의 여조겸*은 성격이 지나치게 급하고 협량이었는데 마침 『논어』를 읽다가 이 대목에 이르러 크게 감동을 받고 각성하였다. 그 후로는 일관되게 성격이 관대하고 온화해지고 평안해졌다. 『논어』를 잘 읽은 사람이라 할 수 있다.

15. 子曰: "不曰如之何, 如之何者, 吾末如之何也已矣."

선생님께서 말씀하셨다. "어떻게 하지, 어떻게 하지, 하고 말하지 않는

---

* 여조겸(呂祖謙)은 자는 백공(伯恭), 호는 동래(東萊)로, 주희와 함께 『근사록』(近思錄)을 편찬했다. 『동래좌씨박의』(東萊左氏博議) 등의 저술이 있다.

사람은 나도 어떻게 할 수가 없다."

| 주씨가 말했다. "'어떻게 하지, 어떻게 하지'라는 말은 깊이 생각하고
잘 살펴 대처한다는 말이다. 이와 같이 하지 않고 함부로 행동하면, 성
인이라고 하더라도 어떻게 할 수가 없다."

○ 일을 고려할 때는 잘 살펴보려 하고, 마음을 다잡을 때는 위태로운 듯
이 한다. 이와 같이 하지 않으면, 함부로 하거나 아니면 반드시 지혜롭지
않게 한다.

16. 子曰: "群居終日, 言不及義, 好行小慧, 難矣哉."

선생님께서 말씀하셨다. "여럿이 종일 모여 있으면서 말이 의義에 미치
지 못하고 작은 지혜를 자랑하기 좋아하면 덕을 갖기 어렵다."

| 소혜小慧는 자기만의 사사로운 지혜를 말한다. "어렵다"[難矣哉]는 말은
덕을 갖추는 경지에 들어가기 어렵다는 말이다.

○ 이 장은 '친구를 함부로 대하는 것'[燕朋](『예기』 「학기」學記)의 해악을
말한 것이다. 하루 종일 여럿이 모여 있으면 그저 시간을 헛되이 보내면
서 전혀 배우는 데 힘쓰는 일이 없게 된다. 말이 의義에 미치지 못하면 근
거 없는 헛소리를 하는 것이다. 작은 지혜를 자랑하기 좋아하면 기회를
엿보는 마음이 날마다 무르익어, 멋대로 하고 편파적이며 나쁜 행동이
이르지 않는 곳이 없어 많은 악이 여기서부터 생기게 된다. 경계하지 않

을 수 있겠는가.

17. 子曰: "君子義以爲質, 禮以行之, 孫以出之, 信以成之. 君子哉."

선생님께서 말씀하셨다. "군자는 의義로 바탕을 삼아, 예禮로 그것을 행하며, 공손함으로 그것을 드러내고, 믿음으로 그것을 이룬다. 그것이 군자이다."

○ 의義는 일을 제어하는 근본이다. 그러므로 이것을 바탕과 근간으로 삼는다. 그러나 의는 강하고 굳센 기운을 발휘하는 일이 많고 관대하고 온유한 뜻이 적다. 그런 까닭에 의를 실행할 때에는 반드시 예로 절도 있게 하고 수식하며, 밖으로 드러낼 때는 반드시 양보하고 공손해야 하며, 완성할 때에는 반드시 성실하게 해야 한다. 그런 뒤에 군자가 되는 것이다.

○ 진사이는 논한다: 성인의 문하에서는 인의仁義를 나란히 칭하지만 인仁이 더 중대하다. 그런데 여기서 의義를 바탕으로 삼는다고 한 것은 어째서인가? 의는 성인이 크게 활용하는 것으로, 모든 일이 각자 도리를 갖는 근거이며 금수禽獸와 구별되는 인간의 도리이다. 때로는 인仁보다 중요하기 때문에 "의를 최상으로 여긴다"(「양화」 제22장)고 하였고, 또 "의와 함께 갈 뿐이다"(「이인」 제10장)라고 한 것이다. 불교와 노장老莊을 믿는 무리들이 도에서 어긋난 이유는 의가 가장 중요하다는 점을 알지 못하기 때문이다.

18. 子曰:"君子病無能焉, 不病人之不己知也."

선생님께서 말씀하셨다. "군자는 능력이 없는 것을 근심하지, 남이 자기를 알아주지 않는 것을 근심하지 않는다."

○ 이 장은 공자의 가법家法으로, 배우는 사람들이 당연히 힘써야 하는 일이다.

19. 子曰:"君子疾沒世而名不稱焉."

선생님께서 말씀하셨다. "군자는 죽을 때까지 이름이 나지 않는 것을 싫어한다."

○ 이 장은 사람들이 때에 맞추어 계속 수양에 힘쓰도록 한 말이다. 장식張栻이 말했다. "실제가 있으면 이름이 있는 법이다. 이름은 그 실질을 명명하는 방식이다. 죽을 때까지 이름 붙일 만한 실질이 없는 것을 군자는 싫어한다. 이름이 없는 것을 싫어하는 게 아니라 명명할 실질이 없는 것을 싫어하는 것이다."

20. 子曰:"君子求諸己; 小人求諸人."

선생님께서 말씀하셨다. "군자는 자신에게서 찾고, 소인은 남에게서 찾는다."

○ 이 말 또한 공자의 가법이다. 『중용』에 "활쏘기는 군자와 유사한 점이 있다. 정곡을 맞추지 못하면 자신에게 돌이켜 찾는다"(제14장)라고 하였고, 맹자는 "사람을 사랑하는 데 친해지지 않으면 자신의 인을 돌이켜 보고, 사람을 다스리는 데 잘 다스려지지 않으면 자신의 지혜를 돌이켜 보고, 사람들에게 예로 대했는데 응답하지 않으면 자신의 공경을 돌이켜 본다"(「이루 상」 제4장)라고 하였다. 옛날의 군자는 자신을 수양하는 것이 이와 같았다. 그런 까닭에 덕이 날마다 수양되어 집안에서도 나라에서도 원망이 없었다.

○ 양씨(양시)가 말했다. "군자는 '남이 자기를 알아주지 않는 것을 근심하지 않는다'(「위령공」 제18장)고 하지만 또한 '죽을 때까지 이름이 나지 않는 것을 싫어한다'(「위령공」 제19장). 죽을 때까지 이름이 나지 않는 것을 싫어하긴 하지만 원인을 찾는 곳 또한 자신에게로 돌이킬 뿐이다." 이 세 장의 글은 서로 겹치지 않으면서 의미는 실상 서로 보충이 된다. 역시 공자의 말을 기록한 사람의 의도가 있는 것이다.

21. 子曰: "君子矜而不爭, 群而不黨."

선생님께서 말씀하셨다. "군자는 긍지를 가지지만 다투지 않고, 무리와 어울리지만 파벌을 만들지는 않는다."

| 씩씩한 모습[莊]으로 자신을 유지하는 것을 긍지[矜]라 하고, 조화를 이루어 여럿이 함께 있는 것을 군[群]이라고 한다.

○ 군자는 도덕으로 자신을 유지하지, 특이한 것을 세워 고상하다고 여기지 않는다. 그러므로 긍지를 가지지만 다투지 않는다. 남과 나를 똑같이 보지만 구차하게 똑같다고 하면서 세속을 따르지 않는다. 그러므로 무리와 어울리지만 파벌을 만들지는 않는다. 소인은 자기만 존재한다고 알 뿐이니 어떻게 다투지 않을 수 있는가. 세력과 이익이 있는 것만 알 뿐이니 어떻게 파벌을 만들지 않을 수 있겠는가.

22. 子曰: "君子不以言擧人, 不以人廢言."

선생님께서 말씀하셨다. "군자는 말만 듣고 사람을 뽑아 쓰지 않고, 사람만 보고 말을 버리지 않는다."

○ 말만 듣고 사람을 뽑아 쓰면 소인을 쓸까 두렵다. 사람만 보고 말을 버리면 좋은 말을 빠뜨릴까 두렵다. 말만 듣고 사람을 뽑아 쓰지 않는 것은 지혜이고, 사람만 보고서 말을 버리지 않는 것은 어진 행동이다.

23. 子貢問曰: "有一言而可以終身行之者乎?" 子曰: "其恕乎. 己所不欲, 勿施於人."

자공이 물었다. "평생토록 실행할 수 있는 한마디 말이 있습니까?"
선생님께서 말씀하셨다. "서恕일 것이다. 자신이 바라지 않는 것을 남에게 하지 마라."

공자는 서恕라고 자공에게 답해 주고 난 뒤에 또 서를 실행하는 핵심을 가지고 알려 준 것이다.

○ 인간의 악행은 보기 쉬워도 인간의 근심은 살피기 어렵다. 자신을 대할 때는 관대하면서도 남을 대할 때는 반드시 각박하다. 이것은 사람들에게서 공통으로 볼 수 있는 문제다. 그러므로 서恕를 마음에 두면 남을 깊이 탓하지 않고서 잘못을 용서하고 어려운 일을 구제할 수 있다. 그 효과는 말로 다할 수 없는 것이다. 그런 까닭에 평생토록 실행할 수 있다고 말한 것이다. 자공은 "하나로 꿴다"는 가르침을 들은 적이 있지만(「위령공」 제2장) 그 구체적인 방법은 모르고 있었다. 그런 까닭에, "평생토록 실행할 수 있는 한마디 말이 있습니까?"라고 물었고, 공자는, "서恕일 것이다"라고 대답해 준 것이다. 증자曾子가 문하의 사람들에게, "선생님의 도는 충서忠恕일 뿐이다"라고 말해 준(「이인」 제15장) 것과 의미가 같다.

24. 子曰：“吾之於人也，誰毀誰譽. 如有所譽者，其有所試矣. 斯民也，三代之所以直道而行也.”

선생님께서 말씀하셨다. "내가 사람들에 대해서 누구를 헐뜯고 누구를 칭찬했더냐. 칭찬한 사람이 있었다면 시험해 본 적이 있었을 것이다.

내가 사람들에 대해서 애초부터 사랑하고 미워하는 것이 없는데 어떻게 헐뜯고 칭찬하는 일이 있겠는가, 다만 칭찬하는 사람이 있었다면 시험을 해봐서 그러는 것이지 헛되이 칭찬하지는 않는다는 말이다.

이 사람들이 삼대三代의 올바른 도를 실행한 것이다."

│ 이 사람들[斯民]은 지금 이때의 사람들을 말한다. 하·은·주 삼대의 평
화로운 시기에 올바른 도가 천하에 행해져 찬미와 비판, 포상과 폄하를
꺼리거나 피하지 않았던 것은 역시 지금 이때 이 사람들뿐이었다는 말
이다. 이것이 바로 공자가 당대를 사는 사람들에 대해서 가볍게 관계를
끊지 못하는 이유이다.

○ 이 장은 옛날 사람과 현재 사람이 그 차이가 매우 큰 것이 아님을 말
한 것이다. 도는 옛날과 현재의 차이가 없는 것이다. 그러므로 사람 또한
옛날과 현재의 구별이 없다. 지금 이 사람들은 삼대의 시대에 올바른 도
를 행했던 사람들과 같은 사람들이기에 그 본성이 처음부터 다름이 없
다. 하지만 도를 모르는 사람들은 반드시 당시 사람들을 좋지 않게 보았
다. 천하를 경영하는 문제에 이르게 되면 반드시 한 시대의 사람들을 모
조리 변화시켜 바로 삼대의 사람들로 만들려고 하였다. 어떻게 이런 이
치가 있겠는가. "요임금과 순임금은 천하를 인仁으로 다스렸는데도 백성
이 따랐고, 걸과 주가 천하를 폭력으로 다스렸는데도 백성들이 따랐다."
(「대학」 제9장) 탕왕과 무왕은 이전 시대에 그런 백성들을 바꾸지 않았는
데도 천하는 자연스럽게 잘 다스려졌다. 어떻게 이들을 깊이 미워하겠
는가. 그런 까닭에, "천하에 도가 있다면 나는 바꾸려 하지 않을 것이다"
(「미자」 제6장) 라고 말한 것이다.

25. 子曰 : "吾猶及史之闕文也, 有馬者借人乘之. 今亡矣夫."

선생님께서 말씀하셨다. "나는 사관史官이 글을 빼놓은 것과 말 주인이
남에게 빌려 주어 타도록 한 일을 보기까지 했다. 지금은 없구나."

○ 양씨(양시)가 말했다. "사관史官이 글을 빼놓기도 했고 말 주인은 말을
남에게 빌려 주기도 했다. 이 두 가지 일는 공자가 보기까지 한 일인데
지금은 그런 일이 없다고 했으니, 시대가 더욱 가벼워진 것을 슬퍼한 것
이다." 진력이 말했다. "의심스러운 일은 의심스러운 대로 전해 주는 일
과 물건을 남과 함께 공유하는 일은 모두 인심이 옛날과 가까운 지점이
다. 두 가지 일의 변화는 작은 것이지만 인심이 옛날과 같지 않음을 또한
알 수 있다."

26. 子曰 : "巧言亂德, 小不忍, 則亂大謀."

선생님께서 말씀하셨다. "교묘한 말은 덕을 어지럽히고, 작은 일을 참지
못하면 큰 계책을 어지럽힌다."

○ 말을 교묘하게 하는 사람은 반드시 형식논리에 의지하고 인의仁義를
핑계 삼는다. 그러므로 그 말이 옳아 보이지만 실은 덕을 어지럽힌다. 대
인大人은 도량이 커서 작은 일을 견딜 수 있다. 그러므로 큰 계책을 성취
할 수 있다. 작은 일을 참지 못하면 가볍게 움직이고 급작스레 행동해 꼭
큰 계책을 망치고 만다. 그런 까닭에 군자는 올바름을 존중하고 교묘함
을 미워하며, 성공을 높이 평가하고 실패를 싫어한다. 역시 도가 있는 곳

을 따를 뿐이다.

27. 子曰: "衆惡之必察焉; 衆好之必察焉."

선생님께서 말씀하셨다. "여러 사람이 미워해도 반드시 살펴봐야 하며,
여러 사람이 좋아해도 반드시 살펴봐야 한다."

○ 여러 사람이 좋아하고 미워하는 것은 공평하더라도 부화뇌동^{附和雷同}
한다는 혐의가 없을 수 없고, 시비^{是非}의 실상은 여러 사람이 알 수 있는
게 아니다. 어떤 일이 좋은 것이라도 혹 악하다고 지목할 수 있고, 어떤
일이 나쁜 것이라도 혹 좋다고 불릴 수 있다. 자신의 신념을 꿋꿋이 지키
며 홀로 행동하는 선비는 여러 사람들은 반드시 꺼리고, 군자인 척하는
향원^{鄕原}이 하는 행동을 세상에서는 기뻐한다. 그러므로 성인은 여러 사
람이 하는 대로 따라 좋아하거나 미워하지 않고, 반드시 그 실제 모습을
살펴본다.

28. 子曰: "人能弘道, 非道弘人."

선생님께서 말씀하셨다. "사람이 도를 넓힐 수 있지 도가 사람을 넓히는
것이 아니다."

│ 홍^弘은 크게 만든다는 뜻이다.

○ 이 장은 성인이 오직 사람들에게 도를 완성하기를 요구한 것이다. 도는 크지만 행위가 없고, 사람은 작지만 지식이 있다. 힘써 배우고 덕을 수양하면 각각 자기 재능을 따라 성인이 되고 현인이 되어 문장이나 덕의 힘으로 천하를 덮을 수 있다. 요임금과 순임금 같은 성인이 있었기에 당우唐虞시대에 평화로운 시기가 이룩되었고, 탕왕과 무왕과 같은 임금이 있었기에 은나라와 주나라의 훌륭한 정치가 성취되었다. 위로는 공자·맹자에서부터 아래로는 여러 현자에 이르기까지 각자 그 사람을 따라 문장이나 덕의 힘이 정비례해서 넓기도 하고 좁기도 했지만, 모두 사람이 넓힌 것이지 도가 넓힌 것은 아니었다. 이 점이 공자의 문하에서 학문을 귀하게 여기는 까닭이다.

29. 子曰 : "過而不改, 是謂過矣."

선생님께서 말씀하셨다. "잘못을 하고도 고치지 않는 것, 이를 잘못이라고 한다."

○ 마음을 한결같이 해서 요순의 도에 들어갈 수 있는가 하면 마음을 한결같이 해도 요순의 도에 들어갈 수 없는데, 이는 잘못을 고칠 수 있느냐 없느냐에 달려 있을 뿐이다. 사람이 잘못이 없을 수 없다. 고칠 수 있느냐가 귀중한 점이다. 잘못을 저지르고서도 고치지 않는 것, 이를 잘못이라고 한다. 그러므로 성인의 가르침은 잘못이 없는 것을 귀하게 여기지 않고, 고칠 수 있는 것을 귀하게 여긴다.

30. 子曰: "吾嘗終日不食, 終夜不寢以思, 無益. 不如學也."

선생님께서 말씀하셨다. "내가 종일 먹지도 않고 밤새 자지도 않고 생각해 본 적이 있었는데, 무익無益했다. 배우느니만 못하다."

○ 이 구절은 성인이 학문의 유익함을 말해 사람들에게 교시敎示한 것이다. 대체로 생각해서 터득하는 것은 배워서 터득하는 것의 빠르기와 안정성을 따라오지 못한다. 사물에는 반드시 성취하는 방도가 있기 마련인데, 이를 기준으로 손익을 따져 보면 장점과 단점, 훌륭한 점과 그렇지 못한 점을 모두 한꺼번에 정할 수 있다. 무엇을 성취하는 방도라 하는가. 성인과 현자들이 간 길이 이것이다. 성취하는 방도를 버려두고 헛되이 생각만 한다면 온 힘을 다해 마음을 쓰며 생각해도 수고만 할 뿐 이루는 것은 없다. 그러므로 "지식을 좋아하기만 하고 배우기를 좋아하지 않으면 그 폐단은 흐트러지게 된다"(「양화」 제7장)라고 한 것이다.

31. 子曰: "君子謀道不謀食. 耕也餒在其中矣, 學也祿在其中矣. 君子憂道不憂貧."

선생님께서 말씀하셨다. "군자는 도道를 도모하지 먹는 일을 도모하지 않는다. 밭을 갈아도 굶주림이 그 안에 있고, 배움에는 녹祿이 그 안에 있다. 군자는 도를 근심하지 가난을 근심하지 않는다."

○ 도를 도모하지 먹는 일을 도모하지 않는다. 군자가 힘쓰는 일이란 이런 것이다. 도를 근심하지 가난을 도모하지 않는다. 군자의 본심이란 또

한 이런 것이다. 군자라도 먹을 것이 없으면 살 수 없고, 가난하면 독립할 수 없다. 하지만 그런 것을 도모하지 않고 근심하지 않으면서도 군자가 세상에 자립할 수 있는 것은, "덕 있는 사람은 외롭지 않으니 반드시 이웃이 있기"(「이인」 제25장) 때문이다. 그러므로 "녹이 그 안에 있다"고 한 것이다. 그렇다면 왜 먹을 것을 도모하겠으며, 또한 왜 가난을 근심하겠는가.

32. 子曰: "知及之, 仁不能守之, 雖得之, 必失之. 知及之, 仁能守之, 不莊以涖之, 則民不敬. 知及之, 仁能守之, 莊以涖之, 動之不以禮, 未善也."

선생님께서 말씀하셨다. "지혜가 미치더라도 인仁으로 지키지 못하면, 지위를 얻었다 해도 반드시 잃게 된다.

> 임금 노릇 하는 어려움을 안다 해도 덕으로 지키지 않으면 반드시 그 지위를 잃게 된다는 말이다. 당唐나라의 공씨(공영달)가 말했다. "지위를 얻는 일은 지혜에서 비롯되지만 지위를 지키는 일은 인仁에 달렸다."*

지혜가 미치고 인으로 지킬 수 있더라도 위엄으로 백성에게 임하지 않으면, 백성들이 공경하지 않는다.

> 장莊은 위엄을 말한다. 리涖는 임하는 것이다. 포씨(포함包咸)가 말했다:

---

* 이 부분은 공영달(孔穎達)의 주석이 아니라 형병(邢昺)의 주석이다.

"장엄한 태도로 임하지 않으면 백성들은 공경으로 윗사람을 따르지 않는다."

지혜가 미치고 인으로 지킬 수 있으며 위엄으로 백성에게 임하더라도 백성을 고무할 때 예로 하지 않으면, 선하지 않은 것이다."

┃ 동지動之는 백성을 고무시키는 것이다.

○ 이 장은 전적으로 임금 노릇 하는 도를 말해 임금에게 완성을 요구한 말이다. "임금 노릇 하는 어려움을 안다면 한마디 말로 나라를 일으키는 것을 기약하지 않겠습니까"(「자로」 제15장)라는 말이 이른바 "지혜가 미치는 것"이다. "성인의 큰 보배를 임금의 지위[位]라고 한다. 이를 무엇으로 지키는가. 바로 인仁이다"(『역경』 「계사전 하」)라는 말이 이른바 "인으로 지킨다"는 것이다. 아는 것과 인으로 지키는 일, 이 두 가지를 다 할 수 있다면 임금 노릇 하는 도를 터득한 것이다. 하지만 자신을 지키는 일에 법도가 없으면 백성들은 함부로 행동하고 법령은 실행되지 않는다. 그러므로 위엄으로 백성에게 임하지 않으면 백성들은 공경하지 않는다. 예禮는 위아래를 구분하고 백성들의 마음을 안정시킨다. 그러므로 백성을 움직일 때 예로 하지 않으면 또한 선하지 않은 것이다. 지혜[知]·인仁·위엄[莊]·예禮 가운데 어느 것 하나도 없애서는 안 되지만 지혜와 인이 근본이라 하겠다.

33. 子曰: "君子不可小知, 而可大受也; 小人不可大受, 而可小知也."

선생님께서 말씀하셨다. "군자는 작은 일을 알 수는 없지만, 큰일은 맡을 수 있다[大受]. 소인은 큰일을 맡을 수 없지만, 작은 일은 알 수 있다."

> 주씨가 말했다. "지知는 내가 안다는 말이다. 수受는 (이편이 주는 것을) 저편이 받는 것이다."

○ 이 장은 군자가 터득한 것은 소인과 다르다는 점을 말한다. 군자는 작은 일에 꼭 그의 능력을 볼 수 있는 것은 아니지만, 큰일에 써보면 넉넉하게 여유를 갖는다. 소인은 작은 일에 혹 취할 만한 점이 있을지 모르지만 큰일을 맡겨 보면 편협하고 그릇이 작아 임무를 맡지 못한다.

34. 子曰: "民之於仁也, 甚於水火. 水火吾見蹈而死者矣, 未見蹈仁而死者也."

선생님께서 말씀하셨다. "백성들은 인仁에 대해 물과 불보다 더 두려워한다. 물과 불에는 내가 뛰어들어 죽는 사람은 보았어도 인에 뛰어들어 죽은 사람은 보지 못하였다."

> 도蹈는 밟는다는 말이다. "물과 불을 밟아 죽는다"는 말은 물과 불에 뛰어들어 죽는 것을 말한다. 『공자가어』에 이른바, "진실과 믿음을 가진 사람은 물과 불을 밟을 수 있다"[忠信可以蹈水火]*고 하였다. 노중련魯仲連이 말한, "내 동해바다에 빠져 죽으리라"[吾有蹈東海而死](『전국책』戰國

策「조趙 · 삼三」)라는 것도 이 뜻이다. "인에 뛰어들어 죽는다"는 말은 소위 "죽음으로 지키며 도道를 잘 실천한다"(「태백」 제14장)는 말인데, 비간比干 · 정영程嬰 · 저구程嬰** 같은 사람들이 여기에 해당한다. 물과 불은 사람들이 두려워하는 것이다. 그러나 사람들이 간혹 뛰어들어 죽는 일이 있기는 하지만 인仁의 경우에 오게 되면 사람이 제대로 사람이 되는 도리이므로 잠시도 떠나서는 안 된다. 하지만 사람들은 두려워하며 감히 가까이 가려 하지 않는 일 또한 물과 불의 경우보다 더 심하다는 말이다. 괴이하게 여겨 탄식한 말이다.

○ 이 장은 성인이, 사람들은 늘 하기 어려운 일은 잘하면서 인에 대해서는 오히려 두려워하고 꺼리며 겁내고 위축되어 감히 실행하지 않는 점을 괴이하게 여기며 탄식한 말이다. 하루아침에 감격에 겨워 자신을 죽이기는 쉽다. 조용히 스스로 깨달아 자신을 죽이고 인을 완성하는 일에 이르게 되면, 극치의 성誠과 애달파하는 감정이 마음속에서 생겨나는 사람이 아니면 할 수 없다. 그러므로 "인에 뛰어들어 죽은 사람은 보지 못하였다"고 말한 것이다.

---

* 이 말은 정이천(程伊川)의 『역전』(易傳)에 보이는 표현이다. 『주역』 중부(中孚) 괘의 괘사(卦辭), "큰 개천을 건너는 것이 이롭다"[利涉大川]에 이천이, "진실과 믿음을 가진 사람은 물과 불을 밟을 수 있다. 하물며 개천을 건너는 일쯤이야 어떻겠는가"[忠信可以蹈水火, 況涉大川乎]라고 주석을 붙였다.
** 비간(比干)은 은나라의 현자이며, 정영(程嬰) · 저구(程嬰)는 춘추시대 진(晉)나라의 현인이다.

35. 子曰 : "當仁不讓於師."

선생님께서 말씀하셨다. "인仁에 해당하는 경우에는 스승에게도 양보하지 않는다."

○ 이 장은 인은 힘써 실행하지 않으면 안 된다는 사실을 말한다. 스승이 있어 도가 존재하므로 확실히 매사를 스승에게 양보하지 않으면 안 된다. 하지만 인에 있어서 그렇게 하지 않는 것은 인은 인간이 지켜야 할 도의 근본이며 스승은 인에 대한 가르침을 받은 존재여서이다. 이와 같이 한다면 인간이 지켜야 할 도를 다 실행하고 가르침을 잘 받은 사람인 것이다. 스승에게도 양보하지 않는다는 말은 바로 스승에게 깊이 양보하는 것이다.

36. 子曰 : "君子貞而不諒."

선생님께서 말씀하셨다. "군자는 바른 길을 가지만 작은 신의에 매이지 않는다."

│ 공씨(공안국)가 말했다. "정貞은 올바르다는 말이다. 양諒은 믿음을 지킨다는 말이다."

○ 풍의馮椅가 말했다. "수많은 변화를 거치면서도 올바름을 잃지 않는 것이 정貞이다. 양諒은 곧이곧대로 지키기만 하면서 변화를 모르는 것이다. 그렇기 때문에 '정貞은 일의 근간이다'(『주역』 건乾괘 문언文言)라고 하

는 것이다. 어떻게 필부필부匹夫匹婦가 곧이곧대로 융통성 없이 지키는 것
과 같겠는가."

37. 子曰: "事君敬其事, 而後其食."

선생님께서 말씀하셨다. "임금을 섬길 때는 자신의 일을 공경하게 처리
하고 봉록은 나중의 일로 한다."

> 주씨가 말했다. "후後는 '얻는 것은 뒤로 한다'[後獲](「옹야」 제20장)라는
> 말에서 보이는 후後자와 같은 뜻이다. 식食은 봉록을 말한다."

○ 장식이 말했다. "임금을 섬기는 사람은 일을 공경해서 처리하는 데 중
심을 둘 뿐이다. 관직에는 높고 낮음이 있고, 지위에는 가볍고 중요한 자
리가 있지만 일을 공경해서 처리하는 마음은 한결같아야 한다."

유지*가 말했다. "군자와 소인의 구분은 의로움[義]과 이익에 달려 있
을 뿐이다. 소인은 재능이 쓰기에 부족한 것은 아니다. 다만 마음의 지향
점이 의로움에 있지 않다. 보상을 바라는 마음이 늘 일보다 앞서 있고 일
에 봉사하는 마음은 늘 보상보다 뒤에 있다."

---

* 유지(劉摯)는 북송시대 정치가·학자로, 자가 신로(莘老)다. 왕안석과 교분이 있었다.

38. 子曰: "有教無類."

선생님께서 말씀하셨다. "가르침이 있을 뿐 출신부류를 따지지 않는다."

　│ 류類는 출신가문[世類]의 좋고 나쁨을 말한다. 예컨대 『춘추좌씨전』(문
　공文公 18년)에서 말한, "가문 대대로 그 미덕을 이루었다", "가문 대대
　로 그 악덕을 이루었다"는 말이 이것이다.

○ 이 장은 천하에는 가르침만을 귀중하게 여길 만할 뿐, 가문의 좋고 나
쁨은 말할 게 없다는 말이다. 가르침과 모범의 효과가 매우 크기 때문에
가문의 좋고 나쁨은 논할 게 없는 것이다. 인간의 본성은 본래 선하다. 출
신가문이 좋지 않더라도 배움으로 본성을 확충하면 모두 교화되어 선善
의 세계에 들어갈 수 있다. 이런 면이 공자가 영원히 후세를 위해 학문의
문을 열어 놓은 지점이다. 최고이며 위대하다!

39. 子曰: "道不同, 不相爲謀."

선생님께서 말씀하셨다. "길이 다르면 서로 일을 도모하지 않는다."

　│ 도道는 학문과 기예技藝를 말한다.

○ 사람들은 각자 방도를 가지고 있다. 자기의 방도가 아닌데도 서로 위
해서 도모하게 되면 남의 일에 침범할 뿐만 아니라 일마저 망가뜨리게
된다. 그러므로 성인은 경계했던 것이다.

40. 子曰 : "辭達而已矣."

선생님께서 말씀하셨다. "말은 정확하게 하는 것[達]일 뿐이다."

○ 말은 의미를 명확하게 하고 논리를 일관되게 유지하는 것을 근본으로 한다. 이것이 이른바 달達이다. 말을 하거나 글을 쓰는 동안 오로지 잘 꾸미는 데 힘을 쓰면 의미와 논리가 모두 병들고 말 터인데 말을 한들 무슨 소용이 있겠는가.

○ 진씨(진력)가 말했다. "달達이라는 한 글자는 수사법을 말한다. 소식蘇軾(소동파)은 남과 글을 논하면서 언제나 공자의 이 말을 중심에 두었다."

41. 師冕見. 及階, 子曰 : "階也." 及席, 子曰 : "席也." 皆坐, 子告之曰 : "某在斯. 某在斯." 師冕出. 子張問曰 : "與師言之道與?" 子曰 : "然, 固相師之道也."

악사樂師 면冕이 선생님을 뵐 때,

┃ 사師는 악사樂師로 장님이다. 면冕은 이름이다.

계단에 이르자 선생님께서 말씀하셨다. "계단입니다."
좌석에 이르자 선생님께서 말씀하셨다. "좌석입니다."
모두 자리에 앉자 선생님께서는 "아무개는 여기 있고, 아무개는 여기 있습니다"라고 알려 주셨다.

┃ 앉아 있는 사람을 한 명 한 명 들어서 알려 준 것이다.

악사 면이 나가자 자장이 물었다. "악사와 얘기하는 도리입니까?"

주씨가 말했다. "성인의 문하에서 공부하는 사람들은 성인의 말 한마디, 행동 하나하나에 대해서 마음에 담아 두고 반성하며 살피지 않는 것이 없음이 이와 같았다." 진사이는 생각한다: 배우는 사람은 말하고 행동하는 데 있어서 또 이와 같이 해야 한다. 그렇지 않으면 학문이 아니다.

선생님께서 말씀하셨다. "그렇다. 진정 악사를 인도하는 도리이다."

상相은 인도한다는 말이다. 옛날에 장님들에게는 꼭 가는 길을 인도하는 사람이 있었는데, 장님들은 모두 인도해 주지 않으면 안 되었다.

○ 성인의 마음은 천지의 마음이라, 가장 진실하고 함부로 하는 일이 없어 어디를 가더라도 인仁 아닌 것이 없다. 앞에서 공자가 장님을 대하는 예에 대해서 두 번 기록하였는데, 모두 가장 진실하고 간절하게 애달파하는 뜻에서 나왔지 애써 억지로 해서 그렇게 한 행동이 아니었다. 장님은 사람들이 속이기 쉬운 존재인데 이에 성의를 다 보여 주었으니 성인의 행동은 무엇이든 진실이 아닌 게 없는 것이다. 아아, 성인의 마음을 여기서 보는 것 같으니, 위대하다!

계씨(季氏)

모두 14장이다.

1. 季氏將伐顓臾. 冉有季路見於孔子曰: "季氏將有事於顓臾." 孔子
曰: "求, 無乃爾是過與. 夫顓臾, 昔者先王以爲東蒙主, 且在邦域之中
矣. 是社稷之臣也, 何以伐爲?" 冉有曰: "夫子欲之. 吾二臣者皆不欲
也." 孔子曰: "求, 周任有言曰: '陳力就列, 不能者止.' 危而不持, 顚而
不扶, 則將焉用彼相矣. 且爾言過矣. 虎兕出於柙, 龜玉毁於櫝中, 是誰
之過與." 冉有曰: "今夫顓臾, 固而近於費. 今不取, 後世必爲子孫憂."
孔子曰: "求, 君子疾夫舍曰欲之, 而必爲之辭. 丘也聞, 有國有家者, 不
患寡而患不均, 不患貧而患不安. 蓋均無貧, 和無寡, 安無傾. 夫如是, 故
遠人不服, 則修文德以來之, 旣來之則安之. 今由與求也相夫子, 遠人
不服, 而不能來也, 邦分崩離析, 而不能守也, 而謀動干戈於邦內. 吾恐
季孫之憂, 不在顓臾, 而在蕭牆之內也."

계씨季氏가 전유顓臾를 치려고 했다. 염유와 계로가 공자를 뵙고 말했다.
"계씨가 전유와 일을 벌이려고 합니다."

전유는 복희씨의 후예로 풍성風姓의 나라이다. 본래는 노나라의 부용국
附庸國(부근의 대국에 부속된 작은 나라. 맹자가 한 말이다)이었다. 계씨가
이 나라를 쳐서 자기 것으로 하려 했다. 이때 염유·계로가 계씨의 가
신家臣이었다. 이 두 사람은 마음에 불안감이 생겼기 때문에 특별히 공
자에게 와서 보고한 것이다.

공자께서 말씀하셨다. "구求(염유)야, 이는 네 잘못이 아니냐.

염유는 계씨를 위해 세금을 거두었고 더욱 일의 중심에 있었다. 그 때
문에 그만을 꾸짖은 것이다.

전유는 예전에 선왕이 동몽東蒙의 제사를 주관하게 하였고, 또 우리나라
땅 안에 있으니 이는 사직의 신하이다. 어째서 치겠다는 거냐?"

동몽은 산 이름이다. 선왕이 전유를 이 산 아래 봉하고 산의 제사를 주
관하도록 하였다. 이미 노나라에 속해 노나라 강역 안에 있으니 사직의
신하인데 어째서 그 나라를 치겠다는 것이냐.

염유가 말했다. "선생(계손씨)이 바라는 것이지 저희 두 신하는 모두 바라
지 않습니다."

부자夫子는 계씨를 가리킨다.

공자께서 말씀하셨다. "구야, 주임周任이 한 말이 있다. '능력을 펼쳐 벼슬

에 나아가되 할 수 없을 때는 그만둔다.' 위태로운데도 붙잡지 못하고, 넘어졌는데도 부축해 주지 못한다면 저 돕는 사람을 어디에 쓰겠느냐.

| 주임은 옛날의 훌륭한 사관史官이다. 진陳은 펼친다는 말이다. 열列은 지위를 말한다. 상相은 장님에게 길을 인도하고 도움을 주는 사람이다. 두 사람이 바라지 않는다면 간언을 해야 하고 간언을 해도 듣지 않는다면 벼슬자리를 떠나야 한다는 말이다.

또 네 말이 잘못됐다. 호랑이와 코뿔소가 우리에서 뛰쳐나오고, 구갑龜甲과 옥이 상자 안에서 깨졌다면 이는 누구의 잘못이겠느냐?"

| 시兕는 들소를 말한다. 합柙은 짐승을 가두는 우리를 말한다. 독櫝은 상자이다. 우리에 가뒀는데 도망가 버리고 상자에 두었는데 깨졌다면 이는 지키는 사람이 잘못을 피할 수 없다는 말이다. 두 사람이 또 자신들의 책임을 지지 않을 수 없음을 밝힌 것이다.

염유가 말했다. "지금 전유는 견고하고 비費읍에 가깝습니다. 지금 빼앗지 않으면 후세에는 분명 자손들에게 근심거리가 될 것입니다."

| 고固는 성곽이 완벽하고 견고하다는 말이다. 비費는 계씨의 식읍이다. 염유는 이미 저희 두 신하는 모두 바라지 않는다고 말했는데, 또 공격해야 한다는 상황이 있다고 말했다. 의義를 보는 일이 정밀하지 못했기 때문에 의심과 신뢰가 반반이었던 것이다.

공자께서 말씀하셨다. "구야, 하고 싶다고 말하지 않고 꼭 구실을 만들어 변명하는 것을 군자는 싫어한다.

| 군자는 정직을 좋아하기 때문에 자신이 탐하고 바라는 것을 말하지 않
고서 좋은 핑계를 대면서 다른 말 지어내는 것을 싫어한다는 말이다.

나는, 나라를 다스리고 집안을 다스리는 사람은 백성이 적음을 걱정하지
않고 고르지 못함을 걱정하며, 가난을 걱정하지 않고 안정되지 못한 것
을 걱정한다고 들었다.

| 이 두 구절은 다음에 나오는 글에 의거하면, "가난을 걱정하지 않고 고
르지 못함을 걱정하며, 백성이 적음을 걱정하지 않고 화목하지 못한 것
을 걱정하며, 무너질까 걱정하지 않고 안정되지 못한 것을 걱정한다"
[不患貧而患不均, 不患寡而患不和, 不患傾而患不安]라고 써야 할 것이다. 빈貧은 재
산이 부족한 것을 말한다. 균均은 각자 자신의 몫을 얻는 것을 말한다.
과寡는 백성이 적은 것을 말한다. 화和는 위아래가 화목한 것을 말한다.
안安은 견고해 위태롭지 않은 것을 말한다.

대체로 고르면 가난이 없고, 화목하면 부족한 게 없으며, 안정되면 무너
질 걱정이 없는 것이다.

| 계씨가 걱정하는 문제는 가난과 백성의 적음과 나라가 무너지는 데 있
었다. 하지만 계씨는 각자 자기 몫을 얻으면 재산 부족을 걱정할 일이
없고, 위아래가 화목하면 백성이 적다고 걱정할 일이 없고, 나라가 견
고해 위태롭지 않으면 나라가 무너질까 걱정할 일이 없음을 전혀 모르
는 것이다. 하지만 이때 멀리 있는 사람이 복종하지 않고, 나라가 분열
되고 민심이 떠나면 위의 세 가지 걱정은 저절로 오게 돼 있다. 어느 겨
를에 전유를 공격할 수 있겠는가. 계씨는 생각하지 않을 뿐이다.

이와 같기 때문에 멀리 있는 사람이 복종하지 않으면, 문덕文德을 닦아 그들을 오게 하고, 이미 와 있다면 편안하게 해주는 것이다.

> 문덕文德은 예악법도와 같은 종류의 제도이다. 내정內政을 잘 다스린 다음에야 멀리 있는 사람이 복종한다. 복종하지 않으면 문덕을 닦아 그들이 오도록 해야지 바로 무력에 호소해서는 안 된다. 이미 와 있으면 편안하게 해주어야지 토지와 백성을 다시 탐내지 말아야 한다는 말이다.

지금 유由와 구는 선생(계씨)을 돕는데, 멀리 있는 사람이 복종하지 않는데 오도록 하지 못하고, 나라는 분열되고 민심은 떠나는데 지키지 못하는구나.

> 멀리 있는 사람은 전유를 말한다. "나뉘고 무너지며 떠나고 갈라진다" [分崩離析]는 말은 나라의 세력이 분열되고 민심이 떠난다는 말이다.

그런데 나라 안에서 무력[干戈]을 동원할 계획을 세우고 있구나. 나는 계손의 근심이 전유에 있지 않고 담장 안에 있을까 두렵다."

> 간干은 방패이고 과戈는 창이다. 소장蕭牆은 대문 안에 세운 담장을 말한다. 나눈 몫이 고르지 않고 상하가 화목하지 않고 나라가 불안하면 내란이 생길 것이라는 말이다.

○ 사람들은 모두 눈앞의 이익은 보면서 뒤에 올 큰 재앙은 모른다. 이는 세상 어디서나 볼 수 있는 문제다. 후세에 무력을 잘 아는 사람들은, 무력을 쓰면 이익을 누릴 수 있다고 왜 말들 하지 않겠는가마는, 이런 견해는 나라 안에 몫 분배가 고르지 않고 안정되지 않고 상하가 화목하지 않으

면 적들이 칼을 겨누지 않아도 가장 가까운 곳에서 변란이 생겨 다시는 구제할 수 없다는 사실을 전혀 모르는 것이다.

○ 홍경선洪慶善이 말했다. "염유와 계로 두 사람이 계씨에게 벼슬을 하면서 계씨가 하고 싶어 하는 모든 일은 반드시 공자에게 알려 주었다. 그렇다면 공자의 말을 따라 구제하거나 그만둔 일도 의당 많았을 것이다. 전유를 공격한 일이 경전經傳 어디에도 보이지 않는데 공자의 말 때문에 그만두었을 것이다."

2. 孔子曰:"天下有道, 則禮樂征伐, 自天子出;天下無道, 則禮樂征伐, 自諸侯出. 自諸侯出, 蓋十世希不失矣;自大夫出, 五世希不失矣;陪臣執國命, 三世希不失矣. 天下有道, 則政不在大夫;天下有道, 則庶人不議."

공자께서 말씀하셨다. "천하에 도가 있으면 예악禮樂과 정벌征伐이 천자에게서 나온다. 천하에 도가 없으면 예악과 정벌이 제후에게서 나온다. 제후에게서 나오면 열 세대[十世] 후에 정권을 잃지 않는 일이 드물다.

| 제齊나라 환공桓公, 진晉나라 문공文公은 모두 제후의 맹주盟主가 되었다. 하지만 제나라는 도공悼公에 이르러, 진나라는 혜공惠公에 이르러 모두 열 세대에 나라가 이미 미약해져서 정권이 대부에게 있게 되었다.

대부에게서 나오면 다섯 세대[五世] 후에 정권을 잃지 않는 일이 드물다. 대부의 가신[陪臣]이 국정을 잡게 되면 세 세대[三世] 후에 정권을 잃지 않

는 일이 드물다.

| 배신陪臣은 대부의 가신家臣을 말한다. 오세五世·삼세三世는 그 세대의
수가 대략 이와 같은 정도에 지나지 않는다는 말이다.

천하에 도가 있으면 정권이 대부에게 있지 않고,

| 임금이 권력을 잃지 않으면 대부가 정권을 자기 마음대로 할 수 없다.

천하에 도가 있으면 지위 없는 사람이 정사를 논의하지 않는다."

| 정치가 인심에 부합하면 아랫사람들이 몰래 정사를 논의하지 않는다.

○ 이 장은 공자가 『춘추』를 지은 연유를 기록한 것 같다. 예악과 정벌
이 제후에게서 나오는 일은 세상의 도가 처음 변고를 겪은 것이다. 대부
에게서 나오는 일은 세상의 도가 두 번 변고를 겪은 것이다. 대부의 가
신이 국정을 잡은 일은 변고가 극단에 이른 것이다. 제후는 예악과 정벌
을 통해 천하를 제패할 수 있다고 생각한다. 대부는 예악과 정벌을 통해
국정國政을 마음대로 할 수 있다고 생각한다. 대부의 가신은 예악과 정벌
을 통해 국정을 영원히 잡을 수 있다고 생각한다. 이들은, 윗사람이 아랫
사람에게 은혜를 베풀고 아랫사람이 윗사람을 잘 받든 뒤에야 위아래의
질서가 바르게 되고 나라가 안정된다는 사실을 전혀 모르는 것이다. 도
리에 거스르는 일을 더욱 심하게 하면 권력을 잃는 일은 더욱더 빨라지
기 마련이다. 『춘추』를 지은 이유는 난신적자亂臣賊子의 욕심을 막고 평화
로웠던 옛날의 융성한 모습을 회복하려고 해서였다. 그런 까닭에 옛 자
취를 밝혀 후세에 알려 준 것이다. 그 염려하는 마음이 가장 깊고 간절하

다 하겠다. 임금에서 지위 없는 사람에 이르기까지 거울로 삼지 않으면 안 된다.

○ 진사이는 논한다: 어떤 사람이 말했다. "예로부터 여러 선생들이 책을 써 훌륭한 말씀을 기록하면서 천하를 다스리는 방도를 논하였습니다. 이것은 지위 없는 사람으로서 논의를 벌인 것입니다. 저 사람들은 모두 잘못입니까?" 나(진사이)는 대답하였다. "잘못이다. 덕을 갖췄다 해도 지위가 없으면 감히 예악을 만들지 않는 것이다. 천하의 일이 어떻게 지위 없는 사람들이 논의할 수 있는 것이겠느냐. 그러나 천하에 도가 있으면 학문하는 사람이 위에 있고, 천하에 도가 없으면 학문하는 사람이 아래에 있다. 학문하는 사람이 위에 있기 때문에 지위 없는 사람들이 감히 논의를 벌이지 않는다. 억눌러서 논의하지 않는 게 아니다. 학문하는 사람이 아래에 있기 때문에 지위 없는 사람들이 천하의 일을 논의하더라도 주제넘은 짓을 한 게 아니다. 천하에 도가 끊어질까 염려해서였다. 그런 까닭에 공자는, '나를 아는 것도 오직 『춘추』를 통해서일 것이다. 나에게 죄를 내리는 것도 오직 『춘추』를 통해서일 것이다'(『맹자』 「등문공 하」 제9장)라고 말하였다. 어찌할 수 없어 『춘추』를 지은 것이다."

3. 孔子曰: "祿之去公室五世矣, 政逮於大夫四世矣. 故夫三桓之子孫微矣."

공자께서 말씀하셨다. "녹祿이 공실公室을 떠난 지 다섯 세대가 되었고,

┃ 노나라는 문공文公이 세상을 떠난 후부터, 문공의 숙부 공자수公子遂가

태자 자적子赤을 죽이고 선공宣公을 세웠는데 임금이 권력을 잃었다. 선공에서부터 성공成公·양공襄公·소공昭公·정공定公을 거쳤으니 모두 다섯 세대이다.

정권이 대부에게 이른 지 네 세대가 되었다.

┃ 체逮는 이르렀다는 말이다. 계무자季武子가 국정을 자기 마음대로 하기 시작한 때로부터 도자悼子·평자平子·환자桓子를 거쳤으니 모두 네 세대이다.

그러므로 저 삼환三桓의 자손들은 쇠약해질 것이다."

┃ 공씨(공안국)가 말했다. "삼환三桓은 중손씨仲孫氏·숙손씨叔孫子·계손씨季孫氏를 말한다. 이 삼경三卿이 모두 환공桓公(환자)에서 나왔기 때문에 삼환이라고 하였다. 중손씨는 자신의 씨氏를 고쳐 맹씨孟氏라고 하였다. 이들 모두 애공哀公 대代에 이르러 쇠약해졌다."

○ 이 장은 앞 장과 함께 모두 문인門人이 기록한 것으로, 공자가 『춘추』를 지은 연유를 보여 준다. 단지 당시의 사건을 기록한 것만이 아닌 것이다. 소유해야 할 사람이 아닌데 소유한 사람은 반드시 소유한 것을 잃게 되며, 크게 되어서는 안 되는 사람인데 크게 된 사람은 반드시 미약해지기 마련이다. 이것이 필연적인 이치임을 말한 것이다.

4. 孔子曰 : "益者三友, 損者三友 : 友直, 友諒, 友多聞, 益矣; 友便辟, 友善柔, 友便佞, 損矣."

공자께서 말씀하셨다. "유익한 벗이 셋이며, 해로운 벗이 셋이다. 벗이 정직하고, 벗이 굳건하며, 벗이 들은 것이 많으면 유익하다.

> 직直은 직언을 하고 숨김이 없는 것이다. 양諒은 자신을 견고하게 지키며 흔들리지 않는 것이다. 다문多聞은 옛것을 널리 알고 지금 것에도 정통한 것이다. 벗이 정직하면 자신의 잘못을 들을 수 있고, 벗이 굳건하면 자신 또한 굳건하게 지킬 수 있으며, 벗이 들은 게 많으면 전에 듣지 못한 것을 들을 수 있다는 말이다.

벗이 교묘하게 잘 피하고, 벗이 유순하기를 잘하며, 벗이 말을 잘하면 해롭다."

> 마씨(마융)가 말했다. "편벽便辟은 사람들이 꺼리는 것을 교묘하게 잘 피해 잘 보이기를 구하는 것이다. 선유善柔는 낯빛을 부드럽게 하는 것이다." 정씨(정현)가 말했다. "편便은 변辨(말을 잘하는 것)과 같은 말로, 아첨하며 말을 잘한다는 뜻이다." 벗이 말을 잘하면 자신에게 꾸미고 속이려는 마음이 생기고, 벗이 유순하기를 잘하면 직언을 들을 수 없고, 벗이 아첨을 잘하면 시비가 뒤섞여 혼란스럽다.

○ 사람에게 벗은 그 관계되는 부분이 아주 크다. 자신에게 보탬이 되는 것도 친구관계에 달려 있고, 손해가 되는 것도 또한 친구관계에 달려 있다. 보탬이 되는 벗은 보통 감정에서 보자면 꺼려지는 존재이다. 하지만

이들을 친구로 사귀면 보탬이 된다. 손해가 되는 친구는 보통 감정에서 보자면 기뻐하게 되는 존재이다. 하지만 이들을 친구로 사귀면 반드시 손해가 생기게 된다. 벗이란 신중하지 않을 수 없는 것이다.

5. 孔子曰: "益者三樂, 損者三樂: 樂節禮樂, 樂道人之善, 樂多賢友, 益矣; 樂驕樂, 樂佚遊, 樂宴樂, 損矣."

공자께서 말씀하셨다. "보탬이 되는 세 가지 좋아하는 일이 있고, 손해가 되는 세 가지 좋아하는 일이 있다.

> 형씨(형병)가 말했다. "사람이 마음속으로 즐기고 좋아하는, 손해가 되고 이익이 되는 일이 각자 세 가지 종류가 있음을 말한 것이다."

예악으로 절제하는 일을 좋아하고, 사람들의 선행을 얘기하길 좋아하며, 현명한 벗이 많은 것을 좋아하면 보탬이 된다.

> 하씨(하안)가 말했다. "예악을 절제하는 일을 좋아하는 것은 모든 동작을 할 때 모두 예의 절도節度를 터득한 것이다."* 이른바 『예기』「악기」樂記에, "예악은 잠시라도 몸에서 떠나서는 안 된다"는 말이 이것이다.

교만 부리는 즐거움을 좋아하고, 편안히 놀기를 좋아하고, 잔치의 쾌락을 좋아하면 손해가 된다."

---

* 이 말은 하안이 아니라 형병의 주석이다.

교락驕樂은 교만을 즐거움으로 삼는다는 말이다. 연락宴樂은 잔치를 즐거움으로 삼는다는 말이다.

○ 사람에게 좋아하고 즐기는 일이 없을 수는 없다. 다만 선을 좋아하면 날마다 보탬이 되고, 불선不善을 좋아하면 날마다 손해가 된다. 그러므로 예악을 절제하는 일을 좋아하면 몸이 법도를 따르게 되어 덕에 나아가는 터전이 확립된다. 사람들의 선행을 말하기 좋아하면 자신만을 고집하려는 마음이 사라지고 덕을 숭상하는 마음이 돈독해진다. 현명한 벗이 많은 것을 좋아하면 감히 스스로에게 만족하지 않고 덕을 성취시킬 수 있는 도움이 많게 된다. 그렇기에 "보탬이 된다"고 말한 것이다. 교만 부리는 즐거움을 좋아하면 두려워하고 무서워하는 게 없어 오만한 마음이 날로 자란다. 편안히 놀기를 좋아하면 삼가고 힘쓰는 일이 없어 마음이 반드시 황폐해진다. 잔치의 쾌락을 좋아하면 탐하고 그리워하는 대상이 생겨 마음이 쉽게 빠진다. 그렇기에 "손해가 된다"고 말한 것이다. 사람은 좋아하고 즐기는 대상을 삼가지 않으면 안 된다. 『대학』에, "마음에 좋아하고 즐거워하는 것이 있으면 마음이 바르게 될 수 없다"(제7장)고 했는데, 틀린 말이다.

6. 孔子曰 : "侍於君子有三愆 : 言未及之而言, 謂之躁 ; 言及之而不言, 謂之隱 ; 未見顔色而言, 謂之瞽."

공자께서 말씀하셨다. "군자를 모실 때 (저지르는) 세 가지 잘못이 있다.

> 건愆은 잘못을 말한다.

말씀이 미치지 않았는데 먼저 말하는 것을 조급함이라고 한다.

> 조躁는 불안정한 것을 말한다.

말씀이 미쳤는데 말하지 않는 것을 숨긴다고 한다.

> 은隱은 진실한 마음을 숨기고 감추는 것을 말한다.

안색을 보지 않고 말하는 것을 장님이라고 한다."

> 안색을 살피지 않고 말하는 것은 눈 없는 사람과 같다는 말이다.

○ 이 장은 지위가 낮거나 어린 사람이 지위가 높은 사람이나 어른을 모실 때 언어 예절에 대해 말한 것이다. 사람은 반드시 예절을 지켜야 한다. 예절을 터득하면 군자가 되고 이를 잃으면 야인野人이 되는 것인데, 언어 예절에서 가장 신중해야 한다. 하물며 군자를 섬길 때에야 어때야 하겠는가.

7. 孔子曰："君子有三戒：少之時, 血氣未定, 戒之在色；及其壯也, 血氣方剛, 戒之在鬪；及其老也, 血氣旣衰, 戒之在得."

공자께서 말씀하셨다. "군자는 세 가지 경계할 일이 있다. 젊을 때는 혈기가 아직 안정되지 않았으므로 경계할 일이 여색女色에 있다. 장성해서는 혈기가 한창 강하므로 경계할 일이 싸움에 있다. 늙어서는 혈기가 이미 쇠약해졌으므로 경계할 일이 탐욕에 있다."

┃ 득得은 탐욕스레 얻으려는 것을 말한다.

○ 이 세 가지는 배우는 사람이 평생 크게 경계해야 할 일이다. 사람의 삶에서 혈기가 시기에 따라 변하지 않을 수 없는 것이므로, 또 당연히 시기에 따라 경계할 일을 두지 않으면 안 된다. 혈기는 몸에 있는 것이지만 경계하는 일은 마음에 두어야 한다. 혈기가 하는 대로 맡겨 두어서는 안 된다고 말한 것이다.

8. 孔子曰: "君子有三畏: 畏天命, 畏大人, 畏聖人之言. 小人不知天命, 而不畏也, 狎大人, 侮聖人之言."

공자께서 말씀하셨다. "군자에게는 세 가지 두려움이 있다. 천명天命을 두려워하고, 대인大人을 두려워하며, 성인의 말씀을 두려워한다.

┃ 외畏는 두려워한다는 말이다. 천명은 하늘에서 내려 준 길흉화복이 이
   것이다. 대인은 덕이 높고 인망人望이 두터워 한 시대의 사표가 될 수 있
   는 사람이다. 성인의 말씀은 책에 실려 있는 것으로, 전·모·훈·고* 등

---

* 전모훈고(典謨訓誥)는 『서경』의 여러 편명을 들어 말한 것이다. 전(典)은 좋은 정치를 뜻하며 「요전」(堯典)·「순전」(舜典)을 말하며, 모(謨)는 아름다운 말씀이란 의미로 「대우모」(大禹謨) 등을 말하며, 훈(訓)은 신하가 임금을 경계한 것이란 말로 「이훈」(伊訓) 등이 있고, 고(誥)는 임금이 신민(臣民)에게 알리는 말로 「강고」(康誥)·「주고」(酒誥) 등이 있다.

이 모두 이것이다.

소인은 천명을 몰라 두려워하지 않고, 대인에게 함부로 굴고, 성인의 말씀을 업신여긴다."

> 모侮는 희롱하고 장난한다는 말이다. 소인은 무지하고 난폭하며 제멋대로다. 때문에 세 가지를 두려워해야 한다는 것을 모른다.

○ 하늘에는 필연적인 원리가 있고 인간에게는 스스로 불러들이는 인과가 있어, 선을 실행하면 온갖 좋은 일을 내려 주고 불선不善을 실행하면 온갖 나쁜 일을 내려 준다. 대인은 지위가 막중하고 덕이 높은 존재로, 사람들이 우러러보고 존경한다. 성인의 말은 속일 수 없는 신명神明과 같은 것이다. 모두 엄히 삼가고 공경하며 두려워하지 않으면 안 된다. 군자는 이를 두려워해 스스로 자신을 삼간다. 소인은 이를 업신여기며 스스로 자신을 망친다. 무릇 천명을 안 뒤에야 천명을 진실로 두려워하며, 천명을 두려워할 줄 안 뒤에야 자신을 보존할 수 있다. 그러므로 "천명을 알지 못하면 군자가 될 수 없다"(「요왈」 제4장)고 한 것이다. 사사로운 지혜를 끊고 사사로운 견해를 없애, 충신忠信을 한결같이 가져 가장 정직한 태도를 갖춘 다음에야 천명을 알 수 있는 것이다. 총명한 사람이거나 학문을 하는 사람이라고 미칠 수 있는 것이 아니다. 실로 덕에 나아간 경지가 최고이며 학문의 공적이 가장 높아야 하는 것이다. 이 점이 군자가 두려워하는 세 가지에서 천명을 제일 먼저 말한 이유이다.

9. 孔子曰: "生而知之者, 上也; 學而知之者, 次也; 困而學之, 又其次
也; 困而不學, 民斯爲下矣."

공자께서 말씀하셨다. "태어나면서 아는 사람은 최상이다. 배워서 아는
사람은 그 다음이다. 곤란을 겪고 나서야 배우는 사람은 또 그 다음이다.

> 곤^困은, "마음에 곤란한 일로 자신을 펼칠 수 없고, 생각을 해도 어긋나
> 기만 한다"[困於心衡於慮](『맹자』「고자 하」 제15장)는 말의 곤^困과 같은 뜻
> 으로, 일의 형세가 곤궁하고 궁지에 빠져 마음에 곤란한 일이 있음을
> 말한다.

곤란을 겪고 나서도 배우지 못하면 백성으로서 최하이다."

○ 이 장은 공자가 학문의 효과를 깊이 찬양해 사람들이 힘쓰도록 한 말
이다. "도는 하나일 뿐이다."(『맹자』「등문공 상」 제1장) 태어나면서 도를
아는 사람은 확실히 배울 필요가 없으니 사람 가운데 최상이다. 배우고
나서 도를 아는 사람은 완성의 경지에 이르게 되면 최상의 사람과 같은
효과를 보게 된다. 그렇기 때문에 다음이라고 하였다. 마음에 곤란한 일
을 겪고 난 후에 배우면 확실히 말단이다. 하지만 부지런히 공부해서 그
치지 않으면 또한 최상으로 올라갈 수 있다. 그렇기 때문에 또 그 다음이
라고 하였다. 마음에 곤란한 일을 겪고 나서도 배울 줄을 모르면 이는 의
리^{義理}를 아는 마음이 없는 것이다. 그렇기 때문에 최하가 된다. 이른바
"부끄러워하고 미워하는 마음이 없으면 사람이 아니다"(『맹자』「공손추
상」제6장)라는 말은 이를 가리킨다.

10. 孔子曰 : "君子有九思 : 視思明, 聽思聰, 色思溫, 貌思恭, 言思忠, 事思敬, 疑思問, 忿思難, 見得思義."

공자께서 말씀하셨다. "군자에게는 아홉 가지 생각이 있다. 볼 때에는 명확히 볼 것을 생각하고, 들을 때에는 분명히 듣는 것을 생각하고, 얼굴빛은 온화한가를 생각하고, 몸가짐은 공손한지를 생각하고, 말할 때는 충실하기를 생각한다.

> 명明은 볼 때 가리는 것이 없음을 말한다. 청聰은 들을 때 빠뜨린 것이 없음을 말한다. 온溫은 옥처럼 은은하게 광택 있는 것을 말한다. 공恭은 게으르고 멋대로 하는 기운이 몸에 나타나지 않는 것이다. 충忠은 말을 하면서 행동으로 다하지 않는 것이 없음을 말한다. 이 다섯 가지는 몸가짐에 대해서 말한 것이다.

일은 공경으로 할 것을 생각하고, 의심 나면 물어볼 것을 생각하고, 분노하면 어려움을 생각하고, 얻는 일을 보면 의로움을 생각한다."

> 경敬은 일을 잘 받들어 게으르지 않는 것이다. 공경으로 할 것을 생각하면 일에 실수가 없다. 물어볼 것을 생각하면 의심이 쌓이지 않는다. 분노가 일으킬 어려움을 생각하면 분노는 반드시 뉘우치게 된다. 이 네 가지는 일에 대하는 것에 관해서 말한 것이다.

○ 이 장은 군자에게는 아홉 가지 생각을 제외하고는 더 다른 생각은 없음을 말하였다. 사람은 생각하면 깨닫고, 생각하지 않으면 깨닫지 못한다. 군자가 군자인 까닭은 생각할 수 있기 때문이다. 하늘이 몸을 잃게 하

고 집안을 망가뜨리는 일 같은 것도 모두 생각하는 것을 모르기 때문이다. 아홉 가지 생각은 좋은 생각을 구체적으로 나타낸 것이다.

○ 진사이는 논한다: 의사가 처방을 만들 때는 반드시 군신좌사^{君臣佐使}의 차이와 기우완급^{奇偶緩急}*의 다른 점을 염두에 두고 여러 약재를 배합해야, 그 뒤에 질병을 멈추게 하고 사람을 구할 수 있다. 간단한 처방 같은 경우는 단지 급할 때를 준비해 쓰는 것이므로, 법도로 삼아서는 안 된다. 성인이 가르침을 베푼 일도 마찬가지다. 인^仁으로 마음을 보존하고, 예로 마음을 보존해 여러 가지 공부를 아울러 온전히 한 다음에야 자신의 덕을 성취할 수 있다. 예컨대 선배 유학자들(송나라 유학자)의 경^敬을 중심으로 하는 수양법은 또한 간단한 처방과 같은 종류일 뿐이다. 또 말해 본다. "일은 공경으로 하는가를 생각한다"는 것은 아홉 생각 가운데 하나일 따름이다. 송나라 유학자가 아홉 가지 생각은 모두 경^敬을 중심으로 해야 한다고 말하는 것은 도대체 무슨 뜻인가.

─────────────

* 군(君)·신(臣)·좌(佐)·사(使)는 명나라 이시진(李時珍)의 『본초강목』(本草綱目) 「서례」(序例)에 보이는 말이다. 「신농본경명례」(神農本經名例)라는 제목 아래 기록이 보인다. 해당 부분은 대체로 다음과 같다. "상약(上藥) 120종을 군(君)이라 한다. 생명을 기르는 일을 주관하며 하늘[天]에 조응한다. 독이 없어 많이 먹고 오래 복용해도 사람을 상하게 하지 않는다. 몸을 가볍게 하고 기운을 돋우며 불로장생(不老長生)하고자 하는 사람은 상경(上經)에 근본을 두어야 한다. 중약(中藥) 120종을 신(臣)이라 한다. 성정(性情)을 기르는 일을 주관하며 땅[地]에 조응한다. 독이 있기도 하고 없기도 하며 알맞은 양을 참작해 써야 한다. 병을 막고 허하고 약함을 보충하고 싶은 사람은 중경(中經)에 근본을 두어야 한다. 하약(下藥) 120종을 좌사(佐使)라 한다. 병을 치료하는 일을 주관하며 사람[人]에 조응한다. 독이 많아 오래 복용해서는 안 된다. 한열(寒熱)과 사기(邪氣)를 없애고 (몸 안에) 쌓이고 모인 것을 깨뜨려 병을 치료하고자 하는 사람은 하경(下經)에 근본을 두어야 한다. 약에는 군·신·좌사가 있으므로 서로 알맞게 해서 보양해야 한다. 군1, 신2, 좌3, 사5를 배합해 조제해야 알맞으며, 또 군1, 신3, 좌사9가 좋다."
기우완급(奇偶緩急) 역시 『본초강목』 「서례」에 보이는 말이다. 일곱 가지 처방[七方]을 들고서, "1. 대방(大方), 2. 소방(小方), 3. 완방(緩方), 4. 급방(急方), 5. 기방(奇方), 6. 우방(偶方), 7. 복방(複方)"이라 하였는데, 대개 처방의 큰 개요를 설명한 것이다.

11. 孔子曰: "見善如不及, 見不善如探湯. 吾見其人矣, 吾聞其語矣. 隱居以求其志, 行義以達其道. 吾聞其語矣, 未見其人也."

공자께서 말씀하셨다. "선善을 보고 미치지 못할 듯이 하고, 불선不善을 보고 뜨거운 물에 손을 대는 듯이 한다. 나는 그런 사람을 보았고 그런 말[語]도 들었다.

┃ 선을 좋아하고 악을 미워하는 행동이 진심에서 나오는 사람이 세상에 확실히 존재한다는 말이다. 어語는 옛말을 말한다.

은둔해 살면서 자기 뜻을 추구하고, 의義를 행하면서 자기 도道를 달성한다. 나는 그런 말은 들었지만 그런 사람은 보지 못했다."

┃ "은둔해 살면서 자기 뜻을 추구한다"는 말은 이윤伊尹이 유신有莘(하나라 때의 소국小國)의 들에서 밭을 갈면서 요순의 도를 즐긴 일이 이것이다. 의義는 군신의 의를 말한다. "의義를 행하면서 자기 도를 달성한다"는 말은 이윤이 자신의 뜻을 바꿔 세상에 나와 탕왕의 부름에 응답한 행동 같은 것이다. 공자 문하에서 안회·증삼·민자건·염구 같은 사람들이나 감당할 수 있는 일이다. 그러나 공자가 "그런 사람은 보지 못했다"고 말한 것은 당시의 인재들에 대해서 공자가 널리 말한 것이지, 문하의 제자들에 대해서는 늘 논의의 대상으로 언급하지 않았다.

○ "선을 착하게 보고 악을 미워하는 행동이 본성에서 나오는 사람은 사람 가운데 최상에 속합니다. 무슨 까닭으로 자기 뜻을 추구하고 자기 도를 달성한 사람에게 미치지 못하는 것입니까?" 나(진사이)는 대답하였

다. "성인의 학문은 세상 경영을 근본으로 삼지, 홀로 자신을 선하게 만드는 일[獨善其身]을 최고의 경지로 보지 않는다. 그러므로 '내가 이 사람들과 함께 하지 않으면 누구와 함께 하겠는가'(「미자」 제6장)라고 말한 것이다. 선을 착하게 보고 악을 미워하는 일이 가장 순수한 진심에서 나왔으므로 최상의 행동이기는 하지만, 자기 뜻을 추구하고 자기 도를 달성하는 사람이 자신을 완성할 뿐만 아니라 또한 남까지도 완성해 주는 훌륭한 일보다는 못하다. 이 점이 우열이 생기는 까닭이다. 『논어』는 이것으로 사람들을 가르쳐 왔는데 아직도 자신을 깨끗이 하는 일을 고상하다고 생각하는 사람들이 있다. 어찌 경중을 모르는 자가 아니겠는가."

○ 진사이는 논한다: 옛 주석(주희의 『집주』)에는, "선善을 보고서 미치지 못할 듯이 하고, 선하지 못한 것을 보고는 뜨거운 물에 손을 데는 듯이 하는 일은 안회·증삼·민자건·염구 같은 사람들이 할 수 있었을 것이다, 은둔해 살면서 자기 뜻을 추구하고, 의義를 행하면서 자기 도를 달성한 일은 오직 이윤·태공망太公望(여상呂尙)이 감당할 수 있고, 안자 또한 거의 이에 가까웠을 것이다"라고 하였는데, 틀린 말이다. 맹자는, "우임금과 직稷(주周 왕조의 창시자)과 안회는 똑같은 도를 실행했다"(「이루 하」 제29장)라고 분명하게 말했고, 또 (이어서) "이 세 사람은 처지가 바뀌었어도 모두 똑같이 그렇게 도를 실행했을 것이다"라고 하였다. 여기 옛 주석에서 "또한 거의 이에 가까웠을 것이다"라고 말한 것은 이윤과 여상을 높이고 안자는 낮추는 일이다. 공자와 같은 성인은 "요순임금보다 훨씬 현명하고"(『맹자』 「공손추 상」 제2장), 안자는 공자 다음인데 그의 덕행이 어떻게 이윤·여상보다 못한 것이 있겠는가. 이윤·여상 같은 사람들은 임금을 제대로 만나 도를 행할 수 있어서 업적이 크게 천하에 미칠 수 있

었기에 사람들이 그들을 성현으로 인식하는 것이다. 안자와 몇몇 사람들은 불행하게도 시대의 어려움을 겪어 천하를 다스릴 수 없었다. 그러므로 사람들이 모두 이윤·여상에 대해서는 의심을 품지 않으면서 매양 안회에게는 의심을 품었으니, 안회를 낮춰 보는 게 아닌가. 증서曾西(증삼의 아들)는 자로와 비교되는 것을 두려워했고, 관중은 본받으려고 하지 않았다(『맹자』「공손추 상」제1장). 그런데 선배 유학자는 관중이 이룩한 업적을 가지고 자로가 미칠 수 없다고 보았는데 또한 안자를 판단한 것과 똑같은 종류이다.

12. 齊景公有馬千駟, 死之日, 民無德而稱焉. 伯夷·叔齊餓于首陽之下, 民到于今稱之. 其斯之謂與.

제나라 경공景公은 수레가 천 대 있었는데 죽는 날 백성 가운데 덕이 있다고 칭송한 사람이 없었다. 백이·숙제는 수양산 아래에서 굶어 죽었지만 백성들은 지금까지 그들을 칭송한다.

┃ 사駟는 수레를 끄는 말 네 마리를 말한다. 수양首陽은 산 이름이다.

이를 말하는 것인가 보다.

┃ 정자程子와 호씨(호광胡廣)는, "제12편 「안연」 제10장의 '정말 부유해서 가 아니라, 역시 단지 달라서였다'[誠不以富, 亦祇以異]라는 구절이 이 장 위에 있어야 한다"라고 하였다. 사람들이 칭송하는 것은 부유함에 달려 있지 않고 다르게 행동한다는 데 있음을 말한 것이다. 주씨(주희)가 말

했다. "이 장 처음에 '공자께서 말씀하셨다'[孔子曰]라는 말이 있어야 한다. 글자가 빠졌을 뿐이다. 전체적으로 『논어』 후반부 10편에는 빠지거나 잘못된 부분이 많다."

○ 이 장은 수레를 만 대나 가진 임금이라고 해도 칭송할 만한 덕이 없으면 보통 사람보다 못하다는 말이다. 제나라의 경공은 대국의 임금이었다. 하지만 죽는 날 흔적 없이 사라져 초목과 함께 썩어 갔다. 백이·숙제는 수양산에서 굶어 죽은 인물이다. 하지만 수많은 시간이 흘러도 일월日月과 함께 빛나고 있다. 그 영광과 치욕은 확실히 같은 차원에 놓고 말할 수 없다. 아, 임금같이 존귀한 자리조차 저 아래 보통 사람과도 견줄 수 없을 지경이니 왜 딱한 일이 아니겠는가.

13. 陳亢問於伯魚曰: "子亦有異聞乎?" 對曰: "未也. 嘗獨立, 鯉趨而過庭. 曰: '學詩乎? 對曰: '未也.' '不學詩, 無以言.' 鯉退而學詩. 他日, 又獨立, 鯉趨而過庭. 曰: '學禮乎?' 對曰: '未也.' '不學禮, 無以立.' 鯉退而學禮. 聞斯二者." 陳亢退而喜曰: "問一得三: 聞詩, 聞禮, 又聞君子遠其子也."

진항이 백어*에게 물었다. "선배님은 분명 특별히 들으신 게 있지요?"

│ 진항은, 백어가 평소에 공자의 슬하에서 다른 사람들이 미처 듣지 못한

---

* 백어(伯魚)는 공자의 아들 공리(孔鯉)로, 진항(陳亢; 자는 자금子禽)보다 21세 연상이다.

것을 분명 들은 게 있을 것이라고 생각했다.

백어가 대답했다. "아니야. 한번은 아버님께서 혼자 서 계시는데 내가 종종 걸음으로 뜰을 지나가자, '시를 배웠느냐?' 여쭈시기에, '아닙니다' 대답하였더니, '시를 배우지 않으면 (함께) 말을 할 수가 없다'라고 하셨어. 나는 물러 나와 시를 배웠지.

│ 시의 가르침은 천도天道가 구비되어 있고 인간 사회의 일이 두루 담겨 있으며 선악과 성공·실패의 자취가 드러나 있다. 그러므로 시를 배우면 말을 잘할 수 있는 것이다.

다른 날 또 혼자 서 계시는데 내가 종종 걸음으로 뜰을 지나가자, '예를 배웠느냐?' 여쭈시기에, '아닙니다' 대답하였더니, '예를 배우지 않으면 자립할 수 없다'라고 하셨어. 나는 물러 나와 예를 배웠지. 이 두 가지를 들었어."

│ 예는 사람들의 나태와 안일을 막는 제방이며 모든 일의 기준이다. 그러므로 예를 배우면 자립할 수 있는 것이다. 이 두 가지를 들었다고 말하여 별도로 특별하게 들은 것이 없음을 명백히 하였다.

진항이 물러나 기뻐하며 말하였다. "하나를 물었는데 세 가지를 얻었구나. 시를 듣고, 예를 들었으며, 또 군자는 자기 자식을 멀리한다는 것을 들었다."

│ "멀리한다"는 말은 사랑하며 가까이 두지 않는다는 뜻이다. 부자지간은 선행을 하라고 요구하지 않기 때문에 옛날에는 자식을 바꿔서 가르

쳤으며 또 멀리하라고 말하였다.

○ 공자 문하의 교육은 시와 예보다 우선하는 것이 없으며 말하는 것도 모두 일상의 언어와 행동을 삼가라는 데 있었기에, 사람들의 생각과 특별히 다른 것을 교육이라고 여기는 게 없었다. 인간의 감정은 시를 통해 알 수 있으며, 인간의 도리는 예를 통해 확립되었으니, 모두 영원히 통용될 수 있는 도를 말한 것이다. 이런 까닭에 성인의 도는 영원히 통용될 수 있는 도가 되는 것이며, 『시경』과 『예기』는 영원히 통용될 수 있는 경전이 되는 것이다. 사람을 멀리하는 것을 교육이라 한다면 어떻게 성인의 가르침이 되겠는가.

14. 邦君之妻, 君稱之曰夫人; 夫人自稱小童; 邦人稱之曰君夫人, 稱諸異邦曰寡小君; 異邦人稱之, 亦曰君夫人.

임금의 아내를 임금이 부를 때 부인이라고 한다. 부인이 자신을 일컬을 때는 소동小童이라고 한다. 나라 사람들이 부를 때는 군부인君夫人이라고 한다. 다른 나라 사람들 앞에서 부를 때는 과소군寡小君이라고 한다. 다른 나라 사람들이 부를 때는 역시 군부인君夫人이라고 한다.

┃ 과寡는 덕이 부족하다는 말로 겸사이다. 공씨(공안국)가 말했다. "소군小君은 임금의 부인에 대한 호칭이다."

○ 공씨(공안국)가 말했다. "이 시대에는 아내[妻]와 첩의 구별이 바르지

않아서 호칭문제를 살피지 않았다. 그러므로 공자가 그 예를 바로잡은 것이다.”

○ 오역吳棫이 말했다. “『논어』 가운데 실려 있는 이와 같은 종류의 말들은 무엇을 말하는지 모르겠다. 혹 옛날부터 있었던 것인지, 혹 공자가 일찍이 한 말인지 명백하게 살필 수 없다.”

논어고의 권9

論語古義 卷之九

양화(陽貨)

모두 25장이다.

1. 陽貨欲見孔子, 孔子不見, 歸孔子豚. 孔子時其亡也, 而往拜之. 遇諸
塗, 謂孔子曰: "來予與爾言." 曰: "懷其寶而迷其邦, 可謂仁乎?" 曰:
"不可." "好從事而亟失時, 可謂知乎?" 曰: "不可." "日月逝矣. 歲不我
與." 孔子曰: "諾, 吾將仕矣."

양화陽貨가 공자를 만나고 싶어 했다. 공자께서 만나 주지 않자 공자께 돼
지를 보냈다.

양화는 계씨季氏의 가신家臣으로 이름이 호虎다. 계환자季桓子를 가두고
국정國政을 마음대로 한 적이 있다. 노나라 사람들이 평소 공자를 존경
하였는데, 양화가 공자를 불러 자기를 알현하게 하고 중요한 인물로 삼
으려 했는데 공자가 가지 않았다. 예에서는 대부大夫가 사士에게 선물을

보냈을 때 사가 자신의 집에서 받지 못하면 보낸 대부의 집 문에 가서 사례를 해야 한다. 그런 까닭에 공자가 없을 때를 봐서 돼지를 보내, 공자가 자기에게 와 사례를 하도록 해서 만나려고 했던 것이다.

공자께서 그가 없을 때를 봐서 그의 집에 가 사례하였다.

> 공자는 양화를 만나고 싶지 않았기 때문에 그가 없을 때를 엿보고 간 것이다.

길에서 만나자 공자께 말하였다. "오시지요. 내 그대와 할 말이 있습니다."

양화가 말했다. "보물을 품고서 나라를 어지럽게 두는 것을 어질다고 할 수 있겠습니까?"

"그렇다고 할 수 없습니다."

> 도道는 길을 말한다. "보물을 품고 나라를 어지럽게 둔다"는 말은 나라가 혼란하고 어지러운 것을 구하지 않는다는 말이다. 덕이 천하에 미치는 것을 인仁이라고 한다.

"정사에 종사하길 좋아하면서 자주 때를 놓치는 것을 지혜롭다 할 수 있겠습니까?"

"그렇다고 할 수 없습니다."

> 극亟은 자주라는 말이다. 실시失時는 일을 실행하는 시기를 맞추지 못하는 것이다.

"시간은 흘러가고 세월은 나를 기다려 주지 않습니다."

공자께서 말씀하셨다. "알겠습니다. 내 장차 벼슬에 나가겠습니다."

┃ 주씨(주희)가 말했다. "장將은 곧 그렇게 하겠지만 반드시 하겠다는 말
  은 아니다."

○ 이 장은 "공자는 너무 심한 것은 하지 않았다"(『맹자』「이루 하」제10
장)는 점을 기록해 배우는 사람들에게 세상의 관습에 맞게 살아가는 권
도權度(상황에 맞게 원칙을 융통성 있게 운용하는 것)를 보여 준 것이다. 무
릇 도는 온 세상에 통용될 수 있는 것이지만 너무 높고 실행하기 어려운
일이 모두 도는 아니다. 일반적으로 뜻이 있는 사람은 반드시 급히 서두
르고 기운이 센 사람은 반드시 격해진다. 다만 성인은 도가 넓고 덕이 높
아 천하에 꼭 해야겠다는 것도 없고 하지 않는 것도 없어 자연스럽게 권
도를 보존하고 있어 어떤 일이든 마땅하지 않은 게 없다.

○ 진사이는 논한다: 옛 주석(주희, 『집주』)에는, "공자가 양호를 만나지
않은 것은 의義다. 공자가 가서 사례한 일은 예禮다. 꼭 양호가 없는 틈을
타서 간 일은 양호가 한 일과 걸맞게 하고자 해서이다. 길에서 만났는데
피하지 않은 것은 끝까지 그와 관계를 끊지 않으려는 것이다. 묻는 말에
따라 대답한 것은 이치가 올바른 것이다. 대답은 하면서도 변론하지 않
은 것은 말은 겸손하게 하면서도 또한 뜻을 굽히지는 않은 것이다"라고
하였다. 나는 생각해 본다. 이 설명이 그럴듯해 보이지만 그럴듯해 보일
뿐이다. 하지만 성인의 덕이 얼마나 위대한지에 대해 공자가 하는 말마
다 논의를 벌이고 구절구절마다 의론을 벌이는 일은 명백히 작은 것을
가지고 하늘을 보고, 한 줌의 흙을 가지고 대지를 재 보는 일과 같다. 자

질구레해지고 지리멸렬해져서 파고들면 파고들수록 더욱더 본래의 뜻과는 더욱 멀어지는 일을 많이 보게 된다.

2. 子曰: "性相近也, 習相遠也." (子曰:) "唯上知與下愚不移."

선생님께서 말씀하셨다. "본성은 서로 비슷하지만 학습[習]으로 서로 멀어진다." (선생님께서 말씀하셨다.) "가장 지혜로운 사람과 가장 어리석은 인간은 변화시킬 수 없다."

   | 어떤 사람이 두번째의 "선생님께서 말씀하셨다"[子曰]는 두 글자는 쓸
     모없는 글자라고 했는데, 지금 그 의견을 따른다.

○ 이 장은 성인이 사람을 가르칠 때 본성에 책임을 묻지 않고 오로지 학습에 책임을 물었음을 밝힌 것이다. 인간의 본성과 기질은 처음에는 아직 심하게 차이가 나는 것은 아니다, 다만 선을 익히면[習] 선하게 되고 악을 익히면 악해져서 여기서부터 비로소 서로 멀어지게 된다는 말이다. 배우는 사람은 자신이 익히는 것을 살피지 않으면 안 된다. 좋은 가르침이 있어 이를 익히게 되면 모두 교화가 되어 선으로 들어갈 수 있다. 가장 지혜로운 사람과 가장 어리석은 인간만은 고정되어 변화시킬 수 없을 따름이다.

○ 진사이는 논한다: 공자는 "본성은 서로 가깝다"라고 하였는데, 맹자는 오로지 "본성은 선하다"라고 하였다. 그 말에 다른 점이 있어 보이는 것은 어째서인가? 맹자는 공자를 배운 사람이다. 그의 취지에 어떻게 다

름이 있겠는가. 맹자가 말한 '본성은 선하다'는 '본성은 서로 가깝다'는 말의 뜻을 명확하게 설명한 것이다. 요순임금에서 길 가는 행인에 이르기까지, 그 사이의 정도 차이가 어찌 천 배 만 배뿐이겠는가. 차이가 멀다고 해야 하는데 서로 가깝다고 말한 것은 인간 본성·기질의 강함과 부드러움, 어리석음과 총명에 다른 점이 있더라도 인의예지仁義禮智의 사단四端을 가지고 있는 점에 있어서는 다를 바가 없다. 물에 비유해 보자. 물에는 달고 쓰고 맑고 탁한 차이가 있지만 아래로 흐른다는 점에서는 동일하다. 그러므로 공자는 서로 가깝다고 한 것이고 맹자는 본성이 선하다고 한 것이다. 그런 까닭에 "인간의 본성이 선한 것은 물이 아래로 흐르는 것과 같다"(『맹자』「고자 상」 제2장)고 한 것이다. 또 "사람이 타고나는 것은 선하다 할 수 있다. 이것이 바로 본성이 선하다고 하는 것이다"(같은 편 제6장)라고 하였다. 이른바 선이라고 하는 말은 모두 타고난 기질[質]을 가지고 논한 것이지 근본원리[理]를 가지고 말한 것이 아니다. 근본 원리를 가지고 말한다면 어떻게 가깝고 멀다는 것으로 말할 수 있겠는가.

3. 子之武城, 聞弦歌之聲, 夫子莞爾而笑曰: "割鷄焉用牛刀?" 子游對曰: "昔者, 偃也聞諸夫子曰: '君子學道則愛人, 小人學道則易使也.'" 子曰: "二三者, 偃之言是也. 前言戱之耳."

선생님께서 무성武城에 가셔서 현악기에 맞춰 부르는 노래를 들으셨다.

이때 자유子游가 무성의 읍재가 되어 예악으로 다스렸다.

선생님께서 빙그레 웃으시며 말씀하셨다. "닭을 잡는데 왜 소 잡는 칼을 썼느냐?"

| 완莞은 미소 짓는 모양이다. 크게 써야 할 도를 가지고 작은 고을을 다스리는 데 시험할 수 있느냐는 말이다.

자유가 대답하였다. "예전에 저는 선생님으로부터, '군자가 도를 배우면 사람을 사랑하고, 소인이 도를 배우면 부리기 쉽다'고 하신 말씀을 들었습니다."

| 군자·소인 모두 배우지 않으면 안 된다. 그러므로 무성이 작은 고을이긴 하지만 또한 반드시 예악으로 가르쳤다는 말이다.

선생님께서 말씀하셨다. "얘들아, 언偃의 말이 옳다. 아까 한 말은 농담이었다."

| 자유의 말이 훌륭하다고 인정하면서 앞서 한 말이 농담이었음을 밝힌 것이다.

○ 주씨가 말했다. "다스림에는 크고 작은 것이 있지만 다스릴 때 반드시 예악을 쓴다면 도가 된다는 점에서는 똑같다. 다만 많은 사람들이 대부분 예악을 쓰지 못했는데 자유 혼자 실행하였다. 때문에 공자가 갑자기 자유의 말을 듣고 깊이 기뻐한 것이다."

○ 군자의 덕은 사람을 사랑하는 데 있고 소인의 덕은 쉽게 부릴 수 있다는 데 있다. 군자가 도를 배우면 어진 마음을 기르게 된다. 그러므로 사람을 사랑하는 것이다. 소인이 도를 배우면 난폭하고 함부로 하는 행동을

사라지게 한다. 그러므로 부리기 쉬운 것이다. 군자·소인이 모두 배우지 않으면 안 되는 것이 이와 같다. 후세에는 예악을 버리고 형벌과 처형에 맡겨 두었으니 잘 다스리고 싶어 한들 제대로 될 수 있겠는가.

4. 公山弗擾以費畔, 召, 子欲往. 子路不說曰:"末之也已, 何必公山氏之之也." 子曰:"夫召我者, 而豈徒哉. 如有用我者, 吾其爲東周乎."

공산불요公山弗擾가 비읍費邑을 가지고 반란을 일으켜 공자를 부르자, 선생님께서 가려고 하셨다.

> 불요弗擾는 계씨의 읍재로 양호와 함께 계환자季桓子를 잡아 가두고 비읍을 점거하고 반란을 일으켰다.

자로가 기뻐하지 않으면서 말했다. "가실 곳이 없으면 그만이지 하필 공산씨公山氏한테 가십니까."

> 말末은 '없다'[無]는 말이다. 지之는 간다는 말이다. 이已는 그만둔다는 말이다. 도가 이미 행해지지 않아 갈 곳이 없는데 왜 꼭 공산씨公山氏한테 가려고 하십니까, 라는 말이다.

선생님께서 말씀하셨다. "나를 부르는 사람이 어찌 공연히 그러겠느냐. 만일 나를 쓰는 사람이 있다면 나는 그곳을 동주東周로 만들겠다."

> 동주로 만들겠다는 말은 동방에 주나라의 도를 일으키겠다는 말이다.

○ 소식蘇軾이 말했다. "공자가 반란을 일으킨 사람을 돕지 않는다는 것은 천하가 다 아는 사실이다. 반란을 일으켜 공자를 부른 것은 반란자의 뜻이 악한 데에 있지 않았던 것이다. 그러므로 공자는 그의 선심善心을 따라 수락했던 것으로 자신이 관계를 끊지 않도록 했을 따름이었다. 불요가 동주를 만들 수 없는 일 또한 명백하다. 하지만 공자를 등용했다면 동주를 만들 수 있는 방도를 갖게 된다. 그러므로 공자가 가고 싶어 했던 것은 이러한 도를 가졌기 때문이었다."

○ 진사이는 논한다: 성인이 천하를 사랑하는 마음은 끝이 없다. 선심을 가지고 성인을 따른다면 반란을 일으킨 사람이라고 해도 가고 싶어 했다. 하물며 반란을 일으킨 사람도 아니고 도를 향하는 뜻을 가진 사람이라면 어땠겠는가. 천하가 아직 무도無道한 지경에 이르지 않았는데, 먼저 무도한 세상이라고 보고 자신을 감추고 스스로 물러나 이 세상과 관계를 끊어 버린 사람은 실로 성인에게 죄를 지은 사람이다.

5. 子張問仁於孔子. 孔子曰: "能行五者於天下, 爲仁矣." 請問之, 曰: "恭·寬·信·敏·惠. 恭則不侮, 寬則得衆, 信則人任焉, 敏則有功, 惠則足以使人."

자장이 인仁에 대해 공자에게 물었다. 공자께서 말씀하셨다. "천하에 다섯 가지를 실행할 수 있으면 인이 된다." 그것이 무엇인지 묻자, 공자께서 말씀하셨다. "공손[恭]·관대[寬]·신뢰[信]·민첩[敏]·은혜[惠]이다.

천하는 가장 넓은 것을 표현한 말로, 어느 곳이든 그렇지 않은 곳이 없다는 말이다. 천하에 이 다섯 가지를 실행할 수 있으면 덕의 교화가 널리 펼쳐지고 사방으로 흘러 만물이 다 제자리를 잡지 않는 것이 없게 된다.

공손하면 모욕받지 않고, 관대하면 많은 사람을 얻고, 신뢰가 있으면 사람이 의지하고, 민첩하면 공이 있고, 은혜를 베풀면 사람을 부릴 수 있다."

│ 임任은 의지하고 믿는 것이다. 위에서 다섯 가지 조목을 다 거론하고, 여기서는 그 효과가 이와 같다고 나누어 말한 것이다.

○ 이 장 역시 오로지 덕을 닦는 공부를 가지고 말한 것이다. 천하에 이 다섯 가지를 실행할 수 있으면 친밀한 사람이나 친하지 않은 사람, 지위가 높은 사람이나 지위가 낮은 사람이나 그 누구도 복종하지 않으리라고 생각할 수 없다. "(군자가 있을 때) 그 임금이 그를 쓰게 되면 국가는 안정되고 부유해지며, 임금도 존귀하고 영화롭게 되고, 자제가 그를 따르게 되면 효·제·충·신 하게 된다."(『맹자』「진심 상」제32장) 인仁은 이런 경지까지 이르는 것이다! 공자가 이렇게 대답해 주었으니 자장이 덕에 나아간 깊이를 또한 알 수 있다. 배우는 사람들은 자장을 비판한 증자의 말(「자장」제15장) 때문에 자장을 매우 가볍게 보는데, 그러한 증자의 견해 역시 잘못된 것이다. 이른바 하나는 알고 둘은 모르는 것이다.

6. 佛肸召, 子欲往. 子路曰: "昔者由也, 聞諸夫子曰: '親於其身爲不善者, 君子不入也.' 佛肸以中牟畔, 子之往也如之何?" 子曰: "然, 有是言

也. 不曰堅乎, 磨而不磷; 不曰白乎, 涅而不緇. 吾豈匏瓜也哉, 焉能繫
而不食."

필힐佛肸이 부르자 선생님께서 가려고 하셨다.

| 필힐은 진晉나라의 대부로 조씨趙氏의 영지 중모仲牟의 읍재였다.

자로가 말했다. "예전에 저는 선생님에게서, '스스로 자신에게 선하지 않
은 행동을 한 사람에게 군자는 한편이 되지 않는다'라고 하신 말씀을 들
었습니다. 필힐이 중모 읍을 가지고 반란을 일으켰는데, 선생님께서 가
시려 하시니 어째서입니까?"

| 주씨가 말했다. "자로는 필힐이 선생님을 더럽히지 않을까 염려하였
다. 때문에 이것을 물어 선생님의 행동을 저지한 것이다." 친親은 스스
로라는 말이다. 불입不入은 같은 편으로 들어가지 않는다는 말이다.

선생님께서 말씀하셨다. "그렇다. 그런 말을 한 적이 있지. '견고해서 갈
아도 닳아지지 않는구나'라고는 말하지 않았더냐, '희어서 검게 물들여
도 검게 되지 않는구나'라고는 말하지 않았더냐.

| 린磷은 얇아진다는 말이다. 날涅은 물속의 검은 흙으로, 이것으로 검게
물들일 수 있다. 치緇는 검은색이다. 공자는 남의 선하지 않은 행동이
자신을 더럽힐 수 없다고 말하여 자로를 안심시킨 것이다.

내가 무슨 조롱박이겠느냐. 어찌 매달아 놓기만 하고 먹을 수는 없는 것
이겠느냐."

포匏는 조롱박이 써서 먹을 수 없는 것이다. 『시경』에, "조롱박에 쓴 잎이 있어"라고 한 시구(「패풍·포유고엽匏有苦葉」)가 그것이다. 나는 조롱박처럼 쓸모없는 물건이나 세상에 도움을 주지 못하는 사람이 아니라는 말이다. 우연히 조롱박을 보고서 이렇게 말한 것으로 보인다.

○ 공자가 예전에 한 말은 군자가 자신을 지켜야 하는 일상의 법도로, 독실하게 믿는 사람이나 혹 할 수 있는 것이지만 인仁을 모두 실행했다고는 할 수 없다. 성인은 세상을 자신의 몸과 같이 보아, 세상 사람들의 괴로움을 자신이 불을 만나고 물에 빠진 것처럼 보았다. 선한 뜻을 가지고 자신에게 온다면 어떻게 그 부름을 거절하겠는가. 거절하고 응답하지 않는다면 이는 선을 자기 편에서 끊어 버리는 일이니, 거의 천하를 버리고 관계를 끊어 버렸다고 하겠다. 이를 인仁이라고 할 수 있겠는가. 무릇 사람이 이 세상에 태어났으니 당연히 이 세상에 쓸모 있는 인간이 되어야 한다. 이 세상에 태어나 이 세상에 도움이 되지 못한다면 초목과 다를 바 없으니 어떻게 배운다고 할 수 있겠는가. 그렇기 때문에 "내가 무슨 조롱박이겠느냐"라고 한 것이다. 그런데 문하의 제자들이 공산불요와 필힐이 관계된 두 장에서 모두 공자가 가려 했다고 기록하고서 끝내 가지 않았다는 사실은 기록하지 않았는데, 이는 사람들에게 공자의 천하 사랑하는 마음을 보여 주느라, 가지 않았다는 점은 말할 겨를이 없었던 것일 게다.

7. 子曰: "由也, 女聞六言六蔽矣乎?" 對曰: "未也." "居, 吾語女. 好仁不好學, 其蔽也愚; 好知不好學, 其蔽也蕩; 好信不好學, 其蔽也賊; 好直不好學, 其蔽也絞; 好勇不好學, 其蔽也亂; 好剛不好學, 其蔽也狂."

선생님께서 말씀하셨다. "유야, 너는 여섯 가지 말[六言]과 여섯 가지 폐
단[六蔽]을 들어 보았느냐?"
자로가 대답하였다. "아직 듣지 못했습니다."

| 폐단[蔽]은 가리고 덮는 것을 말한다.

"앉거라. 내 너에게 말해 주겠다.

| 『예기』에, "군자가 질문할 때 다른 문제로 바꾸면 일어나 대답한다"
  (「곡례 상」)고 하였다. 그러므로 공자가 자로에게 깨우쳐 주면서 다시
  앉도록 하고 일러 준 것이다.

인仁을 좋아하기만 하고 배우기를 좋아하지 않으면 그 폐단은 어리석게
되는 것이다.

| 인은 사람을 사랑하는 것이다. 하지만 배워서 인을 명확하게 하지 않으
  면 우유부단해진다. 아녀자의 인仁 같은 것이 이것이다.

지식을 좋아하기만 하고 배우기를 좋아하지 않으면 그 폐단은 끝 모르게
되는 것이다.

| 탕蕩은 그저 한없이 높아지고 끝없이 광대해져서 멈출 줄 모르는 것이
  다. 지혜롭고자 하는 사람은 고원한 것을 추구한다. 하지만 배워서 지
  식을 연마하지 않으면 인간의 윤리에서 벗어나고 일상생활에서 멀어
  진다. 불교·노장의 가르침과 같은 것이 이것이다.

믿음을 좋아하기만 하고 배우기를 좋아하지 않으면 그 폐단은 해치게 되는 것이다.

> 적賊은 남을 해치는 것을 말한다. 믿음이 있는 사람은 지키는 것이 견고하지만 배움으로 분별하지 않으면 도를 해치고 일을 망치고 만다. 미생尾生의 믿음과 순식苟息을 믿은 일* 같은 것이 이것이다.

정직을 좋아하기만 하고 배우기를 좋아하지 않으면 그 폐단은 성급하게 되는 것이다.

> 정직한 사람은 굽으려고 하지 않는다. 배워서 정직을 보충하지 않으면 성질이 급하고 박절하게 된다. 자식이 아버지가 양을 훔쳤다고 증언하는 일(「자로」 제18장) 같은 것이 이것이다.

용맹을 좋아하기만 하고 배우기를 좋아하지 않으면 그 폐단은 난亂을 일으키는 것이다.

> 용맹한 사람은 전진하기를 좋아한다. 배워서 판단을 다듬지 않으면 도리에 어긋나고 상도常道를 어지럽힌다.

굳세기를 좋아하기만 하고 배우기를 좋아하지 않으면 그 폐단은 함부로 행동하는 것이다."

---

* 미생의 믿음[尾生之信]은 여자와 약속을 지키기 위해 목숨까지 잃은 미생의 고사를 말한다. 고지식하고 어리석은 일에 대한 비유로 흔히 쓰인다. 순식(苟息)은 춘추시대 진(晉)나라 헌공(獻公)의 신하로, 괵(虢)나라를 치기 위해 우(虞)나라에 길을 빌려 달라고 청한 고사(가도멸괵假道滅虢)의 주인공이다. 여기서는 순식의 말을 믿고 길을 내준 우나라의 왕을 가리킨 것으로 보인다.

강한 사람[剛者]은 굴하려 하지 않는다. 배워서 절제하지 않으면 함부로 남과 충돌하게 된다.

○ 이 장은 학문의 공이 아주 크다는 것을 말한 것이다. 여섯 가지는 모두 천하의 미덕이라 하겠다. 하지만 어떤 것은 천품의 기질에 뿌리를 두고 있기도 하고, 어떤 것은 좋아하고 숭상하는 성품이 치우친 데서 비롯되기도 해서 올바른 모습을 가질 수 없다. 반드시 학문을 필요로 하는데, 그런 뒤에 치우친 것을 구제하고 폐단을 보충해 덕을 성취하니 천하에 어떻게 학문의 공보다 더 큰 것이 있겠는가.

○ 진사이는 논한다: 학문의 공이 가장 위대하다. 배워서 연마하게 되면 일에는 본받을 것이 있게 되고, 치우친 것은 구제할 것이 있게 되어 온 천하의 어떤 일에도 자연스레 헷갈리는 게 없게 된다. 그저 자기의 지혜 한 가지에만 맡겨 두면 깊이 파고들어 심오한 이치를 캐내어 천하의 비의秘義를 밝혔다 한들 모두 올바르지 않게 된다. 그런 까닭에 『역』에, "군자는 자신 이전에 있던 말과 과거의 행적을 많이 알아 자신의 덕을 쌓는다"(대축大畜의 상문象文)라고 한 것이다. 불교와 노장의 무리 같은 경우, 궁극적으로 고원한 경지를 추구해 심오한 단계에 끝까지 가려 하지 않는 것은 아니지만 세상을 떠나 윤리를 타락시키고 성인에게 죄를 얻는 까닭은 모두 총명과 지혜를 끊어 버리고 견문을 제거해 버린 데서 연유한다. 그러므로 공자는 반드시 배움을 덕에 들어가는 요체로 삼은 것이다.

8. 子曰 : "小子, 何莫學夫詩. 詩可以興, 可以觀, 可以群, 可以怨. 邇之
事父, 遠之事君. 多識於鳥獸草木之名."

선생님께서 말씀하셨다. "너희들은 왜 시를 배우지 않느냐.

│ 소자小子는 제자를 가리킨다.

시는 흥기시킬 수 있으며,

│ 뜻과 생각이 흥기되어 쉽게 선善에 들어갈 수 있다.

살펴볼 수 있으며,

│ 옛날부터 지금까지 인간의 감정과 풍속의 유래를 보아 정사에 쓸 수 있
│ 으며 가르침을 펼칠 수 있다.

사람과 잘 어울려 마음이 평화로워지며,

│ 사람과 어울리고 파당을 만들지 않으므로 마음이 평화롭게 된다.

원망할 수 있다.

│ 원망하지만 분노하지 않으므로 감정이 도타워진다.

가까이로는 아버지를 섬길 수 있고 멀리는 임금을 섬길 수 있으며,

│ 인륜의 도리에 있는 이점과 손실이 모두 갖춰져 있다. 그러므로 충분히
│ 아버지를 섬길 수 있고 임금을 섬길 수 있다.

조수와 초목의 이름을 많이 알 수 있다."

| 사물을 널리 알고 널리 듣게 되면 지식이 협소해지지 않고 일을 처리하는 데 유익하다.

○ 이 장은 공자가 문하의 제자들을 위해 『시경』 읽기의 유익함을 논한 것이다. 학문은 억지로 할 수 없는 것이다. 반드시 의지와 생각이 흥기하지 않으면 선善에 들어갈 수 없다. 그런 까닭에 "흥기시킬 수 있다"는 말로 먼저 시작하였다. 인간의 감정과 풍속이 그렇게 된 근본이유를 알지 못하면 정사를 펼칠 수 없고 가르침을 베풀 수 없게 된다. 그런 까닭에 "살펴볼 수 있다"는 말을 다음에 한 것이다. 『시경』을 터득하면 본성과 감정이 조화를 깨칠 수 있다. 그런 까닭에 사람과 "잘 어울릴 수 있고, 원망할 수 있다". 그러므로 그 마음이 온후해지고 화평해져서 인륜을 밝힐 수 있으며, 많은 사물을 널리 통달해 견문을 넓힐 수 있는 것이다. 배우는 사람들이 『시경』에서 깨치는 것이 있다면 그 유익함에는 말로 다 할 수 없는 게 있다. 하지만 공자는 자공(「학이」 제15장)과 자하(「팔일」 제8장)만을 인정하면서 비로소 함께 『시경』을 이야기할 수 있다고 하였으므로, 『시경』을 이해하는 어려움은 또한 초학자가 갑자기 도달할 수 있는 게 아니다. 배우는 사람은 『시경』이 쉽다는 것도 알아야 하지만 또한 어렵다는 점도 알아야 한다.

9. 子謂伯魚曰: "女爲周南召南矣乎? 人而不爲周南召南, 其猶正牆面而立也與."

선생님께서 백어伯魚에게 말씀하셨다. "너는 「주남」周南과 「소남」召南을 배웠느냐? 사람이 「주남」과 「소남」을 배우지 않으면 담장을 마주하고 서 있는 것과 같다."

위爲는 배운다[學]는 말이다. 「주남」, 「소남」은 『시경』처음에 나오는 편 명이다. "담장을 마주하고 서 있다"는 말은 바로 담장을 정면으로 향하 고 서 있다는 말로, 앞뒤좌우 모두 어느 곳도 볼 수 없다는 뜻이다.

○ 이남二南(「주남」, 「소남」)의 시는 모두 주나라 때 왕의 교화가 미쳤던 것을 말한 것으로, 자신을 바로잡고 집안을 다스리는 방도가 갖춰지지 않은 게 없다. 이남을 읽고 선왕이 덕으로 교화한 일이 얼마나 위대한 줄 알지 못한다면 어떻게 내게 있는 고루한 기운을 제거하고 광대한 영역 으로 나아갈 수 있겠는가. 그런 까닭에 "담장을 마주하고 서 있는 것과 같다"고 한 것이다. 눈앞의 작은 안정[小康]에 구차하게 안주하면서 성인 이 다스리는 태평한 세상[大同]을 모르는 것을 비판한 말로 볼 수 있겠다.

10. 子曰 : "禮云禮云, 玉帛云乎哉 ; 樂云樂云, 鐘鼓云乎哉."

선생님께서 말씀하셨다. "예禮이다, 예이다, 라고 말하지만 옥이나 비단 을 말하는 것이겠는가. 음악이다, 음악이다, 라고 말하지만 종이나 북을 말하는 것이겠는가."

옥과 비단은 예에 쓰는 물건이다. 종과 비단은 음악을 연주할 때 쓰는 악기이다. 본래 이것은 예악의 실체라고 말할 수는 없다. 사람들이 단지 그 물건만을 보고 예악의 덕이 따로 있는 곳이 있다는 것을 알지 못한다면 어떻게 예악의 올바른 명칭을 부를 수 있겠는가, 라는 말이다.

○ 예는 윗자리에 있는 사람을 편안하게 하고 백성을 다스리며, 악은 풍속을 바꾸고 변화시킬 수 있다. 어떻게 옥과 비단, 종과 북이라는 기물을 말하는 것이겠는가. 그러므로 "예禮의 대강大綱 300가지와 그 세목 3,000가지로다. 반드시 올바른 사람을 기다려 실행할 수 있다"(『중용』 제27장). 올바른 사람이 아니라면 예를 실행하는 모습과 꾸밈에 잘못이 없고 소리와 모습이 볼만하다 하더라도 예악의 실제 모습은 볼 수 없는 것이다.

11. 子曰 : "色厲而內荏, 譬諸小人, 其猶穿窬之盜也與."

선생님께서 말씀하셨다. "낯빛은 엄숙하고 마음은 유약한 것을, 소인에 비유하자면 벽을 뚫고 담을 넘는 도둑과 같은 것이다."

│ 려厲는 씩씩하고 엄숙한 모습이다. 임荏은 유약한 것이다. 소인은 일반 백성을 말한다. 천穿은 벽을 뚫는 것이다. 유窬는 담을 넘는 것이다. 마음은 실상 유약하면서 겉으로는 엄숙한 모습을 띠려고 하기 때문에 늘 남들이 그런 사실을 알까 두려워한다. 이는 마치 벽을 뚫고 담을 넘는 도적이 남들이 자신의 정체를 알까 두려워하는 것과 같으니, 매우 천하다는 말이다.

○ 이 장은 조정의 지위에 있는 사람을 위해 한 말이다. 대개 낯빛은 온

화하게 하려 하고, 마음은 강하게 하려 한다. 하지만 윗사람은 아랫사람에게 반드시 안색을 엄숙하게 하고 대하면서도 마음속에 혹 딴 데 빠져있는 것이 있다면 남들이 그걸 알까 두려워한다. 어떻게 부끄럽지 않다고 하겠는가.

12. 子曰 : "鄕原德之賊也."

선생님께서 말씀하셨다. "향원鄕原은 덕을 해치는 인간이다."

> 원原은 원愿과 같은 말로, 삼간다는 말이다. 향원은 세상과 함께 흘러가며 타락한 세상에 영합하기 때문에 마을 사람들이 모두 삼가는 사람이라고 이르는 인간이다. 공자는 그런 사람은 덕이 있는 것처럼 보이지만덕이 있는 게 아니며 오히려 덕을 어지럽힌다고 생각했다. 때문에 덕을해치는 인간이라고 하였다.

○ 진력陳櫟이 말했다. "진실과 잘못은 사람을 헷갈리게 할 수 없다. 옳은듯 보이지만 실상 잘못된 것이 사람을 가장 헷갈리게 한다. 그러므로 공자가 덕을 해치는 인간이라고 한 것이다."

13. 子曰 : "道聽而塗說, 德之棄也."

선생님께서 말씀하셨다. "길에서 듣고 길에서 말하는 것은 덕을 버리는 것이다."

| "길에서 듣고 길에서 말한다"는 것은 실상 얻을 건 아무것도 없는데 가
볍게 듣고 함부로 말하는 것을 뜻한다. 기棄는 폐기한다는 말이다.

○ 이 장은 공자가 후세에 도덕이 타락하고 쇠퇴한 것을 탄식한 말이다.
옛날에는 도를 존중하는 일이 매우 돈독해서 감히 쉽게 말하지 않고 반
드시 몸소 실천하고 마음으로 터득해, 충분히 무르익고 완전히 이해되어
자신에게 충분히 여유롭게 된 이후에야 남에게 응대하였다. 그러므로 도
를 듣는 사람도 유익한 것이 있었고, 도를 쓰는 사람도 반드시 옳은 일에
부합하였다. 후세에 이르러 길에서 듣고 길에서 말하면서 진실을 필요로
하지 않고, 가볍고 쉽게 함부로 드러내는 일이 만연해 풍속이 되다시피
했다. 책을 쓰거나 글을 지어서 멋대로 천하의 일을 말하기도 하는데 글
을 교묘하고 꾸미고 아름답게 치장해서, 기뻐할 만한 것 같지만 실상 길
바닥에서 듣고 길바닥에서 떠드는 부류일 따름이니 요컨대 떠받들 것도
없다.

14. 子曰：“鄙夫, 可與事君也與哉. 其未得之也, 患得之. 旣得之, 患失
之. 苟患失之, 無所不至矣."

선생님께서 말씀하셨다. "졸렬한 인간과 함께 임금을 섬길 수 있을까.

| 비부鄙夫는 범속하고 촌스러우며 비열하고 더럽혀져 의리義理를 보지
못하는 사람으로, 조정의 지위에 있는 사람을 가리켜 말한 것이다.

부귀를 얻지 못했을 때는 얻지 못할까 걱정하고, 부귀를 얻고 나서는 잃어버릴까 걱정한다. 잃어버릴까 봐 걱정한다면 하지 못할 짓이 없다."

하씨(하안)가 말했다. "얻기를 걱정한다'[患得之]는 말은 '얻지 못할까 봐 걱정한다'[患不能得之]는 뜻이다." 어떤 사람이 말했다. "'얻기를 걱정한다'[患得之]라는 말은 '얻지 못할까 걱정한다'[患不得之]로 써야 한다."

○ 졸렬한 인간은 임금을 섬기면서, 부귀를 얻지 못했을 때는 그래도 살펴보고 고려하는 것이 있지만 잃어버릴까 걱정하는 지경에 이르게 되면 부끄럽고 추악한 일뿐만 아니라 하지 않는 짓이 없다. 자기에게 이익이 되는 일이라면 사람들에게 재앙을 일으키고 나라가 무너지더라도 모두 돌아보지 않는다. 그러므로 성인이 깊이 미워한 것이다. 범속한 임금은 이들을 훌륭한 신하라고 생각해서 늘 가까이 두고 믿고 의지하여, 이들이 모두 점차 재앙과 난리를 일으키고 나라를 무너뜨리고 망하게 하는 일을 초래하는 줄 모른다. 경계하지 않을 수 있겠는가.

○ 허창許昌(하남성河南省 소재 지방) 근재지*가 말했다. "사士의 등급에는 세 가지가 있다. 도덕에 뜻을 둔 사士는 공명功名이 그의 마음을 얽어맬 수 없다. 공명에 뜻을 둔 사士는 부귀가 그의 마음을 얽어맬 수 없다. 부귀에 뜻을 두었을 뿐인 사士는 또한 못하는 짓이 없다. 부귀에 뜻을 둔 자가 바로 공자가 말하는 졸렬한 인간[鄙夫]이다."

---

* 근재지(靳裁之)는 송대의 학자이나 행적이 자세하지 않다.

15. 子曰: "古者民有三疾, 今也或是之亡也. 古之狂也肆, 今之狂也蕩; 古之矜也廉, 今之矜也忿戾; 古之愚也直, 今之愚也詐而已矣."

선생님께서 말씀하셨다. "옛날에는 백성들에게 세 가지 병폐가 있었는데, 지금은 이것마저 없어졌다.

> 옛날에 병폐라고 했던 것이 지금은 그것마저 사라져 풍속이 더욱 타락한 것을 가슴 아파한 것이다.

옛날 뜻이 높은 자[狂]는 자유로웠는데, 지금 뜻이 높은 자들은 방탕하다.

> 주씨가 말했다. "광狂은 뜻을 품고 바라는 바가 너무 높은 것이다. 사肆는 작은 예절에 구애받지 않는 것을 말한다. 탕蕩은 기본 행동규범을 넘어서는 것이다."

옛날 자기를 지키는 사람[矜]은 행동에 모가 났는데, 지금 자기를 지키는 사람은 사납다.

> 주씨가 말했다. "긍矜은 자신을 지키는 것이 너무 엄격한 것이다. 염廉은 모가 나고 엄격한 것을 말한다. 분려忿戾는 다투는 데 이르는 것이다."

옛날 어리석은 사람[愚]은 곧장 일을 밀고 나갔는데, 지금 어리석은 사람은 함부로 행동할 뿐이다."

> 주씨가 말했다. "우愚는 깨우치지 못해 잘 알지 못하는 것이다. 직直은 자신이 하고 싶은 대로 해서 목적에 도달하는 것을 말한다. 사詐는 사사로운 마음을 품고 함부로 행동하는 것이다."

○ 시대와 세상의 변화를 말한 것이지만 사실 세상의 도리를 근심하는 사람이 깊이 탄식한 말이다. 그러므로 자유롭다[肆], 행동에 모가 났다[廉], 일을 밀고 나갔다[直]고 한 것은 모두 기질이 한쪽으로 치우친 결과여서 병폐[疾]라고 한 것이다. 방탕[蕩]과 사나움[忿戾] 그리고 멋대로 하는 행동[詐] 같은 경우는 악[惡]일 뿐이니 병폐가 아니다. 세 가지는 병폐이지만 그래도 이를 통해 풍속이 순박한 것을 볼 수 있다. 후세에 이르러 백성들의 본성이 악한 풍습에 물들어 이러한 병폐마저도 또한 없어졌다. 이는 풍속이 더욱 타락해서 옛날로 돌아가지 못하는 이유이다.

16. 子曰: "巧言令色, 鮮矣仁."

선생님께서 말씀하셨다. "말을 교묘하게 하고 안색을 잘 꾸미는 사람에게 인은 드물다."

○ 두 번 나온 말이다(「학이」 제3장).

17. 子曰: "惡紫之奪朱也, 惡鄭聲之亂雅樂也, 惡利口之覆邦家者."

선생님께서 말씀하셨다. "붉은색[紫]이 자주색[朱]을 빼앗는 것을 미워하며, 정鄭나라 음악이 아악雅樂을 어지럽히는 것을 미워하며, 말 잘하는 사람이 나라를 전복하는 것을 미워한다."

│ 자주색은 정색正色이며 붉은색은 잡색이다. 정성鄭聲은 정나라의 음악

이다. 아악雅樂은 정악正樂을 말한다. 말을 잘하는 사람은 말은 많지만 진실이 적어 그의 말을 들으면 국가를 전복시킬 수 있다. 이 세 가지는 모두 옳은 것처럼 보이지만 실상은 거짓이다. 그러므로 공자가 깊이 미워하였다.

○ 무릇 천하의 일 가운데 그 시비와 선악이 뚜렷하게 드러나는 것은 분명하게 보기 쉬워 사람을 헷갈리게 할 수 없다. 유독 저 옳은 듯 보이지만 실제로는 거짓인 것들, 선한 것과 비슷해 보이지만 사실은 악인 것들에 사람들 마음이 의혹되어, 충분히 진실을 어지럽히기 때문에 그 해악은 말로 다 할 수 없을 지경이다. 이 점이 공자가 향원을 깊이 미워한 까닭이다.

18. 子曰：“予欲無言.” 子貢曰：“子如不言, 則小子何述焉?” 子曰：“天何言哉. 四時行焉, 百物生焉, 天何言哉.”

선생님께서 말씀하셨다. “나는 아무 말 하지 않으려 한다.”
자공이 말했다. “선생님께서 말씀하지 않으시면 저희들이 무엇을 기록하겠습니까?”

│ 배우는 사람들은 언어를 전적으로 귀하게 여기고 실질적인 덕을 숭상할 줄 모른다. 그런 까닭에 공자는 이 말을 해서 경고한 것이다.

선생님께서 말씀하셨다. “하늘이 무슨 말을 하더냐. 사계절이 운행하고 만물이 생겨나지만 하늘이 무슨 말을 하더냐.”

| 하늘은 아무 말도 안 하지만 사계절은 저절로 운행하고 만물은 저절로
생겨난다. 도가 저절로 운행하는 것에 왜 언어가 필요하겠는가, 라는
말이다.

○ 이 장은 배우는 사람들이 말을 추구하지 말고 실질에 깊이 힘쓰길 바
란 것이다. 실질이 있고 말이 없는 경우는 걱정할 것이 없다. 말이 없더라
도 반드시 실행하기 때문이다. 말은 있는데 실질이 없다면 글이 매끄럽
고 말이 아름다워 온 세상에서 가장 훌륭한 말이라 해도 아무런 보탬이
되지 않는다. 그러므로 “하늘이 무슨 말을 하더냐. 사계절이 운행하고 만
물이 생겨나지만 하늘이 무슨 말을 하던가”라고 한 것이다.

○ 구양자(구양수歐陽脩)가 말했다. “자신을 수양하는 사람은 수확하지 않
는 게 없다. 일을 시행하는 경우, 이루어지기도 하고 이루어지지 않기도
한다. 말로 표현할 때는 또 잘할 수도 있고 잘하지 못할 수도 있다. 일이
실행되었을 때, 말로 표현하지 않아도 된다. 자신을 수양했을 때, 사업으
로 실행되지 않아도 된다. 안연 같은 사람은 누추한 골목에 살면서 팔을
베고 굶은 채 누워 있을 뿐이었다. 그가 여러 사람과 함께 있을 때는 종
일 입을 다물고 어리석은 사람처럼 그렇게 있었다. 당시부터 여러 제자
들은 모두 안연을 높이고 추앙하면서 감히 소망하고 도달할 수 없다고
생각했다. 그 후 세상이 수백 년, 수천 년이 지나도 또한 그에게 미칠 수
있는 사람이 아직 없다. 안회가 썩지 아니하고 지금껏 전해지는 것은 확
실히 일을 실행해서 그런 것이 아니다. 하물며 말로 표현하는 것은 어떻
겠는가. 하·은·주 삼대와 진나라·한나라 이래 책을 쓴 사± 가운데 어

떤 이는 많게는 백여 편에, 적게는 그래도 삼사십 편에 이르게 써서 그 저자들을 이루 다 헤아릴 수 없지만 거개는 사라져 버리고 흩어져서 백에 하나둘도 남아 있지 않다."(「송서무당남귀서」送徐無黨南歸序) 말이란 게 믿을 수 없는 것이 이와 같다.

19. 孺悲欲見孔子, 孔子辭以疾, 將命者出戶, 取瑟而歌, 使之聞之.

유비孺悲가 공자를 만나려고 하였으나 공자가 병을 핑계로 거절하셨다. 말을 전하는 사람이 문을 나서자 슬瑟을 가져다 노래를 불러 유비가 듣도록 하셨다.

│ 유비는 노나라 사람이다. 주씨가 말했다. "이때 당시 반드시 공자에게 죄를 지은 것이 있었을 것이다. 그런 까닭에 병을 핑계로 거절하였고 또 병이 아니었음을 알도록 하여 경고하고 일깨워 준 것이다."

○ 장식張栻이 말했다. "유비가 만나 보지 못한 것은 그를 포기하고 버린 상태라고 봐야 할 것이다. 슬을 가져다 노래해 유비가 듣도록 한 것은 또한 가르쳐 일깨워 준 것으로, 그를 끝까지 포기하지 않은 것이다. 성인의 인仁은 천지가 만물을 낳는 마음과 같다고 해야 할 것이다."

20. 宰我問 : "三年之喪, 期已久矣. 君子三年不爲禮, 禮必壞; 三年不爲樂, 樂必崩. 舊穀旣沒, 新穀旣升, 鑽燧改火, 期可已矣." 子曰 : "食夫

稻, 衣夫錦, 於女安乎?"曰:"安." "女安則爲之. 夫君子之居喪, 食旨不
甘, 聞樂不樂, 居處不安, 故不爲也. 今女安則爲之." 宰我出. 子曰:"予
之不仁也. 子生三年, 然後免於父母之懷. 夫三年之喪, 天下之通喪也.
予也有三年之愛於其父母乎."

재아가 물었다. "3년 상은 기년期年으로도 너무 깁니다.

| 기期는 만 1년을 말한다.

군자가 3년 동안 예를 실행하지 않으면 예가 반드시 무너질 것입니다.
3년 동안 악樂을 실행하지 않으면 악樂이 반드시 무너질 것입니다.

| 재아는 상喪은 3년을 치러서는 안 된다는 뜻을 말하였다.

옛 곡식이 벌써 사라지고 새 곡식이 이미 올라오며 불씨를 얻는 나무도
바뀝니다. 상喪은 1년이면 그만둘 만합니다."

| 재아가 또 상喪은 1년이면 이미 충분하다는 뜻을 말한 것이다. 몰沒은
사라진다는 말이다. 승升은 오른다는 말이다. 수燧는 불을 얻는 나무이
다. 개화改火는, 살펴보건대 『주례』에, "사관司爟이라는 관리는 불을 쓰
는 정책과 법령을 관장한다. 사계절마다 나라에서 쓰는 불을 바꿔 그
시기에 생길 수 있는 병의 기운을 없애도록 한다"라고 하였다. 이에 대
한 주에, "봄에는 느릅나무와 버드나무에서 불을 얻고, 여름에는 대추
나무와 살구나무에서 불을 얻고, 늦여름에는 뽕나무와 산뽕나무에서
불을 얻고, 가을에는 떡갈나무[柞]와 졸참나무[楢]에서 불을 얻고, 겨울
에는 홰나무와 박달나무에서 불을 얻는다"라고 하였다. 지금 『논어』의

본문을 자세히 읽어 보면 1년에 한 번 불을 바꾸는 것이지 사계절마다 불을 바꾸지 않는 게 분명하다. 오로지 『주례』에 의거해서 이 장을 풀이해서는 안 된다.

선생님께서 말씀하셨다. "쌀밥을 먹고 비단 옷을 입는 게 네게는 편안하더냐?"
"편안합니다."

> 도稻는 찰벼로, 곡식 가운데 아주 좋은 것이다. 부모상에는 참최복斬衰服(거친 삼베로 만들며 옆과 아랫단을 꿰매지 않는다)을 3년 동안 입고 1년이 지나 소상小祥이 되어야 비로소 채소와 과일을 먹으며 연관練冠(두꺼운 견직이나 거친 베로 만든 관)을 하고 담홍색으로 옷깃을 두른 옷을 입고, 허리에 두른 삼베 띠는 풀지 않는다. 3년 상을 마치면 비로소 쌀밥을 먹고 비단옷을 입는다.

"네가 편안하면 그렇게 해라. 군자는 상을 치를 때 좋은 음식을 먹어도 단 줄 모르고, 음악을 들어도 즐거운 줄 모르며, 거처가 편하지 않다. 때문에 그리하지 않는 것이다. 지금 네가 편안하다면 그렇게 해라."

> 이 부분은 공자의 말이다. 지旨는 좋다는 말이다. 주씨가 말했다. "네가 편안하면 그렇게 하라'고 한 말은 끊어 버리는 말이다. 또 차마 그만두지 못하는 마음 한 켠을 일으켜 재아의 불찰을 경계하도록 하고, '네가 편안하면 그렇게 하라'고 거듭 말해서 그를 깊이 꾸짖은 것이다."

재아가 나가자, 선생님께서 말씀하셨다. "재아는 어질지 못하구나. 자식은 태어난 지 3년이 지난 뒤에 부모의 품에서 벗어난다. 3년 상은 천하에 통용되는 상이다. 재아는 자기 부모에게서 3년의 사랑을 받았을까."

| 회懷는 품는 것이다. 통通은 통용된다는 말이다. 공자는 그의 잘못을 직접 꾸짖고 싶지 않아서 재아가 나간 다음에, 군자가 반드시 3년 상을 치르는 이유를 깊이 따져 말하고 그가 들을 수 있도록 하였다. 잘못을 뉘우치고 깨달아 스스로 생각해서 터득하길 바란 것이다.

○ 재아의 이 말은 필시 부모님이 모두 살아계실 때일 것이다. 어려서 부모를 잃은 사람은 부모가 모두 살아 있는 사람과 달리 자연스레 이런 마음을 갖지 않는 법이다. 그러므로 상사喪事는 꼭 3년을 치러야 한다는 말에 혹 의심을 품은 것이다. 하루아침에 부모의 상을 당하면 자연스럽게 어찌할 수 없는 가장 지극한 감정이 생겨난다. 때문에 "사람은 자신의 감정을 다 드러내는 일이 없지만, 부모님 상에는 반드시 그렇게 된다"(「자장」 제16장)고 한 것이다. 더욱이 공자가 "네가 편안하면 그렇게 하라"고 한 말을 보면, 이때에는 재아에게 부모가 아직 살아 있었음을 알 수 있다. 자식은 부모에 대해서 믿는 것이 있어야 성장을 할 수 있는데, 이는 천자에서 보통 사람에 이르기까지 똑같다. 자식이 태어나서 3년이 지난 후에야 부모의 품을 벗어난다는 뜻을 안다면 3년 상에 대해서 그 누가 의심을 품겠는가. 그리고 성인이 3년 상 치르기를 제정한 것은 부모가 품어준 은혜에 겨우 보답할 수 있다는 생각을 가져온 것이다. 어떻게 이것으로 부모의 은혜를 다 갚았다고 할 수 있겠는가. 공자가 한 말은 매우 명백하다. 예禮를 연구하는 사람들은, 성인은 단지 중용中庸의 도道에 합당한 상喪 제도를 만들었을 뿐이라고 말하는데(주희의 『집주』에 인용한 범

조우의 말), 억측이다.

21. 子曰: "飽食終日, 無所用心, 難矣哉. 不有博奕者乎. 爲之猶賢乎已."

선생님께서 말씀하셨다. "배부르게 먹고 하루를 마치면서 마음 쓰는 일이 없다면 어떻게 하기 어렵다. 놀이·바둑이 있지 않나. 이것을 하는 게 가만히 있는 것보다 오히려 낫다."

| 박博은 놀이다. 혁奕은 바둑이다. 이근는 가만히 있다는 말이다.

○ 이 장은 마음을 쓰지 않는 것은 아주 안 된다는 말이지, 놀이·바둑을 하라는 말이 아니다. 맹자가, "배부르게 먹고 따뜻한 옷을 입고 편안하게 살면서 가르침이 없다면 짐승에 가깝다"(「등문공 상」 제4장)라고 하였는데, 역시 마음 쓰지 않는 것을 짐승에 비유한 말이다.

22. 子路曰: "君子尚勇乎?" 子曰: "君子義以爲上. 君子有勇而無義爲亂; 小人有勇而無義爲盜."

자로가 물었다. "군자는 용맹[勇]을 최상으로 칩니까?"
선생님께서 말씀하셨다. "군자는 의義를 최상으로 여긴다. 군자가 용맹하면서 의義가 없으면 난을 일으키고, 소인이 용맹하면서 의가 없으면 도적이 된다."

> 상尙은 최상으로 여긴다는 말이다. 군자와 소인은 모두 관직이 있고 없음을 가지고 말한 것이다.

○ 의義는 성인의 큰 행동기준이다. 크게는 생사존망生死存亡에서, 작게는 관직에 나아가거나 물러남, 이익을 얻을 것인가 버릴 것인가 하는 문제가 모두 의를 통해 결정된다. 그런 까닭에 의를 최상으로 치면 뜻이 확립되고 기운을 통솔할 수 있게 되어, 용맹에 의지하지 않고도 자연스레 여유롭게 된다. 용맹하면서 의가 없으면 군자는 난리를 일으키고 소인은 도적이 되어, 그 해악은 말로 다 할 수 없게 된다. 의와 용맹의 관계는 지향점이 비슷해 보이지만 실상은 매우 다르다. 이 점이 자로가 용맹을 최상으로 치냐고 질문하고 공자가 의를 최상으로 친다고 설명한 까닭이다.

23. 子貢曰: "君子亦有惡乎?" 子曰: "有惡. 惡稱人之惡者, 惡居下流而訕上者, 惡勇而無禮者, 惡果敢而窒者." 曰: "賜也亦有惡乎?" "惡徼以爲知者, 惡不孫以爲勇者, 惡訐以爲直者."

자공이 물었다. "군자도 미워하는 게 있습니까?"

> 양씨(양시楊時)가 말했다. "어진 사람은 사랑하지 않는 게 없다고 한다면 군자는 미워하는 게 없을 것이라는 의심이 든다. 자공은 이런 생각이 들었다. 그러므로 그 생각이 맞는지 틀리는지 질문한 것이다."

선생님께서 말씀하셨다. "미워하는 게 있다. 남의 단점을 말하는 것을 미워하고, 아래에 있으면서 윗사람을 헐뜯는 것을 미워하고, 용감하면서 무례한 사람을 미워하고, 과감하면서 꽉 막힌 사람을 미워한다."

│ 산訕은 비방하고 헐뜯는 것이고, 질窒은 막힌 것으로, 형씨(형병)가 말했다. "과감한 행동을 하기 좋아해서 다른 사람이 선의 길로 들어가는 것을 막는 일을 말한다." 남의 단점을 말하는 것은 경박하다. 아랫사람이 윗사람을 헐뜯는 것은 순리順理를 거스른다. 용감하면서 무례한 사람은 난폭하다. 과감하면서 꽉 막힌 사람은 비뚤어졌다. 이런 까닭에 공자는 모두 미워한 것이다.

"사賜야, 너도 미워하는 게 있느냐?"

│ 공자가 자공에게 반문해 자신의 뜻을 드러내었다.

"남의 생각 살피는 것을 지혜로 생각하는 사람을 미워하고, 겸손하지 않은 것을 용감하다고 생각하는 사람을 미워하고, 남의 잘못 들추는 것을 곧다고 생각하는 사람을 미워합니다."

│ 이는 자공의 말이다. 요儌는 남의 동정을 살피는 것이다. 알訐은 남의 은밀한 비밀을 공격하고 드러내는 것을 말한다.

○ 공자가 미워하는 것은 사람들 자신이 불선不善인 줄도 모르는 것을 미워하는 것이다. 그 의미가 평이하고 그 악은 알기 쉬우며 미워하려는 의도가 없는 것들이다. 자공이 미워하는 것은 사람들 자신이 선이라고 생각하지만 그 의도는 대단히 불선한 것을 미워하는 것이다. 그 마음은 각

박해 보이고 그 악은 살피기 어려우며 미워하는 의도가 있는 것들이다. 오직 공자의 말만은 천지가 평이하고 간단해서 알기 쉽고 따르기 쉬운 것과 같다. 참으로 위대하다.

24. 子曰 : "唯女子與小人, 爲難養也. 近之則不孫, 遠之則怨."

선생님께서 말씀하셨다. "여자와 소인만은 돌보기 어렵다. 가까이하면 불손하고 멀리하면 원망한다."

○ 사士나 군자를 대할 때는 진심과 믿음으로 교제하고, 예禮와 의義로 만나므로 자신의 정성을 다하는 일에 힘쓸 뿐이다. 여자는 음陰의 기질을 가졌고 소인은 음陰의 부류라 가까이해서도 안 되고 또 멀리해서도 안 된다. 그들을 통제하는 법을 잘 못 하면 집안을 다스리는 방도는 여기에 서부터 무너지기도 한다. 그러므로 경계하는 것이다.

25. 子曰 : "年四十而見惡焉, 其終也已."

선생님께서 말씀하셨다. "나이 마흔이 되어서 남의 미움을 받으면 끝난 것이다."

○ 주씨가 말했다. "마흔의 나이는 덕을 완성하는 때이다. 남에게 미움을 받으면 이에 끝나고 말 뿐이니, 사람들이 때에 맞춰 잘못을 고치고 선으로 옮겨 가기를 힘쓰도록 한 것이다."

○ 맹자는, "그렇게 되기 바라는 것을 선善이라고 한다"(「진심 하」 제25
장)고 하였다. 『시경』에, "저기서도 미움받지 않고, 여기서도 싫어하지
않네"(「주송·진로振鷺」)라고 하였다. 사람됨이, 그와 같이 되길 바라고 미
워할 수 없는 사람은 군자임에 틀림없다. 미워할 만하고 그와 같이 되길
바라지 않는 사람은 소인임에 틀림없다. 마을 사람들이 모두 미워해도
그나마 변호해 줄 말이 있는 법이다. 어디를 가도 미움을 받지 않는 것이
없는 지경에 이르게 되면 선하다고 할 여지가 없음을 알 수 있다.

미자 (微子)

모두 11장이다.

1. 微子去之; 箕子爲之奴; 比干諫而死. 孔子曰: "殷有三仁焉."

미자는 떠났고, 기자는 노예가 되었으며, 비간은 간언을 하다 죽었다.

> 미微·기箕는 두 나라 이름이다. 자子는 작위爵位를 말한다. 미자微子는 주
> 왕紂王의 서형庶兄이었다. 기자箕子·비간比干은 주왕의 아버지 형제들(숙
> 부)이었다. 미자는 주가 무도한 것을 보고 일찍 나라를 떠났고, 기자는
> 미친 척하고 노예가 되었으며, 비간은 간언을 하다 살해당했다.

공자께서 말씀하셨다. "은나라에는 세 명의 어진 사람이 있었다."

> 세 사람 모두 임금에게 충성하고 나라를 근심해 남의 혐의를 받지 않았
> 다. 그러므로 모두 어진 사람이라고 한 것이다.

○ 인仁은 실질적인 덕이다. 그러므로 온전한 진실이요 거짓이 아니며, 완전한 올바름이요 한쪽으로 치우치지 않는 것으로, 모두 사랑하고 안타까워하는 마음에서 나온다. 어진 세 사람은 떠나야 할 때에는 떠나고, 노예가 돼야 할 때에는 노예가 되고, 죽어야 할 때에는 죽었다. 모두 온전한 진실과 안타까워하는 마음에서 나온 것으로 통곡하고 눈물을 흘리는 뜻이 있다. 다만 나라를 떠났으니 임금을 잊은 것처럼 보이고, 노예가 되었으니 자신을 욕되게 하는 것처럼 보인다. 그러므로 공자는 그들의 마음을 헤아리고 총괄해서 판단해, "은나라에는 세 명의 어진 사람이 있었다"고 말한 것이다. 미자·기자를 위해 그들의 정성을 명백히 드러내 준 것이다. 맹자가 이른바, "우와 직, 안회는 도가 똑같았다"(「이루 하」 제29장)고 한 뜻과 같다. 또 이러한 점을 가지고 본다면 인을 실행하는 일은 혹 원대하기도 하고 혹 가까이서 볼 수 있는 일이기도 해서, 정해진 한 가지 기준으로 묶어 둘 수 없음을 알겠다.

2. 柳下惠爲士師三黜. 人曰: "子未可以去乎?" 曰: "直道而事人, 焉往而不三黜. 枉道而事人, 何必去父母之邦."

유하혜는 사사士師가 되어 세 번 쫓겨났다.

> 사사士師는 옥사를 판결하는 관리를 말한다. 출黜은 물러나게 하는 것이다.

사람들이 말했다. "그대는 아직 떠날 수 없는 것인가요?"

"도를 바르게 해서 사람을 섬기면 어디를 가든 세 번 쫓겨나지 않겠습니까. 도를 굽혀서 사람을 섬긴다면 왜 굳이 부모의 나라를 떠나겠습니까."

│ 앞 장에 이어 비슷한 내용을 함께 기록한 것이다. 호씨(호인胡寅)가 말했다: "이 장에는 분명 공자가 판단한 말이 있을 텐데 없어졌다."

○ 이 장은 공자가 유하혜의 어짊을 칭찬한 것으로 보인다. 도를 바르게 하려면 나라를 떠나야 하고, 떠나지 않으려면 도를 굽혀야 한다. 유하혜는 세 번 쫓겨났는데도 떠나지 않았고 끝까지 자신의 올바름을 잃지 않았다. 또 부모의 나라를 차마 떠나지 못하고 사랑하는 뜻도 있었다. 어진 사람이 아니면 할 수 없는 행동이다.

3. 齊景公待孔子, 曰: "若季氏則吾不能, 以季孟之間待之." 曰: "吾老矣. 不能用也." 孔子行.

제齊나라 경공景公이 공자를 대우하는 일을 두고 말하였다. "계씨와 같이는 내가 대우할 수 없고, 계씨와 맹씨의 중간으로 대우하겠소."

│ 노나라의 삼경三卿 계씨·맹씨·숙손씨 가운데 계씨가 가장 높고 맹씨는 하경下卿이었다.

말씀하셨다. "내가 늙었습니다. 쓸 수 없습니다" 하시고 공자께서 떠나셨다.

│ 공자는, 내가 늙어 힘이 쇠약해서 계씨·맹씨의 일을 할 수 없습니다, 하

고는 마침내 떠났다. ○ 진사이는 생각한다: 경공이, "계씨와 맹씨의 중간으로 대우하겠다"고 이미 말해 놓고 갑작스레 또, "내가 늙어서 공자를 쓸 수 없다"고 말하기는 불가능하다. 그런 까닭에 공자가 위衛나라 영공靈公이 진법을 묻자 대답하지 않고 떠난 예(「위령공」 제1장)를 따라 이 말을 공자가 한 말로 보았다. ○ 살펴보건대, 예전 설명은 『사기』 「공자세가」에 의거해, 이 장을 노나라 소공昭公 25년의 일로 보았다. 소공 25년 이때는 공자 나이 35세로 이름이나 지위가 세상에 크게 드러나지 않았다. 제나라 경공이 계씨와 맹씨의 중간으로 공자를 대우할 이유가 없다고 생각한다. 다른 시기의 일로 보인다.

○ 제나라 경공이 계씨와 맹씨의 중간으로 공자를 대우하겠다는 말은 제나라 선왕宣王이 맹자에게 집을 지어 주고, 만종萬鍾(1종은 약 50리터)의 곡식을 주어 제자를 양성하도록 하고 싶다고 한 일(「공손추 하」 제11장)과 같다. 계씨와 맹씨는 모두 노나라에서 세력이 큰 신하로, 경공이 갑작스레 이들과 같이 공자를 대우하고 싶어 한 것은 그 예우가 확실히 융숭하다. 하지만 공자를 대우하는 바른 방도가 아니었다. 이 점이 공자가 떠난 이유이다.

4. 齊人歸女樂, 季桓子受之, 三日不朝, 孔子行.

제나라 사람이 여악女樂을 보내자 계환자가 이들을 받고 3일 동안 조회를 열지 않았다. 공자께서 떠나셨다.

계환자季桓子는 노나라 대부로 이름이 사斯다. 진사이는 살펴본다: 『사기』「공자세가」에는, 노나라 정공定公 14년, 공자가 노나라 사구司寇(사법담당)가 되어 재상의 일을 대행하자 제나라 사람들이 노나라가 강해질까 두려워 미녀 악무단을 노나라에 보내 저지하였다고 한다.

○ 앞에서 세 사람의 어진 사람과 유하혜의 출처出處를 기록하였는데, 여기서는 성인의 행동을 기록해 위의 두 행동의 절충점을 보여 준 것이다. 성현의 일 가운데 출처진퇴出處進退의 문제는 병행해서 실천해도 서로 어긋나는 것은 아니지만 중용을 터득하는 것이 가장 훌륭하다. 이 점이 공자가 여러 성인 가운데 유독 탁월한 까닭이다.

○ 진사이는 논한다: 살펴보면, 『사기』「공자세가」에는, 제나라 사람들이 노나라가 강해질까 두려워 미녀 악무단을 노나라에 보내 저지하려고 하였는데, 계환자가 이들을 받아들였고 또 교외에서 천지에 제사를 지내고 대부들에게 제사에 쓴 고기를 나눠 주지 않아 공자가 떠났다고 하였다. 지금 『맹자』에 의거해 보면, "공자가 노나라의 사구가 되었는데 그의 의견이 쓰이지 않았다. 임금을 따라 제사를 지냈는데 제사에 쓴 고기가 집으로 오지 않자 면복冕服도 벗지 않고 떠났다"(「고자」 제6장)고 했을 뿐, 제나라 사람이 미녀 악무단을 보냈다느니, 3일 동안 조회를 열지 않았다느니 하는 등의 기록이 없다. 조심스런 의심이지만, 미녀 악무단을 보낸 일과 제사 고기를 나눠 주지 않은 일은 본래 동시에 일어난 일이 아닌 것 같다. 사마천이 두 가지 일을 합쳐 정공 14년에 일어난 일로 연결한 것은 잘못이다. 장주莊周의 책(『장자』)에도 공자가 노나라에서 두 번 쫓겨났다고 하였는데(「양왕」讓王), 내 의견을 더욱 잘 증명할 수 있다.

5. 楚狂接輿歌而過孔子, 曰: "鳳兮鳳兮, 何德之衰. 往者不可諫, 來者猶可追. 已而已而, 今之從政者殆而." 孔子下欲與之言. 趨而辟之, 不得與之言.

초楚나라 광인 접여接輿가 노래를 부르며 공자 곁을 지나갔다.

> 접여는 초나라 사람으로 미친 척하고 벼슬에 나가지 않았다. 이때 공자는 초나라로 갔을 때이므로 접여가 노래를 부르면서 공자의 수레 앞을 지나간 것이다. 아래 문장은 그가 부른 노래의 가사다.

"봉새여 봉새여, 어쩌다 덕이 시들었느냐.

> 접여는 공자에게 성인의 덕이 있는 줄 알기 때문에 봉새에 비유한 것이다. 다만 봉새는 도가 있으면 나타나고 도가 없으면 사라진다. 그러므로 접여는 공자가 은거하지 않는 것을 비판하고 덕이 시들었다고 말한 것이다.

지난 일은 탓할 수 없고, 오는 일은 그래도 따라갈 수 있지.

> 이미 지나간 일은 다시 말해서 그만두도록 할 수 없지만 지금부터 앞으로는 그래도 스스로 그만둘 수 있다는 말이다. 공자에게 난을 피해 은거하라고 권한 것이다.

그만두어라, 그만두어라[已而]. 지금 정치에 종사하는 자는 위험하지."

> 이已는 그만두는 것이다. 이而는 어조사다. 태殆는 위험하다는 말이다.

공자께서 수레에서 내려 그와 말하려 하셨으나 그가 빨리 걸어 피해 버려서 그와 말하지 못하셨다.

> 하下는 수레에서 내리는 것이다. 공자는 접여를 위해, 나와 같은 사람은 사람들에 대해서 관계를 끊고 세상을 떠나 홀로 자신을 착하게 할 수 없다고 말하고 싶었던 것일 게다.

○ 보광이 말했다. "접여의 말을 보면, 공자를 봉새에 비유했다가 또 덕이 시들었다고 의심하고, 공자가 어쩌면 그만둘 수 있겠구나 바랐다가는 또 위험하다고 염려한다. 말뜻이 은근하면서 정성스럽다. 이는 진정 성인을 존경할 줄 아는 사람이다. 하지만 그가 추구하는 것은 사람과 관계를 끊고 세상에서 도피해 오로지 해악을 멀리하고 자신을 온전히 하려는 것일 따름이다. 그의 마음과 성인의 마음이 다른 정도는, 얼음과 석탄불이 다르고 검은색과 흰색이 다른 것과 같은 그런 차원에 그치지 않는다."

6. 長沮桀溺耦而耕, 孔子過之, 使子路問津焉. 長沮曰: "夫執輿者爲誰?" 子路曰: "爲孔丘." 曰: "是魯孔丘與?" 曰: "是也." 曰: "是知津矣." 問於桀溺, 桀溺曰: "子爲誰?" 曰: "爲仲由." 曰: "是魯孔丘之徒與?" 對曰: "然." 曰: "滔滔者天下皆是也, 而誰以易之. 且而與其從辟人之士也, 豈若從辟世之士哉." 耰而不輟. 子路行以告, 夫子憮然曰: "鳥獸不可與同群. 吾非斯人之徒與而誰與. 天下有道, 丘不與易也."

장저長沮와 걸닉桀溺이 함께 밭을 가는데 공자가 지나다 자로에게 나루를 묻게 하였다.

| 두 사람은 은자다. 우耦는 둘이 나란히 밭을 가는 것이다. 이때 공자는 초나라에서 채蔡나라로 돌아오는 길이었다. 진津은 물을 건너는 곳이다.

장저가 말했다. "저기 수레 고삐를 잡고 있는 사람은 누구시오?"
자로가 말했다. "공구孔丘입니다."
"노나라의 공구 말이오?"
"그렇습니다."
"그 사람은 나루를 알 것이오."

| 집여執輿는 수레의 고삐를 잡고 있는 것이다. 처음에는 자로가 수레를 몰아 고삐를 잡았지만 지금은 수레에서 내려 나루를 묻고 있기 때문에 공자가 대신 잡은 것이다. "나루를 안다"는 말은 몇 차례 세상을 떠돌았으므로 자연히 나루 있는 곳을 알 것이라는 말이다.

자로는 걸닉에게 물었다. 걸닉이 말했다. "그대는 누구시오?"
"중유仲由입니다."
"노나라 공구의 제자 말이오?"
자로가 대답했다. "그렇습니다."
"도도하게 흐르는 것, 천하가 모두 이와 같은데 누구와 함께 세상을 바꾸겠소. 또 그대[而]는 사람을 피하는 사士를 따르기보다는 차라리 세상을 피하는 사士를 따르는 게 어떻겠소" 하고는 씨앗 덮는 일을 그만두지 않았다.

주씨(주희)가 말했다: "도도滔滔는 물이 흘러가 돌아오지 않는다는 뜻이다. 이以는 '함께'[與]와 같은 뜻이다. 천하가 모두 어지러운데 누구와 함께 세상을 바꾸겠는가, 라는 말이다. 이而는 너라는 말이다. '사람을 피한다'는 말은 공자를 가리킨다. '세상을 피한다'는 말은 걸닉이 자신을 말한 것이다. 우耰는 씨를 덮는 것이다. 역시 나루가 있는 곳을 알려주지 않았다."

자로가 가서 이 일을 말씀드렸더니 선생님께서 처연하게 말씀하셨다. "새나 짐승과는 함께 무리를 이루고 살 수 없다. 내가 이 사람의 무리와 함께 하지 않으면 누구와 함께 하겠는가.

주씨가 말했다. "무연憮然은 슬퍼한다는 말로, 그들이 자신의 뜻을 알지 못하는 것을 안타까워한 것이다. 함께 무리를 지어 같이 살아야 할 존재는 이 인간들뿐인데 어떻게 사람과 관계를 끊고 세상을 떠나 스스로 산이나 들로 도망가 홀로 자신만을 깨끗이 하겠는가, 라는 말이다."

천하에 도가 있다면 나는 함께 바꾸려 하지 않았을 것이다."

"천하에 도가 있다"는 말은 사람에게 도가 있다는 말과 같다. 천하에 자연스레 군신의 도가 있고, 부자의 도가 있으며, 부부의 도가 있어 내가 이 사람들과 함께 살며 이 사람들을 다스리기만 한다면, 세상 바꾸는 일을 어디에 쓰겠는가, 라는 말이다.

○ 진사이는 논한다: 걸닉은 천하를 바꾸고 싶어 했고, 성인은 천하를 바꾸고 싶어 하지 않았다. 천하를 바꾸고 싶어 하는 사람은 자신의 방도를

세상에 강제한다. 천하를 바꾸고 싶어 하지 않는 사람은 천하 사람과 함께 살며 천하 사람을 다스리려고 한다. 천하는 사람과 함께 존립하는 것이지, 사람 없이는 홀로 존립할 수 없다. 그러므로 성인은 천하 사람들과 함께 즐거워했고 천하 사람들과 함께 근심했으며, 한 번도 천하를 피해 홀로 자신을 깨끗이 하려고 하지 않았다. 장저·걸닉 같은 부류는 분명 천하에 모두 통용되고 영원하게 적용될 수 있는 도를 가진 사람들이 아니다. 부처는 적멸寂滅(번뇌를 벗어나 생사生死를 초월한 상태)을 가르침으로 삼았고, 노자 역시 허무를 도道(근본 원리)로 삼아 이를 통해 천하를 바꾸겠다고 생각했다. 하지만 2천 년이 더 지난 지금에 와서 보면 부처는 천하의 군신·부자·부부를 없앨 수 없었고, 노자 역시 태고의 무위無爲를 회복할 수 없었다. 우리 공자의 가르침은 중용의 도道이면서 최고의 올바름이어서 옛날부터 지금에 이르기까지 다시 덧붙일 게 없음을 여기서 더 잘 알 수 있다. 또, 공자는 "이 사람들은 삼대의 올바른 도를 실행해 왔다"(「위령공」 제24장)고 말하였고, 또 "사람의 도리로 사람을 다스려 잘못이 고쳐지면 그만둔다"(『중용』 제13장)고 말한 적이 있다. 성인이 사람과 관계를 끊지 않고 세상에 분노하는 마음을 가진 것이 이와 같다. 당나라의 명신名臣 위징魏徵은, "복희伏羲·신농神農·황제黃帝·요·순 다섯 황제와 하·은·주 삼대 왕조는 백성을 바꾸지 않고 교화시켰다"고 말하였는데, 공자의 말뜻을 터득한 것이다.

7. 子路從而後, 遇丈人以杖荷蓧. 子路問曰: "子見夫子乎?" 丈人曰: "四體不勤, 五穀不分, 孰爲夫子." 植其杖而芸. 子路拱而立. 止子路宿,

殺鷄爲黍而食之, 見其二子焉. 明日子路行以告. 子曰: "隱者也." 使子
路反見之. 至則行矣. 子路曰: "不仕無義. 長幼之節, 不可廢也; 君臣之
義, 如之何其廢之. 欲潔其身, 而亂大倫. 君子之仕也, 行其義也. 道之
不行, 已知之矣."

자로가 따라 가다 뒤처지게 되어 한 노인[丈人]을 만났는데 지팡이에 대
그릇을 메고 있었다.

| 장인(노인) 역시 은자다. 조篠*는 대나무 그릇이다.

자로가 물었다. "노인께서는 선생님을 보셨는지요?"
노인이 대답했다. "사지를 부지런히 놀리지 않고, 오곡도 분간 못 하는데
누가 선생이오."

| 주씨가 말했다. "분分은 분별하는 것이다. '오곡도 분간하지 못한다'는
| 말은 콩과 보리를 구분하지 못한다는 말과 같다." 자로가 농사에도 종
| 사하지 않고 스승을 따라 멀리 다니는 것을 꾸짖은 말이다.

지팡이를 세워 놓고 김을 매었다.

| 식植은 기대어 세워 두는 것이다. 운芸은 풀을 제거하는 것이다.

자로는 두 손을 잡고 서 있었다.

---

*조(篠)를 보통 대나무 그릇으로 보지만 김매는 기구로 보기도 한다. 뒤에 김맨다[芸]는 말이 보이
므로 김매는 기구로 보는 쪽에도 설득력이 있다.

그 사람이 은자인 줄 알고 공경한 것이다.

자로를 머물게 하고 하룻밤 자게 하고는 닭을 잡고 기장밥을 지어 먹이고 그의 두 아들에게 뵙도록 하였다.

노인도 자로가 보통 사람이 아닌 줄 알았기 때문에 자로를 매우 정성스럽게 대우했다.

다음 날 자로가 떠나서 이 일을 말씀드렸다. 선생님께서 말씀하셨다. "은자로구나." 자로를 돌려보내 뵙도록 하였다. 도착해 보니 떠나고 없었다.

공씨(공안국)가 말했다. "자로가 돌아와 그의 집에 도착했더니 노인은 밖에 나가고 집에 없었다."

자로가 말을 남겼다.

공씨가 말했다. "노인이 벌써 집에 없었으므로 남기는 말을 노인의 두 아들에게 해주어서 노인이 돌아오면 전해 주도록 한 것이다. 이 다음에 나오는 말은 모두 공자의 생각이다."**

"벼슬을 하지 않는 것은 의義가 없는 것이다.

은자는 자신을 깨끗이 하면서 큰 윤리를 없앴다. 그러므로 의가 없다고 비판한 것이다.

** 이 주석은 형병의 것이다.

장유長幼의 예절은 없앨 수 없으면서, 군신君臣의 의는 어떻게 없앤다는 것인가.

> 자로는 그의 두 아들을 보았더니 자연스레 형제의 직분을 가졌으므로, 장유의 예절을 없앨 수 없다는 사실을 분명히 알았다. 그에 따라 군신의 의를 없앨 수 없는 것도 이와 같다고 밝힌 것이다.

자신을 깨끗이 하려고 큰 윤리를 어지럽혔구나. 군자가 벼슬을 하는 것은 의義를 실행하려는 것이다. 도가 행해지지 않을 것은 이미 알고 있다."

> 윤倫은 도리를 말한다. 대륜大倫은 부자유친父子有親, 군신유의君臣有義, 부부유별夫婦有別, 장유유서長幼有序, 붕우유신朋友有信의 오륜五倫을 말한다. "의를 실행한다"는 말은 벼슬을 해서 도가 통하도록 한다는 뜻이다.

○ 황간이 말했다. "접여(제5장) 이하 세 개 장을 공자가 노나라를 떠난 행적(제4장) 뒤에 배열해, 공자가 뜻에 합치되지 않아 벼슬을 떠나기 했지만 역시 아무 걱정 없이 세상을 잊은 적이 없음을 명확히 하였다. 성인의 올바른 출처出處가 되는 이유이다."

○ 진사이는 논한다: 은자는 벼슬하지 않는 것을 의롭다고 생각한다. 성인은 벼슬하는 것이 의롭다고 생각하였다. 의義는 천하의 큰 길이다. 이 길을 버리면 하루라도 어느 곳도 갈 수가 없다. 군자가 벼슬을 하는 것은 녹봉을 구하기 때문이 아니다. 천하에 도를 통하도록 하려 하기 때문이다. 성인이 왜 그만둘 수 있는데도 그만두지 않은 사람이겠는가. 이때라고 하면서 그만둬 버리면 이것은 의가 아니다. 그렇기 때문에 "도가 행해지지 않을 것은 이미 알고 있다"고 한 것이다. 후세의 유학자들이 의를

논한 것은 또한 대체로 은자의 의견일 뿐이다.

8. 逸民: 伯夷·叔齊·虞仲·夷逸·朱張·柳下惠·少連. 子曰: "不降其
志, 不辱其身, 伯夷·叔齊與." 謂柳下惠·少連: "降志辱身矣. 言中倫,
行中慮, 其斯而已矣." 謂虞仲·夷逸: "隱居放言, 身中淸, 廢中權." "我
則異於是, 無可無不可."

일민逸民은 백이·숙제·우중·이일·주장·유하혜·소련이다.

> 일逸은 세상을 버리고 숨는 것을 말한다. 민民은 벼슬자리가 없는 것을
> 말한다. 진사이는 살펴본다: 우중·이일은 경서經書와 전傳에 보이지 않
> 는 인물이다. 순자의 책(『순자』荀子)에는 자궁子弓이 보이는데(「비상」非
> 相), 어떤 사람은 자궁을 주장의 자字라고 하였다. 소련은 동이東夷 사람
> 으로 『예기』「단궁」에 보인다.* 어떤 사람은 우중을 태백泰伯의 동생 중
> 옹仲雍으로 보기도 한다. 하지만 태백이 죽고 중옹이 그의 자리를 계승
> 했으므로 그를 일민이라 할 수는 없다. 또 중옹의 생존 시기는 백이보
> 다 이전이어서 공자가 백이·숙제 뒤에 그를 배치해서는 안 된다. 별개
> 의 다른 인물인 것 같다.

선생님께서 말씀하셨다. "자신의 뜻을 굽히지 않고 자신을 욕되게 하지
않은 사람은 백이·숙제일 것이다."

---

* 「단궁」이 아니라 「잡기(雜記) 하」에 보인다.

진력이 말했다. "바른 임금이 아니면 섬기지 않았으므로 뜻을 굽히지 않았음을 볼 수 있다. 악인의 조정에는 서지 않았으므로 자신을 욕되게 하지 않았음을 볼 수 있다."

유하혜·소련에 대해서 말씀하셨다. "자신의 뜻을 굽히고 자신을 욕되게 하였다. 말은 윤리에 맞았고, 행동은 인심에 부합했다[中慮]. 이것일 뿐이다."

려慮는 사려가 깊다는 말이다. 중려中慮는 뜻과 의로움이 인심에 부합했다는 뜻이다.

우중·이일에 대해서 말씀하셨다. "은거해 하고 싶은 말을 하며, 몸은 깨끗하게 하는 것에 맞았고, 벼슬하지 않은 것은 권도權道에 맞았다."

주씨가 말했다. "은거해 홀로 착하게 하는 것은 도를 깨끗이 하는 것에 부합하고, 하고 싶은 말을 하면서 세상을 떠난 것은 도를 상황에 맞게 쓰는 일에 부합한 것이다."

"나는 이들과는 달라서 꼭 해야 한다는 것도 없고 해서는 안 된다는 것도 없다."

앞의 일곱 명은 꼭 해야 할 것이 있고 해서는 안 되는 것이 있었다. 세상과 관계를 끊고 속세를 떠난 것이 아니라면 반드시 자신의 재능을 억제하고 세상의 먼지 속에 몸을 묻고 말았다[和光同塵]. 모두 실행할 수는 없는 것이었다. 그러므로 공자는 이런 말을 하여 판단을 내린 것이다.

○ 꼭 해야 하는 것도 없고 해서는 안 되는 것도 없는 것이 바로 의를 모두 실행하고 도를 온전히 하는 것이다. 학문이 이 경지에 이르지 않은 사람은, 꼭 해야 한다고 마음먹으면 해서 안 될 게 없고, 해서는 안 된다고 마음먹으면 해야 할 게 없게 된다. 오직 성인만이 벼슬하기와 그만두기, 오래 하기와 빨리 하기를 각자 그 의로움에 맞게 하기에, 꼭 해야 한다느니 해서는 안 된다느니 말할 여지도 없게 된다.

9. 大師摯適齊; 亞飯干適楚; 三飯繚適蔡; 四飯缺適秦; 鼓方叔入於河; 播鼗武入於漢; 少師陽擊磬襄入於海.

대사大師 지摯는 제나라로 갔고,

> 대사大師(태사太師)는 노나라 악관樂官의 우두머리를 말한다. 지摯는 태사의 이름이다.

아반亞飯 간干은 초나라로 갔고, 삼반三飯 료繚는 채나라로 갔고, 사반四飯 결缺은 진나라로 갔다.

> 아亞는 두번째라는 말이다. 아반 이하는 밥을 먹을 때 음악으로 권하는 관리로, 간·료·결은 모두 이름이다. 반고班固는 말했다. "왕은 보통 아침·점심·오후(포식哺食. 포哺는 오후 4시경)·저녁 모두 네 번 밥을 먹고, 제후는 세 번이며, 대부는 두 번이다."(『백호통의』白虎通義「예악」禮樂) 노나라는 의당 세 번이어야 할 것이다.

북을 치던 방숙方叔은 하내河內로 갔고,

> 고鼓는 북을 치는 사람으로, 방숙은 그의 이름이다. 하河는 하내河內 지방을 말한다.

작은 북을 흔들던 무武는 한중漢中으로 갔고,

> 파播는 흔든다는 말이다. 도鼗는 작은 북이다. 양 곁에 귀가 달려서 북자루를 잡고 흔들면 곁에 귀가 돌면서 저절로 북을 치게 된다. 무는 사람 이름이다. 한漢은 한중漢中 지방을 말한다.

소사少師 양陽과 경磬을 치던 양襄은 섬으로 갔다.

> 소사는 악관을 보좌하는 사람이다. 양陽·양襄은 두 사람의 이름이다. 해海는 바다에 있는 섬이다.

○ 주씨가 말했다. "이 장은 현인들의 은둔을 기록해 앞 장에 이어 붙인 것이다. 하지만 꼭 공자의 말인 것 같지는 않다. 이 편의 마지막 장도 이와 같다."

○ 당시는 세상이 어지럽고 도가 막혀 현자들도 뜻을 펼 수가 없어, 관문을 지키거나 밤에 야경을 돌며 딱따기를 치며 은거하지 않으면 악공樂工이라는 직업으로 세상을 도피했던 것이다. 「간혜」簡兮(『시경』「패풍」)라는 시는 바로 이런 상황을 노래한 것이다. 태사 지摯와 함께 언급된 모든 사람들이 사방으로 흩어진 것은 이때 노나라라고 해도 벼슬할 수가 없어서였다. 오로지 음란한 소리를 숭상해서 정악正樂을 연주할 수 없었기 때문만은 아니었다.

10. 周公謂魯公曰 : "君子不施其親, 不使大臣怨乎不以, 故舊無大故, 則不棄也, 無求備於一人."

주공周公이 노공魯公에게 말했다. "군자君子는 자기 친척을 버리지 않으며
[不施],

> 노공은 주공의 아들 백금伯禽이다. 시施는 육덕명陸德明의 책(『경전석문』
> 經典釋文)에는 이弛라는 글자로 되어 있는데, 버린다는 말이다.

대신大臣이 써 주지 않는다고[不以] 원망하지 않게 하며,

> 이以는 쓴다는 말이다. 대신大臣은 제대로 된 사람이 아니면 관직을 떠
> 나게 하고 알맞은 지위에 있다면 쓰지 않으면 안 된다.

옛 친구는 큰일이 아니면 버리지 않으며,

> 큰일은 악행이나 도리를 거스르는 행동을 말한다.

한 사람에게 완전히 갖춰지기를 요구하지 않는다."

○ 이 장의 네 가지는 모두 군자의 일로, 가장 진심眞心스럽고 후덕厚德하
다. 호씨(호인)가 말했다. "이 장은 백금이 제후로 봉해져 그 나라로 갈
때 주공이 훈계한 말이다. 노나라 사람들이 외우며 전해 주어서 오랫동
안 잊혀지지 않은 것이다. 어쩌면 공자가 문하의 제자들과 얘기한 적이
있었던 건지도 모르겠다."

11. 周有八士 : 伯達·伯适·仲突·仲忽·叔夜·叔夏·李隨·李騧.

주周나라에는 백달伯達·백괄伯适·중돌仲突·중홀仲忽·숙야叔夜·숙하叔夏·
이수李隨·이와李騧 등 여덟 사士가 있었다.

| 포씨(포함)가 말했다. "주나라 때 (한 어머니가) 네 번 낳아 여덟 아들이
태어났는데 모두 크게 벼슬을 했기 때문에 기록했을 뿐이다."

○ 네 번 낳아 여덟 아들이 태어났다는 그 일은 아주 이상해서 믿을 수 없
을 것 같다. 진력이 말했다. "노나라 말엽에 현인들이 은둔한 사실을 기록
하고, 주나라 전성기 때 현인들이 매우 많았다는 사실로 끝을 맺었다. 현
재를 가슴 아파하고 옛날을 그리워하는 마음이 있었던 것은 아닐까."

논어고의 권10

論語古義 卷之十

자장(子張)

모두 24장이다.

1. 子張曰 : "士見危致命, 見得思義, 祭思敬, 喪思哀, 其可已矣."

자장이 말하였다. "사士가 위험을 보고 목숨을 바치며[致命],

> 주씨(주희)가 말했다. "치명致命은 자기 목숨을 맡긴다는 뜻으로, 목숨
> 을 바친다는 말과 같다."

이익을 보고 의義를 생각하며, 제사에는 공경을 생각하고, 상사喪事에는
슬픔을 생각한다면 괜찮다."

○ 위험을 보고 목숨을 바친다면 구차하게 살기를 바라지 않을 것이다.
이익을 보고 의義를 생각한다면 삼가고 하지 않는 행동이 있을 것이다.

상사와 제사에 슬퍼하고 공경스러우면 자신을 지키는 근본이 확립될 것이다. 행동이 이와 같으면 사士가 될 수 있다. 그러므로 "괜찮다"고 한 것이다. 하지만 그 위로 군자가 되고 재상이 되는 것은 역시 이 정도에서 그치지 않는다.

2. 子張曰: "執德不弘, 信道不篤, 焉能爲有, 焉能爲亡."

자장이 말하였다. "덕을 고수하면서 관대하지 않고 도를 믿으면서 독실하지 않으면 어떻게 있다고 할 수 있으며, 어떻게 없다고 하겠는가."

> 홍弘은 관대하고 넓다는 말이다. 독篤은 후하다는 말이다. 무亡는 없다는 말이다. "어떻게 있다고 할 수 있으며, 어떻게 없다고 하겠는가"라는 말은 '있는 것 같기도 하고 없는 것 같기도 하다'는 말이다.

○ 덕은 고수하는 데에 존재한다. 하지만 관대하지 않으면 한갓 뜻만 커 남과 어울리지 못하는 사람이 될 뿐이다. 도는 믿는 데에 존재한다. 하지만 독실하지 않으면 반드시 길에서 들은 말을 길에서 지껄이는 무리가 되고 만다. 그러므로 덕을 고수하되 반드시 관대해야 하고 도를 믿되 반드시 독실하다면 군자가 될 수 있다. 그렇지 않으면 처음에는 마음에 가지고 있는 것처럼 보여도 도덕은 끝내 자신의 소유가 되지 않고, 또한 반드시 사라지게 될 뿐이다.

3. 子夏之門人, 問交於子張. 子張曰: "子夏云何?" 對曰: "子夏曰: 可者與之, 其不可者拒之." 子張曰: "異乎吾所聞. 君子尊賢而容衆, 嘉善而矜不能. 我之大賢與, 於人何所不容. 我之不賢與, 人將拒我, 如之何其拒人也."

자하의 문인[門人]이 자장에게 교우[交]에 대해 물었다.
자장이 말했다. "자하는 무엇이라 하던가?"
"자하께서는 '괜찮은 사람은 사귀고 그렇지 않은 사람은 거절한다'라고 말씀했습니다."

┃ 자하의 문인은 자하의 말에 의심이 들었으므로 자장에게 질문한 것 같다.

자장이 말하였다. "내가 들은 것과는 다르구나. 군자는 현자를 존경하고 대중을 포용하며, 선한 사람을 훌륭히 여기고 잘하지 못하는 사람을 가엾게 여긴다.

┃ 이 말은 자장이 공자에게서 들었던 말을 거론한 것이다.

내가 큰 현자라면 남을 포용하지 못할 것이 무엇이며, 내가 현자가 아니라면 남이 나를 거절할 텐데 어떻게 남을 거절할 수 있겠는가."

┃ 자장이 공자의 뜻을 이어 이처럼 말한 것이다.

○ 현자를 존경하면 도가 확립되고, 선한 사람을 훌륭하게 생각하면 학문이 진전되며, 또한 대중을 포용할 수 있으면 사람을 버리지 않고, 잘하

지 못하는 사람을 가엾게 여기면 남을 구제할 수 있다. 이는 성인 문하에 서 법도로 삼는 말이므로 배우는 사람들은 마음을 다해서 받아들여야 한다. 어떤 사람이 물었다. "이 말은 '자기보다 못한 사람을 친구로 사귀지 말라'(「학이」 제8장)는 말과 상반됩니다. 어떻게 된 것입니까?" 그 말은 벗을 잘 사귀는 것에 대해 얘기한 것이지, 상대방이 내게 구하는 것이 있거든 꼭 거절해야 한다고 말하는 게 아니다. 하물며 현자를 존경하면 자연히 소인과 멀어지고, 선한 사람을 훌륭히 여기면 또 착하지 않은 사람과 가까이 지내지 않게 되니, 꼭 거절할 것도 아니고 또 거절할 필요도 없게 된다. 자하가 한 말은 분명 벗을 사귈 때 선택하는 법이기는 하지만 자장의 말은 실로 성인의 뜻을 제대로 전한 것이다. 그렇다고 본래부터 큰일을 저지른 친구는 관계를 끊어서는 안 된다거나, 손해를 끼치는 친구는 멀리 해서는 안 된다고 말하는 것은 아니다. 읽는 사람은 드러난 말만 가지고 의미를 해치지 말아야 한다.

4. 子夏曰: "雖小道, 必有可觀者焉. 致遠恐泥, 是以君子不爲也."

자하가 말하였다. "소도小道라 해도 반드시 볼만한 게 있을 것이다.

│ 소도는 제자백가와 같은 종류가 이에 해당한다.

원대한 일을 이루는 데 장애[泥]가 될까 두렵다. 이 때문에 군자는 소도를 배우지 않는다."

│ 니泥는 통하지 않는 것을 말한다.

○ 이 장의 뜻은 다음과 같다. 소도小道는 일하는 데 매우 편리하고 또 효과도 빨라서 그 때문에 속된 인물과 용렬한 무리들이 이것을 하기 좋아하지만 소도를 통해 원대한 것에 도달하려 하면 장애가 되어 통하지 않게 된다. 때문에 볼만한 것이 있더라도 군자는 하지 않는 것이다.

5. 子夏曰: "日知其所亡, 月無忘其所能, 可謂好學也已矣."

자하가 말하였다. "날마다 모르는 것[所亡]을 알고 달마다 잘하는 것을 잊지 않는다면 배우기를 좋아한다고 말할 수 있다."

│ 무亡는 없다[無]는 말로, 자기가 가지고 있지 않은 것을 말한다.

○ 배움이 진척되면 날마다 모르는 것을 알아 반드시 이전에 알았던 것에 더하게 된다. 덕이 확립되면 달마다 잘하는 것을 잊지 않고 또한 처음 것도 잃지 않는다. 날마다 모르는 것을 알게 되는 것은 배우면서 싫증내지 않는 사람이 잘하고, 달마다 잘하는 것을 잊지 않는 것은 마음으로 스스로를 반성하는 사람이 잘한다. 이미 자기가 모르는 것을 알고 또 잘하는 것을 잊지 않아, 날마다 생각하고 달마다 반성하여 항상 흉중에 두게 되면 그 진척은 헤아릴 수 없게 되어, "천하에 할 수 있는 어떤 일도 다 마치게 된다"(『주역』「계사전 상」).

○ 진사이는 논한다: 천하의 아름다움 가운데 배움을 아는 것보다 훌륭한 것이 없고, 천하의 선함 가운데 배우기 좋아하는 것보다 훌륭한 것이 없으므로, 총명한 사람의 재기 있는 변설도 이와 나란히 할 수 없다. 사람

이 배울 줄 모르면 임금이 될 수 없고, 신하가 될 수 없으며, 아비가 될 수 없으며 자식이 될 수 없다. 부부와 형제, 붕우의 윤리조차 모두 제자리를 찾을 수 없다. 그러므로 성인은 배우기 좋아하는 것[好學]을 사람에 대한 훌륭한 칭찬으로 삼은 것이다. 공자가 안자에 대해서 똑똑하다고 칭찬하지 않고 배우기를 좋아한다고 칭찬한 것에서 '배우기 좋아하는 선함'[好學之善]은, 천하에 더 이상 그 위에 더할 게 없는 말임을 알 수 있다.

6. 子夏曰: "博學而篤志, 切問而近思, 仁在其中矣."

자하가 말하였다. "널리 배우고 뜻을 돈독하게 하며 절실하게 묻고 가까운 것에서부터 생각하면, 인(仁)은 그 안에 있다.

○ 널리 배우면 구하는 것이 정밀해진다. 뜻을 돈독하게 하면 믿음이 진실해진다. 절실하게 물으면 두루뭉술한 병이 없다. 가까운 것에서부터 생각하면 고원한 것으로 내달리는 폐해가 없다. 배우기를 이와 같이 할 수 있다면 바로 인(仁)이라고 말하기에는 부족하지만 일을 처리하는 데 구차하지 않고 반드시 자신에게 진실하게 된다. 그러므로 인이 그 안에 있다고 한 것이다.

7. 子夏曰: "百工居肆, 以成其事. 君子學以致其道."

자하가 말하였다. "모든 기술자는 작업장에 살면서 자신의 일을 완성하고 군자는 배워서 도를 최고 경지에 이르게 한다."

| 사肆는 관청에서 물건을 만드는 곳을 말한다. 치致는 최고 경지에 이르는 것이다.

○ 작업장에 살면서 일을 완성하는 것은 모든 기술자의 일이다. 배워서 도를 최고 경지에 이르게 하는 것은 군자가 하는 일이다. 사람들은 각자 자신의 일이 있는데 군자가 어떻게 할 일을 모를 수 있겠는가.

8. 子夏曰 : "小人之過也必文."

자하가 말하였다. "소인은 잘못을 저지르면 꼭 꾸며 댄다."

○ 자하가 이 말을 한 이유는 사람들이 이 말을 통해 스스로 생각해 보길 바라서이다. 군자의 마음은 진실하기 때문에 자기가 저지른 잘못을 자신이 부끄러워하지 않고 고치지 못하는 것을 깊이 부끄러워한다. 소인의 마음은 거짓이기 때문에 사람들이 자기 잘못을 직접 말하고 질책할까 두려워해 반드시 스스로 꾸미게 된다. 꾸밀수록 더 드러나서 가릴 수 없다는 사실을 모른다. 그러므로 군자는 잘못이 없는 것에서 끝나고, 소인은 잘못이 커져서 구제할 수 없는 지경에 이르게 된다. 생각하지 않아서 생길 따름이다.

9. 子夏曰: "君子有三變. 望之儼然; 卽之也溫; 聽其言也厲."

자하가 말하였다. "군자에게는 세 번 변화가 있다. 멀리서 보면 엄숙하고, 가까이 가면 온화하고, 말하는 것을 들으면 확실하다."

주씨가 말했다. "엄연儼然은 모습이 씩씩한 것이다. 온溫은 낯빛이 온화한 것이다. 려厲는 말이 확실한 것이다."

○ 멀리서 보면 엄숙한 것은 예가 있어서다. 가까이 가면 온화한 것은 인仁이 드러나서이다. 그 말이 확실한 것은 의가 발휘돼서이다. 큰 덕이 최고 경지에 이르면 자연히 이와 같이 된다. 사씨(사량좌謝良佐)가 말했다. "이 말은 변화에 의미를 둔 게 아니다. 이런 모습은 함께 행해지면서도 어긋나지 않는다. 마치 좋은 옥은 윤기가 흐르면서도 견실·치밀한 것과 같다."

10. 子夏曰: "君子信而後勞其民, 未信則以爲厲己也; 信而後諫, 未信則以爲謗己也."

자하가 말하였다. "군자는 신뢰를 얻은 다음 백성을 부린다. 신뢰를 얻지 못하면 자기를 해친다고 여긴다.

려厲는 해친다는 말이다.

신뢰를 얻은 뒤에 간언한다. 신뢰를 얻지 못하면 자기를 비방한다고 여진다."

○ 백성을 부리거나 임금에게 간언하기 전에 신뢰와 미더움을 얻으면
간언은 반드시 행해지고, 명령에는 반드시 복종해서 자기의 뜻과 어긋날
까 근심하는 일은 자연히 없어진다. 그렇지 않으면 백성을 부릴 때 백성
들은 자기를 해친다고 여기고, 임금에게 간언을 하면 임금은 자기를 비
방한다고 여긴다. 이럴 때 일이 어떻게 이루어지겠는가. 그러므로 군자
는 진실하게 하는 것을 귀하게 여긴다.

○ 자하의 말은 훌륭해서 공자의 말과 아주 흡사하다. 이 장 첫머리에,
"선생님께서 말씀하셨다"[子曰]라는 글자를 얹어놓아도 누가 또 구분할
수 있겠는가. 대체로 『논어』에 실린 문하 제자들의 말은 모두 우러러 믿
고 마음에 담아 따르지 않을 수 없다.

11. 子夏曰: "大德不踰閑, 小德出入可也."

자하가 말하였다. "큰 덕에서 한계[閑]를 넘지 않으면 작은 덕은 넘나들
어도 괜찮다."

큰 덕[大德]은 군신 사이의 의로움, 부자 사이의 친밀함 같은 종류가 이
것이다. 작은 덕[小德]은 말한 것은 꼭 실행해야 하고 행동은 과단성 있
어야만 하는 따위를 말한다. 한[閑]은 문에 가로지르는 나무로, 사람이 드
나드는 것을 막는 물건이다.

○ 이 장은 큰 덕은 분명 한계를 넘어서는 안 되지만, 작은 덕의 경우 혹 상황에 맞게 처리하며 넘나들지 않으면 안 된다는 것을 말한다. 말은 꼭 실행해야 하고 행동은 꼭 과단성이 있어야 한다는 소인을 미워해서일 것이다. 『맹자』에, "대인大人은 말에는 반드시 믿음이 있어야 하는 게 아니고, 행동에는 꼭 과단성이 있는 게 아니다. 오직 의義가 있는 것을 따를 뿐이다"(「이루 하」 제11장)라고 하였는데 이와 같은 뜻이다.

12. 子游曰: "子夏之門人小子, 當洒掃應對進退則可矣. 抑末也. 本之則無, 如之何." 子夏聞之曰: "噫, 言游過矣. 君子之道, 孰先傳焉, 孰後倦焉. 譬諸草木區以別矣. 君子之道, 焉可誣也. 有始有卒者, 其惟聖人乎."

자유子游가 말하였다. "자하 문하의 제자들은 물 뿌리고 청소하며, 손님에게 응대하고, 나아가고 물러나며 일하는 데는 괜찮다. 하지만 이는 지엽말단의 일이다. 근본적인 것은 없으니 어쩌려는 것인가."

> 자유는 자하의 문인들이 사람이 하는 일 가운데 말단의 것들만 힘쓰고 도덕의 근본에 대한 문제는 아무것도 배운 게 없는 것을 보고, 무엇인가 숨기는 것이 있어서 그렇다고 생각했다. 그러므로 비판한 것이다.

자하가 그 말을 듣고 말하였다. "참, 언유言游가 지나치구나. 군자의 도道 가운데 무엇을 우선으로 해 먼저 가르치며, 무엇을 나중으로 해 게으르게 한단 말인가.

> 권倦은, 주씨가 "사람을 가르칠 때 게으르지 않다"(「술이」 제2장)고 할

때의 게으르다[倦]와 같은 말이다"라고 하였다. 군자의 가르침은 애초에 정해진 법이 없으므로 각자 사람의 재질에 따라 가르쳐 줄 뿐이다. 말단을 우선으로 해서 가르친다거나, 근본 문제를 나중으로 보고 게으르게 하는 것이 아니다. 내 문하의 제자들과 같은 경우, 물 뿌리고 청소하며, 손님에게 응대하고, 나아가고 물러나는 예절을 가지고 가르치는 게 마땅하다. 무엇을 숨기는 게 아니다, 라는 말이다.

초목에 비유하자면 구역을 나눠 구별하는 것과 같은데, 군자의 도道를 어떻게 속일 수 있겠는가.

> 구區는 구역을 나눈다는 말이다. 옛날에는 정원이나 밭에 초목을 기를 때 각자 종류별로 구역을 나누어 씨를 뿌리고 길렀다. 한漢나라의 범승지*가 실행한 구종법區種法이 이것이다. "초목을 구역을 나눠 구별한다"는 것은 명백함을 말한다. 『서경』에, "초목처럼 아름답다"(「탕고」湯誥)고 한 말이 이것이다. 군자의 도는 환하게 밝고 명백해 가리고 숨길 수 없는데, 어떻게 이것을 숨겨서 문하의 제자들을 속일 수 있겠는가, 라는 말이다.

처음이 있고 끝이 있는 것은 오직 성인일 뿐이다."

> "시작이 있고 끝이 있다"는 말은 근본과 말단이 모두 들어서 "그 양끝을 다 말해 준다"(「자한」 제7장)는 말이다. 이는 성인의 일인데 어떻게

---

* 범승지(氾勝之)는 전한(前漢)시대의 학자로, 최초의 농서(農書)인 『범승지서』(氾勝之書)의 저술가로 알려졌다.

이런 방법으로 문하의 제자들을 일률적으로 가르칠 수 있겠는가.

○ 성인의 도는 초목을 구별해 놓은 것과 같아서 속일 수 없다. 하지만 도에는 구별할 수 있는 선후가 없지만 사람에게는 현명하고 그렇지 않은 차이가 있다. 이 때문에 가르침에 방법이 있는 것이고 심오한 경지에 이르는 데엔 시기가 있는 것이므로 아무렇게나 가르침을 펼치지 않는 것이다. 자하가 사람을 가르치는 방법은 훌륭한 것이다. 배우는 사람이 다다른 깊이에 따라 가르쳐 주고 감히 학생이 할 수 없는 것을 강제로 쓰지 않았다. 그러므로 배우는 사람 또한 확실히 근거로 삼을 만한 곳이 있어 허공으로 날아오르는 실수가 없게 되며, 친근히 해야 할 곳이 있어 염증을 내거나 게으름을 부릴 걱정이 없게 되어, 공부가 매일 진전하고 매달 자라나 학문이 진척되는지조차 모르게 된다.

○ 진사이는 논한다: 주희의 『집주』에는, 자유가 소학小學에는 배우는 순서가 있음을 몰랐다고 비판한다. 하지만 자유와 자하는 공자 문하의 동학인데, 자하만이 소학의 순서를 알고, 자유는 이를 몰랐을까? 자하가 "군자의 도를 어떻게 속이겠는가"라고 말한 것을 보면, 자유는 자하가 뭔가 숨기는 것이 있다고 의심해서 자하를 비판했던 것 같다.

13. 子夏曰: "仕而優則學, 學而優則仕."

자하가 말하였다. "벼슬하면서 여유가 있으면 배운 것이며, 배우면서 여유가 있으면 벼슬하는 것이다."

우優는 넉넉하다는 말로, 여유가 있다는 말이다.

○ 이 장은 벼슬과 배움이 본래 다른 두 가지 이치가 아님을 말한 것이다. 배워서 도에 도달하고 벼슬을 해서 자신의 뜻을 실행한다. 그러므로 벼슬을 하면서 그 일을 여유롭게 실행할 수 있으면 꼭 배우지 않더라도 배운 도리에서 벗어나지 않는다. 배우면서 남에게 좋은 영향을 미친다면 꼭 벼슬하지 않더라도 역시 벼슬하는 도리와 어긋나지는 않는다. 배우고서 벼슬을 하더라도 직분에 걸맞지 않는다면 배우지 않은 것과 같은 것임을 알 수 있다. 공자는, "『서경』에 이르기를, '효성스럽구나, 부모에게 효도하고, 형제 사이에 우애로워, 이를 정치에 펼치는 것이다'라고 하였다. 이것 역시 정치를 하는 것이다"(「위정」 제21장)라고 하였는데, 이 말은 "배우면서 여유가 있으면 벼슬하는 것이다"라는 말의 뜻이다. 자하는, "비록 못 배웠다 하더라도 나는 그 사람을 두고 반드시 배웠다고 말하겠다"(「학이」 제7장)라고 하였는데, 이 말이 "벼슬에 나가 여유가 있으면 배운 것이다"라는 말의 뜻이다.

14. 子游曰 : "喪致乎哀而止."

자유가 말하였다. "상사喪事는 슬픔을 극진히 하면 그만이다."

치致는 밀어서 끝까지 간다는 말이다.

○ 이 장은 당시 풍속에서 상사를 치르는 사람들이 슬픔은 부족한데 오

로지 겉치레에 힘쓰는 것을 경계한 말이다. "예는 사치스럽게 하기보다
는 차라리 검소하게 하는 게 낫다. 상을 치를 때는 매끄럽게 행하기보다
는 차라리 슬퍼하는 게 낫다"(「팔일」 제4장)와 "상례를 차릴 때는 슬픔이
부족하고 예식에 지나친 것보다는 예식이 부족하더라도 슬픔이 지나친
게 낫다"(『예기』 「단궁 상」)는 말과 같은 뜻이다. 성인 문하의 학문이 실질
을 숭상하는 것이 이와 같다.

15. 子游曰: "吾友張也, 爲難能也. 然而未仁." 曾子曰: "堂堂乎張也,
難與竝爲仁矣."

자유가 말하였다. "내 친구 자장은 하기 어려운 일을 잘한다. 하지만 아
직 인仁에 이르지 못했다."

> "하기 어려운 일을 잘한다"는 말은 그에게 미치기 어려운 것을 찬미한
> 것이다. "하지만 아직 인仁에 이르지 못했다"는 말은 그가 인하다고 인
> 정하지 않는 것이다.

증자曾子가 말하였다. "당당도 하구나, 자장은. 함께 인을 실행하기는 어
렵겠구나."

> 당당堂堂은 용모가 훌륭한 모습이다.

○ 겉모습에 힘쓰면서 스스로 대단하다고 생각하는 인간은 내면이 반드
시 진실하지 않다. 그러므로 증자는, "그는 남의 인仁을 도와주지도 못하

고, 남이 그의 인을 바탕으로 도와주지도 못한다"라고 말한 것이다. 당당堂堂하다고 한 말은 안타까워한 말이지, 찬양한 말이 아니다.

○ 자장의 행동을 두고 자유는 하기 어려운 일을 잘한다고 하였고, 증자는 그가 당당하다고 하면서 모두 칭찬하는 말을 하였다. 하지만 두 사람 모두 자장이 인하다고는 인정하지 않았다. 고귀한 행동은 하기 쉬어도 도덕의 실제가 그 사람과 일치하기는 어렵다는 사실을 여기서 알게 된다. 경전을 통달한 사람을 만나긴 쉬워도 도를 아는 사람을 만나긴 어렵다. 도를 아는 사람을 발견하긴 쉬워도 덕 있는 사람을 발견하긴 어려운 법이다. 도를 아는 사람이 아니면 함께 의를 보존하기 어렵고, 덕을 가진 사람이 아니면 함께 인을 실행하기 어렵다. 이것이 두 사람이 자장을 인정하지 않은 이유이다. 후세의 유학자들은 두 사람의 말 때문에 함부로 자장을 비판하는데 잘못된 일이다.

16. **曾子曰：“吾聞諸夫子：‘人未有自致者也，必也親喪乎.’”**

증자가 말하였다. "나는 선생님께 이런 말씀을 들었다. '사람은 자신의 감정을 다 드러내는 일이 없지만, 부모님 상에는 반드시 그렇게 된다.'"

> 치致는 끝까지 다한다는 말이다. 가장 큰 슬픔의 감정은 사람의 말이 필요하지 않다.

○ 인간은 감정이 닿지 않는 곳이 없다. 하지만 부모님 상을 당하게 되면 저절로 감정이 다 드러나지 않을 수 없게 된다. 인간 본성의 선함은 속일

수 없으며 사람은 스스로 선에 힘쓰지 않으면 안 된다는 사실을 알 수 있다. 여기서 선에 소홀하게 되면 사람이라 할 수 없는 것이다. 증자가 공자의 말을 인용해 말한 것은 깊이 경계하도록 했기 때문이다.

17. 曾子曰: "吾聞諸夫子: '孟莊子之孝也, 其他可能也, 其不改父之臣與父之政, 是難能也.'"

증자가 말하였다. "나는 선생님께 이런 말씀을 들었다. '맹장자孟莊子의 효는 다른 건 다 할 수 있어도, 아버지의 신하와 아버지의 정사政事를 바꾸지 않은 것은 하기 어렵다.'"

┃ 맹장자는 노나라의 대부로 이름이 속速이다. 그의 아버지는 헌자獻子로 이름이 멸蔑이다. 장자가 아버지 헌자를 섬기면서 음식을 바치고 돌보며 마음을 다 바치지 않은 적이 없었다. 하지만 아버지가 가신 길을 바꾸지 않은 효보다 더 위대하고 극진하게 한 일은 없다는 말이다.

○ 헌자는 노나라의 현명한 대부로 그가 인재를 쓰고 정사政事를 확립한 일은 확실히 볼만한 것이 많았고, 장자는 이것을 모두 준수하면서 고치지 않았다. 공자는 그 밖의 다른 효에도 다른 사람이 할 수 없는 게 있지만, 그 모든 것이 가장 하기 어려운 이 일만은 못하다고 하였다. "무릇 효란 조상의 뜻을 잘 계승하고 부모의 일을 잘 이어가는 것이다."(『중용』 제19장) 아버지가 훌륭한 정치를 하고 좋은 법을 남겼는데, 자식된 사람으로서 받들어 실행하지 않고 혹 갑작스레 바꿔 버리고 자기가 좋아하는

것을 따르는 자들이 세상에는 늘 있다. 지금 장자는 아버지의 신하와 아버지의 정책을 바꾸지 않았으니, 아버지의 덕을 욕보이지 않았을 뿐 아니라 조상의 일을 빛낼 수 있었다. 어떻게 다른 효행을 이에 비할 수 있겠는가. 하지만 후세의 역사가들은 효자의 전기를 기록하면서 오로지 기이한 행동과 하기 어려운 일들만을 가져다 칭찬하는데 확실히 잘못된 것이다.

18. 孟氏使陽膚爲士師. 問於曾子. 曾子曰: "上失其道, 民散久矣. 如得其情, 則哀矜而勿喜."

맹씨孟氏가 양부陽膚를 사사士師로 임명하였다. 양부가 증자에게 (어떻게 해야 할지) 여쭈었다.

| 양부는 증자의 제자다.

증자가 말하였다. "윗사람이 도를 잃어 백성들이 흩어진 지 오래되었다. 백성의 실정을 파악하면 불쌍히 여기고 기뻐하지 말아야 한다."

| 주씨가 말했다. "'백성들이 흩어졌다'는 말은 인정과 의리義理가 괴리되어 서로 연결되지 못했다는 말이다. 정情은 실정을 말한다."

○ 백성들이 선하고 악하게 되는 것은 모두 윗사람이 부리는 데 달려 있다. 그러므로 옛날의 성스런 왕들은 백성을 이끄는 데 더욱 삼갔다. 더욱이 백성을 이끄는 요체는 백성들이 각자 알맞은 자리에 있도록 하는 데

있는 법이다. 그러므로 덕을 갖춘 옛 왕들이 백성을 다스릴 때 반드시 먼저 일정한 재산이 있도록 하였고, 그 다음에 부모에게 효도하고 형에게 공손히 하는 도리를 가르쳤다. 이와 같이 했는데 범법행위를 하면 윗사람은 그래도 불쌍히 여기는 마음을 가졌다. 하물며 백성을 돌보면서 제도를 마련하지 않고 백성을 가르치면서 방도를 갖추지 않으면 어떻게 되겠는가. 이는 윗사람이 먼저 올바른 길을 잃은 것이다. "백성이 죄를 저지르자 백성을 따라가며 형벌을 가한다. 이는 백성에게 그물질을 하는 것과 같다."(『맹자』 「양혜왕 상」 제7장) 진정 백성을 측은하게 여기고 애달파하기에도 틈이 없을 지경인데 어떻게 기뻐할 수 있겠는가.

19. 子貢曰 : "紂之不善, 不如是之甚也. 是以君子惡居下流, 天下之惡皆歸焉."

자공이 말하였다. "주紂의 불선不善이 그렇게 심하지는 않았을 것이다. 이 때문에 군자는 하류下流에 머무르는 것을 싫어한다. 천하의 악이 모두 모여들기 때문이다."

> 하류는 지형이 낮고 아래쪽에 있는 것이라 많은 물이 흘러 모여드는 곳을 말한다. 사람이 더럽고 천한 행동을 하면 악명이 모여드는 것이 또한 이와 같다는 말이다.

○ 이 장의 뜻은 이렇다 : 주는 분명 불선不善한 인물이다. 하지만 후세에서 말하는 것처럼 심하지는 않았을 것이다. 사람이 한 번 자신을 불선한

곳에 두면 자연히 온갖 악행이 모여드는 곳이 되고 마니 삼가지 않을 수 있겠는가. 이 때문에 군자는 높고 밝은 곳에 있기를 좋아하고 하류에 처하는 것을 싫어한다.

20. 子貢曰: "君子之過也, 如日月之食焉. 過也人皆見之 ; 更也人皆仰之."

자공이 말하였다. "군자의 잘못은 일식·월식과 같다. 잘못을 하면 사람들이 모두 보고, 고치면 사람들이 모두 우러러본다."

○ 군자의 마음은 가장 참되기 때문에 아무리 작은 잘못이라도 사람들이 모두 본다. 달과 해의 모습은 가장 밝기 때문에 미세한 그늘만 있어도 천하 사람들이 보는 것과 같다. 잘못을 저지르면 명백해서 쉽게 눈에 띄므로 역시 가리거나 숨기지 않는다는 것을 말한 것이다. 군자는 잘못을 저지르면 반드시 고치지 않는 것이 없고 잘못을 고치게 되면 사람들이 더욱 우러러보며 사모하게 된다. 소인은 이와 반대다. 자공은 일식과 월식으로 군자의 잘못을 비유했는데 그 의미가 깊다.

21. 衛公孫朝問於子貢曰: "仲尼焉學?" 子貢曰: "文武之道, 未墜於地在人. 賢者識其大者, 不賢者識其小者, 莫不有文武之道焉. 夫子焉不學, 而亦何常師之有."

위나라 공손조가 자공에게 물었다. "중니仲尼는 어떻게 배웠습니까?"

| 공손조公孫朝는 위나라 대부이다. 언焉은 '어떻게'라는 말이다.

자공이 말했다. "문왕과 무왕의 도가 땅에 떨어지지 않고 사람에게 남아 있었습니다. 현명한 사람은 큰 것을 기억하고 현명하지 못한 사람은 작은 것을 기억해, 문왕과 무왕의 도를 가지지 않은 사람이 없었습니다. 선생님께서 무엇을 배우지 않으셨겠습니까마는, 또한 어디에 꼭 정해 놓은 스승이 있었겠습니까."

| 문왕과 무왕의 도는 문왕과 무왕이 천하를 다스릴 때 썼던 훌륭한 기준과 훌륭한 법도를 말한다. 요순이라 하지 않고 문왕과 무왕이라 한 것은 시간적 거리가 비교적 가까워 법과 제도가 모두 남아 있었기 때문이다. "땅에 떨어지지 않았다"는 말은 하늘이 다하도록 사라지지는 않을 것이라는 말이다. 지識는 기억한다는 말이다. "큰 것을 기억하고 작은 것을 기억한다"는 말은 "어진 사람은 도를 보고 어질다 하고 지혜로운 사람은 도를 보고 지혜롭다"(『주역』「계사전 상」)고 하는 종류와 같다.

○ 자공의 말은, 선생님께서는 현명한 사람에게서 큰 것을 배우고 현명하지 않은 사람에게는 작은 것을 배워, 처음부터 일정한 스승이 없이, 도가 있는 곳이면 거기서 공부했다는 뜻이다. 성인의 도는 넓고 덕은 커서 그치지 않고 배우기를 좋아했다는 의미이다.

○ 진사이는 논한다: 성인의 도는 천지의 영원한 기준이면서 예로부터 지금까지 통용되는 의義이다. 하늘에 걸린 해와 달, 별이 영원히 떨어지지 않는 것과 같다. 식견을 가진 사람은 모두 알 수 있고 뜻이 있는 사람

은 모두 실행할 수 있어, "어리석고 못난 보통 남녀라고 해도 다른 사람과 마찬가지로 알아서 실행할 수 있다"(『중용』 제12장). 이 점이 성인의 도가 되는 이유이기도 하다. 그렇기 때문에 "문왕과 무왕의 도를 가지지 않은 사람이 없었다"고 말한 것으로, 이를 이은 성인의 도는 넓고 큰 것이다. 후세의 유학자들이 말하는 도통道統이 전해졌다는 계보 같은 것은 본래 불교에서 전해 온 종파의 계통도를 따라 만든 것으로 모두 사사롭게 도를 말한 것일 뿐 천지에 통용될 수 있는 공공의 도가 아니다. 그러므로 도통도道統圖를 군자는 인정하지 않는다.

22. 叔孫武叔語大夫於朝曰: "子貢賢於仲尼." 子服景伯以告子貢. 子貢曰: "譬之宮牆, 賜之牆也及肩, 窺見屋家之好. 夫子之牆數仞, 不得其門而入, 不見宗廟之美, 百官之富. 得其門者或寡矣. 夫子之云, 不亦宜乎."

숙손무숙叔孫武叔이 조정에서 대부들에게 말하였다. "자공이 중니보다 현명합니다."

│ 무숙은 노나라의 대부로 이름이 숙손주구叔孫州仇이며 무숙은 그의 시호諡號다.

자복경백子服景伯이 이 말을 자공에게 알려 주었다. 자공이 말했다. "궁궐의 담장에 비유하자면, 내 담장은 어깨까지 와서 집안의 좋은 것을 엿볼 수 있다.

| 담장이 낮고 집이 깊지 않은 것이다.

선생님의 담장은 몇 길이나 돼서 문을 찾아 들어가지 않으면 종묘의 아
름다움과 수많은 건물*이 얼마나 많은지 볼 수 없다.

| 7척尺(주나라의 도량형으로 1척은 약 23cm)을 한 길[仞]이라 한다. 담장
  이 높고 궁전이 넓다. 그러므로 문을 찾아 들어가지 않으면 그 안에 있
  는 것을 볼 수 없다는 말이다.

그 문을 찾은 사람조차 적다. 그분[夫子]이 그렇게 말하는 것도 당연하지
않은가."

| 그분은 무숙을 가리킨다. 그 문을 찾은 사람조차 적으니 그 집안에 들
  어가기 어려운 것도 당연한 일이라는 말이다.

○ 사람이 도에 있어서 얕게 도달하는 부분은 사람들이 모두 알 수 있다.
도달하는 곳이 더 깊어지면 제대로 도를 아는 사람이 아니라면 알 수가
없다. 그러므로 성인이 다른 성인을 알아볼 수 있다고 하는 것이다. 그런
까닭에 자공은 무숙의 말에 대해서 틀렸다고 하지 않고 당연하다고 하
였다. 이 일을 통해 성인은 알기 어렵다고 말한 것이다.

---

* '건물'의 원문은 관(官). 진사이는 이 글자를 따로 풀이하지 않았으나, 관(官)은 관(館)과 통하고
  문맥으로 볼 때도 건물로 이해하는 것이 자연스럽다. 양백준(楊伯峻), 『논어역주』(論語譯注) 참조.

23. 叔孫武叔毀仲尼. 子貢曰: "無以爲也. 仲尼不可毀也. 他人之賢者丘陵也, 猶可踰也. 仲尼日月也, 無得而踰焉. 人雖欲自絶, 其何傷於日月乎. 多見其不知量也."

숙손무숙이 중니를 헐뜯었다. 자공이 말하였다. "그러지 말라.

│ "그러지 말라"는 말은 그렇게 하는 것이 소용없다는 말이다.

중니는 헐뜯을 수 없다. 다른 사람은 언덕[丘陵]과 같아서 그런대로 넘을 수 있다. 중니는 일월日月이라 넘을 수 없다. 사람들이 스스로 관계를 끊으려 한들 일월에 무슨 해가 되겠느냐. 단지[多] 분수를 모른다[不知量]는 것을 보여 줄 뿐이다."

│ 땅이 높은 것을 구丘라 하고 큰 언덕을 능陵이라 한다. 해와 달[日月]은 가장 높은 것을 비유한 말이다. "스스로 관계를 끊는다"는 말은 욕하고 헐뜯어 스스로 공자와 관계를 끊는다는 말이다. "일월에 무슨 해가 되겠느냐"는 말은 일월의 밝기에 아무 손해도 되지 않는다는 말이다. 다多는 기秖와 같은 말로 '다만'이라는 뜻이다. 부지량不知量은 자기 분수를 자신이 모른다는 말이다.

○ 지혜가 깊어질수록 성인을 아는 것도 더욱 깊어진다. 공부가 높아질수록 성인을 존경하는 마음도 더욱 높아진다. 예를 들면 공자의 상을 치를 때 자공은 공자의 무덤 곁에 오두막을 짓고 6년 상을 치렀다. 성인을 아는 것이 더욱 깊어질수록 성인을 존경하는 마음이 더욱 높아진 것이라고 말할 수 있다.

24. 陳子禽謂子貢曰: "子爲恭也, 仲尼豈賢於子乎." 子貢曰: "君子一言以爲知, 一言以爲不知, 言不可不愼也. 夫子之不可及也, 猶天之不可階而升也. 夫子之得邦家者, 所謂立之斯立, 道之斯行, 綏之斯來, 動之斯和. 其生也榮, 其死也哀. 如之何其可及也."

진자금陳子禽이 자공에게 말하였다. "선생님이 공손해서[爲恭] 그렇지 중니가 어떻게 선생님보다 현명하겠습니까."

> 주씨가 말했다. "'위공'爲恭은 공경해 자신의 스승을 높이고 겸손히 하는 것을 말한다."

자공이 말하였다. "군자는 한마디 말 때문에 남들이 지혜롭다 하기도 하고, 한마디 말 때문에 지혜롭지 않다 하기도 한다. (그러니) 말은 삼가지 않을 수 없다.

> 자공이, 자금이 말을 쉽게 한다고 꾸짖은 것이다.

선생님(공자)에게 미칠 수 없는 것은 계단을 타고 하늘에 오를 수 없는 것과 같다.

> 계階는 사다리다. 주씨가 말했다. "위대함[大]은 사람의 힘으로 될 수 있지만 신령스럽게 변하는 것[化]은 될 수 없는 것이다. 그러므로 사다리를 타고 오를 수 없다고 한 것이다."

선생님께서 나라를 다스렸다면, 소위所謂 사는 방도를 수립해 주려 하면 바로 방도가 수립되고, 덕으로 이끌면 바로 백성이 따르고, 편안하게 해

주면 바로 백성이 귀의하고, 고무시키면 바로 백성이 반응했을 것이다. 그분이 살아계시면 영광스러워했고, 그분이 돌아가시면 슬퍼하였다. 어떻게 그분에게 미칠 수 있겠느냐."

입立은 사는 방도를 수립해 준다는 말로, 이른바 "밭과 거주지를 제정해 준다"(『맹자』「진심 상」 제22장)는 말이다. 도道는 이끌어 준다는 말로 덕으로 백성을 인도한다는 뜻이다. 행行은 따른다는 말이다. 수綏는 편안하게 해준다는 말이다. 래來는 귀의해 온다는 말이다. 동動은 고무시킨다는 말이다. 화和는 "(천자가 움직이면) 크게 반응하며 기다린다" [丕應髁志]*(『서경』「익직」益稷)고 하는 말과 같은 뜻이다. 이 말은 모두 성인이 사람을 감화하고 이에 백성들이 감화되는 오묘한 모습이 아주 신령스럽고 빠르다는 의미이다. 영榮은 존경과 친밀감이 가장 크다는 말이다. 애哀는 사모하는 마음이 가장 큰 것을 말한다. 사람들이 선생님을 공경하고 복종하는 마음이 지극하지 않은 게 없다는 말이다.

○ 사씨(사량좌)가 말했다. "자공이 성인에 대해 한 말을 살펴보면, 공자가 만년에 덕에 나간 경지가 가장 고원한 수준에 이르렀음을 알 수 있다. 공자가 나라를 다스렸다면 백성을 고무시키고 사람들이 격동하는 일이, 북채로 북을 치는 것이나 그림자나 소리가 반응하는 것보다 빨랐을 것이다. 사람들이 변화를 보면서도 변화하는 까닭은 헤아리지 못한다."
황간이 말했다. "하늘의 덕은 말로 표현할 수 없다. 하늘이 천지만물을 낳는 것을 대하면서 하늘의 조화가 얼마나 오묘한 것인지 알게 된다. 성

---

* 원문은 '비응혜지'(丕應徯止)이다. 의미는 대동소이하다.

인의 덕은 말로 표현할 수 없다. 사람을 감화시키는 것을 대하면서 성인의 감화가 얼마나 빠른지 알게 된다. 천하의 이치는, 실질이 크면 소리도 굉장하며, 근본이 깊으면 말단까지 무성하다. 사람이 감동하는 깊이와 빠르기를 통해 성인의 덕이 어디까지 닿는지 모두 알 수 있다. 성인의 도는 완전하고 덕이 모두 갖춰져서 일월처럼 고명하고 대지처럼 넓고 두터워, 만물을 감화시키는 힘도 이와 같은 것이다. 성인이 만물을 감화시키는 일을 통해 성인의 덕을 역으로 살펴본다면 그 덕에 대해 얼마나 명확히 깨닫고 쉽게 알 수 있지 않겠는가."

요왈(堯曰)

모두 4장이다.

1. 堯曰: "咨爾舜, 天之曆數在爾躬, 允執其中. 四海困窮, 天祿永終." 舜亦以命禹.

요임금이 말하였다. "아, 너 순舜아, 하늘의 역수曆數가 네 몸에 있으니 진실로 그 중中을 잡아라. 온 세상이 곤궁하면 하늘의 녹祿이 영원히 끊어질 것이다."

┃ 자咨는 감탄하는 소리다. 역수曆數는 세시와 절기의 순환 순서를 기록해 백성들에게 농사짓는 때를 알려 주는 것이다. "네 몸에 있다"[在爾躬]는 말은 천지의 도를 마름질해 완성하고 도와주는 것으로 『서경』에서 말하는 '하늘의 일을 사람이 대신해 하는 것입니다'(「고요모」皐陶謨)라는 말이 이것이다. 윤允은 '진실로'이다. 중中은 지나침이나 미치지 못함이

없는 것을 이른다. 세상 사람들이 곤궁하면 임금의 녹도 영원히 끊어질 것이므로 경계하도록 한 말이다. 이는 요임금이 순임금에게 명을 내려 제위帝位를 선양禪讓할 때 한 말이다.

순임금 또한 이 말씀으로 우禹에게 명命해 주셨다.

| 순임금이 나중에 우에게 임금의 자리를 물려줄 때 또한 이 말로 명을 내려 주었다.

○ 상고上古의 성인은 그 도가 무한히 넓고 커서 중도中道를 지나쳐 인륜人 倫에 적절하지 않거나 천하국가를 다스림에 보탬이 되지 않는 것이 혹 있 었다. 때문에 요임금이 "진실로 그 중中을 잡아라"는 말로 순에게 명해 주셨는데 "순은 여러 사물에 밝고 인륜을 잘 살펴 인의仁義의 도덕(원칙) 을 따라 행하였지, 인의의 행동 하나하나를 행한 것이 아니었다"(『맹자』 「이루 하」 제19장). 이것이 순이 요임금의 도를 이을 수 있었던 까닭이다.
○ 진사이는 논한다:『고문상서』「대우모」편에도 이 말이 실려 있는데, 인심도심人心道心, 위미정일危微精一 등의 말이 덧붙어 있다(원문은 "인심유 위人心唯危, 도심유미道心唯微, 유정유일唯精唯一, 윤집기중允執其中"). 하지만 이 편에서 오직 "순임금 또한 이 말씀으로 우에게 명해 주셨다"[舜亦以命禹] 라고만 한 것을 보면 요임금이 순에게 명하고 순임금이 우에게 명한 것 은 모두 이 22자(咨爾舜, 天之曆數在爾躬, 允執其中. 四海困窮, 天祿永終)에 그 치지, 위미정일危微精一 등의 말은 없었음을 알 수 있다. 생각건대, 송나라 와 명나라의 여러 유학자들은 혹 「대우모」가 진짜 고문이 아니라고 의 심해, 한나라 유학자들의 위작僞作이라고 생각했다. 여러 경전과『논어』·

『맹자』 가운데 보이는 말에 의거해 모방하고 아울러 그 자구字句를 표절해 만들었을 것이다. 『순자』荀子에도, "인심지위人心之危, 도심지미道心之微" 두 구절을 인용하고 "『도경』道經에 이르기를"이라고 말했지(「해폐」解蔽), (『서경』의) 「우서」虞書라고 말하지 않았으니 이 말(인심유위, 도심유미, 유정유일, 윤집기중)이 본래 요임금과 순임금이 주고받은 말이 아님을 명백히 알겠다. 요순시대에는 그 말이 평이하고 소박하며 실질적이라 사람을 알고 정치를 논하는 문제에 오로지 관심이 있었지 후세에 심성心性의 정미精微를 논하는 것이 없었다. 그러므로 「대우모」편은 실제 한나라 유학자들의 손에서 나왔으며 요순이 명한 말은 단지 이 22자뿐임을 알겠다.

曰: "予小子履, 敢用玄牡, 敢昭告于皇皇后帝. 有罪不敢赦, 帝臣不蔽, 簡在帝心. 朕躬有罪, 無以萬方; 萬方有罪, 罪在朕躬." 周有大賚, 善人是富. "雖有周親, 不如仁人, 百姓有過, 在予一人." 謹權量, 審法度, 修廢官, 四方之政行焉. 興滅國, 繼絶世, 擧逸民, 天下之民歸心焉. 所重, 民·食·喪·祭.

(탕왕이) 말하였다. "저 소자小子 이履는 삼가 검은 수소[玄牡]를 바쳐 위대한 천제天帝께 감히 분명하게 아룁니다.

│ 주씨(주희)가, "말하였다[曰] 앞에는 '탕왕'[湯]이란 말이 있어야 한다"고 하였는데 옳다. 이履는 은나라 탕왕의 이름이다. 은나라는 흰색을 숭상하는데 검은 수소를 희생물로 쓴 것은 하나라에서 쓰던 예를 바꾸지 않았기 때문이다. 황황皇皇은 위대하다는 말이다. 후后는 임금을 말하는

것으로 여기서는 천제를 가리킨다. 이 구절은 걸桀을 치겠다는 뜻을 하늘에 분명하게 아뢰었음을 말한 것이다.

죄가 있는 자를 감히 용서하지 않을 것이며, 천제께서 보내신 신하를 가리지[蔽] 않았으니, 살펴보는 일은 천제의 마음에 달려 있습니다.

> 간簡은 살펴본다는 말이다. "죄가 있는 자"는 걸왕을 가리킨다. "천제께서 보내신 신하를 가리지 않았다"는 말은 이윤伊尹을 가리킨 것으로 보인다. 천하의 선악을 내가 감히 사사롭게 처리하지 않았으니 오직 하늘이 살펴볼 것이다, 라는 말이다.

제 몸에 죄가 있다면 백성에게 재앙을 내리지 마시고, 백성이 죄가 있다면 그 죄는 제게 있는 것입니다."

> 이상의 말은 모두 하늘에 아뢴 말이다. 무이만방無以萬方은 백성들에게 재앙이나 상서로운 일을 내려 주지 말라는 말이다. 백성이 죄를 지은 것은 실상 임금이 한 일이므로 자신에게 죄를 주어야지 백성에게 죄를 주지 말라는 뜻이다.
>
> ○ 이 말들은 지금 『고문상서』「탕고」편에 보인다. 하지만 『묵자』墨子에서는 "백성이 죄가 있다면"[萬方有罪]이라는 말을 인용해 「탕서」편이라 하였으니(「겸애兼愛 하」), 『고문상서』는 의심할 만한 저작임을 더욱 잘 알겠다.

주나라는 하늘이 크게 내려 주어 선인善人이 많아졌다.

> 하씨(하안)가 말했다. "주周는 주나라 왕가王家를 말한다. 뢰賚는 준다는

말이다. 주나라 왕실이 하늘에서 크게 내려 주는 것을 받아 선인이 많다는 말이다. '천하를 잘 다스리는 신하 10명이 있었다'(『서경』「태서」^泰^誓)는 말이 이것이다."

"아주 친한 친척이 있더라도 어진 사람보다 못했으며,

> 공씨(공안국)가 말했다. "친척이라고 해도 충성스럽고 현명하지 않으면 처벌했으니, 관숙^{管叔}·채숙^{蔡叔}이 그 예이다. 어진 사람은 기자^{箕子}·미자^{微子}를 말하는데 그들이 무왕^{武王}에게 왔으므로 그들을 등용했다."

백성들이 저지른 잘못은 저 한 사람에게 있습니다."

> 이 말은 무왕이 자신에게 죄가 있다고 한 말이다.

도량형을 엄격하게 지키고, 법도를 상세하게 살피고, 없어진 관직을 정비하자 사방의 정사가 잘 실행되었다.

> 권^權은 저울대와 저울추로 무게를 재는 도구를 말한다. 량^量은 한 섬, 한 말 등 부피를 재는 단위를 말한다. 법도는 예악제도 등이 모두 이에 해당한다. 옛날에는 대대로 관직을 물려주고 자손들이 이어받아 관직을 지켰는데 관직이 없어지면 정사도 사라졌다. 그러므로 관직을 잘 정비한 것이다.

멸망한 나라를 일으켜 세우고, 끊어진 세대를 이어 주고, 숨어 있던 사람을 등용하자 천하 백성들의 마음이 돌아왔다.

> 주씨가 말했다. "멸망한 나라를 일으켜 세우고, 끊어진 세대를 이은 것

은 황제·요·순·하·상의 자손들을 제후로 봉한 일을 가리킨다. 숨어 있던 사람을 등용한 것은 죄수로 갇혀 있던 기자를 석방하고, 상용商容(주紂의 신하로, 간언을 하다 추방당했다)의 지위를 회복시킨 일을 가리킨다. 이 세 가지 일은 모두 사람들이 마음속으로 바라던 일이었다."

소중하게 여긴 것은 백성, 먹을 것, 상례喪禮, 제사였다.

공씨가 말했다. "제왕들이 중요하게 생각하는 일은 이 네 가지라는 말이다. 백성을 중하게 여기는 일은 나라의 근본이기 때문이다. 먹을 것을 중하게 여기는 일은 백성들의 생명이 달려 있기 때문이다. 상례를 중하게 여기는 것은 슬픔을 다 표현할 수 있는 방법이기 때문이다. 제사를 중하게 여기는 것은 공경을 다 바칠 수 있는 방도이기 때문이다."

○ 이상의 말은 무왕의 일을 말한 것이다. 내(진사이)가 고찰해 보건대, 무왕의 말은 현재 『서경』의 「무성」武成, 「태서」泰誓 등의 편에서 대부분 찾아볼 수 있다. 하지만 『고문상서』에는 자못 잘못된 부분이 많고, 또 선배 유학자들 역시 의문을 제기한 곳이 많기 때문에 여기서는 『고문상서』를 인용해 이 글의 증거로 삼지 않기로 한다.

○ 양자楊子(양시)가 말했다. "『논어』라는 책은 모두 성인의 미묘한 말을 그 문하의 제자들이 후대에 전하고 지켜 오면서 사도斯道(유학의 가르침)를 밝힌 것이다. 그러므로 마지막 편에 요순임금이 제위를 물려주며 한 말, 탕임금과 무왕이 군대에게 맹세한 뜻이며 정사를 펼친 일을 온전하게 기록해, 성인의 학문이 전하고자 했던 것이 여기에서 일치한다는 사실을 밝혔다. 『논어』 20편의 대의大意를 명확하게 드러내는 방식이다."

○ 요순과 탕왕·무왕의 도는 '하늘을 공경하고 백성을 중하게 여긴다' [敬天·重民]는 두 가지에 지나지 않으며 '하늘을 공경하는 것'[敬天]이 근본이 된다. "하늘의 역수歷數가 네 몸에 있다", "살펴보는 일은 천제의 마음에 달려 있습니다", "주나라는 하늘이 크게 내려 준 것이 있다"라는 말은 모두 하늘을 공경하는 마음이 아닌 것이 없다. 선한 사람에게 상을 주고 악한 인간에게 벌을 내리며, 자신을 책망하고 남을 용서하는 일은 하늘을 공경하는 마음을 미루어 나가는 방법이다. 공자가 요순의 도를 이어 받아 펼치고 문왕·무왕의 도를 모범으로 삼아 명확하게 밝힌 이유도 이것에서 벗어나지 않는다.

2. 寬則得衆, 信則民任焉, 敏則有功, 公則說.

관대하면 많은 사람을 얻고, 신뢰가 있으면 사람들이 의지하고, 민첩하면 공이 있고, 공정[公]하면 기뻐한다.

> 공公이라는 글자는 『논어』에 보이지 않는다.* 전편(「양화」 제5장)에 의거해 혜惠라는 글자로 써야 한다.

○ 이 장의 옛 판본은 앞 장을 모두 하나로 합쳐 1장으로 하였다. 하지만 무왕의 일과 관련된 부분은 다른 곳에 보이지 않고, 전편의 자장이 인仁

---

* 공(公)이라는 글자가 『논어』에 쓰이지 않았다는 말이 아니다. 공(公)/사(私)라고 할 때처럼 공과 사를 반대 개념으로 사용하는 일은 있지만 이 장에서처럼 공을 추상적인 의미로 쓴 일은 없다는 뜻이다.

에 대해서 물은 장(「양화」 제5장)은 2장과 대략 같으면서도 반이 생략되었다. 「양화」 제5장에는, "공손하면 모욕당하지 않고"[恭則不侮]라는 구절이 "관대하면 많은 사람을 얻고"[寬則得衆]라는 구절 앞에 있고, "공정하면 기뻐한다"[公則說]는 구절은 "은혜를 베풀면 사람을 부릴 수 있다"[惠則足以使人]로 되어 있다. 「양화」 제5장도 "자장이 물었다"로 시작하는데, 다음 장에도 "자장이 물었다"는 구절이 있어서 이 때문에 두 번 나온 잘못이 생긴 게 아닐까 의심스럽다.

○ 진사이는 논한다: 송나라 유학자들은 늘 공公이라는 글자를 학문하는 데 매우 중요한 것으로 보았다. "천리天理의 공公"이라든지, "공정[公]하면서 사람을 근본으로 한다"고 한 말 등이 그 예가 된다. 하지만 공公이라는 글자는 노자와 장자의 서적에는 자주 보이는데, 우리 성인의 책 『논어』에는 없는 것은 어떻게 된 일인가. 시시비비是是非非를 가릴 때 조금도 한쪽으로 치우치거나 사사로움이 없는 것을 公이라고 한다. 하지만 친밀한 관계와 소원한 관계를 가리지 않고 공을 실행하게 되면 반드시 의義를 해치게 된다. 아버지는 자식을 위해 악惡을 숨기고, 자식은 아버지를 위해 악을 숨기는 법이다(「자로」 제18장). "나와 아무 상관이 없는 월나라 사람이 활을 당겨 사람을 쏘려고 하면 내가 웃으면서 그러지 말라고 말하지만, 형이 활을 당겨 사람을 쏘려고 하면 내가 눈물을 흘리며 울면서 그러지 말라 말하는"(『맹자』 「고자 하」 제3장) 행동 등은 公이라 할 수는 없다. 하지만 사람의 감정이 지극한 곳에 도가 존재하는 법이다. 그러므로 성인이 어질게[仁] 되어 사랑을 다 베풀려 하고, 의롭게[義] 되어 선악의 분별기준을 명확하게 세우려 하는 것이다. 이것은, "천도天道에 음陰과 양陽이 있고, 지도地道에 강함[剛]과 부드러움[柔]이 있는 것"(『주역』 「설

괘」說卦)과 같은 것으로, 인仁과 의義 가운데 어느 한쪽을 없앨 수는 없다. 그러므로 어질기는 하지만 의로움이 없으면 묵자墨子의 인仁이 되어 버려서 실행할 수 없고, 의롭기는 하지만 어질지 않으면 양자楊子(양주楊朱)의 의義가 되어 버려서 따를 수가 없다. 인을 바탕으로 하고 의를 따른다면 공이라는 말을 할 필요도 없이, 자연스럽게 한쪽으로 치우치거나 사사로이 하는 일이 없게 된다.

3. 子張問於孔子曰: "何如斯可以從政矣?" 子曰: "尊五美, 屛四惡, 斯可以從政矣." 子張曰: "何謂五美?" 子曰: "君子惠而不費; 勞而不怨; 欲而不貪; 泰而不驕; 威而不猛." 子張曰: "何謂惠而不費?" 子曰: "因民之所利而利之, 斯不亦惠而不費乎. 擇可勞而勞之, 又誰怨. 欲仁而得仁, 又焉貪. 君子無衆寡, 無小大, 無敢慢, 斯不亦泰而不驕乎. 君子正其衣冠, 尊其瞻視, 儼然人望而畏之, 斯不亦威而不猛乎." 子張曰: "何謂四惡?" 子曰: "不敎而殺, 謂之虐; 不戒視成, 謂之暴; 慢令致期, 謂之賊; 猶之與人也, 出納之吝, 謂之有司."

자장이 공자에게 물었다. "어떻게 해야 정사에 종사할 수 있습니까?" 선생님께서 말씀하셨다. "다섯 가지 미덕을 존중하고 네 가지 악덕을 없애면 정사에 종사할 수 있다."

공씨(공안국)가 말했다. "병屛은 없앤다는 말이다."

자장이 물었다. "다섯 가지 미덕은 무엇을 말합니까?"

선생님께서 말씀하셨다. "군자는 은혜를 베풀되 낭비하지 않으며, 백성을 수고롭게 하되 원망하지 않도록 한다.

이 두 가지는 백성을 다스리는 핵심이다.

하고자 하면서도 탐욕을 부리지 않고, 태연하면서도 교만스럽지 않으며, 위엄이 있으면서도 사납지 않다."

이 세 가지는 자기 수양의 핵심이다. 자신을 수양하는 일은 백성을 다스리는 근본이다.

자장이 물었다. "은혜를 베풀되 낭비하지 않는다는 말은 무슨 뜻입니까?"

선생님께서 말씀하셨다. "백성들이 이롭다고 생각하는 것을 따라 이롭게 해주는 것이다. 이것이 역시 은혜를 베풀되 낭비하지 않는 게 아니겠느냐. 수고롭게 할 수 있는 일을 가려 수고롭게 한다면 또 누가 원망하겠느냐. 인(仁)을 하고자 해서 인을 얻었는데 또 무엇을 탐하겠느냐. 군자는 많거나 적거나, 크거나 작거나 상관없이 감히 함부로 하지 않는다. 이것이 역시 태연하면서도 교만스럽지 않은 게 아니겠느냐. 군자는 의관을 바르게 하고 보는 시선을 존귀하게 해 엄숙해서 사람들이 보고 두려워한다. 이것이 역시 위엄이 있으면서도 사납지 않은 게 아니겠느냐."

은혜를 베풀면 낭비하기 쉽고, 백성을 수고롭게 하면 원망하기 쉽고, 하고자 하면 탐욕을 부리기 쉽고, 태연하면 교만하기 쉽고, 위엄이 있으면 사납기 쉬운데, 지금 모두 그렇지 않기 때문에 미덕이라고 한 것이다.

자장이 물었다. "네 가지 악덕은 무엇을 말합니까?"

선생님께서 말씀하셨다. "가르치지도 않고 잘못하면 죽이는 것을 잔학 [虐]이라 하고,

　┃ 학虐은 잔혹하게 굴며 불인不仁한 것을 말한다.

미리 경고하지도 않고 완성을 재촉하는 것을 조급함[暴]이라고 한다.

　┃ 미리 경고하지도 않고 완성을 재촉하는 일, 이는 갑작스럽고 조급하게
　┃ 하며 차츰차츰 점차적으로 하지 않는 것이다.

명령은 늦게 내리면서 시기를 빠듯하게 하는 것을 해친다[賊]고 한다.

　┃ 주씨가 말했다. "'치기'致期는 시기를 빠듯하게 하는 것을 말한다." 적賊
　┃ 은 해친다는 말이다. "남의 자식을 해친다"(「선진」제24장)고 할 때의
　┃ 해친다는 말과 같다. 앞에서는 천천히 하고서 뒤에서는 급하게 해서 백
　┃ 성이 잘못되도록 하는 행위는 백성을 해치는 것이라는 말이다.

똑같이 남들에게 주면서 출납할 때 인색하게 구는 것을 유사有司의 짓이
라고 한다."

　┃ 주씨가 말했다. "'유지'猶之는 균등하게 한다는 말이다. 똑같이 남들에
　┃ 게 물건을 주면서 들어오고 나갈 때 인색하게 굴고 과감하게 하지 않으
　┃ 면 이는 담당 실무자[有司]의 일이지 정치를 하는 바른 모습이 아니다."

○ 정치를 한다는 것은 인仁을 근본으로 삼고, 불인不仁을 경계해야 한다.
이 장은 논한 말이 매우 길지만 그 핵심은 이 두 마디 말에 지나지 않는

다. 살펴보고 새겨 두지 않으면 안 된다.

4. 子曰：“不知命, 無以爲君子也. 不知禮, 無以立也. 不知言, 無以知
人也.”

선생님께서 말씀하셨다. “천명[命]을 알지 못하면 군자가 될 수 없다.

> 하늘에는 필연적인 이치가 있고, 사람에게는 스스로 초래하는 도道가
> 있다. 그러므로 천명을 알면 (하늘의 뜻을 알아) 즐거워하며 근심하지
> 않고, 두려워하며 게으르지 않는다. 이것이 군자는 되는 이유이다.

예를 알지 못하면 설 수 없다.

> 예는 몸을 움직이는 근간이다. 그러므로 예를 알면 설 수 있는 것이다.

말을 알지 못하면 사람을 알 수 없다.”

> 말은 마음이 겉으로 드러나는 표시이다. 그러므로 말을 알면 다른 사람
> 을 알 수 있다.

○ 보광이 말했다. “명命을 알면 내게 일정한 견해가 생기게 되고, 예禮를
알면 내게 일정하게 지키는 것이 있게 되며, 말을 알면 남이 내게 숨기는
감정이 없게 된다. 이 명命·예禮·언言 세 가지를 알면 안으로는 자신의 덕
을 완성하기에 충분하고, 밖으로는 남의 실정實情을 아는 데 충분하다. 그
러므로 군자의 일이 갖춰지는 것이다.”

○ 윤씨(윤돈尹焞)가 말했다. "제자들이 이 말을 기록해 이 편篇을 마무리 하였는데, 어떻게 아무 의미가 없겠는가. 배우는 사람이 젊어서 『논어』 를 읽고 늙어서까지 한 마디 말도 쓸만한 것이 있는지 모른다면 거의 성 인의 말씀을 모욕한 것이 아닐까. 공자에게 죄를 지은 사람이라 할 것이 니 염려하지 않아서야 되겠는가."

논어고의 원문

刊論語古義序

昔者夫子生乎衰周之季, 躬天縱之資, 立生民之極, 祖述前聖, 討論墳典, 其道之大德之盛, 亙今古而莫之比也. 其遺言微旨之託于後者, 門人弟子, 謹而備錄, 名曰論語. 古經中之一王, 百家之權衡也. 聖而前乎此者, 不經其品章, 則萬歲無以識其爲聖, 賢而後乎此者, 不就其折衷, 則萬歲無以辨其言行事實之爲孰得孰失也. 言其大也, 則猶天地之囿萬象, 而品彙莫不罔羅乎其中, 言其近也, 則猶布帛菽粟之切于民用, 而一日不資, 則不能以爲人. 斯道之蘊奧, 學問之階級, 固具於其中,而不待復求之於其外矣. 自漢而後, 疏解註述之繁, 非不精且祥也. 然徒視以爲平實法語, 而非鉤玄探賾之至論, 應酬常談, 而非統宗會極之要言, 則雖不能不沿解以泝經, 亦不可以不原經以審註焉. 大抵聖人之道務實, 故其敎人, 每就日用行事之實, 示之是非得失, 而未嘗使之求心于一念未萌之先也. 今且擧其大者, 二十篇中, 鉅細畢擧, 而其要莫仁爲大也. 後之所謂仁者, 而寂然不動, 解覺解愛之理, 爲仁之體, 以惻隱之發乎心者, 爲仁之用, 而以其著乎行事, 澤物利人實迹之可見者, 爲仁之施, 於是仁分爲三截, 而其用功全在乎屛欲閑邪, 湛乎瑩乎, 以復靈覺不昧之初, 則澤物利人之功, 乃其發見, 而仁之粗者也, 而質諸先聖之言, 則所謂仁也者唯一而已矣. 而主實, 故其利澤恩愛之及物者, 雖有生熟大小之差, 皆可以謂之仁, 而安則爲仁者, 利則爲智者, 假則爲霸者, 依則爲人, 違則非人也. 所以其用工之方, 義以配之, 禮以節之, 智以明之, 或忠或敬或恕, 能敦其積, 而後可以爲仁矣. 而語其本, 則孝弟之心, 乃所謂知能之良, 而至於仁之基也. 若夫至於不動之初, 未萌之際, 則聖人固無其說也. 推之百行, 莫不皆然. 昔吾先人夙志聖學, 衽席經典, 服膺遺訓, 唯信夫子之爲曠古一人之聖, 此書之爲曠古無上之經, 晝誦宵繹, 參究訓傳, 恍然自得, 始覺後世之學, 與古人異, 齒未强仕, 已艸此解, 杜門卻掃, 日授生徒, 不復知世有聲利榮華之可羨, 改竄補緝, 向五十霜, 稿凡五易, 白首紛如, 冀傳聖訓于後昆, 託微志于汗靑, 瑣義未說, 時有出入, 則蓋亦不暇校也. 胤也不肖, 夙受其分數, 奉以周旋, 不敢失隊. 徒知讀父書, 而欲傳之同志, 爰命鋟梓, 以垂不朽云.

正德二年 壬辰九月日 京兆 伊藤長胤謹敍

論語古義總論

敍由

○ 宋邢氏昺曰: 按藝文志曰, 論語者, 孔子應答弟子時人, 及弟子相與言, 而接聞於夫子之語也. 當時弟子各有所記, 夫子旣卒, 門人相與輯而論纂, 故謂之論語. 漢興傳者有三家, 魯論語者, 魯人所傳, 卽今所行篇次是也. 齊論語者, 齊人所傳, 別有問王知道二篇, 凡二十二篇, 其二十篇中, 章句頗多於魯論. 古論語者, 出自孔子壁中, 凡二十一篇, 有兩子張, 篇次不與齊魯論同, 孔安國爲傳, 後漢馬融亦注之. 張禹受魯論于夏侯建, 又從庸生王吉受齊論, 擇善而從, 號曰張侯論. 後漢包咸周氏, 竝爲章句, 列於學官, 鄭玄就魯論張包周之篇章, 考之濟古爲之註焉. 魏吏部尙書何晏集諸儒之說, 竝下己意爲集解, 正始中上之, 盛行于世.

○ 維楨按: 鄭氏曰: 論語仲弓子游子夏等撰定. 程子曰: 論語之書, 成於有子曾子之門人, 故其書獨二子以子稱. 愚以謂, 此特謂撰夫子之語而已. 至諸子之語, 未必盡然. 蓋論語一書, 記者非一手, 成者非一時. 何者. 除有子曾子外, 閔子冉子亦以子稱, 而諸子之語, 曾子最居多, 子貢子夏次之. 學而一篇, 三載有子之語, 而子張篇, 多記子張之言, 則知夫子之語, 皆成於游夏等所撰, 而諸子之語, 則各出於其門人之所記. 然要之, 編論語者, 亦游夏之儔而已. 曾南豊曰, 記二典者, 皋夔之徒, 卽此意. 而自宋興以來, 說論語者, 蓋數百家, 然而多出其意見, 淆以佛老之說, 則不可據以爲信. 唯漢儒之說, 猶爲近古, 蓋不失傳受之意. 故此書出入注疏者爲多, 而於諸家之說, 獨取其所長, 并加裁定, 其意味血脈, 則竊附臆見云.

○ 又曰: 論語二十篇, 相傳分上下, 猶後世所謂正續集之類乎. 蓋編論語者, 先錄前十篇, 自相傳習, 而又次後十篇, 以補前所遺者. 故今合爲二十篇云. 何以言之. 蓋觀鄕黨一編, 要當在第二十篇, 而今嵌在中間, 則知前十篇旣自爲成書, 且詳其書, 若曾點言志, 子路問正名, 季氏伐顓臾諸章, 一段甚長. 及六言六蔽, 君子有九思三戒, 益者三友, 損者三友等語, 皆前十篇所無者, 其議論體製, 亦自不與前相似, 故知後十篇, 乃補前所遺者也.

綱領

○ 程子曰: 讀論語, 有讀了全然無事者, 有讀了後其中得一兩句喜者, 有讀了後知好之者, 有讀了後直有不知手之舞之足之蹈之者.

○ 又曰: 學者當以論語孟子爲本, 論語孟子旣治, 則六經可不治而明矣. 讀書者, 當觀聖人所以作經之意, 與聖人所以用心, 聖人之所以至於聖人, 而吾之所以未至者, 所以未得者, 句句而求之. 晝誦而味之, 中夜而思之, 平其心易其氣, 闕其疑, 則聖人之意可見矣.

○ 又曰: 學者須將論語中諸弟子問處, 便作自己問, 聖人答處, 便作今日耳聞, 自然有得. 雖孔孟復生, 不過以此敎人. 若能於語孟中, 深求玩味, 將來涵養, 成甚生氣質.

○ 又曰: 凡看語孟, 且須熟讀玩味. 須將聖人言語切己, 不可只作一場話說. 人看得此二書切己, 終身儘多也.

○ 維楨按: 論語一書, 萬世道學之規矩準則也. 其言至正至當, 徹上徹下, 增一字則有餘, 減一字則不足, 道至乎此而盡矣, 學至乎此而極矣. 猶天地之無窮, 人在其中, 而不知其大. 通萬世而不變, 準四海而不違, 於乎大矣哉. 其語道, 則以仁爲宗, 以智爲要, 以義爲質, 以禮爲輔, 其語敎人, 則曰, 博文約禮, 則曰, 文行忠信, 而總之曰, 吾道一以貫之, 是其標的也. 雖後有聖者出, 亦不能易此, 而宋儒說論語, 專以仁義爲理, 而不知爲德之名, 以忠信爲用, 而不爲緊要之功, 甚者至於以論語爲未足, 而旁求之他書, 或假釋老之說, 以資其言說, 其不得罪於孔門者, 殆鮮矣.

○ 又曰: 夫子以前, 雖敎法略備, 然學問未開, 道德未明, 直至夫子, 然後道德學問, 初發揮得盡矣. 使萬世學者, 知專由仁義而行, 而種種鬼神卜筮之說, 皆以義理斷之, 不與道德相混, 故謂學問自夫子始斬新開闢可也. 孟子引宰我子貢有若三子之於語曰, 賢於堯舜遠矣. 又曰, 自生民以來, 未有盛於孔子也. 蓋諸子嘗得親炙夫子, 而知其實度越乎羣聖人, 而後措詞如此. 愚斷以論語爲最上至極宇宙第一書, 爲此故也. 而漢唐以來, 人皆知六經之爲尊, 而不知論語之爲最尊而高出於六經之上, 或以易範爲祖, 或以學庸爲先, 不知論語一書, 其明道立敎, 徹上徹下, 無復餘蘊, 非他經之可比也. 夫子之道, 所以終不大明於天下者, 職此之由. 愚賴天之靈, 得發明千載不傳之學於語孟二書, 故敢據鄙見, 不少隱諱, 非臆說也.

○ 又曰: 夫道至正明白, 易知易從, 達於天下萬世, 而不可須臾離, 故知之非難. 守之爲難, 守之非難, 樂之爲難. 若夫高遠不可及者非道, 隱僻不可知者非道. 何者. 非達於天下萬世, 而不可須臾離之道也. 一人知之, 而十人不能知之者非道, 一人行之, 而十人不能行之者非道. 何者. 非達於天下萬世, 而不可須臾離之道也. 苟知此, 則識吾夫子之德, 實度越乎群聖人, 而吾夫子之道, 高超出乎萬世焉. 中庸曰, 考諸三王而不謬, 建諸天地而不悖, 質諸鬼神而無疑, 百世以俟聖人而不惑. 蓋贊夫子之德之學之功云然. 若夫高遠不可及, 隱僻不可知之說, 考之於三王則謬, 建之於天地則悖, 推之於人情物理則皆不合, 可見宇宙之際, 本無此理, 而誣道之甚者也. 夫窮高則必返于卑, 極遠則必還于近, 返卑近而後, 其見始實矣. 何則知卑近之可恒居, 而高遠之非其所也. 所謂卑近者, 本非卑近, 卽平常之謂也, 實天下古今之所共由, 而人倫日用之所當然, 豈有高遠於此者乎. 彼厭卑近而喜高遠者, 豈足與語達於天下萬世, 而不可須臾離之道哉. 學者必知此, 然後可以讀論語矣.

○ 又曰: 欲學孔孟之道者, 當知二書之所同, 又知其所異也, 則於孔孟之本指自瞭然矣. 蓋天下所尊者二, 曰道, 曰敎. 道者何. 仁義是也. 敎者何. 學問是也. 論語專言敎, 而道在其中矣. 孟子專言道, 而敎在其中矣. 其故何諸. 曰道者充滿宇宙貫徹古今, 無處不在, 無時不然, 至矣. 然不能使人自能趨于善, 故聖人爲之明彛倫, 倡仁義, 敎之詩書禮樂, 以使人得爲聖爲賢, 而能開萬世大平, 皆敎之功也. 故夫子專言敎, 而道自在其中也, 而至於孟子時, 聖遠道湮, 異端蜂起, 各道其道, 莫能統一, 故孟子爲之明揭示仁義兩者, 而詔諸後世, 猶晝夜之互行, 寒暑之相代. 無偏無倚, 煥如日星, 使人無所迷惑, 七篇之內, 橫說竪說, 其言若異, 而無一非仁義之旨, 而其所謂存養擴充, 居仁由義之說, 皆以敎而言, 故孟子專言道, 而敎在其中也. 二書之言, 如有所異, 而實相爲用, 此其所同也. 此二書之要領, 學問之標的, 若於此欠理會, 卒不能得孔孟之門庭, 學者審諸.

○ 又曰: 孟子刱倡性善之說, 爲萬世道學之宗旨, 而孔子不言之者, 何哉. 蓋人能從教, 則隨其所志所勤, 皆可以至於聖賢, 而性之美惡不暇論焉, 故雖無性善之說可矣. 故曰, 性相近也, 習相遠也. 夫自衆人至於堯舜, 其間相去, 奚翅千萬, 而夫子謂之相近者, 則孟子所謂人皆可以爲堯舜之意, 故雖不言性善, 而性善自在其中矣. 謂夫子不言性善者非也. 孟子本以仁義爲其宗旨, 而其所以發性善之說者, 蓋爲自暴自棄者, 立其標榜, 使知所本耳. 蓋道至尊, 而教次之, 而其盡道受教者, 性之德也. 若使人之性如雞犬之無智焉, 則雖有善道, 莫得而入, 雖有善教, 莫得而從也. 惟其善, 故能盡道受教, 而之善也輕. 此孟子所以爲自暴自棄者發性善之說, 而亦莫不以教爲要. 何者. 倘專任其性, 而不學以充之, 則衆人焉耳, 愚人焉耳, 其卒或爲桀紂而止. 故曰, 苟不充之, 不足以事父母. 又曰, 苟失其養, 無物不消, 皆言性之不可恃也. 專謂孟子倡性善之說, 爲道學之宗旨者, 後世學騖虛遠, 視性甚高之所致, 而非孟子之本旨也.

論語古義 卷之一

學而 第一
凡十六章

1. 子曰: "學而時習之, 不亦說乎.
｜學, 傚也, 覺也. 考諸古訓, 驗之見聞, 有所傚法而覺悟也. 習, 溫習也. 說, 悅同, 喜也. 言既學矣, 而時時溫習, 則智開道明, 猶大寐頓覺, 跛者忽起, 而有不堪其悅者矣. 蓋道之浩浩, 唯學得以盡之, 而非習, 則亦不能造其極. 故聖人以學爲貴, 而習爲要也.
有朋自遠方來, 不亦樂乎.
｜朋, 同類也. 其學足以被乎遠, 則君子善與人同之志得遂, 而足以見我德之不孤, 何樂如之.
人不知而不慍, 不亦君子乎."
｜慍, 怒也. 君子, 成德之稱. 言德備於己, 則富貴爵祿, 毀譽得喪, 一切無所動乎其中. 故雖人不知而輕賤之, 毫無所怒, 學之至也. 蓋其道愈大, 則識之者愈少. 是君子之所以不慍也.
○ 此夫子自言其意中之事, 以勸勉人也. 言適其心則悅, 遂其願則樂, 皆人情之所同然, 而人未知誠悅樂也. 君子者, 人之所仰慕, 而人未知誠君子也. 故學而時習, 則所得日熟, 是爲誠悅矣. 有朋自遠方來, 則善與人同, 是爲誠樂矣. 而至於上不怨天, 下不尤人, 無入而不自得焉, 則不啻免爲鄉人, 是爲誠君子矣. 而朋來之樂, 不慍之君子, 皆由學而得焉, 則學之爲功, 不其大乎. 夫子所以爲天地立道, 爲生民建極, 爲萬世開太平者, 亦學之功也. 故論語以學之一字, 爲一部開首, 而門人以此章置諸一書之首, 蓋一部小論語云.

2. 有子曰: "其爲人也孝弟, 而好犯上者鮮矣. 不好犯上, 而好作亂者, 未之有也.

｜有子, 孔子弟子, 名若. 犯上, 謂干犯在上之人. 鮮, 少也. 亂, 謂逆理亂常之事也. 言
孝弟之人, 不待學問, 自不爲不善也. 蓋明孝弟爲本然之善也.

君子務本, 本立而道生. 孝弟也者, 其爲仁之本與."

｜務, 專力也. 本, 猶根也. 言君子凡事專用力於根本, 根本旣立, 則其道生生不已也.
孝弟者其至於仁之本歟. 故爲仁者, 以孝弟爲本, 則仁道充大, 而足以保四海也.

○ 此章總贊孝弟之爲至德也. 蓋其爲人也孝弟者, 其性之最美而近道者也. 則其必
無犯上作亂之事可知矣. 此則進德作聖之基本, 而可以至於仁矣. 仁者道也. 孝弟者
其本也. 苟自此本而充之, 則所謂道者生生不已, 猶有源之水, 導之而放于四海. 有根
之木, 培之則可以參天. 故曰: 孝弟也者, 其爲仁之本與. 可知道云者, 乃指仁也, 而孝
弟其根本也. 編者以此置諸首章之次, 蓋明孝弟乃學問之本根也. 有旨哉.

○ 論曰: 仁者天下之達道, 而人之所不可不由焉而行者也. 而循其本, 則人性之善,
具此四端. 苟知擴而充之, 則可以至於仁矣, 故孟子曰: 人皆有所不忍, 達之於其所
忍仁也. 又曰: 惻隱之心, 仁之端也. 又曰: 親親仁也, 無他達之天下也. 有子以孝弟
爲仁之本, 其言相符, 蓋孟子祖述之也. 先儒之說以爲, 仁義者人性所具之理. 性中只
有仁義禮智四者而已. 曷嘗有孝弟來. 若如其說, 則仁體而爲本, 孝弟用而爲末. 於是
與有子之言, 似相枘鑿. 故曰: 爲仁以孝弟爲本, 論性以仁爲孝弟之本. 然旣曰: 其爲
人也孝弟. 又曰: 本立而道生, 則其以孝弟爲仁之本, 可知矣. 然則孟子以仁義爲固
有者何也. 蓋謂人之性善. 故以仁義爲其性也. 此以仁義名性也, 非直以仁義爲人之
性也. 毫釐千里之謬, 正在于此, 不容不辨焉.

3. 子曰: "巧言令色, 鮮矣仁."

｜巧, 好. 令, 善也. 鮮, 少也. 言好其言語, 善其顔色, 致飾於外, 則是僞焉耳, 何仁之
有.

○ 孔門之敎, 以仁爲學問之宗旨, 而平生受用, 莫不從事於此. 故不言道, 不言德, 或
以仁命之, 如此章是也. 蓋德以仁爲主, 而仁以誠爲本. 剛毅木訥, 質乎外而實乎內,
故曰近. 巧言令色, 似乎外而僞乎內. 故曰鮮. 其辨誠僞於幾微之間, 至嚴矣.

4. 曾子曰: "吾日三省吾身.

｜曾子, 孔子弟子. 名參, 字子輿. 三省, 如三復三令之類, 丁寧反復而省其身也. 凡三
字在句首者, 爲三次之義, 如三復白圭, 三以天下讓是也. 在句尾者, 爲數目之字,
如君子所貴乎道者三, 君子之道者三是也.

爲人謀而不忠乎, 與朋友交而不信乎, 傳不習乎."

｜孔氏曰: 忠謂盡中心. 信, 實也. 何氏曰: 傳不習乎, 言凡所傳授之事, 得無素不講
習而妄傳乎.

○ 此曾子於此三者, 常常無忘於心. 又每日三次, 竦動興起, 自省其身若此. 蓋斯三
者, 皆爲人不苟之事. 曾子以此自省其身, 則古人所以修身者, 專以愛人爲本. 故其所
自省者, 亦在爲人, 而非如後世之學, 以絶外誘屛思慮, 爲省身之要也, 可從而知矣.

○ 論曰: 古者道德盛, 而議論平. 故其修己治人之間, 專言孝弟忠信, 而未嘗有高遠微妙之說也. 聖人既没, 道德始衰, 道德始衰, 而議論始高, 及乎其愈衰也, 則議論愈高, 而去道德愈益甚矣. 人唯知悦議論之高, 而不知其實去道德益遠也. 佛老之説, 後儒之學是已. 蓋天地之道, 存于人. 人之道莫切於孝弟忠信. 故孝弟忠信, 足以盡人道矣. 若曾子之言, 後世學者, 孰能識其造於至極, 而無復可加者乎哉. 觀後篇答孟敬子將死之語, 與此章意, 若出一轍, 則知此章蓋出於其晚年, 而非初年之言也. 然則曾子一生之學, 謂此章盡之可矣. 先儒惜其嘉言善行不盡傳於世者, 亦非深知論語者也.

5. 子曰: "道千乘之國, 敬事而信, 節用而愛人, 使民以時."

| 包氏曰: 道, 治也. 千乘之國, 諸侯之國, 其地可出兵車千乘者也. 敬事而信者, 敬慎民事, 而信以接下也. 人, 通臣民而言. 時, 謂農隙之時. 言治國之要, 本在於所存, 而非專任政事也.

○ 治天乘之國, 其事固難, 而其功最大矣. 然以此爲本, 則亦無難治者, 卽孟子所謂, 事在易之意. ○ 楊氏曰: 上不敬則下慢, 不信則下疑, 下慢而疑, 事不立矣. 敬事而信, 以身先之也. 易曰: 節, 以制度, 不傷財, 不害民. 蓋侈用則傷財, 傷財必至於害民. 故愛民必先於節用, 然使之不以其時, 則力本者不獲自盡. 雖有愛人之心, 而人不被其澤矣. 然此特論其所存而已, 不及爲政也. 苟無是心, 則雖有政不行焉.

6. 子曰: "弟子入則孝, 出則弟, 謹而信, 汎愛衆而親仁. 行有餘力, 則以學文."

| 汎, 廣也. 衆, 謂衆人. 言廣愛衆人, 無所憎嫉也. 仁謂仁者, 言親近有德之人也. 餘力, 猶言間暇. 以, 用也, 謂用間暇也. 文者, 先王之遺文. 言孝弟謹信, 汎愛而親仁, 則修身之本立矣, 而其有餘力, 則亦考遺文, 以驗其所行之得失也.

○ 此言學問當愼其初也. 孝弟者, 人倫之本, 謹信者, 力行之要. 汎愛親仁者, 成德之基, 餘力學文者, 亦就有道而正焉之意. 言在爲弟子時, 果能如此, 則學自正, 德自修, 而終身之業得矣.

○ 論曰: 凡學須愼其初. 所入一差, 必貽終身之害. 後世學者, 不知以德行爲主, 而專以學文爲事. 故其卒也必爲異端俗儒之流. 蓋古者以德行爲學問. 故學問旣成, 而道德自立, 見聞益廣, 而躬行益篤矣. 後世以德行爲德行, 而學問爲學問. 故旣學矣, 而又修德行, 以副其意. 故每有文學勝而德行不及之患矣. 或有未及德行, 而流至於記誦文詞而止者矣. 其初之不可不愼也如此.

7. 子夏曰: "賢賢易色, 事父母能竭其力, 事君能致其身, 與朋友交言而有信, 雖曰未學, 吾必謂之學矣."

| 子夏, 孔子弟子, 姓卜, 名商. 賢人之賢, 而變易顏色, 言好善之有誠也. 致, 猶委也. 致其身, 謂不有其身也. 子夏言, 學者求如是而已. 苟有如是之人, 雖或未嘗爲學, 我必謂之旣學道之人矣.

○ 游氏曰: 三代之學, 皆所以明人倫也. 能是四者, 則於人倫厚矣. 學之爲道, 何以加此. 子夏以文學名, 而其言如此, 則古人之所謂學者, 可知矣. ○ 愚謂: 子夏得親炙

於聖人, 而篤信深守焉,則固當眞得聖人之意, 而今其言如此, 則聖門所謂學者, 可知矣. 故學者能得子夏之意, 而後可以讀書. 不然則雖文學可觀, 而與未學之人同, 可不察乎.

8. 子曰: "君子不重則不威,

| 重, 厚重. 威, 威嚴. 言君子不厚重, 則無威嚴, 而民不敬. 夫子多爲當時賢士大夫說. 故凡稱君子者, 大類指在位之人而言.

學則不固,

| 孔氏曰: 固, 蔽也. 言君子亦當爲學以致其道. 不然則有蔽固不通之病.

主忠信,

| 主者, 對賓之稱. 忠信, 學問之本. 故學必以忠信爲主.

無友不如己者,

| 朱氏曰: 無, 毋通, 禁止辭也. 友所以輔仁, 不如己, 則無益而有損.

過則勿憚改."

| 勿, 亦禁止之辭. 憚, 畏難也. 自治不勇, 則惡日長. 故有過則當速改, 不可畏難而苟安也.

○ 此章一句各是一事, 皆切要之言也. 凡論語諸章, 有直記一時之言者, 有倂錄異日之語者, 有綴輯數言以爲一章者, 如此章是也. 蓋孔門諸子, 綴輯夫子平生格言, 以作一章, 自相傳授之也. 後之學者, 亦當自佩服焉.

○ 論曰: 主忠信, 孔門學問之定法. 苟不主忠信, 則外似而内實僞, 言是而心反非, 難與並爲仁者有矣, 色取仁行違者有矣. 後儒徒知持敬, 而不以主忠信爲要, 亦獨何哉.

9. 曾子曰: "愼終追遠, 民德歸厚矣."

| 愼終而不忽者, 用慮之周也, 慕遠而不遺者, 好善之厚也. 上之所好如此, 則下民化之, 而無所不厚也.

○ 世之不知道者, 必速目前之近効, 而忽於愼終, 習末俗之苟簡, 而遺於追遠. 如此者, 其所以自修者既薄矣, 何以能化其民, 使之歸厚邪. 然則其爲國, 亦可知也.

10. 子禽問於子貢曰: "夫子至於是邦也, 必聞其政, 求之與, 抑與之與?"

| 子禽, 姓陳, 名亢. 子貢, 姓端木, 名賜. 皆孔子弟子. 或曰, 亢, 子貢弟子. 今據此章及後篇問子貢章, 爲子貢弟子爲是. 抑, 語辭. 子禽見夫子所至之邦, 必與聞其政, 而怪其感應之速. 故問若此.

子貢曰: "夫子溫良恭儉讓以得之. 夫子之求之也, 其諸異乎人之求之與."

| 溫, 和厚也. 良, 易直也. 恭, 致敬也. 儉, 無飾也. 讓, 謙遜也. 皆不自高之意. 其諸, 語辭也. 言溫良恭儉讓, 皆與抗顏盛容以待人者相反. 夫子雖不有意取人之信, 然盛德之至, 時君敬信, 自以其政, 就而問之. 此夫子之所求也, 非若他人之求而後得也.

○ 自爲高尚者, 人欽其道之高, 務爲矜飾者, 人疑其德之盛, 天下之通患也. 若溫良

恭儉讓五者, 皆和順易直, 謙己自卑, 不足以起人之瞻仰. 夫子雖以此存心, 然盛德之
至, 愈抑愈揚, 愈謙愈光, 不意取人, 而人自感之. 此謂不求之求. 嘗告子張曰: 質直好
義, 慮以下人. 在邦必達, 在家必達. 又曰: 我待賈者也. 子貢知此. 故曰: 溫良恭儉讓
以得之. 若子貢可謂善觀聖人者矣. 學者所當潛心而勉學也.

11. 子曰:"父在觀其志, 父没觀其行. 三年無改於父之道, 可謂孝矣."
　| 曰志曰行, 皆以善而言. 道者, 指其良法而言. 父在則唯觀其志于善而已, 父没然
　　後其行之善可觀也. 所志所行既善, 則可謂孝矣. 然父没三年之間, 乃改作之時,
　　於是善奉其道, 永久無替焉, 則爲能盡其孝也.
　○ 夫孝者, 以立身行道, 不失令名爲本, 以繼志述事, 不墜先業爲盡. 故其志行不善,
　　則雖日用三牲之養, 猶爲不孝. 況父没之後, 自徇己意, 改其良法, 則實不孝之甚矣.
　　嘗論孟莊子之孝曰: 其不改父之政與父之臣, 是爲難能焉, 即此之謂也. 或曰: 若父
　　之道善, 則終身守之可也. 曰三年無改者, 何哉. 且爲人之父者, 難保其必皆善如何.
　　曰: 人之父, 固有良有不良. 其不良者, 蓋置而不論. 夫子特就其良者而言之. 凡中人
　　以上, 各隨其人, 而不能無良法. 故爲之子者, 雖微善不可以不奉行焉, 三年無改者,
　　謂永久守之, 非謂三年之後, 便可改之也. 其以三年言者, 蓋以過三年而後, 即己之
　　道, 不可謂父之道也.

12. 有子曰: "禮之用和爲貴.
　| 用, 以也. 禮記作禮之以和爲貴是, 也. 和者, 無乖戾之謂. 蓋禮勝則離, 故行禮必以
　　和爲貴.
　先王之道斯爲美, 小大由之. 有所不行.
　| 有子, 先借先王之道, 以明禮之不可一於和也. 言若先王之道, 固雖爲美, 然世有
　　升降, 時有隆汚, 悉由之而不改焉, 則有所牴牾而不行矣.
　知和而和, 不以禮節之, 亦不可行也."
　| 此承上文而言禮之不可一于和也. 言知專貴和, 而不節之以禮, 則委靡頹敗, 亦不
　　可行. 猶雖先王之道, 然小大由之, 無所取舍, 則有所不行也.
　○ 和者美德, 而禮之所貴也. 故人皆知貴之, 而不知其所弊亦在於此. 蓋道之所廢,
　　必生於所弊,所弊必生於所貴. 能視其所弊, 而早反之爲難. 故曰, 不以禮節之, 則亦
　　不可行也. 可謂明且盡矣.
　○ 論曰: 舊註曰, 禮之爲體雖嚴, 然其爲用必從容而不迫. 蓋體用之説, 起於宋儒, 而
　　聖人之學, 素無其説. 何者. 聖人之道, 不過倫理綱常之間, 而各就其事實用工, 而未
　　嘗澄心省慮, 求之于未發之先也. 故所謂仁義禮智, 亦皆就已發用工, 而未嘗及其體
　　也. 唯佛氏之説, 外倫理綱常, 而專守一心, 而亦不能已於人事之應酬. 故説眞説假
　　諦, 自不能不立體用之説. 唐僧華嚴經疏云: 體用一源, 顯微無間. 是也. 其説浸淫乎
　　儒中, 於是理氣體用之説興. 凡仁義禮智, 皆有體有用, 未發爲體, 已發爲用. 遂使聖
　　人之大訓, 支離決裂, 爲有用無體之言. 且説體用, 則體重而用輕, 體本而用末. 故人
　　皆不得不捨用而趨體. 於是無欲虛靜之説盛, 而孝弟忠信之旨微矣. 不可不察.

13. 有子曰: "信近於義, 言可復也. 恭近於禮, 遠恥辱也. 因不失其親, 亦可宗也."

│ 朱氏曰: 信, 約信也. 復, 踐言也. 孔氏曰: 宗, 猶敬也. 言信恭雖善, 然不合于義禮,
　則必有其弊, 既近于義禮矣, 又因而與人不失其和, 則亦可宗而敬之. 非止言可復,
　遠恥辱而已也.

○ 禮義者人之大閑, 而百行之所取法也. 故大人言不必信, 行不必果. 唯義之所在.
所以信近於義, 然後其言可復也. 恭而無禮則勞, 愼而無禮則葸. 所以恭近於禮, 然後
能遠恥辱也. 苟能如此, 則固可謂善矣. 然硬守堅執, 不近人情, 則亦未爲至也. 故因
有此質, 而亦能與人交, 不失其親, 則學問之熟, 道德之成, 既有所守, 亦能有容, 所以
亦可宗也. 與前章禮之用和爲貴章, 意相同.

14. 子曰: "君子食無求飽, 居無求安, 敏於事而愼於言, 就有道而正焉, 可謂好學也
已."

│ 不求安飽, 專心致志, 而汲汲於求道也. 敏於事者, 急於行也. 愼於言者, 不妄言也.
　又不敢自是, 必就有道之人, 以正其是非, 則可謂眞好學矣.

○ 此言君子不可不務學也. 夫好學之益, 在小人猶爲大, 況在居大位執大事者乎. 故
以好學, 爲君子之美稱. 今夫不求安飽, 而愼其言動, 則固可美也. 然學最難講, 而道
最易差. 苟師心自用, 不就有道之人而正焉, 則是非取捨無所涇渭, 殆誤其一生者多
矣. 故必就有道而正, 而後可謂好學也.

15. 子貢曰: "貧而無諂, 富而無驕, 何如?"

│ 諂, 佞悅也. 驕, 矜肆也. 子貢以此爲至. 故問以質之.

子曰: "可也. 未若貧而樂, 富而好禮者也."

│ 可者, 僅可而有所未盡之辭. 言無諂無驕, 則固知自守矣. 然處貧富而無過耳. 不
　若貧而樂, 富而好禮者之飽德樂道, 而不自知其貧富之爲至也.

子貢曰: "詩云: 如切如磋, 如琢如磨. 其斯之謂與?"

│ 詩, 衛風淇澳篇. 治骨曰切, 象曰磋, 玉曰琢, 石曰磨. 子貢自以無諂無驕爲至, 及聞
　夫子之言, 又知學問硏究之無窮. 故引詩以贊之也.

子曰: "賜也, 始可與言詩已矣. 告諸往而知來者."

│ 告往知來, 謂告之以既往之事, 則自能知將來之變也. 詩之妙變化無窮, 隨取隨有.
　非告往知來者, 則不能盡詩之情. 夫子到此, 始知唯子貢之可與言之也.

○ 學者不以貧爲憂, 而後能樂, 不以富爲樂, 而後能好禮. 適見其飽德樂道, 而不知
貧富之爲貧富也. 蓋貧而樂, 顔子其人也. 富而好禮, 周公其人也. 但貧而樂者, 即富
而能好禮, 富而好禮者, 必貧而能樂. 非有優劣, 易地皆然.

○ 論曰: 詩活物也. 其言初無定義, 其義初無定準. 流通變化, 千彙萬態, 挹之而愈不
竭, 叩之而愈無窮. 高者見之而爲之高, 卑者見之而爲之卑. 上自王公大人, 下至於田
夫賤隷, 吉凶憂樂, 悲歡榮辱, 各莫不因其情而感通. 唐棣之詩, 夫子以明道之在乎至
近. 旱麓之章, 子思以示道之察乎上下. 古人讀詩之法, 蓋如此. 子貢知之. 故曰: 始可
與言詩已矣. 若今經生, 唯見詩之訓詁, 事實如何便了, 則詩之旨委地矣.

16. 子曰: "不患人之不己知, 患不知人也."

｜言學者當不患人之不知己之善, 而患己不知人之善也. 蓋非善有於己, 則亦不能知人之善. 故君子以爲患也.

○ 晏嬰之賢, 而不知孔子. 荀子之學, 而不知子思孟子. 甚乎不知人之爲患也. 若鮑叔之知管仲, 蕭何之知韓信, 似矣. 然未也. 非孔子, 則不知堯舜之當祖述焉. 非孟子, 則不知孔子之聖, 生民以來, 未嘗有也. 斯之謂能知人也, 難矣哉.

爲政第二
凡二十四章

1. 子曰: "爲政以德, 譬如北辰居其所, 而衆星共之."

｜德者, 仁義禮智之總名. 北辰, 北極天之樞也. 居其所, 不移也. 共, 向也. 言爲政以德, 則其象猶北辰居其所, 而衆星四面旋繞, 而歸向之也.

○ 此言爲政以德, 則無爲而天下歸之也. 若夫不知爲政以德, 徒欲以智力持之, 則勞攘叢脞, 愈理愈不理. 此古今之患也. 後世講經濟之學者, 不知斯之務, 徒區區求於儀章制度之間, 鄙哉. ○ 范氏曰: 爲政以德, 則不動而化, 不言而信, 無爲而成. 所守者至簡, 而能御煩, 所處者至靜, 而能制動, 所務者至寡, 而能服衆.

2. 子曰: "詩三百, 一言以蔽之, 曰: 思無邪."

｜詩三百十一篇, 言三百者, 擧大數也. 蔽, 猶蓋也. 思無邪, 魯頌駉篇之辭. 言詩之爲經, 雖其敎無窮, 然不過使人之所思無邪曲耳.

○ 思無邪, 直也. 夫子讀詩到此, 有合於其意者. 故擧而示之, 以爲思無邪一言, 足以蔽盡詩之義也. 夫詩夫子之所雅言, 則豈徒蔽三百篇而已哉. 雖曰蔽盡夫子之道, 可也.

○ 論曰: 仁義禮智謂之道德, 人道之本也. 忠信敬恕謂之修爲, 所以求至夫道德也. 故語道德, 則以仁爲宗. 論修爲, 必以忠信爲要. 夫子以思無邪一言, 爲蔽三百篇之義者, 亦主忠信之意. 先儒或以仁爲論語之要, 性善爲孟子之要, 執中爲書之要, 時爲易之要, 一經各有一經之要, 而不相統一. 不知聖人之道, 同歸而殊塗, 一致而百慮. 其言雖如多端, 一以貫之, 然則思無邪一言, 實聖學之所以成始而成終.

3. 子曰: "道之以政, 齊之以刑, 民免而無恥;

｜道, 猶引導. 謂先之也. 政, 謂法制禁令也. 齊, 所以一之也. 道之而不從者, 有刑以一之也. 免而無恥, 謂苟免刑罰, 而無所羞愧.

道之以德, 齊之以禮, 有恥且格."

｜道之以德者, 孟子所謂謹庠序之敎, 申之以孝悌之義也. 禮謂制度品節也. 格, 正也. 言民有所羞恥, 又能自修而歸于正也.

○ 道之以政者, 禁其邪志. 齊之以刑者, 繩其犯法. 皆以法而不以德. 故雖使民不敢爲惡, 而爲惡之心未嘗息也. 道之以德者, 養其德性. 齊之以禮者, 勵其行義. 皆以德而不以法. 然民有所觀感羞恥, 而雖使之爲惡, 而不敢爲. 蓋政刑之功, 雖速, 而其效小也. 德禮之效, 似緩, 而其化大也. 其效小, 故治遂不成. 其化大, 故其治愈久而無窮. 此風俗醇醨之所由分, 國祚脩短之所由判. 王霸之別, 專在于此. 先王非偏恃德禮而廢政刑也. 特其所恃者, 在此而不在彼耳.

4. 子曰: "吾十有五而志于學,

｜堯舜禹湯文武周公治天下之大經大法, 謂之道. 志於學者, 欲以其道修己治人, 爲天下開太平也.

三十而立,

｜立者, 自立于道也. 學旣爲己有, 而不爲利祿邪説, 所變移搖動也.

四十而不惑,

｜不惑, 謂心之所思欲, 自得其理, 而不惑於是非之間也. 後篇曰: 旣欲其生, 又欲其死, 是惑也. 又曰: 一朝之忿, 忘其身以及其親, 非惑歟. 照此二語, 則自曉惑字之義.

五十而知天命,

｜天者, 莫之爲而爲. 命者, 莫之致而至. 皆非人力之所能及. 惟善可以獲乎天, 惟德可以膺乎命. 知此則務於自修, 而不萌一毫希望之心. 此智致其精, 而學到至處也.

六十而耳順,

｜耳順者, 毁譽之來, 耳受而不逆也. 言向也雖已知天命, 然毁譽之入于耳, 猶有所礙. 然到此, 則一切漠然, 不覺其入也.

七十而從心所欲不踰矩."

｜矩, 法度之器, 所以爲方者也. 雖隨其心之所欲, 而自不過於法度, 蓋聖而不可知之境, 道與我一也.

○ 此夫子自陳其平生學問履歷, 以示人也. 先言其志于學者, 蓋言雖聖人之資, 必待學問, 然後有所至, 以歸功於學問也. 自立而至於不踰矩, 是其效也. 夫聖人生知安行, 而其有階級者, 何哉. 道之無窮, 故學亦無窮. 唯聖人極誠無妄, 日新不已, 自少到老, 自不失其度. 故能覺其進, 而自信其然. 蓋人之於一生, 自少而壯而老, 年到于此, 則其智自別. 雖聖人之資, 不能無老少之異焉, 則又不能無老少之別. 猶天之有四時, 自春而夏, 而秋而冬, 其寒燠温涼, 自應其節. 此即聖人生知安行之妙, 而所以與天地合其德, 與日月合其明, 與四時合其序也. 徒曰爲學者立法者非矣.

○ 論曰: 孟子旣歿, 斯道不明乎天下. 世儒之所講求者, 不過訓詁文字之間. 及宋氏興, 鉅儒輩出, 崇正黜邪, 漢唐之陋, 爲之一洗, 其功固偉矣. 然當時禪學盛行, 以其遺説, 解聖人之旨者, 實爲不少. 於是專貴一心, 而以明鏡止水, 爲修身之極功. 胡氏云: 一疵不存, 萬理明盡, 隨所意欲, 莫非至理. 是也. 夫操則存, 舍則亡, 出入無時, 莫知其郷. 心之不可恃, 而不可不道以存之如此. 故夫子之聖, 猶至七十, 始曰: 從心所欲, 不踰矩. 蓋聖德之至, 從容中道, 而非一疵不存, 萬理明盡之謂也.

5. 孟懿子問孝. 子曰: "無違."

｜孟懿子, 魯大夫, 仲孫氏, 名何忌. 無違, 謂無違於禮也.

樊遲御, 子告之曰:"孟孫問孝於我, 我對曰, 無違."

| 樊遲, 孔子弟子, 名須. 御, 爲孔子御車也. 孟孫, 即仲孫也. 夫子又恐懿子不達無違之旨. 故語樊遲以發其意.

樊遲曰: 何謂也? 子曰:"生事之以禮, 死葬之以禮, 祭之以禮."

| 生事以禮之爲孝, 猶或知之. 至於葬祭以禮之爲孝, 則其所不能知焉. 故夫子爲懿子丁寧之也.

○ 夫孝者不以飮食奉養爲至, 而以立身行道爲要. 故生事葬祭, 皆無違于禮, 則孝親之道盡矣. 蓋富而好禮, 善之至也. 懿子魯之世卿, 而民所具瞻. 故夫子以此告之. 況生時之孝, 猶易爲力. 至於歿後之孝, 則非躬自盡道, 光其先業, 垂裕後昆者, 則不能. 故曰: 葬之以禮, 祭之以禮, 實孟氏之藥石哉.

6. 孟武伯問孝. 子曰: "父母唯其疾之憂."

| 武伯, 懿子之子, 名彘. 人子事父母之間, 其當憂者甚多矣. 然不若疾病之最爲可憂也.

○ 父母已老, 則侍養之日既少. 況一旦染病, 則雖欲爲孝, 不可得也. 故以父母之疾爲憂, 則愛日之誠, 自不能已, 而愛慕之心, 無所不至, 雖欲不爲孝得乎. 所以警武伯者, 深矣. ○ 武伯父子, 俱爲魯之卿, 而告懿子者, 其義大矣. 告武伯者, 其意切矣. 告懿子者, 蓋夫子之特旨, 而非常人之所及. 故重告樊遲丁寧之. 學者當深翫焉.

7. 子游問孝. 子曰: "今之孝者, 是謂能養. 至於犬馬, 皆能有養, 不敬, 何以別乎."

| 子游, 孔子弟子, 姓言, 名偃. 養, 謂飮食供奉也. 敬者, 敬其事也. 言古人所謂孝者, 其事固大矣. 在今時人, 唯謂能養爲孝, 亦未爲不可也. 然子弟婢僕, 以至於犬馬之賤, 皆有養之, 而不使其至死亡. 苟養親, 而敬不至焉, 則與夫養卑賤者, 何所分別乎. 所謂敬者, 左右使令, 晨省夕定, 至於飮食衣服寒暖之節, 敬而不怠, 是也.

○ 此夫子因子游之問, 而戒世之事親者, 多流於不敬而不自知也, 觀今之孝者, 可見矣. 聖人答門弟子之問, 面就其人之病而警之. 然又或有因門人之問, 而廣爲世戒者, 若此章是也. 不可執一而泥焉.

8. 子夏問孝. 子曰: "色難.

| 謂事親之際, 惟有愉色爲難.

有事弟子服其勞, 有酒食先生饌, 曾是以爲孝乎."

| 先生, 父兄也. 饌, 飮食之也. 曾, 則也. 言服勞奉養, 乃事親之常, 未足爲孝也.

○ 事親之道, 愛敬爲本矣. 然敬猶或可勉而能. 至於愉色, 則非誠有深愛, 而終始不衰者, 不能. 故曰: 色難. 先儒謂, 子夏能直義, 而或少溫潤之色, 故告之. 蓋就子夏之所不足而誠之也. ○ 道愈虛, 則言愈高, 德愈實, 則言愈卑, 自然之符也. 故天下之言, 得能爲其高, 而不能爲卑, 無其德也. 若武伯問孝以下三章, 天下之言, 莫卑於此, 亦莫實於此. 惟孔子能言之, 而他人之所不能言焉, 所以爲聖言也.

9. 子曰: "吾與回言, 終日不違如愚.

│ 回, 孔子弟子, 姓顏, 字子淵. 夫子與之言, 終日之間, 無一言之違逆, 如愚者然, 有聽受而無問難也.

退而省其私, 亦足以發, 回也不愚."

│ 私, 謂燕居獨處, 非進見請問之時. 言及省其私, 亦足以發揮夫子之道. 故夫子深喜之. 又言不愚, 以明前言如愚者, 乃其所不可及也.

○ 此夫子稱顏子不事聰明, 深造妙契, 非常人之所能及也. 聖人終日之談, 皆平淡易直, 無駭人之聽聞者. 顏子聰明, 一聞之, 則實有以知其包天地, 貫古今, 無復餘蘊, 不啻若口之悅芻豢. 故其所與言者, 不待問辨詰難, 而發露乎言行之間. 猶艸木之經時雨, 而勃然興起, 非若他人聽了便休也. 夫子及乎省其私, 而便知其然. 故曰: 回也不愚, 重歎之也. 夫其智之可見者, 智之未深者也. 智而不可見, 乃是智之最深者也. 譬諸川流之淺, 雖其勢駛張, 猶或可涉. 淵海之深, 汪洋乎不可測也. 所謂如愚者, 是也. 非去智絶聖, 昏黙守愚之謂. 其不事聰明, 是其智之所以愈深也.

10. 子曰: "視其所以,

│ 朱氏曰: 以, 爲也. 爲善爲君子, 爲惡爲小人.

觀其所由,

│ 觀, 比視爲詳矣. 由, 從也. 事雖爲善, 而意之所從來者, 有未善焉, 則亦不得爲君子矣.

察其所安,

│ 察, 則又加詳矣. 安, 所樂也. 所由雖善, 而心之所樂者, 不在於是, 則亦矜持耳. 豈能久而不變哉.

人焉廋哉, 人焉廋哉."

│ 焉, 何也. 廋, 匿也. 重言以深明之.

○ 君之於臣, 人之於朋友, 其所倚賴, 甚大, 不可不愼所擇. 夫人之難知, 堯舜其猶病諸. 至佞似才. 至奸似直. 諂諛者似忠. 矜持者似德. 故我明不足以察之, 則必至於以黑爲白, 以枉爲直, 小人爲君子, 君子爲小人, 而政事日非, 身辱國亡, 可不懼哉.

11. 子曰: "溫故而知新, 可以爲師矣."

│ 溫, 尋也. 溫故而知新者, 尋繹舊聞, 而時有新益也.

○ 此言師道之甚難也. 人之爲學, 不溫故, 則必忘其所能. 不知新, 則無得其所亡. 蓋天下之事無限, 而天下之變無窮. 苟能尋繹舊聞, 而復有新得, 則應之愈不竭, 施之當其可, 而後可以爲人之師矣. 夫師者人之模範也. 人材之所由成就, 世道之所由維持. 以韋帶之賤, 與人君並稱. 其責甚重, 其任甚大, 可不謹乎.

12. 子曰: "君子不器."

│ 器者, 用而有適之謂. 言君子之德, 可大用, 而不可小用.

○ 君子雖道宏德邵, 無施不可, 然或有於事不能者. 若孔子不學軍旅, 不能辭命之類,可謂不適其用矣. 然而論聖人之才之德, 則不在是. 故曰: 君子不可小知, 而可大受也. 若夫廣綜衆藝, 精幹小事者, 人之所悅, 而致遠恐泥, 不可以此論君子也.

13. 子貢問君子. 子曰:"先行其言, 而後從之."
○ 張氏栻曰: 君子主於行, 而非以言爲先也. 故言之所發, 乃其力行所至, 而言隨之也. 夫主於行而後言者, 爲君子, 則夫易於言, 而行不踐者, 是小人之歸矣.

14. 子曰:"君子周而不比;小人比而不周."
│ 周, 普徧也. 比, 偏黨也. 皆就所與人親厚而言之.
○ 此言君子小人用心之別也. 學問之要, 在辨君子小人趣向如何. 否則欲爲君子, 而反爲小人之歸者多矣. 論語每以君子小人, 對擧而論之者, 蓋爲學者示其嚮方也.

15. 子曰:"學而不思則罔;思而不學則殆."
○ 稽於古訓之謂學, 求于己心之謂思. 會天下之善而一之者, 學之功也. 極深研幾, 與鬼神同功者, 思之至也. 學之功也實, 思之至也神. 學而不思, 則實無所得, 故罔. 思而不學, 則師心自用, 故殆. 是故非思則無以能學. 非學則無以達思. 兩者相待, 而後得成也. 又曰: 古之學者, 所思多於所學. 今之學者, 所學多於所思. 而古人所謂學, 與今人所謂學者, 亦大異矣. 此亦不可不察也.

16. 子曰:"攻乎異端, 斯害也己."
│ 攻, 治也. 異端, 古之方語, 謂其端相異而不一也. 言不用力於根本, 而徒治其端之所異, 則無益而有害也.
○ 言學問之道, 用力其本, 則末自治焉. 徒修其末, 則必遺其本, 必然之理也. 後世之學, 不用力 於道德仁義, 而徒從事於記誦詞章, 爭其多寡, 較其短長, 此亦攻異端之類焉耳. 本末倒置, 輕重易所, 其害有不可勝言者也.
○ 論曰: 異端之稱, 自古有之. 後人專指佛老之教, 爲異端者, 誤矣. 孟子之時, 或稱邪說暴行, 或直稱楊墨之徒, 可見其時猶未以異端稱之. 若夫佛老之教, 即所謂邪說暴行, 而亦在異端之上. 豈待攻而後有害耶.

17. 子曰:"由, 誨女知之乎. 知之爲知之, 不知爲不知, 是知也."
│ 由, 孔子弟子, 姓仲, 字子路. 子路性剛, 以盡知天下之事爲知. 故夫子告之曰: 汝所爲知之者, 未必眞知之. 今誨汝知之者乎. 其所知者, 自以爲知. 所不知者, 便以爲不知. 是謂之知也. 蓋知者務知其所當知者, 而知而無益者, 不必求知之. 以其不在盡知天下之事也.
○ 天下之事無窮, 而一人之知有限. 況事之多端, 有可得而知者矣, 有不可得而知者矣. 欲知不可得而知者, 則失之鑿矣. 雖可得而知者, 欲盡知之, 則流于濫矣. 故曰: 君子於其所不知, 蓋闕如也. 不以盡知天下之事爲知故也. 孟子曰: 堯舜之知而不徧物, 急先務也. 是堯舜所以爲大聖. 而學者所當取法也. 後之儒者, 動欲盡知天下之事, 是欲能堯舜之所不能, 其得爲智哉.

18. 子張學干祿.
│ 子張, 孔子弟子, 姓顓孫, 名師. 干, 求也. 朱氏曰: 祿, 仕者之俸也.
子曰: "多聞闕疑, 愼言其餘, 則寡尤; 多見闕殆, 愼行其餘, 則寡悔.
│ 呂氏曰: 疑者, 所未信. 殆者, 所未安. 尤, 過也.
言寡尤, 行寡悔, 祿在其中矣."
│ 祿在其中者, 謂不爲人所棄, 而衣食自給也. 非必指受穀而言之也.
○ 得于學問者, 深而周. 得于見聞者, 近而實. 子張旣知學. 故夫子擧得于見聞者告
之. 蓋多見聞, 則能廣其智, 而有所則傚, 而亦必闕疑殆. 而愼言行, 則外無受人之尤,
內無生己之悔. 言行有實, 而足爲人之所信, 孰敢不服從, 亦孰敢不薦引. 是祿在其
中也.

19. 哀公問曰: "何爲則民服?"
│ 哀公, 魯君, 名蔣. 時哀公失政, 而民不服. 故問之.
孔子對曰: "擧直錯諸枉, 則民服; 擧枉錯諸直, 則民不服."
│ 錯, 捨置也. 諸, 衆也. 言擧錯得當, 則民服, 否則不服.
○ 哀公意以爲, 服民必有術以能之. 孔子告之, 以擧錯得當, 則民服, 擧錯失當, 則不
服也. 蓋好直而惡枉, 天下之同情. 順之則得, 逆之則不得. 非可以術能也. 故治國之
道, 顧其所以處之者如何耳, 非可以私意小智濟之也.

20. 季康子問: "使民敬忠以勤, 如之何?"
│ 季康子, 魯大夫, 季孫氏, 名肥. 時季氏僭濫, 民不心服, 亦不從其所令. 故問之.
子曰: "臨之以莊則敬; 孝慈則忠; 擧善而敎不能則勤."
│ 包氏曰: 莊, 嚴也. 臨民以嚴, 則民敬其上. 上孝於親, 下慈於民, 則民忠矣. 擧用善
人, 而敎不能者, 則民勸勉.
○ 此章亦與前章同意. 蓋王者之治, 以德而不以法. 其效若迂, 而其化無窮. 霸者之
政, 以法而不以德. 其效若速, 而無益於治. 故知治國之本, 在自正其身, 而不得以智
術爲之也. 康子之意, 在求速效, 而夫子之所答, 專在於自治. 若使康子達夫子之意,
其所以治魯國者, 豈有不得如其所欲邪. 禮曰: 君子不出家, 而成敎於國. 孝者所以
事君也, 弟者所以事長也, 慈者所以使衆也. 蓋述夫子之言者也.

21. 或謂孔子曰: "子奚不爲政?"
│ 定公初年, 孔子不仕. 故或人疑其不居官爲政也.
子曰: "書云: '孝乎惟孝, 友于兄弟, 施於有政.' 是亦爲政, 奚其爲爲政."
│ 書文, 今見古文尚書君陳篇, 而無孝乎二字, 當以此爲正. 孝乎惟孝者, 美孝之辭.
  言善事父母者, 必友于兄弟, 而施及於有政. 孔子引之言, 如此則是亦爲政矣, 何
  必以居位, 爲爲政乎.

○ 孝友者人之善行也. 夫孰不美焉, 亦孰不從焉. 以此心自修, 則身修, 以此心治人, 則人治. 雖家國天下, 莫不從焉, 而家居講學者, 每有不能有爲於世之歎, 殊不知居家理. 故治可移于官, 奚以不居官爲政, 爲慊乎. 孟子曰: 其子弟從之, 則孝弟忠信. 不素餐兮, 孰大於是. 與居官爲政者奚異.

22. 子曰: "人而無信, 不知其可也. 大車無輗, 小車無軏, 其何以行之哉."
| 大車, 謂平地任載之車. 輗, 轅端橫木, 縛軛以駕牛者. 小車, 謂田車兵車乘車. 軏, 轅端上曲鈎衡駕馬者. 言人而無信, 猶車無此二者, 豈可得行乎.
○ 信者人道之本. 人而無信, 則不可以一日立於天地之間. 猶大車之無輗, 小車之無軏不可以行也. 君不君, 臣不臣, 父不父, 子不子, 一皆由此. 夫子就其最所易見者, 以喩人必不可無信也.

23. 子張問: "十世可知也?"
| 陸氏曰: 也, 一作乎. 朱氏曰: 王者易姓受命爲一世. 子張見夫子聰明睿智, 無所不知. 故問, 十世之遠, 可以前知乎.
子曰: "殷因於夏禮, 所損益可知也; 周因於殷禮, 所損益可知也. 其或繼周者, 雖百世可知也."
| 言三代之有天下, 雖各有一代之制, 然不能盡改人之觀聽. 故皆因前代之禮而作之. 惟其所損益者, 今皆可知而已. 既往已如此, 則將來亦不過如此.
○ 此言古今之事不甚相遠, 不可好求迂怪不經, 不可窮詰之説. 蓋世道之變, 雖相尋無窮, 然本無有可愕可怪之事. 冠以加首, 履以藉足, 舟以濟水, 車以行陸. 君尊而臣卑, 父老而子繼. 千古之前如此, 千古之後亦如此. 所謂禮也者, 亦不過因此而損益焉耳. 苟以此推之, 則雖千載無窮之變, 皆可坐而致焉. 子張之問, 既涉於怪僻. 故夫子言此以斥之.

24. 子曰: "非其鬼而祭之, 諂也. 見義不爲, 無勇也."
| 非其鬼, 謂非其所當祭之鬼. 諂者, 謂瀆近鬼神也. 知義之所在而不爲, 是無勇.
○ 陳氏櫟曰: 此章欲人不惑于鬼之不可知, 而惟用力于人道之所宜爲. 他日語樊遲曰: 務民之義, 敬鬼神而遠之, 亦以鬼神對義而言. 蓋嘗驗之, 天下之人, 其諂瀆鬼神者, 必不能專力於民義. 其專力於民義者, 必不諂瀆於鬼神. 二者常相因云.

論語古義 卷之二

八佾第三
凡二十六章

1. 孔子謂季氏: "八佾舞於庭, 是可忍也, 孰不可忍也."

｜季氏, 魯大夫, 季孫氏也. 佾, 舞列也. 天子八, 諸侯六, 大夫四, 士二, 每佾人數如其佾數. 言季氏以陪臣, 而敢僭用天子之禮樂. 是可敢忍爲之事哉, 而尚忍爲之, 則何事不可忍爲.

○ 謝氏曰: 君子於其所不當爲, 不敢須臾處. 不忍故也, 而季氏忍此矣, 則雖弑父與君, 亦何所憚而不爲乎. ○ 夫子所論, 當時人物, 政治得失, 自今觀之, 似或有不甚切于學者. 然孔門弟子, 皆謹書之者, 何也. 夫子嘗曰, 載之空言, 不若著之行事親切著明也. 蓋學將以有爲也, 故泛論義理, 不若卽事卽物, 直辨其是非得失之爲愈也. 如此等章, 實與春秋一經相表裏. 此當時諸子, 所以謹書而不遺也歟.

2. 三家者以雍徹.
｜三家, 魯大夫, 孟孫叔孫季孫之家也. 雍, 周頌篇名. 徹, 祭畢而收其俎也. 天子宗廟之祭, 則歌雍而徹, 是時三家僭而用之.
子曰:"'相維辟公, 天子穆穆.' 奚取於三家之堂."
｜相, 助也. 辟公, 諸侯及二王之後. 穆穆, 深遠之意, 天子之容也. 此雍詩之詞, 孔子引之, 言三家之堂非有此事, 亦何取於此義而用之乎, 擧其無知妄作之一端, 以明其僭禮大類如此.
○ 此通上章共爲三家僭禮而發, 蓋夫子作春秋之意也. 當時之人, 視三家僭禮, 不徒不能規其非, 反擧之以爲美談. 故夫子斥之, 以明其僭妄之罪, 且欲其聞而改之也. 夫位愈盛, 則責愈重. 祿愈高, 則任愈大. 詩曰: 赫赫師尹, 民具爾瞻. 季氏魯之世卿, 衆之所倚賴, 而其無智妄作如此, 既不足取信當時, 又非所以垂裕後昆. 故爲人之上而不知學, 其蔽必至於此.

3. 子曰:"人而不仁, 如禮何. 人而不仁, 如樂何."
｜言仁者德之本, 禮樂者德之推. 人而不仁, 其本既無, 雖欲行禮樂, 豈爲其用哉. 其所見者, 徒威儀節奏耳.
○ 禮儀三百, 威儀三千, 待其人而後行, 則不仁之人, 雖欲用禮樂, 而禮樂豈爲之用乎. 或曰: 仁者惻隱之充也, 何關於禮樂. 曰: 慈愛惻怛之心, 衆德之所由生, 萬事之所由立. 仁人之於天下, 何事不成, 何行不得. 況於禮樂乎.
○ 論曰: 七篇之書, 論語之義疏也. 故得孟子之意, 而後可以曉論語之義. 苟不本之於孟子, 而徒欲從論語字面求其意義, 則牽强不通, 必至致誤. 若宋儒所謂仁者天下之正理, 是已. 學者不可不知.

4. 林放問禮之本.
｜林放, 魯人. 見世之爲禮者, 專務繁文, 而疑其本之不在是.
子曰:"大哉, 問. 禮與其奢也, 寧儉;喪與其易也, 寧戚."
｜禮, 先王之所制, 時王之所用. 今放疑之, 故夫子大其問也. 易, 治也. 禮, 所以節制. 喪, 所以致哀. 故禮奢而備物, 不若儉而不備. 喪易而盡禮, 不若戚而不文. 得其本故也. 若夫徒務繁文, 而遺其本實者, 固非所以爲禮也. 放特問禮, 而夫子兼言喪者, 蓋欲其意之備也.

○ 爲禮者, 必好備物. 好備物, 則必至文勝. 爲喪者, 必欲治而無失. 欲治而無失, 則欲失其實. 故禮以儉爲本, 喪以哀爲本. 聖人之尚實也如此.

○ 論曰: 舊註謂, 禮貴得中. 其說本于禮記, 然非聖人之意. 嘗曰: 先進於禮樂野人也, 後進於禮樂君子也. 如用之, 則吾從先進. 又曰: 奢則不孫, 儉則固. 與其不孫也, 寧固. 及如此章, 自後世之學言之, 似有不及於中之病. 故以爲救時之論. 然聖人之道, 尚儉而惡奢. 其經世理民, 常戒盈滿, 而從退損. 雖以禮爲教, 而必以儉爲本, 其言及中者甚少. 蓋以儉可以守禮, 而中則不可執守也.

5. 子曰: "夷狄之有君, 不如諸夏之亡也."

│ 諸夏, 中國也. 亡, 無也, 視有如無之謂. 此孔子傷時無上下之分而嘆之也.

○ 夫子每視時俗之變, 雖一事之小, 必重嘆之. 以其所關係大也. 今諸夏, 禮義之所在, 而曾夷狄之不若, 則其爲變亦甚矣. 此春秋所以作也. 當此時, 雖周衰道廢, 禮樂殘缺, 而典章文物, 尚未湮墜, 孰知諸夏之不若夷狄. 然夫子寧捨彼而取此, 則聖人崇實而不崇文之意, 可見矣. 其作春秋也, 諸侯用夷禮, 則夷之, 夷而進於中國, 則中國之. 蓋聖人之心, 即天地之心, 遍覆包涵無所不容, 善其善而惡其惡, 何有於華夷之辨. 後之說春秋者, 甚嚴華夷之辨, 大失聖人之旨矣.

6. 季氏旅於泰山.

│ 旅, 祭名也. 泰山, 山名, 在魯地. 禮諸侯祭山川在其封内者, 今季氏以陪臣祭之, 非禮也.

子謂冉有曰: "女弗能救與?" 對曰: "不能." 子曰: "嗚呼, 曾謂泰山不如林放乎."

│ 冉有, 孔子弟子, 名求, 時爲季氏宰. 嗚呼, 歎辭. 夫子欲冉有之救正其非. 既而知其不能, 則又美林放以勵之, 亦教誨之也

○ 季氏舞八佾, 歌雍徹, 夫子既斥其僭竊. 今亦欲旅於泰山. 故夫子欲冉有之救之也. 夫禮人之隄防也. 禮立則人心定, 人心定則上下安, 上下安則彝倫得以叙矣, 庶事得以成矣. 今季氏以臣僭君, 則是自壞其隄防也. 神不享非禮, 民不祭非類. 季氏爲魯國卿, 而所爲如此, 何以率其民. 不智亦甚矣.

7. 子曰: "君子無所爭. 必也射乎.

│ 言君子恭遜, 不與人爭. 其或有所爭者, 必也於射禮乎. 蓋明其所爭者, 亦皆以禮, 而他無所爭也.

揖讓而升, 下而飲.

│ 按儀禮大射之禮, 耦進三揖, 而後升堂, 射畢揖降, 以俟衆耦皆降. 勝者乃揖, 不勝者升取觶立飲也. 照本文下而飲之語, 則與不勝者升取觶立飲不合. 窃謂, 不勝者下而獨飲, 無衆耦送觶之禮也.

其爭也君子."

│ 言雍容揖遜如此, 則其爭也便君子, 而非若小人之以利害與人爭也.

○ 此言君子唯於射有所爭, 則見君子於事總無與人爭也. 君子以仁存心, 以禮存心, 何爭之有. 其與人爭者, 皆小人, 不仁不禮之甚也. 讀論語者, 至於夫子言君子諸章, 則不可不潛心覃思, 佩服體取. 若此章, 最其切要者歟.

8. 子夏問曰: "‘巧笑倩兮, 美目盼兮, 素以爲絢兮.’ 何謂也?"

│ 此逸詩也. 倩, 好口輔也. 盼, 目黑白分也. 言其美質也. 馬氏曰: 絢, 文貌. 凡畫繪
　事, 先布衆色, 然後以素分布其間, 以爲文. 蓋言身章之美也. 衛風竹竿之詩曰: 巧
　笑之瑳, 佩玉之儺. 又言顏色之美, 與服飾之麗相稱. 其語意正相類. 子夏適不知
　畫繪之事, 因讀此詩而有疑. 故爲問.

子曰: "繪事後素."

│ 繪, 畫衣服也. 考工記云: 凡繪畫之事, 後素功. 是也. 子夏之所疑, 不在上二句, 而
　在素以爲絢. 故夫子專以繪事告之也.

曰: "禮後乎?"

│ 子夏因夫子之言而悟. 凡物有其質, 而後可以加文. 然則人之於禮, 亦有其質, 而
　後可學乎.

子曰: "起予者商也, 始可與言詩已矣."

│ 起, 猶發也. 言能起發我之志意也. 夫子以其能會其意. 故以始可與言詩稱之.

○ 此章子夏之所問, 夫子之所答. 初只尋常閒談, 而本非有關於學問. 及乎子夏曰禮
後乎, 而始爲至論也. 夫禮以儉爲本. 至於風氣旣開, 日趨繁文. 於是人惟視其繁文,
而不知其本之儉. 故曰: 禮與其奢也寧儉, 喪與其易也寧戚. 子夏知之. 故曰: 禮後乎.
苟非得聖人之意於言詞之表者, 其措詞豈能斷然若此乎. 林放聞夫子之論, 而初知
禮之本. 子夏因論詩, 而自悟禮之後, 非放之所及也.

○ 論曰: 詩無形也. 因物而變, 爲圓爲方, 隨其所見, 或悲或歡, 因其所遭, 一事可以
通千理, 一言可以達千義. 故非聞一而知二者, 不能盡詩之情. 子夏聞畫繪之事, 而悟
禮後之說. 可謂亞聞滄浪之歌, 而知自取之道者也.

9. 子曰: "夏禮吾能言, 句之杞不足徵也, 殷禮吾能言, 句之宋不足徵也. 文獻不足故
也. 足則吾能徵之矣."

│ 杞宋, 二國名. 杞, 夏之後. 宋, 殷之後. 徵, 證也. 文, 典籍也. 獻, 賢也. 言二代之禮,
　吾往旣聞之, 而能言其詳, 欲證之於夏殷, 而之杞宋二國, 皆不足取以爲證, 以其
　文獻不足故也. 文獻若足, 則吾能相徵, 而傳之後世. 蓋聖人不欲言無證之說也.

○ 先王之禮, 唯得夫子, 而後能傳於後世, 言之則存焉, 不言則亡焉. 苟以其文獻不
足, 而不言之, 則豈非夏殷之禮自我而亡之乎. 中庸曰: 上焉者, 雖善無徵, 無徵不信, 不
信民不從. 故君子擇民之可信而言之, 見民之可從而行之. 苟不察民之信從與否, 而
強爲之, 則是誣之也. 若老佛之說是已. 凡渺茫不經, 如存如亡之說, 皆足以起人之
惑, 而啓其好異之心. 故無徵之言, 聖人不道焉. 仲尼祖述堯舜, 憲章文武, 是也. 而後
世儒者, 動稱伏犧神農黃帝, 甚而至於論盤古燧人世, 稱天皇地皇之名, 吾知其非聖
人之意也.

10. 子曰:"禘自旣灌而往者, 吾不欲觀之矣."

| 按: 經傳稱禘者非一, 其義各殊. 此所謂禘者, 謂大廟之祭也. 蓋王者旣立始祖之廟, 又推始祖所自出之帝, 祀之於始祖廟, 而以始祖配之也. 魯以周公之廟爲大廟, 而以文王爲所自出之帝, 祀之於大廟, 以周公配之也. 灌者, 方祭用鬱鬯之酒, 灌地以降神也. 自灌以前, 有禮之名, 而無禮之實. 及乎灌而降神, 始有其實. 故曰灌而往者, 吾不欲觀之, 若曰自始至終皆無可觀者也. 蓋魯僭用天子之禮. 故夫子歎之也.

○ 實本也, 文末也. 有此實, 而後有此文. 有此文, 而後有此禮. 苟無此實, 則禮文皆虛而已. 魯以侯國, 敢用天子之禮, 其亡實甚矣. 宜夫子之不欲觀之也. 其曰不欲觀之者, 甚嫉之之辭. 嘗曰 居上不寬, 爲禮不敬, 臨喪不哀, 吾何以觀之哉. 亦甚嫉其無實也.

11. 或問禘之說. 子曰:"不知也.

| 禘禮之意, 至深遠矣. 且以王者之祭, 故以不知答之. 蓋爲魯諱也.

知其說者之於天下也, 其如示諸斯乎." 指其掌.

| 示, 與視同. 指其掌, 謂明且易也. 弟子從傍, 見夫子言此, 自指其掌, 而記之也.

○ 禘者先王報本追遠之深意, 非仁孝誠敬之至, 不足以與此. 苟通其說, 則於治天下, 何難之有. 蓋治天下之本, 在感應之孚, 而難以政刑智數致之. 故非德之至, 誠之極, 則不足與知禘之說, 而於治天下, 亦不免以私意妄作, 幸其自治, 非見聞智慮之所能及也.

12. 祭如在, 祭神如神在.

| 祭, 祭先祖也. 祭神, 祭外神也. 朱氏曰: 此門人記孔子祭祀之誠意.

子曰:"吾不與祭, 如不祭."

| 夫子嘗言, 吾當祭之時, 或有故不得與, 而使他人攝之, 則此心缺然, 如未嘗祭也. 以與上文相類, 故附記之.

○ 夫子之於祭祀, 盡其誠如此.

○ 論曰: 祭祀之禮, 人道之本. 於是不盡其誠, 則人道缺焉, 其復何言. 夫人本於祖, 萬物本於天. 豺獺之賤, 皆知報本. 報本之心, 人之至情. 故聖人因其不得已之至情, 以立之宗廟, 具其犧牲, 陳其簠簋籩豆, 以伸其報本反始之情. 若於外神之祭, 或崇其德, 或報其功, 皆盡吾不得已之至情而已爾, 豈問其享與不享. 祭如在, 祭神如神在, 聖人事神之誠如此. 禮曰: 齊三日, 乃見其所爲齊者. 又曰: 祭之日入室, 僾然必有見乎其位, 周還出戶, 肅然必有聞乎其容聲, 出戶而聽, 愾然必有聞其嘆息之聲. 皆衰世失道之論, 而非聖人崇德之言也. 識者以祭義篇, 爲亂道之書, 可謂有見矣.

13. 王孫賈問曰:"與其媚於奧, 寧媚於竈, 何謂也?"

| 王孫賈, 衛大夫. 朱氏曰: 媚, 親順也. 室西南隅爲奧. 竈者, 五祀之一, 夏所祭也. 凡祭五祀, 皆先設主, 而祭於其所. 然後迎尸 而祭於奧. 略如祭宗廟之儀. 如祀竈則

設主於竈陘, 祭畢而設饌於奧以迎尸也. 故時俗之語因以奧有常尊而非祭之主,
竈雖卑賤而當時用事, 喩自結於君, 不如阿附權臣也. 賈衛之權臣. 故以此諷孔子.
子曰: "不然. 獲罪於天, 無所禱也."

│ 言天至尊矣, 非奧竈之可比也. 苟獲罪於天, 則媚於奧竈, 所能禱而免乎明. 非但
不可阿權臣, 雖君亦不可阿.

○ 天之道直而已矣. 夫火上而水上, 鳥飛而魚潛, 草木植而華實時. 善者天下以爲善,
惡者天下以爲惡, 斯之謂直. 天地之間, 渾渾淪淪, 靡非斯道. 其欲以邪枉之道, 立於
天地之間者, 猶投氷雪於湯火之中, 有遲有速, 必受其譴, 雖鬼神不能爲之福. 故曰:
獲罪於天, 無所禱也. 詩云: 永言配命, 自來多福.

14. 子曰: "周監於二代, 郁郁乎文哉. 吾從周."

│ 監, 視也. 郁郁, 文盛貌. 言其視夏商之禮, 而損益之. 故文章燦然, 以致其盛也.

○ 聖人每惡奢而從儉. 今於周之禮, 則獨從其文之郁郁者, 何哉. 蓋道以得當爲貴,
自治之道, 不可不儉, 朝廷之禮, 不可不備. 夏商之禮, 質而不備, 周之禮, 文而得當.
此夫子所以特從周也. 聖人處事之權衡, 從而可知也.

15. 子入大廟, 每事問.

│ 大廟, 魯周公廟. 孔子始仕之時, 入而助祭也.

或曰: "孰謂鄹人之子知禮乎. 入大廟, 每事問." 子聞之曰: "是禮也."

│ 鄹, 魯邑名, 孔子父叔梁紇 嘗爲其邑大夫. 孔子自少以知禮聞, 或人因此譏之. 夫
子言, 不知而問, 即是禮也. 蓋知之爲知之, 不知爲不知, 是知之之意.

○ 聖人之於禮, 固無所不知. 然但聞其名, 而於其器物事實, 則或有所未知者. 故始
入大廟, 每事問耳, 亦謹之也. 或人未知道, 徒以講名物度數爲知禮, 故以此譏之. 夫
子但曰是禮也, 其意以爲 不知而問, 何禮如之. 夫闕疑好問者, 君子之心也. 苟以此
爲心, 則智明識達, 於天下之事, 無所不得. 故曰: 是禮也, 猶曰是道也.

16. 子曰: "射不主皮, 爲力不同科, 古之道也."

│ 皮, 革也. 布侯而棲革於其中以爲的, 所謂鵠也. 科, 等也. 古者鄉黨習射之禮, 專主
於中, 而不主於貫革, 以人之力有強弱也. 曰古之道也者, 嘆今之不然也. 按: 射不
主於皮, 今見于儀禮鄉射禮, 蓋古射法之語也.

○ 射之爲藝, 其中可以學而能, 其力不可以強而至. 此古者之所以射不主皮也. 蓋世
道之變, 治亂升降之所由而分, 替者不可以復興, 汚者不可以復隆. 每一變, 必一衰.
故雖服御器物民俗歌謠之小, 君子必察焉. 貫革之興, 其變小也. 然世道之不復古, 於
是可見. 此夫子之所以深嘆也.

17. 子貢欲去告朔之餼羊.

│ 古者天子常以季冬, 頒來歲十二月之朔於諸侯, 諸侯受而藏之祖廟, 月朔則以特
羊告廟, 請而行之, 謂之告朔之禮. 餼, 生牲也. 魯自文公, 始不視朔, 而有司猶供此

羊. 故子貢以爲, 不行其禮, 徒供此羊, 此虛文耳. 故欲去之也.

子曰: "賜也, 爾愛其羊, 我愛其禮."

｜ 愛猶惜也. 夫子言, 若汝可謂愛羊, 今我所幸者, 在羊存耳. 禮雖廢, 猶得賴羊以識之. 若併去其羊, 則此禮遂亡. 此我所以惜之也

○ 禮理也, 羊物也. 禮隆則物賤, 禮汚則物貴. 蓋禮隆則義爲之主, 用牛不可則用羊, 用羊不可則用豕. 故禮隆則物賤也. 禮汚則文爲之主, 循物則爲禮, 違物則非禮. 故禮汚則物貴也. 及乎其益衰也, 則人惟以物識禮, 而禮因物而存亡. 於是物益貴焉. 故存羊即所以存禮也. 子貢欲去餼羊, 其未達於此義乎.

18. 子曰: "事君盡禮, 人以爲諂也."

｜ 魯之人士, 仰夫子之聖德久矣, 而夫子自以臣子之禮處之, 於事君之禮, 自莫不盡. 且春秋時, 不知事君之禮. 故時人見夫子事君盡禮, 以爲諂也.

○ 此夫子傷當時之薄俗, 而歎之也. 人臣之於君, 以盡禮爲本. 譏夫子以爲諂者, 本非昏愚柔懦之人, 必是揚己敖物, 不知遜讓者之言, 其流必至於賊道. 故君子惡焉. 荀子之言曰: 道義重則輕王侯. 非也. 王侯豈可輕者耶. 其輕王侯者, 適其所以不知道義也.

19. 定公問: "君使臣, 臣事君, 如之何?" 孔子對曰: "君使臣以禮, 臣事君以忠."

｜ 定公, 魯君, 名宋.

○ 以尊臨卑, 易以簡. 故爲君之道, 在使臣以禮. 以下事上, 易以欺. 故爲臣之道, 在事君以忠. 君而無禮則失臣, 臣而不忠則身戮. 故聖人之言, 猶規矩繩墨乎. 從之則吉, 違之則凶, 所以爲天下之極也. 非若佛老異端之書, 可以高遠奇特, 求之而得也.

20. 子曰: "關雎, 樂而不淫, 哀而不傷."

｜ 關雎, 周南國風詩之首篇也. 淫者, 樂之過而失其正也. 傷者, 哀之過而害於和也. 蓋關雎之樂, 其聲雖樂, 而不至淫, 雖哀, 而不至傷, 使聞者, 自得性情之正. 故夫子贊之.

○ 此專美關雎聲音之盛而言. 當與師摯之始, 關雎之亂章參看. 夫聲音之妙, 可以感動鬼神, 而況於人乎. 關雎之樂, 能合於中和之德, 而歸于性情之正, 夫子之所以取之也. 蓋樂者人情之所宜有, 而哀亦人情之所不免. 苟欲去人情之所宜有, 則至於絶物, 欲滅人情之所不免, 則至於害性. 但關雎之樂, 其音樂而不淫, 哀而不傷, 聞之者, 邪穢蕩滌, 查滓融化, 自得性情之正, 樂之至美者也. 然而詩言志, 歌永言, 聲依永, 律和聲, 則詩其本也. 苟讀詩而善得其志, 則聲音自在其中矣. 按: 小序云, 關雎者后妃之德也. 本不言何王后妃. 蓋言后妃之德宜如此, 鵲巢關雎之應也. 其序云, 鵲巢者夫人之德也. 亦不的言何國夫人, 則所謂后妃, 亦不斥言何王后妃, 爲是. 今觀小序之作, 其首句文辭古奧, 實出於古人之手, 其爲國史之作明矣. 其下云云者, 猥瑣鄙俚, 不足觀之. 且自相矛盾, 不可據以爲信. 故今據小序首句爲斷.

21. 哀公問社於宰我. 宰我對曰: "夏后氏以松, 殷人以柏, 周人以栗, 曰:使民戰栗."

│ 宰我, 孔子弟子, 名予. 古者建邦立社, 必植樹以爲主. 王者受命王天下, 必改前代
  之制, 以新人之觀聽. 三木皆老蒼堅強, 隨地能生. 故三代建國, 自王朝至於侯國,
  植之以爲社主. 至周兼寅使民畏刑之意, 蓋以古者戮人於社也. 戰栗, 恐懼貌. 宰
  我從解周人用栗之意如此.

子聞之曰: "成事不說, 遂事不諫, 既往不咎."

│ 言凡事既成矣, 不可復解說. 已遂矣, 不可復諫止. 已往矣, 不可復追咎. 孔子以宰
  我所對, 既啓時君殺伐之心, 而其言已出不可復救. 故歷言此, 以深責之, 欲使謹
  其後也.

○ 人君之德, 莫大於愛民. 故古之君子, 與人君言, 必以愛民爲本, 救民爲急. 夫萌蘗
  之生, 灌漑培養之, 猶恐其或不得生, 矧可屈折剪伐之, 以殘其生乎. 故可啓人君殺伐
  之心者, 君子諱言之. 恐其傷仁義之良心也. 孟子曰: 君子遠庖廚, 蓋爲此也. 夫子之
  深責宰我宜矣.

22. 子曰: "管仲之器小哉."

│ 管仲, 齊大夫, 名夷吾. 相桓公霸諸侯. 器者, 所以成其用也. 春秋傳曰: 霸王之器,
  是也. 器小, 謂管仲所執之具甚小, 不濟用也.

或曰: "管仲儉乎?"

│ 或人疑器小之爲儉.

曰: "管氏有三歸, 官事不攝, 焉得儉."

│ 三歸, 義未詳. 或曰, 臺名. 攝, 猶兼也. 家臣每一人, 必兼治數事. 管仲不然. 皆言其
  侈.

"然則管仲知禮乎?"

│ 爲禮者好備物. 故又疑不儉之爲知禮.

曰: "邦君樹塞門, 管氏亦樹塞門. 邦君爲兩君之好, 有反坫, 管氏亦有反坫. 管氏而知
  禮, 孰不知禮."

│ 屛, 謂之樹. 塞猶蔽也. 設屛於內, 以蔽內外也. 坫, 在兩楹之間, 獻酬飮畢, 則反爵
  於其上. 黃氏震曰: 反坫, 累土而爲之. 如今行在之騏驥院, 牛羊院, 與凡營壘多於
  臺門內, 立土墻之類. 按: 汲冢周書云, 乃立五官, 咸有阿閣反坫. 註云, 反坫, 外向
  室也. 豈兩君之好, 必欲容其儀衛, 而爲此外向之室. 世遠不可知. 此皆諸侯之禮,
  而管氏僭之, 夫子所以譏其不知禮也. 兩說如此, 然近世多從黃氏之說.

○ 以德行仁則王, 以力假仁則霸. 管仲相桓公, 霸諸侯. 自世俗觀之, 其施爲事業, 固
  爲赫赫焉. 然止於此耳. 若使管仲聞聖賢之學, 唐虞三代之治, 豈難致哉. 子游爲武城
  宰, 以禮樂爲治. 曰: 割雞焉用牛刀, 謂之物小而器大. 若管仲之相齊, 專尙霸術, 功利
  是務, 不能致主於王道. 是割牛用雞刀, 謂之物大而器小. 宜夫子譏管仲之器小. 後之
  居宰職者不可不知所從也.

23. 子語魯大師樂, 曰: "樂其可知也. 始作翕如也,

｜語, 告也. 大師, 樂官名. 翕, 合也, 聚也. 言樂有八音, 初起氣聚而不舒矣.

從之純如也, 皦如也, 繹如也, 以成."

｜從, 讀爲縱, 放也. 純, 和也. 言樂之既放, 和而不乖, 猶五味相濟以相和也. 皦, 明也. 五音六律明而不混也. 繹, 相續不絶, 如貫珠也. 成, 樂之一終也. 言樂之節奏如此. 故其感于心者亦然.

○ 當時音樂殘缺, 伶官唯知論五音六律, 而不知樂之節奏, 有自然之序, 而其和在於絲毫之間. 況於其通性情心術之微者乎. 夫樂之於天下, 猶柁之於船, 或左或右, 隨其所轉. 將之於卒, 或進或退, 從其指麾. 治亂盛衰, 每與聲音相通. 故夫子爲大師, 一一指點而示之也.

24. 儀封人請見曰: "君子之至於斯也, 吾未嘗不得見也." 從者見之.

｜儀, 衛邑. 封人, 掌封疆之官. 朱氏曰: 蓋賢而隱於下位者也. 君子, 謂當時賢者. 至此皆得見之, 自言平日不見絶於賢者, 而求以自通也.

出曰: "二三子何患於喪乎. 天下之無道也久矣, 天將以夫子爲木鐸."

｜朱氏曰: 喪, 謂失位去國. 禮曰: 喪欲速貧, 是也. 木鐸, 金口木舌, 文教用之. 蓋施政教時, 所振以警衆者也. 言天下久亂, 道將自絶. 故天將使夫子爲木鐸, 詔道於萬世, 一時得喪, 豈足以爲患乎.

○ 門人親愛夫子, 深矣. 故不得不以其失位爲患. 封人一見夫子, 遽以木鐸稱之. 其所以慰喩弟子者, 至矣. 蓋不以一時得喪爲患, 而以木鐸萬世爲幸, 其見可謂卓矣. 嗚呼異哉.

25. 子謂韶: "盡美矣, 又盡善也." 謂武: "盡美矣, 未盡善也."

｜韶, 舜樂. 武, 武王樂. 美者, 聲容之盛. 善者, 美之實也.

○ 美者, 如鐘鼓管籥之音, 干戚羽旄之容是也. 善則指其德而言. 所謂聞其樂, 而知其德是也. 舜以揖遜, 而有天下. 武王以征伐, 而得天下. 此韶之所以盡美盡善, 而武之未盡善也. 聖人右文而左武, 崇德而惡殺. 故其言如此. 蓋論其樂云然, 非論舜武之優劣也.

26. 子曰: "居上不寬, 爲禮不敬, 臨喪不哀, 吾何以觀之哉."

○ 居上者以寬爲道, 而不欲好察. 禮以敬爲本, 而不在文飾. 喪以哀爲主, 而不在備物. 居上不寬, 則下無全人, 爲禮不敬, 臨喪不哀, 則本實既亡, 何所觀感邪.

里仁第四
凡二十六章

1. 子曰: "里仁爲美, 擇不處仁, 焉得知."

｜言里有仁厚之俗, 人猶以爲美, 而居之. 擇所以處身者, 而不於仁, 豈得爲知乎.

○ 此言居之不美, 輒可遷徙. 處身一失其所, 則其害有不可勝言者矣. 然人皆知擇居,而至於處身, 則不知辨其是非, 多失於不仁, 是不智之甚也. 斯之謂不知類也.

2. 子曰: "不仁者不可以久處約, 不可以長處樂.

│ 約, 困也. 言不仁者, 久困則爲非, 久樂則必驕.

仁者安仁, 知者利仁."

│ 安, 謂安而不遷. 利, 謂以仁爲利而行之. 言安仁者, 與道爲一. 故其處約樂, 自不足
　云. 利仁者, 堅守而不失. 故能處約樂也.

○ 不仁之人, 雖一旦勉强, 然無其德, 故久處約則濫, 久處樂則驕. 唯仁者之於仁, 猶
　身之安衣, 足之安履, 須臾離焉, 則不能樂, 是之謂安. 知者之於仁, 猶病者之利藥,
　疲病之利車, 雖不能常與此相安, 然深知其爲美而不捨, 是之謂利. 夫飽仁義者, 不
　願膏粱之味, 文繡之美. 萬物皆備於我, 而富貴貧賤, 不能撓於其心. 豈能處約樂之
　足云哉.

3. 子曰: "唯仁者, 能好人, 能惡人."

│ 仁者以愛爲心. 故好惡當而不失.

○ 善善常不及, 惡惡必過, 人之通患也. 故以愛人之心待人, 則善者固得當, 而不善
　者亦不至過惡. 若以惡人之心待人, 則善者未必得當, 而不善者必至於過惡. 此所以
　惟仁者能好人惡人也.

○ 論曰: 宋儒以仁爲理. 故以好惡當理解之, 卽明鏡止水之意也. 蓋以無情視仁, 無
　欲解仁, 而不知仁之爲德, 雖有淺深大小之差, 而未有不自愛人之心而出者也. 故唯
　仁愛之人, 而後能好惡得當, 而不至於有刻薄褊私之弊. 書曰: 罪疑惟輕, 功疑惟重.
　此仁者之所以能好惡人, 而與好惡得理者, 不可同日而語也.

4. 子曰: "苟志於仁矣, 無惡也."

│ 言心之所向, 纔在於仁, 則自無爲人所惡也.

○ 仁實德也. 纔志於仁, 則寬厚慈祥, 與物無忤. 故自無爲人之所惡也.

○ 論曰: 宋儒之學持論過高, 嫌乎恤人之怨惡爲枉道. 故解無惡, 以爲無爲惡之事矣.
　此非聖人之意. 蓋己有可惡之實, 而爲人所惡者, 固其道也, 改之可也. 己無可惡之
　實, 而或見惡者, 雖君子所不得免, 然聖人每敎人, 以無怨惡于人者, 何哉. 世議甚公,
　人心甚直, 苟爲容悅, 則人必以容悅目之, 苟爲面諛, 則人必以面諛名之. 欲爲人所
　容, 而反爲人所賤. 其唯志於仁, 則不求爲人容而寬裕慈惠, 人自不怨惡焉. 此聖人
　之所以貴無怨惡也. 詩曰: 在彼無惡, 在此無斁. 庶幾夙夜, 以永終譽. 夫子又嘗答仲
　弓問仁曰: 在邦無怨, 在家無怨. 又曰: 年四十而見惡焉, 其終也已. 聖人之意可見矣.

5. 子曰: "富與貴, 是人之所欲也, 不以其道, 得之不處也. 貧與賤, 是人之所惡也. 不
以其道, 得之不去也.

│ 欲富貴而惡貧賤者, 人之情也. 然君子之動, 必以其道. 故苟不以其道, 則雖得富
　貴而不處, 得貧賤而不去也. 所謂道者, 卽仁也. 故下段終言之. 孟子稱伊尹曰: 非

其義也, 非其道也, 祿之以天下不顧. 亦此意爾.

君子去仁, 惡乎成名.

│ 君子之所以名爲君子者, 以其存仁也. 若去仁, 則何所成其名乎.

君子無終食之間違仁, 造次必於是, 顚沛必於是."

│ 造次, 急遽之意. 顚沛, 偃仆之貌. 此申言終食之間, 其無違仁如此. 非但富貴貧賤取舍之而已.

○ 此又言仁者安仁之意. 或曰: 仁之德大矣. 何獨以富貴貧賤言之耶. 曰: 自古之人, 固有見危授命, 犯顔諫爭, 奮然不顧身者. 然至於富貴貧賤取捨之間, 則不能不殉物而動心. 唯君子之心, 常安於仁. 故不處於不可處之富貴, 而不去於不可去之貧賤. 此其所以首而言之也. 而至於終食無違 造次顚沛必於是, 則端言仁之成德也.

6. 子曰: "我未見好仁者·惡不仁者. 好仁者, 無以尙之. 惡不仁者, 其爲仁矣, 不使不仁者, 加乎其身.

│ 尙, 加也. 言好仁者, 天下何善加之. 若夫惡不仁者, 誠知不仁之可惡, 猶惡惡臭, 亦可以爲仁矣. 然不使一毫不仁之事, 加於其身耳, 與好仁者固有間矣.

有能一日用其力於仁矣乎. 我未見力不足者.

│ 爲仁由己, 而由人哉. 苟能一日用其力, 則仁斯至矣. 唯人不肯用其力焉耳. 豈有用其力而不足者哉.

蓋有之矣, 我未之見也."

│ 蓋, 疑辭. 言昏弱之甚, 欲進而不能者, 或有之矣. 然我未見之也耳. 再言此以斷無有力之不足者也.

○ 好仁者, 德之至也. 惡不仁者, 有所不爲也. 好仁者, 視人之不善, 猶哀憫之, 而欲其與入于善也. 惡不仁者, 視人之不善, 猶鷹隼之搏鳥雀, 必痛拒絶之. 二者甚有逕庭, 俱謂之成德, 非也. 或曰: 夫子嘗曰, 仁遠乎哉. 我欲仁, 斯至矣. 而此亦曰我未見者, 何哉. 夫仁者, 人心也, 何遠之有. 但仁以誠爲本. 夫子難其人者, 蓋以非仁之難能, 而誠之難致也. 好仁者·惡不仁者, 其等雖異, 然皆發於誠心, 非勉強之所能及. 此夫子所以言未見也.

7. 子曰: "人之過也, 各於其黨. 觀過斯知仁矣."

│ 黨, 朋類也. 指親戚僚友而言.

○ 此爲以過棄人者發. 凡人之於過, 不有無由而妄生者, 必因其親戚僚友而過. 故曰: 各於其黨. 正見其不可深咎也. 曰觀過知仁, 則亦足見其就此而猶有可稱者也. 孟子曰: 管叔兄也, 周公弟也. 周公之過, 不亦宜乎. 是其所以爲周公也. 蓋聖人不深責人之過者, 以人有自新之途, 而悔過自改, 則亦猶夫人故也.

○ 論曰: 人之過也, 不生於薄, 而生於厚. 何也. 薄則防患, 遠害, 爲身之計全, 而趨人之患緩. 故得無過也. 因薄而過者, 間或有之. 然因薄而過者, 直謂之惡, 而不得謂之過也. 非聖人之至仁, 則孰能知過之可宥, 而不可深咎.

8. 子曰: "朝聞道, 夕死可矣."

│ 言人之不可不聞道, 其急如此.

○ 此爲託老衰, 或罹微恙, 而不肯爲學者發. 夫道者, 人之所以爲人之道也. 爲人而不聞之, 則虛生耳. 非與雞犬共伍, 則草木與同朽, 可不悲哉. 苟一旦得聞之, 則得所以爲人而終. 故君子之死曰終. 言其不澌滅也. 或曰: 朝聞夕死, 不亦太急乎. 曰: 不然也. 人而不聞道, 則雖生而無益. 故夫子以朝聞夕死爲可者, 最示其不可不聞道之甚也, 何謂太急.

9. 子曰: "士志於道, 而恥惡衣惡食者, 未足與議也."

│ 朱氏曰: 心欲求道, 而以口體之奉不若人爲恥, 其識趣之卑陋甚矣. 何足與議於道乎.

○ 衣食以取足奉口體, 雖惡何足恥焉. 士而志于道, 其心既知所嚮矣. 而又恥惡衣惡食, 則其終必至於枉道殉物, 其不足與議道也必矣.

10. 子曰: "君子之於天下也, 無適也, 無莫也, 義之與比."

│ 朱氏曰: 適, 專主也. 莫, 不肯也. 比, 從也. 言君子於天下之事, 無適無莫, 可取則取, 可捨則捨, 可去則去, 可就則就. 唯義之所在, 非惟我之從義, 義亦與我相從而不離也.

○ 義者天下至密者也. 故精義然後能得無適莫, 非無適莫而義之與比也. 蓋無適則莫, 無莫必適, 不能不倚一偏. 其無適者, 異端之不立一法也. 無莫者, 俗士之不知所擇也. 唯君子精義之至, 無所偏倚, 而後自能得無適莫焉. 夫子嘗曰: 無可無不可. 蓋無可無不可之間, 自有義存. 非無可無不可, 而又以義爲主也. 其謂無道以主之, 幾於猖狂自恣者, 謬矣.

11. 子曰: "君子懷德, 小人懷土; 君子懷刑, 小人懷惠."

│ 懷, 歸也. 土者, 謂身之所安也. 刑, 法也. 惠, 恩惠也.

○ 此言治君子與治小人, 其道自不同也. 懷於德者, 不以利動, 惟善是親也. 懷於土者, 有恒產者, 有恒心也. 懷於刑者, 心樂儀刑. 懷於惠者, 惟利是親. 君子小人, 存心不同. 故其所以懷之者, 自不同也.

12. 子曰: "放利而行多怨."

│ 孔氏曰: 放, 依也. 依利而行. 言每事必依傍於利而行之也. 多怨, 謂多取怨也.

○ 無怨德也. 多怨不詳也. 君子以義爲主. 故雖損於人, 而人不我怨. 小人以利爲本. 故雖無損於人, 反多取怨. 中庸曰: 正己而不求于人, 則無怨.

13. 子曰: "能以禮讓爲國乎, 何有. 不能以禮讓爲國, 如禮何."

│ 禮讓以德而言. 禮, 以制度而言. 何有, 言不難也.

○ 此言以禮讓爲國, 則人亦化之, 何難爲之有. 若不以禮讓爲國, 則禮文雖具, 亦且無如之何. 況於治國乎. 古者專以禮爲治國之要典, 猶後世之用律也.

14. 子曰: "不患無位, 患所以立; 不患莫己知, 求爲可知也."

｜ 朱氏曰: 所以立, 謂所以立乎其位者. 可知, 謂可以見知人之實.

○ 此章亦聖人之常言, 學者之準則, 不可不聽受佩服焉.

15. 子曰: "參乎. 吾道一以貫之." 曾子曰: "唯."

｜ 吾道, 猶曰我之所道也. 一者, 不二之謂. 貫, 統也. 言道雖至廣, 然一而不雜, 則自能致天下之善, 而無所不統, 非多學而可能得也. 唯者, 應辭. 曾子直受之, 以爲己之任, 猶顏子曰請事此語之謂.

子出. 門人問曰: "何謂也?" 曾子曰: "夫子之道, 忠恕而已矣."

｜ 盡己之謂忠, 忖人之謂恕. 自竭盡己之心, 則於人無物我之隔. 能忖度人之心, 則癢痾疾痛, 擧切於我身矣. 曾子以爲, 忠恕足以盡夫子之道也. 因爲門人, 逑夫子一以貫之之旨如此

○ 夫道一而已矣. 雖五常百行, 至爲多端, 然同歸而殊塗, 一致而百慮, 天下之至一, 可以統天下之萬善. 故夫子不曰心, 不曰理, 唯曰: 吾道一以貫之也. 蓋忠以盡己, 則接人必實, 而無欺詐之念. 恕以忖人, 則待物寬有, 而無刻薄之弊. 既忠且恕, 則可以至於仁矣. 豈復有他岐之可惑者乎哉. 故夫子曰: 吾道一以貫之, 而曾子特以忠恕明之, 其有旨哉

○ 論曰: 聖人之道, 不過彝倫綱常之間, 而濟人爲大. 故曾子以忠恕, 發揮夫子一以貫之之旨. 嗚呼傳聖人之道, 而告之後學, 其旨明且盡矣. 夫子嘗答樊遲問仁曰: 與人忠. 子貢問曰: 有一言而可以終身行之者乎. 夫子唯曰: 其恕乎. 孟子亦曰: 強恕而行, 求仁無近焉. 可見忠恕二者, 乃求仁之至要, 而聖學之所成始成終者也. 蓋忠恕所以一貫之也, 非以忠恕訓一貫也. 先儒以爲, 夫子之心, 一理渾然, 而泛應曲當. 惟曾子有見於此, 而非學者之所能與知也. 故借學者忠恕之目, 以曉一貫之旨, 豈然乎哉.

16. 子曰: "君子喩於義; 小人喩於利."

｜ 喩, 曉也. 猶四體不言而喩之喩. 言觸物隨事, 自能通曉也.

○ 此言君子小人, 所好不同. 故心之所趨從殊. 君子之所好, 在於義. 故其曉於義也甚速. 小人之所好, 在於利. 故其曉於利也亦甚速. 學者以此自省, 則庶乎不至爲小人之歸矣.

17. 子曰: "見賢思齊焉; 見不賢而內自省也."

｜ 朱氏曰: 思齊者, 冀己亦有是善. 內自省者, 恐己亦有是惡.

○ 此言見人之賢不肖, 皆不可不反求之於己也. 人之常情, 見賢則必忌憚之, 見不賢則必譏笑之. 非惟不知反求於己, 適以害其德也. 夫見賢而不思齊, 無志者也. 見不賢而不內省, 無恥者也. 無志無恥者, 所謂自暴自棄者, 而不可與有爲也必矣.

18. 子曰: "事父母幾諫,

∣幾, 微也. 幾諫, 謂微詞以諷也.

見志不從, 又敬不違, 勞而不怨."

∣不違者, 謂姑順父母之意, 而不遂己之諫也. 勞, 慰勞也.

○ 諫父母之道, 尤忌徑直. 要在微婉其詞, 以委曲諷導之焉耳. 若父母有過而不諫, 則陷親於不義, 諫而忤親之意, 則亦爲不孝. 唯能敬能勞, 不違不怨, 而後爲能得事父母之道也. 苟如此則父母之心, 亦有所感, 而諫得行也.

19. 子曰: "父母在不遠遊, 遊必有方."

∣鄭氏曰: 方, 猶常, 謂可遊之方也.

○ 人子遠遊, 則爲日久, 廢養多, 而不能使父母無倚門之憂. 故曰: 不遠遊. 其遊每有定所, 而不事漫遊, 則無所貽憂. 故曰: 遊必有方. 范氏曰: 子能以父母之心爲心, 則孝矣. 可謂能發孝子之心也.

20. 子曰: "三年無改於父之道, 可謂孝矣."

○ 此章重出. 凡諸章重出者, 蓋夫子屢言, 而門人互錄之. 意味深長, 學者宜深玩而詳思焉.

21. 子曰: "父母之年, 不可不知也; 一則以喜, 一則以懼."

∣知, 猶記憶.

○ 此言常記父母之年, 則見其壽以爲喜, 見其衰以爲懼. 喜懼交臻, 而愛親之心, 不能自己, 其不可不知也如此. 聖人之言, 天下之至言, 理到此而盡矣, 教到此而極矣. 不可以其語平易而忽諸.

22. 子曰: "古者言之不出, 恥躬之不逮也."

∣逮, 及也. 朱氏曰: 言古者, 以見今之不然.

○ 此言出言之易, 而躬履之難也. 夫言而不踐, 可恥之甚也. 古人尚實而不貴華, 故恥之如此.

23. 子曰: "以約失之者, 鮮矣."

∣約者, 檢束之謂. 言修身處事, 皆當檢束也.

○ 聖人之言, 猶蓍龜神明, 必應驗. 此言至淺, 然從此則得, 違此則失, 必然之理也. 不可不篤信而堅守之.

24. 子曰: "君子欲訥於言, 而敏於行."

∣包氏曰: 訥, 遲鈍也.

○ 此夫子言君子之心, 以勉學者也. 胡氏曰: 敏訥雖若出於天資, 然可習也. 言煩以訥矯之, 行緩以敏勵之, 由我而已, 自不能變其氣質, 奚貴於學哉.

25. 子曰: "德不孤, 必有鄰."

| 朱氏曰: 鄰, 猶親也. 德不孤立, 必以類應. 故有德者, 必有其類從之, 如居之有鄰也.

○ 人不知而不慍, 君子之心也. 然德不孤必有鄰, 必然之理也. 故夫子言德之既成, 必無孤立之理, 以定學者之志, 亦祿在其中之意. 學者惟當患德之不成, 而無以饑渴爲心害也.

26. 子游曰: "事君數, 斯辱矣; 朋友數, 斯疏矣."

| 數, 煩數也.

○ 此言事君交友, 皆當以禮進也. 若褻狎戲弄, 屢相往來, 至於煩數焉, 則爲臣取辱, 爲友見疏, 當自戒也. 故事君者, 非堯舜之道, 不敢以陳, 則不辱矣. 與朋友交, 以文會友, 以友輔仁, 則不疏矣.

論語古義 卷之三

公冶長第五
凡二十七章

1. 子謂公冶長: "可妻也. 雖在縲絏之中, 非其罪也." 以其子妻之.

| 公冶長, 孔子弟子. 縲, 黑索. 絏, 攣也. 古者獄中以黑索拘攣罪人. 長蓋以枉濫被繋, 故云然.

子謂南容: "邦有道不廢, 邦無道免於刑戮." 以其兄之子妻之.

| 南容, 孔子弟子, 居南宮. 名縚, 又名适, 字子容. 言有此德. 故必見用於治朝, 謹其言. 故又能免禍於亂世也.

○ 夫嫁女擇婿, 必求其良者, 天下之同情也. 若長之陷於縲絏, 人之所辱. 然以非其罪而妻之. 至於南容, 則以其可免於亂世而妻之, 正見夫子之取人, 惟是之從, 不拘于一也. 蓋編論語者, 併錄二子之事, 以明聖人之權度, 變化無方. 學者之所當盡心也.

2. 子謂子賤: "君子哉若人. 魯無君子者, 斯焉取斯."

| 子賤, 孔子弟子. 姓宓, 名不齊. 若人, 猶言若此人也. 言有君子之德哉, 若此人也. 若魯無君子者, 斯人安得取斯德而成之哉. 美子賤能尊賢取友, 以成其德也.

○ 此贊賢師友薰陶之益甚大也. 夫子之取人, 每不稱其質美, 而深稱其好學, 若言顔子是也. 今於子賤, 先美其德, 而後專歸之於師友薰陶之功. 蓋生質之美有限, 而學問之功無窮. 苟資之於師, 輔之於友, 以取其善, 則何學不可至, 何德不可成哉. 後世無實好學者. 故恥下問, 遠善友. 學問之功, 終不能以勝其氣質之偏, 猶以一杯水, 救一車薪之火也, 而曰: 學之無益, 不亦誤哉. 吁.

3. 子貢問曰: "賜也何如?" 子曰: "女器也."

│ 器者, 必備而不可闕之謂. 言子貢之材, 天下不可無也.

曰: "何器也?" 曰: "瑚璉也."

│ 瑚璉, 宗廟盛黍稷之器. 夏曰瑚, 商曰璉, 周曰簠簋. 蓋器之貴重, 而非常用者. 言子
　貢之材之美可貴, 而不可常用也.

○ 朱子曰: 子貢見孔子以君子許子賤. 故以己爲問, 而孔子告之以此.

○ 瑚璉簠簋, 器之貴重, 而不可常用者也. 未耜陶冶, 雖非貴重之器, 而常用不可闕
者也. 夫子以子貢之材, 不比之於彼, 而比之於此, 其戒之深矣. 蓋未耜陶冶之爲器,
戶戶皆有, 人雖不知貴重之, 而民生常用不可闕焉. 若聖人之德是也. 叔孫武叔曰:
子貢賢於仲尼, 子禽謂子貢曰: 仲尼豈賢於子乎. 豈非知尙瑚璉之華, 不知未耜陶冶
之爲民生常用不可闕之器耶. 蓋賢人之材可見, 而聖人之德不可知也.

4. 或曰: "雍也仁而不佞."

│ 雍, 孔子弟子, 姓冉, 字仲弓. 佞, 口才也. 時俗以佞爲賢. 故美仲弓優於德, 而病短
　於才也.

子曰: "焉用佞. 禦人以口給, 屢憎於人. 不知其仁, 焉用佞."

│ 禦, 猶抵當. 給, 辨也. 言佞人所以抵當於人者, 但隨口取辨, 而爲人所憎惡爾. 我雖
　未知仲弓之仁, 然其不佞, 乃非所以病仲弓也.

○ 愛人者人恒愛之, 仁之所以爲美德也. 若屢憎於人, 正見佞之爲凶德也. 夫子戒之
宜矣. 當時實德日病, 諛風日盛, 人徒知重佞, 而不知重仁. 故夫子言此, 以深明不可
用佞之意. 或曰: 仲弓之賢, 亞於顔子, 而夫子不許其仁者, 何哉. 曰: 仁實德也. 慈愛
之德, 充實於中, 而無一毫殘忍刻薄之心, 其利澤恩惠, 遠被于天下後世, 而後謂之
仁. 所以雖仲弓之賢, 夫子猶不與之也.

5. 子使漆彤開仕. 對曰: "吾斯之未能信." 子說.

│ 漆雕開, 孔子弟子, 字子若. 開言, 吾於斯仕進之道, 未能無疑. 蓋欲學成而後仕, 其
　心未以自足也. 故夫子善其篤志而悅之.

○ 學者之於仕進, 雖其材未充. 然親戚責之, 朋友推之, 則未必不出仕. 況如開之學,
聖人使之仕, 則其材必可用, 而猶未肯之, 則其不自爲足, 而所以求之者, 可謂至深
矣. 此雖賢哲之細事, 實學者之所難. 故聖人深悅之也.

6. 子曰: "道不行, 乘桴浮于海. 從我者, 其由與."

│ 桴, 筏也.

子路聞之喜. 子曰: "由也好勇過我, 無所取材."

│ 子路欲從夫子而行. 故言好勇過我也. 鄭氏曰: 無所取材, 言無所取於桴材也. 蓋
　子路有濟物之志, 而無濟物之材. 故戲之耳. 猶戲子游割雞焉用牛力之意.

○ 此與欲居九夷章同意. 蓋夫子之素志也. 當時君昏臣驕, 天下無所之往. 故欲乘桴
浮海, 化島夷之民, 以爲禮義之俗. 聖人以四海爲一家之心, 於此可見矣. 子路好勇.

故欲從夫子而行, 無所顧慮. 夫子因戲之曰: 好勇過我, 無所取材. 蓋有具於己, 而後可以濟人. 子路之德, 未及于此, 則雖欲乘桴浮于海, 徒爾無益. 故美其好勇, 而進其所未及也.

7. 孟武伯問, "子路仁乎?" 子曰: "不知也."
｜仁, 實德也. 故雖子路之才, 猶難必其有, 所以夫子以不知告之.
又問. 子曰: "由也千乘之國, 可使治其賦也, 不知其仁也."
｜朱氏曰: 賦, 兵也. 古者以田賦出兵. 故謂兵爲賦. 言子路之才, 可見者如此, 仁則不可知也.
"求也何如?" 子曰: "求也千室之邑, 百乘之家, 可使爲之宰也, 不知其仁也."
｜千室, 大邑. 百乘, 卿大夫之家. 宰, 邑長, 家臣之通號.
"赤也何如?" 子曰: "赤也束帶立於朝, 可使與賓客言也, 不知其仁也."
｜赤, 孔子弟子, 姓公西, 字子華.
○ 三子之材, 自他人觀之, 皆足以稱仁者. 然夫子不許之者, 蓋學有實材, 有實德, 孔門固貴乎實材, 而至於實德, 尤難其人. 故夫子於三子, 皆許其材之可用, 而一無以仁許之者. 若管仲之爲人, 雖非有實德者, 而素有濟天下之志, 又能成濟天下之功. 故夫子亦稱其仁. 至於三子, 則未可預期其功, 又不見其慈愛之德全有於己. 故皆以不知答之.
○ 論曰: 世之務詞章記誦者, 多騖於空文, 而不知成德達材. 夫有實德, 而後實材可得而施, 有實材, 而後詞草記誦, 亦得爲吾之資. 若夫旣無實德之可觀, 亦無實材之可取, 則雖議論可聞, 文章可觀, 皆無益之瑣事焉耳. 三子之爲人, 雖未可知其仁, 而其所自期者旣如此. 夫子之所許者亦如此, 則雖未至有實德, 而亦可謂有實材者矣. 古人之學, 隨而可知矣.

8. 子謂子貢曰: "女與回也, 孰愈?"
｜愈, 勝也. 子貢方人, 夫子問其與回孰愈, 以觀其自知如何.
對曰: "賜也, 何敢望回. 回也, 聞一以知十; 賜也, 聞一知二."
｜聞一知十, 謂聞一事而知十事. 蓋推類之所極而言也. 聞一知二, 謂因此而知彼.
胡氏曰: 聞一知十, 上知之資, 生知之亞也. 聞一知二, 中人以上之資, 學而知之之才也.
子曰: "弗如也. 吾與女弗如也."
｜與, 許也. 言汝固弗如回. 然吾反與汝所謂弗如之言. 蓋有合於夫子謙己服人之心, 故旣然之, 又重許之也.
○ 此見服人之善之難也. 蓋知人之善固難, 而服人之善最難. 旣知人之善, 而又不難於自屈, 天下之至難也. 子貢於是知其進德之深也. 人惟以穎悟觀子貢者未也

9. 宰予晝寢.
｜晝寢, 謂當晝而寢.

子曰: "朽木不可雕也, 糞土之牆不可杇也. 於予與何誅."

│ 朽, 腐也. 雕, 刻畫也. 杇, 鏝也. 言其志氣昏惰, 敎無所施. 與, 語辭. 誅, 責也. 言不
足責, 乃是深責之也.

子曰: "始吾於人也, 聽其言而信其行; 今吾於人也, 聽其言而觀其行. 於予與改是."

│ 宰予能言而行不逮. 故夫子自言, 於予之事, 而改前之失, 乃所以重警之也. 胡氏
曰: 子曰, 疑衍文. 不然則非一日之言也.

○ 范氏曰: 君子之於學, 惟日孜孜, 斃而後已. 惟恐其不及也. 宰我晝寢, 自棄孰甚焉.
故夫子責之.

○ 聽言信行, 待人之誠, 自當如此. 聽言觀行, 觀人之法, 亦當如此. 二者並行, 而不
相害, 初非聽其言而全信其行也. 亦非緣此而盡疑學者也. 蓋聖人之心, 猶造化之妙.
隨物賦形, 或培或覆, 各因其材. 其言於予改是者, 適因宰我之事而發耳.

10. 子曰: "吾未見剛者." 或對曰: "申棖."

│ 剛, 堅强不屈之意. 申棖, 弟子姓名.

子曰: "棖也慾, 焉得剛."

│ 孔氏曰: 慾多情慾. 蓋夫子發其隱微, 而明棖之不可得剛之由.

○ 人多情慾, 則於一切世味, 眷變不忘, 而於義所當爲, 浚巡畏縮, 欲進不能. 此慾之
所以不得爲剛也. 孟子曰: 行有不慊于心則餒. 蓋多情慾, 則不慊于心, 不慊于心, 則
不能剛. 其勢然也. 然世俗類以廉介狷直, 僅得其一端者爲剛, 而負氣好勝, 悻悻自好
者, 亦以剛自居. 殊不知寬裕溫柔, 以道義自勝者, 而後可以爲眞剛者也.

11. 子貢曰: "我不欲人之加諸我也, 吾亦欲無加諸人." 子曰: "賜也, 非爾所及也."

│ 加諸我加諸人, 猶曰施諸己施於人也.

○ 博施於民, 而能濟衆, 堯舜其猶病諸. 而子貢曰: 我所不欲人之加諸我者, 吾亦欲
無加諸人. 此仁者之所病, 而子貢以此自期, 夫子所以抑之也. 蓋學貴乎副實, 而嫌乎
馳高. 聰明者其論每過高, 而實不相副. 子貢之病, 正坐此耳. 學若不及, 猶恐失之. 伯
玉使者, 不曰欲無過, 而曰欲寡其過. 夫子稱之曰, 使乎使乎. 子貢曰吾亦欲無加諸
人, 則是有自居其位之弊, 而無深求進益之意. 其抑之者, 蓋進之也.

12. 子貢曰: "夫子之文章, 可得而聞也.

│ 文章, 指禮樂典籍而言. 其事著明, 皆可得而聞也.

夫子之言性與天道, 不可得而聞也."

│ 性者, 人之生質, 皆可以進道. 天道者, 福善殃淫之常. 此二者不可以知解而得聞
也.

○ 夫子之敎人也, 其禮樂文章, 粲然著明, 皆可得而聞也. 唯其言性與天道, 則不可
得而聞焉. 蓋聖人之心, 篤于好善. 故知人性之皆可以進于善, 而天道之必佑善人也.
故其言性曰: 性相近也, 習相遠也. 其言天道曰: 天生德於我, 桓魋其如予何. 然驗之
于人事, 則疑乎人性之不能皆以進于善, 而天道之不必佑善人也. 蓋有非信道好德

之至, 不能輒信者矣. 此子貢之所以爲不可得而聞也.

○ 論曰: 聖人之道, 因人以爲敎. 故其所謂性, 所謂天道, 皆世之所謂性與天道, 而本非有深昧隱微不易領解者也. 而子貢以爲不可得而聞者, 何哉. 蓋人徒知昏明强弱, 人性之萬差, 而不知民之秉彛好是懿德, 故人皆可以進善也. 徒知吉凶禍福, 天道之常, 而不知皇天無親, 惟善是親, 故天必佑善人也. 蓋其好善之不至, 故每致疑乎此. 子貢之德, 不及聖人. 故亦以夫子之言, 爲不可得而聞也. 其唯聖人乎, 其心一於善, 而視蓋天蓋地, 莫非斯善. 故知人之皆可進善, 而天之必佑善人也. 此夫子之所以爲聖人也. 及後世, 學鶩高遠求道虛玄, 乃謂性天之理, 非領悟之人, 不能輒解. 子貢學究精微, 而後始措詞如此, 豈其然哉. 聖人所謂性與天道, 皆後世所謂氣者, 而未嘗就理而言, 不可以此求之也必矣.

13. 子路有聞, 未之能行, 唯恐有聞.

| 前所聞者, 雖旣行之, 然於心有所未滿, 則恐復有所聞, 而行之不給也.

○ 子路好勇, 果於行善. 門人自以爲弗及. 故編者記之, 以爲學者之模範也.

○ 長氏栻曰: 有所聞而實未副, 勇者之所恥也. 唯恐有聞, 則其篤於躬行可知. 然比之得一善, 拳拳服膺而不失者, 則未免有强力之意耳.

14. 子貢問曰: "孔文子何以謂之文也?"

| 孔文子, 衛大夫, 名圉, 文其謚也. 文者, 謚之至美者, 而圉之爲人不副. 故子貢疑之.

子曰: "敏而好學, 不恥下問, 是以謂之文也."

| 言人性敏者, 必不好學, 位高者, 多恥下問, 文子有如是之美. 故得謚爲文也.

○ 文之爲謚, 不可復加. 然敏而好學, 不恥下問, 人之所難, 而進善之機甚速. 雖以文子爲人, 而有如是之美, 則其得謚爲文, 不可謂之不宜也. 夫子不沒人之善, 而其有所譽者, 必有所試, 則文子之賢, 可從而知矣. 且文子能治賓客, 而衛靈無道, 得賴以不喪, 則夫子言非溢美, 亦可知矣. 左氏所記文子之事, 恐未必然.

15. 子謂子產: "有君子之道四焉,

| 子產, 鄭大夫, 公孫僑.

其行己也恭;

| 推賢讓能, 不矜其能.

其事上也敬;

| 執君之事, 愼而不怠.

其養民也惠;

| 生養其民, 惠而有恩.

其使民也義."

| 使之以義, 不徇其欲.

○ 君子之道, 謂萬世通行之道也. 行己以恭爲要, 事上以敬爲主, 養民以惠爲本, 使

民以義爲則. 苟有此四者, 則可以治天下, 豈止鄭國. 子産雖爲春秋賢大夫, 然人未知其有君子之道. 故夫子表而出.

○ 論曰: 稱君子之道, 與稱聖人之道, 甚別. 聖人之道者, 以其極而言. 君子之道者, 以平正中庸萬世通行之法而言. 若中庸所設諸章是也. 但費隱一章, 說者以高遠隱微之理解之, 失作者之意甚矣.

16. 子曰: "晏平仲善與人交, 久而敬之."

│ 晏平仲, 齊大夫, 名嬰.

○ 陳氏櫟曰: 常人之交, 初則敬, 久則玩, 必不能全交. 久而不替初心, 所以爲善交也.

○ 論曰: 中庸者, 天下之至難. 蓋不在於行天下難行之事, 而乃在於能行平常易行之事, 始終不衰. 故曰, 中庸不可能也. 苟知此, 則識晏子之行不可及也.

17. 子曰: "臧文仲居蔡,

│ 臧文仲, 魯大夫臧孫氏, 名辰. 蔡, 大龜也. 謂築室以藏蔡.

山節藻梲, 何如其知也."

│ 節, 柱頭斗拱. 藻, 水草名. 梲, 梁上短柱. 言刻山於節, 畫藻於梲也. 朱氏曰: 當時以文仲爲知. 孔子言不務民義, 而諂瀆鬼神如此, 安得爲知.

○ 蔡氏淸曰: 文仲居蔡, 其崇重如此, 則是一心倚著鬼神, 而有希福之心矣. 旣重於此, 必輕於彼, 而人道所當然, 必在所略, 此豈智者所爲乎.

18. 子張問曰: "令尹子文三仕爲令尹, 無喜色; 三已之, 無慍色. 舊令尹之政, 必以告新令尹. 何如?" 子曰: "忠矣." 曰: "仁矣乎?" 曰: "未知. 焉得仁."

│ 令尹, 官名, 楚上卿, 執政者也. 子文, 姓鬪, 名縠, 字於菟. 子張以子文忘其身, 而忠於國. 故疑其仁. 夫子以其未必出於至誠惻怛之心, 又無利澤及物之功. 故但許其忠, 而不許其仁也.

"崔子弑齊君, 陳文子有馬十乘, 棄而違之. 至於他邦則曰: 猶吾大夫崔子也. 違之; 之一邦則又曰: 猶吾大夫崔子也. 違之. 何如?" 子曰: "淸矣." 曰: "仁矣乎?" 曰: "未知. 焉得仁."

│ 崔子, 齊大夫, 名杼. 齊君, 莊公, 名光. 陳文子, 亦齊大夫, 名須無. 十乘, 四十匹也. 違, 去也. 子張以文子制行之潔, 又疑其仁. 夫子以文子亦子文之比. 故亦俱許其淸, 而不許其仁也. ○ 按: 春秋傳, 崔杼弑君之後, 文子屢見. 然觀夫子旣許其淸, 則左氏之說, 不可據信.

○ 先王有不忍人之心, 斯有不忍人之政. 故謂之仁政. 雖有仁心仁聞, 然民不被其澤謂之徒善, 以其不足爲仁也. 二子旣無慈愛惻怛之德, 又不見有利澤恩惠, 遠及於物. 故夫子俱不許其仁. 蓋以德行之, 謂之仁. 以力勉之, 謂之節. 若二子之忠淸, 可謂之節, 不可謂之仁, 何者. 無其德也. 若使仁人爲之, 固可謂之仁, 豈止忠與淸哉.

19. 季文子三思而後行. 子聞之曰: "再斯可矣."

｜季文子, 魯大夫, 名行父. 每事必三思而後行, 夫子曰再斯可者, 譏其必限三思而
　後行之, 非謂再則已審也.

○ 此譏季文子爲魯國卿, 不知爲政之體也. 書曰: 思曰睿, 睿作聖. 孟子曰: 心之官則
思, 思則得之, 弗思則不得. 思之有益于事也, 固大矣. 然爲政莫善於明決果斷, 莫不
善於優游不決. 故曰: 由也果, 於從政乎何有. 夫事之千條萬緖, 固有不待一思而得
者矣. 或有千萬想而猶難決者矣, 而季文子每事必三思而後行, 則是徒爾思惟, 不知
決斷, 夫子之所以譏之也.

20. 子曰:"甯武子邦有道則知, 邦無道則愚. 其知可及也, 其愚不可及也."

｜甯武子, 衛大夫, 名兪. 武子事衛成公, 事見春秋傳.

○ 此言甯武子處世之權, 自合于君子之道也. 人唯知邦有道則知之難, 而不知邦無
道則愚之益難. 邦有道, 則上明下直, 是是非非, 無所忌憚. 方是時也, 固易用知以濟
事. 邦無道, 則上昏下詖, 是非貿亂. 方是時也, 旣不枉道以希合, 亦不悻直以取禍, 是
爲難能也. 此所以其知可及, 而其愚不可及也.

○ 盧氏一誠曰: 古之豪傑, 善自韜晦, 以濟大事, 如留侯之爲韓, 梁公之爲唐, 皆不可
及之愚也. 彼陳蕃王允, 非不烈然而死. 惟不能爲武子之愚. 故徒殺其身, 而甚國之
難, 君子有遺議焉.

21. 子在陳曰:"歸與. 歸與. 吾黨之小子狂簡, 斐然成章, 不知所以裁之."

｜吾黨小子, 指門人之在魯者. 狂簡, 志大而略於事也. 斐, 文貌. 成章, 言其文理成
　就, 有可觀者. 裁, 割正也. 謂能裁義理而行之也.

○ 此門人記夫子之敎, 大被萬世之由也. 夫子當初周流天下, 欲以行道, 至是而知其
終不行. 故欲成就後學, 以詔道於來世. 然中行之士, 不可必得, 而吾黨之小子, 志大
而略於事, 雖可與進於道, 然恐其或過中正, 於是欲歸魯而裁之. 是敎法之所以始立
也. 蓋三代聖人, 其德雖盛, 然與民共治, 因時爲政, 其敎不得大被于萬世之遠. 至於
吾夫子, 而後敎法始立, 道學始明, 猶日月之麗天, 而萬古不墜也. 猗嗟盛哉. 此雖夫
子之不幸, 然在萬世學者, 則實大至幸也.

22. 子曰:"伯夷叔齊不念舊惡, 怨是用希."

｜相傳伯夷叔齊, 孤竹君之二子. 孟子稱, 其不立於惡人之期[朝], 不與惡人言, 與鄕
　人立, 其冠不正, 望望然去之, 若將浼焉. 其介如此, 宜若無所容. 然其所惡之人, 能
　改卽止. 故人亦不怨之也.

○ 此明伯夷叔齊之仁. 蓋顯微闡幽之意. 夫淸者之心, 心深念舊惡, 而至於絶物. 若
淸者而不念舊惡, 則非仁者不能. 若夷齊之行, 自合於聖人與其潔也, 不保其往之
心也. 其曰怨是用希者, 蓋稱其仁也. 孟子亦論伯夷伊尹柳下惠曰: 三子者不同道,
其趣一也. 一者何也, 曰仁也. 足以相發明焉.

23. 子曰:"孰謂微生高直.

｜微生, 姓, 高, 名. 魯人也. 素有直名者.

或乞醯焉, 乞諸鄰而與之.

｜醯, 醋也. 人來乞時, 其家無有. 故乞諸鄰家, 而爲己之所蓄以與之. 故夫子譏其不
　得爲直也.

○ 人之乞物, 有則當與, 無則當辭. 倘再三乞而不止, 則旁乞諸人而與之, 亦豈不可.
　而微生高方人之乞醯, 其家無有, 而乞諸其鄰, 以爲己物而與之, 不直甚焉. 聖人最嫉
　世之釣名掠美, 傲然以自高者. 若微生高是也. 彼曲意徇物, 其事雖小, 然不可與入君
　子之道也. 夫子譏高之不直, 亦惡鄉原亂德之意也.

24. 子曰: "巧言令色足恭, 左丘明恥之, 丘亦恥之;匿怨而友其人, 左丘明恥之, 丘亦
恥之."

｜朱氏曰: 足, 過也. 程子曰: 左丘明, 古之聞人也. 其所恥有深合于聖人之心. 故曰,
　丘亦恥之, 亦竊比老彭之意.

○ 此承上章之意, 而類記之. 其務飾於外, 而內實無誠者, 聖人之所深嫉也. 若左丘
明之所恥, 實皆用意挾私, 不由直道, 在學者有甚於穿窬之盜者. 故聖人戒之.

25. 顔淵季路侍. 子曰: "盍各言爾志."

｜盍, 何不也.

子路曰: "願車馬衣輕裘, 與朋友共, 敝之而無憾."

｜衣, 服之也.

顔淵曰:"願無伐善, 無施勞."

｜伐, 猶黨同伐異之伐, 無伐善者, 言不毁害人之善也. 勞, 勞事也. 言勞事非己所欲.
　故亦不欲施之於人也.

子路曰:"願聞子之志." 子曰: "老者安之, 朋友信之, 少者懷之."

｜老者志瘁. 故安其意 而使無憂虞也. 朋友易離. 故堅守信, 而不相遺棄也. 少者畏
　上. 故懷來之, 而爲其依歸也.

○ 聖門學者, 誠實端愨, 言卽其所行, 行卽其所言. 苟躬行有所未至, 則不敢輕以自
許. 若諸子之言志, 是也. 子路欲篤於朋友, 而無一毫鄙吝之心. 顔子欲成人之善而不
施勞事. 至於夫子, 則欲凡人之接我者, 無一不得其所. 若子路之言, 固善矣. 然徒有
與人共之之意, 而未見及物之功. 顔淵之言, 固有及物之功, 然未見物各得其所之妙.
若夫子, 則如天地然, 一元之氣運於上, 而無一物不得其所, 不待物物著力然後能之.
蓋子路義也, 顔淵仁也, 夫子造化也. 猶人在於天地之中, 而不知天地之大也, 大矣
哉.

26. 子曰: "已矣乎. 吾未見能見其過, 而內自訟者也."

｜朱氏曰: 已矣乎者, 恐其終不得見而歎之也. 內自訟者, 口不言而心自咎也.

○ 人之於過也, 憚改而必文. 苟能見其過, 而內自責, 如訟者之必訐人之非, 而不少
假借, 則其悔悟深切, 纖毫無遺, 非實好學者, 豈能然乎. 夫子歎其終不得見, 則可見

天下非無好學者, 而眞好學者之甚尠也. 子路人告之, 以有過則喜, 稱爲百世之師, 宜矣.

27. 子曰:"十室之邑, 必有忠信如丘者焉, 不如丘之好學也."
| 十室, 小邑也. 言美質之人, 無處而不有, 至於好學之人, 則天下鮮矣.

○ 此歎美質之易得, 而好學者之甚難得也. 學問之至, 積小成大, 化舊爲新, 生乎千載之下, 而可以是非千載之上, 以七尺之軀, 而可與天地並立而參. 故好學之益, 不可量也. 夫子以生知之聖, 而復曰好學者. 蓋道本無窮. 故學亦無窮. 故聖人有聖人之學, 賢人有賢人之學, 學者有學者之學. 其造道愈深, 則好學愈篤. 唯夫子爲能好學, 而益見其度越乎群聖人也.

○ 論曰: 舊解有至道難聞之說, 亦一旦豁然之意. 蓋聖門之學, 以道德爲本, 而不離人倫日用之間. 故有進修之可驗, 而無了悟之可期. 後世專以理爲主, 而以一旦豁然爲的. 於是實德愈病, 而與聖門之旨, 日相背馳, 學者宜鑒焉.

雍也第六
凡二十八章

1. 子曰:"雍也可使南面."
| 南面者, 臨民之稱. 言仲弓之德, 敬愼而不煩, 可以使爲人之君.

仲弓問子桑伯子. 子曰:"可也. 簡."
| 此門人以仲弓論伯子之言, 足見其可使南面之實. 故引以實夫子之言. 伯子未詳何人. 蓋有德而略於事者也. 可也者, 許之之辭. 簡, 約也. 簡則得要. 此夫子所以可之也.

仲弓曰:"居敬而行簡, 以臨其民, 不亦可乎. 居簡而行簡, 無乃大簡乎." 子曰:"雍之言然."
| 臨民之道, 居之以敬, 則事立. 故民不慢. 行之以簡, 則得要. 故政易行. 所以爲可也. 若夫居之旣簡, 而所行亦簡, 則上下交慢, 事無統紀, 豈不失之大簡乎. 故夫子以仲弓之言爲然也.

○ 居人之上者, 衆之所倚賴. 故以敬事爲主. 執政之柄者, 亦易至叢脞. 故以易簡爲要. 故居敬而行簡, 則民有所效, 而政得其要. 夫子許之宜矣.

2. 哀公問:"弟子孰爲好學?" 孔子對曰:"有顏回者, 好學, 不遷怒, 不貳過. 不幸短命死矣, 今也則亡, 未聞好學者也."
| 遷, 移也. 言其心寬平. 故當怒而怒, 亦不移於他也. 貳, 字書訓副訓重, 皆爲益物之義. 其智明睿. 故一改之, 則不復行也. 此足見顏子好學之篤也. 短命者, 顏子三十二而卒. 旣言今也則亡, 而又言未聞他有眞好學者, 重惜之也.

○ 此言門弟子中, 唯顏子爲能好學, 而擧其行事, 以實之也. 可見其專以德行爲學, 而與他人用力於文學者自異也. 然是在顏子, 則爲細事. 其心三月不遠仁, 則不遷怒

不足云. 得一善拳拳服膺, 則不貳過亦不足論. 夫子爲對哀公, 故略擧其微善而告之, 本非顏子之極致也.

○ 論曰: 程子曰, 顏子之怒, 在物不在己, 故不遷. 又曰, 若舜之誅四凶, 怒在四凶, 舜何與焉. 蓋因是人有可怒之事怒之. 聖人之心, 本無怒也. 其說流于虛無, 而非所以論聖人之心也. 夫喜怒者, 人心之用也. 雖聖人亦無以異於人也, 唯衆人之喜怒, 誘於一己之私而作. 聖人之喜怒, 乃由仁義而發, 非在己在物之謂也. 四凶之在朝, 妨賢蠹民, 常人尙怒, 聖人殊甚. 故雖誅之, 猶當有餘怒. 此其所以爲聖人也. 蓋其愛人也深. 故其惡之也亦益甚. 豈可謂在物而不在己乎哉. 且喜之遷, 與怒之遷等耳. 夫子何以偏曰不遷怒耶. 蓋怒者逆情而易遷, 而顏子不然, 夫子之所以稱之也. 可見正心之說非聖人之意, 而聖人之敎, 專以仁爲宗.

3. 子華使於齊, 冉子爲其母請粟. 子曰: "與之釜."

｜子華, 公西赤也. 使, 爲孔子使也. 釜, 六斗四升.

請益. 曰: "與之庾." 冉子與之粟五秉.

｜十六斗曰庾, 十庾曰秉.

子曰: "赤之適齊也, 乘肥馬, 衣輕裘. 吾聞之也, 君子周急, 不繼富."

｜肥馬輕裘, 言其富也. 急, 窮迫也. 周者, 補不足. 繼者, 續有餘.

原思爲之宰, 與之粟九百, 辭.

｜原思, 孔子弟子, 名憲. 孔子爲魯司寇, 時以思爲宰. 九百不言其量, 或曰九百斗.

子曰: "毋. 以與爾鄰里鄕黨乎."

｜毋, 禁止辭. 五家爲鄰, 二十五家爲里, 萬二千五百家爲鄕, 五百家爲黨. 言常祿不當辭, 有餘自可推之以周濟鄰里鄕黨貧乏者也.

○ 此門人倂記二子之事, 以見聖人妙用, 雖一取予間, 自有道存也. 夫子華家富, 而爲夫子使, 固其分也. 冉子不達其義, 乃私與之粟. 故夫子告之, 以君子有周急之道, 而無繼富之義. 至於原思辭宰祿, 又告之以常祿不可辭, 有餘則可以與鄰里鄕黨. 蓋請者而不與, 辭者而與之, 其一與一否, 皆靡非道也. 聖人之於物, 有時措之宜, 而無一定之法, 於是而可見矣.

4. 子謂仲弓曰: "犁牛之子, 騂且角, 雖欲勿用, 山川其舍諸."

｜犁, 雜文. 騂, 赤色. 周人尙赤, 牲用騂. 角, 角周正中犧牲也. 朱氏曰: 用, 用以祭也. 山川, 山川之神也. 言人雖不用, 然神必不舍也. 仲弓父賤而行惡. 故夫子以此譬之, 言不可以父之惡, 廢其子之善, 如仲弓之賢, 自當見用於世也.

○ 此夫子論仲弓之賢, 而言父之惡無害於其子之賢也. 范氏曰: 以瞽瞍爲父而有舜, 以鯀爲父而有禹. 古之聖賢, 不係於世, 類尙矣. 子能改父之過, 變惡以爲美, 則可謂孝矣.

○ 夫子嘗見互鄕之童, 又取犁牛之子, 不以其俗之惡, 而捨其人之材, 不以其父之醜, 而棄其子之美, 實天地之心也. 門人記此, 以見夫子取人之無方也.

5. 子曰: "回也其心三月不違仁, 其餘則日月至焉而已矣."

| 三月, 言其久也. 其餘, 蓋指文學政事之類而言. 猶其餘不足觀也已之意. 日月至者, 謂以日月自至也

○ 此美顏子之心, 自能合於仁也, 言爲仁天下之至難也. 唯顏子之心, 能合於仁, 而至於三月之久, 亦自不違. 若其他文學政事之類, 彼雖不用力, 以日月自至焉而已矣. 豈不賢哉. 當時賢士大夫, 及門人弟子, 無許其仁者, 而獨美顏子如此, 大哉.

○ 論曰: 人之於道也, 其猶規矩準繩乎. 故古之聖人, 使天下萬世之人, 由此而行之. 故曰, 以道修身. 又曰, 以仁存心, 以禮存心. 其資之美者, 心與之不違. 如顏子其心三月不違仁, 是也. 及其至也, 心與之一而不二. 如夫子從心所欲不踰矩, 是也. 世衰道微, 人安於暴棄, 不肯由焉而行之. 故孟子引而近之曰, 仁者人心也. 蓋明其本之在我, 而不假外求也. 及至後世, 求道過高, 乃謂, 心之於仁也, 猶明鏡之有光也. 苟如其說, 則有明暗之可言, 而無離合之可驗. 夫子之稱顏子, 何以不曰其心三月不昧, 而稱三月不違仁耶. 蓋嘗譬之, 心猶薪也, 仁猶火也, 薪得火而成其用, 火因薪而見其德. 然薪有能燃者, 有濕而難燃者, 而天下之薪, 無有不燃者. 此其性之雖有不同, 而其皆可以爲善則一也. 孟子之言性善是也. 故顏子三月不違仁, 燥而易燃者也. 世之頑冥不仁者, 濕而難燃者也. 由是辨之, 則仁也, 心也, 性也, 其別分明, 不待辨矣.

6. 季康子問: "仲由可使從政也與?" 子曰: "由也果, 於從政乎何有."

| 從政, 謂爲大夫. 果, 有決斷也.

曰: "賜也可使從政也與?" 曰: "賜也達, 於從政乎何有."

| 達, 謂穎悟通達.

曰: "求也可使從政也與?" 曰: "求也藝, 於從政乎何有."

| 藝, 謂多才能.

○ 此言從政各有其才, 而不可以一節限也. 蓋果則能斷疑定事, 達則能理繁治劇, 藝則能隨機應變. 故皆可以從政.

○ 程子曰: 季康子問三子之才, 可以從政乎. 夫子答以各有所長. 非惟三子, 人各有所長, 取其長, 皆可用也.

7. 季氏使閔子騫爲費宰.

| 閔子騫, 孔子弟子, 名損. 費, 季氏邑名. 以其邑數畔難治. 故欲得閔子而用之.

閔子騫曰: "善爲我辭焉. 如有復我者, 則吾必在汶上矣."

| 汶, 水名, 在齊南魯北境上. 閔子自知不能化季氏之惡. 故對使者, 使其委曲開陳而寢其召. 言若再來召我, 則當去之齊.

○ 人溫柔則少斷, 剛毅則不寬, 古今之通患也. 而閔子之爲人也, 柔順淵默, 與物無忤, 疑乎無剛果決烈之氣. 然觀其答使者之辭, 詞確義直, 毅然不可犯. 非仁熟義精, 有勇且直者, 則不能. 孔門之諸子, 愕然以爲, 不可跂及, 乃記此以爲學者之標準.

○ 論曰: 先儒謂, 仲尼之門, 能不仕大夫之家者, 閔子曾子數人而已. 非也. 蓋君臣之義, 人之大倫, 而貴賤之別, 位之定分也. 故當論其義不義如何, 而不可槩以仕大夫爲

非也. 孔子曾仕季桓子, 孔門諸子, 亦仕大夫之門者有之矣. 豈可皆以爲非耶. 唯世有自抱道德, 不爲濁世所汙衊之士, 若閔子騫是也. 此所以可尙也. 蓋出于數子一等, 而未至聖人無可無不可耳. 故曰, 道並行而不相悖, 大德敦化, 小德川流. 若夫卑出崇處, 貴隱賤顯, 高蹈遠引, 無志於斯世者, 亦閔子之罪人也.

8. 伯牛有疾.

ㅣ伯牛, 孔子弟子, 姓冉, 名耕. 有疾者, 有惡疾也.

子問之, 自牖執其手曰: "亡之, 命矣夫. 斯人也而有斯疾也. 斯人也而有斯疾也."

ㅣ牖, 南牖也. 朱氏曰: 禮病者居北牖下, 君視之, 則遷於南牖下, 使君得以南面視己. 時伯牛家, 以此禮尊孔子, 孔子不敢當. 故不入其室而自牖執其手, 蓋與之永訣也.

○ 此孔子惜伯牛之死而言. 伯牛之賢, 不應有此疾, 而今乃有之. 是非其不能謹疾, 而有以致之, 實天之所命, 而雖賢者, 亦所不免也, 則知彼不盡其道而死者, 皆不可言命也.

9. 子曰: "賢哉回也. 一簞食一瓢飲, 在陋巷, 人不堪其憂, 回也不改其樂. 賢哉回也."

ㅣ簞, 笥. 瓢, 瓠. 一簞食一瓢飲, 言其至貧也. 顔子居不堪憂之地, 而能處之, 泰然不改其樂. 故夫子再言賢哉回也, 以深歎美之.

○ 顔子不以貧窶爲憂, 而能不改其樂. 故夫子稱其賢也. 夫顔子之樂, 固雖不可以言語形容, 然外理義, 而豈別有所謂樂者乎. 蓋得於理, 則天下無可憂之事. 得於義, 則天下無可慕之物. 苟其如此, 則祿之以天下而弗顧, 繫馬千駟而弗視. 亦何貧窶之足憂. 先儒苦其難於形容者, 亦求之高遠, 而不知求之實德故也.

10. 冉求曰: "非不說子之道, 力不足也." 子曰: "力不足者, 中道而廢. 今女畫."

ㅣ朱氏曰: 力不足者, 欲進而不能. 畫者, 能進而不欲. 謂之畫者, 如畫地以自限也.

○ 氣質甚弱者, 雖黽勉爲之, 或至於半塗而廢, 是誠力不足者也. 若冉求者, 未必盡力向前, 只自限畫而不進而已. 何所成其材哉.

○ 論曰: 聖人之道, 中庸而已矣. 高一分不得, 卑一分不得, 猶手持足行, 目視口食, 須臾離焉, 則不能樂. 古人悅道, 不啻如口之於芻豢, 蓋以此也. 冉求之意, 徒見其高, 而不知初未嘗高, 徒見其難, 而不知本無甚難, 宜乎其有止心也. 公孫丑曰, 道則高矣美矣, 不可幾及, 亦冉求之見也.

11. 子謂子夏曰: "女爲君子儒; 無爲小人儒."

ㅣ君子小人, 以位言.

○ 君子之儒, 以天下爲己任, 而有志于濟物者也. 小人之儒, 纔取足善其身而已, 不能及物也. 子夏雖文學有餘, 然規模狹小. 故夫子恐其或爲小人之儒. 故語之以此. 後世記誦詞章之學, 蓋亦小人之儒焉耳.

12. 子游爲武城宰.

｜武城, 魯下邑.

子曰: "女得人焉爾乎?" 曰: "有澹臺滅明者, 行不由徑, 非公事未嘗至於偃之室也."

｜澹臺姓, 滅明名, 字子羽, 武城人. 徑, 路之小而捷者. 公事, 如飮射讀法之類. 行不
由徑, 不事智巧也. 非公事, 不見邑宰, 有所自守也.

○ 楊氏曰: 爲政以人才爲先. 故孔子以得人爲問. 如滅明者, 觀其二事之小, 而其正
大之情可見矣. 後世有不由徑者, 人必爲迂, 不至其室, 人必以爲簡, 非孔子之徒, 其
孰能知而取之.

13. 子曰: "孟之反不伐. 奔而殿, 將入門, 策其馬曰: '非敢後也, 馬不進也.'"

｜孟之反, 魯大夫, 名側. 伐, 誇功也. 奔, 敗走也. 軍後曰殿. 戰敗而還, 以後爲功. 策,
鞭也. 之反馬羸而不進. 故自爲殿耳. 按春秋傳, 齊師伐魯, 魯右師奔, 孟之側後入
以爲殿, 抽矢策其馬曰, 馬不進也. 蓋恐人以爲功. 故自暴其實也.

○ 奔而殿, 人之所美也. 若人稱之, 則謙默不言, 乃可矣. 之反爲人, 惡伐其功. 故恐
人以功歸於己, 先自暴其實, 益見其出於天性也. 若使之反實自爲殿, 而又自揜其功,
則是僞焉耳. 非直道也, 聖人必不取焉.

14. 子曰: "不有祝鮀之佞, 而有宋朝之美, 難乎免於今之世矣."

｜祝, 宗廟之官. 鮀, 衛大夫, 字子魚, 有口才. 朝, 宋之公子, 有美色.

○ 此夫子傷時俗之甚衰, 而不如古之尙德也. 言衰世好諛悅色, 非此難免其害. 蓋時
俗之衰雖小, 其係天下之盛衰大矣. 況衰之不小者乎. 故聖人深嘆之.

15. 子曰: "誰能出不由戶. 何莫由斯道也."

｜朱氏曰: 言人不能出不由戶, 何故乃不 由此道耶. 怪而歎之之辭.

○ 道猶大路然, 由焉則安, 不由則危. 遵康莊之平, 則自忘其勞, 蹈荊棘之艱, 則不堪
其若. 苟知道如大路, 則孰有肯去其安而就其危者哉. 故學以知爲先, 而以行爲要.

16. 子曰: "質勝文則野, 文勝質則史. 文質彬彬, 然後君子."

｜野, 野人. 言鄙略也. 史, 史官, 言文多質少也. 彬彬, 文質適均之貌.

○ 此言質之勝文, 猶文之勝質, 其爲病也均矣. 故非文質彬彬, 則不足以爲君子也.
蓋文質偏勝, 本出於氣質使然, 而不免有野與史之病明. 學問之熟, 而後能至於彬彬.
若徒任氣質, 則必不能無病也.

17. 子曰: "人之生也直, 罔之生也 幸而免."

｜生, 謂人之生在於世也. 罔者, 謂誣罔直道也. 言人而邪枉, 不可以一日生於天地
之間也.

○ 此章, 卽斯民也三代之所以直道而行也之意. 言人之生在乎斯世, 雖若姦詐巧僞
靡所不至, 然人心甚直, 善以爲善, 惡以爲惡, 君子以爲君子, 小人以爲小人, 莫非直
道也. 其誣枉直道, 蔑棄人理者, 宜其陷于刑戮, 罹于咎殃, 而不得生存于斯世也. 而

亦得不死者, 是幸而獲免耳, 非當然也.

18. 子曰: "知之者不如好之者; 好之者不如樂之者."

| 知之者, 知此道之不可不由也. 好之者, 好之之至, 天下之物, 無以加之也. 樂之者, 心安於道, 而無入而不自得也.

○ 知之者, 義理明白, 議論可聽, 人皆尙之. 然不如好之者之終身不衰, 愈進愈熟也. 好之者, 雖人皆信之, 然不如樂之者之與道爲一, 而無跡可尋之爲至也. 夫道一也, 唯有所行之生熟深淺耳. 夫子言之者, 欲其自生至熟, 自淺至深.

19. 子曰: "中人以上, 可以語上也; 中人以下, 不可以語上也."

| 語, 告也. 言告人各因其材. 聖賢事業, 非中人以下之所能當也. 唯當以孝弟忠信威儀禮節告之耳.

○ 此專爲敎人者而發. 人之才質自有高下, 各隨其量而告語之, 則言者旣不失言, 而聽者亦有所得. 若夫子答顔冉之問, 顔冉便對曰請事斯語, 是也. 若夫中人以下之質, 遽以聖賢事業告之. 則必有泛然不切之患, 而無益於其身也. 故君子之敎也, 有勸而無抑, 有導而無强, 各隨其材而導之. 亦非謂中人以下者, 則必不語上也.

20. 樊遲問知. 子曰: "務民之義, 敬鬼神而遠之, 可謂知矣."

| 敬者, 不侮慢之謂. 遠者, 不褻瀆之意. 專用力於人道之所當爲, 而不求媚於鬼神之不可知, 知之至也.

問仁. 曰: "仁者先難而後獲, 可謂仁矣."

| 獲, 得也. 急事之難爲, 而不責其報, 仁者之心也.

○ 務人之義, 知之至而得其實者也. 敬鬼神而遠之, 能用其知而不惑者也. 若夫棄日用當務之事, 而用力於渺茫不可知之地者, 豈可謂知哉. 先難而後獲, 則有爲人之實心, 而其德不可量也. 苟有求其報之心, 而爲之, 則雖天下之大勳勞, 亦非德也. 豈可謂仁哉. 夫子不泛論仁之德, 而必言仁者者, 蓋以仁之爲德, 難以空言喩. 故擧仁者之心, 而答之也. 凡言仁者諸章倣此.

21. 子曰: "知者樂水, 仁者樂山: 知者動, 仁者靜; 知者樂, 仁者壽."

| 樂, 喜好也. 樂水樂山, 以其趣而言. 動靜, 以其才而言. 樂壽, 以其效而言.

○ 水之爲物, 周流無滯, 盈而能平, 故智者樂之. 山之爲體, 安重不動, 萬物殖焉, 故仁者樂之. 可以見仁智之趣矣. 疏通不滯, 動之機也. 安固有常, 靜之體也. 可以知仁智之才矣. 無所迷苦, 故樂. 無所戕害, 故壽. 可以驗仁智之效矣. 仲尼亟稱水曰, 水哉水哉. 詩曰, 高山仰止, 景行行止. 可以見樂水樂山之一端也. 然此徒以智者仁者之量而言. 若夫聖人之德仕止久速, 變化無窮, 動而能靜, 靜而能動, 兼仁智而一之, 不可以一德名之也至矣.

22. 子曰: "齊一變, 至於魯; 魯一變, 至於道."

｜一變, 謂其易也. 道, 則先王之道也.

○ 此爲魯而發也. 夫子之時, 諸夏衰亂, 皆無可論. 唯齊由桓公之霸, 政治修明, 非諸夏之比. 故一變, 便能至於魯, 而魯發政施仁, 則便能至於道, 蓋言化之漸也.

○ 論曰: 强之勝弱, 人皆知之, 而禮樂之優於政刑, 則人未之知也. 當斯時, 齊强魯弱, 孰不以爲齊勝魯也哉. 然自聖人見之, 魯雖弱, 尙能守先王之法, 非齊之所能及也. 況强多暴, 而弱多德. 强者易折, 而弱者堪久. 齊至於簡公, 而田氏代之, 魯雖衰亂, 猶能保其國, 是其明效也. 惟仁能持强, 惟智能拯弱. 若仁以爲治, 智以御之, 田氏不能簒齊, 魯必爲政於天下也. 惜哉.

23. 子曰: "觚不觚, 觚哉, 觚哉."

｜觚, 稜也. 酒器之有稜者. 一升曰爵, 二升曰觚. 朱氏曰: 不觚者, 蓋當時失其制, 而不爲稜也. 觚哉觚哉, 言不得爲觚也. 洪氏慶善曰: 古者獻以爵, 而酬以觚, 此夫子因獻酬之際, 有所感也.

○ 程子曰: 觚而失其形制, 則非觚. 擧一器, 而天下之物, 莫不皆然. 故君而失其君之道, 則爲不君. 臣而失其臣之職, 則爲虛位. 愚謂, 由此言之, 凡學而不本德, 則非學. 行而不由仁則非行. 人而失所以爲人則非人, 可不愼哉.

24. 宰我問曰: "仁者, 雖告之曰, 井有仁焉, 其從之也?"

｜朱氏曰: 有仁之仁, 當作人. 從, 謂隨之於井而救之也.

子曰: "何爲其然也. 君子可逝也, 不可陷也; 可欺也, 不可罔也."

｜逝, 謂使之往救. 陷, 謂陷之於井也. 罔, 猶羅網, 謂欺其不知也.

○ 宰我意以爲, 仁者急於救人, 而不私其身. 故設爲問曰, 若人之陷于井中, 是事出於倉卒, 而不得不急應者也. 仁者不辨其有無, 先自投井而救之乎. 夫子告之, 以其必不然也. 仁者先自治其身 而後救人, 先自明其道, 而後定謀. 雖愛物之切, 而亦有燭理之智. 故雖可逝欺之, 而自無陷罔之患矣. 蓋孔門諸子, 無徒問者. 若問是事, 則必欲爲是事. 若宰我之問, 是也. 其意蓋欲捨生以求仁, 非夫子爲之救藥, 則必將爲燒身禱大旱, 割肉飼餓虎之事. 此在宰我, 實切問也.

25. 子曰: "君子博學於文, 約之以禮, 亦可以弗畔矣夫."

｜文者, 先王之遺文, 道之所在, 非平生見聞之類. 故言博學也, 約束也. 博文, 以知而言. 約禮, 以行而言. 畔, 背也.

○ 此孔門學問之定法也. 蓋博學於文, 則識達古今, 而事有所稽. 約之以禮, 則身由規矩, 而動有所遵. 皆以有所取法. 故可以弗背道矣. 夫世之譚道者, 自以爲至言, 而實不免爲詖淫邪遁之流, 自以爲妙道, 而實不免有捕風捉影之病者. 皆無博文約禮之工, 而徒師己心也. 故聖人敎人, 以博文約禮, 爲學問之定法. 若夫今之所謂博學者, 皆雜家者流之學, 而非聖門所謂博學者也. 蓋博學一本. 故愈博愈達. 雜學二本, 故愈岐愈紊. 學者審諸.

○ 論曰: 三代聖人, 屢以中爲言, 而至於吾夫子, 則特以禮爲敎. 觀此及克己復禮章,可見矣. 蓋中有泛然難據之患, 而禮有秩然可執之則. 故在三代聖人, 則言中可矣, 敎學者, 則非禮不可也.

26. 子見南子, 子路不說.

︱南子, 衛靈公之夫人, 有淫行. 孔子至衛, 南子請見, 子路以夫子見此淫亂之人爲辱. 故不悅.

夫子矢之曰: "予所否者, 天厭之, 天厭之."

︱矢, 誓也. 否, 不通, 謂不由道也. 厭, 絶也. 言我見南子, 若所不合於道者, 則天厭棄之. 以子路氣粗見褊, 其言難入. 故與之矢言, 欲姑信此而思得之也.

○ 按: 史記孔子至衛, 靈公夫人南子, 使人謂孔子曰, 四方之君子, 不辱欲與寡君爲兄弟者, 必見寡小君. 蓋南子請見, 亦其善意, 而非徒請者. 故夫子見之. 夫雖惡人, 有悔非改過之心, 則在我無不可見之理. 若以其嘗爲惡, 而卒拒絶焉, 則是道自我絶者, 而非仁者之本心也. 聖人道大德宏, 猶天地包涵萬物, 自無所遺. 何於南子而拒之乎哉. 門人記之者, 蓋欲要求聖人之道者, 當知聖人之心也.

27. 子曰: "中庸之爲德也, 其至矣乎. 民鮮久矣."

︱中者之德, 謂無過不及, 而平常可行之道也. 至, 極也. 三代聖人所謂中者, 不過處事得當之意, 至夫子加庸字, 則爲不駭耳目, 不拂時俗, 萬世不易之常道, 其意夐別.

○ 中庸之德, 天下至難也. 世之論道者, 或以高爲至, 或以難爲極. 然高者可以氣而至, 難者可以力而能, 皆有所倚而然. 唯中庸之德, 平易從容, 不可以氣而至, 不可以力而能. 此民之所以鮮能也. 蓋唐虞三代之盛, 民朴俗淳, 無所矯揉, 而莫不自合於道, 父父子子, 兄兄弟弟, 夫夫婦婦, 自無詭行異術相接於耳目之間者, 所謂中庸之德也. 至于後世, 則求道於遠, 求事於難, 愈騖愈遠, 欲補反破. 故曰, 民鮮久矣. 故夫子特建中庸之道, 以爲斯民之極. 論語之書, 所以爲最上至極, 宇宙第一之書者, 實以此也.

28. 子貢曰: "如有博施於民, 而能濟衆何如. 可謂仁乎?"

︱博, 廣也.

子曰: "何事於仁. 必也聖乎. 堯舜其猶病諸.

︱事, 與止通. 言此何止於仁, 必聖人在位者, 而後能之乎. 然雖堯舜之聖, 其心猶有病其難也.

夫仁者, 己欲立而立人, 己欲達而達人. 能近取譬, 可謂仁之方也已."

︱譬, 喩也. 方, 術也. 言仁者視人猶己, 己欲立而先立人, 己欲達而先達人. 故求仁者, 能近取諸身, 而以己所欲, 譬之他人, 則他人之所欲, 亦猶己之所欲. 情志相通, 慈愛及物, 無有間隔. 求仁之術, 莫近於此.

○ 慈愛之心, 無所不至之謂仁. 至誠之德, 無所不達之謂聖. 蓋聖大而化之謂, 而仁者聖中之大德也. 故子貢曰, 仁且智, 夫子旣聖. 中庸曰, 誠者非自成己而已也, 所以成物也, 成已仁也, 成物知也. 夫仁者已欲立而先立人, 已欲達而先達人. 若欲俟已之旣立旣達, 而後立人達人, 則卒無立人達人之日. 何則已之情願, 未易遽遂, 而施人之方, 隨力所及, 非舍已而徇人也. 子貢徒見仁之大 而不識其實. 故以在上聖人之事當之, 而不察在已今日之所切, 所以夫子以能近取譬告之, 求仁之方, 可謂明且盡矣.

論語古義 卷之四

述而第七
凡三十七章

1. 子曰: "述而不作, 信而好古, 竊比於我老彭."

| 述者, 依古而傳之也. 作者, 始創其事也. 竊比, 尊之之辭. 我, 親之之辭. 老彭, 商賢大夫, 見大戴禮. 蓋信古而傳述者也. 兩者皆不自我作古之謂. 老彭偶有若此之美. 故夫子竊比之云, 亦謙辭.

○ 述而不作, 不自用也. 信而好古, 必考古也. 夫子之德, 賢於堯舜, 何所不能作. 然每祖述堯舜 憲章文武, 皆好古傳述, 而不敢有所創作者, 何哉. 蓋聖人之所以爲聖人者, 不在自用其智, 而在廣資衆智, 不好自我作古, 而好事必稽古. 況往聖典則, 布在方策, 述之而有餘, 信之而可法, 何以創作爲. 夫子之言, 蓋愼妄意造作也.

○ 論曰: 宋儒每以發前聖之所未發爲功, 殊不知聖人之言, 徹上徹下, 無所不備, 無所不到. 豈復有所未發, 而必待後人之發之邪. 若孟子性善養氣等說, 皆爲仁義而發, 本述夫子之言者也. 先儒以爲, 發前聖之所未發, 而亦自欲以其說附于孟子之後, 持敬主靜等說, 種種繼作. 而其論道, 必曰虛靈不昧, 必曰沖漠無朕, 必曰明鏡止水, 必曰體用一源, 顯微無間, 其言皆出於佛老之緖餘, 而至於吾孔孟之書, 則本無此語, 亦無此理. 謂之述而不作, 信而好古, 可乎, 其是非得失, 不待辨而明矣.

2. 子曰: "默而識之, 學而不厭, 誨人不倦, 何有於我哉."

| 識, 知也. 默而識之, 猶曰靜言思之. 言不待人言而自識之也. 學而不厭, 誨人不倦二句, 語孟中凡三出, 而他章皆無默而識之一句. 故不從舊說. 何有於我, 言此二者之外, 何德能有於我也. 蓋不厭不倦, 皆夫人所能, 外此別無可稱者. 此雖謙辭, 益見其德之盛也.

○ 此二者雖常人, 皆可得而及. 故夫子每自當之. 然推其極, 則有非聖人不能至者. 子貢知之, 故曰, 學不厭智也, 敎不倦仁也, 仁且智, 夫子旣聖矣. 蓋道愈宏, 則其言愈卑, 德愈邵, 則其言愈謙, 何者. 道德自充足於已, 故自不敢事高遠. 若夫其言好爲高遠者, 皆以其所處之卑也.

3. 子曰: "德之不修, 學之不講, 聞義不能徙, 不善不能改, 是吾憂也."

| 德因脩而進. 學因講而明. 徙義則善日長. 改不善則惡日消. 此四者, 聖人豈不能

哉. 但夫子好學之深, 體道之無窮. 故自以爲憂也.

○ 修德, 謂養仁義之良心也. 學者所以明此也. 聞義則徙, 不善則改, 皆所以修德也. 蓋德者本也, 其所以成始成終者, 總在于學. 此孔門學問之極則, 學者之所當遵守者也. 夫道之無窮, 猶四方上下之無際, 愈出愈高, 愈入愈深, 是以學者有學者之學, 賢者有賢者之學, 聖人有聖人之學. 雖有大小淺深之不同, 然其歸則一, 不爲聖人而加, 不爲愚人而損. 道無窮. 故學亦無窮. 若自以爲得, 則非知道者也. 故雖以夫子之聖, 尙爾云云. 此道之所以爲大, 而夫子之爲聖也.

4. 子之燕居, 申申如也, 夭夭如也.

｜燕居, 閒暇無事之時. 楊氏曰: 申申, 其容舒也. 夭夭, 其色愉也.

○ 此門人記夫子平居之容如此. 及乎其接人, 則亦自不同, 所謂君子有三變, 及子溫而厲, 威而不猛, 恭而安, 是也. 欲爲聖人之學者, 當先觀聖人氣象. 此卽學問之準則, 不可忽諸.

○ 程子曰: 此弟子善形容聖人處也. 爲申申字說不盡. 故更著夭夭字. 今人燕居之時, 不怠惰放肆, 必太嚴厲. 嚴厲時, 著此四字不得, 怠惰放肆時, 亦著此四字不得, 唯聖人便自有中和之氣.

5. 子曰: "甚矣吾衰也. 久矣吾不復夢見周公."

○ 此門人常見夫子賢於堯舜, 而今聞其思慕周公如此之甚, 有竊異之心, 因知其慕古之篤, 好學之深也. 蓋夫子壯時, 切欲行周公之道於天下. 故夜夢屢見之, 及乎其老, 無復是夢, 而自知其衰之甚. 蓋歎此道之不行于世也.

○ 論曰: 夢者心之動也. 夜之所夢, 卽晝之所思. 人心不能無思, 則不能寐而無夢. 雖孩兒無知, 亦必有之. 但聖人無邪夢耳. 後儒惑於莊周至人無夢之說, 以夫子之夢, 爲寤寐常存行周公之道, 其弊至於强欲無夢, 而專務虛靜, 謬矣.

6. 子曰: "志於道,

｜志者, 心有所嚮望之謂. 志於道, 則心知所向矣.

據於德,

｜據, 猶據某地之據, 謂身居其地也. 據於德, 則身有所持矣.

依於仁,

｜依者, 倚附不離之謂. 仁者, 道德之長, 依此而行, 則道立矣.

游於藝."

｜游者, 玩物適情之謂. 六藝之法, 皆人事之不可闕者, 時而游焉, 則其材有所達, 而事無廢闕也.

○ 此孔門學問之條目, 當時弟子常所佩服者也. 道者人之所由行, 故曰志. 德者人之所執守, 故曰據. 仁則近而見於行者, 故曰依. 藝不可講, 亦不可泥, 故曰游. 此四者, 雖有大小之差, 然道之本末終始, 一以貫之. 故夫子次第言之, 非他答問之類也. 蓋古之學問, 必有條目. 顔子聞克己復禮之訓, 則請問其目, 及後篇興於詩等章, 皆是也.

○ 論曰: 道德仁藝, 本無二致. 此章大小始終, 立言自有其序. 大抵古人之書, 每言道德仁義, 而未嘗稱仁義道德. 何者. 謂之道德, 則自有仁義之實, 而未有仁義之名. 既謂之仁義, 則又各有其跡, 而不見道德之全. 此道德仁義之辨也.

7. 子曰:"自行束脩以上, 吾未嘗無誨焉."

│ 脩, 脯也. 十脡爲束. 古者相見, 必執贄以爲禮, 束脩其至薄者.

○ 此見夫子誨人不倦之仁也. 言人不知來學則已, 苟以誠而來學, 則吾無不有以教之. 其欲人之入於善之心, 猶天地之徧萬物, 而一物不棄也.

8. 子曰:"不憤不啓, 不悱不發. 舉一隅不以三隅反, 則不復也."

│ 朱氏曰: 憤者, 心求通而未得之意. 悱者, 口欲言而未能之貌. 啓, 謂開其意. 發, 謂達其辭. 物之有四隅者, 舉一可知其三. 反者, 還以相證之義. 復, 再告也. 愚謂, 再告者, 再言而決之也.

○ 朱氏曰: 上章已言聖人誨人不倦之意, 因幷記此, 欲學者勉於用力, 以爲受教之地也.

○ 聖人欲人之入于善之心, 固雖無窮, 然學者無受教之地, 則猶下種不毛之地, 雖有時雨降, 奈其不生萌何. 蓋聖人欲學者爲受教之地而云然, 非不輕施教之謂也.

9. 子食於有喪者之側, 未嘗飽也.

│ 夫子在有喪者之側, 哀戚之情, 若己有之. 故雖食不能甘.

子於是日哭, 則不歌.

│ 哭, 謂弔哭. 一日之內餘哀未歇, 自不能歌也.

○ 聖人之心, 慈愛惻怛, 無所不至, 故凶變之事, 雖在他人, 而若己有之, 其事雖過, 而餘情不已, 可見聖人仁心之厚, 無時無處不然. 非可以明鏡止水, 湛然虛明之說求之也.

10. 子謂顏淵曰:"用之則行, 舍之則藏, 惟我與爾有是夫."

│ 用之則有能行之道, 舍之則有能藏之德, 惟孔子與顏子爲然.

子路曰:"子行三軍, 則誰與?"

│ 萬二千五百人爲軍, 大國三軍. 子路以爲, 行三軍, 別有其材, 非用舍行藏之人之所能爲也. 故問夫子倘行三軍, 將與回歟, 亦與我歟.

子曰:"暴虎馮河, 死而無悔者, 吾不與也. 臨事而懼, 好謀而成者也."

│ 暴虎, 徒搏. 馮河, 徒涉. 皆匹夫之勇, 非求全之道. 故夫子不與焉. 若夫敬事而不妄動, 悉慮而要其成者, 實君子之心, 衆之所倚賴. 夫子之所與, 必在于此. 蓋抑其血氣之勇, 而教之以義理之勇也.

○ 馮氏椅曰: 道本期於用, 非獨善其身而已也. 然時不我用, 則有退藏而已, 用之而欲藏, 不仁也, 舍之而欲行, 不智也. 是時欲扶世立功名者, 知行而不知藏. 欲潔身遺世者, 知藏而不知行. 此夫子所以旁觀一世, 惟顏子與己同也. 說者乃謂, 淵不願仕,是以其迹, 而不知其心也, 爲邦之問, 槩可見矣.

11. 子曰:"富而可求也, 雖執鞭之士, 吾亦爲之. 如不可求, 從吾所好."

Ｉ執鞭, 賤者之職. 言使富能長人之材, 益人之智, 有可求之義, 則雖爲賤職, 亦所不辭焉. 如求而無益, 則不若從吾所好之爲樂也. 奚必役役焉求之哉. 吾所好者, 卽謂學也.

○ 有求而有益于得者矣. 有求而無益於得者矣. 仁義忠信, 則求無不得, 而有益於得, 當貴爵祿. 非惟不可必得, 而亦無益於得. 此富之所以不可求也. 嘗曰, 十室之邑, 必有忠信如丘者焉. 不如丘之好學也. 雖執鞭之士, 吾亦爲之者, 豈外學問, 而夫子云之乎.

12. 子之所愼: 齊·戰·疾.

Ｉ齊之爲言, 齊也. 所以齊不齊也, 將祭而戒也.

○ 齊所以交於神明, 固不可不愼. 戰則國之大事, 人命之所繫, 而疾則吾身之所以死生存亡. 皆不可不愼焉. 聖人平生雍裕閑暇, 不見其迹. 惟於此三者, 愼之甚至, 門人記之. 學者若於此苟焉, 則違天悖道, 可不謹乎.

13. 子在齊聞韶, 三月不知肉味, 曰:"不圖爲樂之至於斯也."

Ｉ不知肉味, 言心一於是, 而不及乎他也. 夫子仰聖之深, 好古之篤, 忽聞韶, 而三月之間, 不知肉味, 嘆曰, 不意舜之作樂, 至於如此之美也. 蓋誠之至, 感之深, 不覺自發其嘆如此.

○ 按史記, 三月上有學之二字. 蓋史遷以三月不知肉味, 爲甚固滯. 故加學之二字, 以什其意. 觀夫子夢見周公, 則聞韶而忘肉味, 亦奚容疑.

○ 舜以上聖之德, 當極治之時. 故群聖之樂, 盡美盡善, 莫韶若也. 夫子偶聞其音, 而如親見虞帝之聖, 身在擁熙之時. 契之以心, 而非徒聞之以耳也.

○ 論曰: 大學曰, 心不在焉, 視焉而不見, 聽焉而不聞, 食焉而不知其味. 先儒會其義以爲, 人心之應物, 各會其境, 事過卽平, 不固滯住著, 猶鏡之照物, 應而無迹也. 然聖人之所以異於衆人者, 不在心之住不住, 而在好善之篤與否焉. 蓋其好善也篤, 故其心之住于善也亦深. 故聖賢之取人也, 專稱其好善好學, 而未嘗問心之住不住也. 韶者, 樂之盡美盡善者也. 使衆人聞之, 固非不悅也, 而其好之之不篤. 故其感之之不深. 唯夫子願見聖人之心, 不啻如饑之於食. 故及聞其樂, 心醉神怡, 至三月之久, 不自知其味. 此所以爲聖人也. 夫方食肉, 則食爲主, 而聞韶之心, 餘念未化, 不知其味. 若以正心說律之, 則不免爲心不正也. 先儒嫌其與此章相鑿, 遷就牽合, 欲會于一. 然彼此扞格, 無奈其終不相入何. 予故謂, 大學蓋齊魯諸儒所撰, 而與孔門之旨異矣.

14. 冉有曰:"夫子爲衛君乎?" 子貢曰:"諾. 吾將問之."

Ｉ爲, 猶助也. 衛君, 出公輒也. 靈公逐其世子蒯瞶, 公薨而國人立蒯瞶之子輒, 於是晉納蒯瞶, 而輒拒之. 冉有以爲, 輒以子拒父, 夫子之所不助. 故與子貢語, 而子貢諾之若此. ○ 舊說, 時孔子居衛. 按: 季桓子卒, 康子召冉求, 至哀公十一年, 猶在魯, 而孔子亦歸魯. 其間未有冉求過衛事. 今見冉求子貢問答, 則是時夫子恐當在魯也.

入曰: "伯夷·叔齊, 何人也?"

│ 衛輒之罪, 固不待問. 然夫子之仁, 不棄物則未可知也. 伯夷叔齊, 疾惡之甚者也. 故子貢以此問夫子, 試其與不與如何, 以決其可助與否也.

曰: "古之賢人也." 曰: "怨乎?" 曰: "求仁而得仁, 又何怨." 出曰: "夫子不爲也."

│ 怨, 恨也. 言夷齊之行雖高, 而其實皆出於慈愛惻怛之心, 而毫無所怨. 故曰, 求仁而得仁, 又何怨. 子貢見夫子以賢人許夷齊, 而尙疑其不免有怨, 則夫子之所不與也. 故又以怨乎發問, 而夫子又許其仁, 於是知其終不助輒也.

○ 夷齊之事, 傳記不詳. 孟子稱, 非其君不事, 非其友不友, 不立於惡人之朝, 不與惡人言. 史記所載, 兄弟遜國之事, 不足考信. 故特依孟子爲斷.

○ 子貢之問, 若世所謂隱語者, 而夫子初不解其意所在, 直稱夷齊之賢且仁. 子貢遂知夫子不助衛君, 而不復以衛君之事爲問. 非子貢深識聖人之心, 則不能問之如此, 而又足以觀聖人不假一言於人之誠, 與其所言卽其所行, 不少差違, 猶日月星辰之運于天, 而其進退躔度, 皆可測識於此也.

15. 子曰: "飯疏食飮水, 曲肱而枕之, 樂亦在其中矣. 不義而富且貴, 於我如浮雲."

│ 飯, 食之也. 疏食, 麤飯也.

○ 聖人之心, 純乎理義, 無有他念. 其視不義之富貴, 如浮雲漠然而無所動於其中也.

○ 論曰: 孟子曰, 理義之悅我心, 猶芻豢之悅我口也. 聖人之樂, 固雖不可以言語形容, 然外理義 而豈有所謂樂者乎哉. 觀其曰不義而富且貴, 於我如浮雲, 則其所樂, 固可知矣. 然聖人之心, 理義渾融, 無跡可見. 故不得以理義二字形容之, 大矣哉.

16. 子曰: "加我數年, (五十)以學易, 可以無大過矣."

│ 數年, 謂數年之功也. 五十字未詳. 史記世家亦無. 故今闕而不釋.

○ 易之爲書, 窮陰陽消長之變, 以明進退存亡之理. 其爲敎也, 貴處退損, 而惡居盈滿. 故學之則能得無大過也. 故曰無大過之一言, 實足以蔽六十四卦之義, 猶思無邪一言, 以蔽詩三百篇也.

○ 論曰: 古者包犧氏之王天下也, 仰觀俯察, 近取遠取, 始作八卦, 以類神明之德. 益示陰陽消長之變, 萬物生息之理也. 至於殷之末世, 周之盛德, 系辭以筮之. 故謂之周易. 及至夫子, 獨述先王之道, 而專崇仁義之德. 故其雅素與門人言, 諄諄然無非詩書仁義之說, 而言及於易者, 纔見此章而已. 蓋夫子以前, 固爲卜筮之書. 及夫子, 則專以義理斷之, 而不復襲舊套. 孟子亦每引詩書, 論春秋, 而未嘗有一言及乎易者, 其學以崇仁義務孝弟, 存心養性爲敎, 而易中專言利故也. 惟其於處世之法, 委曲詳盡, 惕厲勸勉, 大有益於人. 故夫子亦取之. 欲學孔孟者, 專崇詩書春秋, 而於讀易, 則當以夫子可無大過之言求之, 而勿作卜筮之書看.

17. 子所雅言, 詩·書句執禮, 皆雅言也.

｜雅, 常也. 執, 守也. 其執守禮者, 雖未必出於詩書, 皆常言之也.

○ 詩以道情性, 書以道政事. 皆切於人倫日用之實. 故常言之. 若有守禮不渝者, 則雖未必出於先王之典, 亦皆常言之. 所以使學者囿於聖賢之盛德, 而範乎前脩之懿行也.

○ 論曰: 求道於高, 求事於遠, 學者之通病. 唯詩書之爲教, 近于人情, 達于日用. 初不遠人以爲道, 亦不遠人以爲言. 而執禮能守者, 亦可以範士風維世道, 所以夫子常言此三者也. 若夫佛老之學, 所以離世絶俗, 專事高遠, 而不能通乎天下者, 實不達詩書之理故也. 而後世儒者, 亦雖知誦詩讀書, 然求之甚過艱深, 而不知求之於平易近情. 故其著於言行者, 每有崎嶇艱深之憂, 而無正大從容氣象. 豈非所謂非讀書之難, 而善讀書之難乎.

18. 葉公問孔子於子路, 子路不對.

｜葉公, 楚葉縣尹, 沈諸梁, 字子高, 僭稱公也. 子路知聖人之德, 實有未易名言者. 故不對.

子曰: "女奚不曰, 其爲人也, 發憤忘食, 樂以忘憂, 不知老之將至云爾."

｜云爾者, 無他之辭. 子路不對. 故夫子自代之曰, 惟能好學樂道, 而不知年歲之將窮而已.

○ 知道之無窮而難得. 故發憤. 知道之可安而佗無所求. 故樂. 發憤故愈力, 樂故不倦. 此所以忘食與憂, 而不知老之將至也.

19. 子曰: "我非生而知之者, 好古敏以求之者也."

｜生而知之, 謂不待學而自知也. 敏, 速也, 言汲汲也

○ 當時之人, 有以夫子爲生知不由學者. 故言此以曉之. 夫古可以徵于今, 未有不由古而能爲今者也. 故事稽古, 則猶以圖求鏡照, 其成敗得失之跡, 較然著明, 皆爲今日之模楷. 夫子以生知之聖, 猶汲汲求求古者, 以其益有不可量者也. 益由學者見之, 固有生知之聖. 由聖人見之, 本無生知之質, 何者. 道無窮. 故學亦無窮. 苟欲盡無窮之道, 則不由學問之功, 不可得也. 此所以雖夫子之聖, 尙汲汲乎此也.

20. 子不語怪·力·亂·神.

｜怪, 猶行怪之怪. 言非常可駭之行也. 力, 勇力. 亂, 悖亂. 神, 神異之事. 語之則必使人厭常而輕德. 故夫子皆不語之也.

○ 此明聖人一語一默, 莫不有教存也.

○ 謝氏曰: 聖人語常而不語怪, 語德而不語力, 語治而不語亂, 語人而不神. 以此防民, 猶有好怪力亂神者, 甚乎人之易惑也.

○ 論曰: 夫子嘗曰, 敬鬼神而遠之. 又曰, 未能事人, 焉能事鬼. 蓋戒人不修人道, 而謟瀆鬼神也. 至此直稱不語, 則益見其妖異之說, 恐啓後世之惑, 而塞源拔本, 深絶諸言議. 以此觀之, 後世記禮之書, 稱孔子之言, 說鬼神妖異之事者, 皆附會之說也.

21. 子曰: "三人行, 必有我師焉. 擇其善者而從之, 其不善者而改之."

○ 此明得師之甚近, 而道之甚廣也. 言三人相聚, 則其善不善, 較然可見矣. 我但從其善, 而改其不善者, 則善不善皆莫非吾師也. 人每有無良師友之歎, 殊不知何時無師, 何處無師. 心誠求之, 必有眞師矣. 故曰, 歸而求之, 有餘師, 人惟病不求之耳.

22. 子曰: "天生德於予, 桓魋其如予何."

│ 史記世家, 孔子適宋, 與弟子習禮大樹下, 宋司馬桓魋欲殺孔子, 拔其樹. 孔子去, 弟子曰, 可速矣. 故孔子有此語.

○ 朱氏曰: 孔子言, 天旣賦我以如是之德, 則桓魋其奈我何. 言必不能違天害己.

○ 論曰: 或曰, 桓魋暴人也, 夫子旅人也. 魋欲殺孔子, 何憚而不爲. 在斯時, 恐難委之於天, 曰不然. 天有必然之理, 人有自取之道. 書曰, 作善降之百詳, 作不善降之百殃. 易曰, 積善之家, 必有餘慶, 積不善之家, 必有餘殃. 是謂天有必然之理也. 詩曰, 永言配命, 自求多福. 書曰, 天作孽猶可違, 自作孽不可逭. 是謂人有自取之道也, 非言論之所能盡也. 朱氏曰, 聖人雖知其不能害己, 然避患未嘗不深. 避患雖深, 而處之未嘗不閑暇, 所謂並行而不悖也. 可謂善論孔子者也.

23. 子曰: "二三子, 以我爲隱乎. 吾無隱乎爾. 吾無行而不與二三子者, 是丘也."

│ 與, 猶示也.

○ 此門弟子, 以夫子之道, 爲高深不可幾及, 而見其一言一行, 皆從容平易, 混然無迹, 而疑其有隱. 故夫子以此言曉之.

○ 論曰: 論語二十篇, 其一言一行, 皆莫非吾師也. 故曰, 吾無行而不與二三子者, 是丘也. 蓋聖人之道, 不高不卑, 非難非易, 通於天下, 達於萬世, 而不得須臾離, 實爲中庸之極也. 其以聖人, 爲高而不可學者, 固不知道焉, 爲近而不足學者, 亦異端之流, 益不知道者也. 唯若顏子於夫子之言, 無所不悅, 而後爲善知論語也.

24. 子以四敎: 文·行·忠·信.

○ 此孔氏之家法也. 文以致知, 行以踐善, 忠以盡己, 信以應物. 蓋萬世學問之程式也. 學者當謹守之, 而不得輒變其法也.

○ 論曰: 四敎以忠信爲歸宿之地, 卽主忠信之意. 蓋非忠信, 則道無以明矣, 德無以成矣. 禮者忠信之推, 敬者忠信之發, 乃人道之所以立, 而萬事之所以成也. 凡學者不可不以忠信爲主也, 而後之諸儒, 別各立宗旨, 以爲學問之主意者, 何哉.

25. 子曰: "聖人吾不得而見之矣, 得見君子者, 斯可矣."

│ 聖人者, 仁智合一, 行至其極之名. 君子者, 有德之通稱.

子曰: "善人吾不得而見之矣, 得見有恒者, 斯可矣.

│ 朱氏曰: 子曰字, 疑衍文. 聖人君子以德言, 善人有恒者, 以質言.

亡而爲有, 虛而爲盈, 約而爲泰, 難乎有恒矣."

│ 朱氏曰: 三者, 皆虛夸之事. 凡若此者, 必不能守其常也. 其曰有恒之難者, 所以明善人君子與聖人之益難, 而不可易也.

○ 此見夫子好賢之深也. 夫好善, 優乎天下矣. 好賢, 好善之實也. 夫子冀見賢者之心, 不啻若飢渴之於飲食, 知道之愈無窮, 而學之愈無盡也. 學者勞焉其萬一, 亦可以入聖域, 人君勞焉其萬一 於治天下國家, 何難之有.

○ 曾氏鞏曰: 當夫子時, 聖人固不可得而見, 豈無君子善人有恆者乎. 而夫子云然者, 蓋其人少而思見之也. 及其見, 則又悅而進之曰, 君子哉若人. 凡此類, 當得意而忘言.

26. 子釣而不綱, 弋不射宿.

| 綱, 以大繩屬網, 絶流而漁者也. 弋以生絲繫矢而射也. 宿, 宿鳥. 洪氏曰: 孔子少貧賤, 爲養與祭, 或不得已而釣弋, 如獵較是也. 然盡物取之, 出其不意, 亦不爲也. 此可見仁人之本心矣. 待物如此, 待人可知, 小者如此, 大者可知.

○ 此見夫子道德, 度越萬世. 然本不離世以爲高, 不違俗而獨立, 所以爲中庸之至也. 韓子所謂 吐辭爲經, 擧足爲法, 唯聖人爲然.

○ 論曰: 仁者天下之大德也, 義者天下之大用也. 非仁則萬物不育, 非義則萬事不行. 兩者相須, 而不得相離也. 見聖人之釣與弋, 以後知義之不可廢也. 見其不綱與不射宿, 而後又知仁之不可去也. 若夫焚林竭澤, 暴殄天物者, 固不得爲仁, 而至於斷屠戒殺, 宗廟不血食者, 則亦不知義之不可廢, 豈復得爲仁也哉. 其不可行于天下也, 均矣. 故聖人以天下爲道, 而不以一人强天下, 以萬世爲敎, 而不以一時律萬世, 至矣.

27. 子曰: "蓋有不知而作之者, 我無是也.

| 不知而作, 不知其理而創作也.

多聞擇其善者而從之, 多見而識之知之次也."

| 識, 記也. 多聞而擇善, 則有所法矣. 多見而識之, 則有所考矣. 皆不敢自作, 而取諸人之事, 可爲不待聞見而知者之次矣. 聖人之廣資衆智, 而不敢自專如此也.

○ 聞廣矣, 而善惡之實泛然. 故擇而從之. 見實矣, 而得失之跡較然, 故直記之. 皆足以備鑒戒 廣知識也. 門人見夫子以生知之聖, 自居甚卑, 而後知其德之甚盛, 而聞見之功, 不可忽諸. 蓋聖人體道之深, 取善之周, 不自覺其辭之謙如此. 若夫其言誇大者, 其道必小, 其行過高者, 其德必淺, 唯中庸之德爲至也.

28. 互鄕難與言, 童子見, 門人惑.

| 互鄕, 鄕名. 其俗習於不善, 難與言善. 惑, 猶疑也.

子曰: "與其進也, 不與其退也, 唯何甚.

| 與, 許也. 夫子答門人言, 但許彼童子進而來見耳, 非許其既退而爲不善也. 予何已甚哉.

人潔己以進, 與其潔也, 不保其往也."

| 潔, 修治也. 往, 前日也. 言凡人潔己而來, 但許其自潔, 而不能保其前日所爲之善惡也.

○ 聖人待物之仁, 猶天地之造化萬物, 生者自生, 殺者自殺, 而生物之心, 自無息於其間, 何其大哉. 孟子曰, 往者不追, 來者不拒. 苟以是心至, 斯受之而已矣. 可謂能發夫子之道, 而詔之萬世者也. 異端誘人而從己, 小儒惡人之逃己, 與聖人之道, 固天淵矣.

29. 子曰: "仁遠乎哉. 我欲仁, 斯仁至矣."
○ 此言仁之甚近也. 學者以仁爲甚遠而難至, 殊不知欲之斯至, 何遠之有. 蓋仁者天下之美德, 而以吾性之善而求之, 則猶以薪投火, 其至甚迅, 何憚而弗求之邪.
○ 論曰: 仁者天下之大德也, 而其事至近, 爲之在我. 故曰, 我欲仁斯仁至矣. 而先儒以仁爲具於性之理, 而以滅欲復初, 爲求仁之功. 若然則仁之於人也, 猶四肢百骸之具於吾身. 人人皆有, 天下豈有不仁之人, 亦豈須言至. 譬諸心猶薪, 仁猶火也, 薪之用乎火, 而心之德在乎仁, 積而不燒, 則無以見薪之用, 放而不求, 則無以見心之德. 故聖賢常曰欲仁, 曰求仁, 而未嘗以滅欲復初, 爲至仁之工夫也. 橫渠有內外賓主之說, 自合于夫子至字之義, 與以仁爲性爲理者, 大異矣. 學者審諸.

30. 陳司敗問, "昭公知禮乎?" 孔子曰: "知禮."
｜孔氏曰: 司敗, 官名, 陳大夫. 昭公, 魯之先君. 嘗習於威儀之禮. 故以知禮答之.
孔子退, 揖巫馬期而進之曰: "吾聞君子不黨, 君子亦黨乎. 君取於吳, 爲同姓, 謂之吳孟子. 君而知禮, 孰不知禮."
｜巫馬期, 孔子弟子, 名施. 相助匿非曰黨. 魯吳俱姬姓, 於禮不可昏, 而昭公取之, 當稱孟姬, 而諱曰孟子. 使若宋女子姓者然. 司敗疑其非禮. 故先以知禮乎發問, 至此詰之. ○ 胡氏曰: 疑謂之孟子者, 魯人諱之, 而謂之吳孟子者, 當時譏諷之語也.
巫馬期以告. 子曰: "丘也幸, 苟有過, 人必知之."
｜夫子以人之知過爲幸. 此聖人之心也.
○ 昭公嘗習於威儀之禮, 當時以爲知禮. 故孔子答之以知禮. 及於司敗再以取於吳詰之, 而夫子以爲過而不辭. 蓋司敗之論, 甚傷急迫, 而夫子卒不顯其國惡. 其詞氣雕裕, 不少露圭角. 一應接之間, 衆善交集若此, 非盛德之至, 豈能然乎.
○ 論曰: 舊註以爲諱國惡非也. 司敗有意問之, 夫子無意答之, 其以知禮爲答, 非不當也. 及乎司敗再詰之, 而夫子自知其爲過. 如使夫子有意諱國惡, 則非過也. 苟以非過, 自以爲過, 是僞焉耳, 非直也. 豈聖人之心乎哉. 或曰, 然則聖人亦有過乎. 曰, 君子之過也, 如日月之食焉, 過也人皆見之, 更也人皆仰之. 周公弟也, 管叔兄也, 周公不知其將叛而使之. 在周公則不免爲過. 故孟子曰, 周公之過, 不亦宜乎. 夫日月薄食, 五星逆行, 四時失序, 旱乾水溢, 則雖天地不能無過, 況人乎. 聖人亦人焉耳. 其復何容疑. 倘若木石器物, 一定不變焉, 則死物耳, 要不足貴焉. 故知道者, 不貴無過, 而貴能改焉. 聖人之道, 廣矣大哉.

31. 子與人歌而善, 必使反之, 而後和之.
｜朱氏曰: 反, 復也. 必使復歌者, 欲得其詳而取其善也. 而後和之者, 喜得其詳而與其善也.

○ 孟子曰: 大舜善與人同. 舍己從人, 樂取於人以爲善. 取諸人以爲善者也. 夫歌小藝也, 乃於其善, 則夫子猶繾綣樂取. 聖人樂善無窮之意, 於是可見矣.

32. 子曰: "文莫吾猶人也. 躬行君子, 則吾未之有得."

｜莫, 無也. 言文吾豈不能及人哉. 身行君子, 則吾未能也. 蓋言行之難也.

○ 朱氏曰: 於文言其可以及人, 足見其不難繼之意, 又見其不必工之意. 於行言其未之有得, 則見其實之難焉. 見其汲汲於此, 而不敢有毫髮自足之心焉. 一言之中, 而指意反覆, 更出互見, 曲折詳盡, 至於如此. 非聖人而能若此哉.

33. 子曰: "若聖與仁, 則吾豈敢. 抑爲之不厭, 誨人不倦, 則可謂云爾已矣."

｜無所不能之謂聖, 無所不愛之謂仁. 周禮以智仁聖義中和爲六德, 是也. 孟子以仁且智爲聖, 此以仁與聖相對並論, 其意自別. 爲之, 謂爲仁聖之道. 誨人, 亦謂以此敎人也. 可謂云爾已矣者, 猶諿子路曰汝奚不曰云云也. ○ 晁氏曰: 當時有稱夫子聖且仁者, 以故夫子辭之.

公西華曰: "正唯弟子不能學也."

｜公西華, 蓋以其不厭不倦, 而知夫子實有仁聖之德, 非學者之所能及也.

○ 門人以爲, 夫子之德, 賢於堯舜, 而見其言甚謙, 而警且異焉, 而後又益知其德之盛, 不可加焉. 故於夫子謙讓之言, 皆謹錄而備記之, 可謂其智亦足以知聖人者也.

34. 子疾病, 子路請禱. 子曰: "有諸?"

｜疾甚曰病. 禱, 謂禱於鬼神. 本乃臣子不得已之至情. 然不宜請於疾者而禱之. 蓋子路旣禱之, 而欲伺夫子之意, 以自其實. 夫子亦知其旣禱. 故問有諸.

子路對曰: "有之. 誄曰:禱爾於上下神祇."

｜誄, 古作讄. 說文曰: 禱也, 累功德以求福. 尙書金縢之詞是也. 上下, 謂天地. 天曰神, 地曰祇. 爾, 當作祠. 周禮曰: 禱祠于上下神祇. 子路爲夫子, 自誦其所作讄詞如此. ○ 舊悅, 誄者, 哀死而述其行之詞也, 誤矣. 子路爲夫子禱疾, 不宜引哀死之詞. 且見禱爾神祇之詞, 則知行禱之語, 而非哀死之言也.

子曰: "丘之禱久矣."

｜禱者, 悔過遷善, 以祈神之佑者也. 夫子言, 吾禱之非一旦矣, 豈更用禱乎.

○ 古者疾病, 有行禱五祀之禮. 子路之請禱, 固非無謂也. 唯夫子之道, 度越群聖, 特以道德爲敎 而不欲人之感於鬼神. 故曰, 丘之禱久矣. 蓋明人當自盡其道, 而不可妄用禱, 其示子路也切矣. ○ 陳氏櫟曰: 聖人素履無愧, 少壯迨老, 無非對越神明之時, 豈待疾病而後禱哉. 所謂禱久矣, 乃因子路引禱爾而言, 蓋不禱之禱也.

35. 子曰:"奢則不孫, 儉則固. 與其不孫也, 寧固."

｜孫, 順也. 固, 陋也.

○ 此極言奢之害也. 蓋固則無文彩, 不孫則無名分. 無文彩, 則徒無可觀者而已, 至於無名分, 則人道亡矣. 聖人之所深戒也.

○ 論曰: 先儒謂奢儉俱失中, 而奢之害大, 非也. 蓋崇本抑末, 聖人之心也. 故夫子每以儉敎人, 而深戒奢之害. 苟仁熟義精, 則或豐或約, 無施而不可. 若有意執中, 則必至於執一而廢百. 故孔孟言禮, 而不言中也.

36. 子曰:"君子坦蕩蕩; 小人長戚戚."

│ 坦, 平也. 蕩蕩, 寬廣貌.

○ 君子每要撿束. 故其心反寬廣. 小人自好放縱. 故不免長戚戚. 是學者之所當自省也. ○ 程子曰: 君子循理. 故常舒泰, 小人役於物, 故多憂戚.

37. 子溫而厲, 威而不猛, 恭而安.

│ 厲, 嚴肅也

○ 此言聖人盛德容, 不待用力, 而自無偏倚也. 若學者, 唯當以仁存心, 以禮存心. 苟仁熟禮立, 則不期然而自然. 若夫不從事於仁禮, 而徒欲以力持守之, 則有恭而安不成者. 不可不知焉.

泰伯第八
凡二十二章

1. 子曰: "泰伯其可謂至德也已矣. 三以天下讓, 民無得而稱焉."

│ 泰伯, 周大王之長子, 次弟仲雍, 少弟季歷. 季歷賢, 又生聖子文王昌. 泰伯長而當立, 讓之不嗣, 逃之荊蠻. 於是季歷立, 至文王, 天下諸侯日歸其德. 武王遂克商, 而有天下號周. 三讓, 終遜也. 以天下讓, 謂讓其國. 蓋因周有天下, 而追稱之也. 無得而稱, 謂其德至極, 不得以言語稱之也. ○ 按: 泰伯三讓之事, 諸儒之說, 紛然不一. 夫商周之事, 莫如取證於聖經. 故今特據詩大雅皇矣篇, 爲斷. 觀其言帝作邦作對, 自泰伯王季, 則知周至泰伯王季, 而始强大矣. 觀言維此王季, 則友其兄, 則知王季能事泰伯, 而得其歡心矣. 觀言載錫之光, 則知泰伯能知王季之賢, 而讓之, 王季又能勤王業, 而不辱泰伯之知矣. 觀言王此大邦, 則知以天下讓者, 乃追稱之辭也. 蓋大王旣沒之後, 泰伯季歷, 兄弟友愛, 同當國布治, 位號未定. 泰伯以季歷之功日高, 又有聖子, 而讓之季歷. 季歷不可, 於是逃之荊蠻. 蓋泰伯直讓之季歷, 而本非豫料大王之心而逃. 觀其不稱大王, 而特言自泰伯王季, 可見矣.

○ 聖賢之心, 皆爲天下, 而不爲己也. 泰伯之讓季歷, 蓋爲斯民計也, 而其後文武之道, 大被於天下, 民陰受其賜. 而不知實爲泰伯之德, 此夫子所以歎其至德也.

2. 子曰: "恭而無禮則勞; 愼而無禮則葸; 勇而無禮則亂; 直而無禮則絞."

│ 朱子曰: 葸, 畏懼貌. 絞, 急切也. 無禮則無節文. 故有四者之弊.

○ 此章專言人之百行, 不可不以禮爲準則也. 當與博文約禮, 克己復禮等章參看. 夫制一器造一物, 莫不各有其法. 況天下之人, 剛柔進退, 有萬不同. 苟不有法以律之,則過者益過, 不及者益不及. 此道之所以不明不行也. 人之於禮, 其猶規矩準繩乎. 蓋恭愼者柔之德, 勇直者剛之發, 皆人之善行也. 然不禮以裁之, 則恭而至勞, 愼而至葸, 勇而至亂, 直而至絞, 其弊有不可勝言者矣. 故孔子常以禮, 爲人之規矩準繩, 而使人以此爲準, 大而經國御世, 近而修身齊家, 皆莫不以從事於禮焉. 後世之學, 亦雖以禮爲言, 而其說過高, 專求于己心, 至於以心爲法, 其亦乖夫子之旨矣.

3. 君子篤於親, 則民興於仁. 故舊不遺, 則民不偸.
｜興, 起也. 偸, 薄也. 此章舊連上章, 今從朱氏, 別爲一章.
○ 陳氏櫟曰: 親親仁也. 上仁則下興仁. 不遺故舊厚也. 上厚則下歸厚. 上行下效也.
○ 以德爲政, 則民心服, 而其澤遠矣. 以法行政, 則民雖知畏, 然其澤淺矣. 故古先聖主, 治天下之道, 在德不在法, 所以保數百年宗社而不衰也. 後世非無英君碩輔. 然其所以御天下者, 皆反之. 故非不欲治, 而不得治. 聖賢之論治體, 皆以德不以法者, 爲此故也.

4. 曾子有疾, 召門弟子曰: "啓予足. 啓予手.
｜啓, 開也. 曾子以爲, 身體髮膚, 受之父母, 不敢毀傷. 故當其疾病之時, 使弟子開衾而視之也.
詩云: 戰戰兢兢, 如臨深淵, 如履薄冰.
｜詩, 小旻之篇. 戰戰, 恐懼貌. 兢兢, 戒謹意. 臨淵, 恐墜. 履冰, 恐陷也. 曾子以其所保之全示門人, 而言其所以保之之難, 如此.
而今而後, 吾知免夫. 小子."
｜言至於將死, 而後知其得免於毀傷也. 小子, 門人也. 語畢而又呼之, 以致丁寧之意.
○ 曾子之學, 以孝爲主, 忠信爲本. 其奉持身體, 不取毀傷者, 蓋以孝弟忠信之實, 施之身體也. 夫孝莫大於愛親, 知愛親, 而後得能體其心, 能體其心, 而後知能愛其身. 父母之於子也, 幼則有湯火之慮, 壯則有倚門之望, 無一日不恤其有虧傷也. 曾子能以父母之心爲心. 故終身奉持遺體, 戒謹恐懼如此, 足見曾子之學臻其至極, 而道德蔑以加也.

5. 曾子有疾, 孟敬子問之.
｜孟敬子, 魯大夫仲孫捷, 來問其疾.
曾子言曰: "鳥之將死, 其鳴也哀; 人之將死, 其言也善.
｜鳥獸愛生而無義. 故其將死, 鳴必哀. 人之將死, 氣消欲息. 故其言必善. 曾子欲敬子知其所言之善而識之. 故先以此告之.
君子所貴乎道者三: 動容貌, 斯遠暴慢矣; 正顔色, 斯近信矣; 出辭氣, 斯遠鄙倍矣. 籩豆之事, 則有司存."
｜暴, 粗厲也. 慢, 放肆也. 信, 實也. 辭, 言語也. 氣, 聲氣也. 鄙, 凡陋也. 倍, 與背同, 謂背理也. 籩, 竹豆, 豆, 木豆. 言君子之於道, 無所不得. 然其最可貴者, 有此三事. 動

容貌, 則欲其遠暴慢也. 正顏色, 則欲其近信實也. 出辭氣, 則欲其遠鄙倍也. 若夫
至於器數之末, 則自有司職守之所存, 而非君子之先務也. 欲敬子以是三者爲務,
而修德也.

○ 此章與恭近於禮, 遠恥辱之義同. 蓋君子其養於中者篤. 故其見於外者, 自如此.
非若常人之用力持守, 而遂不得其所欲也. 捷死得謚敬. 豈有得於曾子之言歟.

6. 曾子曰: "以能問於不能, 以多問於寡, 有若無, 實若虛, 犯而不校,
│ 能不能, 以學之所造而言. 多寡, 以學之所得而言. 校, 計校也.
昔者吾友, 嘗從事於斯矣."
│ 吾友, 指當時孔門之諸賢也. 蓋孔門以此五者, 爲學問之條目. 故曰, 從事於斯矣.
○ 學者必識孔門之風, 而後可以爲孔門之學. 苟不識孔門之風, 則必不能得其門庭.
所謂孔門之風者何. 以能問於不能, 以多問於寡, 有若無, 實若虛, 犯而不校, 是也. 爲
學者, 多不知自省, 有一分工夫, 便有一分勝心, 有兩分工夫, 便有兩分勝心, 驕吝之
念, 愈進愈牢. 故曰, 人之患, 在好爲人之師. 學道者, 先除其勝心, 而後聖賢之學, 可
得而言也.

7. 曾子曰: "可以託六尺之孤,
│ 六尺之孤, 謂幼少之君.
可以寄百里之命,
│ 謂攝君之政令.
臨大節, 而不可奪也,
│ 謂持危扶顚, 始終不變.
君子人與, 君子人也."
│ 與, 疑辭. 也, 決辭.
○ 此言當大任, 治大衆, 非忠信而有才者, 不能. 蓋忠信而無才, 則幹旋不足, 何以濟
事. 有才而不忠信, 則衆心不服, 必至敗事. 故必忠信且有才, 而後可以爲君子矣.
○ 袁氏黃曰: 輔長君不難, 託孤爲難. 執國政不難, 攝政爲難. 託孤寄令不難, 臨大節
而不負其寄託之重, 最爲難. 此非才節所能辦也. 唯有德者能之. 故斷其爲君子也.

8. 曾子曰: "士不可以不弘毅, 任重而道遠.
│ 弘, 寬廣也. 毅, 强忍也. 士非弘毅, 則不能勝其重任而遠到.
仁以爲己任, 不亦重乎, 死而後已, 不亦遠乎."
│ 仁之爲德大矣, 以此爲己任. 故曰重也. 以仁爲任, 終身不廢. 故曰遠也.
○ 士之所以必貴乎弘毅者, 以無此量, 則不能任重致遠也. 德徧乎四海仁也. 澤及乎
昆蟲仁也. 敎被乎萬世仁也. 救患弭難亦仁也. 以此爲任, 不亦重乎. 一息尙存, 能持
此志, 而不可失焉, 不亦遠乎. 故士不可以不弘毅者, 蓋貴其素養也.

9. 子曰: "興於詩,

｜興, 起也. 詩, 出於人情, 而其美刺, 亦足以感人. 故可以興.

立於禮,

｜禮, 人之隄防, 足以定其心志. 故可以立.

成於樂."

｜樂, 以養人之性情而自和順於道德. 故可以成.

○ 此明學問得力功效之次第, 亦孔門學問之條目也. 言學不可以强爲. 得於詩, 則善心興起, 其進無窮. 故以興於詩先之. 德不可以自成, 莊敬持守, 以禮自修, 則德日立, 而不可搖動. 故曰立於禮. 道不可以小成, 浹洽融液, 其心和樂, 則道大成, 而不可遏止. 故曰成於樂. 得詩之理, 則知道之在邇而可樂. 故有所興起. 得禮樂之理, 則知其不可斯須去身. 故德立而道成. 此學者終身所得之前後本末也.

○ 論曰: 禮家專主禮樂之功, 而不知禮樂之本出於仁義. 先儒曰, 古之成材也易, 今之成材也難. 其說蓋出於禮家, 而非聖賢所以論禮樂之旨也. 夫子曰, 禮云禮云, 玉帛乎哉. 樂云樂云, 鐘鼓云乎哉. 孟子曰, 仁之實, 事親是也, 義之實, 從兄是也. 禮之實, 節文斯二者是也. 樂之實, 樂斯二者, 樂則生矣. 信能居仁由義, 和順積而英華發焉, 則詩禮樂之敎, 自在其中矣, 尙何有於古之易 而今之難. 況詩禮樂, 皆有本有末. 仁義之實, 其本也, 名物度數, 聲容節奏, 其末也. 聖人之敎人, 皆專以其本, 而不取其末. 學者苟得其理, 則其末者, 雖未必與古人合, 然亦不遠矣.

10. 子曰: "民可使由之, 不可使知之."

○ 此言治民之道. 當爲之建學設敎, 使其自由吾陶冶之中, 若欲使彼知恩之出于己, 則不可矣. 孟子曰, 霸者之民, 驩虞如也, 王者之民, 皥皥如也. 殺之而不怨, 利之而不庸, 民日遷善, 而不知爲之者. 皆可使由, 而不可使知, 王者之心也. 欲使知之, 霸者之心也. 此王霸之所以分歟.

11. 子曰: "好勇疾貧, 亂也. 人而不仁, 疾之已甚, 亂也."

○ 好勇善矣. 然而不安分, 則必自作亂. 惡不仁之人, 可矣. 然而過甚. 則激而致亂. 善惡雖殊, 然其生亂則一, 皆不可不戒.

12. 子曰: "如有周公之才之美, 使驕且吝, 其餘不足觀也已."

｜朱氏曰: 才美, 謂智能技藝之美. 驕, 矜夸. 吝, 鄙嗇也.

○ 此專戒驕吝之害也. 蓋驕有自滿之意, 吝則無爲人之意. 驕則德不進, 吝則道不弘. 如是之人, 雖有他美, 而不足觀之. 觀其曰有周公之才之美, 不足觀也, 則聖人惡驕吝之甚, 可見矣.

13. 子曰: "三年學不至於穀, 不易得也."

｜穀, 祿也.

○ 志小者, 其得則小, 志大者, 其成必大. 爲學之久, 而志不至於祿, 必不爲汩汩於流俗, 而終其身. 聖人所以嘉尙之也.

14. 子曰:"篤信好學, 守死善道.

| 篤信而好學, 則學必成. 守死而善道, 則道必達.

危邦不入, 亂邦不居, 天下有道則見, 無道則隱.

| 危者, 將亂之兆. 亂則臣弑君, 子弑父. 危邦不入, 擇其地也. 亂邦不居, 避其害也. 亂重於危. 故危邦, 在外者不可入也. 若亂邦, 則仕者猶不可居, 況在外未仕者乎.

邦有道貧且賤焉, 恥也;邦無道富且貴焉, 恥也."

| 治世而貧賤, 則無可行之道, 亂世而富貴, 則無自守之節, 皆可恥之甚也.

○ 此章, 與首篇君子不重則不威章同例. 蓋門人綴輯夫子平日格言, 以爲一章, 而傳誦之也. 夫學者所以求造夫道也. 故好學以致知, 善道以修德, 則終身之事業備矣. 而出處隱見之分, 富貴貧賤之道, 則道之淺深, 德之大小繫焉. 故君子尤重之.

15. 子曰: "不在其位, 不謀其政."

○ 人各有其分, 而不能自盡, 必好越位犯官, 干預其政. 故夫子言此以爲戒. ○ 輔氏廣曰: 不在其位, 而謀其政, 不義而不可爲也. 問而不以告, 不仁而不可爲也.

16. 子曰: "師摯之始, 關雎之亂, 洋洋乎盈耳哉."

| 師摯, 魯樂師, 名摯也. 始, 指未適齊之前. 關雎, 說見前. 亂, 樂之卒章也. 洋洋, 美盛意. 言今則人去樂湮, 洋洋之音, 不可復聞矣. 夫子之歎, 其思深矣.

○ 關雎成周之雅樂, 其詩言后妃之德, 其聲樂而不淫, 哀而不傷. 乃三百篇之首篇, 而合于中和之德, 使聽者自得性情之正, 樂之最至美者也. 而師摯魯之妙工, 當其初年, 爲夫子奏之. 故夫子歎之如此.

17. 子曰: "狂而不直,

| 狂者, 意高而無檢束之謂.

侗而不愿,

| 侗, 無知貌. 愿, 謹厚也.

悾悾而不信,

| 悾悾, 無能貌.

吾不知之矣."

| 吾不知之者, 甚絶之之辭.

○ 此言意高者, 不事矜飾, 宜直矣. 無知者, 有所畏憚, 宜愿矣. 無能者, 不解作爲, 宜信矣. 而今皆不然, 則是棄才也. 雖聖人不知所以敎之, 人其可不知所恥哉.

18. 子曰: "學如不及, 猶恐失之."

○ 言爲學者, 其用心, 當若追亡者之恐不能及而竟失之也. 夫人不知學則已, 苟知學之爲美, 而懈怠不動, 則是無勇也. 故非智不進, 非勇不成, 學者其可不知所務哉.

19. 子曰: "巍巍乎, 舜禹之有天下也, 而不與焉."

｜ 巍巍, 高大之貌, 而, 如古通用. 舜禹皆受禪而有天下. 然其德最盛, 雖見與猶不與
也. 故不稱堯舜, 而特言舜禹. 舊解以爲, 不與猶曰不相關. 此蓋出于老莊蔑棄天
下之意, 而非聖人之旨. 故改之.

○ 此言舜禹之有天下, 皆自以其功德隆盛而致. 雖堯與之舜, 舜與之禹, 然而猶不與
也. 蓋以其功德之大, 度越尋常, 而不可謂之與也. 子禽問於子貢曰, 夫子至於是邦
也, 必聞其政, 求之與, 抑與之與, 子貢曰, 夫子溫良恭儉讓以得之. 又明不可謂之與
也.

20. 子曰: "大哉堯之爲君也. 巍巍乎, 唯天爲大, 唯堯則之, 蕩蕩乎, 民無能名焉.
｜ 朱氏曰: 則猶準也. 蕩蕩, 廣遠之稱也. 言物之高大, 莫有過於天者, 而獨堯之德,
能與之準. 故其德之廣遠, 亦如天之不可以言語形容也.
巍巍乎其有成功也, 煥乎其有文章."
｜ 朱氏曰: 成功, 事業也. 煥, 光明之貌. 文章, 禮樂法度也. 堯之德不可名, 其可見者
此爾.
○ 言民涵育於堯之德化, 而不知其德化之所以然, 猶人在於天地之中, 而不知天地
之所以爲大也. 故曰, 民無能名焉. 唯其所見者, 功業文章, 巍巍煥然而已. 達巷黨人,
徒見孔子之大, 而其所稱謂, 纔在於博學而無所成名, 是以益知孔子之德之大矣. 是
堯孔之所以爲大聖也.

21. 舜有臣五人, 而天下治.
｜ 五人, 禹·稷·契·皐陶·伯益.
武王曰: "予有亂臣十人."
｜ 亂, 治也. 十人, 謂周公旦·召公奭·太公望·畢公·榮公·大顚·閎夭·散宜生·南宮适. 其
一人, 蓋邑姜也.
孔子曰: "才難, 不其然乎. 唐虞之際, 於斯爲盛, 有婦人焉, 九人而已.
｜ 才難, 蓋古語, 而孔子然之. 古者人才之盛, 唯唐虞交會之際爲最, 其後降自夏商,
獨周爲盛. 雖有亂臣, 十人之稱, 然其間有婦人, 則亦不能正十人. 故孔子歎才之
難也.
三分天下有其二, 以服事殷, 周之德, 其可謂至德也已矣."
｜ 三分天下有其二, 先儒謂, 有荊梁雍豫徐揚六州, 而唯青兗冀三州屬紂. 周之德,
通文王及武王未伐商之前而言. 蓋武王初年專承文王之心, 服事殷, 而未敢有誅
伐之心. 及其惡稔虐極, 不得已後伐之. 然非其本心. 故曰至德也.
○ 此言堯舜文武之道德事業, 萬世之法程也. 蓋夫子博稽於古先聖王, 而獨稱唐虞
與周, 其亦祖述堯舜, 憲章文武之意歟. 夫唐虞之德, 如天之高遠, 不可名狀. 文武之
心, 猶天之至公, 不容少私. 不然夫子奚以與堯舜倂論, 而祖述憲章之哉. 且其寄心于
五臣十亂, 則雖聖人之治, 亦必資賢佐, 以成其功, 可從而知矣.
○ 按三分天下有其二, 春秋傳云, 文王率商之叛國以事紂. 然孟曰, 文王百年而崩,
猶未治於天下, 武王周公繼之, 然後大行. 則知文王之時, 恐未至於有天下三分之二

也. 且上文引武王之言, 而繼之曰周之德, 則其通文武二王而言明矣. 諸儒專斥文王, 而不兼武王者, 蓋臆說也.

22. 子曰: "禹吾無間然矣,
| 朱氏曰: 間, 罅隙也. 謂指其罅隙而非議之也.
菲飲食, 而致孝乎鬼神,
| 菲, 薄也. 致孝乎鬼神, 謂享祀豐潔.
惡衣服, 而致美乎黻冕,
| 黻, 蔽膝也, 以韋爲之. 冕, 冠也. 謂損其常服, 以盛朝服.
卑宮室, 而盡力乎溝洫,
| 溝洫, 田間水道, 以正疆界, 備旱潦者也.
禹吾無間然矣."
○ 儉, 德之所以聚也. 禮由此而興焉, 民賴此而庇焉. 禹薄於自奉, 而慎祭祀, 敦朝禮, 勤民事. 此其所以能致數百年之太平也. 豈可間然哉.

論語古義 卷之五

子罕第九
凡三十章

1. 子罕言利與命與仁.
| 罕者, 希也.
○ 言利則害義. 然利國利民之事, 則不可不言焉. 命之理微矣. 遽語之則必忽人事之近. 仁之德大矣. 驟告之則必生輕忽之心. 故皆罕言之也. 夫子之謹敎而尊德也如此. 或曰, 論語諸章, 言及於仁者, 甚多矣. 今稱罕言者何也. 蓋觀詩書執禮, 皆夫子所雅言, 而今存者鮮, 則其嘗刪去者, 亦多矣. 至於言仁, 則門人弟子, 謹錄而備記之, 可知也.

2. 達巷黨人曰: "大哉孔子, 博學而無所成名."
| 鄭氏曰: 達巷者, 黨名也. 五百家爲黨. 此黨之人, 見孔子博學道無一名之聞于世, 而歎其廣大也.
子聞之, 謂門弟子曰: "吾何執. 執御乎, 執射乎. 吾執御矣."
| 執, 專執也. 射御皆一藝, 而御最卑. 其言執御者, 蓋反言以見道無可執也.
○ 道無成體, 德無成名. 故知道者, 雖極天下之博, 而不敢自有其道, 知其無窮也. 蓋得於內者深, 則其形於外者, 泯然無蹤. 凡聳人之觀聽, 勝人之口說者, 皆有所未至也. 夫子稱堯曰, 蕩蕩乎民無能名焉, 亦夫子自道也. 達巷黨人所稱夫子者, 惟止於博學無所成名之間, 而至於聖人之所以爲聖人者, 則不知形容, 亦宜矣.

3. 子曰: "麻冕, 禮也. 今也純儉, 吾從衆.

│ 麻冕, 緇布冠也. 純, 絲也. 緇布冠以三十升布爲之. 升八十縷, 則其經二千四百縷,
細密難成, 不如用絲之儉.

拜下, 禮也. 今拜乎上, 泰也, 雖違衆, 吾從下."

│ 臣與君行禮, 當拜於堂下, 君辭之乃升成拜. 泰, 驕慢也.

○ 此章門人記之, 以明聖人處事之權衡也. 蓋麻冕從衆而遠禮, 拜下遠衆而從禮. 其
一從一遠, 皆道之所在, 而聖人之行, 變化無方, 不拘一偏如此, 學者所宜潛心也.

○ 論曰: 先儒曰, 事之無害於義者, 從俗可也, 可謂謬矣. 夫事苟無害於義, 則俗卽是
道, 外俗更無所謂道者. 故曰, 君子之道, 造端於夫婦. 故堯舜授禪, 從衆心也. 湯武放
伐, 順衆心也. 衆心之所歸, 俗之所成也. 故惟見其合於義與否, 可矣. 何必外俗而求
道哉. 若夫外俗而求道者, 實異端之流, 而非聖人之道.

4. 子絶四: 毋意, 毋必, 毋固, 毋我.

│ 毋, 無通. 意者, 心有所計較也. 必, 期必也. 固, 執滯也. 我, 私己也.

○ 此言聖人道全德宏, 混融無跡也. 無意者, 事皆自道出, 而無計較之私也. 無必者,
行其所當行, 止其所當止也. 無固者, 唯善是從, 無所凝滯. 無我者, 善與人同, 舍己從
人. 蓋聖人之心, 猶天地之變化, 莫知其所以然也.

5. 子畏於匡.

│ 朱氏曰: 畏者, 有戒心之謂. 匡, 地名. 史記云, 陽虎嘗暴於匡, 夫子貌似陽虎. 故匡
人圍之.

曰: "文王旣沒, 文不在茲乎.

│ 文者, 謂先王之遺文, 道之所寓也. 茲, 此也. 孔子自謂.

天之將喪斯文也, 後死者, 不得與於斯文也.

│ 孔氏曰: 文王旣沒. 故孔子自謂後死者. 言天將喪斯文, 不當使我知之. 今已使我
知之, 則未欲喪之也.

天之未喪斯文也, 匡人其如予何."

│ 馬氏曰: 天旣未欲喪此文, 則匡人其奈我何, 言必不能違天害己也.

○ 天道福善殃淫, 是謂天有必然之理. 禍福無不自己求之, 是謂人有自取之道. 智者
信之, 昏者疑焉. 夫子嘗曰, 桓魋其如予何. 此曰, 匡人其如予何. 此非好爲自矜, 亦非
姑爲自解也. 蓋知天之至, 達命之極, 自信之如此. 夫由文王至於孔子, 其間生幾多聖
賢. 然而斯文之傳, 不在他人, 而獨在孔子, 則天之生孔子, 其意爲如何哉. 其愛護保
全扶翼佑助之, 固宜無所不至矣. 天之視聽, 自我民觀聽, 其理驗之於人事可矣. 圍於
陳蔡, 畏於匡, 聖人之遇厄也, 亦屢矣. 然卒不能加害, 則天之佑聖人, 豈不信然.

6. 大宰問於子貢曰: "夫子聖者與. 何其多能也?"

│ 孔氏曰: 大宰, 官名. 或吳, 或宋, 未可知也. 大宰見其多能, 以爲聖人也.

子貢曰: "固天縱之將聖, 又多能也."

｜朱氏曰: 縱, 猶肆也. 言不爲限量也. 將, 殆也. 謙若不敢知之辭.

子聞之曰: "大宰知我乎. 吾少也賤, 故多能鄙事. 君子多乎哉. 不多也."

｜言大宰能知我事乎. 我由少賤. 故多能而所能者, 鄙事耳. 然若君子之學, 豈在於
　多哉. 亦不必多也.

牢曰: "子云:吾不試, 故藝."

｜鄭氏曰: 牢, 孔子弟子, 子牢也. 試, 用也. 言孔子自云, 我不見用. 故多技藝. ○ 吳
　氏曰: 弟子記夫子此言之時, 子牢因言昔之所聞有如此者, 其意相近. 故倂記之.

○ 君子固有多能者, 若周公之多材多藝, 是也. 然論其所以爲君子者, 則不在於此,
何者. 道德實也, 多能其餘事也. 故古者有其才, 且自好之, 則爲其事. 如無其才, 又非
其好, 則不必爲焉. 不繫於學之得失故也. 蓋一則專, 多則岐, 專則成, 岐則敗. 夫子所
以戒其多能者, 欲學者當專務力於道德, 而不可分心於多能也.

7. 子曰: "吾有知乎哉. 無知也. 有鄙夫問於我, 空空如也, 我叩其兩端而竭焉."

｜空空, 無知識之意. 叩, 發動也. 叩兩端而竭者, 言終始本末, 無所不盡也. 夫子謙
　言, 己無知識, 但其告人雖至愚, 不敢不盡耳.

○ 聖人仁天下之心, 固無窮矣. 推其心, 蓋思一夫不入於善, 猶己拒之而不誨. 故鄙
夫之空空, 猶竭盡其所知, 不敢有所隱, 仁之至也. 而夫子以生知之聖, 亦曰吾有知乎
哉, 無知也者, 何也. 蓋物外無道, 道外無物. 無內外, 無隱見. 故實知道者, 不自有其
知, 以其無有可有者也. 不實知道者, 自有其知, 以其猶有可有者也. 故曰, 吾有知乎
哉, 無知也, 大哉.

○ 論曰: 舊註載, 程子曰, 聖人之道, 必降而自卑, 不如此則人不親, 賢人之言, 則引
而自高, 不如此則道不尊. 愚以爲非也. 苟如其說, 則聖賢之待人, 皆以僞而不以誠
也. 豈謂之無意乎. 豈謂之直道乎. 蓋聖人之心, 猶天地之大, 人在於其中, 而不知其
大也. 非降而自卑也. 賢者之行, 猶泰山喬嶽, 自守其高耳. 非引而自高也. 此賢者之
所以不及乎聖人也.

8. 子曰: "鳳鳥不至, 河不出圖, 吾已矣夫."

｜鳳, 靈鳥, 舜時來儀, 文王時鳴於岐山. 河圖, 舊相傳, 伏羲時, 河中龍馬負圖出, 皆
　聖人之瑞也. 已, 止也.

○ 邢氏曰: 此章言孔子傷時無明君也. 聖人受命, 則鳳鳥至, 河出圖. 今天無此瑞, 則
時無聖人也. 故歎曰, 吾已矣夫. 傷不得見也. ○ 有君而無臣時有矣. 有臣而無君時
有矣. 若使孔子遇堯舜之君, 其能爲唐虞之治, 猶俯地而拾芥耳. 奈其時當衰季, 而無
是君何. 夫子言之者, 蓋感慨之極, 不能自已也.

○ 論曰: 或曰, 聖人不言祥瑞, 此言鳳鳥河圖者, 何也. 曰, 此非說祥瑞也, 假鳳鳥河
圖, 以歎時無明主也. 蓋聖人與人而不以立異, 同世而不敢駭聽. 凡事之無大得失者,
皆從舊套, 而不敢爲紛紛之說, 以汨人之聽聞. 鳳鳥河圖, 古來相傳, 以爲聖王御世之
瑞. 故夫子假之, 以寓其歎焉耳.

9. 子見齊衰者, 冕衣裳者與瞽者見之, 雖少必作, 過之必趨.

| 齊衰, 喪服. 冕, 冠也. 冕而衣裳, 貴者之盛服也. 瞽, 無目也. 作, 起也. 趨, 疾行也.
或曰, 少, 當作坐. ○ 范氏曰: 聖人之心, 哀有喪, 尊有爵, 矜不成人. 其作與趨, 蓋
有不期然而然者.

○ 此言聖人之仁, 無物不至, 無時不然, 下篇冕見章倣此.

10. 顏淵喟然歎曰:

| 喟, 歎聲. 顏子喜得夫子之善誘, 而學問有所成就, 非歎高堅前後也.

"仰之彌高, 鑽之彌堅. 瞻之在前, 忽焉在後.

| 鑽, 穿也. 仰之彌高, 不可及也. 鑽之彌堅, 不可入也. 在前在後, 不可執之也. 此顏
子自敘其未受夫子之敎之前, 徒見道之至高至堅, 恍惚變現, 無所摸擬, 而未得道
之實處也.

夫子循循然善誘人, 博我以文, 約我以禮. 欲罷不能, 旣竭吾才.

| 循循, 有次序貌. 誘, 進也. 博文, 以廣知也. 約禮, 以修行也. 顏子於是得領夫子之
敎, 自言向無所摸擬者, 始有所據, 而不能自已也.

如有所立卓爾, 雖欲從之, 末由也已."

| 卓, 立貌. 有所立卓爾, 猶參前倚衡之意. 末, 無也. 顏子於是見道甚明, 而後知夫子
之道, 從容平易, 若易及而實不可以力到也.

○ 此顏子自敍其終身學問之履歷也. 高堅前後, 言其初徒視道高遠, 而未得其實也.
博文約禮, 言受夫子之敎, 而學問始就平實也. 欲罷不能以下, 言其所自得也. 凡天下
之人, 稟聰敏者, 必遊心高遠, 用力艱深, 而不知道本在日用常行之間, 平平蕩蕩, 甚
至近也. 其卒也, 必爲異端虛無寂滅之流. 唯顏子資稟聰明, 又能擇乎中庸, 是以得領
夫子之善誘, 而弗畔乎道. 此其所以卒造於亞聖之地也.

11. 子疾病, 子路使門人爲臣,

| 孔子嘗爲魯大夫. 故子路欲使弟子爲家臣, 而治其喪.

病間曰: "久矣哉, 由之行詐也. 無臣而爲有臣, 吾誰欺. 欺天乎.

| 少差曰間. 言臣之有無, 皆人之所知, 今無臣而爲有臣, 非欺人, 是欺天也. 甚言其
罪之大也.

且予與其死於臣之手也, 無寧死於二三子之手乎. 且予縱不得大葬, 予死於道路乎."

| 無寧, 寧也. 馬氏曰: 就使我不得以君臣禮葬, 有二三子在, 我寧當憂棄. 言其自安
之意, 以明不願得非禮之葬.

○ 此言聖人之心, 至誠明白, 一言之微, 一事之細, 俯仰天地, 無所愧怍. 素其位而行,
不願其外, 死生患難, 無入而不自得也. 但其言平易和緩, 無迹可尋, 可見其道愈高而
其德愈大也.

12. 子貢曰: "有美玉於斯, 韞匵而藏諸? 求善賈而沽諸?"

| 韞, 藏. 匵, 匵也. 子貢以孔子有道不仕. 故設此二端, 以問之也.

子曰: "沽之哉. 沽之哉. 我待賈者也."

｜朱氏曰: 言固當賣之. 但當待賈, 而不當求之耳.

○ 范氏曰: 君子未嘗不欲仕也, 又惡不由其道. 士之待禮, 猶玉之待賈也. 若伊尹之耕於野, 伯夷太公之居於海濱, 世無成湯文王, 則終焉而已. 必不枉道以從人, 衒玉而求售也.

○ 論曰: 范子之論當矣. 然後世道微德衰, 其爲士者, 皆知獨善其身之爲義, 而不知兼仁天下之爲德爲最大也. 子曰, 隱居以求其志, 行義以達其道. 記曰, 儒有席上之珍以待聘. 皆待賈之謂, 而學者之本分也. 若夫韞匵而藏者, 乃異端之流, 狷介之士所好, 非儒者之道也.

13. 子欲居九夷.

｜九夷, 未祥其種, 徐淮二夷見經傳, 若我日東, 後漢書已立傳, 及扶桑朝鮮等名, 皆見于史傳. 夫子所謂九夷者, 恐當指此類.

或曰: "陋如之何?"

｜夷狄之地, 無文飾之僞. 故或人以爲陋也.

子曰: "君子居之, 何陋之有."

｜言彼九夷之地, 嘗有君子而居, 則必是不若或人之所稱. 彼所謂陋者, 反是忠實之所致, 必不凡陋也. ○ 按: 禮載孔子之言曰, 小連大連善居喪, 東夷之子也. 又古稱東方有君子之國, 則夫子之語, 蓋據其實而稱之. 舊解以爲, 君子所居則化, 非也. 如此則夫子有自居君子之位之嫌也.

○ 論曰: 夫子嘗曰, 夷狄之有君, 不如諸夏之亡也. 由此見之, 夫子寄心於九夷久矣. 此章及浮海之歎, 皆非偶設也. 夫天之所覆, 地之所載, 鈞是人也. 苟有禮義, 則夷卽華也, 無禮義, 則雖華不免爲夷. 舜生於東夷, 文王生於西夷, 無嫌其爲夷也. 九夷雖遠, 固不外乎天地, 亦皆有秉彝之性, 況朴則必忠, 華則多僞, 宜夫子之欲居之也. 吾太祖開國元年, 實丁周惠王十七年, 到今君臣相傳, 綿綿不絕, 尊之如天, 敬之如神, 實中國之所不及, 夫子之欲去華而居夷, 亦有由也. 今去聖人, 旣二千有餘歲, 吾日東國人, 不問有學無學, 皆能尊吾夫子之號, 而宗吾夫子之道, 則豈可不謂聖人之道包乎四海而不棄, 又能先知千歲之後乎哉.

14. 子曰: "吾自衛反魯, 然後樂正, 雅頌各得其所."

｜魯哀公十一年冬, 孔子自衛反魯. 是時周禮在魯, 然詩樂頗殘缺失次, 孔子周流四方, 參互考訂, 以知其說. 晚知道終不行. 故歸而正之. 門人記此, 以見敎之所由始也.

○ 論曰: 德隆則人尊, 人尊則言傳. 夫雅頌之叙, 雖非孔子, 或亦可能之. 然在孔子則傳, 在他人則否. 詩書之行, 至于與天地並立而不墜焉, 則夫子之功, 豈不偉乎. 然詩書易之名, 初見於魯論, 而孟子獨言作春秋, 其定書傳禮記, 繫易之說, 未有明據. 蓋司馬遷輩, 以著述見聖人, 而未知夫子之道, 猶日月之繫天, 而不關刪述之功. 故叼云云耳. 夫夫子未開敎之前, 猶水之在於地中, 其一開敎之後, 附託有人, 傳傳相續, 猶泉源之經疏鑿之功, 流沠混混, 不舍晝夜, 放於四海也. 豈待著述之功哉.

15. 子曰: "出則事公卿, 入則事父兄, 喪事不敢不勉, 不爲酒困, 何有於我哉."
此言出事入事, 卽子弟之職. 喪事人倫之本, 最不可不勉. 不爲酒困, 又不足爲難. 皆
夫人之所能, 此外別無可稱, 何德有於我哉. 說又見第七篇.
○ 其智愈大, 則自處愈卑, 而其言愈謙, 實知道之無窮也. 於是益見夫子之所以爲大
也.

16. 子在川上曰: "逝者如斯夫. 不舍晝夜."
│ 逝, 往也. 謂日進而不已. 舍, 止也.
○ 此言君子之德, 日新而不息, 猶川流之混混不已也.
○ 論曰: 孟子解夫子稱水之意曰, 原泉混混不舍晝夜, 盈科而後進, 放乎四海, 有本
者如是. 所謂本者何. 仁義禮智有於其身, 而終身用之不竭, 猶川流之不舍晝夜, 日新
而無窮. 故曰, 日新之謂盛德. 夫子取水之意, 蓋如此. 或曰, 孔子之稱水, 其旨微矣,
孟子特因門人之病而藥之, 非也. 孟子取喩流水, 不一而足. 蓋其常言, 而述夫子之旨
云爾. 豈皆因門人之病而發之邪.

17. 子曰: "吾未見好德如好色者也."
│ 學而至於好德, 則其學已實矣. 然無眞好者, 夫子之所以歎也. 其苟好德如好色,
則學之也眞, 得之也實, 始不負聖賢之言矣.

18. 子曰: "譬如爲山, 未成一簣, 止吾止也. 譬如平地, 雖覆一簣, 進吾往也."
│ 簣, 土籠也.
○ 朱氏曰: 言山成而但少一簣, 其止者吾自止耳. 平地而方覆一簣, 其進者吾自往
耳. 蓋學者自强不息, 則積少成多, 中道而止, 則前功盡棄. 其止其往, 皆在我, 而不在
人也.
○ 天下之事, 進退之差雖小, 而成壞之跡甚大. 纔進則雖未遽成, 然成之機已著, 纔
退則雖未驟壞, 然壞之端已萌. 其進其止, 皆在己而已耳, 可不自勉哉.

19. 子曰: "語之而不惰者, 其回也與."
│ 惰, 懈怠也.
○ 夫子之言一也, 聞之而有惰有不惰, 正在於信道之篤與否耳. 今讀夫子之語, 乍作
乍輟, 若存若亡者, 非惟志倦氣餒之所致, 實信道不篤故也. 苟心之悅道, 猶口之悅芻
豢, 則何有於惰.

20. 子謂顏淵曰: "惜乎, 吾見其進也, 未見其止也."
│ 朱氏曰: 顏子旣死, 而孔子惜之, 言其方進而未已也.
○ 人之於學, 其止多而其進少. 若顏子之方進而不已, 非全智仁勇之德者, 則不能.

大哉.

21. 子曰: "苗而不秀者有矣夫; 秀而不實者有矣夫."

│ 穀之始生曰苗, 吐華曰秀, 成穀曰實.

○ 此以穀譬學, 猶周詩所謂比者. 勉人之及時而進修, 以期其成也. 言穀必期於實. 不然則雖至苗而秀, 不如荑稗也. 況乎未苗以爲旣秀, 未秀以爲旣實者. 學者之通患也. 可不戒乎.

22. 子曰: "後生可畏. 焉知來者之不如今也. 四十五十而無聞焉, 斯亦不足畏也已."

│ 言後生雖年少, 然自强不止, 則其勢不可禦焉, 豈容謂將來之賢者不如今乎. 然不能自勉, 至於老而無聞, 則亦不足畏. 言此以警人, 使及時自勉也.

○ 此戒人方年富力强之間, 當夙興夜寐, 惕厲勤勉, 以成其德也. 苟悠悠歲月, 至於老大, 則徒自悔焉, 而不可及. 故爲學者, 苟不及時而勤, 則猶草木當發生之時, 而闕灌培之功, 雖未遽枯槁, 然幹瘦枝瘁, 終不能暢茂焉. 此學者之所當深慮也.

23. 子曰: "法語之言, 能無從乎, 改之爲貴.

│ 法語, 禮法之語. 人不能不從, 然不改焉則無益. 故改之爲貴.

巽與之言, 能無說乎, 繹之爲貴.

│ 巽與, 遜順而與也. 言語順人之意而導之. 故莫不說懌. 然不尋繹之, 則莫知其意之所在. 故繹之爲貴.

說而不繹, 從而不改, 吾末如之何也已矣."

│ 言非逞過成, 而無可復望也. 末如之何也已矣者, 舍之之辭, 所以甚警學者也.

○ 不從法語, 不說巽與者, 不可與言者, 而固不足論矣. 其或雖從且說, 而不知改繹焉, 則與未不從不說者, 同其歸. 可不戒乎.

24. 子曰: "主忠信, 毋友不如己者, 過則勿憚改."

│ 重出.

25. 子曰: "三軍可奪帥也, 匹夫不可奪志也."

○ 此言人之不可無志也. 夫三軍雖衆, 人心不一, 則其師可奪而取之. 匹夫雖微, 苟守其志, 則不可得而奪也. 志之可尙也如此.

○ 黃氏幹曰: 共姜一婦人也, 而以死自誓, 其志之不可奪如此. 況志於仁志於道, 可得而奪乎.

26. 子曰: "衣敝縕袍, 與衣狐貉者立, 而不恥者, 其由也與.

│ 縕, 枲著也. 縕袍, 衣又賤者. 狐貉, 衣之貴者. 言子路之志如此, 則能不以貧富動其心, 可知矣.

不忮不求, 何用不臧."

┃忮, 害也. 求, 貪也. 臧, 善也. 言能不忮不求, 則何爲不善乎. 此衛風雄雉之詩, 孔子
　引之 以美子路也.

子路終身誦之. 子曰: "是道也, 何足以臧."
┃夫子恐子路或有其善. 故言是道當然也, 何足以爲善.
○ 輔氏廣曰: 忮者, 嫉人之有而欲害之也. 求者, 恥己之無, 而欲取之也. 是皆爲事物
之所累者也. 能於事物一無所累焉, 則何往而不善哉. 然義理無窮, 此特一事之善, 若
遽自以爲喜, 則不復求進於道. 蓋喜心生於自足, 而怠心生於自喜. 故夫子又言此, 以
警之.

27. 子曰: "歲寒然後知松栢之後彫也."
○ 此言君子之在平世, 或與小人無異, 惟臨利害, 遇事變, 然後君子之所守可見也.
由是觀之, 君子之在亂世, 不待賢者而後知之, 唯方其在平世, 自能知其爲君子, 而後
謂之明也.

28. 子曰: "知者不惑, 仁者不憂, 勇者不懼."
○ 此贊智仁勇之爲達德也. 知者達理, 故不惑. 仁者心寬, 故不憂. 勇者善斷, 故不懼.
此三者, 道德之全體, 而學問之要領也.
○ 論曰: 中庸曰, 智仁勇三者, 天下之達德也. 可見外此更無可成德達材者也. 故聖
人擧此三者, 而使學者由此而行之. 蓋本於知, 全於仁, 決於勇, 固爲學之次第, 成德
之全體, 始終本末盡矣. 先儒專以大學篇, 爲古人爲學之次第, 而論孟次之者, 誤矣.

29. 子曰: "可與共學, 未可與適道. 可與適道, 未可與立. 可與立, 未可與權."
┃可與者, 許其人之辭. 未可與者, 難其事之辭. 程子曰: 可與共學, 知所以求之也.
　可與適道, 知所往也. 可與立者, 篤志固執而不變也. 權, 稱錘也. 所以稱物而知輕
　重者也. 可與權, 謂能權輕重使合義也.
○ 楊氏曰: 知爲己, 則可與共學矣. 學足以明善, 然後可與適道. 信道篤, 然後可與立.
知時措之宜, 然後可與權.
○ 論曰: 漢儒以經對權, 謂反經合道爲權, 非也. 權字當以禮字對, 不可以經字對. 孟
子曰, 男女授受不親禮也, 嫂溺援之以手者權也. 蓋禮有一定之則, 而權折其宜者也.
故孟子以權對禮而言, 不對經而言. 漢儒蓋以湯武放伐爲權. 故謂反經合道, 殊不知
經卽道也. 旣反經, 焉能合道. 天下之所同然之謂道, 制一時之宜之謂權. 湯武之放
伐, 蓋順天下之心而行之, 誅夫紂矣, 非弑君也. 乃仁之至, 義之盡, 而非制一時之宜
者也. 故當謂之道, 而不可謂之權. 先儒又謂, 權非聖人不可用, 尤非也. 夫權學問
之至要, 道之不可無權也. 猶臨敵之將, 應變制勝, 操舟之工, 隨風轉柁. 若否則必覆
師而致溺矣. 故謂權不可輕用, 則可矣. 謂非聖人不可用, 則不可也. 孟子曰, 執中無
權, 猶執一也. 言學之不可無權也.

30. 唐棣之華, 偏其反而. 豈不爾思, 室是遠而.

｜何氏曰: 逸詩也. 唐棣, 移也. 華反而後合. 朱氏曰: 偏, 晉書作翩. 言華之搖動也.
　而, 語助也. 愚按: 角弓之詩, 又有翩其反矣之句, 則從晉書爲是. 上兩句無意義,
　但以起下兩句之辭耳.
子曰: "未之思也, 夫何遠之有."
｜夫子借其言, 而反之曰: 道甚近. 其以爲遠者, 未之思也.
○ 夫子嘗曰, 仁遠乎哉, 我欲仁斯仁至矣. 又曰, 人之爲道而遠人, 不可以爲道. 皆言
道之甚近也. 蓋道外無人, 人外無道. 聖人之設敎也, 因人以立敎, 而不立敎以驅人,
亦何遠之有. 第不知道者, 自以爲高爲美, 爲若升天然. 故視道甚遠, 而人益難入, 憫
哉.

鄕黨第十

○ 此門人記夫子之言動, 以狀一生之行者也. 其一言一動, 固雖不足以盡聖人之德,
然卽此可以觀其動容周旋, 從容中道之妙. 猶昆蟲草木之微, 雖不足以觀天地之化,
然卽此可以識造化發育之功也. ○ 尹氏曰: 甚矣孔門諸子之嗜學也. 於聖人之容色
言動, 無不謹書而備錄之, 以貽後世. 今讀其書, 卽其事, 宛然如聖人之在目也. 雖然
聖人豈拘拘而爲之者哉. 蓋盛德之至, 動容周旋, 自中乎禮耳.

孔子於鄕黨, 恂恂如也, 似不能言者.
｜恂恂, 朱氏曰: 信實之貌. 鄕黨, 長老之所居. 故夫子敬之, 見其不以賢知敖人也.
其在宗廟朝廷, 便便言. 唯謹爾.
｜便便, 辯也. 古者大事必謀之於廟, 朝廷亦政事之所出. 故必正言而極論之. 但謹
　而不放爾.
朝與下大夫言, 侃侃如也. 與上大夫言, 誾誾如也.
｜說文曰: 侃侃, 剛直也. 誾誾, 和悅而諍也.
○ 右記孔子在鄕黨宗廟朝廷, 言語之不同, 以見聖人盛德之至, 隨處變化, 各當其可
也.

君在, 踧踖如也, 與與如也.
｜君在, 謂在位之時. 在朝在廟燕見皆然. 踧踖, 恭敬之貌. 與與, 威儀中適之貌.
君召使擯, 色勃如也. 足躩如也,
｜擯, 君所使出接賓者. 周禮上公九介, 侯伯七介, 子男五介. 各隨其命數. 主國之君
　曰擯. 用命數之半, 下於賓以示謙也. 勃, 變色貌. 躩, 盤辟貌. 皆敬君命故也.
揖所與立, 左右手, 衣前後襜如也.
｜鄭氏曰: 揖左人左其手, 右人右其手, 一俛一仰, 衣前後襜如也. 襜, 整貌.
趨進翼如也.
｜翼, 如鳥舒翼, 謂張拱端好.

賓退, 必復命曰: 賓不顧矣.
｜舒君敬也.
○ 右記孔子侍君, 及爲君擯相之容. 皆禮文之至末者, 聖人動容周旋, 無不中禮, 於此可知矣.

入公門, 鞠躬如也, 如不容.
｜鞠躬, 曲身也. 如不容, 敬之至也.
立不中門, 行不履閾.
｜君門中央有閾, 兩旁有棖, 棖閾之中, 君出入處. 閾, 門限也. 履閾則不敬.
過位, 色勃如也, 足躩如也, 其言似不足者.
｜邢氏曰: 過位, 過君之空位也. 謂門屛之間, 人君宁立之處, 君雖不在, 人臣過之, 宜敬也. 言似不足, 不敢肆也.
攝齊升堂, 鞠躬如也, 屛氣似不息者.
｜攝, 摳也. 齊, 衣下縫也. 朱氏曰: 禮將升堂, 兩手摳衣, 使去地尺, 恐躡之而傾跌失容也. 息, 鼻息出入者也. 近至尊, 氣容肅也.
出降一等, 逞顏色, 怡怡如也. 沒階趨, 翼如也. 復其位, 踧踖如也.
｜等, 階級也. 逞, 放也. 出下階一級, 則漸遠所尊. 故解其顏色. 怡怡, 和悅也. 沒階, 下盡階也. 趨, 走就位也. 復位, 復堂下班列之位也. 踧踖, 不忘敬也.
○ 右記孔子在朝進退之容.

執圭, 鞠躬如也, 如不勝. 上如揖, 下如授. 勃如戰色, 足蹜蹜如有循.
｜圭, 諸侯命圭. 聘問鄰國, 則使大夫執以通信, 還則納之於君. 如不勝, 如重不能舉, 愼之至也. 上下, 言上下堂之際. 鄭氏曰: 上如揖, 謂授玉時宜敬. 故如揖也. 下如授, 謂旣授玉而降, 猶如授玉, 不敢忘禮. 戰色, 戰而色懼也. 蹜蹜, 舉足促狹也. 有循, 言行不離地, 如緣物也.
享禮有容色.
｜鄭氏曰: 享, 獻也. 聘禮旣聘而享, 用圭璧, 有庭實, 有容色. 不復戰栗也.
私覿愉愉如.
｜鄭氏曰: 覿, 見也. 旣享乃私禮見之. 愉愉, 顏色之和.
○ 右記孔子爲君聘於鄰國之禮也. 黃氏幹曰: 此章言出使有三節. 執主禮之正也, 享禮則稍輕, 私覿則又輕矣. 故其容節之不同也如此. ○ 按: 孔子聘問鄰國之事, 雖不載經傳, 然當時門人, 親見而直記之, 則鄉黨一篇, 尤可信據也.

君子不以紺緅飾,
｜邢氏曰: 君子謂孔子. 或曰: 洐文. 紺, 深靑, 揚赤色. 緅, 考工記曰: 染繒者, 三入而成, 又再染以黑則爲緅, 如雀頭色也. 飾, 緣也. 蔡氏淸曰: 齊服用紺飾, 喪服用緅飾. 此謂不以齊服喪服之飾, 飾常服也.
紅紫不以爲褻服.

｜紅紫, 間色不正. 褻服, 私居服也. 褻, 猶不衣, 則不以爲朝祭之服可知.

當暑, 袗絺綌, 必表而出之.

｜邢氏曰: 袗, 單也. 葛精曰絺, 麤曰綌. 朱氏曰: 表而出之, 謂先著裏衣表絺綌, 而出之於外, 欲其不見體也.

緇衣羔裘, 素衣麑裘, 黃衣狐裘.

｜緇, 黑色. 羔裘, 黑羊裘也. 麑, 鹿子, 色白. 玉藻曰: 羔裘, 緇衣以裼之. 邢氏曰: 中衣外裘皆相稱也. 緇衣羔裘之上, 必用布衣爲裼. 緇衣羔裘, 諸侯君臣, 日視朝之服也. 素衣麑裘, 視朔之服, 卿鄉大夫亦然, 或受外國聘享. 黃衣狐裘, 則大蜡息民之祭服也.

褻裘長, 短右袂.

｜孔氏曰: 私家裘長主溫, 短右袂便作事.

必有寢衣, 長一身有半.

｜程子曰: 此錯簡, 當在齊必有明衣布之下. 朱氏曰: 齊主於敬, 不可解衣而寢, 又不可著明衣而寢. 故別有寢衣, 其半蓋以覆足.

狐貉之厚以居.

｜狐貉, 毛深而溫, 在家主溫, 故厚爲之.

去喪無所不佩

｜邢氏曰: 去, 除也. 居喪無飾. 故不佩. 除喪則備佩所宜佩也.

非帷裳必殺之.

｜朱氏曰: 朝祭之服, 裳用正幅如帷, 要有襞積, 而旁無殺縫. 其餘若深衣, 要半下, 齊倍要, 則無襞積而有殺縫矣.

羔裘玄冠, 不以弔.

｜羔裘, 朝服. 玄冠, 祭服. 用之于吉, 故不以弔.

吉月必朝服而朝.

｜吉月, 月朔也. 朱氏曰: 孔子在魯, 致仕時如此.

○ 右記孔子衣服之制. 蓋聖人之一身, 動容周旋, 自中於禮. 故門人審視熟察, 則倣矜式, 傳以爲禮. 若前篇所記, 食有喪者之側, 未嘗飽, 及此篇所記, 今多見于禮記, 皆爲是故也. 蓋自孔子發之, 非盡舉古禮而行之也. 其以爲雜記曲禮者, 不深考耳. 禮記諸篇, 與此篇事同者, 當以此意看.

齊必有明衣, 布.

｜齊必沐浴, 浴竟卽著明衣, 所以明潔其體也. 以布爲之. 朱氏曰: 此下脫前章寢衣一簡.

齊必變食, 居必遷坐.

｜變食, 謂不飲酒不茹葷. 遷坐, 易常處也.

○ 右記孔子謹齊之事. 齊所以交神也, 不可不致潔焉.

食不厭精, 膾不厭細.

｜食, 飯也. 精, 鑿也. 牛羊與魚之腥聶, 而切之爲膾. 食精能養人, 膾麤必害人. 不厭, 言以是爲善, 非謂必欲如是也.

食饐而餲, 魚餒而肉敗, 不食.

｜饐, 飯傷熱濕也. 餲, 味變也. 魚爛曰餒.

色惡不食, 臭惡不食.

｜未敗而色臭變也.

失飪不食.

｜飪, 烹調生熟之節也.

不時不食.

｜五穀不成, 果實未熟之類. 以上五件, 皆足以傷人, 故不食.

割不正不食,

｜割肉不方正者不食, 造次不離於正也.

不得其醬不食.

｜饒氏魯曰: 古之制飮食者, 使人食其物, 則用其醬, 不是氣味相宜, 必是相制. 不得之則必有害, 故不食也.

肉雖多, 不使勝食氣. 唯酒無量, 不及亂.

｜食以穀爲主. 故不使肉勝食氣. 酒以爲人合歡. 故以醉爲度, 而不使血氣亂也.

沽酒市脯不食.

｜沽·市, 皆買也. 恐不精潔或傷人也.

不撤薑食, 不多食.

｜按: 本草薑性辛溫, 開胃益脾, 能通心肺, 食中之要藥也. 故每食必設. 但不多食耳. 或曰, 薑性辛辣, 能制魚肉毒. 故必設. 其謂通神明者, 蓋依子附會之也.

○ 右記孔子飮食之節. 蓋身者道之所在, 養身卽所以修道也. 欲修道而先輕其身, 非知道者也. 飮食養身之大者. 故聖人謹之.

祭於公不宿肉.

｜助祭於公, 所得胙肉, 或自食, 或頒賜, 不俟經宿者, 不留神惠也.

祭肉不出三日. 出三日不食之矣.

｜家之祭肉, 則不過三日, 皆自食, 或以分賜. 若出三日, 則雖祭肉, 不食之, 恐傷人也.

食不語, 寢不言.

｜食, 食祭肉也. 答述曰語, 自言曰言. 當食祭肉, 則不爲人答述. 當齊則寢不自言, 亦所以敬神也.

雖疏食菜羹瓜祭, 必齊如也.

｜陸氏曰: 魯論瓜作必. 朱氏曰: 古人飮食, 每種各出少許, 置之豆閒之地, 以祭先代始爲飮食之人, 不忘本也. 齊, 嚴敬貌. 孔子雖薄物必祭, 其祭必敬, 聖人之誠也.

○ 右記孔子受胙, 及雖微物必祭之誠意.

席不正不坐.

｜謝氏曰: 聖人心安於正, 故於位之不正者, 雖小不處.

鄉人飲酒, 杖者出, 斯出矣.

｜杖者, 老人也. 六十杖於鄉. 未出不敢先, 既出不敢後, 其敬長如此.

鄉人儺, 朝服而立於阼階.

｜儺, 所以驅逐疫鬼. 雖近於戲, 然古禮所沿. 孔子本不欲違俗, 且鄉人行之. 故朝服立于主人位, 加敬於鄉人. 禮記有安室神之說, 蓋漢儒依孔子而附會也.

問人於他邦, 再拜而送之.

｜再拜而送之, 非拜使者, 敬所問之人也. ○ 宋楊簡, 嘗作書與人, 書楊某再拜附之, 僕既發, 忽自思, 不親拜而書拜, 是偽也. 急呼僕返, 置書案上, 設拜而後遣, 暗合于孔子拜送使者之意. 學者有若此忠信, 而後可以言學, 不則高談性命無益.

康子饋藥, 拜而受之, 曰:"丘未達, 不敢嘗."

｜大夫之賜, 禮當嘗, 其不嘗者愼疾也. 以實告者, 不匿其情也.

廐焚, 子退朝曰:"傷人乎?"不問馬.

｜廐, 孔子家廐也. 張氏栻曰: 仁民愛物, 固有間. 方退朝初聞之時, 惟恐人之傷. 故未假及馬耳.

○ 右記孔子平生居家之雜儀.

君賜食, 必正席先嘗之. 君賜腥, 必熟而薦之. 君賜生必畜之.

｜朱氏曰: 食恐或餕餘, 故不以薦. 正席先嘗, 如對君也. 言先嘗, 則餘當以頒賜矣. 腥, 生肉, 熟而薦之祖考, 榮君賜也. 畜之者, 仁君之惠, 無故不敢殺也.

侍食於君, 君祭先飯.

｜禮賜之食, 而君客之, 則命之祭而後祭. 今祭而先飯, 以似君之客己. 故若爲君嘗食然.

疾君視之, 東首加朝服, 拖紳.

｜禮寢當東首, 然常時或隨意臥. 故及君視疾, 東首也. 紳, 大帶也. 疾時不能著衣束帶. 故加朝服於身, 又引大帶於上也.

君命召, 不俟駕行矣.

｜急趨君命, 行出而駕車隨之.

入大廟, 每事問.

｜此篇本係夫子平生之行事. 故此一節, 前雖嘗備記之, 於是又錄之, 非重出.

○ 右記孔子受君賜, 及事君之禮.

朋友死, 無所歸, 曰:"於我殯."

｜聖人之待朋友, 與至親無異.

朋友之饋, 雖車馬, 非祭肉不拜.

｜朋友有通財之義. 故不拜. 祭肉則拜者, 尊神惠也.

○ 右記孔子交朋友之義.

寢不尸, 居不容.

｜尸, 謂偃臥似死人也. 居, 私居. 寢不尸, 惡其惰也. 居不容, 嫌矜持大過也.

○ 右記孔子平生之容.

見齊衰者, 雖狎必變. 見冕者與瞽者, 雖褻必以貌.

｜狎, 謂素親. 褻, 謂數相見. 貌, 禮貌也. 此亦門人記之, 以具于此篇, 非重出.

凶服者式之, 式負版者.

｜式, 車前橫木, 有所敬則俯而憑之. 負版, 持邦國圖籍者. 式此二者, 哀有喪, 重民數也.

有盛饌, 必變色而作.

｜孔氏曰: 作, 起也. 敬主人之厚禮也.

迅雷風烈, 必變.

｜迅, 急疾也. 烈, 猛也. 雷者, 陰陽之氣激爲天之怒. 風烈亦非常之變. 故孔子必變容以敬之. 蓋見事天之誠也.

○ 右記孔子容貌之變.

升車必正立執綏.

｜綏, 上車之索也. 正立執綏所以戒顚仆也.

車中不內顧, 不疾言, 不親指.

｜內顧, 回視也. 禮曰: 顧不過轂. 三者皆失容且惑人.

○ 右記孔子升車之容.

色斯擧矣, 翔而後集.

｜言鳥見人之顏色, 不善則飛去, 回翔審視而後下止. 吳氏澄曰: 下文山梁雌雉四字, 當在色斯擧矣上.

曰: "山梁雌雉, 時哉時哉" 子路共之, 三嗅而作.

｜梁, 橋也. 時哉, 言雉之擧集得其時也. 共, 與衆星共之之共同, 向也. 嗅, 晁氏曰: 石經嗅作戞, 謂雉鳴也. 吳氏曰: 嗅, 當作數字, 亦篆文之誤也. 此夫子見雉之色擧翔集, 因指顧之, 以示從者. 子路共之, 終鳴而作, 亦有君子見幾而作之意. 門人以其事深合于聖人之意. 故詳記其本末云.

○ 此一條與前所記, 不相類, 似不可入于此篇. 豈門人以夫子出遊之間觀物有感, 而附記於此歟.

論語古義 卷之六

先進第十一
凡二十五章

1. 子曰: "先進於禮樂, 野人也; 後進於禮樂, 君子也.
┃先進後進, 猶言前輩後輩. 野人, 謂郊外之民. 君子謂賢士大夫也. 此夫子據時人
　之意而述之也.
如用之, 則吾從先進."
┃用之, 謂用禮樂.
○ 周末文勝. 時人專知崇文, 而不知尚實. 故以先進之禮樂, 謂之野人, 不知其本出
於實. 以後進之禮樂, 謂之君子, 亦不知其旣過於華. 夫子言, 亦與其不遜也, 寧固之
意. 蓋雖爲當時言之, 然實萬世不易之定法也.
○ 論曰: 世道之升降, 雖細, 所關甚大矣. 故夫子於風俗變革, 每深寄慨歎焉. 學者所
當詳之也. 由是觀之, 世所傳逸禮戴記等書, 頗傷繁縟, 且有與論孟不合者, 謂之有先
王之遺意, 則可, 謂之先進之禮, 則未可也.

2. 子曰: "從我於陳蔡者, 皆不及門也.
┃昔日弟子從孔子, 厄於陳蔡者, 或仕或死亡, 皆不在門. 故孔子憶當時相信之難得,
　而歎之也.
德行: 顔淵·閔子騫·冉伯牛·仲弓; 言語: 宰我·子貢; 政事: 冉有·季路; 文學: 子游·子
夏."
┃弟子因孔子之言, 記此十人, 而幷目其所長, 分爲四科.
○ 論曰: 德行者聖學之全體, 兼言語·政事·文學三者, 豈可作一科言之哉. 而三者亦
不本於德行, 則言語雖可聞, 徒辨而已矣, 政事雖可見, 徒法而已矣, 文學雖可取, 徒
博而已矣, 不足以爲學也. 孟子稱, 冉牛·閔子·顔淵, 則具體而微, 而三子皆在德行科,
則聖人之學者可知矣. 後世之論學, 或異乎此, 不知所謂學者, 果何事哉.

3. 子曰: "回也非助我者也. 於吾言無所不說."
┃助我, 若子夏之起予, 因疑問而有以相長也.
○ 此聖人得顔子, 而深喜之辭. 蓋顔子於夫子之道, 神會妙契, 不止若芻豢之悅口,
而終日所言 無所違逆. 故夫子云然. ○ 夫聖人之言, 猶天地之大也. 高者知其高, 卑
者知其卑. 若子路·樊遲, 猶或疑或不悅, 況其他者乎. 唯顔子之賢, 爲能於夫子之言,
無所不說. 故凡讀論語者, 於夫子之言, 當反省其悅與否, 以自驗其所造之淺深也.

4. 子曰: "孝哉閔子騫. 人不間於其父母昆弟之言."
┃間, 離間也.
○ 按: 韓詩外傳, 閔子早喪母, 父再娶生二子, 其處於異母兄弟之間, 宜間言之所易入
也. 而閔子誠孝惻怛, 有孚於人者. 故人亦不以異母兄弟之言, 間之於閔子, 孝之至也.

5. 南容三復白圭,
┃詩大雅云, 白圭之玷, 尙可磨也, 斯言之玷, 不可爲也. 南容一日三復此言, 有意謹
　言者也.

孔子以其兄之子妻之.

○ 孔門賢者, 不爲不多, 而孔子以南容之謹言, 妻之以其兄之女, 何哉. 夫言者君子之樞機, 興戎出好, 皆其所招, 進德修業, 亦其所致. 苟易其言, 則雖聰明才辨, 超出於人, 然難保其能修身飭行, 不陷於禍. 此夫子之所以取於南容也.

6. 季康子問: "弟子孰爲好學?" 孔子對曰: "有顔回者好學, 不幸短命死矣. 今也則亡."
｜ 詳見前篇哀公問章.

7. 顔淵死, 顔路請子之車以爲之椁.
｜ 孔氏曰: 路, 淵父也. 家貧, 欲請夫子之車, 賣以作椁.
子曰: "才不才, 亦各言其子也. 鯉也死, 有棺而無椁. 吾不徒行以爲之椁, 以吾從大夫之後, 不可徒行也."
｜ 鯉, 孔子之子, 伯魚也. 孔子時已致仕, 尙從大夫之列, 故言後.
○ 顔路請車, 想非請其必不可請者, 而夫子之於顔子, 奚惜一車. 蓋喪可以稱家之有無, 而朝廷威等, 不可少損. 此夫子之所以不許其請也. 顔路之請, 夫子之不許, 一毫無所顧慮. 蓋師弟子間, 其誠心質行如此, 後世之所不見也.

8. 顔淵死. 子曰: "噫, 天喪予. 天喪予."
｜ 噫, 傷痛之聲.
○ 此悼顔子死, 而歎學之將絶, 若天喪予也.
○ 論曰: 自古王者之興, 天必與之賢佐, 聖賢之興, 天亦必生之羽翼. 兩者必有奇遇. 夫發聖人之蘊, 而萬世無窮者, 顔子其人也. 今而早死, 夫子之發嘆也宜矣. 嘗曰, 文王旣沒, 文不在玆乎, 天之未喪斯文也. 匡人其如予何. 顔子之死, 實係于道之興廢, 而非惟厥躬之不幸. 故夫子同其歎. 顔子亦大矣哉.

9. 顔淵死, 子哭之慟. 從者曰: "子慟矣."
｜ 慟, 哀過也.
曰: "有慟乎.
｜ 哀傷之至, 不自知也.
非夫人之爲慟, 而誰爲."
｜ 夫人, 謂顔淵.
○ 此夫子哭顔子, 不自覺其慟. 言其死可惜, 哭之宜慟, 非他人之比也.
○ 論曰: 宜哀而哀, 宜樂而樂, 皆人情之所不能已, 而雖聖人, 無以異于人, 故人情者, 聖人之所不廢也. 苟中其節, 則爲天下之達道, 不中其節, 則爲一人之私情. 求之人情, 而所不安者, 聖人不爲也. 故滅情與縱情, 其爲罪也均矣. 大學書曰, 心不在焉, 親而不見, 聽而不聞, 食而不知其味. 宋儒緣此, 遂以聖人之心, 爲靜虛, 爲無欲, 爲明鏡止水. 而不知聖人之心, 以仁愛爲體, 禮義爲所, 爲天下萬世人倫之至也. 若以大學視之, 則夫子哭顔子, 不自覺其慟, 不免爲心不在焉. 故予嘗以大學, 爲非孔氏之遺書者, 爲此也.

10. 顏淵死, 門人欲厚葬之, 子曰: "不可."

| 喪具稱家之有無, 貧而厚葬, 非禮也.

門人厚葬之. 子曰: "回也, 視予猶父也, 予不得視猶子也. 非我也, 夫二三子也."

| 此歎不得如葬鯉之得宜, 以責門人也. 言非我之所當爲, 亦猶夫二三子也. 蓋夫子
  自貶之辭.

○ 以上五章, 門人記之, 以見顏子黙契夫子之道, 非他人比也. 蓋喪具稱家之有無,
禮與其奢也寧儉. 君子之愛人以德, 細人之愛人以財. 門人徒知愛顏子, 而不知所以
愛顏子, 惜哉. 顏子門人, 猶不免於厚葬之非, 則後之行禮者, 其可不監哉.

11. 季路問事鬼神. 子曰: "未能事人, 焉能事鬼." "敢問死." 曰: "未知生, 焉知死."

| 問事鬼神者, 疑祭祀得饗與否也. 夫子抑之, 使專盡事人之道也. 子路未達, 故又
  問死, 以爲人死而爲鬼. 若死而無知, 則祭祀無益, 夫子又抑之, 使專務知生之道
  也. 生者, 謂生存之道也.

○ 此言能事人, 則得事鬼, 能知生, 則得知死. 其意蓋若曰務事人, 而勿諂鬼神, 盡生
存之道, 而勿求死之理也. 夫子抑之深矣. 蓋仁者務用力於人道之所宜, 而智者不求
知其所難知. 苟用力於人道之宜, 而又能盡生存之道, 則人倫立矣, 家道成矣, 於學問
之道盡矣. 何謂生存之道, 凡人上有父母, 下有妻子, 而身之成敗, 家之存亡, 事固百
端, 能識其不可不務, 而戒謹恐懼, 勿敢荒廢, 則謂之知生也.

○ 論曰: 夫子於鬼神之理, 未嘗明說, 及乎答樊遲·子路, 略露其意, 而於死生之說,
終未嘗之言. 蓋非不言之, 本非所以爲教. 故不言也. 此夫子之所以度越群聖, 而爲萬
世生民之宗師也. 記禮之書, 屢載夫子論鬼神之言. 繫詞又曰, 原始反終. 故知死生之
說, 可知皆非聖人之言也.

12. 閔子侍側, 誾誾如也, 子路行行如也, 冉有·子貢侃侃如也. 子樂.

| 行行, 剛强之貌. 子樂者, 樂得英才而教育之.

"若由也, 不得其死然."

| 子路剛强, 無含蓄氣象. 故有不得其死之理. ○ 洪氏曰: 漢書引此句, 上有曰字.

○ 誾誾, 和也. 行行, 剛也. 侃侃, 直也. 夫子之於門弟子, 道並行而不相悖, 各因其材
而成之, 於是可見矣. 但如子路之行行, 非聖門中和之氣象. 故因以戒之. ○ 夫子嘗
有才難之歎. 蓋朝廷之治, 學問之傳, 必得藉英才以振其頹綱, 尋其墮緒. 而四子之
賢, 皆任道之器, 有待之才, 有慰乎夫子欲反唐虞三代之盛之意. 故樂焉.

13. 魯人爲長府.

| 長府, 藏名. 藏貨財曰府.

閔子騫曰: "仍舊貫如之何. 何必改作."

| 仍, 因也. 貫, 事也. 改作府藏, 意必有可已而不已者. 故閔子以是諷之.

先進 769

子曰: "夫人不言, 言必有中."

│ 夫子蓋善其不欲勞民改作也.

○ 言貴乎中, 而不貴乎華. 其中者不妄發, 妄發則不必中. 改作長府, 不見經傳, 未必不由閔子一言之助也. 夫言激而發露者, 能竦人之聽, 然必有弊. 溫而含蓄者, 雖未遽竦人之聽, 然人不能不服. 故言不患不激, 而患不溫. 閔子之氣象, 可想見矣.

14. 子曰: "由之瑟, 奚爲於丘之門."

│ 子路氣質勇剛, 不足乎中和. 故其發於聲音者, 亦如此. 蓋惡其不類聖門之氣象.

門人不敬子路. 子曰: "由也升堂矣. 未入於室也."

│ 門人以夫子之言, 遂不敬子路. 故夫子以此解之, 言不可以此忽之也. 升堂未入室, 喩子路之學, 雖造高明正大之地, 然未入從容自得之域也.

○ 夫子論人, 每因瑕索美, 就有過而求無過. 故編者並記此, 以示夫子之意. 夫聲音之失, 微矣. 然夫子遽聞而深警之, 則遊於聖人之門者, 可以想見其氣象也.

15. 子貢問: "師與商也孰賢?" 子曰: "師也過, 商也不及."

│ 朱氏曰: 子張才高意廣, 而好爲苟難. 故常過中, 子夏篤信謹守, 而規模狹隘, 故常不及.

曰: "然則師愈與?"

│ 愈, 猶勝也.

子曰: "過猶不及."

│ 人皆以過爲優, 不及爲劣. 故夫子告之如此. 蓋人以中行爲至, 二子之行, 雖有過不及, 然其失中行則一也.

○ 此以師商二子其品相等, 而其才相反. 故子貢爲問, 而夫子答之如此. 中庸曰, 道之不行也, 我知之矣, 知者過之, 愚者不及也. 道之不明也, 我知之矣, 賢者過之, 不肖者不及也. 人徒知不及之爲不及, 而未知過之爲患也. 若二子失於過與不及, 亦局於其氣質之偏, 而學問之功, 不有以勝之也.

16. 季氏富於周公, 而求也爲之聚斂而附益之.

│ 周公, 王室至親, 位百官上, 其富宜矣. 今季氏以魯國之卿, 富過於周公, 而冉有爲宰, 爲之急賦斂以益其富也. 此不言季氏富於周公, 而言富於周公者, 蓋記者微意也.

子曰: "非吾徒也, 小子鳴鼓而攻之可也."

│ 小子鳴鼓而攻之, 使門人聲其罪, 以責之也.

○ 孟子曰, 無政事, 則財用不足. 夫國家之所以足財用者, 亦爲民而已. 冉有以政事所稱, 其爲季氏, 聚斂而附益處置調度, 當有其方, 未必如後世貪吏所爲. 然季氏富於周公, 則爲冉有者, 宜爲之散粟施財, 以救其民爲急, 而反附益之. 此夫子之所以深責之也. 夫損下以益上, 適所以損夫上也. 冉有之意, 本在於爲季氏, 而不知所以爲季氏, 不亦可惜乎.

17. 柴也愚,

│柴, 孔子弟子, 姓高, 字子羔. 朱氏曰: 愚者, 知不足, 而厚有餘.

參也魯,

│魯, 鈍也.

師也辟,

│朱氏曰: 辟, 便辟也. 謂習於容止, 少誠實也.

由也喭.

│朱氏曰: 喭, 粗俗也. 傳稱喭者, 謂俗論也. ○ 吳氏曰: 此章之首脱子曰二字, 今從之.

○ 此責備賢者之意. 學者不可以夫子之言, 少四子也. 輔氏廣曰: 愚者知不明, 魯者材不敏, 便辟則遺其內, 粗俗則略乎外, 皆生質之偏也. 夫子所以言之者, 欲使四子自覺其偏, 而歸於中耳. 凡聰明者, 所見雖快, 所造則淺, 方涉其藩, 而自謂入其奧者, 多矣. 曾子魯鈍, 初苦其難入, 而不敢有易心. 故其造反深矣.

18. 子曰: "回也其庶乎, 屢空.

│庶, 近也, 言近道也. 空, 匱也, 言其近道乎. 不然何能屢至於空匱, 而不改其樂也.

賜不受命而貨殖焉, 億則屢中."

│命, 言天命也. 殖, 生也. 貨殖, 謂貨財自生也. 子貢雖不務求富, 然其才自能致富. 故曰, 不受命也. 億, 意度也. 中, 謂中理也. 言其才識亦能料事而多中也.

○ 人之於貧富, 有義而已矣. 苟合於義, 則可以富, 可以貧. 然亦有命, 非超于貧富之表者, 則不能泰然自安焉. 夫莫之致而至者, 命也. 苟有所致而至者, 雖義而非命也. 若子貢之貨殖, 固非世之豐財者比. 然不免有所致而至. 故可謂之不受命, 而不可謂無義也. 是子貢之所以不及顏子也.

19. 子張問善人之道.

│善人之道者, 謂善人之所道也.

子曰: "不踐迹, 亦不入於室."

│不踐迹, 不欲循古之成法也. 不入於室, 不求入道之精微也. 善人之所道如此.

○ 善人者, 行善而不倦, 其德有足稱焉者. 故舉世仰慕焉. 子張好聞, 故以善人之道爲問. 夫子言 善人之所道, 惟欲其自善, 而不好踐古之成法, 亦不求入道之蘊奧, 以是爲道. 是其所以止爲善人, 而其德不足法也. 蓋雖以善人之資, 然不由學焉, 則其卒也, 必不免於自私用智. 此蓋論善人之道云爾, 非論善人也.

20. 子曰: "論篤是與, 君子者乎, 色莊者乎."

○ 朱氏曰: 言但以其言論篤實而與之, 則未知其爲君子者乎, 爲色莊者乎. 言不可以言貌取人也. ○ 袁氏黃曰: 人知浮言不可信, 乃不知論篤亦不可信, 此夫子警切之詞.

21. 子路問: "聞斯行諸?" 子曰: "有父兄在, 如之何其聞斯行之." 冉有問: "聞斯行諸?"
子曰: "聞斯行之."

ㅣ凡爲子弟者, 當務體父兄之心, 而謙卑遜順, 不可自專. 子路性剛. 故戒之. 若冉有
之資, 則失之於弱. 故從其所問, 而不抑之也.

公西華曰: "由也問聞斯行諸, 子曰: 有父兄在. 求也問聞斯行諸, 子曰: 聞斯行之. 赤也
惑, 敢問." 子曰: "求也退, 故進之; 由也兼人, 故退之."

ㅣ兼, 猶兼食兼道之兼, 謂加倍於人也.

○ 此言聖人之敎人, 或進或退, 各有其權, 猶天地之, 陽舒陰慘, 各當其時, 萬物自生
成長育於大化之中. 由求之問, 未必同時, 亦未必互問, 但問同而答異. 故子華偶見
而疑. 非其能問, 則聖人造就二子之意, 孰能識之. 後世爲人之師者, 大類欲以己性
之所能, 而施之于天下之材, 亦異乎夫子之道矣. 故不知爲師之道, 而爲人之師, 則必
賊夫人之子, 可不謹哉.

22. 子畏於匡, 顏淵後. 子曰: "吾以女爲死矣." 曰: "子在, 回何敢死."

ㅣ朱氏曰: 後, 謂相失在後. 何敢死, 謂不赴鬪而必死也.

○ 觀此言, 足見夫子若不幸遇難, 顏子必敢死而不顧身. 夫子愛護之厚, 顏子契合之
深, 俱在於道, 而非恩義兼盡而已也.

23. 季子然問: "仲由·冉求, 可謂大臣與?"

ㅣ子然, 季氏子弟, 自多其家得臣二子. 故問之.

子曰: "吾以子爲異之問, 曾由與求之問.

ㅣ異, 非常也. 曾, 猶乃也. 輕二子, 以抑季然也.

所謂大臣者, 以道事君, 不可則止.

ㅣ以道事君, 謂能格君心之非, 而非道不敢陳也. 止, 卽致爲臣而去.

今由與求也, 可謂具臣矣."

ㅣ具臣, 謂備臣數而已.

曰: "然則從之者與?"

ㅣ言然則二子, 可從君之所欲耶.

子曰: "弑父與君, 亦不從也."

ㅣ言小事雖未必從, 然大義所在, 亦決不從也.

○ 朱氏曰: 二子雖不足於大臣之道, 然君臣之義, 則聞之熟矣. 弑逆大故, 必不從之.
蓋深許二子, 以死難不可奪之節, 而又以陰折季氏不臣之心也. ○ 觀夫子論大臣, 以
人品而不以位. 道伸矣, 雖位在一命, 不失爲大臣. 道屈矣, 雖位在三公, 不免爲具臣.
楊雄以大臣許魯兩生, 則知雖韋帶之士, 苟有其器, 則亦可以爲大臣也.

24. 子路使子羔爲費宰. 子曰: "賊夫人之子."

ㅣ賊, 害也. 言子羔質美, 而學不足, 遽使之爲政, 適足以害之.

子路曰: "有民人焉, 有社稷焉. 何必讀書然後爲學."

｜言費之邑, 有民人, 有社稷, 可以爲政. 此卽學也, 豈特以讀書爲學哉.

子曰:"是故惡夫佞者."

○ 佞者, 變亂是非, 使人迷惑. 子路之言, 似有理, 而實足賊人. 故夫子深斥之也.

○ 范氏曰: 古者學而後入政, 未聞以政學者也. 蓋道之本, 在於脩身, 而後及於治人, 其說具於方冊. 讀而知之, 然後能行, 何可以不讀書也. 子路乃欲使子羔以政爲學, 失先後本末之序矣. 不知其過, 而以口給禦人. 故夫子惡其佞也.

○ 論曰: 夫書所以載前修之嘉言懿行也. 故不讀書, 則昧於得失之迹, 而應今日之務. 蓋依舊則易爲新, 學古則能制今. 不多畜前言往行, 而能治國安民者, 未之有也. 但讀書之法, 有正有俗, 有善有不善, 學者不可不察焉.

25. 子路·曾晳·冉有·公西華侍坐.

｜晳, 曾參父, 名點.

子曰:"以吾一日長乎爾, 毋吾以也.

｜言我雖年少長於女, 然女勿以我長而難言. 蓋誘之盡言, 以觀其志也.

居則曰:'不吾知也.' 如或知爾, 則何以哉."

｜言女居常則言, 人不知我. 如有用女者, 則何以爲治.

子路率爾而對曰:"千乘之國, 攝乎大國之間, 加之以師旅, 因之以饑饉, 由也爲之, 比及三年, 可使有勇, 且知方也." 夫子哂之.

｜攝, 管束也. 二千五百人爲師, 五百人爲旅. 因, 仍也. 穀不熟, 曰饑. 菜不熟, 曰饉. 方, 義方也. 哂, 微笑也.

"求, 爾何如?" 對曰:"方六七十, 如五六十, 求也爲之, 比及三年, 可使足民. 如其禮樂, 以俟君子."

｜求爾何如, 孔子問也. 足, 富足下. 冉求承子路之言而言, 若諸侯之國, 則吾不能, 得方六七十, 或五六十里之地, 而治之, 自能富足其民. 若禮樂, 固非己所能, 當待有德君子, 以任其責焉. 夫子於冉求之言, 無貶詞者, 許之也. 下倣此.

"赤, 爾何如?" 對曰:"非曰能之, 願學焉. 宗廟之事, 如會同, 端章甫, 願爲小相焉."

｜赤又承冉有之言而言. 非曰能之, 願學焉者, 將述下事, 先叙謙辭也. 宗廟之事, 謂祭祀. 諸侯時見, 曰會. 衆頫, 曰同. 端, 玄端服. 章甫, 禮冠. 相, 贊君之禮者, 有大相, 有小相.

"點, 爾何如?" 鼓瑟希, 鏗爾舍瑟而作. 對曰:"異乎三子者之撰." 子曰:"何傷乎. 亦各言其志也."

｜希, 間歇也. 鏗爾, 投瑟之聲. 舍, 置. 作, 起也. 撰, 具也. 猶言素蘊.

曰:"莫春者, 春服旣成, 冠者五六人, 童子六七人, 浴乎沂, 風乎舞雩, 詠而歸." 夫子喟然嘆曰:"吾與點也."

｜莫春, 季春, 今之三月也. 曾點言志, 蓋適當暮春時也. 春服, 單袷之衣. 禮二十而冠, 未冠曰童. 沂, 水名, 在魯城南. 朱氏曰: 地志以爲有溫泉焉, 理或然也. 風, 乘涼也. 舞雩, 祭天禱雨之處有壇墠樹木也. 詠, 歌也. 點蓋深厭周末之膠擾, 而有慕治古之淳風. 故其所言, 有唐虞三代之民, 含哺鼓腹, 各遂其性氣象. 故夫子喟然歎曰:吾與點也. 蓋有合於夫子願見唐虞三代之盛之意也.

三子者出, 曾晳後. 曾晳曰:"夫三子者之言何如?" 子曰:"亦各言其志也已矣." 曰:"夫子何哂由也?"

| 三子同對, 而夫子特哂子路. 故曾點疑而問也.

曰:"爲國以禮, 其言不讓, 是故哂之.

| 治國以禮, 而子路之對, 無遜讓之辭. 故夫子哂其不相稱.

唯求則非邦也與. 安見方六七十, 如五六十, 而非邦也者.

| 此以下亦夫子之言, 明所以不哂二子之意. 言冉有志於治國, 而其辭謙讓, 不敢斥言邦. 故不哂之也.

唯赤則非邦也與. 宗廟會同, 非諸侯而何. 赤也爲之小, 孰能爲之大."

| 公西華不敢斥言諸侯, 且願爲小相, 皆其言之謙也. 孰能爲之大, 言無能出其右者, 亦許之之詞.

○ 程子曰: 古之學者, 優柔厭飫, 有先後之序. 如子路·冉有·公西赤言志如此. 夫子許之亦以此. 自是實事. 後之學者好高, 如人游心千里之外, 然自身卻只在此.

○ 論曰: 聖人之學, 有用之學也. 苟於經濟之務, 有所不足, 別讀書雖多, 辨理雖明, 不足爲貴也. 三子之言, 自後世觀之, 固似規規于事爲之末, 而不要其極者. 然所志所言, 皆其實事, 而非後世騖空文遺實用者比, 乃有用之實材也. 若夫點之言志, 悠然自得, 從容暇豫, 實有鑿井而飮, 耕田而食, 帝力何有於我之氣象. 夫子嘗曰, 老者安之, 朋友信之, 少者懷之. 禮記載夫子之語亦曰, 三代之英, 丘未之逮也, 而有志焉. 若點者, 蓋雖非中行之事, 而亦與夫放浪物外者, 固不同矣. 暗有合於聖人之意. 故夫子不覺發歎而深與之.

顏淵第十二

凡二十五章

1. 顏淵問仁. 子曰:"克己復禮, 爲仁.

| 此夫子以仁天下之道告之也. 克, 勝也. 己者, 對人之稱. 復, 反復也. 克己者, 猶舍己從人之意. 言不有己也. 克己則汎愛衆, 復禮則有節文. 故能汎愛人, 而亦能有節文, 則仁斯行矣.

一日克己復禮, 天下歸仁焉. 爲仁由己, 而由人乎哉?"

| 一日, 謂志初興起之日也. 言能一日克其己, 而反復行禮, 則天下歸其仁, 沛然不可禦也. 末復言我欲仁斯仁至矣之意, 以決之.

顏淵曰: "請問其目." 子曰:"非禮勿視, 非禮勿聽, 非禮勿言, 非禮勿動." 顏淵曰:"回雖不敏, 請事斯語矣."

| 目, 條目也. 若六言六蔽五美四惡之類也. 朱氏曰: 事, 如事事之事. 顏子旣得聞大綱. 故復問其條目. 蓋欲兼其詳而盡之也. 故夫子擧此四者告之. 言能如此, 則仁爲己有, 而不失焉. 卽易所謂, 君子以非禮不履之意, 於是顏子速契其旨. 又自知其力有以勝之. 故直以爲己任而不疑也.

○ 顏子王佐之材. 故以仁天下之道而告之. 實與損益四代之禮樂, 以答爲邦之問者, 相表裏焉. 蓋仁之爲德, 慈愛惻怛之心, 內外遠近無所不至. 在家則行于家, 在邦則行 于邦, 在天下則行于天下, 雍裕和穆之風, 浹乎肌膚, 淪乎骨髓. 若堯之光被四表, 格 于上下, 舜之百揆時敍, 四門穆穆, 是也. 蓋克己仁之本, 復禮仁之地. 非克己則無以 得仁, 非復禮則無以存仁. 中庸曰, 齊明盛服, 非禮不動, 所以修身也. 修身卽所以存 仁也. 孔子曰, 修己以安百姓, 堯舜其猶病諸. 修身之功, 其大矣哉.

2. 仲弓問仁. 子曰: "出門如見大賓, 使民如承大祭,
│ 出門, 所謂出則事公卿也. 如承大祭, 卽民不可慢之意. 言以禮存心, 則仁爲己之
　有也.
己所不欲, 勿施於人,
│ 此言求仁之要也.
在邦無怨, 在家無怨."
│ 此言得仁之效也. 詩所謂自西自東, 自南自北, 無思不服. 卽此意.
仲弓曰: "雍雖不敏, 請事斯語矣."
│ 仲弓亦直受夫子言, 而不敢疑. 故門人錄之, 以與顏子儷矣.
○ 仲弓之材, 亞於顏子. 故夫子亦以仁天下之道告之. 如見大賓, 如承大祭, 執事而 敬也. 己所不欲, 勿施於人, 行恕之方也. 旣敬且恕, 則仁斯行矣. 所以在邦無怨, 在家 無怨也.
○ 論曰: 孔門諸子, 於仁之義, 知之熟矣. 然於爲仁之方, 則或未也. 故弟子之所問, 夫子之所答, 皆其爲仁之方, 而一無論仁之義者, 譬諸種花, 仁則花也, 爲仁之方則其 灌漑培植之法也. 凡弟子之所問, 夫子之所答, 皆其灌漑培植之法, 而未嘗有言形狀 色芳者也. 後儒專從論語字面, 求仁之理. 是以灌漑培植之法, 想像花之形狀色芳也. 故其於仁, 或流于虛靜, 或陷于把捉, 蓋以此也. 及孟子時, 道衰學廢, 天下之人, 非惟 不得其方, 亦且倂與其名義, 而不知之. 故孟子爲之, 諄諄然指示之曰, 惻隱之心, 仁 之端也, 羞惡之心, 義之端也. 又曰, 人皆有所不忍, 達之於其所忍, 仁也. 人皆有所不 爲, 達之於其所爲, 義也. 故欲求爲仁之方者, 當本之論語, 而欲明其義者, 參之孟子 可矣.

3. 司馬牛問仁.
│ 司馬牛, 孔子弟子. 史記曰: 名犂.
子曰: "仁者, 其言也訒."
│ 訒, 難也. 仁者德全于內. 故言不易于外. 蓋牛之爲人, 多言而躁. 故夫子告之以此.
曰: "其言也訒, 斯謂之仁矣乎?" 子曰: "爲之難, 言之得無訒乎."
│ 牛意, 仁道至大, 不但如夫子之所言. 故再問之, 而夫子又告之以此. 言仁者專務
　力行, 而不以易爲之. 故其言不得無訒. 苟易其言, 則無由以入德矣.
○ 夫子每答門弟子問仁, 必擧仁者之行而告之, 何也. 蓋仁無形也, 泛論仁之體, 不 若就仁者之行, 而諭之之明而易知也. 故或擧仁者之心而告之, 或就仁者之行而言

之. 如此章是也. ○ 朱氏曰: 牛之爲人如此, 若不告之以其病之所切, 而泛以爲仁之大概語之, 則以彼之躁, 必不能深思以去其病, 而終無自以入德矣. 故其告之如此.

4. 司馬牛問君子. 子曰: "君子不憂不懼."
｜不憂不懼, 由乎德全而無疵. 此所以爲君子也.
曰: "不憂不懼, 斯謂之君子矣乎." 子曰: "內省不疚, 夫何憂何懼."
｜疚, 病也. 言反觀於己, 心無所病, 則胸中洒然, 理直氣强, 何憂懼之有.
○ 晁氏曰: 不憂不懼, 由乎德全而無疵. 故無入而不自得, 非實有憂懼, 而强排遣之也. 朱氏曰: 有憂懼者, 內有所慊也. 自省其內, 而無所病, 則心廣體胖, 何憂懼之有.

5. 司馬牛憂曰: "人皆有兄弟, 我獨亡."
｜按, 左氏傳, 宋有司馬牛, 杜預以爲, 桓魋之弟. 今據此章, 牛實無兄弟明矣. 左氏所稱, 別是一人也. 家語謂, 孔門司馬牛卽是也. 蓋依左氏而誤也.
子夏曰: "商聞之矣: 死生有命, 富貴在天.
｜莫之爲而爲者天也, 莫之致而至者命也. 言死生存亡, 富貴利達, 皆天之所爲, 命之所至, 非人力之所能遷, 何爲妄憂.
君子敬而無失, 與人恭而有禮, 四海之內, 皆兄弟也. 君子何患乎無兄弟也."
｜敬, 以事而言. 君子敬其事而無失, 接人恭而有禮, 則人必親我, 天下之人, 皆吾兄弟也. 何以無兄弟爲患.
○ 天命不可不順受, 人事不可不自盡. 故知命者, 自盡其在己者, 而無有一毫期望之心, 又無有一毫怨悔之意. 若子夏之言, 可謂達天知命矣.

6. 子張問明. 子曰: "浸潤之譖, 膚受之愬, 不行焉, 可謂明也已矣.
｜齊氏曰: 水之潤物, 其浸以漸. 故游揚以誣善者, 曰浸潤之譖. 膚受芒刺, 痛癢立見. 故激以切己利害, 曰膚受之愬. 譖, 毁人之行也. 愬, 愬己之寃也.
浸潤之譖, 膚受之愬, 不行焉, 可謂遠也已矣."
｜夫子以二者不行, 最難其人. 故兼遠而言之.
○ 朱氏曰: 毁人者, 漸漬而不驟, 則聽者不覺其入, 而信之深矣. 愬寃者, 急迫而切身, 則聽者不及致詳, 而發之暴矣. 二者難察, 而能察之, 則可見其心之明, 而不蔽於近矣.

7. 子貢問政. 子曰: "足食, 足兵, 民信之矣."
｜民有恒産, 則非心不生. 武備克修, 則民心不搖. 敎民以信, 則國本固矣.
子貢曰: "必不得已而去, 於斯三者何先?" 曰: "去兵."
｜言兵者保國之要, 不可去. 然食足而信孚, 則無兵而可守. 故兵可去, 而食與信不可去也.
子貢曰: "必不得已而去, 於斯二者何先?" 曰: "去食. 自古皆有死, 民無信不立."
｜言食者人之天, 無食則死. 然死者人之所必有, 無信則人道不立. 故食可去, 而信不可去也.

○ 張氏栻曰: 生則有死, 人之常理. 至於無信, 則欺詐相奪, 無復人理. 是重於死也.
夫食與兵, 固爲急務. 然信爲之本, 無信則雖有粟, 而誰與食, 雖有兵, 而誰與用哉. ○
程子曰: 孔門弟子, 善問直窮到底. 如此章者, 非子貢不能問, 非聖人不能答也.

8. 棘子成曰: "君子質而已矣, 何以文爲?"
｜棘子成, 衛大夫. 疾時人文勝, 故爲此言.

子貢曰: "惜乎, 夫子之說君子也. 駟不及舌.
｜言子成之所以論君子者, 失之一偏, 而不能無害. 夫君子之言, 爲世模楷, 不可不
謹焉, 而其舌一動, 則雖駟馬不能追. 此可惜也.

文猶質也, 質猶文也. 虎豹之鞹, 猶犬羊之鞹."
｜皮去毛曰鞹. 言文質兩者, 不可相無, 而文貴質賤. 君子小人之所以分者, 在文而
不在質. 譬如虎豹之鞹, 與犬羊之鞹, 無以異也. 若盡去文, 而獨存質, 則君子小人,
何所分哉.

○ 夫君子之所以爲君子者, 文而已矣, 而所謂文者, 謂文質適均之文, 非對質之文也.
所謂郁郁乎文哉, 是也. 禮儀三百, 威儀三千, 貴賤尊卑, 各有等威, 謂之文. 非文質彬
彬, 則何可以謂之文也. 若盡去其文, 而獨存其質, 則與野人無異, 豈足主張風敎, 維
持世道哉. 此子貢所以惜子成之言也.

9. 哀公問於有若曰: "年饑用不足, 如之何?"
｜用, 謂國用.

有若對曰: "盍徹乎?"
｜鄭氏曰: 周法什一而稅, 謂之徹. 徹, 爲天下之通法. 愚按: 周禮鄕遂用貢法, 都鄙
用助法, 皆一夫授田百畝. 蓋通貢助二法而用之, 其實皆什一也. 故謂之徹, 有若
以爲, 一行徹法, 則上下均足, 不至饑乏.

曰: "二吾猶不足, 如之何其徹也."
｜魯自宣公稅畝, 又每畝什取其一, 故曰二. 哀公因有若之言, 又言其不能徹之意.

對曰: "百姓足, 君孰與不足. 百姓不足, 君孰與足."
｜君以民立, 無民則無君. 故百姓足, 則君自足, 百姓不足, 則君亦不足. 有若深言君
民一體之意, 以止公之厚斂.

○ 詩云: 經始靈臺, 經之營之. 庶民攻之, 不日成之. 經始勿亟, 庶民子來. 是謂君民
一體, 有若所謂, 百姓足君孰與不足, 是也. ○ 楊氏曰: 仁政必自經界始. 經界正, 而
後井地均, 穀祿平, 而軍國之需, 皆量是以爲出矣. 故一徹而百度擧矣. 上下寧憂不
足乎. 以二猶不足, 而敎之徹, 疑若迂矣. 然什一天下之中正, 多則桀, 寡則貉, 不可改
也. 後世不究其本, 而唯末之圖. 故征斂無藝, 費出無經, 而上下困矣. 又惡知盍徹之
當務, 而不爲迂乎.

10. 子張問崇德辨惑. 子曰: "主忠信徙義, 崇德也.

│主忠信, 則崇德之基立矣. 徙義, 則崇德之功速矣.

愛之欲其生, 惡之欲其死；旣欲其生, 又欲其死, 是惑也."

│死生之命由天, 非人之所能短長也, 而常人之情, 愛人之甚, 欲其常生, 及其惡之也, 亦欲其死. 此非惑乎. 苟辨之, 則凡似此之類, 皆不肯爲.

誠不以富, 亦祇以異.

│此詩小雅我行其野之詞也. 程子曰: 此錯簡. 當在第十六篇, 齊景公有馬千駟之上. 因此下文亦有齊景公字而誤也.

○非崇德, 則無以得學問之實. 非辨惑, 則無以見學問之功. 皆學者之切務也.

11. 齊景公問政於孔子.

│景公, 名杵臼.

孔子對曰: "君君, 臣臣, 父父, 子子."

│爲政, 以彝倫得叙爲本. 當是之時, 齊國君臣父子, 皆失其道. 故夫子, 以此告之.

公曰: "善哉. 信如君不君, 臣不臣, 父不父, 子不子, 雖有粟, 吾得而食諸."

│言必至危亡, 不得享其祿.

○ 朱氏曰: 景公善孔子之言, 而不能用. 其後果以繼嗣不定, 啓陳氏弒君簒國之禍.

○ 爲政之本, 在於君臣父子, 各得其所, 而不紊. 苟不求其本, 而唯末之圖, 則施爲雖當, 條令雖明, 豈足以善其國乎. 蓋夫子爲景公問政而對, 故其責成, 專在君上. 惜乎景公知善夫子之言, 而不知反求于其身. 此齊之所以卒于亂也. 若後之人君, 讀此而不知反求於其身, 則又一齊景公也.

12. 子曰: "片言可以折獄者, 其由也與."

│片, 孔氏曰: 猶偏也. 片言, 半言. 折, 斷也.

○ 此言子路之爲人, 氣質明決, 能得聽人之片言, 以斷其誠僞, 可見其有政事之才也. 故曰, 由也 果, 於從政乎何有.

13. 子路無宿諾.

│朱氏曰: 宿, 留也, 猶宿怨之宿. 急於踐言, 不留其諾也. 記者因夫子之言, 而類記之. ○ 古本或以此別爲一章, 至於邢氏, 連合上章. 今又別爲一章, 以復其舊云.

○ 子路忠信剛果, 急於踐言, 而不慢人之約. 小者如此, 大者可知.

14. 子曰: "聽訟吾猶人也, 必也使無訟乎."

○ 此言治民者, 皆以聽訟爲能, 而不知使民無訟之爲至. 故門人記之, 以明正其本清其源, 則自無訟也. ○ 陳氏櫟曰: 聽訟者, 決民之爭, 無訟者, 躬行化民, 而民自不爭. 無訟之可聽, 非禁之使然. 默化潛孚, 若使之耳.

15. 子張問政. 子曰: "居之無倦；行之以忠."

│朱氏曰: 居謂在諸心, 行謂發於事.

○ 不願乎其外, 則自無倦, 視之猶己事, 則必以忠. 無倦則見功速矣, 以忠則事必成矣. 此二者爲政之至要也.

16. 子曰: "博學於文, 約之以禮, 亦可以弗畔矣夫."
│ 重出. 例見前篇.

17. 子曰: "君子成人之美, 不成人之惡. 小人反是."
│ 成者, 謂成全其事也.
○ 君子之心, 善善長, 而惡惡短. 故人之有美名也, 褒稱揄揚, 以欲成全其事. 其有惡名也, 分疏恕宥, 使其不終爲惡人. 舜之隱惡而揚善, 其事亦相類. 小人之心, 刻薄而忌善. 人有美名, 則發摘隱伏, 以沮壞其事. 有惡聲, 則文致羅織, 以證成其罪. 君子小人, 用心不同, 每每如此.

18. 季康子問政於孔子, 孔子對曰: "政者, 正也, 子帥以正, 孰敢不正."
○ 君子本也, 民者末也. 表正則影直, 源淸則流澄. 故曰, 其身正, 不令而行, 其身不正, 雖令不從. 記曰, 堯舜帥天下以仁, 而民從之, 桀紂帥天下以暴, 而民從之. 其所令反其所好, 而民不從. 大凡聖賢之論政, 反其本皆如此. 通下二章, 皆此意云.

19. 季康子患盜, 問於孔子. 孔子對曰: "苟子之不欲, 雖賞之不竊."
○ 治民之方, 在德不在術. 凡民之非心, 皆上之所使. 苟爲上者, 帥之以廉恥, 則民皆感化, 雖賞之使爲盜, 而民亦知恥而不竊, 又何患盜. 康子徒意弭盜之有術, 而不知反其本. 夫子正其本而告之, 其意切矣.

20. 季康子問政於孔子曰: "如殺無道, 以就有道, 何如?"
│ 就, 成也.
孔子對曰: "子爲政, 焉用殺. 子欲善, 而民善矣.
│ 言子爲執政, 安用刑殺. 子欲善, 則民皆善.
君子之德風, 小人之德草, 草上之風必偃."
│ 上一作尙, 加也. 偃, 仆也. 亦欲康子先自正也.
○ 善善惡惡, 二者固不可無. 然善善, 則不必惡惡, 而惡者自善矣. 若夫不善善, 而徒欲必去惡, 則惡者不可勝去, 而善者亦不得成矣. 康子蓋欲殺惡人以成善人, 而不知成善人, 則惡人自化. 故曰, 子欲善, 而民善矣. 末又說譬, 以言民之易化, 而感孚甚速也.

21. 子張問: "士何如斯可謂之達矣?"
│ 達者, 謂內有其實. 名譽自達也.
子曰: "何哉, 爾所謂達者?"
│ 夫子疑子張所謂達者, 未必達之本意. 故反詰之, 將以發其病而藥之.

子張對曰:"在邦必聞, 在家必聞."

｜子張之所言達者, 如此也.

子曰: "是聞也, 非達也.

｜聞者 謂致飾乎外, 以致名聞也.

夫達也者: 質直而好義, 察言而觀色, 慮以下人. 在邦必達, 在家必達.

｜質直好義, 則不事矯飾, 察言觀色, 則不自滿假, 慮以下人, 則不敢自高. 此皆修己
　　自謙, 不求人知之事. 然能如此, 則德修于己, 而人必信之, 聲名自達于四方也.

夫聞也者: 色取仁而行違, 居之不疑. 在邦必聞, 在家必聞."

｜善顏色, 以取於仁, 而行實違其本心. 又自以爲是, 而無所忌憚. 故名譽雖著聞於
　　時, 而實德則病矣.

○ 夫聞達之辨明, 而後學者之志定矣. 聞者虛于中, 而聲于外, 不務于實, 而務于名.
達者足于此 而通于彼, 自修於中, 而不求人知. 乃誠僞之所在, 而君子小人之所以分
也. 凡後世所謂達者, 皆聞也而非達也. 學者宜審擇焉.

22. 樊遲從遊於舞雩之下, 曰:"敢問崇德·脩慝·辨惑."

｜慝, 隱惡也. 脩者, 治而去之.

子曰: "善哉問.

｜遲當從遊之際, 忽發切身之問. 故夫子善其問.

先事後得, 非崇德與.

｜先勞於事, 而後得其報, 則其德日進, 以極高明矣.

攻其惡, 無攻人之惡, 非脩慝與.

｜專於治己之惡, 而無意攻人之惡, 則視其惡分明, 而無所匿矣.

一朝之忿, 忘其身以及其親, 非惑與."

｜此惑之甚易知者, 而人情之所或不免. 若辨其爲惑, 則凡似此之類, 皆得能辨之.

○ 此雖因樊遲之病而告之, 然聖人之言, 實萬世之典則, 學者之懿範, 人人所當佩服
者也. 而視前所告子張者, 其言切其旨厲. 蓋由樊遲之所問, 益切於爲己也. 學者其可
不深味之哉.

23. 樊遲問仁. 子曰: "愛人." 問知. 子曰: "知人." 樊遲未達.

｜遲於仁則旣達其理矣. 但疑知之德, 不止知人也.

子曰: "擧直錯諸枉, 能使枉者直."

｜此言知人之德甚廣也.

樊遲退, 見子夏曰: "鄕也吾見於夫子而問知. 子曰: 擧直錯諸枉, 能使枉者直. 何謂
也?"

｜此專疑夫子論知之語而問之.

子夏曰: "富哉言乎.

｜富, 盛也. 言夫子論知之一言, 甚富盛無所不該也.

舜有天下, 選於衆擧皐陶, 不仁者遠矣;湯有天下, 選於衆擧伊尹, 不仁者遠矣."

｜皋陶, 舜時爲士官. 伊尹, 湯相. 朱氏曰: 不仁者遠, 言人皆化而爲善, 不見有不仁者, 若其遠去爾. 所謂使枉者直也.

○ 此章知人以下, 專言知之德甚大也. 樊遲之所疑, 夫子之所答, 子夏之所述, 皆在於知矣. 遲初非疑仁知之相悖, 夫子亦非兼仁知而言也. 夫子嘗答哀公又曰, 擧直錯諸枉, 則民服. 意哀公徒知擧錯得當, 則人心服焉, 而不知一言之中, 亦自有舜湯治天下之盛, 如此其大也. 由是觀之, 則凡聖人之言, 皆隨觀者之淺深, 而爲之廣狹如此. 學者其可不盡心哉.

24. 子貢問友. 子曰: "忠告而善道之, 不可則止, 無自辱焉."

○ 此言交友之道, 在於能盡其心而告之, 又善其說以道之. 然其人不可, 則暫止不言, 亦俟其自悟, 若數而無節, 則返致嫌厭, 勿自取辱可也. ○ 朱氏曰: 與之處而不告其過, 非忠也. 要使誠意交通, 在未言之前, 則言出而人信矣. 不信誠之不至也.

25. 曾子曰: "君子以文會友, 以友輔仁."

○ 言君子不徒會友, 其會之也, 必取講磨之益. 無友不如己者, 其友之也, 必取輔仁之人. 此君子之所以日新其德也.

論語古義 卷之七

子路第十三
凡三十章

1. 子路問政. 子曰: "先之勞之."

｜治民, 在於先修其身. 使民, 在於躬勤其事.

請益, 曰: "無倦."

｜爲政之道, 先之勞之二言盡之矣. 故及其請益, 以無倦告之. 胡氏炳文曰: 子張堂堂, 子路行行, 皆易銳於始, 而怠於終. 故答其問政, 皆以無倦告之. 子張少誠心. 故又加之以忠.

○ 道在邇而事在易. 故知道者, 不求諸遠, 而必求諸邇, 不求諸難, 而必求諸易. 知其要在此而不可易也. 以身先之, 則民勸矣, 否則事廢. 以身勞之, 則效速矣, 否則功不成. 若夫子之言, 可謂邇且易也. 然勤而不倦焉, 則治必定, 功必成矣. 其要唯在堪煩積久, 不求近効. 若求近効, 則怠心必生, 前功盡廢. 故及子路請益, 唯曰無倦, 眞藥石也哉.

2. 仲弓爲季氏宰, 問政. 子曰: "先有司,

｜有司, 屬吏也. 宰, 衆職所視傚. 故躬先率作, 則下無廢職.

赦小過,

｜過, 失誤也. 赦之則人得舒展, 而衆心悅.

舉賢才."

｜舉賢才, 則人有所勸, 而政治明.

曰: "焉知賢才而舉之?" 曰: "舉爾所知, 爾所不知, 人其舍諸."

｜仲弓謙言, 吾明不足以知人之賢否, 所交亦不廣, 安知賢才而舉之. 夫子言, 且舉
爾所知者. 苟實好賢, 而欲舉之, 則爾所不知者, 亦將有人以舉之, 而自無遺賢矣.

○ 此三者爲政之大要也. 夫上下之綱也. 綱不擧, 則目自弛, 上無所倡, 則下必怠.
故以先有司, 先之. 過誤不宥, 則刑罰濫, 而衆心畔. 故赦小過次之. 賢才國家之所倚
賴, 苟不舉之, 則家猶不可治. 況國乎, 況天下乎. 故欲治天下者, 當與天下之人共治
之, 欲治一國者, 當與一國之人共治之, 欲治一家者, 當與一家之人共治之. 仲弓專
求於己, 而不知與人共焉. 苟不與人共, 則季氏小邑, 猶不可治, 況天下乎. 此所以舉
賢才而終之也.

○ 論曰: 夫以無人材爲憂者, 庸主之通患也. 天下之廣, 不患無人材. 不在於上, 必在
於下, 不在於朝, 必在於野. 苟好賢甚, 則群賢彙征, 如拔茅茹, 豈有無人材之患乎. 嗚
呼若夫子之言, 意直心廣, 足以牢籠天下之人材, 尙何無人材之爲患哉. 郭隗說燕昭
王, 意近之.

3. 子路曰: "衛君待子而爲政, 子將奚先?"

｜衛君, 謂出公輒.

子曰: "必也正名乎."

｜名者實之表. 名一違, 則其實畢差. 故政以正名爲先.

子路曰: "有是哉, 子之迂也. 奚其正?"

｜迂, 猶遠也. 言非今日之急務.

子曰: "野哉由也. 君子於其所不知, 蓋闕如也.

｜責子路不能闕疑. 蓋君子以知爲知, 不知爲不知, 而不質言之.

名不正, 則言不順; 言不順, 則事不成; 事不成, 則禮樂不興; 禮樂不興, 則刑罰不中;
刑罰不中, 則民無所措手足.

｜此言名不正之弊也. 事不成, 猶曰不成事體. 蓋百事順成, 而後禮樂可興. 若事不
成, 則禮樂不興, 而政治乖繆, 刑罰不中.

故君子名之必可言也, 言之必可行也. 君子於其言, 無所苟而已矣."

｜此言名之不可不正也. 於其言, 猶云於其名稱也.

○ 爲政固多術矣. 然在衛國, 則莫急於正名. 若名一不正, 則下五者流弊自至, 百不
可爲. 方是時, 衛世子蒯聵, 恥其母南子之淫亂, 欲殺之, 不果而出奔. 靈公欲立公子
郢, 郢辭. 公卒, 乃立蒯聵之子輒, 以拒蒯聵, 輒乃仇其父, 而禰其祖. 名之不正, 孰甚
焉. 孔子正名之言, 在是時, 實爲急務.

○ 論曰: 冉有曰, 夫子爲衛君乎. 子貢曰, 諾. 吾將問之. 入曰, 伯夷叔齊何人也, 曰,
古之賢人也. 出曰, 夫子不爲也, 而觀此章, 則夫子亦非不爲輒者, 蓋子貢之言, 語其
常也. 佛肸弗擾之召, 夫子皆欲往. 此聖人不棄物之仁也. 向使輒誠心以待之, 虛己以

委之, 則夫子豈不可助之乎. 正名之擧, 亦豈有難爲者乎. 胡氏以爲, 夫子爲政, 必將
告諸天王, 請于方伯, 命公子郢而立之. 其論正矣, 而非人情, 不可從也. 中庸曰, 君子
不動而敬, 不言而信, 不賞而民勸, 不怒而民威於鈇鉞. 蓋聖人神化之妙, 不可以言
議, 意測之也.

4. 樊遲請學稼, 子曰:"吾不如老農." 請學爲圃, 曰:"吾不如老圃."
| 種之曰稼. 斂之曰穡. 圃, 種菜之處.
樊遲出, 子曰:"小人哉, 樊須也.
| 小人, 謂細民.
上好禮, 則民莫敢不敬;
| 禮, 以別上下辨貴賤. 故民敬.
上好義, 則民莫敢不服;
| 義, 以制可否明取舍. 故民服.
上好信, 則民莫敢不用情.
| 情, 猶實也. 信, 以靡虛僞點浮餙. 故民用情實.
夫如是, 則四方之民, 襁負其子而至矣. 焉用稼."
| 襁, 織縷爲之. 廣八寸, 長丈二, 以約小兒於背.
○ 禮義信三者, 大人之事也. 蓋上好之, 則下亦以類而應, 速於桴鼓, 疾於置郵, 可以
鼓舞萬民, 可以風動四方, 第患好之不篤耳. 若夫勞心細務, 而不知道以維持天下者,
乃世俗之所務, 而非聖門之所謂學也. 夫子不面責其非, 而必待其出而言者, 蓋面責
其非, 則彼固不得不從, 然或恐拂其意, 而聽信之不篤. 彼若聞夫子竊議己之非, 則羞
惡之心, 生於內, 而悔悟親切, 其改之也必矣. 是亦夫子之仁也.
○ 論曰: 聖門之學, 經世之學也. 古之聖賢, 陰於漁釣者有矣, 隱於版築者有矣. 若稼
圃之事, 固士之所不差爲者. 然在孔孟, 則鄙樊遲稼圃之問, 斥陳相並耕之說, 專以繼
往聖開來學爲敎, 濟天下立綱常爲道. 若版築漁釣之事, 固不得已之事也, 可知遯世
爲高者, 非知孔孟之心者也.

5. 子曰:"誦詩三百, 授之以政, 不達, 使於四方, 不能專對, 雖多, 亦奚以爲"
| 專, 獨也. 言政大事也, 使難事也. 讀詩而有得, 則達於政, 而能使事也.
○ 詩之用廣矣. 可以興, 可以觀, 可以群, 可以怨. 可以興, 則足興好善惡不善之心.
可以觀, 則足察人情識事變. 可以群, 則溫厚和平之心生. 可以怨, 則乖戾褊急之心
消. 好善惡不善, 則爲政之本立矣. 察人情識事變, 則爲政之用備矣. 溫厚和平之心
生, 則得盡其言. 乖戾褊急之心消, 則與物不忤. 故可以達於政, 可以奉使獨對也. ○
程子曰: 窮經將以致用也. 世之誦詩者, 果能從政 而專對乎. 然則其所學者, 章句之
末耳. 此學者之大患也.

6. 子曰:"其身正, 不令而行;其身不正, 雖令不從."
○ 此聖賢治人之常法, 不如此而能治人者, 未之有也. 蓋先王之治, 詳于德, 而略于

法, 知法之不足恃也. 孟子曰: 人有恒言, 皆曰天下國家, 天下之本在國, 國之本在家, 家之本在身. 故能修其本, 則末自從之, 天下無難爲者. 故聖人論治平之道, 其言每皆甚易而近者. 蓋爲此也.

7. 子曰: "魯·衛之政, 兄弟也."

○ 魯周公之後, 衛康叔之後, 本兄弟之國, 而是時二國, 雖衰亂之甚, 然猶有二公之遺風. 故曰兄弟也. 亦魯一變, 至於道之意. 其在當時, 誰謂齊晉之强, 不如魯衛之弱. 然魯後齊晉而亡, 衛之子孫, 至漢猶在, 則王澤之遠, 亦不可誣也. 聖人之言, 可信也夫.

8. 子謂衛公子荊, "善居室.

| 公子荊, 衛大夫.

始有曰:苟合矣, 少有曰:苟完矣, 富有曰:苟美矣."

| 合, 聚也. 完, 備也. 朱氏曰: 言其循序而有節, 不以欲速盡美累其心.

○ 此夫子稱公子荊, 以示居室之道也. ○ 朱氏曰: 常人居室, 不極其華麗, 則墻傾壁倒, 全不理會. 子荊自合而完而美, 循循有序, 而又皆曰苟而已, 初不以此累其心. 故聖人稱之.

9. 子適衛, 冉有僕.

| 僕, 御車也.

子曰: "庶矣哉."

| 庶, 衆也.

冉有曰:"旣庶矣, 又何加焉?" 曰:"富之."

| 民不至匱乏, 則老幼得其養, 而民生遂.

曰:"旣富矣, 又何加焉?" 曰:"敎之."

| 民知孝弟之義, 則上下得其所, 而民心正.

○ 此見聖人仁天下之心也. 夫子適衛, 見其庶而嘆之, 益有悅其國無沴戾. 生齒繁殖. 故及冉有之問, 而欲富之而敎之也. 人之生也旣庶矣, 而不富之, 則民無恒産, 因無恒心. 故加之以富. 旣富矣, 而不敎之, 則父不父, 子不子, 兄不兄, 弟不弟, 違於禽獸幾希. 故加之以敎. 夫庶矣, 而不知富之, 則是以草芥視之也. 富矣而不知敎之, 則是以禽獸畜之也. 豈聖人仁天下之心哉.

10. 子曰: "苟有用我者, 朞月而已可也, 三年有成."

| 朞月, 謂周一歲之月也. 許氏謙曰: 朞月而可, 謂興衰撥亂, 綱紀粗立. 三年有成, 謂治定功成, 治道大備.

○ 此蓋夫子爲門人, 釋其疑也. 當時佛肸之召, 夫子嘗欲往, 公山弗狃之召, 夫子又欲往. 門人多疑之, 故言此以明其意. 當與後篇吾其爲東周乎章參看.

11. 子曰: "善人爲邦百年, 亦可以勝殘去殺矣.
| 爲邦百年, 言相繼而久也. 勝殘, 化殘暴之人, 使不爲惡也. 去殺, 不用刑殺也.
誠哉是言也."
| 古有此言, 孔子善之.
○ 夫子言, 勝殘去殺, 乃非以善人仁厚之至, 而百年相繼之久, 則不能, 非可且夕奏
其效也. 故曰誠哉是言也. 是非卑善人而遲其化. 蓋門人記之, 以起下章之意.

12. 子曰: "如有王者, 必世而後仁."
| 世者, 指其世而言.
○ 此承上章之意而言. 謂之必世, 則非子孫相繼之比, 謂之仁, 則亦非止勝殘去殺而
已. 蓋王道以仁爲本. 一夫不得其所, 非仁也, 一物不得其所, 非仁也. 上自朝廷, 及於
海隅之遠, 歡欣愉悅, 合爲一體, 百官都兪吁咈於上, 黎民相愛相安於下, 融如溢如莫
不自涵濡於王澤之中, 是仁之至, 王道之成也.

13. 子曰: "苟正其身矣, 於從政乎何有. 不能正其身, 如正人何."
| 饒氏魯曰: 從政與爲政不同, 爲政是人君事, 從政是大夫事. 夫子此言, 蓋爲大夫
而發.
○ 此又言治人之常道, 故編論語者, 不厭其屢見而數出也.

14. 冉子退朝.
| 冉有時爲季氏宰. 朝, 季氏之私朝.
子曰: "何晏也?"
| 晏, 晚也.
對曰: "有政." 子曰: "其事也. 如有政, 雖不吾以, 吾其與聞之."
| 以, 用也. 古者大夫雖致仕, 國有大政, 必與聞之.
○ 在君爲政, 在臣爲事. 是時季氏專魯, 其於國政, 蓋有不與同列議於公朝, 而獨與
家臣謀于私室者. 故夫子爲不知者, 而曰其事也. 當時非惟季氏恬然不知其僭而已,
雖冉有與聞夫子之敎, 亦朦然不以爲非. 夫子知其漸不可長, 故特顯白言之. 不獨警
季氏敎冉有, 亦欲使此義不晦於天下萬世. 蓋春秋之意云.

15. 定公問: "一言而可以興邦, 有諸?" 孔子對曰: "言不可以若是其幾也.
| 朱氏曰: 幾, 期也. 言一言之間, 未可以如此而必期其效.
人之言曰: 爲君難, 爲臣不易.
| 當時有此言也.
如知爲君之難也, 不幾乎一言而興邦乎."
| 夫子言, 若因此言惕然警省, 則豈不可以期於興邦乎.
曰: "一言而喪邦, 有諸?" 孔子對曰: "言不可以若是其幾也. 人之言曰: 予無樂乎爲君,
唯其言而莫予違也.

｜言他無所樂, 惟樂此耳.

如其善而莫之違也, 不亦善乎. 如不善而莫之違也, 不幾乎一言而喪邦乎."

○ 謝氏曰: 知爲君之難, 則必敬謹以持之, 惟其言而莫予違, 則讒諂面諛之人至矣. 邦未必遽興喪也, 而興喪之源, 分於此. 然此非識微之君子, 何足以知之. ○ 愚謂: 爲君難之戒, 專在於守成之君, 爲切矣. 若創業之君, 本起自寒微, 備嘗艱難, 不須深戒. 第守成之君, 素藉祖宗之業, 生長安富之中, 憂遊暇豫, 不知自戒. 故此言專戒守成之君也. 凡人主之憂, 最在於不得聞善言, 臣之於君, 亦直言難進, 諛言易入. 故古之明君, 必自導其臣, 而使得盡其言. 若不然, 則雖有剛直之臣, 而不得盡其能. 況樂其言而莫予違也, 則嘉謀在前而不知, 敗亡在後而不覺, 一言而喪邦不其然乎.

16. 葉公問政. 子曰: "近者說, 遠者來."

○ 近則其驗易見. 故實惠及民, 則近者說. 至誠能感物, 故誠意積久, 則遠者來. 夫爲政, 以得人心爲本. 故夫子欲葉公以此驗民情, 而自考其得失也.

17. 子夏爲莒父宰, 問政.

｜莒父, 魯邑名.

子曰: "無欲速, 無見小利. 欲速則不達, 見小利則大事不成."

○ 張氏栻曰: 欲速則期於成, 而所爲必苟. 故反不達, 見小利, 則徇目前, 而忘久遠之謀. 故反害大事. 胡氏寅曰: 聖人之言, 雖救子夏之失. 然天下後世, 皆可以爲法. 兩漢以來爲政者, 皆未免欲速, 見小利之病也.

18. 葉公語孔子曰: "吾黨有直躬者. 其父攘羊而子證之."

｜直躬, 直身而行者. 有因而盜曰攘.

孔子曰: "吾黨之直者, 異於是. 父爲子隱, 子爲父隱, 直在其中矣."

○ 隱非直也. 然父子相隱, 人情之至也. 人情之至, 卽道也. 故謂之直. 苟於道有合, 則無往而不得. 故曰, 直在其中矣. 入大廟每事問, 曰, 是禮也. 亦此類也.

○ 論曰: 舊註謂, 父子相隱, 天理人情之至, 非也. 此以人情天理, 岐而爲二. 夫人情者, 天下古今之所同然. 五常百行, 皆由是而出. 豈外人情, 而別有所謂天理者哉. 苟於人情不合, 則藉令能爲天下之所難爲, 實豺狼之心, 不可行也. 但在禮以節之, 義以裁之耳. 後世儒者, 喜說公字, 其弊至於賊恩, 何者. 是是而非非, 不別親疎貴賤, 謂之公. 今夫父爲子隱, 子爲父隱, 非直也, 不可謂之公也. 然夫子取之者, 父子相隱, 人之至情, 禮之所存, 而義之所在也. 故聖人說禮, 而不說理, 說義而不說公. 若夫外人情離恩愛, 而求道者, 實異端之所尙, 而非天下之達道也.

19. 樊遲問仁. 子曰: "居處恭, 執事敬, 與人忠; 雖之夷狄, 不可棄也." 之夷狄不可棄. 勉其固守而勿失也.

○ 恭則不敢肆, 敬則不敢慢. 與人忠則不敢忽人之事. 此所以求仁也. 蓋仁者實德也, 由規矩則得, 不由規矩則不得. 故夫子以君子脩身之常法告之. 於求仁之方, 至爲深切.

20. 子貢問曰: "何如斯可謂之士矣?" 子曰: "行己有恥, 使於四方, 不辱君命, 可謂士矣."

┃ 其志有所不爲, 而其材足以有爲, 則所以爲士者備矣.

曰: "敢問其次." 曰: "宗族稱孝焉, 鄕黨稱弟焉."

┃ 宗族鄕黨之間, 俱稱其孝弟, 則其行之善可見矣.

曰: "敢問其次." 曰: "言必信, 行必果, 硜硜然, 小人哉. 抑亦可以爲次矣."

┃ 朱氏曰: 果, 必行也. 硜, 小石之堅確者. 謂之小人者, 蓋以其識量拘泥, 而所見甚小也.

曰: "今之從政者何如?"

┃ 子貢又問, 若今之從政者, 於士何如.

子曰: "噫, 斗筲之人, 何足算也."

┃ 噫, 心不平聲. 斗, 量名, 容十升. 筲, 竹器, 容斗二升, 量之小者. 算, 數也. 毁其無一善之見於世也

○ 子貢以行己有恥, 不辱君命, 難其人, 以爲以此爲士, 則自此以下者, 不足爲士. 然則人或有棄材. 故冉問其次, 至於今之從政者如何. 蓋擧其所不滿意者, 而質之夫子也. 孔門之學者, 不敢自是己意, 輕可否人也如此.

○ 論曰: 孝弟實德也, 忠信實心也. 故聖門之敎, 必以孝弟爲本, 忠信爲主, 而今以此爲士之次者, 何哉. 蓋聖門之學, 有用之實學也. 苟德之不弘, 材之不宏, 則說令孝弟可稱, 忠信可取, 然徒善其身而已, 不足以及人. 故爲士之次也.

21. 子曰: "不得中行而與之, 必也狂狷乎. 狂者進取, 狷者有所不爲也."

┃ 行, 道也. 進取, 進而取道也. 朱氏曰: 狂者志極高而行不掩, 狷者知未及而守有餘.

○ 任道之重, 非中道之士, 則不能. 然旣不可得, 則必欲得狂狷之士而敎之. 蓋狂者志意高邁, 欲直入于聖域, 可與進道之量, 而次于中道者也. 若狷者, 行潔節苦, 雖一毫不義之事, 不敢爲, 又可與守道之器, 而次于狂者也. 此夫子之所以取之也. 若夫庸常之才, 委靡不振, 不堪任此道之重也.

22. 子曰: "南人有言曰: 人而無恒, 不可以作巫醫. 善夫.

┃ 南人, 南國之人. 恒, 常也. 無恆, 謂有始而無卒也. 巫爲人祈禱, 醫爲人療病. 若其心無恒, 則無爲人之實. 故雖巫醫之賤役, 猶不可爲之. 夫子所以善其言也.

不恆其德, 或承之羞."

┃ 此易恒卦, 九三爻辭. 承, 進也. 此又言自受其羞也.

子曰: "不占而已矣."

┃ 張氏栻曰: 不占, 謂理之必然, 不待占決而可知也.

○ 常久不易, 之謂恒, 有始有卒, 之謂恒. 其事雖易, 而守之甚難. 若反此則百事不足恃焉. 故雖巫醫之賤役, 猶不可爲. 況爲聖人之道者, 其可不自恒其德乎.

23. 子曰: "君子和而不同; 小人同而不和."

｜君子心和, 故與物不忤. 從義, 故不得必同. 小人反之.

○ 君子之事, 仁義而已矣. 和則不失物, 不同則不失己. 此可以見仁之成德, 而義自在其中矣. ○ 朱氏曰: 君子之和, 乃以其同寅協恭, 而無乖爭忌克之意. 其不同者, 乃以其守正循理, 而無阿諛黨比之風. 小人反是. 此二者, 外相似而內實相反. 乃君子小人, 情狀之隱微, 自古至今如出一軌. 如韓富范公, 上前議論不同, 或至失色, 至卒未嘗失和氣. 王呂章曾蔡氏, 父子兄弟, 同惡相濟, 而其隙無不至, 亦可以驗聖言之不可易矣.

24. 子貢問曰:"鄉人皆好之, 何如?" 子曰:"未可也." "鄉人皆惡之, 何如?" 子曰:"未可也. 不如鄉人之善者好之, 其不善者惡之."
○ 輔氏廣曰: 鄉人皆好, 恐是同流合汗之人. 鄉人皆惡, 恐是詭世戾俗之人. 故皆以爲未可. 惟鄉人之善者, 以其同乎己而好之, 則有可好之實矣. 不善者, 以其異乎己而惡之, 則無苟容之行矣. 方可必其人之賢也.

25. 子曰:"君子易事而難說也. 說之不以道不說也. 及其使人也, 器之.
｜器之, 謂隨其材器而使之. 末二句, 乃解易事難說之意. 下文倣此.
小人難事而易說也. 說之雖不以道說也. 及其使人也, 求備焉."
○ 輔氏廣曰: 君子持己之道甚嚴, 而待人之心甚恕. 小人治己之方甚寬, 而責人之意甚刻. 君子說人之順理, 小人說人之順己. 君子貴重人材, 隨才器而使之, 而天下無不可用之人. 小人輕視人才, 故求全責備, 而卒至無可用之人.

26. 子曰:"君子泰而不驕;小人驕而不泰."
○ 君子守己儉, 而不以能先人, 故泰而不驕. 小人恃其有, 而不以約檢己, 故驕而不泰.

27. 子曰:"剛毅木訥, 近仁."
｜木者, 質樸. 訥者, 遲鈍.
○ 爲仁在乎立誠, 誠立則不敢欺人. 故其質剛毅木訥者, 雖未至仁, 而與色取而行遠者異. 故曰, 近仁. 蓋巧言令色, 外似而內實僞. 剛毅木訥, 外野而內可取. 聖人所以辨仁不仁者, 於是可見矣. ○ 胡氏炳文曰: 四者天資之近仁者也. 加以學力則不止於近矣.

28. 子路問曰:"何如斯可謂之士矣?" 子曰:"切切, 偲偲, 怡怡如也, 可謂士矣. 朋友切切偲偲, 兄弟怡怡."
｜切切, 懇到. 偲偲, 詳勉. 皆相責之貌. 怡怡, 和順之貌. 言士之行欲如此. 然朋友有相責之義, 兄弟有相友之道. 故末復以其所重, 分而言之.
○ 此三者皆有忠愛之意. 蓋士之行, 雖不可以一盡, 然以忠愛爲本. 苟不足於玆, 則其行必不能遠達. 故夫子以此三者, 答子路之問, 可謂親切矣. ○ 黃氏幹曰: 所謂士者, 涵泳於詩書禮義之澤, 必有溫良和厚之氣. 此士之正也. 至於發强剛毅, 則亦隨事而著見耳. 子路負行行之氣, 而不能以自克, 則切偲怡怡之意常少. 故夫子箴之.

29. 子曰: "善人敎民七年, 亦可以卽戎矣."

| 卽, 就也. 戎, 兵也.

○ 敎民, 謂以善敎之也, 所謂修其孝弟忠信是也. 善人之道, 本以慈仁化導爲務, 而不以刑殺威嚴爲心. 然至七年之久, 則民亦有所感化, 自能爲長上死. 善之易入于人如此. 孟子所謂得民心, 卽此意.

30. 子曰: "以不敎民戰, 是謂棄之."

| 敎, 敎民以戰陣之法也.

○ 馬氏曰: 用不習之民, 使之攻戰, 必破敗, 是謂棄之. ○ 古者敎民之法, 三時務農一時講武, 耳目習于旌旗, 手足練于干戈, 自無敗亡之禍. 若不然, 則與措之于死地無異矣. 此蓋承上章, 而言亦不可以不講武也. 君子重民命如此.

憲問第十四
凡四十七章

○ 胡氏曰: 此篇疑原憲所記.

1. 憲問恥. 子曰: "邦有道穀, 邦無道穀, 恥也."

| 憲, 原思名. 穀, 祿也. 言出而不能有爲, 處而不能有守, 惟知食祿, 是可恥也.

○ 朱氏曰: 邦有道不能有爲, 邦無道不能獨善, 而但知食祿, 皆可恥也. 憲之狷介, 其於邦無道穀之可恥, 固知之矣. 至於邦有道穀之可恥, 則未必知也. 故夫子因其問, 而并言之, 以廣其志, 使知所以自勉, 而進於有爲也. ○ 愚謂: 士之於世, 獨善其身易, 兼善天下難. 其於可恥之中, 自知所輕重可也.

2. "克·伐·怨·欲不行焉, 可以爲仁矣?"

| 此亦原憲以其所希望而問也. 馬氏曰: 克, 好勝人. 伐, 自伐其功. 怨, 小忿. 欲, 貪欲. 憲蓋以四者自不行爲仁, 故爲問.

子曰: "可以爲難矣, 仁則吾不知也."

| 言能制克伐怨欲, 而使不行, 則固人之所難爲矣. 然至於以此爲仁, 則吾不知也. 蓋慈愛之德, 能及物, 無一毫殘忍之心, 而後可以謂之仁矣. 豈止無克伐怨欲之謂哉.

○ 論曰: 心一也. 仁則爲溫和慈良, 不仁則爲克伐怨欲, 在其所存如何耳. 故知德者, 務用力於仁, 而不强事防閑, 知德之可尊, 而欲之不足惡也. 不知德者, 徒惡欲之累其心, 而專用力於克治, 殊不知苟脩其德, 則其欲自退聽. 徒惡欲之累己, 而强欲無之, 則并其良知良能, 斳喪遏絕, 不復得存, 是不可不知也. 若後世無欲主靜之說者, 實虛無寂滅之學, 而非孔門爲仁之旨矣.

3. 子曰:"士而懷居, 不足以爲士矣."

｜居, 謂居室.

○ 居處富足, 無所憂苦, 乃世俗之所樂. 然爲士者, 當有經營四方之志, 而不可專求安逸之樂. 苟於此戀戀不能棄去, 則於義之所當爲者, 必畏避退縮, 不能勇爲, 豈足以爲士耶.

4. 子曰:"邦有道, 危言危行; 邦無道, 危行言孫."

｜危, 厲也. 孫, 順也. 洪氏曰: 危, 非矯激也, 直道而已. 孫, 非阿諛遠害而已.

○ 此言君子持身之法. 其處有道, 則當直言勵行, 以明正道範士風. 若處無道, 則行固不可遜也. 至于其言, 則不可不稍收鋒刃, 以避其禍焉. 君子固不當枉道, 亦不當好盡言以取禍. 唯有道者能焉.

5. 子曰:"有德者必有言; 有言者不必有德. 仁者必有勇; 勇者不必有仁."

○ 此專言有德者必有言, 仁者必有勇也. 蓋有德者, 不貴乎言, 宜無言矣, 而必有之. 仁者不專於勇, 宜無勇矣, 而必有之. 若夫徒有言者, 務飾於外, 豈必有德哉. 徒有勇者, 血氣用事, 豈必有仁哉. 其大小輕重, 斷而可知矣.

6. 南宮适問於孔子曰:"羿善射, 奡盪舟, 俱不得其死然.

｜适, 卽南容. 孔氏曰: 羿, 有窮國之君, 簒夏后相之位, 其臣寒浞殺之, 因其室而生奡. 奡多力, 能陸地行舟, 爲夏后少康所殺. 皆不得以壽終. 适以此二子, 比當時有權力者.

禹稷躬稼而有天下."

｜馬氏曰: 禹盡力於溝洫, 稷播百穀. 故曰躬稼. 禹及其身, 稷及後世, 皆王天下. 适以禹稷, 比當時有德而無名位者, 意蓋在孔子.

夫子不答. 南宮适出, 子曰:"君子哉若人, 尙德哉若人."

｜禹稷躬稼而有天下之言, 在所當諱. 故夫子不答, 唯稱适有君子之行, 又能尙德之人也.

○ 尙權力而輕道德, 世俗之常態, 人皆不知其非也. 今适生於魯卿僭亂之家, 而其言如此, 則其得於聖門者深矣. 蓋有見權力之不可恃, 而道德之效, 非有所求, 而其流自遠也.

7. 子曰:"君子而不仁者有矣夫. 未有小人而仁者也."

｜君子之不仁, 謂雖有愛人之心, 而無愛人之實也. 言雖有君子而不仁者, 然小人而仁者, 決無之也.

○ 此專爲小人假仁者而發也. 夫仁愛而已矣. 君子固宜仁也. 然一有害人倫妨政事者, 則不免爲不仁. 孔子以臧文仲置六關, 子産鑄刑書, 爲不仁是已. 小人非不愛人也. 然無利於己焉, 則雖父子兄弟, 猶不能全其恩. 況佗人乎. 是君子之所以或不仁, 而小人之必不仁也.

8. 子曰: "愛之能勿勞乎; 忠焉能勿誨乎."

○ 眞愛能勞, 眞忠能誨. 愛矣而勿勞, 則爲不慈. 忠矣而勿誨. 則爲不忠. 然則父兄之
於子弟, 臣之事君, 朋友之相交, 可不自盡其心乎.

9. 子曰: "爲命, 裨諶草創之,

| 命, 辭命也. 裨諶, 鄭大夫. 草創, 謂造爲草藁也.

世叔討論之,

| 世叔, 鄭大夫游吉也. 討, 尋究也. 論, 講論也.

行人子羽修飾之,

| 行人, 掌使之官. 子羽, 公孫揮也. 修飾, 謂增損之.

東里子産潤色之."

| 東里, 子産所居也. 潤色, 謂加以文采也. 子産, 國相. 故於其終, 又潤色之也. 鄭國
之辭命, 雖出於三子, 而至其成, 則子産獨專其美也.

○ 此夫子美子産執鄭國之政, 能用衆材, 而且言賢材之有益於國也. 當時詞命, 雖不
可悉見, 然以此章見之, 則其出好興戎, 成敗離合之機頓分, 可謂重矣. 叔向亦云, 子
産有詞, 諸侯賴之, 則可見詞命之所係甚大, 而子産能用三子之長也.

○ 論曰: 古之稱良相者, 不在專用己之善, 而在能用人之善. 蓋己之善有限, 而天下
之善無窮. 故能用天下之善, 而後能成天下之善也. 按, 左傳裨諶等三人, 皆子産之所
薦, 而子産執鄭國之政, 四十餘年, 國不受兵, 應對諸侯, 無有敗事, 非能用人之善之
效乎.

10. 或問子産. 子曰: "惠人也."

| 惠, 愛也.

問子西. 曰: "彼哉彼哉."

| 馬氏曰: 子西, 鄭大夫. 或曰: 楚令尹子西. 彼哉彼哉, 言無足稱.

問管仲. 曰: "人也, 奪伯氏騈邑三百, 飯疏食, 沒齒無怨言."

| 人當作仁. 按: 家語載, 子路問管仲之爲人如何. 子曰, 仁也. 則人字本仁字之誤明
矣, 而前篇幸我問井有仁章, 又誤以人作仁. 蓋人仁同音. 故互相誤耳. 孔氏曰: 伯
氏, 齊大夫. 騈邑, 地名. 齒, 年也. 伯氏食邑於騈邑三百家, 管仲奪之, 伯氏至飯疏
食, 沒齒而無怨言, 夫子引之以明管仲之仁也.

○ 子産之事, 見論語者三, 見孟子者三, 皆見其爲篤厚君子. 至于管仲, 則夫子稱其
器小, 孟子譏其功烈之卑, 則視之子産, 如有所弗及者何哉. 夫論醫則期其活人, 論人
則取其適用. 若管仲之才之功, 以王道律之, 則固不免有器小霸術之譏. 然至於其利
世澤民, 有功於天下後世, 則非子産之所能及也. 蓋其才愈高, 則其望愈重, 其名愈
盛, 則其責愈深. 是所以責備管仲, 而不貶子産也. 夫子論人物, 或與或奪, 皆學者之
所宜潛玩也.

11. 子曰: "貧而無怨難; 富而無驕易."

｜此專爲貧而無怨者發

○ 富而無驕, 其事則順, 不矜於外者能之. 貧而無怨, 其境則逆, 非內有所得者不能也. 然此夫子就常人處貧富上論. 若學者工夫, 前告子貢者盡之矣.

12. 子曰: "孟公綽, 爲趙魏老則優,
｜公綽, 魯大夫. 趙魏, 晉卿之家. 老, 家臣之長. 優, 有餘也.
不可以爲滕薛大夫."
｜滕薛, 二國名. 大夫, 任國政者.

○ 此言人各有能, 有不能, 若能用其長, 而棄其短, 則人各得盡其能, 而天下無棄才也. 公綽蓋廉靜寡欲, 短於才者, 而趙魏家大勢重, 無諸侯之事, 滕薛國小政繁, 有會盟戰爭之事. 故使公綽爲彼則可, 而爲此則不可. 此用人之權度也.

13. 子路問成人.
｜成人, 謂有所成就之人.
子曰: "若臧武仲之知, 公綽之不欲, 卞莊子之勇, 冉求之藝, 文之以禮樂, 亦可以爲成人矣."
｜武仲, 魯大夫, 名紇. 莊子, 魯卞邑大夫. 言若四子之長, 皆足以立世成名, 而復以禮樂文之, 則救偏補闕, 足以當成人之名.
曰: "今之成人者, 何必然. 見利思義, 見危授命, 久要不忘平生之言, 亦可以爲成人矣."
｜此節胡氏以爲子路之語. 今按: 與前篇有民人焉, 有社稷焉, 何必讀書, 語意相類. 故從之. 授命, 猶言致命也. 久要, 舊約也. 平生之言, 謂其非大故, 而平生相諾之言也. 子路以爲 若四子之長, 皆極古今之美, 邈難企及, 苟節義忠信若此, 則亦可以爲成人也. 論語取之者, 蓋以其言亦合理, 而夫子許之也.

○ 成人之名難矣. 苟知廉勇藝, 身實有之, 若四子之長, 而文之以禮樂, 則可以爲成人矣. 蓋無禮則慢易之心生矣, 無樂則鄙詐之心作矣. 殊能異材, 獨步古今者, 必氣滿意抗, 揚己陵人, 自傷其德. 故非以禮樂文之, 則不足以爲成人矣. 舊註以謂兼四子之長, 非也. 是蓋聖人所不能, 豈可望之於學者乎.

14. 子問公叔文子於公明賈, 曰: "信乎, 夫子不言不笑不取乎?"
｜公叔文子, 衛大夫公孫枝也. 公明賈, 亦衛人. 文子, 蓋廉靜之士, 故當時以三者稱之.
公明賈對曰: "以告者過也. 夫子時然後言, 人不厭其言. 樂然後笑, 人不厭其笑. 義然後取, 人不厭其取."
｜厭者, 苦其多而惡之之謂.
子曰: "其然,
｜許賈之言也.
豈其然乎."

｜深不然其言也
○ 朱氏曰: 此言也, 非禮義充溢於中, 得時措之宜者不能. 文子雖賢, 疑未及此. 但君子與人爲善, 不欲正言其非也. 故曰, 其然豈其然乎, 蓋疑之也.

15. 子曰: "臧武仲以防求爲後於魯, 雖曰不要君, 吾不信也."
｜防, 地名. 武仲所封邑也. 要, 有挾而求也. 武仲得罪奔邾, 如防使請立後而避邑也.
○ 直道者, 聖人之所深與也, 而其跡似直, 而其心實不直者, 是枉曲之大甚者, 聖人之所以譏之也.
○ 范氏曰: 要君者無上, 罪之大者也. 武仲之邑, 受之於君, 得罪出奔, 則立後在君, 非己所得專也, 而據邑以請, 由其好知而不好學也.

16. 子曰: "晉文公譎而不正, 齊桓公正而不譎."
｜晉文公, 名重耳. 譎, 詭也. 齊桓公, 名小白.
○ 此專爲齊桓公而發之. 世皆以桓文並稱, 而不知有彼善於此者. 故曰, 正而不譎. 蓋桓文之事 莫大於會盟, 會盟莫大於葵丘踐土, 而葵丘之會, 定太子以安王室, 踐土之會, 挾天子以令諸侯, 有公私義利之別. 其他行事, 可推知也.
○ 論曰: 知人固難矣, 論人亦不易. 蓋知道明, 而後能知人, 能知人, 而後能論人, 能論人, 而後是非邪正定矣. 唯聖人之言, 猶權衡尺度一懸, 而輕重長短無所逃焉. 傳曰, 善善長, 惡惡短. 若齊桓晉文, 自王道視之, 固非純乎正者. 然以二公論之, 有彼善於此者. 故聖人之於桓公, 獨不沒其不譎之善, 所以爲聖人之言也. 若後世儒者之論人, 可謂嚴而正矣. 然發摘纖惡, 指斥片纇, 吹毛索疵, 古今無全人, 不恕之太甚也. 聖人之言, 則不然. 小過必赦, 一善不沒, 實天地之心也.

17. 子路曰: "桓公殺公子糾, 召忽死之, 管仲不死. 曰: 未仁乎."
｜齊襄公立無道, 鮑叔牙曰, 君使民慢, 亂將作矣. 奉公子小白, 出奔莒. 襄公從弟公孫無知, 殺襄公, 管夷吾・召忽奉公子糾奔魯. 齊人殺無知, 魯伐齊納子糾, 小白自莒先入, 是爲桓公. 乃殺子糾, 召忽死之. 管仲請囚, 鮑叔受之, 告於桓公而相之.
子曰: "桓公九合諸侯, 不以兵車, 管仲之力也. 如其仁, 如其仁."
｜九, 春秋傳作糾, 督也. 當時諸侯會盟, 有兵車之會, 有衣裳之會. 不以兵車, 言不假威力也. 如其仁, 言誰如管仲之仁.
○ 管仲不死於子糾之難, 而遂事桓公而相之. 子路疑其不仁固也. 然管仲之於子糾, 非挾貳心以徼功也. 嘗射桓公, 中其鈎, 其所以爲子糾者, 亦盡矣. 及其事卒也, 不避偷生之名, 遂佐桓公 以匡天下. 故夫子不論其當死與否. 但舉九合之功, 以稱其仁, 何者. 其能修擧王法, 輓回風俗, 利澤恩惠, 遠被于天下後世, 則其爲德甚大矣. 故曰, 如其仁, 如其仁. 蓋仁大德也. 非慈愛之心, 頃刻不忘, 則固不可許, 而濟世安民之功, 能被于天下後世, 則亦可以謂之仁矣. 故孟子以伯夷・伊尹・柳下惠, 君於百里之地, 皆能朝諸侯, 有天下爲仁, 是也. 此所以雖高弟弟子, 不許其仁, 而反於仲許之歟.

18. 子貢曰: "管仲非仁者與. 桓公殺公子糾, 不能死, 又相之."
Ⅰ子貢意, 管仲之不死, 旣不可言. 況亦相之, 則能忍其所不能忍者也, 故疑其非仁者.

子曰: "管仲相桓公, 霸諸侯, 一匡天下, 民到于今受其賜. 微管仲, 吾其被髮左衽矣.
Ⅰ匡, 正也. 尊周室, 攘夷狄, 皆所以正天下也. 受賜者, 謂不爲夷狄而君臣父子之義尙存也. 微, 無也. 衽, 衣衿也. 被髮左衽, 夷狄之俗也.

豈若匹夫匹婦之爲諒也, 自經於溝瀆而莫之知也."
Ⅰ諒, 信也. 言豈肯若庶人之爲小信, 自經死於溝瀆中, 而人莫知其名也.

○ 天之生豪傑, 豈偶然哉. 其可無所自任, 不愛其身乎. 當春秋之時, 生民之塗炭極矣. 得一管仲, 斯民卽猶中國之民, 不得一管仲, 斯民卽夷狄之民, 管仲豈可無乎. 其不死, 蓋有所抱負而然. 故曰, 豈若匹夫匹婦之爲諒也.

○ 論曰: 按, 管子及莊周·荀卿·韓非·越絶等書, 皆以子糾爲兄, 桓公爲弟. 然則桓公之於子糾, 是以弟殺兄, 不義之甚者也. 管仲亦不得免黨不義之罪. 夫子何故深與其功, 而不一論其不死之非耶. 蓋春秋之義, 子以母貴. 故於嫡庶之辨, 則甚嚴, 而於衆妾之子, 亦不以兄弟之義論之. 況管仲之於子糾, 盡其心而已矣. 運窮力屈, 遂囚于魯, 不避事讐之嫌, 而成齊桓之業. 是夫子之所以不言其非也.

19. 公叔文子之臣大夫僎, 與文子同升諸公.
Ⅰ僎, 本文子之家臣, 文子薦之, 與己並爲大夫, 同升在公朝.

子聞之曰: "可以爲文矣."
Ⅰ文者, 諡之至美者. 言其行如此, 則諡曰文, 亦可以無媿矣.

○ 文之爲諡, 惟舜文之聖, 足以當之. 如文子之薦僎, 纔一事之善耳. 然其得美諡如此, 則忘己薦賢之爲美德, 從而可知矣

20. 子言衛靈公之無道也, 康子曰: "夫如是, 奚而不喪?"
Ⅰ喪, 亡也.

孔子曰: "仲叔圉治賓客,
Ⅰ仲叔圉, 卽孔文子.

祝鮀治宗廟, 王孫賈治軍旅. 夫如是, 奚其喪."
○ 此見爲國者在能用人之長, 又能當其用也. 苟各用其長, 能當其才, 則雖以三子之才, 猶能存無道之國, 況有德之人乎. 雖以衛靈之無道, 猶能保其國, 況有道之君乎. 後世用人者, 或以一眚, 而棄人之長, 或用之而不盡其能, 此天下國家所以不免喪亡也.

21. 子曰: "其言之不怍, 則爲之也難."
Ⅰ怍, 慙也.

○ 馬氏曰: 人若內有其實, 則其言之不慙. 然則內積其實者, 爲之也甚難. ○ 係詞云, 將叛者其辭慙, 中心疑者其辭枝, 誣善之人其辭游, 失其守者其辭屈. 夫其言之不怍,

非其行之無瑕者不能, 豈不難乎.

22. 陳成子弑簡公.
∣ 成子, 齊大夫, 名恒, 成其諡. 簡公, 齊君, 名壬. 事在春秋哀公十四年.
孔子沐浴而朝, 告於哀公曰: "陳恒弑其君, 請討之."
∣ 是時孔子致仕居魯. 沐浴齋戒, 以告君者, 重其事, 而不敢忽也.
公曰: "告夫三子."
∣ 三子, 三家也.
孔子曰: "以吾從大夫之後, 不敢不告也. 君曰: 告夫三子者."
∣ 孔子自言如此, 意謂吾禮當告君, 不當告三子, 君乃不能自謀其事, 而使吾往三子
　　告之何耶.
之三子告, 不可. 孔子曰: "以吾從大夫之後, 不敢不告也."
∣ 三子素有無君之志. 故拒其謀, 而夫子復以此應之.
○ 弑君父之賊, 人人得而誅之, 古之法也. 凡爲君爲臣者之所必討而不釋者也. 豈可
量其力之強弱哉. 魯之於齊, 言其近, 則爲鄰國, 言其親, 則爲同盟. 而魯之君臣, 坐縱
其賊, 耳如不聞, 可謂無人心矣. 故夫子雖在告老之列, 猶不得已而告之. 夫公義之在
於人心一也, 一人唱之, 萬人隨和. 哀公若聽夫子之言, 而唱討賊之義, 天下孰不應
之. 惜乎哀公不能擧其事, 三子亦懷其私, 而夫子之志終不得就. 蓋臣弑其君, 子弑其
父, 非惟其一身之惡, 實風俗人心之所係. 在一國則一國之恥, 在天下則天下之恥
也. 夫子自任萬世之道, 故恐斯義之不明於天下, 請正其罪, 非徒疾陳恒之惡而已也.

23. 子路問事君. 子曰: "勿欺也, 而犯之."
○ 孔氏曰: 事君之道, 義不可欺, 當能犯諫爭. ○ 事君之道, 以不欺爲本. 然不知犯
之之義, 則或至於阿其所好. 故又曰, 犯之.

24. 子曰: "君子上達; 小人下達."
∣ 上者, 指道德仁義而言. 下者, 指流俗鄙賤之事而言.
○ 此猶君子喩義, 小人喩利之意. 言君子小人各有所達, 而君子之所達在道德, 小人
之所達在鄙事. 在鄙事, 故爲人之所賤, 在道德, 故爲人之所貴. 皆其所自取, 可不愼
乎.

25. 子曰: "古之學者爲己; 今之學者爲人."
∣ 古人之學, 求之實矣. 故其所學, 無不爲己之益, 是爲己也. 後世之人, 專爲利名, 而
志道之心疎矣. 然人或有資其學而用之, 則隨其大小, 爲人之助, 是爲人也. 然於
己之身心則無益, 豈足爲學乎.
○ 爲己者必能成物. 所謂誠者非自成己而已也, 所以成物也. 若夫釣名干譽, 誇多鬪
靡, 而不知用力於己之身心者, 旣不能成己, 焉能成物. 或雖有爲人之益, 然無爲己之
功, 其爲人也, 亦郢書燕說, 可鄙之甚.

26. 蘧伯玉使人於孔子.

ㅣ蘧伯玉, 衛大夫, 名瑗.

孔子與之坐而問焉. 曰: "夫子何爲?"

ㅣ夫子, 指伯玉. 朱氏曰: 與之坐, 敬其主, 而及其使也.

對曰: "夫子欲寡其過而未能也."

ㅣ此言伯玉爲己之功, 常如不及.

使者出. 子曰: "使乎, 使乎."

ㅣ凡爲使者, 必飾詞侈言, 擧其主之賢. 而伯玉之使, 不稱其德, 而以其心之所不足
者而答, 其主之賢愈足信. 故夫子再言使乎, 以重美之.

○ 知道之無窮, 而後識人之不能無過. 有爲己之實心, 而後知過之不能寡. 故曰, 過
而不改, 是謂過矣. 蓋言過之不可深咎, 而至於不改, 然後爲實過也. 伯玉之使, 不曰
其欲無過, 而曰欲寡過, 不曰能寡過, 而曰未能. 蓋深有合乎聖人之心, 宜乎夫子之深
歎之也.

○ 論曰: 後世之學, 甚過緊密, 務制斯心, 欲一毫不容人指摘. 殊不知人非木石, 不能
無過, 但在能知其過, 則速改以從善也. 若欲强無過, 則不至死灰其心, 槁木其身, 必
至於把捉矜持, 外飾內非. 故曰君子不貴乎無過, 而貴乎能改過焉.

27. 子曰: "不在其位, 不謀其政."

○ 重出.

28. 曾子曰: "君子思不出其位."

ㅣ朱氏曰: 此艮卦之象辭也. 曾子蓋嘗稱之, 弟子因上章之語, 而類記之也.

○ 上章專爲謀政者言, 此章泛言君子平日之所期. 范氏曰: 物各止其所, 而天下之理
得矣. 故君子所思, 不出其位, 而君臣上下大小, 皆得其職也.

29. 子曰: "君子恥其言而過其行."

ㅣ邢氏曰: 有言而行不副, 君子所恥也.

○ 言顧行, 行顧言. 故言浮其實, 君子所恥. 嘗曰, 古者言之不出, 恥躬之不逮也. 君
子之務實也如此.

30. 子曰: "君子道者三, 我無能焉: 仁者不憂; 知者不惑; 勇者不懼."

ㅣ君子道者, 言君子由此而行之也. 此三者, 皆進學成德之要, 與仁義禮智之目自異
矣. 責己以明道之無窮, 又以此勉人也.

子貢曰: "夫子自道也."

ㅣ道, 言也. 此記子貢之言, 以明夫子之實爲聖人. 言夫子所謂, 君子道者非他, 卽夫
子之所自有也.

○ 此言君子成德之目, 以勸勉學者也. 其曰我無能焉者, 雖若謙辭, 然本以道之愈無
窮, 而聖人之知益隆故也. 子貢知之, 故曰夫子自道也, 猶曰夫子旣聖也.

31. 子貢方人.

| 方, 比也. 言比方人物, 而較其短長.

子曰: "賜也賢乎哉. 夫我則不暇."

| 賢乎哉, 似褒之, 而實所以深抑之也. 夫子言, 我則自修之不暇, 何暇方人.

○ 子貢方人, 自是有才識者之常態. 然好比方人物, 則其自治必疎矣. 是以君子含容沈默, 自治深切, 不以比方人物爲事. 蓋知自治之難, 而方人之無益也.

○ 論曰: 舊註曰, 比方人物, 而較其短長, 雖亦窮理之事, 然專務爲此, 則心馳于外, 而所以自治者疎矣. 夫臧否人物, 聖人固有之矣. 然其論之也, 將以爲己之鑒戒, 而非以比人爲學也. 若不如此, 而徒論人物之短長, 則益驚多言, 而於道無分毫益. 晦菴之學, 專主窮理, 以論人物, 爲格物之一端. 故遷就其說, 而不自知其盭于孔子之意也.

32. 子曰: "不患人之不己知, 患其不能也."

○ 朱氏曰: 凡章旨同而文不異者, 一言而重出也. 文小異者, 屢言而各出也. 此章凡四見, 而文皆有異. 則聖人於此一事, 蓋屢言之. 其丁寧之意, 亦可見矣.

33. 子曰: "不逆詐, 不億不信. 抑亦先覺者是賢乎."

| 逆, 未至而迎之也. 億, 未見而意之也. 詐, 謂人欺己. 不信, 謂人疑己. 抑, 語辭. 言不逆不億, 則可謂誠直也, 而又有先覺之明焉, 則無爲人欺罔, 可謂賢矣.

○ 不逆詐, 不億不信, 唯誠直之人能之. 然未爲至也. 加之有先覺之明, 而無誣罔之失, 則非明睿之君子不能, 眞賢者也.

34. 微生畝謂孔子曰: "丘何爲是栖栖者與? 無乃爲佞乎?"

| 微生姓, 畝名. 栖栖, 依依也. 爲佞, 謂務爲口給, 以悦人. 畝蓋以夫子誨人不倦, 爲爲佞也.

孔子曰: "非敢爲佞也, 疾固也."

| 固, 執一而不通也. 言我似此栖栖于世者, 疾夫遺世長往之士, 以天下爲終不可爲, 而堅執不返也. 夫子雖不斥其非, 然其警之亦深矣.

○ 畝蓋有齒德而隱者, 絶聖棄智之流. 故以夫子爲佞, 而夫子答之, 意直義明, 不少著形跡, 豈非和氣充溢, 觸處皆道邪. 蓋聖人可仕則仕, 可止則止, 欲與天下共同斯善, 而不敢爲過高之行. 豈隱者執一而不通者, 所能知乎哉. ○ 夫道通則行, 固則滯. 通則擧一而百順, 固則執一而百廢. 孔子曰, 疾固也. 孟子曰, 固哉高叟之爲詩也. 蓋爲此也. 推之學術, 揆之政事, 其是非得失, 成敗通塞, 皆自此而判, 可不察乎.

35. 子曰: "驥不稱其力, 稱其德也."

| 驥, 善馬之名. 德, 謂調良也.

○ 此章如詩六義之比. 蓋馬之有驥, 猶人之有君子也. 驥非無力, 而不以力稱. 君子非無才, 而不以才稱. 然則有才而無德, 其爲小人也必矣.

36. 或曰: "以德報怨, 何如?"

| 德, 謂恩惠.

子曰: "何以報德.

| 報, 以得其當爲是. 旣以德報所怨者, 則於其有德於我者, 將以何報之乎.

以直報怨, 以德報德."

| 是非邪正, 各隨其實, 不增不減曰直. 以此待所怨者可矣. 若於其有德于我者, 必
以德報之, 不可忘焉. 若此而後, 兩者各得其當.

○ 以直報怨, 猶秦人視越人之肥瘠, 漠然無所用心也. 以德報德, 謂善則揚之, 不善
則藏之也. ○ 朱氏曰: 或人之言, 可謂厚矣. 然以聖人之言觀之, 則見其出於有意之
私, 而怨德之報, 皆不得其平也. 必如夫子之言, 然後二者之報, 各得其所. 然怨有不
讐, 而德無不報, 則又未嘗不厚也.

○ 論曰: 以德報怨則害義, 不可行也. 以怨報德則賊仁, 不可爲也. 唯如夫子之言, 而
後仁義兼盡, 各得其當. 譬諸天地之化, 賦與萬物, 而物各得其所也. 又曰, 怨與讐自
不同, 如君父之讐不共戴天者, 不在此限.

37. 子曰: "莫我知也夫."

| 此夫子自道, 以嘆默契者之難.

子貢曰: "何爲其莫知子也?" 子曰: "不怨天, 不尤人, 下學而上達. 知我者其天乎."

| 下學者, 習人事之近也. 上達者, 造道德之奧也.

○ 朱氏曰: 不得於天, 而不怨天, 不合於人, 而不尤人, 但知下學而上達. 此但自言其
反己自脩, 循序漸進耳, 無以甚異於人, 而致其知也. 然深味其語意, 則見其中自有人
不及知, 而天獨知之之妙.

○ 論曰: 何謂天知之乎. 曰, 天無心, 以人心爲心. 直則悅, 誠則信. 理到之言, 人不能
不服. 此天下之公是, 而人心之所同然, 以此自樂. 故曰, 知我者其天乎. 斯理也, 磨而
不磷, 擢而不毀. 雖不赫著于當時, 然千載之下, 必有識之者矣. 此聖人之所以自恃而
忻然樂, 以終其身也.

38. 公伯寮愬子路於季孫,

| 公伯寮, 魯人. 愬, 譖也.

子服景伯以告曰: "夫子固有惑志於公伯寮, 吾力猶能肆諸市朝."

| 子服氏, 景謐, 伯字, 魯大夫服何也. 夫子指季孫. 言其有疑於寮之言也. 肆, 陳尸
也. 言欲誅寮.

子曰: "道之將行也與命也, 道之將廢也與命也. 公伯寮其如命何."

| 言道之行廢, 皆繫於命, 而非寮之所能爲也.

○ 聖人之於事, 有言命者, 蓋於道之行廢, 世之治亂, 每必言命, 爲其在天而不在人
也. 至於出處進退, 利害取捨之際, 則必言義而不言命, 爲其由己而不由人也. 夫衆人
雖決於命, 而不堪其憂苦, 不知命也. 賢者雖能委命, 而不能安焉, 又以其不眞知命也.
唯聖人富貴貧賤, 夷狄患難, 無入而不自得. 蓋知命之至, 秦然自安, 亦靡所動于心.

故曰, 不知命, 無以爲君子也.

39. 子曰: "賢者辟世,
| 世者, 擧一世而言. 辟世者, 天下無道而隱, 蓋與世推移, 不露形跡. 非有道之士, 和
而不流者不能. 故稱賢者, 不可斥長沮桀溺之流而言也.
其次辟地,
| 去亂國適治邦, 雖見幾之速, 然不如避世者之超然自得也. 故曰其次.
其次辟色,
| 不善之色, 見於顏面則去. 比辟地者則迫矣.
其次辟言."
| 不善之言, 發於口則去, 視辟色者則亦著矣. 故以此終之.
○ 君子之仕也, 將以行其所學也. 然苟有所不合, 則不肯枉其志以取禍也. 故曰, 君
子見幾而作, 不俟終日. 辟世者, 隱見關于天下. 辟地者, 出處系于一國. 辟色者, 禮貌
衰而去. 辟言者, 有違言而去. 皆雖不失身于亂世, 而有大小遲速之異. 故次第而言
之.

40. 子曰: "作者七人矣."
| 作, 起也. 言起而隱去者, 今七人矣. 原文恐有七人之姓名, 今不可考.
○ 此又上章之意. ○ 輔氏廣曰: 凡書所載, 有當深索者, 不深索之, 則失之略. 有不
必過求者, 過求之, 則失之鑿. 所謂當深索者, 義理是也. 不必過求者, 此處是也.

41. 子路宿於石門. 晨門曰: "奚自?"
| 石門, 地名. 晨門, 掌晨啓門. 蓋賢而隱者也. 自, 從也. 問其何所從來也.
子路曰: "自孔氏." 曰: "是知其不可而爲之者與?"
| 晨門, 知世之不可爲而不爲, 故以是譏孔子.
○ 此知夫子之德, 而未知夫子之道者也. 人之不得不與人爲群, 猶鳥獸之與鳥獸共
群. 人將去人而何適. 故曰, 鳥獸不可共同群, 吾非斯人之徒與, 而誰與. 蓋道有顯晦,
而無可泯之理. 世有升降, 而無不可爲之時. 夫子皇皇於斯世者, 蓋又有可爲之理, 而
不忍坐視斯民之途炭故也. 其爲仁也亦大矣. 晨門之徒, 何足以知之.

42. 子擊磬於衛, 有荷蕢而過孔氏之門者, 曰: "有心哉, 擊磬乎."
| 磬, 樂器. 蕢, 草器也. 荷蕢者, 聞磬之聲, 知其有憂世之心而嘆之.
旣而曰: "鄙哉, 硜硜乎. 莫己知也, 斯已而已矣. 深則厲, 淺則揭."
| 朱氏曰: 硜硜, 石聲, 亦專確之意. 以衣涉水曰厲, 攝衣涉水曰揭. 此兩句, 衛風匏
有苦葉之詩也. 譏孔子人不知己而不止, 不能適淺深之宜.
子曰: "果哉. 末之難矣."
| 果哉, 謂往而不返, 歎其果於忘世也. 末, 無也. 言苟不可其意, 則不肯有爲於世, 此
亦無難爲者矣.

○ 夫子憂世之心, 不能一日忘于懷. 故其心自發於磬, 而荷蕢者聞而知之, 則亦非凡人. 但於聖人仁天下之心, 則未之知也. 蓋聖人視天下, 猶一身, 視其陷溺, 猶痒痾疾痛之切于我身, 豈欲離世絶俗, 而獨善其身乎. 世衰學廢, 人不知大道之所在. 故高視隱者, 而難其所行. 殊不知人之所難者, 在於周旋人事, 維持世道, 使不至于禽獸. 若夫絶世離俗, 獨善其身, 何難之有.

43. 子張曰: "書云: 高宗諒陰三年不言. 何謂也?"

｜高宗, 商王武丁也. 諒陰, 鄭氏讀作諒闇, 言天子居倚廬. 不言, 謂不論議政事也.

子曰: "何必高宗. 古之人皆然. 君薨, 百官總己, 以聽於冢宰三年."

｜古者世淳民忠, 其執親之喪, 三年悲哀, 未嘗言家事. 故曰古之人皆然. 諸侯死曰薨. 豈殷之時, 天子之死亦言薨, 而夫子仍稱之歟. 總己, 謂總攝己職. 冢宰, 大宰也. 百官聽於冢宰, 故君得以三年不言也.

○ 商道中衰, 諒陰之禮, 久廢不行, 獨武丁能擧而行之. 見衰戚之深, 能盡人子之道, 宜乎其中興商道, 而得稱高宗也. ○ 按: 三年不言者, 謂專委冢宰, 不敢言事, 非緘口而不言也. 孔子曰, 予欲無言. 子貢曰, 子若不言, 則小子何述焉. 亦非以欲緘口無言也. 蓋欲無與門人論道也. 古文書云, 旣免喪, 其惟不言. 又曰, 王言惟作命, 不言臣下罔攸稟令, 出於後世之附會明矣.

44. 子曰: "上好禮, 則民易使也."

○ 上之於民, 莫不欲其易使也. 然每不得若其所欲者, 蓋不得其道也. 夫治國平天下, 一以禮爲本, 而後上下辨, 而民志定. 昔者先王之御民也, 一號令之發, 一政事之出, 其應之猶水之就下, 不敢後者, 民能知上下之辨, 而莫敢不敬故也. 故治民之要, 在禮而不在法.

○ 論曰: 夫子之教人, 曰德, 曰學, 曰禮, 曰義. 必以好爲上. 嘗曰, 上好禮, 則民莫敢不敬, 上好義, 則民莫敢不服, 上好信, 則民莫敢不用情. 又曰, 吾未見好德如好色者也. 蓋好則熟, 熟則驗, 驗其應無窮矣. 漢唐以來, 莫不置禮闈設禮官, 以講儀文度數之詳. 然而徒爲虛器, 不達於天下者, 豈非纔供文具, 而好之之心未至故乎. 孟子曰, 上有好者, 下必有甚焉者矣. 亦謂好之之益甚大也.

45. 子路問君子. 子曰: "脩己以敬."

｜己者, 對人之稱. 脩己者, 安民之本, 以此治國平天下, 亦無難爲者. 敬者, 無衆寡, 無小大, 無敢慢之謂.

曰: "如斯而已乎?" 曰: "脩己以安人." 曰: "如斯而已乎?" 曰: "脩己以安百姓.

｜百姓者, 盡人之稱. 蓋脩己以敬, 則旣盡矣. 然以子路猶少之, 故再三言之, 以明其脩己之外, 無復餘法也.

脩己以安百姓, 堯舜其猶病諸."

｜此極言脩己之效, 而以堯舜其猶病諸, 明其功之甚大而難及也.

○ 脩己者治人之本. 仁以體之, 禮以存之, 而後可以脩己. 敬者治民之要, 安者功用之盛. 皆無出於脩己之外. 蓋推脩己之極功, 則堯舜之盛, 亦不過此. 舜之恭己而正南面, 子思所謂篤恭而天下平, 皆此義也.

○ 論曰: 古人言敬者多矣. 或就天道而言, 或就祭祀而言, 或就尊長而言, 或就政事而言. 皆有所敬而然. 曰脩己以敬, 曰居敬而行簡, 皆以敬民事而言, 未有無事而徒言敬者也. 若後世之言敬者, 異哉.

46. 原壤夷俟.

ㅣ原壤, 魯人, 孔子故舊. 夷, 踞. 俟, 待也. 見孔子來, 而蹲踞以待之也.

子曰: "幼而不孫弟, 長而無述焉, 老而不死, 是爲賊." 以杖叩其脛.

ㅣ述, 猶稱也. 賊, 害也. 幼而不孫弟, 不順上也. 長而無述, 無善狀也. 老而不死, 久偸生也. 故曰賊也. 孔子歷責其已往者, 以警其將來也.

○ 敗風俗害人倫, 惡之大者也. 以聖人之盛德, 於故舊之人, 其責之猶無所恕如此. 孟子曰, 飽食煖衣, 逸居而無教, 則近於禽獸. 其原壤之倫乎.

47. 闕黨童子將命.

ㅣ闕黨, 黨名. 童子, 未冠者之稱. 將命, 謂傳賓主之言. 蓋童子初入門, 不待夫子之命, 自進而將命也.

或問之曰: "益者與?"

ㅣ將命, 長者之職也. 童子而行之, 故或疑其爲益者也.

子曰: "吾見其居於位也, 見其與先生並行也.

ㅣ禮童子當隅坐, 父之齒隨行, 兄之齒雁行. 孔子言吾見此童子, 不循此禮.

非求益者也, 欲速成者也."

ㅣ求益者, 自卑以牧. 今此童子如此, 則欲速成者爾.

○ 此因上章而類記之, 猶前篇公冶長可妻, 及子華使於齊章之意, 蓋原壤嚴以誨之也. 童子寬以育之也. 聖人之道, 溫威並行, 而不拘于一如此, 亦編者之微意.

○ 論曰: 夫子之於童子, 豈無甚寬過乎. 蓋聖人之教人也, 以開導誘掖爲務, 而不以束縛羈紲爲事. 警諸種樹, 屈幹蟠枝者, 雖足悅其觀, 然不見其達材, 生於岑蔚間者, 不煩人力, 自有棟梁之材. 所謂如時雨化之者, 是也. 夫子之於童子, 欲長育其材, 而不欲强成之也. 實造化涵育之功, 不可以過寬目之也.

論語古義 卷之八

衛靈公 第十五
凡四十一章

1. 衛靈公問陳於孔子.

ㅣ陳, 謂軍師行列之法.

孔子對曰: "俎豆之事, 則嘗聞之矣. 軍旅之事, 未之學也." 明日遂行.

│ 俎豆, 禮器. 軍旅之事, 夫子非不知也. 特非所以爲訓, 故曰, 未之學也.

在陳絶糧, 從者病, 莫能興.

│ 孔子去衛適陳絶糧, 從者困病莫能興.

子路慍見曰: "君子亦有窮乎?" 子曰: "君子固窮. 小人窮斯濫矣."

│ 濫, 溢也. 言富貴在天, 故君子固有時而窮, 然不若小人窮則放溢爲非也.

○ 或曰: 在春秋戰國之時, 軍旅之事, 宜在所先, 而俎豆之事, 疑若不急者, 殊不知國之所以爲國者, 以有夫天叙天秩者, 實維持之也. 苟以禮讓爲國, 則孝順和睦之風興, 君民上下之情親, 協力一心, 尊君親上, 其强孰禦焉. 不然三綱淪, 九法斁, 人有離心, 國誰與立, 軍旅雖精, 果何所用哉. 故曰, 威天下不以兵革之利. 言王道易易也. 靈公得夫子之大聖, 而失其所問, 惜哉.

2. 子曰: "賜也, 女以予爲多學而識之者與?"

│ 子貢嘗務多識, 而未知其要. 故夫子問以發之.

對曰: "然, 非與?"

│ 子貢因夫子之言, 而略悟其非也.

曰: "非也. 予一以貫之."

│ 說見第四篇.

○ 夫子之學, 極其廣大, 猶天地之包含萬物, 而無所不有也. 豈多學而識之者乎哉. 蓋一與多學正相反. 一則得, 二三則失, 一則成, 二三則敗. 故爲學者, 不馳旁蹊, 不求多岐, 一而又一, 至於至一之地焉, 則五常百行, 禮樂文章, 合湊會歸, 不須外求, 斯之謂一以貫之. 與夫多學而識之者, 不啻霄壤矣.

3. 子曰: "由, 知德者鮮矣."

│ 此亦夫子呼子路之名, 而言知德之難, 以歎學者之不能自勉也.

○ 夫子嘗歎好德不如好色. 凡事知其爲美, 則必好之. 人苟知德之爲美, 如口之於芻豢, 則夫誰不好. 其不知好者, 皆不知德故也.

○ 論曰: 古人以德行爲學問, 外德行, 別無所謂學問者. 故學問成, 則德自立, 身自脩. 而措之家國天下, 亦無難焉. 後世以德行爲德行, 以學問爲學問, 而不知以德行爲學問. 故有志於脩身, 則以力把捉, 有意於經世, 則以法維持. 而其少有知者, 亦專務依倣假借, 而不免於德愈荒也.

4. 子曰: "無爲而治者, 其舜也與. 夫何爲哉. 恭己正南面而已矣."

│ 無爲而治者, 言無所作爲, 而自致治平也. 恭己南面, 人君之象.

○ 此夫子贊舜之德獨度越于群聖人也. 夫聖堯舜爲盛, 若堯唯天爲大, 唯堯則之, 固不待贊焉. 舜則納賓巡狩, 封山濬川, 亦多事矣. 然不見其有爲之迹, 所謂立之斯立, 道之斯行, 綏之斯來, 動之斯和, 是也. 所以獨稱舜爲無爲而治也.

5. 子張問行.

| 子張憂事多沮滯, 不如己竟. 故問行.

子曰: "言忠信, 行篤敬, 雖蠻貊之邦行矣; 言不忠信, 行不篤敬, 雖州里行乎哉.

| 篤, 厚也. 蠻, 南蠻, 貊, 北狄, 無禮義之國. 二千五百家爲州, 州里, 謂己之鄕里.

立則見其參於前也, 在輿則見其倚於衡也. 夫然後行."

| 此勉爲忠信篤敬之無間斷也. 朱氏曰: 參, 讀如毋往參焉之參. 言與我相參也. 衡,
軛也. 言其於忠信篤敬, 念念不忘, 隨其所在, 常若有見, 雖欲頃刻離之, 而不可得,
然後蠻貊可行也.

子張書諸紳.

| 紳, 大帶之垂者. 書之, 欲其不忘也.

○ 學問之要, 在乎專與熟. 不專則無效, 不熟則無驗. 凡有志於道者, 孰不知忠信篤
敬之爲美. 然未見其效驗如此者, 不專不熟故也. 其必用志之專, 用力之熟, 而後見其
參于前, 倚于衡, 而其行沛然, 孰能禦焉. 子張問行, 又猶問達之意, 皆學問之難事. 故
夫子之所答, 丁寧反復, 不厭其言之繁. 學者不可不熟察而深體焉.

○ 論曰: 忠信學問之本, 篤敬學問之地, 始終全體盡之矣. 後世儒者以爲, 忠信篤敬,
是日用常行之務, 非窮理極高之論, 而別立一般宗旨, 殊不知道者實理也, 學者實務
也. 豈外忠信篤敬, 而別有所謂高遠者哉. 故知道者, 其言近而實. 故用之而愈不竭.
不知道者, 其言遠而虛. 故無益於日用. 離忠信篤敬而言道者, 非知道者也. 但要忠信
者, 必流於硜硜, 務篤敬者, 必陷於把捉. 此亦學者之所當慮也.

6. 子曰: "直哉史魚. 邦有道如矢, 邦無道如矢.

| 史, 官名. 魚, 衛大夫, 名鰌. 如矢, 言直也.

君子哉蘧伯玉. 邦有道則仕, 邦無道則可卷而懷之."

| 伯玉出處, 合於聖人之道. 故曰君子. 卷, 收也. 懷, 藏也.

○ 此言二子皆衛賢臣, 而其行自不同也. 若史魚, 能伸而不能屈, 知正己, 而不知成
物. 惟可謂之直. 伯玉因時屈伸, 倦舒隨宜, 可以成己, 可以或物. 故謂之君子也.

7. 子曰: "可與言, 而不與之言, 失人; 不可與言, 而與之言, 失言. 知者不失
人, 亦不失言."

○ 失人則善不周矣, 失言則道必瀆矣.

8. 子曰: "志士仁人, 無求生以害仁, 有殺身以成仁."

| 志士, 有志之士, 仁人, 則成德之人也. 求生, 謂求生路也.

○ 志士其志有所不爲, 仁人其德足以成物. 其德雖不同, 而其於仁也一也. 生乎以之,
死乎以之. 君子去仁惡乎成名. 志士之所期, 仁人之所立, 大矣哉.

9. 子貢問爲仁. 子曰: "工欲善其事, 必先利其器. 居是邦也, 事其大夫之賢者, 友其士
之仁者."

｜爲, 猶助也, 猶爲衛君之爲. 大夫從政, 故以其才而言. 士未與政, 故以其德而言.
○ 工不利其器, 則其事不善. 人無賢師友, 則其德不成. 薰陶漸磨之益, 可謂甚大. 所謂魯無君子者, 斯焉取斯, 是也. 曾子亦曰, 以友輔仁. 蓋言不可不以賢友爲助也.

10. 顏淵問爲邦.
｜爲者, 創爲之謂, 創造紀綱法度也. 周禮冢宰掌邦治, 以佐王均邦國, 是也. 與問治國自異也.

子曰: "行夏之時,
｜時, 謂春夏秋冬. 周以斗柄初昏建子之月, 爲歲首, 殷以建丑之月, 爲歲首, 夏以建寅之月, 爲歲首. 然春者蠢蠢然物自發生. 故唯夏之正, 爲得天時之正也.

乘殷之輅,
｜殷輅, 木輅也. 儉素渾堅, 而等威已辨. 是以質爲尙.

服周之冕,
｜冕, 禮冠. 周冕華而有飾. 蓋其爲物, 小而加於衆體之上. 故以文爲尙.

樂則韶舞.
｜韶, 舜之樂, 取其盡善盡美. 上文旣損益三代之禮而論之. 故此特擧舜之樂而示之. 顏子王佐之材, 故以治天下之法告之也.

放鄭聲, 遠佞人: 鄭聲淫, 佞人殆."
｜鄭聲, 鄭國之音. 佞人, 辨給之人. 淫聲, 能蕩人志. 佞人, 能危人國, 故放而遠之.
○ 治天下以仁爲本, 而夫子告顏子, 特以四代之禮樂者, 何哉. 蓋因其問爲邦. 故折衷四代之制以示之. 此其所以異也. 夫法必有弊, 道則無弊. 先王之制, 雖因時勢順民心而立之, 然及其久也, 不能無弊. 夫子於是就四代之制, 各擧其一事, 以示其梗概. 蓋行夏之時, 取其正也. 乘殷之輅, 貴其質也. 服周之冕, 從其文也. 樂則韶舞者, 尙美善之極也. 放鄭聲, 遠佞人者, 妨害治之本也. 所謂萬世不易之常道. 兼文質, 存法戒, 治天下之道盡矣.

11. 子曰: "人無遠慮, 必有近憂."
○ 慮不及久遠之外, 則憂必起於至近之地. 家國天下, 莫不皆然. 此言甚近, 然從之則吉, 違之必凶. 神明所不如, 蓍蔡所不及, 其可不謹畏佩服也哉. ○ 宋李文靖公治居第, 廳事前僅容旋馬. 或言其太隘, 公笑曰, 居第當傳子孫. 此爲宰輔廳事誠隘, 爲太祝奉禮廳事, 則已寬矣. 此亦可謂遠慮之一事矣.

12. 子曰: "已矣乎, 吾未見好德如好色者也."
○ 重出. 義見前篇.

13. 子曰: "臧文仲, 其竊位者與. 知柳下惠之賢, 而不與立也."
｜柳下惠, 魯大夫展獲字禽. 食邑柳下, 諡曰惠. 與立, 謂與之竝立於朝.
○ 薦賢擧能, 居位者之任也. 若不知其賢, 而不擧之, 則固不稱其職. 況知而不擧之,

則猶盜竊非其有者, 而陰自有之. 故曰竊位, 甚言其罪之大也. 後之在位者, 宜監於
此.

14. 子曰: "躬自厚, 而薄責於人, 則遠怨矣."
○ 自治厚, 而責人薄者, 仁者之用心, 何往而有怨哉. 小人反此. 蓋遠怨者, 德之符,
多怨者, 讎之招, 故君子謹焉. ○ 昔宋呂祖謙性太褊急, 適讀論語, 至此大自感悟, 後
來一向, 寬厚和易也. 可謂善讀論語者矣.

15. 子曰: "不曰如之何, 如之何者, 吾末如之何也已矣."
| 朱氏曰: 如之何, 如之何者, 熟思而審處之辭也. 不如是而妄行, 雖聖人亦無如之
何矣.
○ 慮事欲審, 操心欲危. 苟不如此, 則其非妄, 則必不智也.

16. 子曰: "群居終日, 言不及義, 好行小慧, 難矣哉."
| 小慧, 私智也. 難矣哉, 言其難以入德也.
○ 此言燕朋之害也. 群居終日, 則徒曠時日, 本無肄業之務. 言不及義, 則游談無根.
好行小慧, 則機心日熟, 放辟邪侈, 無所不至, 乃衆惡之所由而生. 可不戒乎.

17. 子曰: "君子義以爲質, 禮以行之, 孫以出之, 信以成之. 君子哉."
○ 義者制事之本, 故以爲質幹. 然發强剛毅之氣多, 而寬裕溫柔之意少. 故行之必以
節文, 出之必以退遜, 成之必以誠實, 而後爲君子也.
○ 論曰: 聖門以仁義並稱, 而仁爲大焉, 而此曰義以爲質者, 何也. 蓋義者聖人之大
用, 萬事之所以得其理, 而人道之別於禽獸也. 有時而重於仁, 故曰, 義以爲上. 又曰,
義之與比. 若夫佛老之徒, 所以差道者, 不知義之至重故也.

18. 子曰: "君子病無能焉, 不病人之不己知也."
○ 此夫子之家法, 學者之所當務也.

19. 子曰: "君子疾沒世而名不稱焉."
○ 此勉人及時進脩也. 張氏栻曰: 有是實, 則有是名. 名者所以命其實也. 終其身而
無實之可名, 君子疾之. 非疾其無名也, 疾其無實也.

20. 子曰: "君子求諸己; 小人求諸人."
○ 此亦夫子之家法. 中庸云, 射有似乎君子. 失諸正鵠, 反求諸其身. 孟子曰, 愛人不
親, 反其仁, 治人不治, 反其智, 禮人不答, 反其敬. 古之君子, 其自修如此. 故德日修,
而家邦無怨. ○ 楊氏曰: 君子雖不病人之不己知, 然亦疾沒世而名不稱也. 雖疾沒世
而名不稱, 然所以求者, 亦反諸己而已. 三者文不相蒙, 而義實相足, 亦記言者之意.

21. 子曰: "君子矜而不爭, 群而不黨."

｜莊以持己曰矜, 和以處衆曰群.

○ 君子道德自持, 非立異以爲高. 故矜而不爭. 物我一視, 非苟同以徇俗. 故群而不黨. 小人惟知有己而已, 豈能不爭. 惟知有勢利而已, 豈能不黨.

22. 子曰: "君子不以言擧人, 不以人廢言."

○ 以言擧人, 則恐得小人. 以人廢言, 則恐遺善言. 不以言擧人智也, 不以人廢言仁也.

23. 子貢問曰: "有一言而可以終身行之者乎?" 子曰: "其恕乎. 己所不欲, 勿施於人."

｜夫子旣以恕答子貢, 而又以行恕之要告之.

○ 夫人之惡易見, 而人之憂難察. 處己則寬, 而待人必刻, 此人之通患也. 故以恕爲心, 則不深咎人, 而能有過救難, 其效有不可勝言者矣. 故曰, 可以終身行之. 子貢嘗聞一貫之旨, 而未知其方. 故問, 有一言而可以終身行之者乎. 而夫子答之曰, 其恕乎. 猶曾子答門人, 曰夫子之道忠恕而已矣之意.

24. 子曰: "吾之於人也, 誰毁誰譽. 如有所譽者, 其有所試矣.

｜言吾之於人, 初無愛憎, 何所毁譽. 但所稱譽者, 乃有所試而然, 不虛譽而已.

斯民也, 三代之所以直道而行也."

｜斯民者, 今此之人也. 言三代之盛, 直道行于天下, 而美刺褒貶, 無所諱避者, 亦斯民而已. 是吾之所以於當世之人不輕絶之也.

○ 此言古今之人不甚相遠也. 蓋道無古今之異, 故人亦無古今之別. 今斯民卽三代之時, 所以直道而行之民, 其性初無以異也, 而不識道者, 必以不善視當世之人. 其至於經天下, 則必欲盡變一世之人, 而徑爲三代之民, 豈有斯理乎哉. 堯舜帥天下以仁, 而民從之, 桀紂帥天下以暴, 而民從之. 湯武不易其民, 而天下自治, 亦何深惡之. 故曰, 天下有道, 丘不與易也.

25. 子曰: "吾猶及史之闕文也, 有馬者借人乘之. 今亡矣夫."

○ 楊氏曰: 史闕文, 馬借人. 此二事, 孔子猶及見之, 今亡矣夫, 悼時之益偸也. 陳氏櫟曰: 疑以傳疑, 物與人共, 皆人心近古處. 二事雖小, 而人心之不古, 亦可見.

26. 子曰: "巧言亂德, 小不忍, 則亂大謀."

○ 巧其言者, 必依附名理, 假託仁義. 故其言似是, 而實足以亂德也. 大人量大, 能忍小事. 故能成大謀也. 若於小事不能忍, 則輕遽動發, 必亂大謀. 故君子崇正而醜巧, 尚成而惡敗, 亦唯道之所在.

27. 子曰: "衆惡之必察焉; 衆好之必察焉."

○ 衆之好惡雖公, 然不能無雷同之說, 而是非之實, 非衆人之所能識. 其事善而或以惡且之, 其事惡而或以善稱之. 特行之士, 衆人必忌, 鄕原之行, 流俗所悅. 故聖人不隨衆而好惡, 必察其實焉.

28. 子曰: "人能弘道, 非道弘人."
｜弘, 大之也.
○ 此聖人專責成於人也. 蓋道雖大而無爲, 人雖小而有知. 苟力學修德, 則各隨其才, 爲聖爲賢, 而文章德業, 足以被覆於天下也. 蓋有堯舜之聖, 則有唐虞之盛, 有湯武之君, 則有殷周之治. 上自孔孟, 下至群賢, 各因其人, 而文章德業, 從而廣狹, 皆人之所弘, 而非道之所弘. 此孔門之所以貴學問也.

29. 子曰: "過而不改, 是謂過矣."
○ 一心可以入堯舜之道, 一心不可以入堯舜之道, 在能改過與否焉耳. 夫人不能無過, 能改爲貴. 過而不改, 是謂過焉. 故聖人之敎, 不貴無過, 而貴能改焉.

30. 子曰: "吾嘗終日不食, 終夜不寢以思, 無益. 不如學也."
○ 此聖人言學問之益, 以示人也. 蓋思而得之, 不如學而得之之速且安焉. 凡物必有成法, 就此損益, 則其長短高下, 皆可一擧而定, 何謂成法. 聖賢之所行是也. 若棄成法, 徒爾思惟, 則雖殫力焦思, 勞而無成. 故曰好知而不好學, 則其蔽也蕩.

31. 子曰: "君子謀道不謀食. 耕也餒在其中矣, 學也祿在其中矣. 君子憂道不憂貧."
○ 謀道不謀食, 君子之所務如此. 憂道不憂貧, 君子之本心亦如此. 蓋雖君子, 無食則不生, 貧則不立, 然而其所以不謀不憂, 而自立於世者, 以德不孤必有隣故也. 故曰, 祿在其中矣. 然則何謀之有, 亦何憂之有.

32. 子曰: "知及之, 仁不能守之, 雖得之, 必失之.
｜言雖知爲君之難, 而非德以守之則必失其位. 唐孔氏曰: 得位由知, 守位在仁.
知及之, 仁能守之, 不莊以涖之, 則民不敬.
｜莊, 嚴也. 涖, 臨也. 包氏曰: 不嚴以臨之, 則民不敬從其上.
知及之, 仁能守之, 莊以涖之, 動之不以禮, 未善也."
｜動之, 動民也.
○ 此專言爲君之道, 責成於上也. 知爲君之難也, 不幾乎一言而興邦乎. 所謂知及之也. 聖人之大寶曰位, 何以守之. 曰仁. 所謂仁守之也. 能盡此二者, 則爲君之道得焉. 然守身無度, 則民慢而令不行. 故不莊以涖之, 民不敬也. 禮以辨上下, 定民志. 故動之不以禮, 則亦未善也. 蓋雖知仁莊禮不可廢一, 然知仁其本也歟.

33. 子曰: "君子不可小知, 而可大受也; 小人不可大受, 而可小知也."
｜朱氏曰: 知, 我知之也. 受, 彼所受也.
○ 此言君子之所得, 與小人不同也. 君子於小事, 雖未必見其能, 然用之於大事, 則綽綽其有餘裕矣. 非若小人於小事, 雖或有可取者, 然委之以大事, 則褊淺狹小, 不能受容也.

34. 子曰: "民之於仁也, 甚於水火. 水火吾見蹈而死者矣, 未見蹈仁而死者也."

｜蹈, 踐也. 蹈水火而死, 謂赴水火而死. 家語所謂忠信可以蹈水火. 魯仲連所謂, 吾有蹈東海而死是也. 蹈仁而死, 所謂守死善道之謂, 比干及程嬰杵臼之徒, 可以當之. 言水火人之所畏者, 然人或有蹈而死者矣, 而至於仁, 則人之所以爲人之道, 不可須臾離焉. 然人畏而莫之敢近, 亦甚於水火. 蓋怪而歎之也.

○ 此聖人怪人常能爲其所難爲者, 而於仁反畏憚怯縮不敢爲, 而歎之也. 蓋一旦感激, 而殺身者易. 至於從容自得, 殺身以成仁, 則非至誠惻怛, 發於中心者, 則不能. 所以曰, 未見蹈仁而死者也.

35. 子曰: "當仁不讓於師."

○ 此言仁之不可不力行也. 師者道之所在, 固每事不可不讓焉. 然於仁則不然者, 蓋仁人道之本, 而師者所受命也. 苟如此, 則盡人道之本, 而能受其命者也. 其不讓之者, 適所以深讓之也.

36. 子曰: "君子貞而不諒."

｜孔氏曰: 貞, 正. 諒, 信也.

○ 馮氏椅曰: 歷萬變而不失其正者, 貞也. 諒則固守, 而不知變者也. 故曰, 貞者事之幹也. 豈若匹夫匹婦之爲諒也哉.

37. 子曰: "事君敬其事, 而後其食."

｜朱氏曰: 後, 與後獲之後同. 食, 祿也.

○ 張氏栻曰: 事君者, 主於敬其事而已. 官有尊卑, 位有輕重, 而敬其事之心則一也. 劉氏摰曰: 君子小人之分, 在義利而已. 小人才非不足用, 特心之所向, 不在乎義, 希賞之志, 每在事先, 奉事之心, 每在賞後.

38. 子曰: "有敎無類."

｜類者, 謂世類之美惡. 若春秋傳所謂, 世濟其美, 世濟其惡是也.

○ 此言天下唯有敎之可貴, 而無類之可言. 敎法之功甚大, 而世類之美惡, 在所不論. 蓋人性本善, 雖其類之不美者, 然有學以充焉, 則皆可以化而入于善矣. 此孔子之所以爲萬世開學問也. 至矣大哉.

39. 子曰: "道不同, 不相爲謀."

｜道, 猶言術業.

○ 人各有術業. 苟非己道, 而相爲謀焉, 則非惟犯人之職, 必敗其事. 故聖人戒之.

40. 子曰: "辭達而已矣."

○ 辭以意明理盡爲本, 所謂達也. 若專用工於言詞之間, 則意理皆病, 何用辭爲. ○ 陳氏曰: 達之一字, 修辭之法也. 蘇軾與人論文, 每以夫子此言爲主.

41. 師冕見.

| 師, 樂師瞽者, 冕, 名.

及階, 子曰: "階也." 及席, 子曰: "席也." 皆坐, 子告之曰: "某在斯. 某在斯."

| 歷擧在坐之人, 以詔之.

師冕出. 子張問曰: "與師言之道與?"

| 朱氏曰: 聖門學者, 於聖人之一言一動, 無不存心省察如此. 愚謂: 學者之於言動, 又要如此, 否則非學也.

子曰: "然, 固相師之道也."

| 相, 導也. 古者瞽必有相, 凡於瞽者, 皆不可不導焉.

○ 聖人之心, 卽天地之心. 至誠無妄, 無往而非仁. 前再記夫子待瞽者之禮, 皆出於至誠懇惻之意, 而非勉强而然. 蓋瞽者人之所易欺, 於是盡其誠, 則無往而非誠也. 於乎聖人之心, 于今猶見也, 大矣哉.

季氏第十六
凡十四章

1. 季氏將伐顓臾. 冉有季路見於孔子曰: "季氏將有事於顓臾."

| 顓臾, 伏羲之後, 風姓之國, 本魯之附庸. 季氏欲伐而取之, 時冉有季路爲季氏臣. 蓋二子心有不安者. 故特來報夫子也.

孔子曰: "求, 無乃爾是過與.

| 冉求爲季氏聚斂, 尤用事. 故夫子獨責之.

夫顓臾, 昔者先王以爲東蒙主, 且在邦域之中矣. 是社稷之臣也, 何以伐爲?"

| 東蒙, 山名. 先王封顓臾於此山之下, 使主其祭. 已屬魯在其城中, 則爲社稷之臣, 何以伐之.

冉有曰: "夫子欲之. 吾二臣者皆不欲也."

| 夫子, 指季孫.

孔子曰: "求, 周任有言曰:'陳力就列, 不能者止.' 危而不持, 顚而不扶, 則將焉用彼相矣.

| 周任, 古之良史. 陳, 布也. 列, 位也. 相, 瞽者之相也. 言二子不欲則當諫, 諫而不聽則當去.

且爾言過矣. 虎兕出於柙, 龜玉毀於櫝中, 是誰之過與."

| 兕, 野牛也. 柙, 檻也. 櫝, 匱也. 言在柙而逸, 在櫝而毀, 典守者不得辭其過. 明二子又不得不任其責也.

冉有曰: "今夫顓臾, 固而近於費. 今不取, 後世必爲子孫憂."

｜固, 謂城郭完固. 費, 季氏邑. 冉有旣言吾二臣者皆不欲, 而又言其有可伐之狀. 蓋見義不精. 故疑信相半耳.

孔子曰: "求, 君子疾夫舍曰欲之, 而必爲之辭.

｜言君子好直, 故疾夫舍. 其所貪欲, 而託善作他辭.

丘也聞, 有國有家者, 不患寡而患不均, 不患貧而患不安.

｜此二句, 據下文, 當作不患貧而患不均, 不患寡而患不和, 不患傾而患不安. 貧, 謂財乏. 均, 謂各得其分. 寡, 謂民少. 和, 謂上下和睦. 安, 謂堅固不危.

蓋均無貧, 和無寡, 安無傾.

｜季氏所患者, 在於貧與寡與傾, 殊不知各得其分, 則無財乏之患, 上下和睦, 則無民少之患, 堅固不危, 則無傾覆之患. 然是時遠人不服, 邦分崩離析, 則三患自至, 何暇以伐顓臾爲. 弗思焉耳.

夫如是, 故遠人不服, 則修文德以來之, 旣來之則安之.

｜文德如禮樂法度之類. 言內治修, 然後遠人服. 若不服, 則當修文德以來之, 不可卽稱兵也. 已來之, 則安之, 不復貪其土地人民也.

今由與求也相夫子, 遠人不服, 而不能來也, 邦分崩離析, 而不能守也,

｜遠人, 謂顓臾. 分崩離析, 謂國勢分裂, 民心乖離也.

而謀動干戈於邦內. 吾恐季孫之憂, 不在顓臾, 而在蕭牆之內也."

｜干, 楯也. 戈, 戟也. 蕭牆, 屛也. 言不均不和不安, 則內變將作.

○ 人皆視目前之小利, 而不知後來之大害, 天下之通患也. 後世講武者, 豈不曰如是而能享其利乎, 殊不知苟其內不均不安不和, 則敵未衄刃, 而變生肘腋, 不可復救焉.
○ 洪氏慶善曰: 二子任於季氏, 凡季氏所欲爲, 必以告於夫子, 則因夫子之言, 而救止者, 宜亦多矣. 伐顓臾之事, 不見於經傳, 其以夫子之言而止也與.

2. 孔子曰: "天下有道, 則禮樂征伐, 自天子出; 天下無道, 則禮樂征伐, 自諸侯出. 自諸侯出, 蓋十世希不失矣;

｜齊桓公晉文公, 皆爲諸侯之盟主. 然齊至悼公, 晉至惠公, 皆十世國已微弱, 政在大夫.

自大夫出, 五世希不失矣; 陪臣執國命, 三世希不失矣.

｜陪臣, 家臣也. 五世三世, 言其世數大約不過如此.

天下有道, 則政不在大夫;

｜君不失權, 則大夫不得自專.

天下有道, 則庶人不議."

｜政當人心, 則下無竊議.

○ 此章蓋記夫子所以作春秋之由也. 禮樂征伐自諸侯出, 世道之初變也. 自大夫出, 世道之再變也. 陪臣執國命, 變之極也. 諸侯以爲可以此而制天下, 大夫以爲可以此而專國政, 陪臣以爲可以此而永執國命, 殊不知上以惠下, 下以奉上, 而後上下叙而國安. 若夫逆理愈甚, 則其失之也愈益速也. 春秋之作, 欲遏亂臣賊子之欲, 而挽之於治古之隆. 故明其迹, 以詔諸後世. 其慮之也至深切也. 人君至於庶人, 不可不鑒焉.

○ 論曰: 或曰, 自古諸子著書立言, 論治天下之道, 是以庶人議之也. 彼皆非乎. 答曰, 非也. 雖有其德, 苟無其位, 不敢作禮樂. 天下之事, 豈庶人之所可議乎. 然天下有道, 則學在上, 天下無道, 則學在下. 學在上, 故庶人不敢議焉. 非抑而不議之也. 學在下, 故雖以庶人議天下之事, 而不爲僭. 其恐道之絕于天下也. 故孔子曰, 知我者其惟春秋乎, 罪我者其惟春秋乎. 蓋不得已也.

3. 孔子曰: "祿之去公室五世矣,

│魯自文公薨, 公子遂殺子赤, 立宣公, 而君失其政, 歷成襄昭定, 凡五世.

政逮於大夫四世矣. 故夫三桓之子孫微矣."

│孔氏曰: 三桓, 謂仲孫叔孫季孫. 三卿皆出桓公, 故曰三桓也. 仲孫氏改其氏稱孟氏, 至哀公皆衰.

○ 此與上章, 皆門人錄之, 以見夫子所以作春秋之由. 非徒記當時之事而已. 言非其有而有者, 必失, 不宜大而大者, 必微, 必然之理也.

4. 孔子曰: "益者三友, 損者三友: 友直, 友諒, 友多聞, 益矣;

│直者, 直言無隱. 諒者, 堅執不撓. 多聞者, 博古通今. 言友直則得聞其過, 友諒則己亦堅守, 友多聞則聞所未聞.

友便辟, 友善柔, 友便佞, 損矣."

│馬氏曰: 便辟, 巧辟人之所忌, 以求容媚. 善柔, 面柔也. 鄭氏曰: 便, 辨也, 謂佞而辨也. 言友便辟, 則巧詐之心生, 友善柔, 則直言不聞, 友便佞, 則是非繆亂.

○ 人之於朋友, 所關係甚大矣. 所益在玆, 所損亦在玆. 益友常情之所憚. 然友之則有益. 損友常情之所悅. 然友之必有損. 可不愼乎.

5. 孔子曰: "益者三樂, 損者三樂:

│邢氏曰: 言人心樂好損益之事, 各有三種也.

樂節禮樂, 樂道人之善, 樂多賢友, 益矣;

│何氏曰: 樂節禮樂者, 凡所動作, 皆得禮之節也. 所謂禮樂不可須臾離身, 是也.

樂驕樂, 樂佚遊, 樂宴樂, 損矣."

│驕樂, 以驕爲樂. 宴樂, 以宴爲樂.

○ 人不能無好樂, 但樂善則日益, 樂不善則日損. 故樂節禮樂, 則身由規矩, 而進德之基立矣. 樂道人之善, 則守己之心除, 而尙德之意篤矣. 樂多賢友, 則不敢自足, 而成德之輔衆矣. 故曰益也. 樂驕樂, 則無所恐懼, 而傲日長矣. 樂佚遊, 則無所惕勵, 而志必荒矣. 樂宴樂, 則有所貪戀, 而志易溺矣. 故曰損也. 人不可不愼其所好樂焉. 大學曰, 有所好樂, 則不得其正者, 非也.

6. 孔子曰: "侍於君子有三愆:

│愆, 過也.

言未及之而言, 謂之躁;

｜躁, 不安靜之謂.

言及之而不言, 謂之隱;

｜隱者, 隱匿情實之謂.

未見顏色而言, 謂之瞽."

｜未見顏色所向而語者, 猶若無目人也.

○ 此言卑幼侍尊長言語之節也. 蓋人必有禮, 得之則爲君子, 失之則爲野人, 而其於言語, 最所當愼, 況於侍君子之間乎.

7. 孔子曰: "君子有三戒: 少之時, 血氣未定, 戒之在色; 及其壯也, 血氣方剛, 戒之在鬪; 及其老也, 血氣既衰, 戒之在得."

｜得, 貪得也.

○ 此三者, 學者終身之大戒也. 夫人生血氣, 不能不從時而變, 則又當不可不從時而存警戒. 蓋血氣在身, 而戒之則在心, 言其不可自任血氣也.

8. 孔子曰: "君子有三畏: 畏天命, 畏大人, 畏聖人之言.

｜畏, 怖也. 天命者, 天之所命吉凶禍福是也. 大人者, 德望隆重, 爲一時師表者. 聖
言, 則方策所載, 典謨訓誥皆是也.

小人不知天命, 而不畏也, 狎大人, 侮聖人之言."

｜侮, 戲玩也. 小人無知暴慢. 故不知三者之可畏也.

○ 天有必然之理, 人有自取之道, 爲善降之百祥, 爲不善降之百殃. 大人位重德尊, 人之所崇敬. 聖人之言, 猶神明不可欺. 皆不可不嚴憚敬畏焉. 君子畏之, 以自愼其身, 小人侮之, 以自敗其身. 蓋知天命, 而後實畏天命, 知畏天命, 而後能保其身也. 故曰, 不知命無以爲君子也. 唯絶私智, 黜私見, 一味忠信, 至正至直, 然後可以知之. 非作聰明, 任學問者之所能及也. 實進德之至, 學問之極功也. 所以君子三畏, 首而言之也.

9. 孔子曰: "生而知之者, 上也; 學而知之者, 次也; 困而學之, 又其次也;

｜困, 猶困於心衡於慮之困. 言事勢窮蹙, 以困於心.

困而不學, 民斯爲下矣."

○ 此夫子深贊學問之功, 以勉人也. 夫道一而已矣. 生而知之者, 固不待學焉, 人之上也. 學而知之者, 及其成也, 則亦與上者同功. 故次之. 困於心而後學, 則固未矣. 然勉而不已, 則亦可以進於上. 故又次之. 若夫困於心, 而猶不知學, 則是無義理之心者. 故爲下矣. 所謂無羞惡之心者, 非人也.

10. 孔子曰: "君子有九思: 視思明, 聽思聰, 色思溫, 貌思恭, 言思忠,

｜明者, 視無所蔽也. 聽者, 聽無所失也. 溫, 溫然如玉也. 恭, 惰慢之氣, 不設身體也.
忠, 言而無不盡也. 此五者就身而言.

事思敬, 疑思問, 忿思難, 見得思義."

ㅣ敬, 奉承不怠也. 思敬則事無失, 思問則疑不蓄, 思難則忿必懲, 思義則得不苟. 此
四者就事而言.

○ 此明君子除九思外, 無復他思也. 夫人思則得之, 不思則不得. 君子之所以爲君子
者, 以其能思也. 若夭喪身敗家者, 皆弗知思故焉耳. 九思蓋所以狀其善思也.

○ 論曰: 醫之製方, 必有君臣佐使之差, 奇偶緩急之殊, 衆藥相配, 而後能已疾救人.
若夫用單方者, 亦徒備急之用, 要不足爲法. 聖人之設敎也, 亦然. 以仁存心, 以禮存
心, 衆功兼全, 而後以成其德. 如先儒主敬之說, 亦用單方之類耳. 又曰, 事思敬, 九思
之一耳. 謂九思皆當主乎敬者, 何哉.

11. 孔子曰: "見善如不及, 見不善如探湯. 吾見其人矣, 吾聞其語矣.
ㅣ言好善惡惡, 出於其誠者, 世固有其人矣. 語, 古語.
隱居以求其志, 行義以達其道. 吾聞其語矣, 未見其人也."
ㅣ隱居求志, 如伊尹耕于有莘之野, 而樂堯舜之道, 是也. 義, 卽君臣之義也. 行義達
道者, 如幡然而起, 應湯之聘幣也. 孔門若顔曾閔冉之徒, 可以當之, 而夫子曰未
見其人者, 蓋夫子泛論當世人材, 而至於其門人, 則每不論及之也.

○ 善善惡惡, 出於其性者, 人之上也, 何故不及求志達道之人邪. 曰: 聖人之學, 以經
世爲本, 而不以獨善其身爲極. 故曰, 吾非斯人之徒與而誰與. 蓋善善惡惡, 出于至
誠, 雖行之至者, 然不求求志達道者之不唯成己, 亦能成物之爲大. 此其所以優劣之
也. 以此敎人, 猶有以自潔爲高者. 豈非不知其輕重者乎.

○ 論曰: 舊註, 見善如不及, 見不善如探湯, 顔曾閔冉之徒, 蓋能之. 隱居以求其志,
行義以達其道, 惟伊尹太公望可以當之, 顔子亦幾乎此, 非也. 孟子明言, 禹稷顔回同
道. 又曰, 易地則皆然. 今言亦幾乎此, 則是右伊呂, 而左顔子也. 孔子之聖, 賢於堯舜
遠矣, 而顔子亞之, 則其德業. 豈有媿於伊呂乎哉. 若伊呂之儔, 得君行道, 功業大被
于天下焉, 則人識其爲賢聖也. 若數子者, 不幸而厄於時, 不能有爲於天下. 故人皆不
致疑於伊呂, 而每疑於顔曾, 不亦左乎. 曾西畏子路, 而管仲則其所不爲, 而先儒以管
仲之事業, 爲子路之所不逮, 亦此類也.

12. 齊景公有馬千駟, 死之日, 民無德而稱焉. 伯夷·叔齊餓于首陽之下, 民到于今稱
之.
ㅣ駟, 四馬也. 首陽, 山名.
其斯之謂與.
ㅣ程子胡氏以爲, 第十二篇錯簡, 誠不以富, 亦祇以異, 當在此章之上. 言人之所稱,
不在於富, 而在於異也. 朱氏曰: 章首當有孔子曰字, 蓋闕文耳. 丈抵此書後十篇
多闕誤.

○ 此言雖萬乘之君, 然無德之可稱, 則曾匹夫之不若. 齊景公, 大國之君也. 然死之
日, 泯然澌盡, 與草木同腐. 伯夷叔齊, 首陽之餓夫也. 然萬世之下, 猶與日月同光. 其
榮辱隆汚, 固不可同日而語也. 嗚呼以人君之尊, 而不得下比匹夫, 豈不可閔哉.

13. 陳亢問於伯魚曰: "子亦有異聞乎?"

| 亢以爲, 伯魚平日在夫子之膝下, 必有聞人之所不及聞者.

對曰: "未也. 嘗獨立, 鯉趨而過庭. 曰:'學詩乎? 對曰:'未也.' '不學詩, 無以言.' 鯉退而學詩.

| 詩之爲教, 天道備矣, 人事洽矣, 而著善惡得失之迹. 故學之則能言.

他日, 又獨立, 鯉趨而過庭. 曰:'學禮乎?' 對曰:'未也.' '不學禮, 無以立.' 鯉退而學禮. 聞斯二者."

| 禮者人之隄防, 萬事之儀則. 故學之則得以立. 言聞斯二者, 明別無異聞也.

陳亢退而喜曰: "問一得三:聞詩, 聞禮, 又聞君子遠其子也."

| 遠者, 謂不狎近也. 父子之間不責善, 故古者易子而教, 又言遠之也.

○ 孔門之教, 無先於詩禮, 而其所言, 皆在庸言庸行之謹, 而無甚異於人, 以爲教者. 蓋人情以詩以知, 人道以禮以立, 皆言萬世通行之道. 是故聖人之道, 爲萬世通行之道. 詩禮之經, 爲萬世通行之典. 若夫遠人以爲教者, 豈聖人之道乎哉.

14. 邦君之妻, 君稱之曰夫人; 夫人自稱小童; 邦人稱之曰君夫人, 稱諸異邦曰寡小君; 異邦人稱之, 亦曰君夫人.

| 寡, 寡德, 謙辭. 孔氏曰: 小君, 君夫人之稱.

○ 孔氏曰: 是時嫡妾不正, 稱號不審, 故孔子正其禮也. ○ 吳氏棫曰: 凡語中所載如此類者, 不知何謂. 或古有之, 或夫子嘗言之, 不可攷也.

論語古義 卷之九

陽貨第十七
凡二十五章

1. 陽貨欲見孔子, 孔子不見, 歸孔子豚.

| 陽貨, 季氏家臣, 名虎. 嘗囚季桓子, 而專國政. 魯人素仰孔子, 貨欲招來謁己以爲重, 而孔子不往. 以禮大夫有賜於士, 不得受於其家, 則往拜其門. 故瞰孔子之亡而歸之豚, 欲令孔子來拜而見之也.

孔子時其亡也, 而往拜之.

| 孔子不欲見貨. 故瞰其亡而往也.

遇諸塗, 謂孔子曰:"來予與爾言." 曰:"懷其寶而迷其邦, 可謂仁乎?" 曰:"不可."

| 塗, 道也. 懷寶迷邦, 不救國之迷亂也. 德被天下之謂仁.

"好從事而亟失時, 可謂知乎?" 曰: "不可."

| 亟, 數也. 失時, 謂不及事幾之會也.

"日月逝矣. 歲不我與." 孔子曰:"諾, 吾將仕矣."

| 朱氏曰: 將者, 且然而未必之辭.

○ 此記仲尼不爲已甚, 而示學者, 以應世之權也. 夫道可以通天下, 而甚高難行之事, 皆非道也. 凡有志者必迫, 有氣者必激, 但聖人道廣德邵, 於天下無可無不可, 自有權存, 無所不宜也.

○ 論曰: 舊註曰, 孔子不見者義也, 其往拜者禮也, 必時其亡而往者, 欲其稱也, 遇諸塗而不避者, 不終絶也, 隨問而對者, 理之直也, 對而不辨者, 言之遜, 而亦無所詘也. 愚謂, 似則似矣. 然若聖人之德之大, 欲言言而論, 句句而議焉, 則是欲以昭昭之微而觀天, 一撮土之小而量地也. 零碎支離, 多見其愈鑿而愈遠矣.

2. 子曰: "性相近也, 習相遠也." (子曰:) "唯上知與下愚不移."

｜ 或曰: 下子曰二字衍文, 今從之.

○ 此明聖人之敎人, 不責性而專責習也. 言人性氣質, 其初未甚相遠. 但習於善則善, 習於惡則惡, 於是始相遠矣. 學者不可不審其所習焉. 苟有敎以習之, 則皆可以化而入善. 唯上知下愚, 一定不移而已矣.

○ 論曰: 孔子曰性相近, 而孟子專曰性善, 其言似有不同者何諸. 孟子學孔子者也. 其旨豈有異乎. 其所謂性善者, 卽發明性相近之旨者也. 蓋自堯舜至於途人, 其間相去, 奚翅千萬, 可謂遠矣, 而謂之相近者, 人之性質剛柔昏明, 雖有不同, 然而至於其有四端, 則未嘗不同. 譬之水焉, 雖有甘苦淸濁之異, 然其就下則一也. 故夫子以爲相近, 而孟子專以爲性善. 故曰, 人性之善也, 猶水之就下也. 又曰, 乃若其情, 則可以爲善矣. 乃所謂善也, 皆就生質論之, 而非以理言之也. 若以理言之, 則豈可以遠近言哉.

3. 子之武城, 聞弦歌之聲,

｜ 時子游爲武城宰, 以禮樂爲治.

夫子莞爾而笑曰: "割雞焉用牛刀?"

｜ 莞, 微笑貌. 言以可大用之道而試之小邑也.

子游對曰: "昔者, 偃也聞諸夫子曰: '君子學道則愛人, 小人學道則易使也.'"

｜ 君子小人, 皆不可以不學. 故武城雖小, 亦必敎之以禮樂.

子曰: "二三者, 偃之言是也. 前言戲之耳."

｜ 嘉子游之言, 以明前言之戲也.

○ 朱氏曰: 治有大小, 而其治之, 必用禮樂, 則其爲道一也. 但衆人多不能用, 而子游獨行之. 故夫子驟聞而深喜之. ○ 君子之德, 在於愛人. 小人之德, 在於易使. 君子學道, 則有以養其仁心. 故愛人也. 小人學道, 則有以消其暴慢. 故易使也. 君子小人, 皆不可以不學也如此. 後世捨禮樂, 而任刑殺, 雖其欲治而可得乎.

4. 公山弗擾以費畔, 召, 子欲往.

｜ 弗擾, 季氏宰, 與陽虎共執桓子, 據邑以叛.

子路不說曰: "末之也已, 何必公山氏之之也."

｜ 末, 無也. 之, 適也. 已, 止也. 言道旣不行, 無所往矣, 何必公山氏之適也.

子曰: "夫召我者, 而豈徒哉. 如有用我者, 吾其爲東周乎."

│爲東周, 言興周道於東方也.

○ 蘇氏軾曰: 孔子之不助畔人, 天下之所知也. 畔而召孔子, 其志不在於惡矣. 故孔子因其有善心以收之, 使不自絶而已. 弗擾之不能爲東周, 亦明矣. 然而用孔子, 則有可以爲東周之道. 故子欲往者, 以其有是道也.

○ 論曰: 聖人之仁天下也至矣. 苟有善心以向之, 則雖有叛人, 猶欲往. 況未爲叛人, 而有向道之志者乎. 天下未至於無道, 而先以無道視之, 引身自退, 絶志於斯世者, 實聖人之罪人也.

5. 子張問仁於孔子. 孔子曰: "能行五者於天下, 爲仁矣." 請問之, 曰: "恭·寬·信·敏·惠.

│天下, 極廣之稱, 言無處而不然也. 能行此五者於天下, 則德敷化流, 物無不得其所.

恭則不侮, 寬則得衆, 信則人任焉, 敏則有功, 惠則足以使人."

│任, 倚仗也. 上總擧五者之目, 此分言其效如此.

○ 此亦專以修德之工夫告之也. 言能行此五者於天下, 則親疎貴賤, 靡思不服. 其君用之, 則安富尊榮, 其子弟從之, 則孝弟忠信. 何仁如之. 夫子以此答之, 則子張進德之深, 亦可知矣. 學者以曾子之言, 甚輕子張, 其見亦左矣. 所謂知其一, 而未知其二者也.

6. 佛肸召, 子欲往.

│佛肸, 晉大夫, 趙氏之仲牟宰也.

子路曰: "昔者由也, 聞諸夫子曰: '親於其身爲不善者, 君子不入也.' 佛肸以中牟畔, 子之往也如之何?"

│朱氏曰: 子路恐佛肸之浼夫子. 故問此以止夫子之行. 親, 猶自也. 不入, 不入其黨也.

子曰: "然, 有是言也. 不曰堅乎, 磨而不磷; 不曰白乎, 涅而不緇.

│磷, 薄也. 涅, 水中黑土, 可以染皂. 緇, 黑色. 夫子言人之不善, 不能浼己, 以安子路之意.

吾豈匏瓜也哉, 焉能繫而不食."

│匏, 瓠之苦而不可食者. 詩曰, 匏有苦葉, 是也. 言吾非如匏瓜無用之物, 無資於世者也. 蓋因偶見匏瓜而云然.

○ 夫子昔者所言, 卽君子守身之常法, 篤信者或能焉, 然未盡仁也. 夫聖人之視天下, 猶己之身, 視其疾苦, 猶己之遭焚溺. 有善意以嚮之, 則豈拒其召也哉. 若拒而不答, 則是善自我絶, 而幾乎棄絶天下矣. 可謂仁哉. 夫人生斯世, 當爲斯世之用, 若生斯世, 而無資於斯世, 則曾草木之不若, 豈足爲學乎. 故曰, 吾豈匏瓜也哉. 而門人於弗擾佛肸二章, 皆記其欲往, 而不記其卒不往者, 蓋示人以夫子仁天下之心, 而其不往者, 不暇論焉.

7. 子曰:"由也, 女聞六言六蔽矣乎?" 對曰:"未也."

| 蔽, 遮掩也.

"居, 吾語女.

| 禮君子問更端, 則起而對. 故孔子諭子路, 使還坐而告之.

好仁不好學, 其蔽也愚;

| 仁者愛人, 然不學以照之, 則柔而無斷, 如婦人之仁, 是也.

好知不好學, 其蔽也蕩;

| 蕩, 謂徒窮高極廣而無所止也. 知者求遠, 然不學以講之, 則離人倫遠日用, 如佛老之教, 是也.

好信不好學, 其蔽也賊;

| 賊, 謂傷害於物. 信者守堅, 苟不學以辨之, 則害道敗事, 如尾生苟息之信, 是也.

好直不好學, 其蔽也絞;

| 直者不枉, 苟不學以輔之, 則急切不寬, 如子證父攘羊, 是也.

好勇不好學, 其蔽也亂;

| 勇者好進, 苟不學以裁之, 則逆理亂常.

好剛不好學, 其蔽也狂."

| 剛者不屈, 苟不學以制之, 則妄抵觸人.

○ 此言學問之功甚大也. 蓋六者皆天下之美德. 然或原于氣質之稟, 或出於好尚之偏, 而不能得其正, 必待學問, 而後救偏補弊, 能成其德, 則天下豈有大於學問之功者哉.

○ 論曰: 學問之功至矣. 苟學以講之, 則事有所法, 偏有所救, 而於天下之事, 自無所迷. 若徒任其獨智, 則雖鉤深探賾, 發天下之秘, 皆不得其正. 故易曰, 君子多識前言往行, 以蓄其德. 若佛老之徒, 非不窮高極遠, 然而其所以離世隳倫, 獲罪於聖人者, 皆由絕聖棄智, 祛其見聞也. 故孔門必以學爲入德之要也.

8. 子曰:"小子, 何莫學夫詩.

| 小子, 弟子也.

詩可以興,

| 志意興起, 而易以入于善.

可以觀,

| 觀古今人情風俗之所由, 可以從政, 可以立教.

可以群,

| 群而不黨, 心之和也.

可以怨.

| 怨而不怒, 情之厚也.

邇之事父, 遠之事君.

| 人倫之道, 得失悉備. 故足以得事父事君.

多識於鳥獸草木之名."

｜博物洽聞, 則智識不陋, 而處事有益.

○ 此夫子爲門人, 論讀詩之益也. 蓋學問不可强作, 必非志意興起, 則莫以入于善. 故以可以興先之. 不知人情風俗之所以然, 則莫以施政立敎. 故以可以觀次之. 得于詩, 則得性情之和. 故可以群, 可以怨. 而其心溫厚和平, 能得明人倫, 博通庶物, 能得廣見聞. 學者苟於此有得焉, 則其益有不可勝言者矣. 然夫子唯許子貢子夏, 以始可與言詩已矣, 則悟詩之難, 亦非初學者可驟而至者也. 學者知其易, 亦知其難可也.

9. 子謂伯魚曰: "女爲周南召南矣乎? 人而不爲周南召南, 其猶正牆面而立也與."

｜爲, 猶學也. 周南召南, 詩首篇名. 正牆面而立, 謂正向牆而立, 言前後左右皆無所見也.

○ 二南之詩, 皆言盛周王化之所及, 而脩身齊家之道, 無所不備也. 苟不讀二南而知先王風化之盛, 其奚以能除我鄙陋之氣, 而造夫廣大之域. 故曰, 其猶正牆面而立也與. 蓋譏夫苟安於目前之小康, 而不知聖世之大同也.

10. 子曰: "禮云禮云, 玉帛云乎哉; 樂云樂云, 鐘鼓云乎哉."

｜玉帛, 禮之物. 鐘鼓, 樂之器. 本非禮樂之實. 言人徒視其器物, 而不知禮樂之德有在, 則豈足稱其名哉.

○ 禮可以安上治民, 樂可以移風易俗, 豈玉帛鐘鼓之云乎哉. 故禮儀三百, 威儀三千必待其人而行. 苟非其人, 則雖儀文無失, 聲容可觀, 而無以見禮樂之實也.

11. 子曰: "色厲而內荏, 譬諸小人, 其猶穿窬之盜也與."

｜厲, 矜莊也. 荏, 柔弱也. 小人, 細民也. 穿, 穿壁. 窬, 踰牆. 言內實柔弱, 外事矜持. 故每恐人之知之, 猶穿窬之盜, 恐人之知之, 鄙之之甚也.

○ 此爲在位者言. 蓋色欲溫, 心欲剛, 而上之於下, 必莊其顏色以臨之, 而內或有所溺焉, 則恐人之知之, 豈可不祓乎.

12. 子曰: "鄕原德之賊也."

｜原, 與愿同, 謹也. 鄕原, 以其同流俗合汚世, 鄕人皆稱愿人者也. 夫子以其似德非德, 反亂於德. 故以爲德之賊也.

○ 陳氏櫟曰: 眞非不足以惑人. 惟似是而非者, 最易以惑人. 故夫子以爲德之賊.

13. 子曰: "道聽而塗說, 德之棄也."

｜道聽塗說, 謂實無所得, 而輕聽妄說也. 棄, 廢也.

○ 此夫子歎後世道德之下衰也. 蓋在昔尊道甚篤, 而不敢容易論之, 必也躬行心得, 爛熟融釋, 有餘於己, 而後應於人. 故聽之者, 有所益, 而用之者, 必當其可也. 及至後世, 道聽途說, 不要其實, 輕浮淺露, 靡然成俗. 其著書作文, 肆然談天下之事, 巧麗富藻, 雖若可悅, 然實道聽途說之流, 要不足尙焉.

14. 子曰: "鄙夫, 可與事君也與哉.

| 鄙夫, 凡陋卑汙, 不見義理者, 指在位之人而言.

其未得之也, 患得之. 旣得之, 患失之. 苟患失之, 無所不至矣."

| 何氏曰: 患得之, 謂患不能得之. 或曰: 患得之, 當作患不得之.

○ 鄙夫之事君, 其患得之也, 猶有所顧慮, 至於患失之, 則非止椒愸醜惡之事, 無所不爲. 凡其可利於己者, 雖人之患難, 國之傾覆, 皆在所不顧. 故聖人深惡之. 庸君以爲良臣, 每近狎倚賴, 而不知此皆禍亂之漸, 覆亡之招也. 可不戒乎. ○ 許昌靳裁之曰, 士之品大槩有三. 志於道德者, 功名不足以累其心. 志於功名者, 富貴不足以累其心. 志於富貴而已者, 則亦無所不至矣. 志於富貴, 卽孔子所謂鄙夫也.

15. 子曰: "古者民有三疾, 今也或是之亡也.

| 昔所謂疾, 今亦亡之, 傷俗之益衰也.

古之狂也肆, 今之狂也蕩;

| 朱氏曰: 狂者, 志願太高. 肆, 謂不拘小節. 蕩則踰大閑矣.

古之矜也廉, 今之矜也忿戾;

| 朱氏曰: 矜者, 持守太嚴. 廉, 謂稜角峭厲. 忿戾則至於爭矣.

古之愚也直, 今之愚也詐而已矣."

| 朱氏曰: 愚者, 暗昧不明. 直, 謂徑行自遂. 詐則挾私妄作矣.

○ 時世之變, 實憂世道者之所深歎也. 故曰肆, 曰廉, 曰直, 皆氣質之偏, 而謂之疾. 至於蕩與忿戾與詐, 則惡而已矣, 非疾也. 蓋三者之爲疾, 猶足就此以見其俗之淳朴. 至於後世, 則民性習於惡俗, 而雖斯疾亦無. 此風俗之所以益渝而不復古也.

16. 子曰: "巧言令色, 鮮矣仁."

○ 重出.

17. 子曰: "惡紫之奪朱也, 惡鄭聲之亂雅樂也, 惡利口之覆邦家者."

| 朱, 正色. 紫, 間色. 鄭聲, 鄭國之音. 雅樂, 正樂也. 利口之人, 多言少實, 苟聽之, 則能傾覆國家. 三者皆似是而實非. 故聖人深惡之.

○ 凡天下之事, 其是非善惡之甚者者, 判然易見, 不足以惑人. 惟夫似是而實非, 似善而實惡者, 人心疑惑, 足以亂眞, 其害有不可勝言者矣. 此孔子之所以惡鄕原也.

18. 子曰: "予欲無言." 子貢曰: "子如不言, 則小子何述焉?"

| 學者專貴言語, 而不知尙實德. 故夫子發此以警之.

子曰: "天何言哉. 四時行焉, 百物生焉, 天何言哉."

| 言天雖不言, 然四時自行, 百物自生, 道自行, 亦何待言語焉.

○ 此欲學者不求於言語, 而深務其實也. 夫有實而無言, 不足以爲患, 以雖無言必行也. 若有言而無實, 則雖巧文麗辭, 極天下之辨, 無益. 故曰, 天何言哉. 四時行焉, 百物生焉, 天何言哉. ○ 歐陽子曰: 脩於身者, 無所不獲. 施於事者, 有得有不得焉. 其

見於言者, 則又有能有不能也. 施於事矣, 不見於言可也. 脩於身矣, 不施於事亦可也. 若顏回在陋巷, 曲肱饑臥而已. 其群居則默然終日, 如愚人然. 自當時群弟子, 皆推尊之, 以爲不敢望而及, 而後世更百千歲, 亦未有能及之者. 其不朽而存者, 固不待施於事, 況於言乎. 自三代秦漢以來, 著書之士, 多者至百餘篇, 少者猶三四十篇, 其人不可勝數, 而散亡磨滅, 百不一二存焉. 言之不可恃也, 蓋如此.

19. 孺悲欲見孔子, 孔子辭以疾, 將命者出戶, 取瑟而歌, 使之聞之.

│ 孺悲, 魯人. 朱氏曰: 當是時, 必有以得罪者. 故辭以疾, 而又使知其非疾, 以警敎
　之也.

○ 張氏栻曰: 孺悲之不見, 疑在棄絶之域矣. 取瑟而歌聞之, 是亦敎誨之, 而終不棄
也. 聖人之仁, 天地生物之心歟.

20. 宰我問: "三年之喪, 期已久矣.

│ 期, 周年也.

君子三年不爲禮, 禮必壞; 三年不爲樂, 樂必崩.

│ 宰我言喪不可三年之義.

舊穀旣沒, 新穀旣升, 鑽燧改火, 期可已矣."

│ 宰我又言喪一期旣足之意. 沒, 盡也. 升, 登也. 燧, 取火之木也. 改火, 按: 周禮司
　爟, 掌行火之政令, 四時變國火, 以救時疾. 註曰: 春取楡柳之火, 夏取棗杏之火,
　夏季取桑柘之火, 秋取柞楢之火. 冬取槐檀之火. 今詳本文, 明是一年一改火, 而
　非四時各變火, 則不可專據周禮, 以解此章也.

子曰: "食夫稻, 衣夫錦, 於女安乎?" 曰: "安."

│ 稻, 糯也, 穀之甚美者. 父母之喪, 斬衰三年, 期而小祥, 始食菜果, 練冠緅緣, 要絰
　不除. 三年喪終, 初食稻衣錦.

"女安則爲之. 夫君子之居喪, 食旨不甘, 聞樂不樂, 居處不安, 故不爲也. 今女安則爲
之."

│ 此夫子之言也. 旨, 美也. 朱氏曰: 言女安則爲之, 絶之之辭. 又發其不忍之端, 以
　警其不察, 而再言女安則爲之, 以深責之.

宰我出. 子曰: "予之不仁也. 子生三年, 然後免於父母之懷. 夫三年之喪, 天下之通喪
也. 予也有三年之愛於其父母乎."

│ 懷, 抱也. 通, 達也. 夫子不欲面斥其過, 及宰我旣出, 而深推言君子喪必三年之故,
　而使之聞. 蓋欲有所悔悟, 思而得之也.

○ 宰我此言, 其必在於具慶之時乎. 蓋幼而喪父母, 與父母俱存者, 自無此心. 故或有
疑於喪必三年之說. 若一旦遭大故, 則自有不能已之至情. 故曰, 人未有自致者也. 必
也視喪乎. 況觀夫子曰, 今女安則爲之, 則知宰我此時父母猶在. 夫子之於父母, 有所
怙恃, 乃得生育, 自天子以至于庶人一也. 苟能知子生三年, 然後免於父母之懷之意,
其誰有疑於三年之喪, 而聖人制爲三年之喪者, 蓋取纔足以報懷抱之恩爾. 豈以此爲
足盡其報親之道乎. 夫子之言甚明白矣. 禮家以爲, 聖人特爲之中制者, 蓋臆說也.

21. 子曰: "飽食終日, 無所用心, 難矣哉. 不有博弈者乎. 爲之猶賢乎已."

| 博, 局戲也. 弈者, 圍棊也. 已, 止也.

○ 此言不用心之甚不可也, 非取博奕也. 孟子曰: 飽食煖衣, 逸居而無敎, 則近於禽獸. 亦以無所用心, 比之禽獸也.

22. 子路曰: "君子尙勇乎?" 子曰: "君子義以爲上. 君子有勇而無義爲亂; 小人有勇而無義爲盜."

| 尙, 上之也. 君子小人, 皆以位而言.

○ 義者聖人之大用也. 大而死生存亡, 小而進退取捨, 必由是而決. 故義以爲上, 則志有所立, 而氣有所師, 不依勇, 而自裕如也. 若勇而無義, 則君子爲亂, 小人爲盜, 而其害有不可勝言者矣. 蓋義之與勇, 其趣相似, 而實甚殊矣. 此子路所以有尙勇之問, 而夫子有義以爲上之說也.

23. 子貢曰: "君子亦有惡乎?"

| 楊氏曰: 仁者無不愛, 則君子疑若無惡矣. 子貢之有是心也. 故問焉以質其是非.

子曰: "有惡. 惡稱人之惡者, 惡居下流而訕上者, 惡勇而無禮者, 惡果敢而窒者."

| 訕, 謗毀也. 窒, 塞也. 邢氏曰: 謂好爲果敢, 窒塞人之善道也. 稱人之惡者薄也. 下而訕上者逆也. 勇而無禮者暴也, 果敢而窒者杠也. 故夫子皆惡之.

曰: "賜也亦有惡乎?"

| 夫子反問子貢, 以發其意.

"惡徼以爲知者, 惡不孫以爲勇者, 惡訐以爲直者."

| 此子貢之言也. 徼, 伺察也. 訐, 謂攻發人之陰私也.

○ 夫子之所惡, 是惡人自不知其不善者, 其意平也. 其惡易知, 而無意於惡之者也. 子貢之所惡, 是惡人自以爲善, 而其意甚不善者, 其情似刻矣. 其惡難察, 而有意於惡之者也. 唯夫子之言, 猶天地之易簡, 而易知易從, 豈不大哉.

24. 子曰: "唯女子與小人, 爲難養也. 近之則不孫, 遠之則怨."

○ 待士君子者, 交之以忠信, 接之以禮義, 務在盡己而已矣. 唯女子陰質, 小人陰類, 不可近之, 亦不可遠之. 苟失其所以御之之方, 則家道或自此壞焉. 故戒之.

25. 子曰: "年四十而見惡焉, 其終也已."

○ 朱氏曰: 四十成德之時, 見惡於人, 則止於此而已, 勉人及時遷善改過也. ○ 孟子曰, 可欲之謂善. 詩云, 在彼無惡, 在此無射. 其爲人, 可欲而不可惡者, 必君子也. 可惡而不可欲者, 必小人也. 鄕人皆惡之, 猶有可言者. 至於無往而不見惡, 則其無善狀可知矣.

微子第十八

凡十一章

1. 微子去之; 箕子爲之奴; 比干諫而死.

｜微箕, 二國名. 子, 爵也. 微子, 紂之庶兄. 箕子比干, 紂之諸父. 微子見紂無道, 早去之, 箕子佯狂爲奴, 比干以諫見殺.

孔子曰: "殷有三仁焉."

｜三子皆忠君憂國, 不爲身嫌. 故皆謂之仁.

○ 仁實德也. 故至誠而不僞, 至正而不偏, 皆自慈愛惻怛之心而發. 三仁當去而去, 當爲奴而奴, 當死而死, 皆出於至誠惻怛之心, 而有痛哭流涕之意. 但去則似於忘君, 爲奴則似於辱身. 故夫子原其心, 而總斷之曰, 殷有三仁. 蓋爲微子箕子, 暴白其精誠也. 猶孟子所謂禹稷顔回道之意. 且就此觀之, 則知爲仁者, 或遠或近, 不可以一而拘焉.

2. 柳下惠爲士師三黜.

｜士師, 獄官. 黜, 退也.

人曰: "子未可以去乎?" 曰: "直道而事人, 焉往而不三黜. 枉道而事人, 何必去父母之邦."

｜此承上章, 類而記之. 胡氏曰: 此必有孔子斷之之言而亡之矣.

○ 此蓋夫子稱柳下惠之仁也. 夫直道則當去, 不去則當枉道. 柳下惠三黜不去, 而終不失其正. 又有戀戀於父母之國之意. 非仁者不能也.

3. 齊景公待孔子, 曰: "若季氏則吾不能, 以季孟之間待之."

｜魯三卿, 季氏最貴, 孟氏爲下卿.

曰: "吾老矣. 不能用也." 孔子行.

｜孔子言, 吾年老力衰, 不能用季孟之事, 而遂行. ○ 愚謂: 景公旣曰以季孟之間待之, 而不可遽又曰吾老矣不能用也. 故倣夫子不對衛靈公問陳而行之例, 以此語爲夫子之言. ○ 按: 舊說據史記世家, 以此爲魯昭公二十五年之事. 此時孔子年三十五, 名位未顯. 想無景公以季孟待之之理, 恐佗日之事.

○ 齊景公欲以季孟之間待孔子, 猶齊王欲授孟子室, 養弟子以萬鍾之類也. 季孟皆魯之强臣, 景公遽欲以此待孔子, 其禮固隆. 然非待孔子之道, 此夫子之所以行也.

4. 齊人歸女樂, 季桓子受之, 三日不朝, 孔子行.

｜季桓子, 魯大夫, 名斯. 按: 史記定公十四年, 孔子爲魯司寇, 攝行相事, 齊人懼, 歸女樂以沮之.

○ 前記三仁柳下惠之出處, 而折衷以聖人之行. 夫聖賢之事, 出處進退, 雖並行而不相悖, 然中庸爲至矣. 此夫子之所以獨度越于群聖也.

○ 論曰: 按, 史記世家, 齊人歸女樂以沮之, 季桓子受之, 郊又不致膰俎於大夫, 孔子行. 今據孟子, 曰: 孔子爲魯司寇不用, 從而祭, 燔肉不至, 不稅冕而行. 而無齊人歸女樂, 三日不朝等事. 竊疑, 歸女樂與不致膰, 本非一時之事. 史遷合二事, 以係定公十四年下者, 非也. 莊周書亦言, 孔子再逐於魯, 益可證矣.

5. 楚狂接輿歌而過孔子,

┃接輿, 楚人, 佯狂不仕. 時孔子適楚. 故接輿歌而過其車前, 下文乃其歌詞也.

曰: "鳳兮鳳兮, 何德之衰.

┃知孔子有聖德, 故以鳳比之. 但鳳有道則見, 無道則隱. 故接輿譏其不能隱, 以爲德衰也.

往者不可諫, 來者猶可追.

┃言已往所行者, 不可復諫止, 自今而後, 猶可追而自止, 勸孔子避亂隱居也.

已而已而, 今之從政者殆而."

┃已, 止也. 而, 語助辭. 殆, 危也.

孔子下欲與之言. 趨而辟之, 不得與之言.

┃下, 下車也. 孔子蓋欲爲接輿, 言斯人之徒與, 而不可絶物離世, 獨善其身也.

○ 輔氏廣曰: 觀接輿之言, 既比之以鳳, 而又疑其衰, 既幸其或止, 而又慮其殆, 語意慇懃諄復. 是誠知尊聖人者矣. 然其所趨, 則在絶人逃世, 專以遠害全身而已. 其與聖人之心, 不啻如冰炭黑白之不同也.

6. 長沮桀溺耦而耕, 孔子過之, 使子路問津焉.

┃二人隱者. 耦, 幷耕也. 時孔子自楚反乎蔡. 津, 濟渡處.

長沮曰: "夫執輿者爲誰?" 子路曰: "爲孔丘." 曰: "是魯孔丘與?" 曰: "是也." 曰: "是知津矣."

┃執輿, 執轡在車也. 初子路御而執轡, 今下問津. 故夫子代之也. 知津, 言數周流自知津處.

問於桀溺, 桀溺曰: "子爲誰?" 曰: "爲仲由." 曰: "是魯孔丘之徒與?" 對曰: "然." 曰: "滔滔者天下皆是也, 而誰以易之. 且而與其從辟人之士也, 豈若從辟世之士哉." 耰而不輟.

┃朱氏曰: 滔滔, 流而不反之意. 以猶與也. 言天下皆亂, 將誰與變易之. 而, 汝也. 辟人, 謂孔子. 辟世, 桀溺自謂. 耰, 覆種也. 亦不告以津處.

子路行以告, 夫子憮然曰: "鳥獸不可與同群. 吾非斯人之徒與而誰與.

┃朱氏曰: 憮然, 猶悵然. 惜其不喩己意也. 言所當與同群者, 斯人而已, 豈可爲絶人離世, 自逃山野, 以獨潔其身哉.

天下有道, 丘不與易也."

┃天下有道, 猶曰人之有道也. 言天下自有君臣, 有父子, 有夫婦, 吾以斯人而治斯人而已. 何用變易爲.

○ 論曰: 桀溺欲變易天下, 聖人不欲變易天下. 欲變易天下者, 是以己之道强天下也. 不欲變易天下者, 是以天下治天下也. 蓋天下以人而立, 不能去人而獨立. 故聖人樂以天下, 憂以天下, 未嘗避天下, 而獨潔其身. 如長沮桀溺之流, 固非通乎天下, 達乎萬世之道也. 夫佛氏以寂滅爲敎, 老氏以虛無爲道, 思以易天下. 然到今二千有餘歲, 佛氏末嘗能滅天下之君臣父子夫婦, 而老氏亦未嘗能復太古之無爲, 於是益知. 吾夫子之敎, 大中至正, 貫徹古今, 不可以復加也. 又曰, 斯民也三代之所以直道而行也. 又曰, 以人治人, 改而止. 聖人之不絶物憤世也, 若此. 唐魏微曰, 五帝三王, 不易民而化. 蓋得此意.

7. 子路從而後, 遇丈人以杖荷蓧.

丨丈人, 亦隱者. 蓧, 竹器.

子路問曰:"子見夫子乎?" 丈人曰:"四體不勤, 五穀不分, 孰爲夫子."

丨朱氏曰: 分, 辨也. 五穀不分, 猶言不辨菽麥. 責其不事農業, 而從師遠遊也.

植其杖而芸.

丨植, 倚立也. 芸, 除草也.

子路拱而立.

丨知其隱者, 敬之也.

止子路宿, 殺鷄爲黍而食之, 見其二子焉.

丨丈人, 亦知子路非常人. 故其待之甚懇.

明日子路行以告. 子曰:"隱者也." 使子路反見之. 至則行矣.

丨孔氏曰: 子路反至其家, 丈人出行不在.

子路曰.

丨孔氏曰: 丈人旣不在, 留言以語丈人之二子, 令其父還則述之. 此下之言, 皆夫子之意.

"不仕無義.

丨隱者潔其身, 以廢大倫. 故譏其無義.

長幼之節, 不可廢也; 君臣之義, 如之何其廢之.

丨子路見其二子, 自有兄弟之分, 則固旣知長幼之節不可廢也. 因明君臣之義, 其不可廢亦如此.

欲潔其身, 而亂大倫. 君子之仕也, 行其義也. 道之不行, 已知之矣."

丨倫, 理也. 大倫者, 謂父子有親, 君臣有義, 夫婦有別, 長幼有序, 朋友有信也. 行其義, 謂仕以達其道也.

○ 黃氏幹曰: 列接輿以下三章於孔行之後, 以明夫子雖不合而去, 然亦未嘗恝然忘世, 所以爲聖人之出處.

○ 論曰: 隱者以不仕爲義, 聖人以仕爲義. 蓋義者天下之大路也. 舍之則不可以一日行焉. 君子之仕也, 非以干祿也, 將以達其道於天下也. 聖人豈可止而不止者乎. 若以此時而止焉, 則是無義也. 故曰, 道之不行, 已知之矣. 後世儒者之論義也, 蓋亦隱者之見焉耳.

8. 逸民: 伯夷·叔齊·虞仲·夷逸·朱張·柳下惠·少連.

｜逸, 遺逸. 民者, 無位之稱. 按: 虞仲夷逸, 不見經傳. 荀子書有子弓. 或曰, 卽朱張之字. 少連, 東夷人, 見檀弓. 或以虞仲爲泰伯弟仲雍. 然泰伯死, 仲雍繼其位, 則不可謂之逸民. 且生在, 於伯夷之前, 則夫子不可列之於叔齊之下也. 恐別是一人.

子曰: "不降其志, 不辱其身, 伯夷·叔齊與."

｜陳氏櫟曰: 非其君不事, 不降志可見. 不立惡人之朝, 不辱身可見.

謂柳下惠·少連: "降志辱身矣. 言中倫, 行中慮, 其斯而已矣."

｜慮, 思慮也. 中慮, 言意義合人心.

謂虞仲·夷逸: "隱居放言, 身中淸, 廢中權."

｜朱氏曰: 隱居獨善, 合乎道之淸. 放言自廢, 合乎道之權.

"我則異於是, 無可無不可."

｜言七子各有可有不可, 非絶世離俗, 則必和光同塵, 皆不可行. 故夫子言此以斷之. ○ 無可無不可者, 義之盡而道之全也. 學苟不至乎此者, 必可則無不可, 不可則無可. 唯聖人仕止久速, 各適其義, 而無可不可之可言也.

9. 大師摯適齊;

｜大師, 魯樂官之長. 摯, 其名也.

亞飯干適楚; 三飯繚適蔡; 四飯缺適秦;

｜亞, 次也. 亞飯以下, 以樂侑食之官, 干繚缺皆名也. 班固曰: 王者平旦食·晝食·晡食·暮食凡四飯, 諸侯三飯, 大夫再飯. 魯蓋宜三飯.

鼓方叔入於河;

｜鼓, 擊鼓者, 方叔其名. 河, 河內.

播鼗武入於漢;

｜播, 搖也. 鼗, 小鼓. 兩旁有耳, 持其柄而搖之, 則旁耳還自擊. 武, 名也. 漢, 漢中.

少師陽擊磬襄入於海.

｜少師, 樂官之佐. 陽襄二人名. 海, 海島也.

○ 朱氏曰: 此記賢人之隱遁, 以附前章. 然未必夫子之言也. 末章放此. ○ 當時世亂道湮, 賢者不得志, 非隱于抱關擊柝, 則逃于伶官樂工, 若簡兮之詩是已. 若大師摯以下諸人, 散之四方者, 蓋以斯時雖魯國, 亦不可仕. 非專尙淫哇之聲, 而正樂不行故也.

10. 周公謂魯公曰: "君子不施其親,

｜魯公, 周公子伯禽也. 施, 陸氏本作弛, 遺棄也.

不使大臣怨乎不以,

｜以, 用也. 大臣非其人, 則去之, 在其位, 則不可不用.

故舊無大故, 則不棄也,

｜大故, 謂惡逆.

無求備於一人."

○ 此章四者, 皆君子之事, 忠厚之至也. 胡氏曰, 此伯禽受封之國, 周公訓戒之辭. 魯人傳誦, 久而不忘也. 其或夫子嘗與門弟子言之歟.

11. 周有八士: 伯達·伯适·仲突·仲忽·叔夜·叔夏·李隨·李騧.
｜包氏曰: 周時四乳生八子, 皆爲顯仕, 故記之爾.
○ 四乳生八子, 其事甚異, 恐不可信. 只是言當時人物之盛耳. 陳氏櫟曰: 記魯末賢人之隱遯, 而終以周盛時賢人之衆多, 有傷今思古之心乎.

論語古義 卷之十

子張第十九
凡二十四章

1. 子張曰: "士見危致命,
｜朱氏曰: 致命, 謂委致其命, 猶言授命也.
見得思義, 祭思敬, 喪思哀, 其可已矣."
○ 見危致命, 則不苟偸生. 見得思義, 則有所不爲. 喪祭哀敬, 則守身之本立矣. 其行如此, 足以爲士. 故曰, 可已矣. 然上而爲君爲相, 亦不止於此.

2. 子張曰: "執德不弘, 信道不篤, 焉能爲有, 焉能爲亡."
｜弘, 寬廣也. 篤, 厚也. 亡, 無也. 焉能爲有亡, 猶言若存若亡.
○ 德在於執, 然不弘則徒爲狷介之士. 道在於信, 然不篤則必爲塗說之流. 故執德而必弘, 信道而必篤, 則可以爲君子矣. 若否則其始雖若有得, 然道德終不爲己有, 亦必亡而已矣.

3. 子夏之門人, 問交於子張. 子張曰: "子夏云何?" 對曰: "子夏曰: 可者與之, 其不可者拒之."
｜蓋子夏之門人, 有疑於子夏之言. 故質之於子張.
子張曰: "異乎吾所聞. 君子尊賢而容衆, 嘉善而矜不能.
｜此子張擧聞于夫子之言也.
我之大賢與, 於人何所不容. 我之不賢與, 人將拒我, 如之何其拒人也."
｜子張承夫子之意, 而述之如此.
○ 尊賢則道立, 嘉善則學進, 而亦能容衆則不棄人, 矜不能則能濟物. 此聖門之法言, 學者之所當盡心而受用也. 或曰, 此與無友不如己者之言相反, 如何. 彼蓋謂好友之者, 非曰彼求於我, 而我必拒之也. 況尊賢則自與小人遠, 嘉善則又不與不善相近, 不必拒之, 亦不待拒之也. 子夏之所言, 固雖擇交之道, 而子張之言, 實傳聖人之意者也. 本非謂大故不當絶, 損友不當遠也. 讀者不以辭害意可也.

4. 子夏曰: "雖小道, 必有可觀者焉.

| 小道, 如諸子百家之屬, 是也.

致遠恐泥, 是以君子不爲也."

| 泥, 不通也.

○ 此言小道多便于事, 且見效速. 故俗士庸輩, 多悅爲之. 然致之於遠, 則泥而不通. 故雖有可觀者, 君子不爲也.

5. 子夏曰: "日知其所亡, 月無忘其所能, 可謂好學也已矣."

| 亡, 無也, 謂己之所未有.

○ 學進則日知其所亡, 必有加於前也. 德立則月無忘其所能, 亦不失其初也. 日知其所亡, 學而不厭者能焉, 月無忘其所能, 內自省者能焉. 既知己之所亡, 又無忘其所能, 日思月省, 常存於胸中, 則其進不可量焉, 天下之能事畢矣.

○ 論曰: 天下之美, 莫大於知學. 天下之善, 莫大於好學, 而聰明才辨不與焉. 人而不知學, 則不可以爲君, 不可以爲臣, 不可以爲父, 不可以爲子, 至於夫婦昆弟朋友之倫, 皆不得其所. 故聖人以好學, 爲人之美稱, 而其於顏子, 不稱其穎悟, 而稱其好學, 則可見好學之善, 天下蔑以加焉.

6. 子夏曰: "博學而篤志, 切問而近思, 仁在其中矣."

○ 博學則求之也精. 篤志則信之也實. 切問則無泛然之患. 近思則無馳遠之弊. 學能如此, 則雖不足以謂之仁, 而爲事不苟, 必實之於身. 故曰, 仁在其中矣.

7. 子夏曰: "百工居肆, 以成其事. 君子學以致其道."

| 肆, 謂官府造作之處. 致, 極也.

○ 居肆成事, 百工之事也. 學以致道, 君子之業也. 人各有其業, 君子豈可不知所務哉.

8. 子夏曰: "小人之過也必文."

○ 子夏所以言此者, 蓋欲人以此自考也. 夫君子之心誠, 故不自恥其過, 而以不能改, 爲深恥, 小人之心僞. 故恐人斥言其過, 而必自文之. 不知其愈飾愈露, 不可得而掩也. 故君子終於無過, 而小人則至過大而不可救也. 弗思焉耳.

9. 子夏曰: "君子有三變. 望之儼然; 卽之也溫; 聽其言也厲."

| 朱氏曰: 儼然者, 貌之莊. 溫者, 色之和. 厲者, 辭之確.

○ 望之儼然, 禮之存也. 卽之也溫, 仁之著也. 其言也厲, 義之發也. 蓋盛德之至, 光輝之著, 自是如此. 謝氏曰: 此非有意於變, 蓋並行而不相悖, 如良玉溫潤而栗然.

10. 子夏曰: "君子信而後勞其民, 未信則以爲厲己也;

| 厲, 猶病也.

信而後諫, 未信則以爲謗己也."

○ 信孚於使民諫之前, 則諫必行, 令必從, 自無咈其志之患. 若否則使民而民以爲厲
己, 諫君而君以爲謗己, 事豈得成乎. 故君子誠之爲貴也. ○ 甚哉子夏之言, 似夫子
也. 設使此章首冒子曰二字, 孰復辨之. 凡門人之語, 載于論語者, 皆不可不崇信而佩
服焉.

11. 子夏曰: "大德不踰閑, 小德出入可也."

│ 大德者, 若君臣之義, 父子之親是也. 小德者, 謂言行信果之類. 閑, 闌也, 所以止物
之出入.

○ 此言大德固當不踰閑, 至於小德, 則非或出或入時措之宜, 不可也. 蓋惡夫必信必
果之小人也. 孟子曰, 大人言不必信, 行不必果, 唯義之所在. 是也.

12. 子游曰: "子夏之門人小子, 當洒掃應對進退則可矣. 抑末也. 本之則無, 如之何."

│ 子游見子夏之門人, 專務人事之末, 而於道德之本則無之, 以爲有隱而然. 故譏之.
子夏聞之曰: "噫, 言游過矣. 君子之道, 孰先傳焉, 孰後倦焉.

│ 倦, 朱氏曰, 如誨人不倦之倦. 言君子之教, 初無定法, 各隨其材而施之, 非以其末
爲先傳之, 以其本爲後而倦之. 若我之門人, 當教以洒掃應對進退之節耳, 非隱之
也.

譬諸草木區以別矣. 君子之道, 焉可誣也.

│ 區, 域也. 古者園圃毓草木, 各分區域種藝之. 氾勝之爲區鍾法, 是也. 草木區別, 言
其明也. 書曰: 賁如草木, 是也. 言君子之道, 昭晰明白, 不可得而掩藏, 豈可隱之
以誣罔門人小子乎.

有始有卒者, 其惟聖人乎."

│ 有始有卒, 謂本末俱舉, 而兩端竭盡也. 此聖人之事, 豈可以此律門人小子乎.

○ 聖人之道, 猶草木之區別, 不可得而誣罔也. 然道無先後之可別, 而人有賢否之不
同. 故教之有方, 造之有時, 不可漫爾而施. 善乎子夏之教人也. 隨學者所至之淺深誨
之, 而不敢以其所不能强之也. 故在學者, 亦有所據, 以無凌虛之失, 有所親, 以無厭
倦之患, 日引月長, 而不自知其進也.

○ 論曰: 集註譏子游之不知有小學之敘. 然游夏同學于孔門, 子夏獨知有小學之敘,
而子游不知之乎. 觀子夏曰君子之道焉可誣也, 蓋子游疑其有所隱, 而譏之也.

13. 子夏曰: "仕而優則學, 學而優則仕."

│ 優, 饒也, 謂有餘也.

○ 此言仕與學本無二致. 學以致其道, 仕以行其志. 故仕而能裕其事, 則雖未必學,
然不違乎學之理. 學而能及乎人, 則雖未必仕, 亦不戾於仕之道. 可知雖學而仕, 然若
不稱其職, 則與不學同. 夫子曰, 書云, 孝乎惟孝, 友于兄弟, 施于有政, 是亦爲政. 此
學而優則仕也. 子夏曰, 雖曰未學, 吾必謂之學矣. 此仕而優則學也.

14. 子游曰: "喪致乎哀而止."

| 致, 推而極之也.

○ 此戒時俗居喪者, 哀不足而專務文也. 卽喪與其易也, 寧戚, 喪與其哀不足而禮有餘, 不若禮不足而哀有餘之意. 聖門之學, 尙實如此.

15. 子游曰: "吾友張也, 爲難能也. 然而未仁."

| 爲難能, 美其不可及也. 然而未仁, 不與其仁也.

曾子曰: "堂堂乎張也, 難與並爲仁矣."

| 堂堂, 容貌之盛.

○ 務外自高者, 內必不誠. 故曾子謂, 其不能有輔人之仁, 亦不可資其仁而輔之也. 其稱堂堂者, 惜之也, 非贊之也. ○ 子張之行, 子游言其難能, 曾子稱其堂堂, 皆褒之之辭. 然而二子, 皆不與其仁. 是知制行之高易爲, 而道德之實, 則難其人也. 夫窮經之人易遇, 知道之人難遇, 知道之人易得, 有德之人難得. 非知道之人, 則難與存義, 非有德之人, 則難與並爲仁矣. 此二子之所以不與子張也. 後世儒者, 因二子之言, 漫議子張者過矣.

16. 曾子曰: "吾聞諸夫子: '人未有自致者也, 必也親喪乎.'"

| 致, 盡其極也. 至哀之情 不待人言.

○ 人固無所不在. 然至於親喪, 則無不自盡焉. 可見人性之善, 不可誣焉, 而人之不可以不自勉也. 於是而忽焉, 則不可以爲人也. 曾子引夫子之言而稱之, 所以深警也.

17. 曾子曰: "吾聞諸夫子: '孟莊子之孝也, 其他可能也, 其不改父之臣與父之政, 是難能也.'"

| 孟莊子, 魯大夫, 名速. 其父獻子, 名蔑. 言莊子事獻子, 飮食供奉, 無所不盡其心. 然不若不改父道之孝, 尤爲大且盡也.

○ 獻子魯之賢大夫, 其用才立政, 固多可觀者, 而莊子皆能遵守而不改焉. 夫子言, 其他孝行, 有人之所不能者. 然皆不若此事之最爲難能也. 夫孝者善繼人之志, 善述人之事者也. 父有善政良法, 而爲之子者, 不能奉行, 或輒變更之, 以徇其所好者, 世每有之. 今莊子不改父之臣與父之政, 則非惟不辱先德, 且可以光祖業. 豈其他孝行所可能比哉. 而後世史氏傳孝子者, 專取奇行難能者稱之, 抑末矣.

18. 孟氏使陽膚爲士師. 問於曾子.

| 陽膚, 曾子弟子.

曾子曰: "上失其道, 民散久矣. 如得其情, 則哀矜而勿喜."

| 朱氏曰: 民散, 謂情義乖離, 不相維繫. 情, 謂情實.

○ 凡民之善惡, 皆上之所使. 故古之聖王, 尤謹其所導焉. 盖導民之要, 在先使民各得其所. 故先王之治民, 必先使其有恒産, 而申之以孝悌之義. 若此而犯法, 上猶有欽恤之意. 況養之無制, 敎之無法. 此上先失其道也. 及其犯罪, 從而刑之, 是上罔民也.

固哀矜之不暇, 豈可喜之哉.

19. 子貢曰:"紂之不善, 不如是之甚也. 是以君子惡居下流, 天下之惡皆歸焉."
│ 下流, 謂地形卑下, 衆流之所歸. 言人若有汙賤之行, 則惡名歸之, 亦猶如此.
○ 言紂固不善, 然不如後世所稱之甚也. 苟人一置身于不善之地, 則自爲衆惡之叢,
可不愼哉. 是以君子好處高明, 而惡居下流也.

20. 子貢曰:"君子之過也, 如日月之食焉. 過也人皆見之; 更也人皆仰之."
○ 君子之心至誠, 故雖微過, 人皆見之, 猶日月之體至明, 故雖纖翳, 天下見之. 言明
白易見, 亦不掩藏之也, 而其爲過也, 必無所不改, 而及乎其改之也, 人益仰慕之也.
小人反之. 子貢以日月之蝕, 喩君子之過, 其旨深矣.

21. 衛公孫朝問於子貢曰:"仲尼焉學?"
│ 公孫朝, 衛大夫. 焉, 猶安也.
子貢曰:"文武之道, 未墜於地在人. 賢者識其大者, 不賢者識其小者, 莫不有文武之
道焉. 夫子焉不學, 而亦何常師之有."
│ 文武之道, 謂文王武王治天下之大經大法也. 不曰堯舜 而曰文武者, 以去代猶近,
    而典刑具在也. 未墜於地, 猶曰極天罔墜. 識, 記也. 識大識小, 猶所謂仁者見之謂
    之仁, 知者見之謂之智之類也.
○ 子貢言, 夫子從賢者學其大者, 從不賢者學其小者, 初無常師, 有道則取焉. 蓋謂
聖人道廣德大, 好學而不已也.
○ 論曰: 夫聖人之道, 天地之常經, 古今之通義. 猶日月星辰之繫于天, 而萬古不墜
也. 有智者皆可知, 有志者皆可行, 雖夫婦之愚不肖, 莫不與知能行焉. 此所以爲聖人
之道也. 故曰, 莫不有文武之道焉, 廣矣大矣. 若夫後儒所謂, 道統傳云者, 本倣佛氏
所傳宗派圖而所造, 皆私道者, 而非天地公共之道. 故道統圖者, 君子不取焉.

22. 叔孫武叔語大夫於朝曰:"子貢賢於仲尼."
│ 武叔, 魯大夫, 叔孫州仇, 武叔, 其謚.
子服景伯以告子貢. 子貢曰:"譬之宮牆, 賜之牆也及肩, 窺見屋家之好.
│ 牆卑宮淺.
夫子之牆數仞, 不得其門而入, 不見宗廟之美, 百官之富.
│ 七尺曰仞. 言牆高而宮廣. 故不得其門而入, 則不得見其中之所有.
得其門者或寡矣. 夫子之云, 不亦宜乎."
│ 夫子, 武叔也. 言得其門者猶少焉, 則入于其室之難宜矣.
○ 人之於道, 造詣淺者, 人皆可得而知焉. 造詣甚深, 則非其人, 不能以知焉. 故曰,
聖人能知聖人也. 故子貢於武叔之言, 不非之而宜之. 蓋以言聖人之難知也.

23. 叔孫武叔毀仲尼. 子貢曰:"無以爲也. 仲尼不可毀也.

︱無以爲, 猶言無用爲此.

他人之賢者丘陵也, 猶可踰也. 仲尼日月也, 無得而踰焉. 人雖欲自絶, 其何傷於日月乎. 多見其不知量也."

︱土高曰丘, 大阜曰陵. 日月喩其至高. 自絶, 謂謗毁以自絶于孔子. 何傷於日月, 言無損於日月之明也. 多, 與祇同, 適也. 不知量, 謂不自知其分量.

○ 其智愈深, 則知聖人愈深. 其學愈至, 則尊聖人愈至. 如孔子之喪, 子貢廬於冢上六年. 可謂知聖人之愈深, 而尊聖人之愈至者也.

24. 陳子禽謂子貢曰:"子爲恭也, 仲尼豈賢於子乎."

︱朱氏曰: 爲恭, 謂爲恭敬推遜其師也.

子貢曰:"君子一言以爲知, 一言以爲不知, 言不可不愼也.

︱子貢, 責子禽之易言也.

夫子之不可及也, 猶天之不可階而升也.

︱階, 梯也. 朱氏曰: 大可爲也, 化不可爲也. 故曰, 不可階而升也.

夫子之得邦家者, 所謂立之斯立, 道之斯行, 綏之斯來, 動之斯和. 其生也榮, 其死也哀. 如之何其可及也."

︱立, 謂植其生, 所謂制其田里, 是也. 道, 引也, 謂導之以德. 行, 從也. 綏, 安也. 來, 歸附也. 動, 謂鼓舞之也. 和, 猶言丕應蔣志. 此皆言聖人之感應之妙, 至神速也. 榮, 極其尊親. 哀, 極其思慕. 言人之恭敬服從, 無所不至也.

○ 謝氏曰: 觀子貢稱聖人語, 乃知晚年進德, 蓋極其高遠也. 夫子之得邦家者, 其鼓舞群動, 捷於桴鼓影響. 人雖見其變化, 而莫窺其所以變化也. 黃氏幹曰: 天之德, 不可形容. 卽其生物, 而見其造化之妙. 聖人之德, 不可形容. 卽其感人, 而見其神化之速. 天下之理, 實大則聲宏, 本深則末茂. 感動之淺深遲速, 未有不視其德之所至者. 聖人道全德備, 高明博厚, 則其感於物者如此. 因其感於物, 以反觀聖人之德, 豈不曉然而易見哉.

堯曰第二十
凡四章

1. 堯曰:"咨爾舜, 天之曆數在爾躬, 允執其中. 四海困窮, 天祿永終."

︱咨, 嗟嘆聲. 曆數者, 紀歲時節氣. 以授民時者也. 在爾躬, 謂財成輔相天地之道. 書所謂, 天工人其代之, 是也. 允, 信也. 中者, 無過不及之名. 言四海之人困窮, 則君祿亦永絶矣, 戒之也. 此堯命舜而禪以帝位之辭.

舜亦以命禹.

︱舜後遜位于禹, 亦以此辭命之.

○ 上古之聖人, 其道磅礴浩渺, 過乎中道, 而不切於人倫, 無益於天下國家之治者, 或有之. 故堯以允執其中, 命之於舜, 而舜明於庶物, 察於人倫, 由仁義行, 非行仁義也. 此舜之所以能繼堯之道也.

○ 論曰: 古文尙書大禹謨篇, 亦載此言. 加以人心道心, 危微精一等語, 然見此篇唯曰舜亦以命禹, 則堯之命舜, 舜之命禹, 皆止此二十二字. 而無危微精一等語, 可知矣. 按宋明諸儒, 或疑大禹謨之非眞古文, 以爲漢儒僞作. 大抵依倣諸經論孟中語, 倂竊其字句, 而緣飾之, 而荀子亦引人心之危, 道心之微二句, 稱道經曰, 而不稱虞書, 則知此語本非堯舜授受之語明矣. 蓋唐虞之際, 其言論平易朴實, 專在於知人論政之間, 而無後世心性精微論. 故知大禹謨篇, 實出於漢儒之手, 而堯舜告命之詞, 止於此二十二字耳矣.

曰:"予小子履, 敢用玄牡, 敢昭告于皇皇后帝.

│ 朱氏曰: 曰上當有湯字, 是也. 履, 殷湯名. 殷尙白而用黑牡者, 未變夏禮故也. 皇皇, 大也. 后, 君也, 謂天帝也. 此言昭告天以伐桀之意.

有罪不敢赦, 帝臣不蔽, 簡在帝心.

│ 簡, 閱也. 有罪, 指桀. 帝臣不蔽, 蓋指伊尹也. 言天下之善惡, 已不敢私, 惟天所簡.

朕躬有罪, 無以萬方;萬方有罪, 罪在朕躬."

│ 以上皆告天之詞. 無以萬方, 言勿降災祥於民也. 民之有罪, 實君之所爲. 罪己而無罪民也. ○ 此語今見古文尙書湯誥篇, 然墨子書, 引此以爲湯誓, 則古文尙書之可疑, 蓋可見矣.

周有大賚, 善人是富.

│ 何氏曰: 周, 周家. 賚, 賜也. 言周家受天大賜, 而富於善人. 有亂臣十人是也.

"雖有周親, 不如仁人,

│ 孔氏曰: 親而不忠賢則誅之, 管蔡是也. 仁人, 謂箕子微子, 來則用之.

百姓有過, 在予一人."

│ 此武王罪己之辭.

謹權量, 審法度, 修廢官, 四方之政行焉.

│ 權, 稱錘也. 量, 斗斛也. 法度, 禮樂制度皆是也. 古者世官, 子孫相守, 官廢則事曠. 故修之.

興滅國, 繼絶世, 擧逸民, 天下之民歸心焉.

│ 朱氏曰: 興滅繼絶, 謂封黃帝堯舜夏商之後. 擧逸民, 謂釋箕子之囚, 復商容之位. 三者皆人心之所欲也.

所重, 民·食·喪·祭.

│ 孔氏曰: 言帝王所重者此四事. 重民, 國之本也. 重食, 民之命也. 重喪, 所以盡哀. 重祭, 所以致敬. ○ 以上言武王之事. 按武王語, 今多見武成泰誓等篇. 然古文尙書頗多乖謬. 且先儒亦多致疑. 故今不引以爲證.

○ 楊子曰: 論語之書, 皆聖人微言, 而其徒傳守之, 以明斯道者也. 故於終篇, 具載堯舜咨命之言, 湯武誓師之意, 與夫施諸政事者, 以明聖學之所傳者, 一於是而已. 所以著明二十篇之大旨也. ○ 堯舜湯武之道, 不過敬天重民二者, 而敬天其本也. 曰, 天之曆數在爾躬. 曰, 簡在帝心. 曰, 周有大賚, 皆莫非所以敬天也. 凡賞善罰惡, 責己恕人, 所以推此心也. 夫子所以祖述憲章者, 不外於此.

2. 寬則得衆, 信則民任焉, 敏則有功, 公則說.

| 公字, 不見於論語, 據前篇, 當作惠字.

○ 此章舊本, 通前章合爲一章. 然於武王之事無見, 而與前篇子張問仁章略同, 而逸其半. 彼有恭則不侮一句, 而公則說, 作惠則足以使人, 疑因下章有子張之問, 而誤再出歟.

○ 論曰: 宋儒每以公字, 爲學問之緊要. 曰, 天理之公, 曰, 公而以人體之, 是也. 然公字, 屢見老莊之書, 而於吾聖人之書無之, 何者. 是是而非非, 少無所偏私, 謂之公. 然不擇親疎, 槩而行之, 則必有害於義. 夫父爲子隱, 子爲父隱, 越人關弓而射之, 則己談笑而道之, 其兄關弓而射之, 則垂涕泣而道之, 不可謂公. 然人情之至, 道之所存也. 故聖人仁以盡其愛, 義以立其辨, 猶天道之有陰陽, 地道之有剛柔, 不可偏廢也. 故仁而無義, 則墨子之仁, 不可行也. 義而無仁, 則楊子之義, 不可從也. 苟居仁由義, 則不待言公, 而自無所偏私矣.

3. 子張問於孔子曰:"何如斯可以從政矣?" 子曰:"尊五美, 屏四惡, 斯可以從政矣."

| 孔氏曰: 屏, 除也.

子張曰:"何謂五美?" 子曰:"君子惠而不費;勞而不怨;

| 此二者, 治民之要.

欲而不貪;泰而不驕;威而不猛."

| 此三者, 修身之要. 修身, 卽治民之本.

子張曰:"何謂惠而不費?" 子曰:"因民之所利而利之, 斯不亦惠而不費乎. 擇可勞而勞之, 又誰怨. 欲仁而得仁, 又焉貪. 君子無衆寡, 無小大, 無敢慢, 斯不亦泰而不驕乎. 君子正其衣冠, 尊其瞻視, 儼然人望而畏之, 斯不亦威而不猛乎."

| 惠易費, 勞易怨, 欲易貪, 泰易驕, 威易猛, 而今皆不然. 故以爲美也.

子張曰:"何謂四惡?" 子曰:"不敎而殺, 謂之虐;

| 虐, 謂殘酷不仁.

不戒視成, 謂之暴;

| 不豫告戒, 而督其成功, 是爲卒暴無漸.

慢令致期, 謂之賊;

| 朱氏曰: 致期, 刻期也. 賊, 害也. 猶賊夫人之子之賊也. 言緩於前而急於後, 以誤其民, 是害之也.

猶之與人也, 出納之吝, 謂之有司."

| 朱氏曰: 猶之, 猶言均之也. 均之以物與人, 而於其出納之際, 乃或吝而不果, 則是有司之事, 而非爲政之體.

○ 爲政以仁爲本, 以不仁爲戒. 此章雖論說甚長, 然其要不過此二端, 不可不察焉.

4. 子曰:"不知命, 無以爲君子也.

| 天有必然之理, 人有自取之道. 故知命則樂而不憂, 畏而不怠, 是所以爲君子也.

不知禮, 無以立也.

丨禮者, 身之幹也. 故知禮則有以立也.

不知言, 無以知人也."

丨言者, 心之符也. 故知言則有以知人也.

○ 輔氏廣曰: 知命則在我者, 有定見. 知禮則在我者, 有定守. 知言則在人者, 無遁情.
知斯三者, 則內足成己之德, 外足盡人之情. 故君子之事備矣. ○ 尹氏曰: 弟子記此
以終篇, 得無意乎. 學者少而讀之, 老而不知一言爲可用, 不幾乎侮聖言者乎. 夫子之
罪人也, 可不念哉.

옮긴이 해제

실학으로 다시 읽는 『논어』

1.

『논어고의』는 진사이가 중년에 저술을 시작한 것으로 보인다. 진사이는 29세 무렵부터 7년간 은둔 생활을 하고 36세 되는 해(1662)에 집으로 돌아온다. 은둔 기간 동안 성리학에 전념하던 공부 방향을 선회하면서 게이사이敬齋라고 했던 호號를 진사이仁齋로 바꾼다. 이는 성리학 수양의 중심인 경敬에서 『논어』의 핵심 개념인 인仁으로 일생의 목표를 전환했음을 상징적으로 보여 준다. 아울러 학생들을 가르치는 글방을 만들어 '고의당'古義堂이라고 명명하면서 자신의 학문 목표가 유학의 본의本義를 밝히는 것임을 명백히 하였다. 동지회同志會라는 연구모임을 조직하기도 했는데 이 시기의 학문적 모색과 진행, 주자학과 퇴계의 성리학에 대한 비판 등이 「동지회필기」同志會筆記라는 짧은 저술(1674)에 잘 드러나 있다. 40대의 기간 동안 학생들을 가르치면서 『논어고의』・『맹자고의』・『어맹자의』語孟字義 등 일련의 주요 저술을 쓴 것으로 보아야 할 것이다. 완성 후에도 계속 수정, 가필했는데 이 때문에 제자들이 가지고 있던 기록이 각기 다를 수밖에 없었다. 제자들을 가르치면서 끊임없이 수정작업을 했던 것이다. 『어맹자의』 간행기에 평소 수정 작업을 그치지 않았다는 말과 함께 제자들이 갖고 있는 필사본에 차이가 많아 선생님의 가르침이 잘못 전해질까 두렵다는 말을 참고해 보면, 진사이의 저술 태도를 엿볼 수 있다.

『논어고의』 재각再刻 간행기에는 쇼토쿠正德 계사년癸巳年(1713) 여름에 진사이의 장남 도가이東涯가 교정해 간행했다고 하였다. 진사이 사후 8년이 지나 처음으로 정식 간행된 것이다. 헌데 이 초간본에 문제가 많았던 모양이다. 글자가 흐릿하고 또렷하지 못해 개정판을 염두에 두고 있었다는 말이 보인다. 거기에 조선의 통신사로 온 성몽량成夢良이나 이명계李命啓 등의 요청이 있어 에도 조정의 신하가 분세이文政 11년 무자년戊子年(1828)에 진사이의 현손玄孫 구세이弘濟에게 재간을 하도록 했다고 한다. 이때 다시 교정을 보고 앞서 간행한 『맹자고의』(1720)를 모델로 해서 글자와 구두句讀를 잘 정리했다고 한다. 현재 통행되는 판본은 1828년에 재간한 것을 모본母本으로 한다. 이 번역본의 저본 역시 분세이文政 12년(1829)에 발행한 교토 분센도文泉堂의 재간본을 영인한 것이다.

2.

진사이가 정력을 다 바친 『논어고의』란 어떤 책일까? 먼저 그 저술이 있게 한 『논어』를 진사이가 어떻게 이해했는지 알아야 한다. 『논어』란 어떠한 책인가? "우주 제일의 책이다." 진사이는 단언한다. 『논어고의』에서 이 진술은 되풀이된다. 우주 제일의 책이라는 언술 자체에 주목하기보다는 진사이가 어떤 의미에서 이 말을 썼는지 이유를 따져 볼 필요가 있다.

전체적인 설명이 '강령' 부분에 보인다.

공자 이전에는 교화와 법도가 어느 정도 갖추어지긴 했지만 학문은 아직 발달되지 않았고 도덕은 아직 분명하지 않았다. 바로 공자에 이르러서야 도덕과 학문이 처음으로 온전히 발전할 수 있었다. 후세의 학자들에게 오직 인의仁義를 통해 행동해야 하고 각종 귀신과 점술 따위의 여러 이야기는 모두 의義와 리理로 판단해 도덕과 서로 섞이지 않게 해야 함을 알게 하였다. 그러므로 학문은 비로소 공자로부터 새롭게 열렸다고 해야 옳다.…… 내가 『논어』를 '최상의 지극한, 우주 제일의 책'이라고 단언하는 것은 이 때문이다.

『논어』란 책은 도덕을 명확히 하고 학문을 확립했기 때문에 위대하다고 판단했다. 도덕을 명확히 했다는 것은 인의라는 기준을 제시했다는 말이며 학문을 확립했다는 것은 인의의 판단력으로 귀신과 점술을 물리치는 새 장을 열었다는 말이다. 한편으로는 인의라는 도덕을 행동지침으로 하고 다른 한편으로는 해명하는 작업을 통해 학문을 발전시켰다는 뜻이다. 인의라는 도덕 기준을 뚜렷하게 보여 주었다는 면에서 『논어』는 유일무이하다고 평가한 것이다.

인간이 인간인 까닭은 무엇인가. 인간이 인간인 근거는 도덕성에 있다. 공자의 인간관이다. 인간에게 도덕이 존재한다는 점이 인간에게 축복인가 저주인가 하는 문제는 인류의 역사에 대한 평가와 관점에 여러 갈래가 생기면서 후대에 난제로 떠오르게 된다. 하지만 공자 당대의 문제의식이면서 큰 영향력을 발휘한 핵심명제는 공자가 고민하고 반복해

되씹었던 문제, 바로 인간이란 무엇인가라는 질문이었다. 공자는 당대의 난제를 당대의 맥락에서 보는 것에 그치지 않고 문제를 파고 들어가 역사를 참조하면서 안목을 확장시켰다. 당대의 고민을 거시적인 전망에 놓는 기틀을 마련한 것이다. 문제는 더 어려워졌고 깊어졌으며 고민을 끌어안고 사유하는 단계에 진입하였다. 제자들과의 문답 속에서 고민은 지속적으로 검토되었으며 당대에 대한 평가 안에는 근본적인 문제가 포함되었다. 공자가 제시한 답은 '도덕적인 존재'였다. 공자의 대답은 잠정적이었을 가능성이 높다. 하지만 공자가 제시한 시험적인 해결은 제자들을 통해 실천되었고 그 이후의 행방은 우리가 아는 바와 같다. 공자는 도덕을 인의라고 불렀다. 인의라는 말은 맹자의 용어이고 공자는 정확히 인仁이라고 했다. 인간은 인을 실행하는 존재다. 귀신/일상, 점술/합리적 사고, 기이함/정상이 뒤섞여 판단하기 어려울 때, 특히 정치를 담당하는 사람에게 정확한 판단이 필요한 시점에 공자는 합리적인 사고와 명료한 사고를 요구했다. 진사이는 공자의 요구와 주장이 여전히 유효성을 가지고 있다고 생각했기에 평가가 높았다. 혼란스런 시대, 사회가 안개에 갇힌 듯 방향을 잡지 못하고 혼미를 거듭할 때 공자의 방향 제시는 근본적인 처방이었다.

문제가 간단하지 않았던 것은 도덕을 추상적이고 심오한 무엇으로 생각할 여지가 있었다는 점이다. 진사이는 『논어』를 읽을 때 공자 당대 상태로 돌아가겠다는 목표를 세웠지만(그러므로 제목이 『논어고의』다. 고대 공자 시대의 원뜻[古義]을 읽겠다는). 가장 큰 장벽——송나라 유학자들이 『논어』를 읽은 방식, 성리학적 세계관을 염두에 두지 않을 수 없었다. 동아시아 세계에 가장 강력한 영향력을 행사하고 있었던 성리학의 위력.

성리학의 세계관에 대한 도전을 넘어 성리학과는 다른 세계를 세우겠다
는 결기. 진사이는 성리학의 세계가 심혈을 기울였던 심오한 도덕적 세
계와 정면대결을 피하지 않는다. 중요한 개념에 이를 때마다 진사이는
성리학을 조목조목 비판하면서 『논어』의 원뜻을 복원한다. 이 작업은 동
시에 우주 제일의 책이라는 자신의 단언을 증명하는 일이기도 하였다.
먼저 유교의 도, 공자의 도에 대한 견해를 정리한다. 「옹야」 27장 '중용'
을 언급한 곳에 논평을 하면서,

중용中庸이란 덕은 세상에서 실행하기 가장 어려운 것이다. 세상에서
도道를 논하는 자들은 높은 것을 최고라 하기도 하고 난해한 것을 극치
라 하기도 한다. 하지만 높은 것은 기氣를 통해 도달할 수 있고 난해한
것은 힘을 써서 할 수 있다. 모두 의지하는 바가 있어 그렇게 하는 것이
다. 중용이란 덕德만은 평이하고 차분해서 기氣를 통해 도달할 수 없고
힘을 써서 할 수 없는 것이다. 이것이 백성 가운데 할 수 있는 사람이 드
문 까닭이다. 당唐·우虞·삼대三代의 훌륭한 시대에는 백성들이 소박하
고 풍속이 후덕해 바로잡아 고칠 게 없었고 자연히 도에 부합하지 않는
게 없었다. 아버지는 아버지답고 자식은 자식다웠으며 형은 형다웠고
동생은 동생다웠으며 지아비는 지아비다웠고 아내는 아내다워, 보고
듣고 접촉하는 가운데 자연히 속이는 행동이나 기이한 술법이 없었다.
이것이 이른바 중용의 덕이었다. 후세에 이르러 고원한 것에서 도를 찾
고 난해한 것에서 일을 구해, 찾으려고 달려갈수록 더욱더 멀어지고 보
완하려 했지만 오히려 파괴하고 말았다. 그러므로 "백성 가운데 할 수
있는 이가 드문 지 오래되었다"고 한 것이다. 그런 까닭에 공자가 특히

중용의 도를 세워 이 백성들의 극치로 삼은 것이다. 『논어』라는 책이 최상이자 최고의, 우주 제일의 책이라고 한 이유도 실상 이 때문이다.

공자의 도덕을 인의라고 말했지만 이때 인의는 고원하고 심오한 것이 아니라 일상에서 매일 쓰고 생활하는 평이한 이치라는 것이다. 이를 중용이라고 하였다. 인의라고 하는 중용의 도를 세웠기 때문에 공자는 위대하다. 여기서 거론한 도는 백성들의 삶의 궁극목표이자 기준이라고 하였다. 도란 일상 속에 있는 삶의 목표이자 생활이라고 정의한 것으로 보인다. 진리 혹은 궁극의 목표, 최선의 지향점 등 어떻게 정의해도 형이상학적이고 심오한 경지를 내포할 수밖에 없는 도를 두고 진사이는 일상생활의 실實로 재정의한 것이다. 도에 대한 진사이의 직접적인 진술을 보자. '강령'에서,

도란 완벽하게 바르고 명백해서 알기 쉽고 따르기 쉬우며, 천하와 만세萬世에 두루 통용되며 잠시라도 떨어질 수 없는 것이다. 그러므로 알기 어려운 것이 아니라 지키기 어려운 것이며, 지키기 어려운 것이 아니라 즐기기 어려운 것이다. 고원해서 도달할 수 없는 것은 도가 아니며, 은미하고 까다로워 알 수 없는 것은 도가 아니다. 어째서인가? 천하와 만세에 두루 통용되며 잠시라도 떨어질 수 없는, 그런 도가 아니기 때문이다. 한 사람만 알고 열 사람은 알 수 없는 것은 도가 아니며, 한 사람만 실천하고 열 사람은 실천할 수 없는 것은 도가 아니다. 어째서인가? 천하와 만세에 두루 통용되며 잠시라도 떨어질 수 없는, 그런 도가 아니기 때문이다. …… 높은 곳[高]을 끝까지 올라가면 반드시 낮은 곳[卑]으로

돌아오며 먼 곳[遠]을 극단까지 나아가면 반드시 가까운 곳[近]으로 돌아온다. 비근卑近으로 돌아오고 난 뒤에야 견해가 비로소 실질[實]을 갖게 된다. 왜냐하면 비근한 곳은 항상 살 수 있지만 고원한 곳은 제대로 머무는 곳이 아닌 줄 알기 때문이다. 이른바 비근은 본래 비근이 아니요 평상平常을 말하는 것이다. 이는 실로 예로부터 지금까지 온 세상이 공통으로 따르던 것이었으며 인간 윤리와 일상생활에서 당연히 있어야 한다고 여기는 바였다. 어찌 여기에 고원한 것이 있겠는가. 비근을 싫어하고 고원을 기뻐하는 자들과 어떻게 천하와 만세에 두루 통용되며 잠시라도 떨어질 수 없는 도를 함께 얘기할 수 있겠는가. 배우는 사람들은 반드시 이를 알아야 한다. 그런 뒤에 『논어』를 읽을 수 있다.

다소 길지만 진사이는 강조하고 싶은 점을 명확히 드러내고 싶었을 것이다. 실實은 실질의 실이며, 현실의 실이며, 진실의 실이며, 실상의 실이며, 실용의 실이다. 실질은 허무[虛]의 반대이며 현실은 공상/이상[高遠]과 반대이며 진실은 거짓[空]과 반대이며 실상은 허상[虛]과 반대이며 실용은 무용[無]의 반대다. 실實은 우리 삶에 끼어든 거품——추상적이고 고원하며 심오하고 형이상학에 경도되어 삶과 유리되는 모든 것들에 대한 비판을 담았다. 그 대상은 불교이기도 하고 노장이기도 하며 글을 외우기만 하면서 시와 문장을 짓는 유학자들이기도 하고 양명학자들이기도 하고 또한 성리학에 물든 유자들이기도 하다. 실實이란 글자에 모여 있는 의미의 집합체들은 일상의 삶과 맞닿아 있다. 일용생활에 스며들지 않는 학문, 사상, 정치, 쓰임새가 없는 것들에 대한 비판이다. 실질적인 쓸모가 있어야 한다!

이에 대한 언설은 거듭 나타난다. 충신忠信과 독경篤敬을 논하는 「위령공」5장에서,

후세의 유학자들은, 충신독경은 일상생활에서 늘 실천해야 하는 일이지 가장 원대하고 최고 고상한 논의는 아니라고 생각해 별도로 일반적인 종지宗旨를 세웠다. 이는 도가 실질적인 이치이며 배움이 실질적인 일이라는 사실을 전혀 모르는 것이다. 어떻게 충신독경 이외에 소위 고원한 것이 따로 존재하겠는가. 그러므로 도를 아는 사람은 그 말이 일상에 가까우면서 실질적이다. 그런 까닭에 쓰면 쓸수록 더욱 마르지 않는 것이다. 도를 모르는 사람은 그 말이 원대하면서 텅 비었다. 그런 까닭에 일상생활에 전혀 쓸모가 없다.

도는 실리實理, 실질적인 이치라는 말이다. 도가 실질적인 것이니 학문 또한 실질적인 것임은 말할 것도 없다. 실질의 도와 한 몸인 실질적인 학문[實學]은 무엇을 말하는가. 「자로」4장에 대한 논평에서,

공자 문하의 학문은 세상을 경영하는 학문이다. …… 공자와 맹자는, 번지의 농사짓는 법에 대한 질문을 하찮게 여겼고, 백성과 함께 농사를 짓는다는 진상陳相의 말을 배척하면서(『맹자』「등문공 상」 제4장) 오로지 이전의 성인을 계승해 후세의 학자들에게 전해 주는 일을 자신들의 가르침으로 삼았고, 천하를 구제하고 인간이 지켜야 할 도리를 세우는 일을 자신들의 도道라고 생각했다.

진사이는 공자의 학문을 세상을 경영하는 학문이라고 잘라 말한다. 이런 관점에서 보면 은자隱者를 높이 보거나 심오한 이치를 추구하는 학문을 숭상하는 태도에 비판적일 수밖에 없다. "성인 문하의 공부는 실제에 유용한 실학實學이다"(「자로」 20장 논평부분)라고 진사이는 실학이란 말을 직접 쓴다. 진사이의 학문과 그의 관심은 실實에 집중돼 있고 실實이라는 맥락으로 『논어』를 관통해 읽는다. 『논어』와 『맹자』를 읽으면서 두 책을 꿰는 핵심이 실實에 있음을 깨닫고 실리實理로서 두 경전을 새로 읽고 체계적으로 설명한다. 주자학이 스스로의 학문을 실학實學이라 부르며 당대를 지배했던 불교를 허학虛學이라고 한 것을 상기해 보면 진사이의 실학이 무엇을 겨냥하고 있는지 명백하다. 진사이는 '세상 경영의 학문'으로 실학을 정의한다. 『논어』는 세상 경영의 교과서다. 세상 경영은 백성의 삶을 보살핀다는 말이다. 실학은 진사이에 이르러 새로운 개념으로 탄생한다. 이 부분이 일본 사상사에서 의의를 부여하는 지점이고 일본학이 새롭게 부상하는 거점이기도 할 것이다.

3.

실實을 중심에 두고 포괄적인 도를 정돈한 만큼 성리학의 핵심 개념에 대한 검토가 불가피하다. 먼저 경敬에 대한 다른 정의.

> 옛사람들이 경敬을 말한 것이 많다. 어떤 사람은 천도天道를 가지고 경을 말했고, 어떤 사람은 제사를 가지고 경을 말했고, 어떤 사람은 어른을 존경하는 것을 가지고 경을 말했고, 어떤 사람은 정사政事를 가지고 경을 말했다. 모두 공경해야 할 대상을 두고 그렇게 말 한 것이다. (『논

어』에서는) "자신 수양을 경敬으로 해라" 말하고, "생활하는 것은 경敬으로 하고 행동하는 것은 간소[簡]하게 한다"(「옹야」 제1장)고 말하였는데, 이는 모두 백성과 관계된 일을 공경해야 한다고 말한 것이다. 어떤 것도 실질적인 일과 관련 없이 그냥 막연하게 경을 말한 게 없다. 후세에 경을 말한 것과는 확실히 다르다(「헌문」 45장).

경敬은 주자학이 각별하게 의미를 부여하면서 성리학의 기반을 형성한 주요 개념이다. 성리학은 『대학』을 중요한 텍스트로 여겨 학문하는 순서에 『대학』을 첫째로 둔다. 『대학』의 삼강령三綱領 팔조목八條目(격물格物·치지致知·성의誠意·정심正心·수신修身·제가齊家·치국治國·평천하平天下)이 유학의 짜임새와 체계를 일목요연하게 파악하는 틀을 제공하기 때문이다. 주희는 삼강령 팔조목의 저변에 깔린 자세를 경敬이라는 한 글자로 요약한다. 『대학』뿐만이 아니다. 『대학』으로 나아가기 위한 기초이면서 평생의 몸가짐을 바로 하는 지침으로 『소학』을 편찬한 것도 주희였는데, 『소학』 공부의 기본자세로 역시 경敬을 제시하였다. 성리학은 양대기둥으로 행行 공부(『소학』)와 지知 공부(『대학』)를 중요한 과목으로 삼는다. 이 둘을 아우르는 전제로 경敬을 표나게 드러내며 평생의 자세로 요구한다. 인간의 행동범위는 넓어지고 군자란 정치에 종사하는 사람들이어서 자연 경敬의 태도로 접촉해야 하는 대상은 확대될 수밖에 없었다. 경이 단순한 개념이 아님은 반드시 기억해야 한다. 조선의 퇴계 이황이 경敬을 필생의 화두로 삼고 삶의 기준이자 극치로 여겼음은 주지의 사실이다. 경은 일차적으로 행동지침이지만 학문과도 분리할 수 없기에 행行과 지知를 동시에 설명해야 했다. 지행知行은 분리되어서도 안 되고 분리

될 수도 없는 것이었으나 이론과 실천의 관계 문제는 당위로 봉합해 둘 수만도 없었다. 행行에 대한 지知의 비중이 증가하면서 이론을 실천의 개념으로 설명해야 하는 난점에 봉착한다. 이론과 실천의 관계 양상이 변하고 접촉 대상에 대한 강조점이 달라지는 등 미묘한 혼선이 더해지면서 경의 함의가 복잡해졌다. 진사이는 분명히 말한다: 경은 백성과 관계된 일이다. 실질과 관계된 문제이다.

「헌문」45장, 자로가 군자에 대해 물었을 때 공자는 경敬으로 자신을 수양하고 백성을 편안하게 해주라고 하였다. 경은 자신을 수양하는 핵심이면서 백성을 편안하게 해주는 데까지 나아가야 한다는, 군자(위정자)를 대상으로 이상적인 군자됨을 말한 곳이다. 경은 자기 수양에 그치는 것이 아니라는 사실에 진사이는 주의를 환기시키고 백성을 편안히 하는 실질적인 행동임을 증명한 것이다. 자기 수양을 강조했던 성리학의 논점을 세상 경영의 토대라는 실實의 논점으로 방향을 전환시켰다.

앞에서 공자는 인간을 도덕적인 존재로 보았다는 점에서 후대에 영원한 길[道]을 제시했다고 했다. 그리고 도덕이란 인仁을 가리킨다고 하였다. 진사이는 인을 어떻게 해석했을까.

인이라는 덕은, 사랑하고 슬퍼할 줄 아는 마음이 나라의 안팎, 멀고 가까운 어느 곳에도 도달하지 않는 곳이 없는 것이다. 집에 있으면 집에서 행하고 나라에 있으면 나라에서 행하고 천하에 있으면 온 천하에 행해서, 여유롭고 화목한 기운이 피부에 젖고 골수에까지 스며든다.……자신을 이기는 것[克己]이 인의 근본이며, 예를 반복하는 것[復禮]은 인의 터전이다. 자신을 이기지 않으면 인을 가질 수 없으며, 예를 반복하지

않으면 인을 보전할 수 없다. (「안연」1장)

　「안연」1장은 안연이 인에 대해 묻자 공자가 극기복례克己復禮라고 답한 유명한 장이다. 우선 주희의 해석과 다른 점이 눈에 띈다. "克己復禮爲仁"이라는 공자의 대답을 두고 주희는, "자기 사욕私慾을 이겨 예로 돌아가는 것이 인을 실행하는 것이다"라고 풀었다. 진사이는, "자신을 이기고 예를 반복하는 것이 인이다"라고 보았다. 주희는 인을 "본심이 가진 완전한 덕"으로 보고 사사로운 욕망이 인을 가리는 것으로 파악해 사욕을 이기고 예로 돌아가는 일이 본심의 온전한 덕을 실천하는 행위라고 본 것이다. 주희의 해석은 천명天命이 부여한 인간의 본성으로서 인을 전제로 하고 인간의 욕망이 본래의 선한 본성을 해친다는 형이상학적 관점에 서 있다. 그로서는 본성을 더럽힌 사욕을 없애는 행동이 무엇보다 중요했기 때문에 위爲라는 글자를 '실천하다'라는 행위동사로 풀어야 했다. 진사이에겐 이런 형이상학적 전제가 불필요했다. 실實이라는 관점을 견지할 때 형이상학은 고원하고 심오해 현실과 동떨어진 데다 무엇보다 무용성無用性을 수용하기 어려웠기 때문이었을 것이다. 진사이는 평이하게 해석한다. "자신을 이기고 예를 반복하는 것이 인이다." 진사이가 볼 때 공자가 안연에게 해준 말은 어렵지 않다. 안연은 분명 인을 물었다[問仁]. 무엇입니까라고 물었으므로 공자는 무엇이다라고 대답한 것이다. 위爲라는 글자는 질문에 대답한 언어로, '이다'라는 일상 언어지 '실행하다'라는 뜻으로 보아서는 질문과 어긋난다는 구문상의 고려도 깔려 있다. 문맥에 주의해 읽으면 주희의 해석은 이상하다. '인이 무엇입니까'라고 물었는데 'A가 인을 실천하는 것이다'라고 대답한다면 기이한 문답임에 틀림없다. 주희가 염두에 두고 있던 형이상학적 전제를 수용하면 문제는 달라진다. 심오한 문답이 되면서 수준 높은 답변으로 읽게 된다. 더욱이 "問仁"이라고 한 원문은 간접화법이어서 안연이 "인이 무엇입니까?"라고 직접화법으로 물은 것과는 해석에 차이가 있다. 인에 대한 포괄적인 질문으로 읽을 수 있는 것이다. 안연의 질문은 '어떻게 해야 인에 도달할 수 있습니까?' 혹은 '어떤 것이 인을 실천하는 방도입니까?'라는 질문으로 읽어도 잘못이라고 할 수 없다. 주희의 해석을 어긋난 답이나 자신만의 심오한 풀이라고 내칠 수만은 없는 것이다.

여기서 논점은 주희가 맞다 틀리다 하는 점이 아니라 진사이가 그의 해석과는 다르게 『논어』를 읽었다는 사실이다. 주희 해석의 시비 문제도 아니고 진사이 해석의 시비문제는 더욱 아니다. 다르게 읽기 그 자체다. 인仁을 실實의 관점에서 읽는다면 어떻게 해석할 것인가. 독자가 눈길을 주어야 할 곳은 이 질문이다. 진사이의 대답: 사랑하고 슬퍼하는 마음을 펼치는 것이다. 인은 본래 사랑한다는 뜻을 가지고 있다. (맹자는 "친친인민애물"親親仁民愛物이라는 말로 정식화한다.) 내가 가진 사랑과 연민의 마음을 남에게까지 확대하는 것. 내 마음을 실제로 남에게 적용하라는 말이다. 사랑하는 마음을 자신에게 담아 두는 것으로는 충분치 않다. 남에게 베풀어라. 진사이는 인을 이렇게 읽었고 다시 한번 주희의 형이상학은 평이하고 일상적인 실의 원리로 대치된다.

공부하는 사람이 할 일은 일상에서 실질적이고 평이한 도를 묵묵히 실행하는 것이다. 가까운 곳에서 도를 찾고 마음에 두고 잊지 않으면서 쉬운 일부터 해나가야 한다.

도는 가까운 곳에 있고 일은 하기 쉬운 것이다. 그러므로 도를 아는 사람은 멀리서 찾지 않고 반드시 가까운 곳에서 찾으며, (일은) 어려운 것에서 찾지 않고 반드시 쉬운 것에서 찾는다. 핵심은 여기에 있으며 바꿀 수 없다는 것을 알기 때문이다. 자신이 솔선한다면 백성들은 서로 일을 권할 것이고, 그렇지 않으면 일은 멈춰지게 된다. 자신이 몸소 부지런히 하면 효과가 빠르게 나타날 것이고, 그렇지 않으면 성과를 이루지 못하게 된다. 공자의 말 같은 경우, 삶에 가깝고도 쉬운 것이라고 말할 수 있다. 하지만 부지런히 실행하고 게으름을 피우지 않는다면 다스리는 일은 반드시 안정되고 공적도 반드시 이루게 된다. 그 핵심은 오직 번거로움을 견디며 오랜 시간을 쌓으면서 눈앞의 효과를 구하지 않는 것에 있다. 눈앞의 효과를 구한다면 게으른 마음이 반드시 생겨나 이전의 공력이 다 사라지게 된다.

「자로」 1장에서 진사이가 요약한 이 말은 공부의 뜻을 말한다고 봐도 무방할 것이다. 공부하는 마음가짐이기도 하고 공부하는 자세이기도 하며 궁극적으로 공부하는 사람의 삶이기도 하다. 결과나 효과를 기대하지 말고 꾸준히 실행하라. 그것은 공부하는 사람의 기본 태도로서 마음에 새겨 둬야 하지만 공부하는 사람이라서 억지로, 어쩔 수 없이, 가망 없이 해야 한다는 말이 아니다. 공부하는 사람들이 모델로 생각하며 지향하는 인물이 우리 앞에 존재하기에 그를 목표로 하는 게 아니던가. 공자의 끊임없는 갱신과 부단한 노력을 『논어』를 통해 보았으므로 공자를 따라가려는 게 아닌가. 공부하는 사람들이 사표師表로서 공자를 따르려는 까닭이 여기 있다.

공자는 학문의 대상으로서는 누구나 배울 수 있다. 삶의 지향으로 삼는 일은 다른 일이다. "우주 제일의 책이다"라는 말은 자기 학문의 캐치프레이즈 이상의 의미가 있다. 저자가 매혹된 그 무엇. 진사이를 끌어당긴 건 공자의 어떤 면모였을까. 공자는 말한다. "내가 사람들에 대해서 누구를 헐뜯고 누구를 칭찬했더냐. 칭찬한 사람이 있었다면 시험해 본 적이 있었을 것이다. 이 사람들이 삼대三代의 올바른 도를 실행한 것이다."(「위령공」24장) 진사이는 이 장의 의미를 이렇게 푼다.

이 사람들[斯民]은 지금 이때의 사람들을 말한다. 하·은·주 삼대의 평화로운 시기에 올바른 도가 천하에 행해져 찬미와 비판, 포상과 폄하를 꺼리거나 피하지 않았던 것은 역시 지금 이때 이 사람들뿐이었다는 말이다. 이것이 바로 공자가 당대를 사는 사람들에 대해서 가볍게 관계를 끊지 못하는 이유이다.

어려운 시대를 거쳐 온 사람들이다. 영예와 비난을 모두 겪은 이들이다. 그들을 삼대의 훌륭한 백성들로 모조리 변화시키겠다, 가 아니라 그들과 함께 가겠다는 말로 진사이는 읽었다. 탁견이다. 진사이는 여기서 공자의 인을 본 것이다. 안연에게 해주었던 말을 가져와 진사이의 풀이에 넣어 읽는다면, 공자는 백성을 사랑하고 애달파하는 마음을 실제 가지고 있었던 것이다. 진사이는 공자의 마음을 읽었고 동의했으며 어려움 속에서 이 마음을 실천하며 일생을 살았던 공자의 삶을 존경했던 것이다.

공부하는 사람은 공부가 깊어질수록 자신이 무엇인가를 잃는다는 사실을 감지하지 못한다. 공부에는 공부의 논리가 작동하는 것일까. 학문의 사변성에 자신의 인간성을 상실한다는 상투적인 말을 하는 게 아니다. 회색의 문자 속에 생생한 현실감을 잃는다는 뻔한 얘기가 아니다. 죽은 책 속에서 진리를 찾느니 살아 있는 자연에서 자신을 찾는다는 감상적인 진술을 늘어놓는 게 아니다. 공부가 심화될수록 자신이 현실과 따로 논다는 괴리감, 무엇을 위한 공부인가라는 쓰임새에 대한 근본적인 감각이 무뎌질수록 공부를 위한 공부에 몰두한다. 글 읽는 자로서 고난 속에 사는 사람들에게서 고개를 돌리면 안 된다──공자는 계속 실패하면서 공부를 그치지 않았고 공부가 깊어지면서 당대를 사는 사람들에 대한 관계는 더 견고해졌다. 진사이가 발견한 공자는 이런 사람이었고 진사이의 공부길이 여기서 결정된 게 아닐까. 진사이는 공자의 길을 실實이라고 불렀지만 무엇보다 공자의 인仁을 읽고 헤아리면서 마음이 움직이고 심복했던 게 아닐까. 철학적 해석 이전에, 세상 경영의 학문으로서 기준을 세우기 이전에, 논리로 자신의 학문을 정립하기 이전에, 누구를 가르치겠다고 공부하며 『논어』를 외우기 이전에, 진사이에겐 공자를 마음으로 이해한 결정적 지점이 있지 않았을까. 앞에서 "탁견이다"라고 한 말은 공자를 이해한 그의 마음을 엿보았다고 생각했기 때문이다.

진사이가 공자를 깊이 이해하고 동의하지 않았다면 다음 진술을 어떻게 받아들일 수 있을까.

공자가 안주하지 않고 바쁘게 이 세상을 돌아다닌 것은 또 무엇을 할 수 있다는 이치가 있기에, 이 백성이 괴로움 속에서 고생하는 것을 앉아서 볼 수만은 없었기 때문이었다. 공자가 인仁을 실행하는 일 또한 위대한

것이다. (「헌문」41장)

진사이가 말하는 인이 백성에 대한 사랑과 연민임은 여기서 다시 분명해진다. '무엇인가 할 수 있다'는 희망으로 '바쁘게 이 세상을 돌아다닌' 사람. 누구에게도 환영받지 못하고 살해 위협까지 받으며 굶주리면서도 흔들리지 않고(군자는 원래 궁하다!) 고생하며 세상을 돌아다닌 이유가, '무엇인가 할 수 있다는 이치가 있기' 때문이었다. 무언가 해야 한다. 나 혼자 안주할 수 없다. 은둔은 하지 못해서가 아니라 안 하는 것이다. 안 하겠다는 것이다. 멸시와 조롱을 받으면서도 그건 안 하겠다는 것이다. 맹자도 공자의 이러한 태도를 알고 있었다: 군자는 하지 않는 게 있어야 한다! 공자는 늘 실천했다. 말이 아니라, 사상을 전파하는 것이 아니라 몸을 놀려 움직이며 바삐 돌아다녔다. 괴롭다고 불평하지 않았으며 남이 알아주지 않는다고 서운해하지 않았다. 자신의 주장을 일관되게 밀고 나갔으나 유연했고 사람들과 예를 지켰지만 비굴하지 않았다. 그런 마음이며 태도이기에 덕이 있다고 하는 것이다. 방정하지만 사납지 않고 엄정하지만 두려움을 주지 않는. 진사이가 "위대하다"고 한 말은 으레 하는 수사가 아니다. "공자는 세상을 근심하는 마음을 하루도 마음속에서 잊은 적이 없다. 그런 까닭에 그런 마음이 석경을 치면서 자연히 드러났던 것이다.……성인은 온 세상을 자기 한 몸처럼 보고, 백성들이 어지러운 세상에 빠져 허우적거리는 것을 자기 몸에 가려움증과 고통이 심한 것처럼 보았기"(「헌문」41장) 때문이다. 『논어』를 고전이라는 글로만 읽을 때 이런 안목은 바랄 수 없다.

4.

한 가지 흥미로운 점이 눈에 띈다. 진사이가 『논어』를 읽으며 드러낸 일
본적 지역성의 문제. 『논어』가 동아시아의 보편 텍스트이긴 하나 당대의
맥락에 놓고 보면 그 나름의 지역성parochialism이 없는 것도 아니다. 『논
어』에서 주나라를 중심으로 문화를 우위에 두는 중화주의中華主義의 싹을
읽지 못할 것도 없다. 춘추시대에 이미 보이기 시작하는 화이華夷의 문제
가 그것이다. 중국이 아닌 다른 나라에서 『논어』를 읽을 때 늘 목에 걸리
는 가시 같은 난제이기도 하다(『논어』만의 문제가 아니다. 중국에서 산생
된 텍스트 전체에 걸려 있는 문제이기도 하다. 후대에 올수록 화이의 문제는
더 어려워진다. 내면화할 수도 없고 버려 둘 수도 없는. 중국에 이민족국가가
서면 문제는 더 꼬이고 치명적이기까지 하다). 중화와 오랑캐를 거론한 공
자의 말을 어떻게 해석할 것인가. 문제가 고스란히 담겨 있는 「팔일」 제
5장, "오랑캐에게 임금이 존재해 중국에 임금이 없는 것과는 같지 않다"
[夷狄之有君, 不如諸夏之亡也]. 문장도 간단하건만 해석에 많은 차이를 낳았던,
지금도 해석이 일치하지 않는 문장. 진사이의 해석을 보자.

> 이 말을 통해 보면 공자는 구이九夷에 마음을 둔 지 오래되었다. 이 장과
> '바다에 떠다니고 싶다고 탄식한 장'(「공야장」 제6장)은 모두 우연히 한
> 말이 아니다. 하늘이 덮은 곳과 땅이 싣고 있는 곳에 모두 사람이 산다.
> 예의禮義가 있으면 오랑캐도 중국이 되며 예의가 없으면 중국도 오랑캐
> 가 되는 것을 피하지 못한다. 순임금은 동이東夷족으로 태어났으며 문왕
> 은 서이西夷족으로 태어났어도 자신들이 오랑캐라는 사실에 거리낌이
> 없었다. 구이가 사는 곳이 멀기는 하지만 분명 천지를 벗어나지 않았고

또한 하늘이 준 떳떳한 도리를 갖춘 본성을 가지고 있다. 하물며 소박한 것은 반드시 진실인 반면 화려한 것은 대부분 거짓이니, 공자가 구이들이 사는 곳에 살고 싶어 한 것도 당연하다.

우리 태조 천황(진무천황神武天皇)께서 개국한 원년이 실은 주周나라 혜왕惠王 17년(기원전 660년)으로, 지금까지 임금과 신하가 서로 이어져 오래 전해지면서 끊어지지 않아 백성들이 임금을 하늘처럼 높이고 신神처럼 존경한다. 이는 실제로 중국조차 미치지 못하는 바이니 공자가 중국을 떠나 오랑캐 나라에 살고자 했던 것도 또한 이유가 있는 것이다. 지금은 성인이 살던 때로부터 이미 2천 년이나 지났는데 우리 일본 사람들이 배운 사람이건 배우지 못한 사람이건 모두 우리 공자의 이름을 존중하고 우리 공자의 도를 으뜸으로 생각하고 있으니, 어떻게 성인의 도가 온 세상을 포괄해 누구도 포기하지 않았으며 또 공자가 천 년 뒤의 일을 미리 알고 있었다고 말하지 않을 수 있겠는가.

일단 해석 문제는 다음에 거론하기로 한다. 결론은 공자의 위대함에 대한 찬사지만 실상 한국에서 이 글을 읽는 독자라면 기묘한 기분에 싸이는 것도 어쩔 수 없는 일이리라. 당시 일본에서 천황의 위상이 지금과 같지 않았는데 천황을 거론해 그에 대한 주의를 환기시킨 것이 그 하나. 다음으로는 구이九夷(오랑캐)의 존재감을 추어올리려는 노력. 이는 우리와 별반 다르지 않다. 일종의 기시감이랄까. 진시황이 불로초를 찾으러 바다에 배를 띄웠는데 그 목적지가 어디였을까. 우리나라 남해안과 제주도에 가 보라. 진시황의 배를 이끈 서불徐市이 머물렀거나 지나갔다고 주장하는 곳이 여럿이다. 일본은? 더하면 더했지 덜하지 않다. 문명국에 대한 갈망이란 얼마나 유서 깊은가. 진사이의 실實은 이 문장에서 박실朴實이 되어 질박하고 소박한 오랑캐로 변해, 세련을 지나 화려·사치에 이른 중화에 대립항으로 놓이고 실질을 숭상했던 공자의 선택을 받게 된다. 오랑캐라는 나름의 자부심이 문장을 그렇게 읽도록 만든 것일까. 글을 평심하게 읽고 해석하지 않았다. 어떤 마음의 상태가 문장을 다르게 읽도록 만들었을까. 이런 일은 생각보다 자주 일어난다. 글을 읽을 때 예단하지 말라고 하지만 자신이 처한 역사·문화적 맥락을 떠나 글을 읽을 수 있을까. 오히려 자신이 처한 맥락을 정확히 반영하는 읽기가 옳은 게 아닐까. 이 문제는 주제가 아니므로 통과. 이 문장에 대한 다른 해석을 볼 필요가 있겠다.

먼저 주희의 해석. "오랑캐에게 임금이 있으니 중국에 임금이 없는 것과는 같지 않다." 주희는 『집주』集注의 해석에서 "불여"不如의 如를 사似와 같은 글자로 본 것이다. 의미에는 큰 차이가 없어 보이지만 강조점에 차이가 있다. 주희는 왕이 없는 중국의 처지를 오랑캐보다 못하다고 풀었다. 주희가 인용한 정자程子의 말은, "오랑캐조차 임금이 있는데 참란僭亂해서 상하의 구분조차 사라진 중국과 같지 않다"라고 하였다. 이 말은 주희의 시대, 송나라에서 왕을 높여야 한다는 자각과 밀접하게 관련되어 있다. 주희의 해석 역시 자신의 시대적 관점이 투영된 것이다. 황간皇侃의 『논어집해의소』論語集解義疏에는, "이 장은 중국을 중하게 여기고 오랑캐를 천하게 본 것이다.…… 오랑캐에게 군주가 있더라도 군주가 없는 중국에 미치지 못한다는 말이다"[此章重中國, 賤蠻夷也.…言夷狄雖有君主, 而不及中國無君也]라고 하였다. 앞의 두 해석과는 반대로 푼 것이다. 한문 구문을 보면, 'A 不如 B'라는 문장은 일반적으로 'A는 B만 못하다', 'B가 A보다 낫다'

로 푼다. 이미 한나라를 지나 화이지변華夷之辨이 명확해졌으므로 황간은, '중국이 오랑캐보다 낫다'라고 해석한 것일까. 이 구절은 화이華夷라는 예민한 문제 때문에 해석이 오히려 본문에 영향을 끼친 좋은 예라 하겠는데 진사이는 이를 자신이 딛고 선 땅과 역사·문화 맥락에서 더 밀고 나갔다고 하겠다.

　　논의가 진행된 이상 『논어』 읽기의 까다로움에 대해 몇 마디 거론해본다. 「옹야」 21장: "지혜로운 사람은 물을 좋아하고 어진 사람은 산을 좋아한다. 지혜로운 사람은 움직이고 어진 사람은 고요하다. 지혜로운 사람은 즐기고 어진 사람은 장수한다."[知者樂水, 仁者樂山 : 知者動, 仁者靜; 知者樂, 仁者壽] 시라고 해야 할 이 말은 문장을 해석하는 데 어려움이 없다. 하지만 '지혜로운 사람=물=움직임=즐김' : '어진 사람=산=고요함=장수'라는 관계는 직감적으로 혹은 논리적으로 단번에 이해하기 쉽지 않다. 어진 사람을 산에 비유한 것도 그러하고 그가 고요하고 장수한다고 본 판단은 설명하기가 수월치 않다. 좋은 말이고 해석하고 싶은 욕구를 자극하는 말이기에 후대에 숱한 해석이 붙었지만 어느 해석을 들어도 수긍이 간다는 점에서 오히려 냉정하게 해석하기 어려운 면이 있다. 물의 성질 가운데 하나가 쉬지 않고 움직이는 것이므로 물과 움직임의 상관관계는 설명이 필요하지 않다. 하지만 이러한 속성이 지知와 즐기는 관계에서는 일종의 도약——논리와 비유의 점프가 있고, 시적 상상력의 작동이라고 해야 수긍할 수 있는 이러한 연상작용의 도약을 시에서는 전통적으로 '흥'興이라 하였다. 일단 이런 심리적 메커니즘으로 이해가 되면 어진 사람의 관계도 대칭으로 받아들일 수 있을 것이다. 물에 대한 논의는 특별한 주목을 요한다. 『맹자』에서도 물에 대한 논의가 풍부하고 『장자』에서도 물이 중요한 테마로 등장하며 『순자』에 오면 지知와 물의 관계에 대한 논의가 정교해진다. 공자의 유명한 이 발언은 후대로 갈수록 의미가 계속 확대된다는 점에서 시적인 언술로만 남아 있지 않게 된다. 물처럼 끊임없이 흘러가서 무성한 의미의 숲을 이룬 경우라 하겠다.

물과 관련해 등장하는 다른 말. 「자한」 16장: 선생님께서 냇가에서 말씀하셨다. "흘러가는 것이 이와 같구나. 밤낮으로 그치지 않고."[子在川上曰：逝者如斯夫. 不舍晝夜] 문장 해석은 어떤 주석도 일치해 문제가 없다. 물이 흘러간다는 속성을 어떻게 파악했는가가 해석의 관건이다. 진사이와 주희는 모두 '쉼 없이 노력한다'는 긍정적인 면모로 물의 운동성을 파악했다. 주희 해석의 영향력으로 일반적인 해석은 긍정 쪽에 놓여 있는 것 같다. 20세기에 들어와 발견해 보게 된, 전통사회에선 잊혀졌던 주석 가운데 정현鄭玄의 『논어주』論語注가 있다. 정현은 이 글을 "세상에 쓰이지 않는 것을 슬퍼하는 것"이라는 비관으로 풀었다. 주희보다 약간 시대가 앞선 소동파도 「적벽부」赤壁賦에서 공자의 말을 비관 쪽에서 보고 재창조하고 있다. 공자가 어떤 맥락에서 발설했는지 맥락이 전혀 드러나지 않는 모호한 이 말 역시 시대와 문화 맥락에 따라 전혀 상반된 해석이 존재해 왔다. 『맹자』에서는 이 부분을 염두에 둔 풀이가 보이는데(「이루 하」 18장) 맹자는 긍정적인 의미로 보았다. 보통 맹자의 해석을 공자의 이 발언에 대한 풀이로 보지만 정확하게 말하자면 공자의 발언에 대한 '맹자 나름의 견해'이지 '공자의 진의'였는지는 장담할 수 없다. 과연 정확히 이 말을 두고 맹자가 풀이한 것인지에 대해서도 따져 볼 여지가 있다.

이상이 의미의 대한 해석에서 역대로 엇갈림이 발생한 것이라면 글자 풀이에서 생긴 문제도 있다. 「술이」16장: "내가 몇 년 공부를 더해 (50)『역』을 배워 큰 잘못이 없을 수 있었다."[加我數年, (五十)以學易, 可以無大過矣] 이 발언의 논점은 두 가지. 1. "五十"을 어떻게 풀 것인가. 2. "易"이라는 글자는 무엇인가. 첫번째 문제에 대해 진사이는 보류한다는 입장이다. 공자가 말년에 한 발언으로 보고 회고하는 언어로 풀었는데 "五十"이란 글은 어떻게 해도 해석할 수 없어 '의심이 드는 것은 남겨 두라'는 충고에 따라 보류한 것이다. 주희는, "나에게 몇 년의 수명을 빌려주어(加를 假라는 글자로 보았다) '마침내' 주역을 배우게 되면 큰 허물이 없을 것이다"라고 풀이했다. 주희는 공자의 말년의 발언으로 보았는데, 공자가 천하주유를 마치고 67세경에 노나라로 돌아와 주요 전적을 정리했다는 전기적 사실을 토대로 이 발언을 파악한 것이다. 주희는 주에서 다른 판본을 보았다는 유빙군劉聘君의 설을 인용해 이 기록에 착오가 있을 거라고 판정한다. 해서 "五十"이라는 글자를 '卒'이라는 글자의 잘못으로 본다. "五十"이란 글자를 위아래로 포개면 '卒'자와 비슷하기 때문이다. 하안何晏은 『논어집해』論語集解에서, 공자가 오십 세에 지천명知天命했다는 데 근거를 두고, 47세경에 한 말로 보고 "몇 년이 더 있으면 50세가 될 것이고 『역』을 다 배울 텐데 그때는 큰 허물이 없을 것이다" 정도로 풀고 있다. 발언 시기가 쟁점이 되고 있지만 『역』을 공부했다는 점에서는 일치한다. 『주역』이라는 경전이 중요하기 때문이다. 『주역정의』周易正義, 『역학계몽』易學啓蒙 등 『주역』에 대한 중요한 저술이 있는 주희에게 공자가 『역』을 공부했다는 이 발언의 중요성은 엄청났을 것이다. 그렇다면 『역』을 모두 『주역』으로 읽고 있는 것일까. 주희가 다른 판본을 언급했지만 『논어』 텍스트의 전승 가운데 하나인 『노론』魯論에는 '易'이라는 글자가

'亦'으로 되어 있다. "加我數年, 五十以學, 亦可以無大過矣"로 풀어야 한다는 말이다. "내게 몇 년이 더 주어져 50세에도 공부를 한다면 또한 큰 허물이 없을 것이다" 정도가 되겠다. 공자의 옛집 벽에서 발견됐다고 전해지는 『고론』古論에는 '易'이란 글자로 되어 있고 많은 주석가들이 이 판본을 택하고 있다. 주희 역시 『고론』의 판본을 따라 해당 부분의 『논어』를 읽었다. 또한 문장 마지막에 보이는 '大過'라는 말은 『주역』의 괘이기도 하므로 '易'을 『주역』으로 볼 유력한 증거이기도 하다. 많은 주석가들이 『주역』은 읽기 어려운 책으로 인식하고 있었으므로 공자가 읽었다는 말은 자연스럽게 수용될 수 있었을 것이다. 『주역』이라는 주요 경전이 공자와 연결되는 지점이기 때문에 이 구절의 비중이 높았던 것이다.

마지막으로 하나만 더 들어 보기로 한다. 「술이」17장: "선생님께서 평소에 하시는 말씀[雅言]은 『시』·『서』였다. 예를 집행하실 때는 모두 평소에 하시던 말씀이었다."[子所雅言, 詩·書. 執禮, 皆雅言也] 원문 "子所雅言詩書執禮皆雅言也"를 진사이는 "子所雅言 / 詩書 // 執禮 / 皆雅言也"로 끊어 두 문장으로 읽었다. 주희는 이 문장을 "子所雅言 / 詩書執禮 / 皆雅言也"로 끊어 한 문장으로 읽었다. 진사이는, 『시』·『서』는 늘 말씀하시던 것이었지만 『예기』가 아니라 '예를 집행하는 행동'은 『시』·『서』와 같지 않으므로 문자 텍스트에 나오지 않더라도 늘 말씀해 주셨다, 는 의미로 풀었다. 여기서는 문자와 행동에 대한 차이를 인지하고 그 차이를 강조한 것으로 보인다. 주희의 경우, "詩書執禮"를 하나로 묶어 읽었는데 "詩書"와 달리 "執禮"라는 용례가 특이하다. 예禮에 집執이라는 말을 덧붙였으므로 해명이 필요한 상황. 주희는 『시』·『서』라는 외우는 텍스트와 달리 예를 실천하는 것이므로 "집"執이라는 말을 붙였다고 풀이했다. 주희 역시 예는 행동이 중요하다는 점을 인식했던 것이다. 두 사람 모두 아雅라는 글자를 모두 평상[常], 평소[素]란 의미로 보았다. 하지만 '아'에는 '정'正이란 의미가 있다. 아악雅樂은 정악正樂이란 말과 같은 뜻으로 쓰이는데 향악鄕樂과 상대되는 말이다. 이때 正/鄕은 '중앙/지역성'을 나타내는 말일 뿐 아니라 '우아優雅·세련洗練/토착·투박'이라는 미적 감수성의 문맥도 개입한다. 또 정은 '정사正史/야사野史'라는 의미대립에서 보듯, '관官에서 공식적으로 인정한/인정받지 못한'이라는 공식성의 문맥도 끼어 있다 ('옳다/그르다'라는 대립은 절대 아니다). 아雅는 자연스럽게 조정朝廷, 표준이라는 의미망까지 포섭한다. 이런 맥락에서 읽으면 이 언술은 다르게 해석된다: "선생님께서 표준어/정확한 발음으로 하시는 것은 『시』·『서』·예의 실행 규범이셨다. 모두 표준어/정확한 발음으로 하셨다" 정도가 되겠다. 공자가 평소 대화할 때는 노나라 사투리를 쓰다가 『시』·『서』·예의 실행 규범을 말씀하실 때는 정확한 발음으로 읽고 말했다는 의미다. 정확한 발음이란 서주西周 중앙조정의 표준어를 말한다. "집례"執禮도 '행동'을 말하는 게 아니라 '예를 실행하는 지침' 정도로 볼 수 있다. 가장 중요한 점은 언어학적 고려가 포함되어야 한다는 말이다. 그럴 때에야 몇 자 안 되는 짧은 문장에서 "아언"雅言을 두 번이나 반복한 이유가 해명될 것 같다. 앞에서 지역성parochialism을 언급했는데 공자의 발언을 두고 화이華夷 관념의 싹을 드러내는 편협성parochialism으로 삐딱하게 보지 않으려면 이 말에다 지역성parochialism을 적용해야 할 것이다.

몇 가지 사례를 들어 『논어』라는 텍스트의 미묘한 지점을 살펴보았다. 그렇다면 이런 문제가 생기는 까닭은 무엇일까. 공자의 말이 간결해서일 것이다. 간결을 넘어 간략하기 때문이고 함축적이기 때문일 것이다. 발언을 한 정황——시기, 인물, 장소 들이 전혀 기록돼 있지 않아 추측에도 한계가 있기 때문일 것이다. 완전한 문장이 아니라 단편만 기록됐기 때문일 것이다. 공자가 시인이었을 것이라는 생각이 드는 것도 무리는 아니다. 『논어』 읽기의 까다로움은 여러 방면에 걸쳐 있어서 포괄적인 설명이 어려워 어느 한쪽의 해석도 결론을 내지 못한다. 진사이가 볼 때 『논어』는 많은 부분 성리학의 형이상학적 분식粉飾이 문제여서 이것을 지워야 했다. 그럼에도 텍스트 자체의 난점은 남아 있을 수밖에 없었다. (21세기의 발전된 스칼러십을 가지고도 『논어』 해석에는 여전히 난점이 존재한다. 앞서 거론한 여러 이유들이 철저한 『논어』 읽기에 장애가 되기 때문이다. 역으로 그런 이유들로 앞으로도 계속 새롭게 읽을 여지가 있는 것이기도 하다.) 진사이도 이 상황을 인지하고 있었을 것이다. 그의 해결 방법은 무엇이었을까. 『맹자』의 존재였다. 진사이는 『논어』를 『맹자』와 완전히 겹쳐 읽었다. 『논어』 해석에 『맹자』를 계속 인용하는 이유이다. 『맹자』의 상세한 설명과 논증을 『논어』의 함축적인 문장을 이해하는 열쇠로 읽고 『논어』의 간결성을 『맹자』의 요약으로 파악하는 것. 진사이는 이둘의 관계를 도道와 교敎로 설명했다. 『논어』의 도가 『맹자』의 교로 확장되고 진사이가 파악한 『맹자』의 교는 『맹자고의』에 담겼다. 『맹자』의 교는 "『논어』의 의소義疏"로 호칭되면서 『맹자』 읽기가 새롭게 시작된다.

5.

정리해 본다. 진사이는 『논어』를 '실'實이라는 개념으로 일관해 읽었다. 실질성을 강조한 '실'實은 철학적 개념이 품은 추상성을 배척하고 고원함과 심오함을 멀리하면서 『논어』를 현실의 언어로 복원하였다. 현실의 언어란 실제의 쓰임새에 초점을 맞춘 '실용'을 의미하고 현실에 도움을 주어야 한다는 문제의식이 깔려 있다. 진사이 당대에 일정한 세력을 형성하고 있던 주자학, 양명학, 불교, 사장詞章 풍조 등 지식인 세계의 전체 모습을 염두에 두어야 진사이의 문제의식이 제대로 인식될 것이다. 진사이의 비판의 거센 강도와 '실'實의 강조에 나름의 절박함이 감지되는 것은 당대에 대한 진사이의 현실인식이 전제되어 있기 때문이다. 『논어』에 담긴 철학적 지향, 사변의 맹아를 진사이가 몰랐거나 외면한 것이 아니다. 이런 측면을 발전시키고 부각시키기보다는 공자가 시급한 과제로 보고 해결에 골몰했던 당대의 문제를 진사이 시대의 문제와 결부시켜 '실'을 제기했다고 보아야 할 것이다. 진사이에게 학문이란 현실에 대한 문제의식을 가지고 시대를 직시하며 근본적인 부분까지 사고하며 실천하는 것이었다. 그가 도를 언급하면서 도는 끝이 없다고 한 말은 학문하는 태도로 해석해도 무방할 것이다. 작은 성과와 진전에 만족하지 않고 끊임없이 변하는 현실을 텍스트 안에 가두지 않는 것. 텍스트와 현실 사이의 긴장을 견지하고 학문을 쉼 없이 연마하면서 현실에서 눈길을 거두지 않는 것. 텍스트와 현실을 대면시키며 표피적인 해결에 서두르지 않는 것. 공자와 『논어』가 한 몸인 것과 같이 진사이는 『논어』를 자신의 삶과 일치시키려고 했던 것이다.

* * *

『논어고의』의 초벌 번역을 마쳤을 때 '한국연구재단 학술명저번역 총서'의 하나로 『논어고의』가 출판되었다(장원철 역, 소명출판, 2013). 『논어』 번역이 아니라 '진사이의 『논어고의』' 번역이었기 때문에 『논어』 본문은 일부러 하지 않은 번역본이었다. 늦어진 작업에 아차 싶었다. 진사이 선집을 번역하기로 하고 『동자문』이 이미 발간된 상태이긴 했지만 후속 작업에 나태했던 내 게으름을 탓할 수밖에 없었다. 출판사의 후의로 일을 속행하기로 하고 내 번역을 검토하면서 선행 작업에 적잖이 도움을 받았다. 이렇게까지 도움을 받으면서도 부족한 점이 있다면 순전히 역자의 역량 탓이리라.

도움받은 얘기를 꺼내려니 여러 고마운 분들이 떠오른다. 책 한 권을 만드는 데 큰 도움이 없었다면 작업은 몇 배나 시간이 길어졌을 것이다. 성균관대학교에서 박사학위를 준비하는 와중에 바쁜 시간을 쪼개서 긴 원문을 타이핑해 주신 장유정 선생님은 컴퓨터 조작에 서툴고 한문 변환에 참을성이 부족한 내게 큰 응원군이었다. 적지 않을 시간을 내어주신 선생님께 특별히 감사하다는 말을 전한다. 책읽기 모임이 한동안 진행됐었는데 번역 초고를 같이 읽으며 조언을 해주신 두 분이 있다. 일문학을 공부하시는 이한정 선생님은 『논어고의』의 일본어 현대어 번역본을 읽으면서 의미를 명확히 할 수 있도록 도와주셨다. 동양사를 전공한 한규현 선생님은 어색한 한국어 번역을 지적해 주시면서 읽을 수 있는 글이 되도록 늘 주의를 환기해 주셨다. 두 분 모두 번역은 출발지 언어(한문)가 아니라 도착지 언어(현대 한국어)에 목적을 두어야 함을 일러준 것이다. 한문 번역에서 유달리 출발어에 눈을 두고 한국어를 학대하는 경직된 태도를 질타한 것이라 받아들인다. 모든 분들께 감사드린다.

그럼에도 미진한 곳이 맘에 걸리는 것은 내 그릇이 작기 때문일 것이다. 이 책을 읽고 부족한 부분을 채워 줄 독자를 기대한다.

2016년 3월

서강西江의 서재에서

역자 삼가 쓰다

찾아보기